파이썬과 수치 해석 2/e

파이썬과 수치 해석 2/e

파이썬 수치 해석 레시피

로버트 요한슨 지음 ㈜크라스랩 옮김

미카와 에리카에게

로버트 요한슨 ^{Robert Johansson}

스웨덴 찰머스^{Chalmers} 공대의 이론 물리학 박사 학위를 받은 숙련된 Python 프로그래머 겸 전산학자다. 학계, 산업계의 과학 컴퓨팅 분야에서 10년 이상 일했고 오픈 소스 개발과 독점적 연구 프로젝트에 참여했다.

오픈 소스에 기여한 부분으로는 양자 시스템의 역학을 시뮬레이션하기 위한 인기 있는 Python 프레임워크인 QuTiP에 대한 연구와 과학 컴퓨팅 환경에서 인기 있는 Python 라이브러리가 있다. 과학 컴퓨팅과 소프트웨어 개발에 열정을 쏟고 있으며 이 분야들을 최적의 결과로 결합시키기 위한 모범 사례, 즉 새롭고 재현 가능하며 확장 가능한 컴퓨터 결과를 가르치고 전달하는 데 전념하고 있다. 이론 물리학과 컴퓨터 물리학 분야에서 5년간 박사 후 과정을 거쳤으며 현재 IT 업계에서 데이터 과학자로 일하고 있다.

마시모 나르돈^{Massimo Nardone}

 보안, 웹/모바일 개발, 클라우드, IT 아키텍처 분야에서 24년 이상의 경험이 있고 보안과 Android에 열정을 갖고 있다. 20년 넘게 Android, Perl, PHP, Java, Visual Basic, Python, C/C++, MySQL로 프로그래밍하면서 프로그램 방법을 가르쳤다. 이탈리아 살레르노^{Salerno} 대학에서 컴퓨터 공학 석사 학위를 받았고 프로젝트 매니저, 소프트웨어 엔지니어, 연구원, 최고 보안 아키텍트, 정보 보안 관리자, PCI/SCADA 감사, 선임 리딩 IT 보안/클라우드/SCADA 아키텍트로서 수년간 근무했다.

기술력은 보안, Android , Cloud, Java, MySQL, Drupal, Cobol, Perl, 웹과 모바일 개발, MongoDB, D3, Joomla!, Coouchbase, C/C+++, WebGL, Python, Pro Rails, Django CMS, Jekyll, Scratch 분야에 걸쳐 있다. 헬싱키 공대(알토대) 네트워킹 연구소에서 방문 강사와 감독관으로 활동하기도 했다. 4개의 국제 특허(PKI, SIP, SAML, Proxy 영역)를 보유하고 있다.

현재 카고텍 오이^{Cargotec Oyj}의 최고 정보 보안 책임자^{CISO}로 일하고 있으며 ISACA 핀란드 지부 위원이다.

45권 이상의 출판사 IT 서적을 감수했으며 Apress에서 출간한 『Pro JPA 2 in Java EE 8』(2018), 『Beginning EJB in Java EE 8』(2018), 『Pro Android Games』(2015)를 공동 저술했다.

친마야 파트나야크^{Chinmaya Patnayak}

친마야 파트나야크 Chinmaya Patnayak

NVIDIA의 임베디드 소프트웨어 개발자로, C++, CUDA, 딥러
닝, 리눅스, 파일 시스템에 능숙하다. 인도 전역의 주요 기술 행사
에서 딥러닝 강연자 겸 강사 역할을 했다. BITS Philani에서 물리
학과 전자 공학 학위를 취득했다. 이전에는 DRDO^{Defence Research}
^{and Development Organization}에서 비디오 스트림의 암호화 알고리즘을
연구했다. 현재 이미지 분할을 위한 신경망, 생물 의학 연구, 자율 주행차에 관심이 많
다. 자세한 정보는 http://chinmayapatnayak.github.io에서 찾을 수 있다.

마이클 토마스^{Michael Thomas}

마이클 토마스 Michael Thomas

개인 기고가, 팀 리더, 프로그램 매니저, 엔지니어링 부사장 등으
로 20년 넘게 소프트웨어 개발에 종사했고 10년 이상 모바일 기기
회사에서 일한 경험이 있다. 현재 의료 분야에 중점을 두고 있으
며 모바일 기기를 사용해 환자와 의료 사업자 간의 정보 전달을 가
속화하는 분야를 연구하고 있다.

데이비드 스탠스비 David Stansby

임페리얼 칼리지 런던의 박사 과정 학생이며 Python 개발자로 활동하고 있다. Python의 가장 인기 있는 도식화 라이브러리인 Matplotlib의 핵심 개발 팀에 근무했고 우주 과학 데이터 분석을 위한 Python 패키지인 HelioPy의 창시자다.

제이슨 화이트혼 Jason Whitehorn

숙련된 기업인이자 소프트웨어 개발자로 많은 석유 및 가스 회사들이 현장 데이터 캡처, SCADA, 머신 러닝을 통해 유전 솔루션을 자동화하고 향상시키는 데 도움을 줬다. 알칸사스 주립 대학의 컴퓨터 공학 학사를 취득했지만 그보다 훨씬 전인 중학교 시절부터 베이직 프로그램을 다뤘다. 직장에서 팀을 지도하거나 돕지 않는 여유 시간에는 오클라호마 주 툴사에서 아내, 네 명의 아이들과 시간을 보낸다. 자세한 정보는 https://jason.whitehorn.us에서 찾을 수 있다.

옮긴이 소개

(주)크라스랩(craslab@daum.net)

머신 러닝을 기반으로 다양한 연구를 수행하고 있으며 특히 금융 분석과 핀테크에 중점을 두고 있다. 카이스트^{KAIST} 전산학과 계산 이론 연구실 출신의 이병욱 대표가 이끌고 있으며 그가 에이콘출판사에서 출간한 『비트코인과 블록체인, 탐욕이 삼켜버린 기술』(2018) 『블록체인 해설서』(2019)는 블록체인 분야의 베스트셀러로, 블록체인의 기술적·경제적 관점의 교과서로 인식되고 있다. 현재 기업 컨설팅과 맞춤형 기업 강연 프로그램도 운영하고 있다.

수치 해석 알고리즘을 공부해본 사람이라면 『Numerical Recipes』(William Press, 2007)를 잘 알고 있을 것이다. 이 책은 'Numerical Recipes in Python'이라는 별명을 붙여도 될 만큼 Python을 사용한 과학 컴퓨팅에 있어 이와 유사한 수준의 정교하고 깊이 있는 설명이 담겨 있다.

Scipy, NumPy를 기반으로 수많은 과학 및 공학 문제를 Python을 이용해 기호적 기법과 수치적 기법으로 처리하는 방법, scikit-learn을 이용한 머신 러닝을 설명하고 있다. 각 모듈 설명은 사용법에만 그치지 않고 모듈의 종속성 및 구현 철학도 자세히 설명하고 있다. 행렬 및 희소 행렬, 벡터, 상미분과 편미분, 적분, 인수분해, 시계열, 선형 대수, 통계 모델링, 머신 러닝, 신호 처리 등과 같은 이공계의 대표적인 문제 해결에 있어 Python을 어떻게 활용할 수 있는지 예제를 통해 상세히 설명해준다. 이 책에서 제공하는 풍부한 예제를 따라하다 보면 Python을 통한 과학적 연산을 효과적으로 익히게 될 것이다.

차 례

에이콘출판의 기틀을 마련하신 故 정완재 선생님 (1935-2004)

과학 및 수치 컴퓨팅은 연구, 엔지니어링, 분석 분야에서 각광을 받고 있다. 컴퓨터 산업의 혁명은 지난 수십 년간 컴퓨터 전문가들에게 새롭고 강력한 도구를 제공했다. 이 도구는 이전에 불가능했던 규모와 복잡도를 가진 연산 작업을 가능하게 했다. 그 결과, 새로운 분야와 산업이 우후죽순처럼 생겨났다. 이 발전은 여전히 진행 중이며 하드웨어, 소프트웨어, 알고리즘이 계속 향상됨에 따라 새로운 기회가 창출되고 있다.

이 움직임을 궁극적으로 가능하게 해준 기술은 최근 수십 년간 개발된 강력한 컴퓨터 하드웨어다. 그러나 연산 작업에 이용되는 소프트웨어 환경은 전산 전문가에게 있어 (하드웨어보다 중요하지 않은지는 몰라도) 여전히 중요하다.

이 책은 수치 컴퓨팅에서 인기 있고 빠르게 성장하는 환경인 Python 프로그래밍 언어로 컴퓨터 작업을 하기 위한 라이브러리와 그 계산 환경의 확장을 위한 생태계에 관한 것이다. 전산은 이론과 실제 모두에 있어 경험과 전문 지식을 요하는 활동으로, 수학과 과학적 사고에 대한 확고한 이해가 바탕이 돼야 효과적으로 작업할 수 있다.

프로그래밍 훈련은 전산에 있어 매우 중요하다. 이 책은 Python 프로그래밍 언어 및 주변 컴퓨팅 환경을 이용한 과학적 계산 방법 사이의 가교 역할을 하고자 두 주제를 모두 다룬다. 또한 독자들이 Python 프로그래밍에 대한 기초적인 지식과 수학, 수치 해석에 대한 사전 지식을 갖고 있다고 가정한다.

이 책의 초점은 Python을 이용한 실질적인 계산 문제 해결 방법을 소개하는 데 있다. 각 장은 주제 이론에 대한 간략한 소개, 표기법을 비롯한 기본적인 기법 설명, 알고리즘을 알려준다. 그러나 모든 기법이 일관적으로 기술돼 있지 않으며, 각 장의 주제에 익숙하지 않은 독자들을 위해 각 장의 끝에 참고 문헌을 나열했다. Python 프로그래밍 경험이 없는 독자들은 Python 프로그래밍 언어 자체에 초점을 맞춘 책과 함께 읽는 것이 좋다.

이 책의 구성

1장, 'Python을 이용한 컴퓨팅 소개'에서는 과학 컴퓨팅에 대한 일반적인 원칙과 Python 계산 작업에 사용할 수 있는 주요 개발 환경을 소개한다. 즉 IPython과 그 대화형 Python 프롬프트, 뛰어난 Jupyter Notebook 응용과 Spyder 통합 개발 환경^{Spyder IDE, Spyder Integrated Development Environment}에 초점을 맞추고 있다.

2장, '벡터, 행렬, 다차원 배열'에서는 NumPy 라이브러리를 소개하고 좀 더 일반적인 배열 기반 연산과 그 장점을 알아본다.

3장, '기호 연산'에서는 SymPy 라이브러리를 사용한 기호 연산을 알아본다. 이 방법은 배열 기반 연산을 보완해준다.

4장, '도식화와 시각화'에서는 Matplotlib 라이브러리를 이용한 도식화와 시각화를 다룬다. 2장에서 4장까지는 전반적으로 책 나머지 부분의 영역별 문제에 사용될 기본 계산 도구인 수치 연산, 기호 연산, 시각화를 알아본다.

5장, '방정식 풀이'에서는 방정식 해결로 Scipy와 SymPy 라이브러리를 사용해 수치적 · 기호적 방법을 모두 살펴본다.

6장, '**최적화**'에서는 방정식 해결 과제의 자연스러운 연장인 최적화를 탐구한다. 여기서는 주로 Scipy 라이브러리와 cvxopt 라이브러리를 사용해 작업한다.

7장, '**보간법**'에서는 그 자체로 많은 응용을 가진 또 다른 기본적인 수학적 방법인 보간법, 고급 알고리즘과 기법에서의 주요 역할을 다룬다.

8장, '**적분**'에서는 수치적, 기호적 적분을 살펴본다. 5장에서 8장까지는 모든 종류의 컴퓨터 작업에 만연한 핵심 컴퓨터 기술을 다룬다. 8장의 방법들은 대부분 Scipy 라이브러리에서 제공된다.

9장, '**ODE**'에서는 상미분 방정식을 다룬다.

10장, '**희소 행렬과 그래프**'에서는 11장의 내용을 설명하기 위해 잠시 희소 행렬과 그래프 기법을 살펴본다.

11장, '**PDE**'에서는 개념적으로 상미분 방정식과 밀접한 관계가 있지만 10장의 주제인 희소 행렬의 도입이 필요한 PDE를 살펴본다.

12장, '**데이터 처리 및 분석**'에서는 데이터 분석과 통계 조사를 살펴본다. Pandas 라이브러리와 데이터 분석 프레임워크를 소개한다.

13장, '**통계학**'에서는 Scipy stats 패키지의 기본적인 통계 분석과 기법을 다룬다.

14장, '**통계 모델링**'에서는 statsmodels 라이브러리를 사용해 통계 모델링을 알아본다.

15장, '**머신 러닝**'에서는 scikit-learn 라이브러리를 이용한 머신 러닝을 알아보고 통계와 데이터 분석의 주제를 계속 살펴본다.

16장, '베이즈 통계'는 베이즈 통계와 PyMC 라이브러리를 알아보면서 이와 관련된 장을 정리한다. 12장에서 16장까지는 통계와 데이터 분석의 광범위한 분야를 소개한다. 이는 최근 몇 년 동안 과학 Python 커뮤니티 안팎에서 급속히 발전해온 분야이기도 하다.

17장, '신호 처리'에서는 잠시 과학 컴퓨팅의 핵심 주제인 신호 처리로 돌아간다.

18장, '데이터 입출력'에서는 데이터 입출력 그리고 파일에 수치 데이터를 읽고 쓰는 몇 가지 방법을 살펴본다. 이는 대부분의 컴퓨터 작업에 필요한 기본적인 주제다.

19장, '코드 최적화'는 Numba와 Cython 라이브러리를 이용해 Python 코드의 속도를 높이는 두 가지 방법을 소개한다.

부록에는 이 책에서 사용한 소프트웨어 설치 방법이 수록돼 있다. 필요한 소프트웨어(대부분의 Python 라이브러리)를 설치하기 위해 Conda 패키지 매니저를 이용한다. Conda는 안정적이고 재현 가능한 컴퓨터 환경을 만들기 위한 중요한 주제로, 가상적이며 격리된 Python 환경을 만드는 데도 사용될 수 있다. 또한 Conda 패키지 매니저를 사용해 이런 환경을 설정하는 방법도 살펴본다.

소스 코드 목록

이 책의 각 장에는 해당 소스 코드 목록이 포함된 Jupyter Notebook이 첨부돼 있다. 이러한 Notebook^notebook과 이를 실행하는 데 필요한 데이터 파일은 www.apress.com/9781484242452에 있는 **Download Source Code** 버튼을 클릭하면 다운로드할 수 있다.

예제 코드 다운로드

이 책의 각 장에는 해당 소스 코드 목록이 포함된 Jupyter Notebook이 첨부돼 있다. 이러한 Notebook과 이를 실행하는 데 필요한 데이터 파일은 https://www.apress.com/gp/book/9781484242452에 있는 **Download Source Code** 버튼을 클릭하면 다운로드할 수 있다.

또한 에이콘출판사의 도서정보 페이지인 http://www.acornpub.co.kr/book/numerical-python-2e에서도 동일한 파일을 다운로드할 수 있다.

정오표

한국어판의 정오표는 에이콘출판사의 도서정보 페이지 http://www.acornpub.co.kr/book/numerical-python-2e에서 찾아볼 수 있다.

질문

이 책과 관련해 질문이 있다면 이 책의 옮긴이나 에이콘출판사 편집 팀(editor@acornpub.co.kr)으로 문의해주길 바란다.

1장

Python을 이용한 컴퓨팅 소개

이 책은 Python을 수치 계산에 사용하는 방법에 관한 것이다. Python은 과학 컴퓨팅과 공학 분야에서 널리 사용되는 고급 범용 인터프리터 프로그래밍 언어다. Python은 일반적인 용도의 언어로, 수치 계산을 위해 특별히 고안된 것은 아니지만 많은 특징이 수치 계산과 잘 부합한다.

Python은 간결하고 읽기 쉬운 코드 구문으로 유명하다. 뛰어난 코드 가독성은 유지 관리에 유리하고 버그가 적으며 전체적으로 더 나은 응용을 제공하고 더 빠른 코드 개발도 가능하게 해준다. 이러한 가독성과 표현력은 다양한 아이디어와 모델을 테스트할 때 빠른 전환이 요구되는 탐색 및 대화형 컴퓨팅에 필수적인 요소다.

계산 문제 해결 기법에서는 알고리즘을 구현하는 데 있어 성능을 고려하는 것이 중요하다. 따라서 효율적이고 고성능을 가진 코드를 위해 노력하는 것은 당연하며 최적의 성능도 많은 계산 문제에 있어 중요하다. 이 경우 C, Fortran과 같은 저급 프로그램 언어를 사용해 최상의 하드웨어 성능을 추구할 필요가 있다. 그러나 최적의 런타임 성능만이 항상 가장 적절한 목표는 아니다. 주어진 프로그래밍 언어나 환경에서 문제의 해결책을 구현하는 데 필요한 개발 시간을 고려하는 것 또한 중요하다. 최상의 런타임 성능은 저급 언어로도 달성할 수 있지만 Python과 같은 고급 언어로 작업하면 대개 개발 시간이 단축되고 더 유연하며 확장 가능한 코드를 생성할 수 있는 경우가 많다. 이런 상충된 목표들은 고성능을 추구하되 개발 시간이 길어지는 것과 성능은 다소 떨어지더라도 개발 시간이 단축되는 것 사이의 절충이 된다. 그림 1-1은 이러한 개념을 개략적으로 시각화한 것이다. 특정 문제를 해결하기 위한 컴퓨터 환경을 선택할 때 이 절충 요소를 고려하고 개발에 소요되는 작업 시간과 계산 실행에 소비되는 CPU 시간 중 어느 것이 더 가치 있는지 결정하는 것이 중요하다. CPU 사용 시간은 갈수록 더 '저렴'해지고 있지만 작업 시간은 '비싸다'는 점에 주목할 필요가 있다. 특히 독자 여러분의 시간은 매우 귀중한 자원이다. 이 점이 바로 Python과 그 과학 라이브러리와 같은 고급 프로그래밍 언어와 환경을 사용해 계산을 수행하는 시간보다 개발 시간을 최소화하는 것이 더 낫다는 것을 보여주는 좋은 사례가 된다.

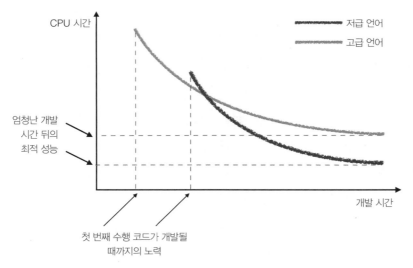

▲ 그림 1-1 저급 언어와 고급 언어의 절충. 저급 언어는 대개 최적의 성능을 내지만 구현하는 데 엄청난 시간이 드는 반면, Python과 같은 고급 언어는 개발 시간이 훨씬 짧다.

고급 언어와 저급 언어의 절충이라는 난제를 부분적으로 해결할 수 있는 방법은 고급 언어를 저급 언어로 작성된 라이브러리와 소프트웨어 패키지를 연결하는 데 사용할 수 있는 다중 언어 모델을 채택하는 것이다. 저급 언어(예: Fortran, C 또는 C++)로 작성된 소프트웨어 패키지와의 상호 운용성은 고도의 과학 컴퓨팅 환경에서 매우 중요한 요건이다. Python은 이러한 유형의 통합에 탁월하며 그 결과 Python은 시간이 많이 소요되는 수치 연산에 사용되는 저급 프로그래밍 언어를 제어하기 위한 인터페이스 언어로써 인기리에 사용되는 '접착 언어'가 됐다. 이 점이 바로 Python이 수치 계산에 인기 있는 언어가 된 중요한 이유다. 다중 언어 모델은 저급 언어가 가진 성능을 대부분 유지하면서도 고급 수준 언어의 신속한 코드 개발을 가능하게 해준다. 다중 언어 모델의 결과로 Python을 이용한 과학적이고 기술적인 컴퓨팅은 Python 언어 이상의 장점을 가진다. 사실 Python 언어는 과학과 기술 컴퓨팅을 위한 전체 환경 소프트웨어와 솔루션 및 생태계의 일부에 불과하다. 이 생태계에는 과학 컴퓨팅을 염두에 두고 설계된 Spyder, IPython과 같은 개발 도구와 대화형 프로그래밍 환경, 과학 컴퓨팅을 위한 방대한 Python 패키지가 포함 돼 있다. 이러한 과학지향적 라이브러리 생태계는 NumPy, Scipy, Matplotlib과 같은 일반적인 핵심 라이브러리에서부터 특정 문제 영역을 처리하기 위한 보다 구체적인 라이브러리에 이르기까지 매우 다양하다. 과학 Python 스택의 또 다른 중요한 계층은 다양한 Python 모듈 아래에 존재한다. 많은 과학 Python 라이브러리 인터페이스, 예컨대 벡터, 행렬 및 선형 대수 루틴을 위한 최적화된 LAPACK 및 BLAS 라이브러리 등과 같은 저급 고성능 과학 소프트웨어 패키지[1]와 특정 컴퓨터 작업을 위한 또 다른 특수 라이브러리가 있다. 이러한 라이브러리는 대개 컴파일된 저급 언어로 구현되므로 최적화돼 있기도 하고 효율적일 수도 있다. 이러한 라이브러리 제공 기반이 없다면 Python을 이용한 과학 컴퓨팅은 실용적이지 못할 것이다. Python을 이용한 계산 소프트웨어 스택에서의 다양한 계층은 그림 1-2를 참고하라.

---

[1] 예를 들어 인텔에서 개발한 MKL(Math Kernel Library), https://software.intel.com/en-us/intel-mkl가 있고 openBLAS, https://www.openblas.net 또는 ATLAS(Automatically Tuned Linear Algebra Software)도 http://math-atlas.sourceforge.net에서 구할 수 있다.

▲ 그림 1-2 Python 과학 컴퓨팅 환경의 구성 요소와 계층을 사용자 관점의 상위 계층에서 하위 계층으로 바라본 것. 사용자는 대개 최상위 3개 계층만 사용하지만 최하위 계층도 소프트웨어 스택에 있어 중요한 역할을 수행한다.

> **팁**
>
> Scipy 조직과 웹 사이트인 www.Scipy.org는 과학 Python 생태계 핵심 패키지 정보와 추가 전문 목록, 문서 및 튜토리얼 등과 같은 자료를 제공해준다. 이처럼 Scipy는 Python으로 과학 기술 컴퓨팅 작업을 할 때 이용하는 귀중한 자원이다. 또 다른 좋은 자료는 공식 Python 위키(Wiki)의 수치 및 과학 페이지(http://wiki.python.org/moin/NumericAndScientific)에서 찾을 수 있다.

Python이 컴퓨터 작업에 좋은 환경을 제공한다는 기술적 이유 외에도 Python과 과학 컴퓨팅 라이브러리는 무료이며 오픈 소스라는 점도 중요하다. 이를 통해 환경은 물론 개발된 응용이 언제, 어떻게 배치되고 배포될 것인지에 대한 경제적 제약이 사라진다. 사용자들이 개방된 소스를 통해 전문 언어와 도메인별 패키지가 구현된 방식과 그 사용법에 대한 완전한 통찰을 얻을 수 있다는 점도 이에 못지않게 중요하다. 이러한 점은 투명성과 재현성이 특징인 학술 작업에서 연구에 이용되는 소프트웨어에 대한 주요 요건으로 부각되고 있다. 또한 상업적인 용도(어떻게 환경을 활용하고 제품에 통합할지, 그러한 솔루션을 고객에게 어떻게 배포할지)에 있어서도 자유롭다. 모든 사용자가 라이선스 비용에서 해방되지

않았다면 클라우드 컴퓨팅 플랫폼과 같은 대규모 컴퓨팅 환경에서 구축할 엄두도 내지 못했을 것이다

Python을 위한 과학 컴퓨팅 생태계의 사회적 요소는 Python 성공의 또 다른 주요 측면이다. 핵심 패키지와 많은 영역별 프로젝트를 중심으로 활발한 사용자 커뮤니티가 등장했다. 프로젝트 특화된 메일링 리스트list, 스택 오버플로Stack Overflow 그룹 및 이슈 트래커issue trackers(예: 깃허브, www.github.com)는 대개 매우 활발하며 문제를 논의하거나 도움을 얻을 수 있는 포럼과 이러한 도구 개발에 참여할 수 있는 방법론을 제공한다. Python 컴퓨팅 커뮤니티는 또한 Scipy(http://conference.Scipy.org), PyData(http://pydata.org) 컨퍼런스 시리즈와 같은 전 세계의 많은 장소에서 연례 컨퍼런스와 미팅을 개최하고 있다.

Python을 이용한 컴퓨팅 환경

과학 및 기술 분야의 계산을 위해 Python을 사용하면 매우 다양한 환경에서 작업할 수 있다. 이러한 다양성은 라이선스 비용을 지불하는 계산 제품의 보편적 방식인 단일 구축 환경과 비교할 때 장단점을 갖고 있다. 다양성은 특정 사례에 있어 유연성과 역동성을 제공하지만, 다른 한편으로는 새로운 사용자에게 혼란을 주고 주의가 산만해질 수 있으며 완벽한 생산 환경을 구축하기 어렵다는 단점이 있다. 여기서는 과학 컴퓨팅을 위한 보편적 환경을 구축하는 방향성을 제시해주고 각각의 편익을 서로 비교해, 각기 다른 상황과 목적에서 어떤 것을 사용할 것인지에 대한 정보에 근거해 의사 결정을 내리는 데 도움을 준다. 여기서 설명한 세 가지 환경은 다음과 같다.

- 코드를 대화식으로 실행하기 위한 Python 인터프리터나 IPython 콘솔. 이 방식은 코드를 작성하기 위한 텍스트 편집기와 함께 가벼운 개발 환경을 제공한다.
- Jupyter Notebook은 브라우저를 통해 Python 코드를 작성하고 실행할 수 있게 해주는 웹 애플리케이션이다. 이 환경은 코드의 수집, 코드에 의한 출력, 관련 기술 문서, 분석 및 해석을 모두 하나의 문서에서 가능하게 해주므로 수치 계산, 분석 및

문제 해결에 매우 좋다.

- Spyder IDE는 Python 코드를 작성하고 대화식으로 실행할 수 있게 해준다. Spyder와 같은 IDE는 라이브러리와 재사용 Python 모듈을 개발하기 위한 훌륭한 도구다.

이 모든 환경에는 알맞은 사용 예가 있으며 어느 것을 사용할지는 개인의 취향에 달려 있다. 그러나 나는 Jupyter Notebook 환경을 사용해볼 것을 권장한다. Jupyter Notebook은 데이터, 코드, 문서 그리고 결과가 밀접하게 연결돼 있는 상호적이며 탐색적인 계산과 데이터 분석에 매우 적합하기 때문이다. Python 모듈 및 패키지를 개발할 때는 코드 분석 도구와 Python 디버거가 통합된 Spyder IDE의 사용을 권장한다. Python과 Python을 이용한 과학 컴퓨팅에 필요한 나머지 소프트웨어 스택은 다양한 방법으로 설치하거나 구성할 수 있으며 상세 설치 방법도 시스템마다 다르다. 부록 1에서 이 책을 읽는 데 필요한 도구와 라이브러리 설치를 위한 인기 있는 교차 플랫폼 기법 중 하나를 살펴본다.

Python

Python 프로그래밍 언어와 Python 인터프리터의 표준적 구현은 자주 업데이트되고, 이는 새로운 버전을 통해 이용할 수 있다.[2] 현재 활발히 이용되고 있는 Python 버전으로는 Python 2와 Python 3이 있다. 이 책에서는 Python 3을 사용한다. 현재 Python 3은 사실상 Python 2를 대체한 상태다. 그러나 Python 2를 사용해 제작된 일부 기존 응용의 경우, Python 3과 호환되지 않는 라이브러리가 포함돼 있다면 Python 2를 사용하는 것만이 유일한 선택일 수 있다. 고성능 클러스터나 대학의 컴퓨터 시스템과 같은 환경에서는 Python 2만 사용하는 경우도 있다. 그러한 환경에서 Python 코드를 개발할 때는 Python 2를 사용해야 할 수도 있지만 그렇지 않은 새로운 프로젝트는 Python 3을 사용

---

2 Python 언어와 Python 인터프리터의 기본값은 Python 소프트웨어 재단(http://www.python.org)에서 유지보수하고 있다.

할 것을 강력히 권한다. 또한 현재 많은 주요 Python 라이브러리는 Python 2에 대한 지원을 중단했으며 Python의 계산-중심 라이브러리 대부분은 Python 3을 지원한다. 이 책을 읽기 위해서는 Python 2 시리즈의 경우 2.7 이상이나 Python 3 시리즈가 필요한데, 그중 Python 3.2 이상을 더 권장한다.

인터프리터

Python 코드를 실행하는 표준적인 방법은 Python 인터프리터를 통해 프로그램을 직접 실행하는 것이다. 대부분의 시스템에서 Python 인터프리터는 Python 명령어를 사용해 호출된다. Python 소스 파일을 이 명령어의 인수로 전달하면 그 파일에 저장된 Python 코드가 실행된다.

```
$ python hello.py
Hello from Python!
```

다음은 단 한 줄만 들어 있는 hello.py 파일의 내용이다.

```
print("Hello from Python!")
```

어떤 버전의 Python이 설치됐는지 알아보려면 Python 명령어를 --version 인수와 함께 실행해야 한다.

```
$ python --version
Python 3.6.5
```

동일한 시스템에 두 가지 버전 이상의 Python을 설치할 수도 있다. Python의 각 버전은 자체적으로 라이브러리 집합을 유지하거나 인터프리터 명령어를 제공한다(이것이 바로 각 Python 환경에 서로 다른 라이브러리를 설치할 수 있는 이유다). 많은 시스템에서 Python 2.7과

Python 3.6과 같은 명령어를 사용하면 특정 버전의 Python 인터프리터를 이용할 수 있다. 또한 시스템 제공 환경과는 무관한 가상의 Python 환경도 설정할 수도 있다. 이 방법은 많은 장점을 갖고 있다. 이 방식을 사용해 Python을 이용하는 방식에 익숙해지기를 권한다. 부록 A에서 이러한 종류의 환경을 설정하고 작동하는 방법을 설명한다.

Python 스크립트 파일을 실행하는 것 외에도 Python 인터프리터를 대화형 콘솔(REPL, Read-Evaluate-Print-Loop이라고도 함)로 사용할 수도 있다. 명령 프롬프트에서 (인수 없이 단독으로) Python 명령어를 입력하면 Python 인터프리터가 대화형 모드로 실행된다. 이렇게 하면 다음과 같은 메시지가 나타난다.

```
$ python
Python 3.6.1 |Continuum Analytics, Inc.| (default, May 11 2017, 13:04:09)
[GCC 4.2.1 Compatible Apple LLVM 6.0 (clang-600.0.57)] on darwin
Type "help", "copyright", "credits" or "license" for more information.
>>>
```

여기서부터 Python 코드를 입력할 수 있으며 인터프리터가 각 문장의 코드를 실행하고 그 결과를 화면에 출력한다. Python 인터프리터 자체는 이미 Python 코드를 대화식으로 탐색하는 데 유용한 환경을 제공하고 있다. 특히 Python 3.4는 명령 히스토리, 자동 완성 기능 (Python 2에서는 기본으로 제공되지 않음)과 같은 기본 장치를 포함하고 있다.

IPython 콘솔

최신 버전의 Python 3에서는 표준 Python 인터프리터가 제공하는 대화형 명령 줄 인터페이스가 크게 향상됐지만 여전히 어떤 측면에서는 초보적이며 이것만으로는 만족스러운 대화형 컴퓨팅 환경을 제공해주지 않는다. IPython[3]은 향상된 Python용 명령 줄 대화형 콘솔 환경이며 대화 및 탐색형 컴퓨팅을 위한 추가 기능도 갖추고 있다. 예를 들어

---

3   좀 더 많은 정보와 공식 문서는 Ipython 웹 페이지인 http://ipython.org에 있다.

IPython은 개선된 명령 이력 검색(세션 간에도 가능), 입출력 캐싱 시스템, 자동 완성 기능 향상, 좀 더 많은 어휘와 유용한 예외 추적 기능 등을 제공한다. 사실, IPython은 향상된 Python 명령 줄 인터페이스 이상이며 1장의 뒷부분과 이 책 전체에 걸쳐 좀 더 자세히 살펴본다. 예를 들어 Ipython의 이면에는 프런트엔드(사용자 인터페이스)와 Python 코드를 실행하는 백엔드(커널)를 분리하는 클라이언트−서버 애플리케이션이 있다. 이를 통해 여러 유형의 사용자 인터페이스$^{UI, User Interface}$가 동일한 커널로 통신하거나 작동할 수 있으며 UI 애플리케이션은 병렬 컴퓨팅을 위해 IPython의 강력한 프레임워크로 여러 개의 커널에 연결할 수 있다. ipython 명령을 실행하면 IPython 명령 프롬프트가 실행된다.

```
$ ipython
Python 3.6.1 |Continuum Analytics, Inc.| (default, May 11 2017, 13:04:09)
Type 'copyright', 'credits' or 'license' for more information
IPython 6.4.0 -- An enhanced Interactive Python. Type '?' for help.
In [1]:
```

주의!

설치된 각 IPython은 특정 버전의 Python에 해당하며 시스템에서 Python 버전이 여러 개 있는 경우, IPython 버전도 여러 개 있을 수 있다. 시스템마다 정확한 설정은 다르지만 많은 시스템에서 ipython2 명령어는 Python 2, ipython3 명령어는 Python 3을 호출한다. 여기서 '2'와 '3'은 IPython 자체 버전(집필 당시 6.4.0)과는 다른 Python 버전을 가리킨다.

다음 절에서는 IPython 특징 중 상호 작용 컴퓨팅과 가장 관련이 깊은 부분을 간략히 설명한다. IPython은 Python을 사용한 과학 컴퓨팅의 맥락에서 다양한 방법으로 사용된다는 점에 주목할 필요가 있다. 예를 들어 1장의 뒷부분에서 보다 상세히 다루겠지만 Jupyter Notebook과 Spyder IDE에서는 커널로 작동한다. 자, 이제 대화형 컴퓨팅으로 작업할 때 생산성을 향상시키기 위해 IPython이 제공하는 트릭과 기술을 익히는 데 시간을 할애해보자.

입출력 캐싱

IPython 콘솔에서 입력 프롬프트는 In [1]:, 해당 출력은 Out [1]:로 표시되는데 대괄호 안의 숫자는 새로운 입출력이 생성될 때마다 증가한다. 이러한 입출력은 IPython에서 셀cells이라고 불린다. 이전 셀의 입출력은 모두 IPython에 의해 자동으로 생성된 In 및 Out 변수를 통해 나중에 접근할 수 있다. In과 Out 변수는 각각 셀 번호로 색인화할 수 있는 리스트와 딕셔너리dictionary다. 예를 들어 다음과 같은 IPython 세션을 살펴보자.

```
In [1]: 3 * 3
Out[1]: 9
In [2]: In[1]
Out[2]: '3 * 3'
In [3]: Out[1]
Out[3]: 9
In [4]: In
Out[4]: ['', '3 * 3', 'In[1]', 'Out[1]', 'In']
In [5]: Out
Out[5]: {1: 9, 2: '3 * 3', 3: 9, 4: ['', '3 * 3', 'In[1]', 'Out[1]', 'In', 'Out']}
```

여기서 첫 번째 입력은 3 * 3, 결과는 9로 나중에 In[1]과 Out[1]로 이용할 수 있다. 밑줄 하나(_)는 가장 최근 산출물을 지칭하는 속기이고 이 중 밑줄 2개(_ _)는 가장 최근 출력 바로 전의 출력을 가리킨다. 입력 및 출력 캐싱은 변수에 명시적으로 할당되지 않았더라도 연산 결과에 활용할 수 있기 때문에 대화형 컴퓨팅과 탐색에 유용하다.

셀이 실행될 때 입력 셀의 마지막 실행문 값은 해당 문장이 할당문이 아니고, null에 해당하는 Python의 None 값이 아닌 한, 기본적으로 해당 출력 셀에 표시된다. 다음과 같이 실행문의 끝을 세미콜론을 입력하면 출력을 억제할 수 있다.

```
In [6]: 1 + 2
Out[6]: 3
In [7]: 1 + 2;      # 세미콜론으로 출력을 억제
In [8]: x = 1       # 할당문에는 출력이 없다.
```

```
In [9]: x = 2; x   # 이 줄은 2개의 실행문으로 돼 있다. 'x'의 값이 출력에 나타난다.
Out[9]: 2
```

자동 완성 및 객체 인트로스펙션

IPython에서 TAB을 누르면 이미 입력된 것을 바탕으로 유효한 기호 목록(변수, 함수, 클래스 등)을 표시해 자동 완성 기능을 활성화한다. IPython의 자동 완성은 상황에 따라 다르며 현재 네임스페이스에서 매칭되는 변수나 함수 이름을 찾고 만약 클래스 인스턴스의 이름 뒤에서 호출되면 클래스의 속성이나 메서드[methods] 중 일치하는 것을 찾는다. 예를 들어 os.<TAB>은 os 모듈에 있는 변수, 함수, 클래스 목록을 생성하고 os.w를 입력한 후 TAB을 누르면 os 모듈에 있는 목록 중 w로 시작하는 리스트를 보여준다.

```
In [10]: import os
In [11]: os.w<TAB>
os.wait os.wait3 os.wait4 os.waitpid os.walk os.write os.writev
```

이런 특징을 객체 인트로스펙션[Object Introspection]이라고 불리며 Python 객체의 속성을 대화식으로 탐색할 때 강력한 도구가 된다. 객체 인트로스펙션은 모듈, 클래스와 그들의 속성 및 메서드, 함수 그리고 인수에 작용한다.

문서

객체 인트로스펙션은 모듈의 API와 그 멤버 클래스 및 함수를 탐색할 때 유용하며 이 기능은 Python 코드에서 일반적으로 제공되는 문서 문자열을 의미하는 docstrings과 함께, 설치된 모든 Python 모듈의 내장된 동적 참조 설명서 기능을 제공한다. Python 객체 다음에 물음표를 입력하면 이 객체에 대한 docstrings가 표시된다. 이는 Python 함수의 도움말 기능과 유사하다. 객체 뒤에 2개의 물음표를 입력하면 (가능한 경우) Python 소스 코드를 포함해 보다 상세한 내용을 표시해준다. 예를 들어 math 라이브러리에서 cos

함수에 대한 도움말을 표시하려면 다음과 같이 입력해야 한다.

```
In [12]: import math
In [13]: math.cos?
Type:        builtin_function_or_method
String form: <built-in function cos>
Docstring:
cos(x)

Return the cosine of x (measured in radians).
```

Docstrings는 Python 모듈, 함수, 클래스와 그 속성 및 메서드를 지정할 수 있다. 따라서 잘 문서화된 모듈은 그 자체로 완전한 API 설명서를 포함하고 있는 셈이다. 개발자의 입장에서 보면 구현 시 코드와 함께 문서화를 병행하는 것이 편리하다. 이는 문서의 작성과 유지를 장려하는 기능을 하는데, 이로 인해 Python 모듈은 대체로 문서화가 잘돼 있는 경향이 있다.

시스템 셸과의 상호 작용

IPython은 또한 Python 언어의 확장을 제공해 기저 시스템과 상호 작용하기 편하게 해준다. 느낌표 뒤에 오는 모든 것은 시스템 셸bash shell 등을 사용해 실행한다. 예를 들어 리눅스Linux나 맥 OSXMac OSX와 같은 유닉스UNIX와 유사한 시스템에서의 현재 디렉터리 파일 리스트 표시는 다음과 같이 실행할 수 있다.

```
In[14]: !ls
file1.py    file2.py    file3.py
```

마이크로소프트 윈도우에서 동등한 명령은 !dir이 될 것이다. 운영 체제와 상호 작용하는 이 방법은 파일 시스템을 쉽게 탐색할 수 있게 해주고 IPython 콘솔을 시스템 셸로 사용할 수 있도록 해주는 매우 강력한 기능이다. 느낌표 다음의 명령으로 생성된 출력은

Python 변수에서 쉽게 캡처할 수 있다. 예를 들어 !ls에 의해 생성된 파일 리스트는 다음과 같이 Python 리스트에 저장할 수 있다.

```
In[15]: files = !ls
In[16]: len(files)
3
In[17] : files
['file1.py', 'file2.py', 'file3.py']
```

이와 마찬가지로 변수 이름 앞에 $ 기호를 붙이면 Python 변숫값을 셸 명령에 전달할 수 있다.

```
In[18]: file = "file1.py"
In[19]: !ls -l $file
-rw-r--r-- 1 rob staff 131 Oct 22 16:38 file1.py
```

IPython 콘솔과 시스템 셸과의 이러한 양방향 통신은 데이터 파일 처리 등에 매우 편리하다.

IPython 확장

IPython은 IPython 용어로 '매직magic 함수'라 불리는 확장 명령어를 제공한다. 이 명령어는 모두 1개 또는 2개의 % 기호로 시작한다.[4] % 부호가 1개 있는 것은 한 줄 명령문, 2개 있는 것은 셸에서 작동하는 명령(여러 줄의 명령문)에 사용된다. 사용할 수 있는 확장 명령의 전체 목록을 보려면 %lsmagic을 입력해야 한다. 물음표 다음에 매직 명령어를 입력하면 각 명령어에 대한 설명을 볼 수 있다.

---

4   %automagic을 활성화했을 때(%automagic 명령을 IPython 프롬프터에 입력하면 이 기능을 토글시킬 수 있다) Python 변수나 함수와의 이름이 충돌되지 않는다면 IPython 명령어 앞의 %를 생략할 수 있다. 그러나 여기서는 명확한 설명을 위해 % 기호를 표기한다.

```
In[20]: %lsmagic?
Type:           Magic function
String form:    <bound method BasicMagics.lsmagic of <IPython.core.magics.
                basic.BasicMagics object at 0x10e3d28d0>>
Namespace:      IPython internal
File:           /usr/local/lib/Python3.6/site-packages/IPython/core/magics/
                basic.py
Definition:     %lsmagic(self, parameter_s=")
Docstring:      List currently available magic functions.
```

파일 시스템 탐색

IPython은 앞 절에서 설명한 시스템 셸과의 상호 작용 외에 파일 시스템을 검색하고 탐색하는 명령어도 제공한다. 명령어는 유닉스 셸 사용자에게 익숙한 것들이다. %ls(파일 리스트), %pwd(현재 작업 디렉터리 반환), %cd(작업 디렉터리 변경), %cp(파일 복제), %less(파일 내용 페이지 단위로 표시), %%writefile filename(셀의 내용을 filename이라는 이름의 파일에 쓰기). IPython의 자동 완성 기능은 현재 작업 디렉터리의 파일에도 작동하므로 IPython은 시스템 셸처럼 파일 시스템을 탐색할 때 편리하다는 점도 알아두자. 이러한 IPython 명령어는 시스템에 독립적이므로 유닉스와 같은 운영 체제와 윈도우에서 모두 사용할 수 있다는 점도 알아둘 필요가 있다.

IPython 콘솔에서 스크립트 실행

%run 명령어는 IPython 콘솔의 가장 중요한 특징 중 하나인 중요하고도 유용한 확장이다. 이 명령어를 사용하면 대화형 IPython 세션 내에서 외부 Python 소스 코드 파일을 실행할 수 있다. 스크립트가 여러 번 실행되는 동안 세션을 활성화 상태로 유지하면 스크립트 실행이 완료된 후 스크립트에 정의된 변수와 함수를 대화형으로 탐색할 수 있게 된다. 이 기능을 알아보기 위해 다음 코드가 들어 있는 스크립트 파일 fib.py를 살펴보자.

```
def fib(n):
    """
```

```
    처음 n개의 피보나치 수열을 표시
    """
    f0, f1 = 0, 1
    f = [1] * n
    for i in range(1, n):
        f[i] = f0 + f1
        f0, f1 = f1, f[i]
    return f

print(fib(10))
```

이 파일은 먼저 n개의 피보나치 수열을 생성하는 함수를 정의한 후 $n = 10$에 대한 결과를 표준 출력으로 나타내는 명령어가 들어 있다. 이 명령문은 표준 Python 인터프리터를 사용해 시스템 단말기에서 실행할 수 있다.

```
$ python fib.py
[1, 1, 2, 3, 5, 8, 13, 21, 34, 55]
```

이 파일을 대화형 IPython 세션에서 실행해도 동일한 출력을 생성하지만 파일에 정의된 기호를 로컬 네임스페이스에 추가함으로써 %run 명령어가 실행된 후에도 대화형 세션에서 fib 함수를 그대로 사용하도록 할 수 있다.

```
In [21]: %run fib.py
Out[22]: [1, 1, 2, 3, 5, 8, 13, 21, 34, 55]
In [23]: %who
fib
In [23]: fib(6)
Out[23]: [1, 1, 2, 3, 5, 8]
```

앞의 예에서는 정의된 모든 기호(변수와 함수)를 나열하는 %who 명령도 사용했다.[5] %whos

---

5   Python 명령어인 dir도 이와 유사한 기능을 제공한다.

명령어는 유사하지만 (있을 경우) 각 기호의 유형과 값에 대한 보다 자세한 정보를 제공한다.

디버거

IPython에는 Python에서 예외^{exception}(오류)가 발생했을 때 사후 분석을 실행할 수 있는 디버거 모드가 들어 있다. IPython 콘솔에 예외 사항에 대한 역추적 내용이 인쇄된 후 IPython 명령어인 %debug를 사용하면 Python 디버거에 직접 들어갈 수 있다. 이 디버거를 사용하면 인쇄문을 코드에 뿌리는 일반적인 디버깅 방법을 사용한 후에 프로그램을 다시 실행해야 하는 수고를 하지 않아도 된다. 만약 예외 사항이 예상하지 못한 것이었고 시간이 많이 소요되는 계산 뒤에 발생했다면 시간을 크게 절약할 수 있다.

%debug 명령어의 사용법을 살펴보기 위해 앞에서 정의한 fib 함수를 다음과 같이 잘못된 방법으로 호출해보자. 함수는 원래 인수에 정수만 들어온다고 가정하고 제작됐으므로 실숫값을 전달하면 잘못된 방법이 된다. 코드의 일곱 번째 줄에서 유형 오류가 발생하고 Python 인터프리터는 TypeError 유형의 예외를 발생시킨다. IPython은 예외를 포착하고 호출 시퀀스상의 유용한 추적 자료를 콘솔에 출력한다. 만약 코드의 일곱 번째 줄에서 오류가 발생한 이유를 알 수 없는 상황이라면 IPython 콘솔에 %debug를 입력해 디버거에 들어가보면 된다. 그런 다음 예외 발생 지점의 로컬 네임스페이스에 접근하면 예외 사항이 발생한 이유를 보다 자세하게 살펴볼 수 있다.

```
In [24]: fib(1.0)
---------------------------------------------------------------------
TypeError                                 Traceback (most recent call last)
<IPython-input-24-874ca58a3dfb> in <module>()
 ----> 1 fib.fib(1.0)

/Users/rob/code/fib.py in fib(n)
      5    """
      6    f0, f1 = 0, 1
 ----> 7    f = [1] * n
```

```
      8    for i in range(1, n):
      9        f[n] = f0 + f1

TypeError: can't multiply sequence by non-int of type 'float'

In [25]: %debug
> /Users/rob/code/fib.py(7)fib()
      6    f0, f1 = 0,
----> 7    f = [1] * n
      8    for i in range(1, n):

ipdb> print(n)
1.0
```

팁

디버거 프롬프트에 물음표를 입력하면 사용할 수 있는 명령을 나열하는 도움말 메뉴를 볼 수 있다.
ipdb〉?
Python 디버거와 그 기능에 대한 자세한 내용은 Python 표준 라이브러리 설명서(http://docs.python.org/3/library/pdb.html)에서도 확인할 수 있다.

리셋

IPython 세션의 네임스페이스를 재설정하는 것은 프로그램이 기존 변수와 함수로 얽혀 있지 않은 깨끗한 환경에서 실행되도록 하는 데 유용하다. %reset 명령은 이 기능을 제공한다(재설정을 강제하려면 -f 플래그를 사용해야 한다). 이 명령을 사용하면 일반적으로 콘솔을 종료한 후 재시작해야 하는 번거로움을 없앨 수 있다. %reset 명령을 사용하면 모듈을 다시 임포트^{import}해야 하는데 마지막 임포트 이후 모듈이 변경된 경우에도 %reset 후에 임포트하면 모듈을 새로 가져오는 것이 아니라 이전에 캐시된 버전의 모듈을 다시 활성화한다는 점을 반드시 알아둬야 한다. 이는 Python 모듈 개발 시에 원하는 작동 방식이 아니다. 이 경우, 이전에 임포트된(그리고 그 후에 업데이트된) 모듈의 재임포트 시에는 IPython.lib.deepreload의 reload 함수를 사용해야 한다. 그러나 어떤 라이브러리는 한

번만 실행되기 위해 오직 임포트할 때만 실행되므로 이 방법도 항상 작동하는 것은 아니다. 이 경우의 유일한 옵션은 IPython 인터프리터를 종료한 후 다시 실행하는 것이다.

타이밍과 프로파일링 코드

%timeit 및 %time 명령어는 병목 지점을 찾거나 코드 최적화를 시도할 때 유용한 벤치마킹 기능을 제공한다. %timeit 명령은 Python 명령문을 여러 번 실행하고 실행 시간에 대한 추정값을 제공한다(멀티라인 셀과 동일한 작업을 하려면 %%timeit 사용). 명령문이 실행되는 정확한 횟수는 -n 및 -r 플래그를 사용해 명시적으로 설정하지 않는 한 휴리스틱으로 결정된다. 보다 자세한 사항은 %timeit?을 입력하면 볼 수 있다. %timeit 명령어는 식의 결괏값을 반환하지 않는다. 연산 결괏값이 필요한 경우 %time 또는 %%time(멀티라인 셀의 경우) 명령을 대신 사용할 수 있지만 %time과 %%time은 명령문을 한 번만 실행하므로 평균 실행 시간에 대한 정확도가 낮아진다. 다음 예는 %timeit 및 %time 명령의 일반적인 사용법을 보여준다.

```
In [26]: %timeit fib(100)
100000 loops, best of 3: 16.9 µs per loop
In [27]: result = %time fib(100)
CPU times: user 33 µs, sys: 0 ns, total: 33 µs
Wall time: 48.2
```

%timeit 및 %time 명령어는 연산의 경과 시간을 측정하는 데는 유용하지만 연산의 어떤 부분에 더 많은 시간이 걸렸는지에 대한 자세한 정보는 제공하지 않는다. 이러한 분석에는 Python 표준 라이브러리 모듈인 cProfile에서 제공하는 것과 같은 보다 정교한 코드 프로파일러가 필요하다.[6] Python 프로파일러는 %prun(명령문의 경우) 또는 %run에 -p 플래그(외부 스크립트 파일 실행 시)를 통해 IPython에서 사용할 수 있다. 프로파일러의 출력은 다소 길기 때문에 %prun 및 %run -p 명령에 옵션 플래그를 사용해 사용자 정의를 할

---

6   이 프로파일은 python -m cProfile script.py 명령어를 표준 Python 인터프리터에서 실행하면 얻을 수 있다.

수 있다(사용할 수 있는 옵션에 대한 자세한 설명을 위해 %prun을 입력해야 한다).

예를 들어 *N*명의 보행자가 랜덤으로 각각 *M* 발자국 이동하는 것을 시뮬레이션하고 모든 보행자가 출발점에서 얼마나 멀리 갔는지 계산하는 함수를 생각해보자.

```
In [28]: import numpy as np
In [29]: def random_walker_max_distance(M, N):
    ...:         """
    ...:         N명의 보행자가 랜덤으로 각각 M 발자국 이동하는 것을
    ...:         시뮬레이션하고 모든 보행자가 출발점에서 얼마나 멀리 갔는지 계산
    ...:         """
    ...:         trajectories = [np.random.randn(M).cumsum( ) for _ in range(N)]
    ...:         return np.max(np.abs(trajectories))
```

%prun 명령어를 통해 프로파일러로 이 함수를 호출하면 각 함수의 호출 횟수, 각 함수 수행에 소요된 총 시간, 누적 시간에 대한 상세 분석이 포함된 다음 출력이 생성된다. 이 정보를 통해 np.random.randn 함수가 경과된 연산 시간의 대부분을 소비했다는 결론을 내릴 수 있다.

```
In [30]: %prun random_walker_max_distance(400, 10000)
   20008 function calls in 0.254 seconds
   Ordered by: internal time
ncalls  tottime  percall  cumtime  percall filename:lineno(function)
 10000    0.169    0.000    0.169    0.000 {method 'randn' of 'mtrand.
                                            RandomState' objects}
 10000    0.036    0.000    0.036    0.000 {method 'cumsum' of 'numpy.
                                            ndarray' objects}
     1    0.030    0.030    0.249    0.249 <IPython-input-30>:18(random_
                                            walker_max_distance)
     1    0.012    0.012    0.217    0.217 <IPython-input-30>:
                                            19(<listcomp>)
     1    0.005    0.005    0.254    0.254 <string>:1(<module>)
     1    0.002    0.002    0.002    0.002 {method 'reduce' of 'numpy.
                                            ufunc' objects}
```

```
1      0.000    0.000    0.254    0.254 {built-in method exec}
1      0.000    0.000    0.002    0.002 _methods.py:25(_amax)
1      0.000    0.000    0.002    0.002 fromnumeric.py:2050(amax)
1      0.000    0.000    0.000    0.000 {method 'disable' of '_
                                              lsprof.Profiler' objects}
```

개발 환경으로서의 인터프리터와 텍스트 편집기

원칙적으로 Python, IPython 인터프리터와 같은 텍스트 편집기는 생산적인 Python 개발 환경에 필요한 모든 것이다. 이 간단한 설정은 많은 프로그래머들이 선호하는 개발 환경이다. 그러나 다음 절에서는 Jupyter Notebook과 IDE인 Spyder를 알아본다. 이러한 환경들은 상호 작용과 탐색적 컴퓨팅 애플리케이션으로 작업할 때 생산성을 향상시켜 주는 기능을 제공한다.

Jupyter

Jupyter 프로젝트[7]는 Python 독립 프론트엔드와 함께 커널로 알려진 계산 백엔드와 분리할 수 있게 해주는 통신 프레임워크가 포함된 것으로, IPython에서 분리된 것이다. Jupyter 프로젝트에는 다음 절에서 자세히 설명할 Notebook 애플리케이션이 가장 유명하다. Notebook 애플리케이션과 그 기본 프레임워크는 Jupyter 프로젝트가 만들어지기 전까지 IPython 프로젝트의 일부였다. 그러나 Notebook 프런트엔드는 언어에 구애를 받지 않기 때문에(Notebook은 R이나 줄리아 등과 같은 여러 언어와도 함께 사용할 수 있다) Python에 편향됐다는 인식을 벗어던지고 보다 폭넓은 컴퓨터 커뮤니티에 활용될 수 있도록 별도의 프로젝트로 나왔다. 이제 IPython의 남은 역할은 대화형 Python 콘솔처럼 Python에 특화된 응용에 초점을 맞추고 Jupyter 환경을 위한 Python 커널을 제공하는 것이다.

---

7   Jupyter에 대한 보다 자세한 정보는 http://jupyter.org를 참고하라.

프런트엔드는 Jupyter 프레임워크에서 커널로 알려진 컴퓨터 백엔드와 통신한다. 프런트엔드에는 다른 프로그래밍 언어, 다른 버전의 Python 또는 다른 Python 환경 등에 복수 개의 커널을 등록할 수 있다. 커널은 인터프리터의 상태를 유지하고 실제 연산을 수행하는 반면, 프런트엔드는 코드 입력 및 구성 방법 그리고 계산 결과를 사용자에게 시각화하는 방법을 관리한다.

이 절에서는 Jupyter QtConsole과 Notebook 프론트엔드를 설명하고 풍부한 디스플레이와 상호 작용 기능 그리고 Notebook이 제공하는 작업 흐름 조직을 간략히 소개한다. Jupyter Notebook은 이 책에서의 연산 작업을 위해 일반적으로 추천하는 Python 환경이며 나머지 책의 코드 리스트는 Notebook의 셀로 이해해야 한다.

Jupyter QtConsole

Jupyter QtConsole은 표준 IPython 콘솔을 대체할 수 있는 향상된 콘솔 애플리케이션이다. QtConsole은 jupyter 명령문에 qtconsole을 인수로 전달하면 실행된다.

```
$ jupyter qtconsole
```

명령을 실행하면 콘솔에 이미지, 그림, 수학 방정식 등 풍부한 미디어 객체를 표시할 수 있는 새로운 IPython 애플리케이션이 열린다. 또한 Jupyter QtConsole은 자동 완성 기능을 표시하기 위한 메뉴 기반 메커니즘을 제공하며 함수나 메서드 호출을 위해 열린 괄호를 입력하면 팝업 창이 등장해 함수에 대한 문법을 보여준다. Jupyter Qtconsole의 스크린샷은 그림 1-3과 같다.

```
                              Jupyter QtConsole
Jupyter QtConsole 4.3.1
Python 3.6.1 |Continuum Analytics, Inc.| (default, May 11 2017, 13:04:09)
Type 'copyright', 'credits' or 'license' for more information
IPython 6.4.0 -- An enhanced Interactive Python. Type '?' for help.

In [1]: import sympy

In [2]: sympy.init_printing()

In [3]: x = sympy.symbols("x")

In [4]: i = sympy.Integral(x**2, (x, 0, 1)); i
Out[4]:
```

$$\int_0^1 x^2 \; dx$$

```
In [5]: |
```

▲ 그림 1-3 Jupyter QtConsole 응용 스크린샷

Jupyter Notebook

Jupyter는 대화형 콘솔 외에도 Jupyter를 유명하게 만든 웹 기반 Notebook 애플리케이션을 제공한다. Notebook은 데이터 분석이나 계산 문제 해결에 있어 전통적인 개발 환경에 비해 많은 장점을 갖고 있다. 특히 Notebook 환경은 코드 작성과 실행, 코드에 의해 생성된 출력 표시, 코드와 결과의 문서화 및 해석 등을 모두 하나의 문서로 만들 수 있다. 이는 분석 작업 흐름 전체를 한 파일에 담아 저장, 복원 및 나중에 재사용할 수 있다는 것을 의미한다. 이와는 대조적으로 텍스트 에디터나 IDE를 통해 작업할 때는 코드, 해당 데이터 파일 및 수치, 문서화가 파일 시스템에 여러 개의 파일에 흩어져 있다. 이러한 작업 흐름을 정리하기 위해서는 상당한 노력과 훈련이 필요하다.

Jupyter Notebook은 방정식, 그림, 동영상 등과 같은 미디어를 Notebook 속에 내장된 객체로 보여줄 수 있는 풍부한 출력 시스템을 갖추고 있다. Jupyter의 위젯widget 시스템을 이용하면 HTML과 JavaScript로 UI 요소를 만들 수도 있다. 이러한 위젯은 웹 애플리케이션을 IPython 커널(서버 측)에서 실행되는 Python 코드와 연결하는 대화형 응용에 사용된다. Jupyter Notebook의 이런 특징 및 다른 많은 특징은 이 책의 전반에 걸친 예를 통해 볼 수 있듯이 상호적이며 말 그대로 계산을 위한 환경을 조성해준다. Jupyter Notebook 환경을 시작하려면 jupyter 명령어에 Notebook을 인수로 전달해야 한다.

```
$ jupyter notebook
```

이 명령어는 로컬 호스트 8088번 포트에 웹 서버 역할을 하는 웹 애플리케이션과 Notebook 커널을 실행시키는데, 이는 로컬 주소 http://localhost:8888/을 사용해 액세스할 수 있다. Jupyter Notebook을 기본값으로 실행하면 브라우저에 대시보드 웹 페이지가 열린다.

대시보드는 Jupyter Notebook이 실행된 디렉터리에서 사용할 수 있는 모든 Notebook을 나열하고 Notebook 서버가 실행된 디렉터리의 서브 디렉터리를 탐색할 수 있는 디렉터리 브라우저를 보여주며 그 안에서 Notebook을 열 수 있다. 그림 1–4는 브라우저와 Jupyter Notebook 대시보드 페이지의 스크린샷을 보여주고 있다.

▲ 그림 1-4 Jupyter Notebook 대시보드 페이지의 스크린샷

New 버튼을 클릭하면 새로운 Notebook이 생성돼 브라우저의 새로운 페이지에서 열린다(그림 1-5 참조). 새로 생성된 Notebook은 사용하지 않는 파일 이름의 가용 여부에 따라 제목을 Untited, Untited1 등으로 붙인다. Notebook 페이지 위의 제목 필드를 클릭하면 Notebook의 이름을 바꿀 수 있다. Jupyter Notebook 파일은 파일 이름 확장자에 ipynb를 사용해 JSON 파일 유형으로 저장된다. Jupyter Notebook 파일은 순수 Python 코드는 아니지만 필요한 경우 File ➤ Download as ➤ Python 메뉴나 Jupyter 유틸리티 nbconvert(다음 절 참조)를 사용해 Notebook의 Python 코드를 쉽게 추출할 수 있다.[8]

---

8   Jupyter Notebook의 메뉴는 모두 영어로 표시되므로 별도로 번역하지 않고 그대로 사용한다. – 옮긴이

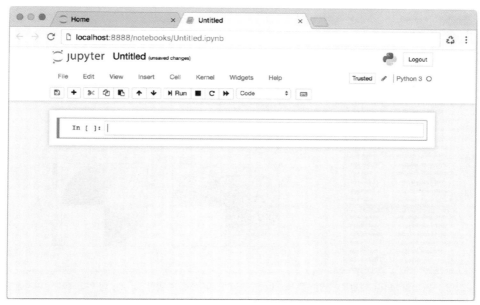

▲ 그림 1-5 새로 생성된 빈 Jupyter Notebook

Jupyter 랩

Jupyter 랩은 Jupyter 프로젝트의 새로운 대안적 개발 환경이다. Jupyter 랩은 웹 기반의 IDE와 같은 환경에서 Jupyter Notebook 인터페이스를 파일 브라우저, 텍스트 편집기, 셸 및 IPython 콘솔과 결합한다(그림 1-6 참조).

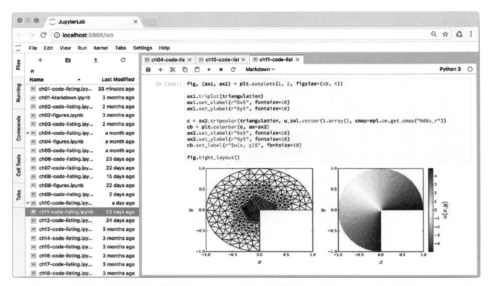

▲ 그림 1-6 파일 브라우저(왼쪽)와 멀티탭 Notebook 편집기(오른쪽)를 포함한 Jupyter 랩 인터페이스. 여기에 표시된 Notebook은 11장, '편미분 방정식'의 예제에 있는 코드와 출력을 보여주고 있다.

Jupyter 랩 환경은 Notebook 환경의 많은 장점과 전통적인 IDE의 장점을 통합한다. 셀 콘솔과 텍스트 편집기를 모두 동일한 웹 프런트엔드에서 액세스할 수 있게 되면 계산 클러스터나 클라우드처럼 원격 시스템에서 실행되는 Jupyter 서버에서 작업할 때도 편리하다.

셀 유형

메뉴 바와 도구 바 아래에 있는 Notebook의 주요 내용은 입출력 셀로 구성된다. 셀은 몇 가지 유형을 가질 수 있으며 선택한 셀의 유형은 도구 바의 셀 유형 드롭다운 메뉴를 사용해 변경할 수 있다(처음에는 'Code'를 표시하고 있다). 가장 중요한 유형 몇 가지는 다음과 같다.

- Code: Code 셀은 임의 길이의 여러 줄로 된 Python 코드를 포함할 수 있다. Shift + Enter를 누르면 셀의 코드가 커널 프로세스로 전송되고 커널에서 Python 인터프리

터를 사용해 코드를 실행한다. 결과는 브라우저로 다시 전송돼 해당 출력 셀에 표시된다.

- **마크다운**: 마크다운^{Markdown} 셀의 내용은 마크업 텍스트를 갖고 있는데, 이는 마크다운 언어나 HTML을 사용해 해석된다. 마크다운 셀은 LaTeX 유형의 수식을 담을 수 있는데, 이는 자바스크립트에 기반을 둔 LaTeX 엔진인 MathJax를 사용해 화면에 그려진다.
- **Headings**: Headings 셀은 Notebook을 여러 섹션으로 구성하는 데 사용할 수 있다.
- **Raw**: Raw 텍스트 셀은 아무런 처리 없이 그대로 표시된다.

셀 편집하기

메뉴 바와 도구 바를 사용하면 셀 추가 및 삭제, 상하 이동, 절단 및 붙여 넣기 등을 할 수 있다. 이러한 기능은 Jupyter Notebook으로 작업할 때 편리하며 시간을 절약할 수 있도록 키보드 단축키로도 매핑할 수 있다. Notebook은 편집 모드와 명령 모드를 갖춘 2 모드 입력 인터페이스를 사용한다. 편집 모드를 실행하려면 셀을 클릭하거나 셀에 포커스가 있을 때 Enter를 누르면 된다. 일단 편집 모드에 들어가면 입력 셀의 내용을 편집할 수 있다. 편집 모드를 종료하려면 ESC나 Shift + Enter를 눌러 셀을 실행해야 한다. 명령 모드에서는 위쪽 및 아래쪽 화살표를 사용해 셀 간에 포커스를 이동할 수 있다. 키보드 단축키에는 도구 바와 메뉴 바를 통해 사용할 수 있는 기본 셀 조작 작동이 매핑돼 있다. 표 1-1은 명령 모드에서 사용되는 가장 중요한 Jupyter Notebook 단축키를 요약한 것이다.

단축키	설명
B	현재 선택된 셀 아래에 새로운 셀 생성
a	현재 선택된 셀 위에 새로운 셀 생성
d-d	현재 선택된 셀 삭제
1~6	레벨 1부터 레벨 6까지의 heading 셀
x	현재 선택된 셀 잘라내기
c	현재 선택된 셀 복사하기
v	클립보드에서 셀 붙여넣기
m	셀을 마크다운 셀로 변환
y	셀을 code 셀로 변환
Up	이전 셀 선택
Down	다음 셀 선택
Enter	편집 모드 진입
Escape	편집 모드 탈출
Shift+Enter	셀 실행
h	가용한 모든 키보드 단축키를 도움말 창에 표시
0-0	커널 재시작
i-i	실행 셀 중단
s	Notebook 저장

입력 프롬프트 번호는 Notebook 셀을 실행하는 동안 별표 In[*]로 표시되며 페이지 오른쪽 위에 있는 표시기는 IPython 커널이 사용 중이라는 것을 표시한다. Kernel ➤ Interrupt 메뉴 옵션을 사용하거나 명령 모드에서 i-i를 입력하면 셀 실행을 중단시킬 수 있다(즉 i 키를 연속 두 번 누름).

마크다운 셀

Jupyter Notebook의 주요 특징 중 하나는 코드 셀과 출력 셀을 텍스트 셀에 포함된 문서로 보완할 수 있다는 점이다. 텍스트 입력 셀을 마크다운 셀이라고 한다. 입력 텍스트는 마크다운 마크업 언어를 사용해 해석되고 재포맷된다. 마크다운 언어는 단순한 마크업 규칙이 있는 텍스트를 HTML과 다른 유형으로 변환해 좀 더 풍부한 디스플레이를 가능하게 하는 가벼운 조판typesetting 시스템으로 설계됐으며, 마크업 규칙은 일반 텍스트 유형처럼 사용자 친화적이고 읽기 쉽도록 설계됐다. 예를 들어 텍스트를 별표로 둘러싸면(*문자열*) 기울임체, 이중 별표로 둘러싸면(**문자열**) 굵은 글씨체로 만들 수 있다. 또한 마크다운은 열거enumerated와 불릿 리스트bulleted lists, 표와 하이퍼 참조hyper-reference도 만들 수 있다. Jupyter가 지원하는 마크다운의 확장에는 자바스크립트 LaTeX 라이브러리인 MathJax를 사용해 LaTeX의 수학적 식들을 입력할 수 있다. Jupyter Notebook이 제공하는 기능을 최대한 활용하려면 마크다운 셀과 풍부한 디스플레이 옵션을 사용해 코드와 출력 결과를 문서화해야 한다. 표 1-2는 Jupyter Notebook 마크다운 셀에서 사용할 수 있는 기본적인 마크다운과 수식 포맷 기능이 수록돼 있다.

▼ 표 1-2 Jupyter Notebook 마크다운 셀의 마크다운 구문 요약

기능	구문 예
기울임체	*문자열*
굵은 글씨체	**문자열**
줄 그어 지우기	~~문자열~~
고정-너비 폰트	\`문자열\`
URL	[URL 문자열](http://www.example.com)
새로운 문단	두 문단 텍스트를 빈 줄로 분리
입력 그대로 표시	4개의 공백으로 시작하는 줄은 고정-너비 폰트를 사용해 입력된 그대로 표시된다. 이 방법은 코드 등을 표시할 때 유용하다. ␣␣␣␣def func(x): ␣␣␣␣ return x ** 2

기능	구문 예
표	| A | B | C | |---|---|---| | 1 | 2 | 3 | | 4 | 5 | 6 |
수평선	대시 3개가 포함된 줄은 수평선으로 표시한다. ---
헤딩(Heading)	# 레벨 1 헤딩 ## 레벨 2 헤딩 ### 레벨 3 헤딩 ---
블록 인용	")"로 시작되는 줄은 블록 인용으로 표시한다. 〉 여기 쓰인 문자열은 들여쓰기되고 〉 주 문자열로부터 띄어쓰기된다.
번호를 매기지 않는 리스트	* 첫째 항목 * 둘째 항목 * 셋째 항목
번호를 매긴 리스트	1. 첫째 항목 2. 둘째 항목 3. 셋째 항목
이미지	![대체 문자열](image-file.png)[9] 또는 ![대체 문자열](http://www.example.com/image.png)
텍스트 속의 LaTeX 수식	$\LaTeX$
(새 줄 중간에) 표시된 LaTeX 수식	$$\LaTeX$$ 또는 \begin{env}...\end{env} 여기서 env는 equation, eqnarray, align 등의 LaTeX 환경 변수다.

마크다운 셀은 HTML 코드도 포함할 수 있는데 Jupyter Notebook 인터페이스는 HTML 코드를 렌더링해 표시한다. 이는 Jupyter Notebook의 매우 강력한 기능이지만 단점은 이러한 HTML 코드는 nbconvert 도구를 사용해 PDF와 같은 다른 유형의 문서로 변환할 수 없다는 것이다(1장의 후반부 절 참조). 따라서 가능한 한 마크다운 포맷을 사용하고 절대적으로 필요할 때만 HTML에 의존하는 것이 좋다.

---

9   파일 경로는 notebook 디렉터리로부터 상대 경로다.

MathJax와 마크다운에 대한 보다 자세한 내용은 www.mathjax.com과 http://daringfireball.net/projects/markdown,respectively의 프로젝트 웹 페이지에서 확인할 수 있다.

리치 출력 디스플레이

Notebook 셀의 마지막 명령문에서 생성된 결과는 일반적으로 표준 Python 인터프리터나 IPython 콘솔과 같은 해당 출력 셀에 표시된다. 기본 출력 셀 유형은 `__repr__` 메서드 등에 의해 생성된 객체의 문자열 표현이다. 그러나 Notebook 환경은 원칙적으로 출력 셀 영역에 임의 HTML을 표시할 수 있기 때문에 훨씬 더 풍부한 출력 유형을 가능하게 해준다. `IPython.display` 모듈은 Notebook에 포맷된 출력을 프로그램적으로 쉽게 렌더링할 수 있는 여러 클래스와 함수를 제공한다. 예를 들어 `Image` 클래스는 그림 1-7과 같이 로컬 파일 시스템이나 온라인 리소스 이미지를 Notebook으로 표시할 수 있는 방법을 제공한다. 동일한 모듈에 있는 다른 유용한 클래스로는 HTML, HTML 코드 렌더링, LaTeX 수식을 렌더링하는 `Math` 등이 있다. `display` 함수는 출력 영역에서 렌더링하고 표시할 객체를 명시적으로 요청하는 데 사용할 수 있다.

```
In [1]: from IPython.display import display, Image, HTML, Math

In [2]: Image(url='http://python.org/images/python-logo.gif')

Out[2]:
```

▲ 그림 1-7 리치 Jupyter Notebook 출력 셀 포맷 예제. 여기서는 Image 클래스를 이용해 출력 셀에 이미지를 표시했다.

HTML 클래스를 사용해 Notebook에 HTML 코드를 렌더링하는 방법의 예시는 그림 1-8에 나타나 있다. 여기서는 먼저 Python 라이브러리 목록에 대한 버전 정보가 있는 표를 만들기 위해 HTML 코드를 포함한 문자열을 구성한다. 이 HTML 코드는 `HTML` 클래스의 인스턴스를 만들어 출력 셀 영역에서 렌더링되며 이 명령문이 해당 입력 셀의 마지막(그리고 유일한) 명령문이기 때문에 Jupyter는 출력 셀 영역에 이 개체를 렌더링한다.

```
In [3]: import scipy, numpy, matplotlib
        modules = [numpy, matplotlib, scipy]
        row = "<tr> <td>%s</td> <td>%s</td> </tr>"
        rows = "\n".join([row % (module.__name__, module.__version__) for module in modules])
        s = "<table> <tr><th>Library</th><th>Version</th> </tr> %s</table>" % rows
```

```
In [4]: s
```

```
Out[4]: '<table> <tr><th>Library</th><th>Version</th> </tr> <tr> <td>numpy</td> <td>1.13.3</td> </tr>
        \n<tr> <td>matplotlib</td> <td>2.0.2</td> </tr>\n<tr> <td>scipy</td> <td>1.1.0</td> </tr></ta
        ble>'
```

```
In [5]: HTML(s)
```

Out[5]:

Library	Version
numpy	1.13.3
matplotlib	2.0.2
scipy	1.1.0

▲ 그림 1-8 리치 Jupyter Notebook 출력 셀 포맷의 또 다른 예제. 여기서는 모듈의 버전 정보를 담고 있는 HTML 표를 HTML 클래스로 나타냈다.

HTML 유형으로 표현된 객체를 표시하기 위해서는 _repr_hmtl_이라는 메서드를 클래스 정의에 추가해야 한다. 예를 들어 HTML 클래스의 초기 버전을 쉽게 구현해 그림 1-9에 나타낸 것과 같이 이전의 예와 동일한 HTML 코드를 렌더링하는 데 사용할 수 있다.

```
In [8]: class HTMLDisplayer(object):
            def __init__(self, code):
                self.code = code

            def _repr_html_(self):
                return self.code
```

```
In [9]: HTMLDisplayer(s)
```

Out[9]:

Library	Version
numpy	1.13.3
matplotlib	2.0.2
scipy	1.1.0

▲ 그림 1-9 HTML 코드를 _repr_html_ 메서드를 구현한 클래스를 이용해 Jupyter Notebook에 표시한 또 다른 예제

Jupyter는 앞에서 살펴본 _repr_hmtl_ 외에 다수의 표현 방식을 지원하는데, 그 예로는 _repr_png_, _repr_svg_, _repr_latex_ 등이 있다. 앞의 두 가지는 Notebook 출력 셀, 예컨대 Matplotlib(다음 예제와 4장, '도식화와 시각화'를 참조하라.) 라이브러리에서 사용된 것처럼 그래픽을 생성하고 표시할 수 있다. _repr_latex_ 메서드를 이용하는 Math 클래스는 Jupyter Notebook에서 수학 식을 렌더링하는 데 사용될 수 있다. 이는 대개 과학이나 기술에 응용하는 데 유용하다.

Math 클래스와 _repr_latex_ 메서드를 사용해 수학 식을 렌더링하는 방법의 예제는 그림 1-10과 같다.

```
In [8]: Math(r'\hat{H} = -\frac{1}{2}\epsilon \hat{\sigma}_z-\frac{1}{2}\delta \hat{\sigma}_x')

Out[8]:  Ĥ = -½εσ̂_z - ½δσ̂_x

In [9]: class QubitHamiltonian(object):
            def __init__(self, epsilon, delta):
                self.epsilon = epsilon
                self.delta = delta

            def _repr_latex_(self):
                return "$\hat{H} = -%.2f\hat{\sigma}_z-%.2f\hat{\sigma}_x$" % \
                    (self.epsilon/2, self.delta/2)

In [10]: QubitHamiltonian(0.5, 0.25)

Out[10]:  Ĥ = -0.25σ̂_z - 0.12σ̂_x
```

▲ 그림 1-10 Latex 공식을 Math 클래스와 _repr_latex_ 메서드로 객체를 Latex 포맷으로 생성해 렌더링하는 예제

Jupyter의 다양한 표현 방법이나 IPython.display 모듈의 편의 클래스를 이용하면 Jupyter Notebook을 구성하는 데 유연성을 가질 수 있다. 그러나 사실 더 많은 가능성이 있다. Jupyter Notebook이 갖고 있는 흥미로운 특징은 프런트엔드 커널과 백엔드 커널 간의 양방향 통신 대화형 애플리케이션, 예컨대 위젯 라이브러리(UI 컴포넌트)를 사용하거나 직접 자바스크립트와 HTML을 사용해 만들 수 있다는 점이다. ipywidget 라이브러리의 interact 함수를 사용하면 그림 1-11에서와 같이 UI 슬라이더를 통해 값이 결정되는 입력 매개변수를 사용하는 대화형 그래프를 매우 쉽게 만들 수 있다.

```
In [11]:  import matplotlib.pyplot as plt
          import numpy as np
          from scipy import stats

          def f(mu):
              X = stats.norm(loc=mu, scale=np.sqrt(mu))
              N = stats.poisson(mu)
              x = np.linspace(0, X.ppf(0.999))
              n = np.arange(0, x[-1])

              fig, ax = plt.subplots()
              ax.plot(x, X.pdf(x), color='black', lw=2, label="Normal($\mu=%d, \sigma^2=%d$)" % (mu, mu))
              ax.bar(n, N.pmf(n), align='edge', label=r"Poisson($\lambda=%d$)" % mu)
              ax.set_ylim(0, X.pdf(x).max() * 1.25)
              ax.legend(loc=2, ncol=2)
              plt.close(fig)
              return fig
```

```
In [12]:  from ipywidgets import interact
          import ipywidgets as widgets
```

```
In [13]:  interact(f, mu=widgets.FloatSlider(min=1.0, max=20.0, step=1.0));
```

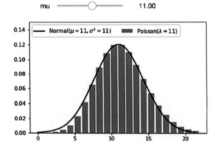

▲ 그림 1–11 IPython 위젯 interact를 이용해 생성한 대화형 응용의 예. interact 위젯은 슬라이더 UI 요소를 제공해 입력 매개변숫값을 변경할 수 있게 해준다. 슬라이더를 끌면 함수의 값이 다시 계산돼 새로운 그래프를 그리게 된다.

그림 1–11의 예는 정규 분포와 푸아송 분포 함수를 나타내는데, 여기서 분포의 평균과 분산은 interact 함수에 의해 생성된 UI 객체로부터 입력받는다. 슬라이더를 앞뒤로 움직이면 분포의 평균이 증가함에 따라 정규 분포와 푸아송 분포가 서로 어떻게 근접하고 작은 평균값이 어떻게 다르게 바뀌는지 알 수 있다. 이와 같은 대화형 그래프는 직관력을 쌓고 연산 문제를 탐구하는 훌륭한 도구로, Jupyter Notebook은 이런 종류의 조사를 가능하게 해주는 환상적인 도구다.[10]

---

10 Jupyter와 IPython 위젯을 사용해 대화형 응용을 생성하는 방법에 관한 보다 자세한 정보는 pywidgets 라이브러리 문서 (https://ipywidgets.readthedocs.io/en/latest)를 참고하라.

nbconvert

Jupyter Notebook은 nbconvert 애플리케이션을 사용해 여러 가지 읽기 전용 유형으로 변환할 수 있다. nbconvert를 jupyter 명령어에 첫 번째 인수로 전달하면 호출된다. 지원되는 유형에는 PDF 및 HTML이 있다. Jupyter Notebook을 PDF 또는 HTML로 변환하는 것은 동료들과 Notebook을 공유하거나 온라인으로 출판할 때 그리고 반드시 코드를 실행할 필요는 없지만 주로 Notebook에 포함된 결과를 살펴봐야 할 때 유용하다.

HTML

Notebook 웹 인터페이스에서는 메뉴 옵션인 File ➤ Download as ➤ HTML을 사용해 Notebook의 정적인 뷰를 나타내는 HTML 문서를 생성할 수 있다. 또한 명령 프롬프트에서는 nbconvert 애플리케이션을 사용해 HTML 문서를 생성할 수 있다. 예를 들어 Notebook.ipynb이라 불리는 Notebook은 다음 명령을 사용해 HTML로 변환할 수 있다.

```
$ jupyter nbconvert --to html Notebook.ipynb
```

이 명령어는 스타일 시트와 자바스크립트 리소스(공용 CDN 서버로부터 로딩)를 통해 구성된 HTML 페이지를 생성해 온라인처럼 게재할 수 있다. 단, 마크다운이나 HTML 태그를 사용하고 있는 이미지 자원은 포함되지 않으므로 결과 HTML 파일과 함께 배포해야 한다.

Jupyter Notebook을 온라인으로 공개하려면 http://nbviewer.jupyter.org에서 Jupyter 프로젝트의 nbviewer라는 편리한 웹 서비스를 이용할 수 있다. nbviewer 애플리케이션은 공개 Notebook 파일에 URL을 제공함으로써 자동으로 Notebook을 HTML로 변환해 결과를 표시한다. 이 방법을 통해 Jupyter Notebook을 게재할 때의 장점 중 하나는 Notebook 작성자가 Notebook 파일 자체만 관리한다는 것이다. 파일이 업데이트돼 온라인 위치에 업로드되면 nbviewer가 제공하는 Notebook의 정적 뷰도 자동으로 업데이트된다. 다만 공개 접속 가능한 URL에 소스 Notebook을 게재할 때만 가능하므로 이는 공개 공유에서만 사용할 수 있다.

Jupyter 프로젝트는 http://github.com/jupyter/jupyter/wiki/A-gallery-of-interesting-Jupyter-Notebooks에 게재된 여러 흥미로운 Jupyter Notebook을 색인화한 위키 페이지를 관리하고 있다. 이 Notebook들은 IPython과 Jupyter의 더 발전된 특징들을 많이 보여주며 Jupyter Notebook과 Notebook에서 다루는 많은 주제를 좀 더 많이 배울 수 있는 훌륭한 자료가 된다.

PDF

Jupyter Notebook을 PDF 유형으로 변환하려면 가장 먼저 Notebook을 LaTeX로 변환한 후 LaTeX 문서를 PDF 유형으로 컴파일해야 한다. LaTeX에서 PDF로 변환하려면 시스템에서 LaTeX 환경을 사용할 수 있어야 한다(이러한 도구 설치 방법은 부록 A 참조). nbconvert 애플리케이션은 --to pdf 인수를 이용해 Notebook에서 LaTeX로 또는 LaTeX에서 PDF로의 변환을 한꺼번에 수행할 수 있다(--to latex 인수를 사용하면 중간 LaTeX 소스를 생성할 수도 있다).

```
$ jupyter nbconvert --to pdf Notebook.ipynb
```

결과 문서의 스타일은 --template name 인수를 사용해 지정할 수 있으며 내장 템플릿의 예로는 base, article, report가 있다(이 템플릿은 Jupyter가 설치된 nbconvert/template/latex 디렉터리에서 찾을 수 있다). 기존 템플릿 중 하나를 확장함으로써[11] 생성된 문서의 스타일을 쉽게 사용자 정의할 수 있다. 예를 들어 LaTeX에서는 일반적으로 문서 제목(Notebook 파일 이름과 다른 경우)과 문서 작성자 등 Jupyter Notebook에서 사용할 수 없는 문서에 관한 추가 정보를 포함한다. 이 정보는 사용자 정의 템플릿을 만들어 nbconvert 애플리케이션에 의해 생성되는 LaTeX 문서에 추가할 수 있다. 예를 들어 다음과 같은 템플릿은 내장 템플릿인 article을 확장해 title과 author 블록을 재정의한다.

---

11 IPython nbconvert 애플리케이션은 jinja2 템플릿 엔진을 사용한다. 보다 자세한 정보와 구문에 대한 문서는 http://jinja.pocoo.org를 참조하라.

```
((*- extends 'article.tplx' -*))
((* block title *)) \title{Document title} ((* endblock title *))
((* block author *)) \author{Author's Name} ((* endblock author *))
```

이 템플릿이 custom_template.tplx라는 파일에 저장된다고 가정하면 이 맞춤형 템플릿을 명령으로 사용하면 Notebook을 PDF 유형으로 변환할 수 있다.

```
$ jupyter nbconvert --to pdf --template custom_template.tplx Notebook.ipynb
```

그 결과는 템플릿에 지정한 대로 제목과 작성자 필드가 설정된 LaTeX와 PDF 문서가 된다.

Python

JSON 기반 파일 유형의 Jupyter Notebook은 nbconvert 애플리케이션과 Python 포맷을 사용해 순수 Python 코드로 변환할 수 있다.

```
$ jupyter nbconvert --to python Notebook.ipynb
```

이 명령어는 Notebook.py 파일을 생성하는데, 오직 실행 가능한 Python 코드만 포함된다(또는 Notebook에서 IPython 확장자가 사용된 경우, IPython으로 실행 가능한 파일). Notebook에서 코드가 아닌 내용은 Python 인터프리터의 해석에 방해가 되지 않도록 코멘트 형태로 결과 Python 코드 파일에 포함된다. 만약 다른 Python 파일이나 Notebook에 임포트돼야 하는 함수나 클래스를 개발하기 위해 Jupyter Notebook을 사용한다면 Notebook을 순수 Python 코드로 변환하는 기능이 유용할 것이다.

Spyder IDE

IDE는 통합 코드 실행, 문서화 및 디버깅과 같은 기능을 제공하는 향상된 텍스트 편집기다. 여러 무료 및 상용 IDE는 Python 기반 프로젝트에 많은 지원을 해주고 있다. Spyder[12]는 Python을 이용한 컴퓨팅과 데이터 분석에 적합한 무료 IDE다. 이 절의 나머지 부분은 Spyder에 초점을 맞춰 그 특징을 좀 더 자세히 알아보자. 물론 다른 적합한 IDE들도 많다. 예를 들어 Eclipse[13]는 인기 있고 강력한 다중 언어 IDE이며 Eclipse의 확장인 PyDev[14]도 좋은 Python 환경을 제공한다. PyCharm[15]은 최근 Python 개발자들 사이에서 큰 인기를 얻고 있는 강력한 Python IDE이며 Atom IDE[16]도 훌륭한 옵션이다. 이 중 특정 도구에 대한 경험이 있는 독자라면 연산 작업에 생산적이고 친숙한 환경을 제공해줄 수 있다.

그러나 Spyder IDE는 Python 프로그래밍에 특화됐고 Python을 이용한 과학 컴퓨팅을 위해 특별히 만들어졌다. 이처럼 Spyder는 대화형과 탐색 컴퓨팅에 유용한 특징들을 갖고 있다. 가장 두드러진 점은 IDE에 IPython 콘솔을 직접 통합한 것이다.

Spyder UI는 IDE 애플리케이션 내에서 서로 다른 방식으로 배열할 수 있는 몇 개의 옵션 창으로 구성된다. 가장 중요한 창은 다음과 같다.

- 소스 코드 편집기
- Python 콘솔 및 IPython 인터프리터와 시스템 셸
- Python 객체에 대한 문서를 표시하는 객체 검사기
- 변수 탐색기
- 파일 탐색기

---

12 http://code.google.com/p/spyderlib
13 http://www.eclipse.org
14 http://pydev.org
15 http://www.jetbrains.com/pycharm
16 https://atom.io

- 명령어 기록
- 프로파일러

각 창은 View ➤ Panes 메뉴 옵션을 사용해 사용자의 기호와 필요에 따라 표시하거나 숨겨지도록 구성할 수 있다. 더욱이 창은 정렬된 그룹으로 함께 구성될 수 있다. 기본 레이아웃에는 3개의 창 그룹이 표시된다. 왼쪽 그룹에는 소스 코드 편집기가 있고 오른쪽 위 그룹에는 변수 탐색기, 파일 탐색기, 객체 검사기가 있으며 오른쪽 아래 창 그룹에는 Python과 IPython 콘솔이 있다.

셸 프롬프트에서 spyder 명령을 실행하면 Spyder IDE가 실행된다. Spyder 애플리케이션의 기본 레이아웃의 스크린샷은 그림 1-12와 같다.

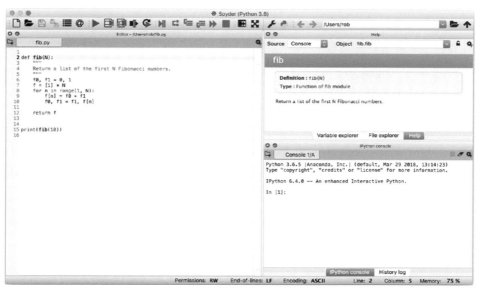

▲ 그림 1-12 Spyder 애플리케이션의 스크린샷. 왼쪽에는 코드 편집기, 오른쪽 위의 패널에는 객체 검사기(도움말 창), 오른쪽 아래에는 IPython 콘솔이 보인다.

소스 코드 편집기

Spyder의 소스 코드 편집기는 코드 강조 표시, 지능형 자동 완성, 여러 개의 열린 파일로 동시 작업, 괄호 매칭, 들여쓰기 가이드 등 현대의 소스 코드 편집기에서 기대할 수 있는 많은 특징을 지원한다. IDE를 사용하면 편집기의 코드가 전체(바로 가기 키 F5) 또는 선택된 부분(바로 가기 키 F9)만 연속 실행에도 지속된 세션을 유지하는 내장된 Python 또는 IPython 콘솔에서 실행될 수 있다는 이점이 있다.

또한 Spyder 에디터는 phylint[17], pyflake[18] 및 pep8[19] 등과 같은 외부 도구를 사용해 Python 소스 코드를 분석한 후 정의되지 않은 기호, 구문 오류, 코딩 스타일 위반 등과 같은 오류를 보고하는 등 정적 코드 점검을 지원한다. 이러한 경고와 오류는 편집기의 왼쪽 여백에 느낌표가 있는 노란색 삼각형으로 표시된다. Python 프로그래밍에서는 정적 코드 점검이 매우 중요하다. Python은 인터프리터를 통해 실행되는 언어이므로 정의되지 않은 기호와 같은 간단한 버그는 실행 시간에 위반된 코드 줄에 도달할 때까지 발견되지 않을 수 있으며 드물게 사용되는 코드 경로일 경우에는 이런 버그 자체를 발견하기가 매우 어려울 수 있다. Spyder 편집기에서의 실시간 정적 코드 확인 및 코딩 스타일 점검은 Editor의 설정 창에서 활성화 또는 비활성화할 수 있다(맥 OSX에서는 Python ➤ Preferences이고 리눅스나 윈도우에서는 Tools ➤ Preferences다). Editor의 Code Introspection/Analysis 탭에 있는 Code Analysis 및 Style Analysis 체크 박스를 선택해둘 것을 권한다.

---

17 http://www.pylint.org

18 http://github.com/pyflakes/pyflakes

19 http://pep8.readthedocs.org

Spyder에 있는 콘솔

통합 Python 및 IPython 콘솔은 텍스트 편집기 창에서 편집 중인 파일을 실행하거나 대화식으로 입력된 Python 코드를 실행하는 데 사용할 수 있다. 편집기의 Python 소스 코드 파일을 실행할 때 스크립트에서 생성된 네임스페이스 변수들은 콘솔의 IPython 또는 Python 세션에 보존된다. 이는 스크립트가 실행된 후 변숫값을 탐색할 수 있게 해주므로 기존 IDE 애플리케이션의 기능에 더해 Spyder를 대화형 컴퓨팅 환경으로 만드는 중요한 기능이다. Spyder는 복수의 Python 콘솔과 IPython 콘솔을 동시에 열 수 있도록 지원한다. 예컨대 Consoles ➤ Open a IPython console 메뉴로 새로운 IPython 콘솔을 시작할 수 있다. F5를 누르거나 도구 모음에서 실행 버튼을 눌러 편집기의 스크립트를 실행하면 스크립트는 기본적으로 가장 최근에 활성화된 콘솔에서 실행된다. 이는 다른 스크립트나 프로젝트들이 독립적인 네임스페이스를 가진 다른 콘솔들을 유지할 수 있게 만들어준다.

가능한 한 %reset 명령과 reload 기능을 사용해 네임스페이스를 지우고 업데이트된 모듈을 다시 로드해야 한다. 이 방법이 불충분하다면 콘솔 패널의 오른쪽 위에 있는 아이콘에 대한 드롭다운 메뉴를 통해 IPython 콘솔, 즉 Python 인터프리터에 해당하는 IPython 커널을 다시 시작할 수 있다. 마지막으로 콘솔 창을 마우스 오른쪽 버튼으로 클릭하면 나타나는 팝업 메뉴에서 Save as HTML/XML을 선택하면 IPython 콘솔 세션을 HTML 파일로 내보낼 수 있는 기능을 사용할 수 있다.

객체 검사기

객체 검사기(도움말 창)는 Python 코드를 작성할 때 많은 도움이 된다. 편집기로 작성한 소스 코드에 정의된 객체와 시스템에 설치된 라이브러리 모듈에 정의된 기호에 리치 포맷 형태로 된 문서 문자열을 표시할 수 있다. 객체 검사기 패널 위에 있는 객체 텍스트 필드에는 모듈, 함수 또는 문서 문자열을 보고자 하는 클래스 이름을 입력할 수 있다. 모듈 및 기호는 문서를 객체 검사기로 표시하기 위해 로컬 네임스페이스로 임포트할 필요가 없다. 편집기나 콘솔의 객체에 대한 설명도 커서로 객체를 선택한 후 바로 가기 키인 Ctrl+I(맥 OSX는 Cmd+I)를 사용하면 객체 검사기에서 열 수 있다. 왼쪽의 열린 괄호를 입력하는 순간, 호출 가능한 객체에 대한 문자열이 자동으로 표시되게 할 수 있다. 이 방법은 호출 가능한 객체의 인수와 그 순서를 즉시 보여줌으로써 생산성을 크게 높여준다. 이 기능을 활성화하려면 Preferences 창의 Help 페이지로 이동해 Automatic connections의 체크 박스를 선택해야 한다.

요약

1장에서는 과학 및 기술 컴퓨팅을 위한 Python 환경을 소개했다. 이 환경은 Python 소프트웨어뿐 아니라 저급 수치 해석 라이브러리에서부터 그래픽 사용자 인터페이스^{GUI,} Graphic User Interface 애플리케이션, 웹 애플리케이션에 이르기까지 모든 것을 포함하는 컴퓨팅용 라이브러리와 도구의 전체 생태계다. Python은 다중 언어 생태계에서 이 모두를 합쳐 논리정연하고 생산적인 컴퓨팅 환경으로 묶어주는 역할을 하는 언어다. IPython은 Python 컴퓨팅 환경의 핵심 요소로, 여기서는 Jupyter Notebook과 Spyder IDE가 제공하는 상위 레벨의 사용자 환경을 다루기 전에 IPython이 갖고 있는 가장 중요한 특징 중 몇 가지를 간단히 알아봤다. 이들은 대부분의 탐색적 그리고 대화형 컴퓨팅이 수행되고 있는 도구들이다. 이 책의 나머지 부분에서는 IPython, Jupyter Notebook, Spyder가 제공하는 환경 중 하나를 사용해 작업한다고 가정하고 Python 라이브러리를 이용한 컴퓨팅을 중점적으로 설명한다.

추가 참고 도서 목록

Jupyter Notebook은 특히 대화형 컴퓨팅을 위한 풍부한 플랫폼으로, 매우 활발하게 개발된 소프트웨어이기도 하다. Jupyter Notebook에서 가장 최근에 개발된 것 중 하나는 Notebook을 표시하는 브라우저 내에서 대화형 인터페이스를 만드는 데 사용할 수 있는 UI 구성 요소인 위젯 시스템이다. 이 책에서는 Jupyter 위젯을 간단히 언급했지만 위젯은 Jupyter 프로젝트에서 매우 흥미롭고 빠르게 발전하는 부분이므로 대화형 컴퓨팅을 위한 이들의 잠재적인 애플리케이션을 탐구해볼 것을 권한다. Jupyter Notebook 위젯과 Jupyter의 다른 많은 부분은 Jupyter Notebook 유형의 예를 통해 문서화돼 있다. Jupyter Notebook의 예는 http://nbviewer.IPython.org/github/IPython/IPython/tree/master/examples에서 찾을 수 있다. 이 주제에 관한 두 가지 흥미로운 책(『파이썬과 Jupyter Notebook』(에이콘, 2016), 『IPython Interactive Computing and Visualization Cookbook, Second Edition』(Packt, 2018))도 추천한다.

참고 문헌

- Rossant, C.(2014). IPython Interactive Computing and Visualization Cookbook. Mumbai: Packt.
- Rossant, C.(2013). Learning IPython for Interactive Computing and Data Visualization. Mumbai: Packt.

벡터, 행렬, 다차원 배열

벡터, 행렬 및 다차원 배열은 수치 계산에서 필수적인 도구들이다. 입력값의 집합에 대한 연산을 반복하는 경우, 데이터를 배열로 나타내고 배열 연산으로 계산을 수행하면 자연스럽고 유리하다. 이런 식으로 공식화한 계산을 벡터화라고 한다.[1] 벡터화된 컴퓨팅은 배열 데이터에 배치 작업을 적용하므로 배열 원소의 루프를 여러 번 반복할 필요가 없다. 그 결과, 간결하고 보다 유지 관리하기 쉬운 코드로 더 효율적인 저급 라이브러리에 배열 연산(예: 원소별) 구현을 위임할 수 있게 해준다. 따라서 벡터화된 계산은 순차적 원소별 연산보다 훨씬 더 빠를 수 있다. 이 점은 특히 Python과 같은 인터프리터 언어에 중요하며 만약 원소별로 루프를 돌면서 배열을 반복한다면 상당한 오버헤드가 수반될 것이다.

Python 과학 컴퓨팅 환경에서 배열로 작업하기 위한 효율적인 데이터 구조는 NumPy 라이브러리에서 제공된다. NumPy의 핵심은 C 언어로 구현돼 있으며 배열을 조작하고 처리하는 효율적인 함수를 제공한다. 언뜻 보면 NumPy 배열은 Python의 리스트 데이터 구조와 유사해 보인다. 그러나 중요한 차이점은 Python 리스트가 일반적인 객체의 컨

---

1   현대의 많은 프로세서는 배열 연산이 가능한 명령어를 제공한다. 이러한 연산들도 '벡터화 연산'으로 알려져 있다. 그러나 여기서의 벡터화는 프로세서 레벨에서의 구현과 상관없는 상위 레벨에서의 배열 기반 연산을 의미한다.

테이너인 반면, NumPy 배열은 동질의 배열과 고정된 크기의 배열이라는 것이다. 여기서 동질이란 배열의 모든 원소가 동일한 데이터 유형을 갖는 것을 의미하고, 고정된 크기란 새 배열을 생성하지 않으면 배열의 크기를 조정할 수 없다는 것을 의미한다. 이런저런 이유로 NumPy 배열을 사용해 연산하는 함수는 Python 리스트를 사용하는 것보다 훨씬 더 효율적일 수 있다. NumPy는 배열에 대한 데이터 구조 외에도 선형 대수, 고속 푸리에 변환fast fourier transform, FFT 등 상위 레벨의 알고리즘을 탑재한 하위 모듈뿐 아니라 이러한 데이터 구조에 작용하는 기본 연산자와 함수의 대규모 집합을 제공한다.

2장에서는 먼저 배열에 관련된 기본적인 NumPy 데이터 구조와 함께 NumPy 배열을 생성하는 다양한 방법을 살펴본다. 그다음으로 배열을 조작하거나 이용해 연산해본다. NumPy가 제공하는 다차원 데이터 배열은 Python의 거의 모든 수치 라이브러리를 위한 기반이 된다. 따라서 NumPy와 친해지고 NumPy의 작동 방식에 대한 이해를 높이는 데 시간을 투자하는 것은 매우 중요하다.

> **노트**
>
> ### NumPy
>
> NumPy 라이브러리는 배열에서 작동하기 위한 다양한 배열과 메서드 및 함수를 표현하기 위한 데이터 구조를 제공한다. NumPy는 Python을 위한 거의 모든 과학 또는 기술 라이브러리에 대한 수치적 백엔드를 제공한다. 따라서 과학 Python 생태계에서 매우 중요하다. 이 글을 쓰고 있는 시점에서 최신 NumPy 버전은 1.14.2다. NumPy에 대한 자세한 정보는 www.numpy.org에서 확인할 수 있다.

모듈 임포트하기

NumPy 라이브러리를 이용하기 위해서는 프로그램에 임포트해야 한다. 관례상 numPy 모듈은 np라는 별칭으로 다음과 같이 임포트한다.

```
In [1]: import numpy as np
```

이후 np 네임스페이스를 이용하면 numpy 모듈의 함수와 클래스에 접근할 수 있다. 이 책의 전반에 걸쳐 NumPy 모듈은 이런 방식으로 임포트된다고 가정한다.

NumPy 배열 객체

NumPy 라이브러리의 핵심은 동질의 데이터를 다차원적으로 표현하는 데이터 구조라는 것이다. 여기서 동질은 배열 내 모든 구성 원소의 데이터 구조가 동일하다는 것을 의미한다.[2] NumPy의 다차원 배열 주요 데이터 구조는 ndarray 클래스다. 이 데이터 구조에는 배열에 저장된 데이터 외에도 형상, 크기, 데이터 유형 및 기타 속성과 같은, 배열에 관한 중요한 메타데이터도 포함돼 있다. 이러한 속성에 대한 자세한 설명은 표 2-1을 참고하라. 설명이 포함된 전체 속성 목록은 Python 인터프리터의 help(np.ndarray)를 호출하거나 Ipython 콘솔에서 np.ndarray?를 호출하면 볼 수 있는 ndarray docstring에서 이용할 수 있다.

▼ 표 2-1 ndarray 클래스의 기본 속성

속성	설명
Shape	배열 각 차원(축)의 원소 개수(즉, 길이)를 담고 있는 튜플(tuple)
Size	배열에 있는 전체 원소 개수
Ndim	차원 수(축)
nbytes	데이터 저장에 사용된 바이트 수
dtype	배열 원소의 데이터 유형

다음 예는 ndarray 클래스의 인스턴스인 data에 이러한 속성이 어떻게 접근하는지 보여준다.

```
In [2]: data = np.array([[1, 2], [3, 4], [5, 6]])
```

---

2   Python 리스트의 경우에는 그렇지 않다. Python 리스트는 이질적인 데이터 구조를 가질 수 있다.

```
In [3]: type(data)
Out[3]: <class 'numpy.ndarray'>
In [4]: data
Out[4]: array([[1, 2],
               [3, 4],
               [5, 6]])
In [5]: data.ndim
Out[5]: 2
In [6]: data.shape
Out[6]: (3, 2)
In [7]: data.size
Out[7]: 6
In [8]: data.dtype
Out[8]: dtype('int64')
In [9]: data.nbytes
Out[9]: 48
```

여기서 ndarray 인스턴스 data는 np.array 함수에 내포된 Python 리스트로부터 생성된다. 데이터와 다양한 종류의 규칙으로부터 ndarray 인스턴스를 생성하는 더 많은 방법은 2장의 뒷부분에 소개한다. 앞의 예에서 데이터는 data.shape에 표시된 대로 3×2의 2차원 배열(data.ndim)이고, 유형은 총 48바이트(data.nbytes) 크기의 int64(data.dtype)로 된 6개의 원소(data.size)를 갖고 있다.

데이터 유형

앞 절에서는 ndarray 객체의 dtype 속성을 살펴봤다. 이 속성은 배열 각 원소의 데이터 유형을 기술한다(NumPy 배열은 동질하므로 모든 원소가 동일한 데이터 유형을 갖는다는 점을 기억하자). NumPy에서 지원되는 기본 수치 데이터 유형은 표 2-2와 같다. 문자열, 객체, 사용자 정의 복합 유형 등 비수치 데이터 유형도 지원한다.

dtype	Variants	Description
int	int8, int16, int32, int64	정수
uint	uint8, uint16, uint32, uint64	부호 없는(음수가 아닌) 정수
bool	Bool	부울(참 또는 거짓)
float	float16, float32, float64, float128	부동소수
complex	complex64, complex128, complex256	복소수

수치 작업에 있어 가장 중요한 데이터 유형은 int(정수), float(부동소수), complex(복소수)다. 이러한 각 데이터 유형은 서로 다른 크기로 존재한다. 예를 들어 int32는 32비트 정수, int64는 64비트 정수다. 이는 정수나 실수의 경우, 단 한 가지 종류의 데이터 유형만 제공하는 표준 Python 유형보다 데이터 유형에 대한 보다 정밀한 제어를 가능하게 해준다. 일반적으로 작업할 데이터 유형의 비트 크기를 명시적으로 선택할 필요는 없지만 배열 유형을 정수, 실수 또는 복소수 중 어느 것을 사용할 것인지는 명시적으로 선택할 필요가 있는 경우가 많다. 다음 예는 dtype 속성을 사용해 정수, 실수 및 복소수 원소의 배열을 생성하는 방법을 보여준다.

```
In [10]: np.array([1, 2, 3], dtype=np.int)
Out[10]: array([1, 2, 3])
In [11]: np.array([1, 2, 3], dtype=np.float)
Out[11]: array([ 1., 2., 3.])
In [12]: np.array([1, 2, 3], dtype=np.complex)
Out[12]: array([ 1.+0.j, 2.+0.j, 3.+0.j])
```

일단 NumPy 배열이 생성되면 그 dtype은 유형을 변환한 새로운 배열의 복제본을 만드는 것 외에 그 배열 자체의 유형을 변경할 수 없다. 배열에 담긴 값의 유형을 변환하는 것은 간단하며 np.array 함수를 사용해 수행할 수 있다.

```
In [13]: data = np.array([1, 2, 3], dtype=np.float)
```

```
In [14]: data
Out[14]: array([ 1., 2., 3.])
In [15]: data.dtype
Out[15]: dtype('float64')
In [16]: data = np.array(data, dtype=np.int)
In [17]: data.dtype
Out[17]: dtype('int64')
In [18]: data
Out[18]: array([1, 2, 3])
```

또는 ndarray 클래스의 astype 메서드를 사용해야 한다.

```
In [19]: data = np.array([1, 2, 3], dtype=np.float)
In [20]: data
Out[20]: array([ 1., 2., 3.])
In [21]: data.astype(np.int)
Out[21]: array([1, 2, 3])
```

NumPy 배열로 연산할 때는 데이터 유형이 한 유형에서 다른 유형으로 승격될 수 있다. 예를 들어 실숫값과 복소수 값 배열을 더하면 그 결과 배열은 복소수 배열이 된다.

```
In [22]: d1 = np.array([1, 2, 3], dtype=float)
In [23]: d2 = np.array([1, 2, 3], dtype=complex)
In [24]: d1 + d2
Out[24]: array([ 2.+0.j, 4.+0.j, 6.+0.j])
In [25]: (d1 + d2).dtype
Out[25]: dtype('complex128')
```

응용이나 그 요건에 따라 int나 complex와 같이 데이터 유형을 적절하게 설정한 배열을 생성하는 것이 필수적인 경우가 있다. 기본 유형은 float이다. 다음 예를 살펴보자.

```
In [26]: np.sqrt(np.array([-1, 0, 1]))
Out[26]: RuntimeWarning: invalid value encountered in sqrt
```

```
array([ nan, 0., 1.])
In [27]: np.sqrt(np.array([-1, 0, 1], dtype=complex))
Out[27]: array([ 0.+1.j, 0.+0.j, 1.+0.j])
```

여기에서 np.sqrt 함수를 사용해 배열 각 원소의 제곱근을 계산하면 데이터 유형에 따라 다른 결과가 나올 수 있다. 배열의 데이터 유형이 complex일 때만 −1의 제곱근 및 허수 단위(Python에서 1j로 표시)로 생성된다.

실수와 허수 부분

dtype 속성 값에 관계없이, 모든 NumPy 배열 인스턴스는 각각 배열의 실수와 허수를 추출하기 위한 real과 imag 속성을 갖고 있다.

```
In [28]: data = np.array([1, 2, 3], dtype=complex)
In [29]: data
Out[29]: array([ 1.+0.j, 2.+0.j, 3.+0.j])
In [30]: data.real
Out[30]: array([ 1., 2., 3.])
In [31]: data.imag
Out[31]: array([ 0., 0., 0.])
```

np.real과 np.imag 함수를 통해서도 이와 동일한 기능을 사용할 수 있는데 이 함수는 Python 리스트와 같은 다른 유사한 배열 객체에도 적용할 수 있다. Python 자체도 복소 수를 지원하며 Python 스칼라에도 imag와 real 속성을 사용할 수 있다.

메모리 내 배열 데이터 순서

다차원 배열은 데이터를 메모리에 연속적으로 저장한다. 이 메모리 세그먼트에 배열 원소를 나열하는 방법을 지정할 수 있다. 행과 열을 포함하는 2차원 배열을 생각해보자. 이 배열의 값을 연속적으로 저장하는 한 가지 방법은 행에 따라 하나씩 저장하는 것이고 또 다른 방법은 열에 따라 차례대로 저장하는 것이다. 전자를 행-우선row-major 유형, 후자를 열-우선^{column-major} 유형이라 한다. 행-우선 또는 열-우선의 사용 여부는 관행의 문제다. 예를 들어 C 프로그래밍 언어에서는 행-우선 유형, Fortran은 열-우선 유형을 사용한다. NumPy 배열은 배열이 생성되거나 재구성될 때 키워드 인수에 order= 'C'로 설정하면 행-우선, order= 'F'로 지정하면 열-우선 유형으로 저장하도록 설정할 수 있다. 기본값은 행-우선 저장이다. NumPy 배열의 'C' 또는 'F' 순서 지정은 특히 NumPy 배열이 Python에서의 수치 작업을 위해 C나 Fortran으로 작성된 소프트웨어와 인터페이스하는 경우에 필요하다.

행-우선이나 열-우선 순서는 원소를 다루는 데 사용하는 인덱스를 배열 메모리 세그먼트 원소의 오프셋과 매핑하는 특별한 전략이다. 대개 NumPy 배열 속성 ndarray. strides는 이 매핑을 어떻게 수행할지를 정확히 정의한다. strides 속성은 배열의 축(차원) 개수와 같은 길이의 튜플이다. strides의 각 값은 주어진 인덱스 표현에 대한 메모리 오프셋(바이트 단위)을 계산할 때 해당 축에 곱하는 인자다. 예를 들어 1, 2차원을 따라 각각 2개와 3개의 원소를 가진 2차원 배열 (2, 3)이 C-값으로 정렬된 경우를 생각해보자. 데이터 유형이 int32라면 각 원소는 4바이트를 사용하고 배열의 총 메모리 버퍼는 $2 \times 3 \times 4 = 24$바이트를 사용한다. 따라서 A[n, m] 행렬에서 m이 하나 증가하면 오프셋 증가 값은 1개의 요소 또는 4바이트이므로 이 배열의 strides 속성은 $(4 \times 3, 4 \times 1) = (12, 4)$이 된다. 이와 마찬가지로 n이 1 증가하면 메모리 오프셋 증가는 3개의 원소 또는 12바이트가 된다(배열의 두 번째 차원이 길이 3이므로). 반면, 같은 배열이 'F'로 지정된 순서로 저장된다면 strides는 (4, 8)이 될 것이다. 배열 인덱스와 배열 메모리 오프셋 간의 매핑을 설명하는 데 strides를 사용하는 것은 서로 다른 매핑 전략을 설명하는 데 사용될 수 있기 때문에 현명한 방법이고, 배열의 많은 일반적인 연산(예: 전치)은 단순히 strides 속성을 변경함으로써 구현할 수 있으며, 이는 메모리 내에서 데이터를 이동시켜야 할 필요성을 없앨 수 있다. strides 속성만 변경하는 작업은 원래 배열과 동일한 데이터를 참조하는 새로운 ndarray 객체를 생성한다. 그런 배열을 뷰^{view}라고 한다. NumPy는 배열에서 연산을 적용할 때 복사보다는 뷰를 생성하기 위해 노력한다. 일반적으로 뷰를 생성하는 것은 좋은 방법이지만 값을 변경하면 원래의 배열 값도 변경된다는 사실을 명심해야 한다. 이러한 작동에 대한 몇 가지 예는 2장의 뒷부분에서 살펴본다.

배열 만들기

앞 절에서는 배열을 대표할 수 있는 NumPy의 기본 데이터 구조인 ndarray 클래스 등과 이 클래스의 기본 속성을 살펴봤다. 이 절에서는 ndarray 인스턴스를 생성하는 데 사용할 수 있는 NumPy 라이브러리의 함수에 초점을 맞춘다.

배열은 특성 및 용도에 따라 여러 가지 방법으로 생성할 수 있다. 예를 들어 앞 절에서 살펴봤듯이 ndarray 인스턴스를 초기화하는 한 가지 방법은 Python 리스트를 사용해 np.array 함수를 명시적으로 정의하는 것이다. 그러나 이 방법은 소규모 배열을 생성할 때만 사용할 수 있다. 수많은 상황에서 배열을 생성하기 위해서는 일정한 값으로 채우기, 증가하는 정수로 채우기, 균일한 간격의 숫자로 채우기, 랜덤 숫자로 채우기 등과 같이 일정한 규칙을 따르는 원소를 가진 배열을 생성할 필요가 있다. 또 다른 경우에는 파일에 저장된 데이터로부터 배열을 생성할 때도 있다. 요구 사항은 많고 다양하며 NumPy 라이브러리는 다양한 유형의 배열을 생성하기 위한 포괄적인 함수를 제공한다. 이 절에서는 이러한 함수들을 좀 더 자세히 살펴보자. 전체 목록은 help(np)를 입력하거나 자동 완성 np.<TAB>을 사용해 NumPy 참조 설명서 또는 docstrings를 참고해야 한다. 자주 사용되는 배열 생성 함수는 표 2-3과 같다.

▼ 표 2-3 배열 생성에 사용되는 Numpy 함수 요약

함수 이름	배열 유형
np.array	주어진 배열(또는 유사-배열) 원소로부터 새로운 배열을 생성. 예를 들어 (중첩된) Python 리스트, 튜플, 반복 가능한 시퀀스 또는 ndarray 인스턴스로부터 생성한다.
np.zeros	지정한 차원과 데이터 유형의 배열을 생성한 후 모두 0으로 채운다.
np.ones	지정한 차원과 데이터 유형의 배열을 생성한 후 모두 1로 채운다.
np.diag	배열의 대각에만 지정한 값을 채우고 나머지는 모두 0으로 채운다.
np.arange	배열을 시작 값, 종료 값, 증가 값을 이용해 균등하게 배정된 값으로 채운다.
np.linspace	배열을 시작 값, 종료 값, 원소 개수에 따라 균등하게 배정된 값으로 채운다.
np.logspace	배열을 시작 값, 종료 값에 따라 로그로 균등하게 배정된 값으로 채운다.
np.meshgrid	1차원 좌표 벡터로부터 좌표 행렬(또는 고차원 좌표 배열)을 생성한다.
np.fromfunction	배열을 생성하고 주어진 함수를 이용해 값을 채운다. 모든 인덱스 조합의 함수 값이 계산되고 그 값이 채워진다.
np.fromfile	이진(또는 텍스트) 파일로부터 배열을 생성한다. NumPy에는 또 NumPy 배열을 파일에 저장하는 np.tofile 함수와 저장된 파일을 나중에 불러오는 np.fromfile 함수가 제공된다.
np.genfromtxt,np.Loadtxt	텍스트 파일에서 읽은 데이터를 배열로 생성한다. 그 예로는 csv 파일 유형 등이 있다. 함수 np.genfromtxt는 누락 값을 가진 데이터 파일도 처리할 수 있다.
np.random.rand	0과 1 사이에서 랜덤 수로 채워진 배열을 생성한다. np.random 모듈에는 다른 유형의 분포도 제공된다.

리스트나 다른 유사-배열 객체에서 생성된 배열

np.array 함수를 사용하면 명시적인 Python 리스트, 반복 가능한 표현 식 및 기타 유사—배열 객체(예: 다른 ndarray 인스턴스)로부터 NumPy 배열을 구성할 수 있다. 예를 들어 Python 리스트를 1차원 배열로 생성하려면 np.array 함수의 인수로서 Python 리스트를 전달해야 한다.

```
In [32]: np.array([1, 2, 3, 4])
Out[32]: array([ 1, 2, 3, 4])
In [33]: data.ndim
```

```
Out[33]: 1
In [34]: data.shape
Out[34]: (4,)
```

앞의 예와 동일한 데이터로 2차원 배열을 만들려면 내포된 Python 리스트를 사용해야
한다.

```
In [35]: np.array([[1, 2], [3, 4]])
Out[35]: array([[1, 2],
                [3, 4]])
In [36]: data.ndim
Out[36]: 2
In [37]: data.shape
Out[37]: (2, 2)
```

일정한 값으로 채운 배열

np.zeros와 np.ones 함수는 각각 0과 1로 채워진 배열을 생성한 후에 반환한다. 이 함수
들은 첫 번째 인수로서 배열 각 차원의 원소 수를 기술하는 정수 또는 튜플을 취한다. 예
를 들어 0으로 채워진 2×3 배열과 1로 채워진 길이 4의 배열을 만들려면 다음과 같이 사
용해야 한다.

```
In [38]: np.zeros((2, 3))
Out[38]: array([[ 0., 0., 0.],
                [ 0., 0., 0.]])
In [39]: np.ones(4)
Out[39]: array([ 1., 1., 1., 1.])
```

다른 배열 생성 함수와 마찬가지로 np.zeros와 np.ones 함수도 배열 내 원소의 데이터
유형을 지정하는 선택적 키워드 인수를 받아들인다. 데이터 유형의 기본값은 float64이
며 dtype 인수를 명시적으로 지정하면 필요한 유형으로 변경할 수 있다.

```
In [40]: data = np.ones(4)
In [41]: data.dtype
Out[41]: dtype('float64')
In [42]: data = np.ones(4, dtype=np.int64)
In [43]: data.dtype
Out[43]: dtype('int64')
```

임의의 상숫값으로 채워진 배열은 1로 채워진 배열을 생성한 후 원하는 채우기 값을 그 배열에 곱하면 얻을 수 있다. 그러나 NumPy는 이러한 연산을 한 번에 수행할 수 있는 np.full 함수도 제공한다. 다음 예는 숫자 5.4로 초기화된 10개 원소를 가진 배열을 생성하는 두 가지 방법을 보여준다. 둘 다 동일한 결과를 생성하지만 np.full을 사용하는 것은 곱셈 연산을 줄이기 때문에 좀 더 효율적이다.

```
In [44]: x1 = 5.4 * np.ones(10)
In [45]: x2 = np.full(10, 5.4)
```

이미 생성된 배열도 상수로 채울 수 있는데 np.fill 함수의 첫 번째 인수에 배열과 지정하려는 값을 전달하면 해당 배열을 모두 지정한 값으로 채운다. 따라서 다음 두 가지 방법은 동일한 결과를 낳는다.

```
In [46]: x1 = np.empty(5)
In [47]: x1.fill(3.0)
In [48]: x1
Out[48]: array([ 3., 3., 3., 3., 3.])
In [49]: x2 = np.full(5, 3.0)
In [50]: x2
Out[50]: array([ 3., 3., 3., 3., 3.])
```

이 마지막 예에서는 초기화되지 않은 값을 가진 배열을 생성하는 np.empty 함수를 사용했다. 이 함수는 다른 수단으로 모든 배열 원소를 지정하는 것을 보장할 수 있을 경우, 예컨대 명시적 루프 또는 다른 할당으로 배열 값을 채울 경우에만 사용해야 한다. 이 함수는 2장의 뒷부분에서 자세히 설명한다.

증분 시퀀스로 채운 배열

수치 계산에서는 시작 값과 끝 값 사이를 일정한 간격을 둔 수치로 채운 배열이 필요한 경우가 많다. NumPy는 이러한 배열을 생성하기 위해 np.arange와 np.linspace라는 두 가지 유사한 함수를 제공한다. 두 함수 모두 3개의 인수를 취하는데 처음 2개의 인수는 시작 값과 끝 값이다. np.arange의 세 번째 인수는 증가분인 반면, np.linspace는 배열의 총 원소 개수가 된다.

예를 들어 1에서 10 사이의 증가 값이 1인 배열을 생성하려면 다음 중 하나를 사용해야 한다.

```
In [51]: np.arange(0.0, 10, 1)
Out[51]: array([ 0., 1., 2., 3., 4., 5., 6., 7., 8., 9.])
In [52]: np.linspace(0, 10, 11)
Out[52]: array([ 0., 1., 2., 3., 4., 5., 6., 7., 8., 9., 10.])
```

단, np.arange는 마지막 값(10)을 포함하지 않는 반면, np.linspace는 마지막 값을 포함한다(이런 작동 방식은 endpoint 키워드 인수 값을 변경하면 바꿀 수 있다). np.arange나 np.linspace 중의 선택은 대부분 개인적인 취향의 문제지만 증가분이 정수가 아닐 경우에는 일반적으로 np.linspace를 사용할 것을 권한다.

로그 시퀀스로 채워진 배열

함수 np.logspace는 np.linspace와 유사하지만 배열의 원소들 사이의 증분은 로그로 분산되며 시작 값과 끝 값을 지정하는 처음 두 인수는 base 키워드 인수로 주어지는(base의 기본값은 10이다) 밑의 지수다. 예를 들어 1에서 100 사이의 로그로 분산된 값을 가진 배열을 생성하려면 다음과 같이 사용해야 한다.

```
In [53]: np.logspace(0, 2, 5) # 10**0=1 에서 10**2=100 사이의 5개 데이터 포인트
Out[53]: array([ 1. , 3.16227766, 10. , 31.6227766 , 100.])
```

Meshgrid 배열

다차원 좌표 그리드는 np.meshgrid 함수를 사용해 생성할 수 있다. 2개의 1차원 좌표 배열(즉, 주어진 차수를 따라 좌표 집합을 포함하는 배열)이 주어지면 np.meshgrid 함수를 사용해 2차원 좌표 배열을 생성할 수 있다. 다음은 그 예시다.

```
In [54]: x = np.array([-1, 0, 1])
In [55]: y = np.array([-2, 0, 2])
In [56]: X, Y = np.meshgrid(x, y)
In [57]: X
Out[57]: array([[-1, 0, 1],
                [-1, 0, 1],
                [-1, 0, 1]])
In [58]: Y
Out[58]: array([[-2, -2, -2],
                [ 0, 0, 0],
                [ 2, 2, 2]])
```

이 예의 X와 Y처럼 2차원 좌표 배열의 일반적인 사용 예는 두 변수 x와 y에 대한 함수 값을 계산하는 것이다. 이 배열은 두 변수를 사용해 함수를 등고선과 색으로 표시할 때 사용할 수 있다. 예를 들어 앞 절에서 x와 y 배열 값의 모든 조합에 관련된 식 $(x+y)^2$를 계산하려면 2차원 좌표 배열 X와 Y를 사용해야 한다.

```
In [59]: Z = (X + Y) ** 2
In [60]: Z
Out[60]: array([[9, 4, 1],
```

```
        [1, 0, 1],
        [1, 4, 9]])
```

np.meshgrid 함수의 인수에 더 많은 배열을 전달하면 더 고차원 좌표 배열을 생성할 수도 있다. 또는 np.mgrid 및 np.ogrid 함수를 사용해 인덱싱과 slice 객체를 바탕으로 한 약간 다른 구문을 사용해 좌표 배열을 생성할 수 있다. 자세한 내용은 docstrings 또는 NumPy 설명서를 참조하라.

초기화되지 않은 배열 만들기

특정 크기와 데이터 유형을 가진 배열을 생성할 때 배열의 원소를 특정 값으로 초기화하지 않으려면 np.empty 함수를 사용해야 한다. 이 함수를 사용할 때의 장점은 초기 단계의 계산양을 줄일 수 있다는 점이다. 모든 원소가 코드에 의해 초기화되는 것이 보장된다면, 특히 대형 배열로 작업할 때는 약간의 시간이라도 절약할 수 있다. np.empty 함수를 사용한 예시를 살펴보자.

```
In [61]: np.empty(3, dtype=np.float)
Out[61]: array([ 1.28822975e-231, 1.28822975e-231, 2.13677905e-314])
```

여기에서는 float 유형을 가진 3개 원소를 가진 새로운 배열을 생성했다. 원소들은 어떤 특정한 값을 갖지 않으며 실제로 이 값은 매번 다를 것이다. 따라서 배열을 사용하기 전에 모든 값을 명시적으로 할당하는 것이 중요하다. 그렇지 않으면 예측할 수 없는 오류가 발생할 가능성이 있다. np.zeros 함수는 안전한 연산을 위해 np.empty 대신 이용되는 경우가 많으며 성능 향상이 필수가 아니라면 np.zeros를 사용해 np.empty가 반환한 배열에서 초기화되지 않은 값으로 인한 버그의 발생 가능성을 최소화하는 것이 좋다.

다른 배열의 특성으로 배열 만들기

종종 다른 배열과 동일한 형상과 데이터 종류 등의 속성을 공유하는 새로운 배열이 필요한 경우가 있다. NumPy는 이러한 목적을 위해 np.one_like, np.zeros_like, np.full_like, np.empty_like 등의 함수군을 제공한다. 대표적인 활용 사례는 배열의 크기와 유형을 인수로 따로 받지 않고 작동 중인 배열을 취해 같은 크기와 유형을 반환하는 것이다. 이 상황의 표준적인 예는 다음 함수와 같다.

```
def f(x):
    y = np.ones_like(x)
    # x와 y로 계산
    return y
```

이 함수 본체의 첫 번째 줄에서는 np.ones_like를 사용해 새로운 배열 y를 생성하는데, 이 새로운 배열은 x와 같은 크기와 데이터 유형이며 그 값은 모두 1로 채워진다.

행렬 만들기

행렬, 즉 2차원 배열은 수치 계산상 매우 중요하다. NumPy는 일반적으로 사용되는 행렬을 생성하기 위한 함수를 제공한다. 특히 np.identity 함수는 대각 원소에 1을 갖고 나머지는 모두 0을 갖는 정방 행렬을 생성한다.

```
In [62]: np.identity(4)
Out[62]: array([[ 1., 0., 0., 0.],
                [ 0., 1., 0., 0.],
                [ 0., 0., 1., 0.],
                [ 0., 0., 0., 1.]])
```

이와 유사한 함수인 numpy.eye는 대각이 1로 채워진(선택적으로 주 대각으로부터의 오프셋을 지정할 수 있다) 행렬을 생성한다. 이는 주 대각선 위와 아래에 각각 0이 아닌 대각 행렬을 생성하는 다음 예를 살펴보면 된다.

```
In [63]: np.eye(3, k=1)
Out[63]: array([[ 0., 1., 0.],
                [ 0., 0., 1.],
                [ 0., 0., 0.]])
In [64]: np.eye(3, k=-1)
Out[64]: array([[ 0., 0., 0.],
                [ 1., 0., 0.],
                [ 0., 1., 0.]])
```

대각선상으로 임의의 1차원 배열 값을 갖는 행렬을 구성하려면 다음처럼 np.diag 함수 (선택적 키워드 인수 k를 사용해 주 대각선으로부터 오프셋을 지정한다)를 사용해야 한다.

```
In [65]: np.diag(np.arange(0, 20, 5))
Out[65]: array([[0, 0, 0, 0],
                [0, 5, 0, 0],
                [0, 0, 10, 0],
                [0, 0, 0, 15]])
```

여기서는 np.arange 함수의 세 번째 인수를 사용했는데, 이 인수는 대각 배열 원소들의 증감 단계를 지정한다. 따라서 결과 배열은 np.diag 함수에 의해 2차원 행렬의 대각에 삽입되는 값인 [0, 5, 10, 15]가 된다.

인덱싱 및 슬라이싱

NumPy 배열의 원소 및 부분 배열은 Python 리스트와 함께 사용되는 표준 대괄호 표기법([와])을 사용해 액세스한다. 대괄호 내에는 다양한 유형으로 원소를 선택할 수 있는 여러 인덱스 유형이 사용된다. 일반적으로 대괄호 안의 표현은 튜플이며 튜플의 각 항목은 배열의 각 축(차원)에서 어떤 원소를 선택할 것인지를 지정한다.

1차원 배열

단일 축을 따라 단일 원소를 선택할 때는 정수를 사용하고 어떤 원소들의 범위를 지정하거나 일련의 원소를 지정할 때는 슬라이스^{slice}를 사용한다. 정수를 사용해 배열의 원소를 지정할 때는 시작점(인덱스는 0부터 시작한다)으로부터의 양의 정수, 배열의 끝에서부터 원소를 지정할 때는 음의 정수를 사용한다. 가장 끝 원소는 −1, 끝에서 두 번째 원소는 −2로 지정할 수 있다.

슬라이스는 Python 리스트에도 사용되는 : 표기법을 사용해 지정한다. 이 표기법을 사용하면 m에서 시작해 $n-1$로 끝나는 원소를 선택하기 위해 m:n과 같은 표현 식을 사용해 원소들의 범위를 지정할 수 있다(n번째 원소는 포함되지 않는다는 점에 주의하자). 또한 슬라이스 m:n은 m:n:1로 사용할 수 있다. 여기서 숫자 1은 m과 n 사이의 모든 원소를 건너뜀 없이 전부 선택해야 한다고 지정하는 것이다. m과 n 사이의 모든 원소를 하나씩 건너뛰어 선택하려면 m:n:2, p번째 원소마다 선택하려면 m:n:p 등으로 사용한다. p가 음수일 경우 m에서 $n+1$(이 경우, m이 n보다 커야 한다)까지 원소가 역순으로 반환된다. NumPy 배열의 인덱싱 및 슬라이스 작업에 대한 요약은 표 2-4를 참고하라.

▼ 표 2-4 인덱싱 및 슬라이스 표현 식

표현	설명
a[m]	인덱스가 m인 원소를 선택. 여기서 m은 정수다(0부터 시작).
a[-m]	리스트의 끝에서 m번째 원소를 선택. 여기서 m은 정수. 리스트의 마지막 원소는 −1, 마지막에서 두 번째 원소는 −2의 식으로 지정한다.
a[m:n]	인덱스 m부터 $n-1$까지 원소를 선택한다(m, n은 정수).
a[:] 또는 a[0:-1]	지정한 축의 모든 원소를 선택
a[:n]	인덱스 0부터 시작해 $n-1$까지 원소를 선택(인덱스는 정수)
a[m:] 또는 a[m:-1]	인덱스 m부터 배열의 마지막 원소까지 선택(인덱스는 정수)
a[m:n:p]	인덱스 m부터 n(n은 제외)까지 매 p번째 원소를 선택
a[::-1]	모든 원소를 역순서로 선택

다음 예들은 NumPy 배열의 인덱스 및 슬라이스 작업을 보여준다. 먼저 0에서 10 사이의 정숫값을 갖는 단일 축(차원) 배열을 살펴보자.

```
In [66]: a = np.arange(0, 11)
In [67]: a
Out[67]: array([ 0, 1, 2, 3, 4, 5, 6, 7, 8, 9, 10])
```

마지막 값 11은 배열에 포함되지 않는다는 점에 유의하자. 이 배열에서 특정 원소를 선택하려면, 예컨대 첫 번째, 마지막 그리고 다섯 번째 원소를 선택하려면 정수 인덱스를 사용해야 한다.

```
In [68]: a[0] # 첫 번째 원소
Out[68]: 0
In [69]: a[-1] # 마지막 원소
Out[69]: 10
In [70]: a[4] # 인덱스 4에 있는 다섯 번째 원소
Out[70]: 4
```

원소의 범위를 선택하려면, 예컨대 두 번째부터 마지막에서 두 번째 원소를 선택하되 모든 원소를 선택하는 경우와 매 두 번째 원소만 선택하는 경우에는 인덱스 슬라이스를 사용해 각각 다음과 같이 나타낼 수 있다.

```
In [71]: a[1:-1]
Out[71]: array([1, 2, 3, 4, 5, 6, 7, 8, 9])
In [72]: a[1:-1:2]
Out[72]: array([1, 3, 5, 7, 9])
```

배열에서 처음 5개 원소와 마지막 5개 원소를 선택할 때 m:n 표현 식에서 m 또는 n을 생략하면 그 기본값은 각각 배열의 시작과 끝이므로 슬라이스 :5와 -5:로 표현할 수 있다.

```
In [73]: a[:5]
Out[73]: array([0, 1, 2, 3, 4])
In [74]: a[-5:]
Out[74]: array([6, 7, 8, 9, 10])
```

배열을 역순으로 해 매 두 번째 값을 선택하려면 다음 예와 같이 슬라이스를 사용해 ::-2
로 표기해야 한다.

```
In [75]: a[::-2]
Out[75]: array([10, 8, 6, 4, 2, 0])
```

다차원 배열

다차원 배열에서는 앞 절에서 소개한 것과 같은 원소 선택을 각 축(차원)마다 별도로 적용
할 수 있다. 그 결과는 각 원소가 주어진 선택 규칙과 일치하도록 축소된 배열이 반환된
다. 구체적인 예로, 다음과 같은 2차원 배열을 살펴보자.

```
In [76]: f = lambda m, n: n + 10 * m
In [77]: A = np.fromfunction(f, (6, 6), dtype=int)
In [78]: A
Out[78]: array([[ 0,  1,  2,  3,  4,  5],
               [10, 11, 12, 13, 14, 15],
               [20, 21, 22, 23, 24, 25],
               [30, 31, 32, 33, 34, 35],
               [40, 41, 42, 43, 44, 45],
               [50, 51, 52, 53, 54, 55]])
```

이 2차원 배열에 슬라이스와 정수 인덱싱을 조합해 적용하면 열과 행을 추출할 수 있다.

```
In [79]: A[:, 1] # 두 번째 열
```

```
Out[79]: array([ 1, 11, 21, 31, 41, 51])
In [80]: A[1, :] # the second row
Out[80]: array([10, 11, 12, 13, 14, 15])
```

각각의 배열 축에 슬라이스를 적용하면 부분 배열을 추출할 수 있다(이 2차원 예시의 부분 행렬).

```
In [81]: A[:3, :3] # 오른쪽 위 대각 위 행렬
Out[81]: array([[ 0,  1,  2],
                [10, 11, 12],
                [20, 21, 22]])
In [82]: A[3:, :3] # 왼쪽 아래 대각 아래 행렬
Out[82]: array([[30, 31, 32],
                [40, 41, 42],
                [50, 51, 52]])
```

원소 간격을 1이 아니도록 지정하면 연속되지 않은 원소들로 구성된 부분 행렬을 추출할 수 있다.

```
In [83]: A[::2, ::2] # 0, 0부터 시작해 매 두 번째 원소 선택
Out[83]: array([[ 0,  2,  4],
                [20, 22, 24],
                [40, 42, 44]])
In [84]: A[1::2, 1::3] # 1, 1부터 시작해 매 두 번째와 세 번째 원소를 선택
Out[84]: array([[11, 14],
                [31, 34],
                [51, 54]])
```

다차원 배열에서 데이터의 일부를 추출할 수 있는 이 능력은 많은 데이터 처리 응용에서 간단하면서도 매우 강력한 기능을 제공한다.

뷰

슬라이스 연산을 사용해 배열에서 추출된 부분 배열은 동일한 기저 배열 데이터의 대체 뷰다. 즉, 메모리 내의 원래 배열과 동일한 데이터를 참조하지만 다른 strides 구성을 가진다. 따라서 뷰의 원소들에 새로운 값이 할당되면 원래의 배열 값도 업데이트된다. 예를 들면 다음과 같다.

```
In [85]: B = A[1:5, 1:5]
In [86]: B
Out[86]: array([[11, 12, 13, 14],
                [21, 22, 23, 24],
                [31, 32, 33, 34],
                [41, 42, 43, 44]])
In [87]: B[:, :] = 0
In [88]: A
Out[88]: array([[ 0,  1,  2,  3,  4,  5],
                [10,  0,  0,  0,  0, 15],
                [20,  0,  0,  0,  0, 25],
                [30,  0,  0,  0,  0, 35],
                [40,  0,  0,  0,  0, 45],
                [50, 51, 52, 53, 54, 55]])
```

여기서 배열 A로부터 생성된 배열 B의 원소에 새로운 값이 할당되면 A의 값도 수정된다(두 배열 모두 메모리에 있는 동일한 데이터를 참조하기 때문이다). 부분 배열의 추출은 새로운 독립 배열이 아니라 뷰를 만들기 때문에 데이터 복사의 필요성이 없어진다. 따라서 성능이 향상된다. 뷰가 아니라 복제가 필요할 경우에는 ndarray 인스턴스의 copy 메서드를 사용해 뷰를 명시적으로 복제할 수 있다.

```
In [89]: C = B[1:3, 1:3].copy()
In [90]: C
Out[90]: array([[0, 0],
                [0, 0]])
In [91]: C[:, :] = 1 # C는 뷰 B[1:3, 1:3]의 복제이므로 B의 값이 변경되지 않는다.
In [92]: C
```

```
Out[92]: array([[1, 1],
[1, 1]])
In [93]: B
Out[93]: array([[0, 0, 0, 0],
               [0, 0, 0, 0],
               [0, 0, 0, 0],
               [0, 0, 0, 0]])
```

ndarray 클래스의 copy 속성 외에도 np.copy 함수를 사용해 배열을 복사하거나 np.array 함수에서 키워드 인수 copy=true로 설정해도 이와 동일한 효과를 얻을 수 있다.

팬시 인덱싱과 부울 값 인덱싱

앞 절에서는 개별 원소나 일정 범위 내의 원소를 추출하기 위해 정수와 슬라이스를 사용해 NumPy 배열을 인덱싱하는 것을 살펴봤다. NumPy는 배열들을 인덱싱하는 또 다른 편리한 방법인 소위 팬시^{fancy} 인덱싱 방법도 제공한다. 팬시 인덱싱을 사용하면 배열은 다른 NumPy 배열, Python 리스트 또는 일련의 정수를 사용해 인덱싱할 수 있으며 이 값들을 사용하면 배열에서 지정할 인덱스를 결정할 수 있다. 이 개념을 명확히 보여주기 위해 먼저 11개의 부동소수점 수로 이뤄진 NumPy 배열을 만든 후 이 배열을 다른 NumPy 배열(또는 Python 리스트)로 인덱싱해 원래 배열에서 0, 2, 4번 인덱스 원소를 추출해본다.

```
In [94]: A = np.linspace(0, 1, 11)
Out[94]: array([ 0. , 0.1, 0.2, 0.3, 0.4, 0.5, 0.6, 0.7, 0.8, 0.9, 1. ])
In [95]: A[np.array([0, 2, 4])]
Out[95]: array([ 0. , 0.2, 0.4])
In [96]: A[[0, 2, 4]] # Python 리스트를 사용해도 동일한 일을 할 수 있다.
Out[96]: array([ 0. , 0.2, 0.4])
```

이 인덱싱 방법은 다차원 NumPy 배열의 각 축(차원)을 따라 사용할 수 있다. 인덱싱에 사용되는 배열이나 리스트의 원소는 정수여야 한다.

NumPy 배열을 인덱싱하는 또 다른 변형은 부울^{Boolean} 값 인덱스 배열을 사용하는 것이다. 이 경우, 각 부울 원소 값(값은 참 또는 거짓을 가진다)은 NumPy 배열에서 인덱스 원소를 선택할 것인지의 여부를 나타낸다. 즉, 부울 값 인덱싱 배열의 n번 인덱스 값이 True이면 NumPy 배열에서 n번 인덱스 값이 선택되고 그 값이 False이면 n번은 선택되지 않는다. 이 인덱싱 방법은 배열에서 원소를 걸러낼 때 유용하다. 예를 들어 배열 A(앞 절에서 정의)에서 값이 0.5를 초과하는 모든 원소를 선택하려면 부울 값 배열과 NumPy 배열에 적용한 비교 연산자를 조합해 인덱싱할 수 있다.

```
In [97]: A > 0.5
Out[97]: array([False, False, False, False, False, False, True, True, True,
         True, True], dtype=bool)
In [98]: A[A > 0.5]
Out[98]: array([ 0.6, 0.7, 0.8, 0.9, 1. ])
```

팬시 인덱싱과 부울 값 인덱싱을 사용해 반환된 배열은 슬라이스를 사용해 생성된 배열과 달리, 뷰가 아니라 새로운 독립 배열이다. 그럼에도 불구하고 팬시 인덱싱을 사용해 선택한 원소에 값을 할당할 수 있다.

```
In [99]: A = np.arange(10)
In [100]: indices = [2, 4, 6]
In [101]: B = A[indices]
In [102]: B[0] = -1 # A에 영향을 미치지 않는다.
In [103]: A
Out[103]: array([0, 1, 2, 3, 4, 5, 6, 7, 8, 9])
In [104]: A[indices] = -1 # A 값을 바꾼다.
In [105]: A
Out[105]: array([ 0, 1, -1, 3, -1, 5, -1, 7, 8, 9])
```

부울 값 인덱싱도 이와 마찬가지다.

```
In [106]: A = np.arange(10)
```

```
In [107]: B = A[A > 5]
In [108]: B[0] = -1 # A에 영향을 미치지 않는다.
In [109]: A
Out[109]: array([0, 1, 2, 3, 4, 5, 6, 7, 8, 9])
In [110]: A[A > 5] = -1 # A 값을 바꾼다.
In [111]: A
Out[111]: array([ 0, 1, 2, 3, 4, 5, -1, -1, -1, -1])
```

그림 2-1은 NumPy 배열을 인덱싱하기 위한 다양한 방법을 시각적으로 요약한 것이다. 여기서 설명한 각 유형의 인덱싱은 배열의 각 차원에 독립적으로 적용될 수 있다는 점에 주목하자.

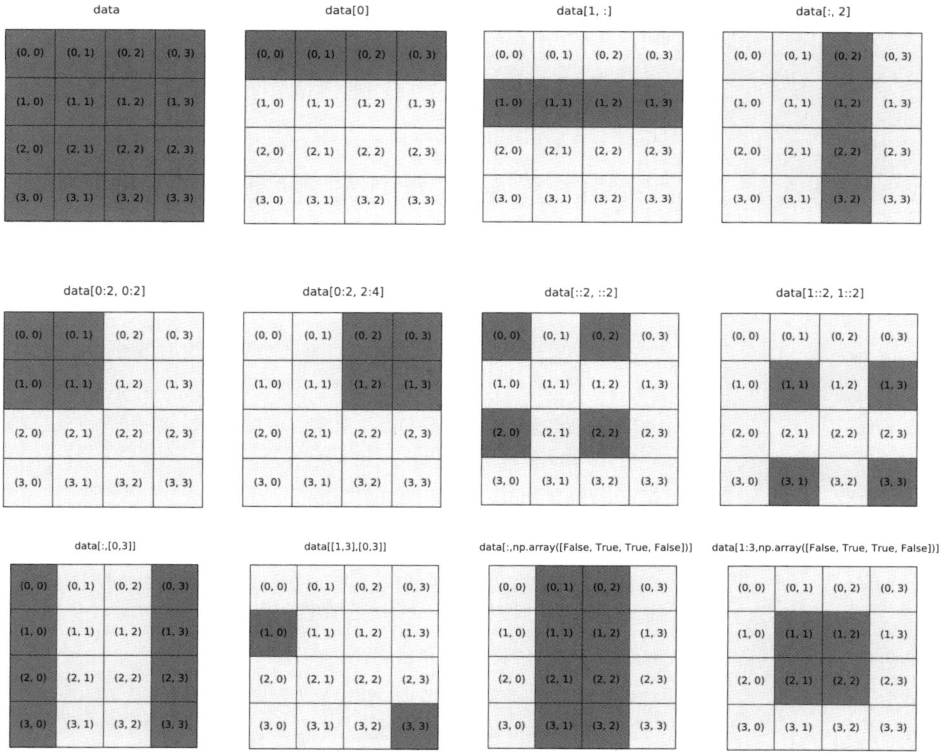

▲ 그림 2-1 Numpy 배열 인덱싱 방법의 시각적 요약. 이 그림은 (4, 4) 형태의 Numpy 배열을 나타내고 하이라이트된 원소들은 블록 위에 적힌 배열 인덱싱 식에 의해 선택된 것이다.

재형상과 크기 변경

배열 유형의 데이터로 작업할 때 배열을 재배치하거나 그 해석 방법을 변경하는 것이 유용한 때가 많다. 예를 들어 $N \times N$ 행렬을 길이 N^2의 벡터로 재배치하거나 1차원 배열셋을 서로 연결하거나 쌓아 행렬을 구성할 수 있다. NumPy는 이러한 유형을 처리할 수 있는 조작 함수를 풍부하게 제공한다. 이러한 함수 중 일부가 표 2-5에 요약돼 있다.

▼ 표 2-5 배열의 차원과 모양을 조작하는 NumPy 함수들 요약

함수/메서드	설명
np.reshape, np.ndarray.reshape	N차원 배열 모양을 재구성한다. 원소 전체 개수는 동일해야 한다.
np.ndarray.flatten	N차원 배열을 복제하고 1차원 배열로 재해석한다(즉, 모든 차원이 없어지고 1차원이 된다).
np.ravel, np.ndarray.ravel	N차원 배열을 1차원으로 재해석한 뷰(가능한 경우 뷰, 그렇지 않으면 복제)
np.squeeze	길이가 1인 축을 제거한다.
np.expand_dims, np.newaxis	배열에 새 축(차원)을 추가하는 데 있어 배열 인덱싱을 위해 np.newaxis를 사용한다.
np.transpose, np.ndarray.transpose, np.ndarray.T	배열을 전치한다. 전치 연산은 배열의 축을 뒤집는(또는 순열하는) 것에 해당한다.
np.hstack	배열의 리스트를 수평(축 1을 따라)으로 쌓는다. 예를 들어 열 벡터의 리스트가 주어지면 행렬에 열을 추가한다.
np.vstack	배열의 리스트를 수직(축 0을 따라)으로 쌓는다. 예를 들어 행 벡터의 리스트가 주어지면 행을 행렬에 추가한다.
np.dstack	깊이 방향으로 배열을 쌓는다(축 2를 따라).
np.concatenate	배열을 지정한 축을 따라 각각 이어 붙여 새로운 배열을 생성한다.
np.resize	배열의 크기를 변경한다. 원배열의 복제 배열을 요청된 크기로 생성한다. 필요한 경우 새로운 배열을 채우기 위해 원 배열이 반복된다.
np.append	배열에 원소를 추가한다. 새로운 배열을 생성한다.
np.insert	지정한 위치에 새로운 원소를 추가한다. 새로운 배열을 생성한다.
np.delete	지정한 위치의 원소를 삭제한다. 새로운 배열을 생성한다.

배열의 재형상^{Reshaping}은 기저 배열 데이터를 수정하지 않아도 된다. 이 연산은 strides 속성을 변경해 데이터가 해석되는 방법을 바꾸는 것이다. 이러한 유형의 연산 예로는 1×4 배열(벡터)로 재해석한 2×2 배열(행렬)을 들 수 있다. NumPy에서는 np.reshape 함수 또는 ndarray 클래스 메서드의 reshape을 사용해 기저 데이터의 해석 방법을 재구성할 수 있다. 이는 배열과 배열의 새로운 형태를 인수로 받아들인다.

```
In [112]: data = np.array([[1, 2], [3, 4]])
In [113]: np.reshape(data, (1, 4))
Out[113]: array([[1, 2, 3, 4]])
In [114]: data.reshape(4)
Out[114]: array([1, 2, 3, 4])
```

요청된 배열의 새 형태는 원래 배열의 원소 개수와 일치해야 한다. 단, 앞의 예와 같이 축(차원)의 개수는 보존할 필요가 없으며 첫 번째의 경우 새 배열은 2차원 형상(1, 4)을 갖는 반면, 두 번째 경우 1차원 형상(4,)를 갖는다. 또한 이 예에서는 np.reshape 함수와 ndarray 메서드 reshape을 사용해 재형상 연산을 호출하는 두 가지 다른 방법을 보여준다. 배열을 재구성하면 배열의 뷰가 생성되며 배열의 독립된 복사본이 필요한 경우 뷰를 명시적으로 복사해야 한다(예: np.copy 사용).

np.ravel(및 그에 상응하는 ndarray 메서드)은 배열의 모든 차수를 없애고 원래 배열의 원소 총 개수에 해당하는 길이의 1차원 배열을 반환하는 특별한 재형상 방법이다. ndarray의 flatten 메서드도 이와 동일한 기능을 수행하지만 뷰가 아닌 복제를 반환한다.

```
In [115]: data = np.array([[1, 2], [3, 4]])
In [116]: data
Out[116]: array([[1, 2],
                 [3, 4]])
In [117]: data.flatten()
Out[117]: array([ 1, 2, 3, 4])
In [118]: data.flatten().shape
Out[118]: (4,)
```

np.ravel과 np.flatten은 배열의 축을 1차원 배열로 붕괴시키지만 축을 새로 추가할 수도 있다. np.reshape를 사용하거나 새로운 빈 축을 추가할 때 인덱싱 표기법과 np.newaxis 키워드를 사용하면 새로운 축을 도입할 수도 있다. 다음 예에서 배열 데이터는 하나의 축을 가지므로 일반적으로 하나의 원소를 가진 튜플로 인덱싱해야 한다. 그러나 이처럼 2개의 원소를 가진 튜플로 인덱싱되고 튜플의 추가 인덱싱 값이 np.newaxis인 경우에는 해당하는 새 축이 추가된다.

```
In [119]: data = np.arange(0, 5)
In [120]: column = data[:, np.newaxis]
In [121]: column
Out[121]: array([[0],
                 [1],
                 [2],
                 [3],
                 [4]])
In [122]: row = data[np.newaxis, :]
In [123]: row
Out[123]: array([[0, 1, 2, 3, 4]])
```

np.expand_dims 함수도 배열에 새로운 차원을 추가하는 데 사용할 수 있다. 앞의 예에서 표현 식 data[:np,.newaxis]는 np.expand_dims(data, axis=1), data[np.newaxis, :]는 np.expand_dims(data, axis=0)에 해당한다. 여기서 axis 인수는 새 축을 삽입할 위치를 기존 축에서의 상대적인 위치로 지정한다.

지금까지는 기저 데이터에 영향을 미치지 않는 방식으로 배열을 재배치하는 방법을 살펴봤다. 2장의 앞부분에서는 다양한 인덱싱 기법을 이용해 부분 배열을 추출하는 방법을 살펴봤다. 배열의 재형상과 선택 외에도 배열을 합쳐 더 큰 배열로 만드는 일도 종종 필요하다. 예를 들어 별도로 계산됐거나 측정된 데이터 계열을 행렬 등의 더 고차원 배열로 결합해야 할 경우가 있다. NumPy에서는 이러한 작업을 위해 np.vstack 함수를 통해 행을 수직으로 쌓을 수 있다. 예컨대 행을 행렬로 바꾸거나 np.hstack 함수를 통해 열을 행렬로 바꾸는 것이다. np.concatenate 함수는 이와 유사한 기능을 제공하지만 배열을 연결할 축을 지정하는 키워드 인수 axis를 사용한다. 원하는 유형의 배열 결합을 달성하기 위해서는 np.hstack, np.vstack, np.concatenate에 전달되는 배열의 모양이 중요하다.

예를 들어 다음과 같은 경우를 생각해보자. 1차원 데이터 배열이 있다고 가정하고 이들을 수직으로 쌓아 각 행이 1차원 배열로 구성된 행렬을 구하고자 한다. 이 행렬을 얻으려면 np.vstack을 사용해야 한다.

```
In [124]: data = np.arange(5)
In [125]: data
Out[125]: array([0, 1, 2, 3, 4])
In [126]: np.vstack((data, data, data))
Out[126]: array([[0, 1, 2, 3, 4],
                 [0, 1, 2, 3, 4],
                 [0, 1, 2, 3, 4]])
```

배열을 수평으로 쌓으려면 배열이 열 벡터인 행렬을 얻기 위해 np.hstack으로 이와 유사한 방법을 시도할 수 있다.

```
In [127]: data = np.arange(5)
In [128]: data
Out[128]: array([0, 1, 2, 3, 4])
In [129]: np.hstack((data, data, data))
Out[129]: array([0, 1, 2, 3, 4, 0, 1, 2, 3, 4, 0, 1, 2, 3, 4])
```

이 방법은 배열을 수평으로 쌓는데, 이는 여기서 의도한 방식이 아니다. np.hstack이 입력 배열을 열로 취급하고 이에 맞춰 쌓으려면 입력 배열을 1차원 형상 배열(5,)이 아니라 2차원 형상 배열인 (1, 5)로 만들어야 한다. 앞서 논의한 바와 같이 np.newaxis로 인덱싱하면 새로운 축을 삽입할 수 있다.

```
In [130]: data = data[:, np.newaxis]
```

```
In [131]: np.hstack((data, data, data))
Out[131]: array([[0, 0, 0],
                 [1, 1, 1],
                 [2, 2, 2],
                 [3, 3, 3],
                 [4, 4, 4]])
```

---

np.concatenate를 사용해 배열을 연결하는 것뿐 아니라 수평이나 수직으로 스택하는 함수의 작동은 스택된 배열이 최종 배열과 동일한 차원을 갖고 입력 배열이 길이가 1인 축을 따라 스택할 때 가장 명확하다. 일단 배열이 생성되면 NumPy 배열의 원소 개수는 변경할 수 없다. 예컨대 np.append, np.insert 및 np.delete 함수를 사용해 NumPy 배열에서 원소를 삽입, 추가 및 제거하면 새로운 배열이 생성되고 데이터가 복사된다. 이러한 함수를 사용해 NumPy 배열의 크기를 늘리거나 축소하는 경우도 있지만 새로운 배열을 만들고 데이터를 복사하는 오버헤드 때문에 대개는 나중에 크기를 조정할 필요가 없도록 크기를 미리 할당하는 것이 좋다.

벡터화 식

배열에 숫자 데이터를 저장하는 목적은 배열의 모든 원소에 적용되는 배치 연산을 나타내는 간결한 벡터화 식으로 데이터를 처리하기 위한 것이다. 벡터화 식을 효율적으로 사용하면 반복 루프를 명시적으로 여러 번 사용하는 번거로움이 사라진다. 이는 장황한 코드를 줄여 더 나은 유지 관리와 더 고성능의 코딩을 가능하게 해준다. NumPy는 가장 기본적인 수학 함수, 연산에 해당하는 함수, 벡터화 연산을 구현한다. 이러한 함수와 연산의 상당수는 배열에 원소 단위로 적용되며 이진 연산을 위해서는 식의 모든 배열이 서로 호환되는 크기를 가져야 한다. 여기서 호환되는 크기란, 일반적으로 식의 변수가 스칼라이거나 크기와 모양이 같은 배열 중 하나라는 것을 의미한다. 보다 일반적으로 배열이 동일한 모양과 크기로 값들이 브로드캐스팅될 수 있다면 두 배열이 포함된 이진 연산이 잘 정의된다.

스칼라와 배열 사이의 연산인 경우, 값들이 브로드캐스팅된다는 것은 스칼라와의 연산이 배열의 각 원소에 적용된다는 것을 의미한다. 어떤 식에 크기가 같지 않은 배열이 포함돼 있는 경우라도 NumPy의 전파 규칙에 따라 더 작은 배열이 더 큰 배열과 일치하도록 '실질적으로 확장'할 수 있다면 이 연산은 여전히 잘 정의될 수 있다. 즉, 각 축이 일대일 대응으로 같은 길이이거나 둘 중 하나가 길이 1인 배열이라면 전파될 수 있다. 두 배열의 축 개수가 다르면 두 배열의 차원이 일치할 때까지 축 개수가 적은 배열에 길이 1짜리 새 축을 왼쪽부터 채워넣는다.

그림 2–2에 배열이 브로드캐스팅되는 두 가지 예시가 나와 있다. 3×3 행렬이 각각 1×3 행 벡터, 3×1 열 벡터와 덧셈 연산을 하고, 두 경우 모두 3×3 행렬의 결과 행렬이 반환된다. 그러나 NumPy의 브로드캐스팅 규칙에 따르면 행과 열 벡터의 원소가 더 큰 배열 형태로 전파되는 방식은 배열의 모양에 따라 다르므로 두 행렬의 원소는 서로 다르다.

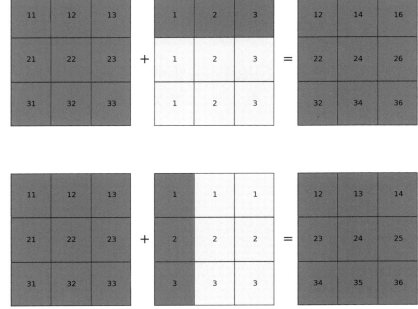

▲ 그림 2–2 열과 행 벡터를 행렬에 브로드캐스팅되는 것을 시각화한 그림. 하이라이트된 부분은 배열의 원소, 회색으로 표현된 원소는 크기가 더 작은 배열 원소의 전파를 나타낸다.

산술 연산

NumPy 배열의 표준 산술 연산은 원소끼리의 연산을 수행한다. 예를 들어 동일한 크기의 배열 간 덧셈, 뺄셈, 곱셈, 나눗셈을 살펴보자.

```
In [132]: x = np.array([[1, 2], [3, 4]])
In [133]: y = np.array([[5, 6], [7, 8]])
In [134]: x + y
Out[134]: array([[ 6,  8],
                 [10, 12]])
In [135]: y - x
Out[135]: array([[4, 4],
                 [4, 4]])
In [136]: x * y
Out[136]: array([[ 5, 12],
                 [21, 32]])
In [137]: y / x
Out[137]: array([[ 5.        , 3.        ],
                 [ 2.33333333, 2.        ]])
```

스칼라와 배열 사이의 연산은 스칼라 값이 다음처럼 배열의 각 원소에 적용된다.

```
In [138]: x * 2
Out[138]: array([[2, 4],
                 [6, 8]])
In [139]: 2 ** x
Out[139]: array([[ 2,  4],
                 [ 8, 16]])
In [140]: y / 2
Out[140]: array([[ 2.5,  3. ],
                 [ 3.5,  4. ]])
In [141]: (y / 2).dtype
Out[141]: dtype('float64')
```

식의 결과 배열의 dtype은 앞의 정수 배열과 정수 스칼라 사이의 나눗셈 예에서 볼 수 있는 것처럼 필요할 경우에 승격될 수 있다. 예제의 경우 dtype 배열의 결과, np.float64가 생성된다. 크기나 모양이 호환되지 않는 배열에 산술 연산을 수행한 경우에는 ValueError 예외가 발생한다.

```
In [142]: x = np.array([1, 2, 3, 4]).reshape(2, 2)
In [143]: z = np.array([1, 2, 3, 4])
In [144]: x / z
---------------------------------------------------------
ValueError Traceback (most recent call last)
<ipython-input-144-b88ced08eb6a> in <module>()
----> 1 x / z
ValueError: operands could not be broadcast together with shapes (2,2) (4,)
```

앞의 예에서 배열 x는 (2, 2) 유형, 배열 z는 (4,) 유형을 갖고 있으므로 (2, 2)와 호환되는 형태로 브로드캐스팅될 수 없다. 반면, z가 (2,), (2, 1), (1, 2) 유형을 가진 경우에는 크기 1인 축을 따라 배열 z를 효과적으로 반복함으로써 (2, 2) 유형에 브로드캐스팅될 수 있다. 먼저 첫 번째 축(축 0)의 크기가 1인 (1, 2) 유형의 배열 z를 생각해보자.

```
In [145]: z = np.array([[2, 4]])
In [146]: z.shape
Out[146]: (1, 2)
```

배열 x를 배열 z로 나누는 것은 행 벡터 z가 x와 동일한 차원을 갖도록 반복적으로(np. concatenate를 사용해) 구성한 배열 zz로 x를 나누는 것과 같다.

```
In [147]: x / z
Out[147]: array([[ 0.5, 0.5],
                 [ 1.5, 1. ]])
In [148]: zz = np.concatenate([z, z], axis=0)
In [149]: zz
```

```
Out[149]: array([[2, 4],
                  [2, 4]])
In [150]: x / zz
Out[150]: array([[ 0.5, 0.5],
                 [ 1.5, 1. ]])
```

배열 z가 (2, 1) 형태를 가지며 두 번째 축(축 1)의 길이가 1인 예도 함께 고려해보자.

```
In [151]: z = np.array([[2], [4]])
In [152]: z.shape
Out[152]: (2, 1)
```

이 경우, x를 z로 나누는 것은 x와 동일한 차원의 행렬을 얻을 때까지 열 벡터 z를 반복적으로 구성하는 배열 zz로 x를 나누는 것과 같다.

```
In [153]: x / z
Out[153]: array([[ 0.5 , 1. ],
                 [ 0.75, 1. ]])
In [154]: zz = np.concatenate([z, z], axis=1)
In [155]: zz
Out[155]: array([[2, 2],
                 [4, 4]])
In [156]: x / zz
Out[156]: array([[ 0.5 , 1. ],
                 [ 0.75, 1. ]])
```

요약하면 이 예들은 x / z의 연산을 수행할 때 (1, 2)과 (2, 1) 형태를 가진 배열이 (2, 2) 형태를 가진 배열 x로 어떻게 브로드캐스팅되는지를 보여준다. 두 경우 모두 x / z의 결과는 작은 크기의 배열 z를 크기 1의 축을 따라 먼저 반복시켜 x와 동일한 형태의 새로운 배열 zz로 만든 후, 같아진 크기의 배열에 대한 연산 x / zz를 실시한 것이다. 그러나 브로드캐스팅의 실행은 이러한 확장과 메모리 복제를 명시적으로 실행하지 않으므로 이런 관점에서 배열 브로드캐스팅을 이해하면 도움이 될 것이다.

NumPy 배열을 이용한 산술 연산 요약은 표 2-6에 나타나 있다. 이 연산자들은 Python 에서 사용되는 표준 기호를 사용한다. 1개 또는 2개 배열끼리의 산술 연산 결과는 메모리 에 자체 데이터를 갖는 독립된 배열이다. 따라서 복잡한 산술식을 계산하면 많은 메모리 할당과 복제 작업이 야기될 수 있으며 대형 배열로 작업할 때 메모리 공간이 커져 성능에 부정적인 영향을 미칠 수 있다. 이 경우 인플레이스^{inplace} 연산(표 2-6 참조)을 사용하면 메모리 공간을 줄이고 성능을 향상시킬 수 있다. 인플레이스 연산자의 예는 동일한 결과 를 만드는 다음의 2개 명령문을 통해 알 수 있다.

```
In [157]: x = x + y
In [158]: x += y
```

▼ 표 2-6 NumPy 배열에 대한 원소별 산술 연산의 연산자

연산자	설명
+, +=	덧셈
-, -=	뺄셈
*, *=	곱셈
/, /=	나눗셈
//, //=	정수 나눗셈
**, **=	지수

두 식의 효과는 동일하지만 첫 번째의 경우 x는 새로운 배열로 재할당되는 반면, 두 번째 의 경우에는 배열 x의 값이 인플레이스로 업데이트된다. 인플레이스 연산자를 광범위하 게 사용하면 코드 가독성이 훼손되는 경향이 있으므로 인플레이스 연산자는 필요한 경우 에만 사용해야 한다.

원소별 함수

NumPy는 연산자를 이용한 산술식 외에 많은 기초 수학 함수와 연산에 대한 원소별 계산을 위한 벡터화 함수를 제공한다. 표 2-7은 NumPy의 기초 수학 함수를 요약한 것이다.[3] 이들 각 함수는 입력으로 단일 배열(임의 차수)을 취해 동일한 형태의 새 배열을 반환하며 함수는 입력 배열의 각 해당 원소에 적용된다. 출력 배열의 데이터 유형이 입력 배열의 데이터 유형과 반드시 동일하지는 않다.

▼ 표 2-7 NumPy에 있는 원소별 수학 함수의 일부 발췌

NumPy 함수	설명
np.cos, np.sin, np.tan	삼각함수
np.arccos, np.arcsin, np.arctan	역삼각함수
np.cosh, np.sinh, np.tanh	쌍곡 삼각함수(Hyperbolic trigonometric function)
np.arccosh, np.arcsinh, np.arctanh	역쌍곡 삼각함수
np.sqrt	제곱근
np.exp	지수
np.log, np.log2, np.log10	각각 밑이 2, e, 10인 지수 함수

예를 들어 np.sin 함수(1개의 인수만 필요)는 모든 배열의 사인 함수를 계산하는 데 사용된다.

```
In [159]: x = np.linspace(-1, 1, 11)
In [160]: x
Out[160]: array([-1. , -0.8, -0.6, -0.4, -0.2, 0. , 0.2, 0.4, 0.6, 0.8, 1.])
In [161]: y = np.sin(np.pi * x)
In [162]: np.round(y, decimals=4)
Out[162]: array([-0., -0.5878, -0.9511, -0.9511, -0.5878, 0., 0.5878, 0.9511,
         0.9511, 0.5878, 0.])
```

---

3 표 2-7은 NumPy에 있는 원소별 함수를 모두 나열한 것이 아니라는 점에 유의하라. 전체 리스트는 NumPy 문헌을 참고하라.

여기서도 상수 np.pi와 함수 np.round를 사용해 y의 값을 네 번째 자리에서 반올림했다. np.sin 함수처럼 많은 기초 수학 함수는 1개의 입력 배열을 취해 1개의 출력 배열을 생성한다. 이와는 대조적으로 많은 수학 연산자 함수(표 2-8)는 2개의 입력 배열을 취해 1개의 출력 배열을 반환한다.

```
In [163]: np.add(np.sin(x) ** 2, np.cos(x) ** 2)
Out[163]: array([ 1., 1., 1., 1., 1., 1., 1., 1., 1., 1., 1.])
In [164]: np.sin(x) ** 2 + np.cos(x) ** 2
Out[164]: array([ 1., 1., 1., 1., 1., 1., 1., 1., 1., 1., 1.])
```

▼ 표 2-8 원소별 수학 연산에 대한 NumPy 함수 요약

NumPy 함수	설명
np.add, np.subtract, np.multiply, np.divide	두 NumPy 배열에 대한 덧셈, 뺄셈, 곱셈, 나눗셈
np.power	첫 번째 인수를 두 번째 인수의 지수로 계산(원소별)
np.remainder	나눗셈 나머지
np.reciprocal	각 원소의 역
np.real, np.imag, np.conj	입력 배열의 복소수 쌍 중 실수와 허수 부분
np.sign, np.abs	부호와 절댓값
np.floor, np.ceil, np.rint	정수 변환
np.round	지정한 자릿수로 반올림

이 예에서는 np.add와 연산자 +가 동일하므로 일반적인 경우에는 연산자를 사용해야 한다는 점에 유의하자.

원소별로 NumPy 배열에 적용해야 하는 새로운 함수를 정의할 필요가 생길 때가 있다. 이러한 함수를 구현하는 좋은 방법은 이미 존재하는 NumPy 연산자와 식으로 나타내는 것이지만, 이 방법이 불가능한 경우 np.Vectorize 함수를 이용하면 편리할 때가 있다. 이 함수는 벡터화되지 않은 함수를 취해 벡터화 함수를 반환한다. 예를 들어 스칼라 입력에 작동하는 헤비사이드 계단[Heaviside step] 함수의 다음과 같은 구현을 생각해보자.

```
In [165]: def heaviside(x):
     ...:     return 1 if x > 0 else 0
In [166]: heaviside(-1)
Out[166]: 0
In [167]: heaviside(1.5)
Out[167]: 1
```

그러나 불행하게도 이 함수는 NumPy 배열 입력과는 작동하지 않는다.

```
In [168]: x = np.linspace(-5, 5, 11)
In [169]: heaviside(x)
...
ValueError: The truth value of an array with more than one element is
ambiguous. Use a.any() or a.all()
```

np.vectorize를 사용하면 스칼라 Heaviside 함수를 NumPy 입력 배열과 함께 작동하는
벡터화 함수로 변환할 수 있다.

```
In [170]: heaviside = np.vectorize(heaviside)
In [171]: heaviside(x)
Out[171]: array([0, 0, 0, 0, 0, 0, 1, 1, 1, 1, 1])
```

np.vectorize가 반환하는 함수는 배열과 함께 작동하지만 각 원소 배열의 원함수를 호
출해야 하기 때문에 상대적으로 느리다. 산술 연산을 부울 값 배열로 적용하면 이 특정
함수를 훨씬 효율적으로 만들 수 있는데, 이 방법은 2장의 뒷부분에서 설명한다.

```
In [172]: def heaviside(x):
     ...:     return 1.0 * (x > 0)
```

그럼에도 불구하고 np.vectorize는 스칼라 입력을 취하는 함수를 벡터화하는 빠르면서
도 편리한 방법이 될 수 있다.

표 2-7에서 요약한 것처럼 NumPy는 기본적인 수학 함수를 위한 함수 외에도 수학적 연산을 위한 함수가 들어 있다. 표 2-8에 이 중 일부가 발췌돼 있다.

집계 함수

NumPy에는 여러 집계[aggregate] 함수가 제공되는데 이들은 배열을 입력, 스칼라를 출력으로 반환한다. 예를 들어 입력 배열 값의 평균, 표준 편차 및 분산 등과 같은 통계량과 배열의 원소의 합산 및 곱셈을 계산하기 위한 함수들은 모두 집계 함수다. 표 2-9는 집계 함수를 요약한 것이다. 이러한 함수들은 모두 ndarray 클래스의 메서드로도 구현돼 있다. 예를 들어 다음 예에서 np.mean(data)와 data.mean()은 동일하다.

```
In [173]: data = np.random.normal(size=(15,15))
In [174]: np.mean(data)
Out[174]: -0.032423651106794522
In [175]: data.mean()
Out[175]: -0.032423651106794522
```

▼ 표 2-9 NumPy 배열의 종합을 계산하는 NumPy 함수들

NumPy 함수	설명
np.mean	배열 모든 값의 평균
np.std	표준 편차
np.var	분산
np.sum	전체 원소의 합
np.prod	전체 원소의 곱
np.cumsum	전체 원소의 누적 합
np.cumprod	전체 원소의 누적 곱
np.min, np.max	배열 값의 최소/최대
np.argmin, np.argmax	배열 최솟값/최댓값의 인덱스
np.all	인수 배열의 모든 원소가 0이 아니면 참을 반환
np.any	전체 원소 중 하나라도 0이 아니면 참을 반환

표 2-9의 함수는 입력 배열 전체에 걸쳐 집계된다. 이 함수에 axis 키워드를 인수로 사용하고 이에 대응하는 ndarray 메서드를 이용하면 배열 집계를 어느 축으로 시행할 것인지를 제어할 수 있다. 축 인수는 집계할 축을 정수로 지정한다. 축 인수는 정수의 튜플일 수 있으며 이 경우 집계를 수행할 복수 개의 축을 지정한다. 다음 예는 (5, 10, 15) 유형을 가진 배열에 집계 함수 np.sum을 호출해 ax 인수 값에 따라 배열의 차원을 어떻게 축소시키는지 보여준다.

```
In [176]: data = np.random.normal(size=(5, 10, 15))
In [177]: data.sum(axis=0).shape
Out[177]: (10, 15)
In [178]: data.sum(axis=(0, 2)).shape
Out[178]: (10,)
In [179]: data.sum()
Out[179]: -31.983793284860798
```

그림 2-3은 전체 원소의 첫 번째 축 그리고 3×3 배열의 두 번째 축을 집계하는 과정을 나타낸 것이다. 이 예에서 data 배열은 1에서 9 사이의 정수로 채워진다. 각각 축 0과 축 1의 전체 배열을 집계한다.

```
In [180]: data = np.arange(1,10).reshape(3,3)
In [181]: data
Out[181]: array([[1, 2, 3],
                 [4, 5, 6],
                 [7, 8, 9]])
```

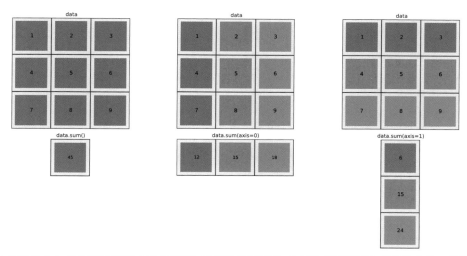

▲ 그림 2-3 3×3 2차원 행렬의 모든 축(왼쪽), 첫 번째 축(가운데), 두 번째 축(오른쪽)을 따라 집계되는 과정을 보여주는 예시

```
In [182]: data.sum()
Out[182]: 45
In [183]: data.sum(axis=0)
Out[183]: array([12, 15, 18])
In [184]: data.sum(axis=1)
Out[184]: array([ 6, 15, 24])
```

부울 배열과 조건부 식

NumPy 배열로 연산하다 보면 다른 배열의 원소들과 비교한 후 그 결과에 따라 조건부 연산을 수행할 필요가 있을 때가 생긴다. NumPy 배열도 산술 연산자와 마찬가지로 통상적인 비교 연산자와 함께 사용할 수 있다. 예컨대 >, <, >=, <=, ==, !, !!!= 연산자를 원소별로 비교할 수 있다. 브로드캐스팅 규칙은 비교 연산자에도 적용되며 2개의 연산자가 호환되는 모양과 크기를 갖는 경우, 비교 결과는 각 원소별 비교 결과를 부울 값(dtype이 np.bool인 경우)으로 반환한 새로운 배열이다.

```
In [185]: a = np.array([1, 2, 3, 4])
In [186]: b = np.array([4, 3, 2, 1])
In [187]: a < b
Out[187]: array([ True, True, False, False], dtype=bool)
```

예를 들어 if에서 두 배열을 비교한 결과를 사용하려면 배열을 비교한 부울 값을 적절한 방법으로 집계해 단일 True 또는 False 값으로 구해야 한다. 일반적인 사용 예는 상황에 따라 np.all 또는 np.any 집계 함수를 적용하는 것이다.

```
In [188]: np.all(a < b)
Out[188]: False
In [189]: np.any(a < b)
Out[189]: True
In [190]: if np.all(a < b):
     ...:     print("All elements in a are smaller than their corresponding
              element in b")
     ...: elif np.any(a < b):
     ...:     print("Some elements in a are smaller than their corresponding
              element in b")
     ...: else:
     ...:     print("All elements in b are smaller than their corresponding
              element in a")
Some elements in a are smaller than their corresponding element in b
```

그러나 부울 값 배열의 장점은 경우에 따라 if문 자체를 사용하지 않아도 된다는 것이다. 산술식에 부울 값의 배열을 사용하면 조건부 계산을 벡터화된 형태로 작성할 수 있다. 부울 배열이 스칼라 숫자와 함께 산술식에 나타나거나 수치 데이터 유형을 가진 다른 NumPy 배열에 나타나면 부울 배열은 False와 True 대신, 각각 0과 1의 수치 값을 가진 배열로 변환된다.

```
In [191]: x = np.array([-2, -1, 0, 1, 2])
In [192]: x > 0
```

```
Out[192]: array([False, False, False, True, True], dtype=bool)
In [193]: 1 * (x > 0)
Out[193]: array([0, 0, 0, 1, 1])
In [194]: x * (x > 0)
Out[194]: array([0, 0, 0, 1, 2])
```

이는 부분별 함수를 정의할 때처럼 조건부 계산에 유용한 속성이다. 예를 들어 주어진 높이, 폭, 위치에 대한 파형을 기술하는 함수를 정의해야 할 필요가 있다면 높이 값(스칼라 변수)에 파형의 공간 확장에 대한 2개의 부울 배열을 곱해 구현할 수 있다.

```
In [195]: def pulse(x, position, height, width):
     ...:     return height * (x >= position) * (x <= (position + width))
In [196]: x = np.linspace(-5, 5, 11)
In [197]: pulse(x, position=-2, height=1, width=5)
Out[197]: array([0, 0, 0, 1, 1, 1, 1, 1, 1, 0, 0])
In [198]: pulse(x, position=1, height=1, width=5)
Out[198]: array([0, 0, 0, 0, 0, 0, 1, 1, 1, 1, 1])
```

이 예에서 식(x >= position) * (x <= (position + width)은 두 부울 값 배열의 곱이며 이 예제의 경우, 곱셈 연산자는 원소별로 AND 연산자 역할을 한다. 함수 pulse는 NumPy의 원소별 AND 연산 함수인 np.logical_and 함수를 사용해 구현할 수도 있다.

```
In [199]: def pulse(x, position, height, width):
     ...:     return height * np.logical_and(x >= position, x <= (position +
           width))
```

다른 논리 연산도 가능하다. 예를 들어 NOT, OR, XOR이나 주어진 조건에 따라 서로 다른 배열을 선택하는 함수인 np.where, 조건 리스트에 따라 선택하는 np.select, 인덱스 배열에 따라 선택하는 np.choose 등이 있다. 표 2-10은 이러한 함수들을 요약한 것이고 다음 예는 이러한 함수 중 일부에 대한 기본적인 사용법을 보여준다. np.where 함수는 주어진 부울 배열 조건(첫 번째 인수)에 따라 두 배열 (두 번째와 세 번째 인수)에서 원소를 선택한다. 조건이 참인 경우 두 번째 인수에 주어진 배열의 원소를 선택하고, 조건이 거짓인 경우 세 번째 인수에 주어진 배열의 원소를 선택한다.

```
In [200]: x = np.linspace(-4, 4, 9)
In [201]: np.where(x < 0, x**2, x**3)
Out[201]: array([ 16.,   9.,   4.,   1.,   0.,   1.,   8.,   27.,   64.])
```

▼ 표 2-10 조건부와 논리 식의 NumPy 함수

함수	설명
np.where	조건 배열에 주어진 값에 따라 두 배열 중에서 값을 선택
np.choose	주어진 인덱스 배열에 따라 배열의 리스트에서 값 선택
np.select	조건 리스트에 따라 배열의 리스트에서 값 선택
np.nonzero	0이 아닌 원소를 가진 배열 인덱스를 반환
np.logical_and	원소별 AND 연산 수행
np.logical_or, np.logical_xor	원소별 OR/XOR 연산 수행
np.logical_not	원소별 NOT(역) 연산 수행

np.select 함수는 유사하게 작동하지만 부울 값 조건 배열 대신, 부울 값 조건 배열 목록과 해당 값의 배열 리스트를 사용한다.

```
In [202]: np.select([x < -1, x < 2, x >= 2],
     ...:           [x**2  , x**3 , x**4])
Out[202]: array([ 16.,   9.,   4.,   -1.,   0.,   1.,   16.,
            81.,   256.])
```

np.choose는 첫 번째 인수로서 어떤 원소를 선택할지 결정하는 인덱스를 가진 배열이나 리스트를 취한다.

```
In [203]: np.choose([0, 0, 0, 1, 1, 1, 2, 2, 2],
     ...:            [x**2, x**3, x**4])
Out[203]: array([  16.,    9.,    4.,   -1.,    0.,    1.,   16.,
                   81.,  256.])
```

np.nonzero 함수는 배열을 인덱싱(예: 조건이 사용된 것)하는 데 이용할 수 있는 인덱스의 튜플을 반환한다. 이는 배열을 abs(x) > 2로 직접 인덱싱하는 것과 동일한 결과를 내지만 np.nonzero가 반환한 인덱스를 부울 값 배열 인덱싱이 아닌 팬시 인덱싱을 사용한다.

```
In [204]: np.nonzero(abs(x) > 2)
Out[204]: (array([0, 1, 7, 8]),)
In [205]: x[np.nonzero(abs(x) > 2)]
Out[205]: array([-4.,  -3.,   3.,   4.])
In [206]: x[abs(x) > 2]
Out[206]: array([-4.,  -3.,   3.,   4.])
```

집합 연산

Python 언어는 정렬되지 않은 고유 객체의 모음을 관리하기 위한 set 데이터 구조를 제공한다. NumPy 배열 클래스 ndarray는 이러한 집합을 기술하는 데 사용할 수 있으며 NumPy는 NumPy 배열로 저장된 집합에서 작동하는 함수들을 갖고 있다. 이러한 함수는 표 2-11에 정리돼 있다. 집합을 기술하고 연산하는 데 NumPy 배열을 사용하면 특정 연산을 벡터화된 형태로 표현할 수 있다. 예를 들어 NumPy 배열의 값이 집합에 포함되는지에 관한 테스트는 np.in1d 함수를 사용해 수행할 수 있다. np.in1d 함수는 두 번째 인수에 전달된 배열에서 첫 번째 인수에 전달한 각 원소의 존재 유무를 알아본다. np.in1d 함수가 어떻게 작동하는지 알아보기 위해 다음 예를 살펴보자. 먼저 NumPy 배열이 적절한 집합인지 확인하기 위해 고윳값을 가진 새로운 배열을 반환하는 np.unique 함수를 사용할 수 있다.

```
In [207]: a = np.unique([1, 2, 3, 3])
In [208]: b = np.unique([2, 3, 4, 4, 5, 6, 5])
In [209]: np.in1d(a, b)
Out[209]: array([False, True, True], dtype=bool)
```

▼ 표 2-11 집합 연산에 사용되는 NumPy 함수들

함수	설명
np.unique	고윳값만을 원소로 갖는 새로운 배열 생성. 각 값은 단 한 번만 나타난다.
np.in1d	배열에 지정한 원소의 존재 유무를 다른 배열에서 검색한다.
np.intersect1d	지정한 두 배열에 모두 존재하는 원소를 가진 배열을 반환한다.
np.setdiff1d	지정한 두 배열 중 한쪽에만 존재하는 값으로 이뤄진 배열을 반환한다.
np.union1d	지정한 두 배열 중 어느 한쪽이라도 존재하는 원소를 모아 만든 배열을 반환한다.

여기서는 집합 b에서 a에 있는 각 원소가 존재하는지에 관한 테스트를 실시해 그 결과를 부울 값 배열로 반환한다. NumPy 배열로 표현된 집합에서 단일 원소의 존재 유무를 테스트하려면 in 키워드를 사용할 수 있다는 점도 알아두자.

```
In [210]: 1 in a
Out[210]: True
In [211]: 1 in b
Out[211]: False
```

a가 b의 부분 집합인지 테스트하기 위해 이전 예와 같이 np.in1d를 집계 함수인 np.all(또는 해당 ndarray 메서드)과 함께 사용할 수 있다.

```
In [212]: np.all(np.in1d(a, b))
Out[212]: False
```

표준 집합 연산인 합집합(양쪽 집합 중 어느 한쪽이라도 포함되는 원소 집합), 교집합(두 집합 모두에 포함되는 원소), 차집합(둘 중 한 집합에만 포함되는 원소)은 각각 np.union1d, np.intercontroll1d, np. setdiff1d 함수로 제공한다.

```
In [213]: np.union1d(a, b)
Out[213]: array([1, 2, 3, 4, 5, 6])
In [214]: np.intersect1d(a, b)
Out[214]: array([2, 3])
In [215]: np.setdiff1d(a, b)
Out[215]: array([1])
In [216]: np.setdiff1d(b, a)
Out[216]: array([4, 5, 6])
```

배열 연산

원소별 함수와 집계 함수 외에도 일부 연산은 전체적으로 배열에 작용하며 동일한 크기의 변환된 배열을 생성한다. 이러한 유형의 연산 예로는 배열 축의 순서를 뒤집는 전치가 있다. 2차원 배열의 특별한 형태, 예컨대 행렬의 경우, 전치는 단순히 행과 열이 교환된다.

```
In [217]: data = np.arange(9).reshape(3, 3)
In [218]: data
Out[218]: array([[0, 1, 2],
                 [3, 4, 5],
                 [6, 7, 8]])
In [219]: np.transpose(data)
Out[219]: array([[0, 3, 6],
                 [1, 4, 7],
                 [2, 5, 8]])
```

전치 함수인 np.transpose는 ndarray의 메서드로도 존재하는데, 특별한 메서드 이름인 ndarray.T로 돼 있다. 임의의 N차원 배열의 경우, 전치 연산은 (다음 예에서 볼 수 있듯이) 모든 축을 뒤집는다(값의 개수를 각 축을 따라 표시하기 위해 shape 속성을 사용했다는 점에 주목하자).

```
In [220]: data = np.random.randn(1, 2, 3, 4, 5)
In [221]: data.shape
Out[221]: (1, 2, 3, 4, 5)
In [222]: data.T.shape
Out[222]: (5, 4, 3, 2, 1)
```

np.fliplr(좌우 뒤집기)과 np.flipud(위아래 뒤집기) 함수는 전치와 유사한 작업을 수행한다. 이 함수는 배열의 원소를 행np.fliplr 또는 열np.flipud에 따라 뒤바뀌도록 하고 이 출력 배열의 형태는 입력과 동일하다. np.rot90 함수는 배열의 처음 두 축에 있는 원소를 90도 회전시키고 전치 함수처럼 배열의 형태를 바꿀 수 있다. 표 2-12는 일반적인 배열 작업과 관련된 NumPy 함수를 요약한 것이다.

▼ 표 2-12 배열 연산에 관련된 NumPy 연산 요약

함수	설명
np.transpose, np.ndarray.transpose, np.ndarray.T	배열의 전치(축 뒤집기)
np.fliplr/np.flipud	각 행/열의 원소 뒤집기
np.rot90	처음 2개 축을 따라 원소를 90도 회전
np.sort, np.ndarray.sort	지정한 축(기본값은 배열의 마지막 축)에 따라 배열의 원소를 정렬한다. np.darray 메서드는 배열 값을 직접 변경(in place)시키며 정렬을 수행한다.

행렬과 벡터 연산

지금까지는 일반적인 N차원 배열을 살펴봤다. 이러한 배열의 주요 적용 분야 중 하나는 벡터, 행렬 및 텐서의 수학적 개념을 나타내는 것이며 이 사용 예에서는 스칼라 곱(내적), (행렬) 닷 곱$^{dot\ products}$, 텐서 곱(외적)과 같은 벡터와 행렬 연산도 자주 등장한다. 표 2-13 은 행렬 연산을 위한 NumPy 함수의 요약이다.

▼ 표 2-13 행렬 연산을 위한 NumPy 함수 요약

NumPy 함수	설명
np.dot	벡터, 배열, 텐서를 나타내는 두 배열 사이의 행렬 곱셈(닷곱)
np.inner	벡터를 나타내는 두 배열 간의 스칼라 곱(내적)
np.cross	벡터를 나타내는 두 배열 간의 교차 곱
np.tensordot	다차원 배열을 지정된 축을 따라 행렬내적
np.outer	벡터를 나타내는 두 배열간의 외적(벡터의 텐서 곱)
np.kron	행렬들과 고차원 배열을 나타내는 배열 간의 크로네커(Kronecker) 곱(행렬의 텐서 곱)
np.einsum	다차원 배열에 대한 아인스타인의 합 규약(Einstein's summation convention)

NumPy에서 * 연산자는 원소별 곱셈에 사용된다. 따라서 2차원 배열 A와 B의 경우 A * B 라는 표현은 행렬 곱을 계산하지 않는다(이는 다른 계산 환경과 대비된다). 현재 행렬 곱을 나타내는 연산자는 없으며[4] 그 대신 NumPy 함수 np.dot가 이와 같은 목적으로 사용된다. ndarray 클래스에도 상응하는 메서드가 있다. 크기 $N \times M$과 $M \times P$의 두 행렬의 곱을 계산하기 위해서는 다음과 같이 사용해야 한다.

```
In [223]: A = np.arange(1, 7).reshape(2, 3)
In [224]: A
Out[224]: array([[1, 2, 3],
                 [4, 5, 6]])
```

---

4   최근 Python은 @ 심벌을 도입해 행렬 곱을 나타내고 있는데 Python 3.5 버전부터 이 연산자를 사용할 수 있다. 그러나 이 책을 쓸 당시, 이 연산자는 여전히 보편적으로 사용되지 않고 있다. 좀 더 자세한 내용은 http://legacy.python.org/ dev/peps/pep-0465를 참고하라.

```
In [225]: B = np.arange(1, 7).reshape(3, 2)
In [226]: B
Out[226]: array([[1, 2],
                 [3, 4],
                 [5, 6]])
In [227]: np.dot(A, B)
Out[227]: array([[22, 28],
                 [49, 64]])
In [228]: np.dot(B, A)
Out[228]: array([[ 9, 12, 15],
                 [19, 26, 33],
                 [29, 40, 51]])
```

np.dot 함수는 행렬 벡터 곱(즉. 벡터를 나타내는 1차원 배열과 행렬을 나타내는 2차원 배열의 곱)에도 사용할 수 있다. 예를 들면 다음과 같다.

```
In [229]: A = np.arange(9).reshape(3, 3)
In [230]: A
Out[230]: array([[0, 1, 2],
                 [3, 4, 5],
                 [6, 7, 8]])
In [231]: x = np.arange(3)
In [232]: x
Out[232]: array([0, 1, 2])
In [233]: np.dot(A, x)
Out[233]: array([5, 14, 23])
```

이 예에서 x는 2차원 형태 배열(1, 3) 또는 1차원 배열(3,)이 될 수 있다. ndarray에는 np.dot 함수 이외에도 해당 메서드 dot가 있으므로 다음과 같이 사용할 수 있다.

```
In [234]: A.dot(x)
Out[234]: array([5, 14, 23])
```

불행하게도 np.dot 또는 np.ndarray.dot 중 하나를 사용해 그리 간단하지 않은 행렬 곱을 표현하면 종종 복잡하고 읽기 어려워질 수 있다. 예를 들어 유사도 변환과 같은 비교적 단순한 행렬식 $A' = BAB^{-1}$은 다음과 같이 상대적으로 모호한 식으로 표현해야 한다.[5]

```
In [235]: A = np.random.rand(3,3)
In [236]: B = np.random.rand(3,3)
In [237]: Ap = np.dot(B, np.dot(A, np.linalg.inv(B)))
```

또는

```
In [238]: Ap = B.dot(A.dot(np.linalg.inv(B)))
```

NumPy는 이러한 상황을 개선하기 위해 Ndarray에 대응하는 matrix라는 이름의 대체 데이터 구조를 제공하며 이 구조에서 A * B와 같은 표현은 행렬 곱셈으로 구현돼 있다. 또한 역행렬을 구하기 위한 matrix.I나 켤레 복소수 전치complex conjugate transpose를 구하기 위한 matrix.H와 같은 특수 속성을 제공한다. 따라서 이 matrix 클래스의 인스턴스를 사용하면 훨씬 가독성이 높은 표현을 사용할 수 있다.

```
In [239]: A = np.matrix(A)
In [240]: B = np.matrix(B)
In [241]: Ap = B * A * B.I
```

이 방법이 실질적인 타협으로 보일 수도 있지만 불행하게도 matrix 클래스를 사용하는 것은 몇 가지 단점을 갖고 있어서 사용하기가 꺼려진다. matrix를 사용할 때의 주요 문제는 A * B와 같은 표현이 문맥에 따라 달라진다는 것이다. 즉, A * B의 의미가 A와 B의 유형에 따라 달라지므로 그 연산이 원소별 곱인지, 행렬의 곱인지 명확하지 않으며 이는 또

5　새로운 인픽스 infix 행렬 곱셈 연산자를 사용하면 동일한 식은 다음처럼 가독성이 더 좋은 방식으로 표현할 수 있다. Ap = B @ A @ np.linalg.inv(B)

다른 코드 가독성 문제를 야기한다. 이 문제는 특히 A와 B가 사용자 지정 인수인 때에 발생하며 이 경우 모든 입력 배열을 np.asmatrix 또는 np.matrix 함수 등을 사용해 행렬 인스턴스로 캐스팅해야 할 수도 있다(사용자가 함수를 호출할 때 ndarray가 아니라 matrix로 인수를 사용했다는 보장이 없기 때문이다). np.asmatrix 함수는 np.matrix 인스턴스의 형태로 원래 배열의 뷰를 생성한다. 이 방법은 연산의 부담을 크게 증가시키지는 않지만 ndarray와 matrix 사이에 배열을 명시적으로 상호 캐스팅하면 matrix 연산 식의 가독성이 향상됐던 이점이 많이 상쇄된다. 또 다른 문제는 배열과 행렬 간에 작용하는 일부 함수는 입력 유형을 변화시킬 수 있으며 matrix를 입력 인수로 해 호출됐음에도 ndarray를 반환할 수 있다는 점이다. 이 경우 matrix 유형은 의도하지 않게 ndarray로 변환될 수 있으며 이 때문에 다시 A * B와 같은 식의 작동이 변화될 것이다. NumPy의 배열과 행렬 함수를 사용할 때는 이러한 종류의 작동이 발생할 가능성이 낮지만 다른 패키지의 함수를 이용할 때는 발생할 수도 있다. matrix를 너무 광범위하게 사용하지 말라는 주장에도 불구하고 개인적으로는 복잡한 행렬식에 matrix 클래스 인스턴스를 사용하는 것은 중요한 사용 예라고 생각한다. 이 경우, 연산 전에 배열을 matrix로 캐스팅하고 그 결과를 유형에 따라 nd ndarray로 다시 캐스팅하는 것도 좋은 방법이다.

```
In [242]: A = np.asmatrix(A)
In [243]: B = np.asmatrix(B)
In [244]: Ap = B * A * B.I
In [245]: Ap = np.asarray(Ap)
```

벡터를 나타내는 두 배열 사이의 내적^{Scalar product}은 np.inner 함수를 사용해 계산할 수 있다.

```
In [246]: np.inner(x, x)
Out[246]: 5
```

이와 동일하게 np.dot 사용하면 다음과 같다.

```
In [247]: np.dot(x, x)
Out[247]: 5
```

주요 차이점은 np.inner는 동일한 차원의 입력 인수 2개를 취하는 반면, np.dot는 각각 $1 \times N$과 $N \times 1$ 유형의 입력 벡터를 취한다는 것이다.

```
In [248]: y = x[:, np.newaxis]
In [249]: y
Out[249]: array([[0],
                 [1],
                 [2]])
In [250]: np.dot(y.T, y)
Out[250]: array([[5]])
```

내적이 두 벡터를 스칼라로 매핑하는 반면, 외적은 두 벡터를 행렬로 매핑하는 보완적 연산을 수행한다.

```
In [251]: x = np.array([1, 2, 3])
In [252]: np.outer(x, x)
Out[252]: array([[1, 2, 3],
                 [2, 4, 6],
                 [3, 6, 9]])
```

또한 외적은 np.kron 함수를 사용해 크로네커 곱을 계산할 수 있지만 np.outer와 달리 입력 배열이 (M, N)과 (P, Q)일 경우, 결과 배열의 형태는 (M*P, N*Q)가 된다. 따라서 길이 M과 P인 2개의 1차원 배열의 경우, 결과 배열은 다음과 같은 형태를 가진다.

```
In [253]: np.kron(x, x)
Out[253]: array([1, 2, 3, 2, 4, 6, 3, 6, 9])
```

np.outer(x, x)에 해당하는 결과를 얻으려면 np.kron의 각각 첫 번째와 두 번째 인수로 입력 배열 x를 확장해 (N, 1)과 (1, N)으로 만들어야 한다.

```
In [254]: np.kron(x[:, np.newaxis], x[np.newaxis, :])
Out[254]: array([[1, 2, 3],
                 [2, 4, 6],
                 [3, 6, 9]])
```

일반적으로 np.outer 함수는 주로 벡터를 입력 대상으로 하는 반면, np.kron 함수는 임의 차원 배열의 텐서 곱 계산에 사용할 수 있다(그러나 두 입력 모두 동일한 개수의 축을 가져야 한다). 예를 들어 2×2 행렬의 텐서 곱을 계산하기 위해서는 다음과 같이 사용해야 한다.

```
In [255]: np.kron(np.ones((2,2)), np.identity(2))
Out[255]: array([[ 1., 0., 1., 0.],
                 [ 0., 1., 0., 1.],
                 [ 1., 0., 1., 0.],
                 [ 0., 1., 0., 1.]])
In [256]: np.kron(np.identity(2), np.ones((2,2)))
Out[256]: array([[ 1., 1., 0., 0.],
                 [ 1., 1., 0., 0.],
                 [ 0., 0., 1., 1.],
                 [ 0., 0., 1., 1.]])
```

다차원 배열로 작업할 때는 식에서 여러 번 나타나는 각 인덱스의 묵시적인 합산을 가정하는 아인슈타인 합산 규약을 사용해 공통 배열 작업을 간결하게 표현할 수 있다. 예를 들어 두 벡터 x와 y 사이의 스칼라 곱은 $x_n y_n$, 두 행렬 A와 B의 행렬 곱은 $A_{mk} B_{kn}$으로 표현할 수 있다. NumPy는 아인슈타인 합산을 수행하기 위한 np.einsum 기능을 제공한다. 첫 번째 인수는 인덱스 식이며 그 뒤는 식에 포함되는 임의의 개수의 배열이다. 인덱스 식은 쉼표로 구분된 인덱스가 있는 문자열로, 쉼표는 각 배열의 인덱스를 구분한다. 각 배열은 임의 개수의 인덱스를 가질 수 있다. 예를 들어 스칼라 곱 표현 식 $x_n y_n$은 지수 표현 식 "n,n"을 사용해 np.einsum("n,n", x, y) 식으로 계산할 수 있다.

```
In [257]: x = np.array([1, 2, 3, 4])
In [258]: y = np.array([5, 6, 7, 8])
In [259]: np.einsum("n,n", x, y)
Out[259]: 70
In [260]: np.inner(x, y)
Out[260]: 70
```

이와 마찬가지로 행렬 곱셈 $A_{mk}B_{kn}$은 np.einsum과 인덱스 표현 "mk,kn"을 사용해 계산할 수 있다.

```
In [261]: A = np.arange(9).reshape(3, 3)
In [262]: B = A.T
In [263]: np.einsum("mk,kn", A, B)
Out[263]: array([[  5,  14,  23],
                 [ 14,  50,  86],
                 [ 23,  86, 149]])
In [264]: np.alltrue(np.einsum("mk,kn", A, B) == np.dot(A, B))
Out[264]: True
```

아인슈타인 합산 규약은 특히 다차원 배열들을 다룰 때 편리하다. 왜냐하면 작동을 정의하는 인덱스 식에서 어떤 작업이 수행되고 어떤 축이 수행되는지 명시적으로 나타나기 때문이다. 예를 들어 np.tensordot를 사용한 동일한 연산에서는 행렬 곱을 계산할 축을 제공해야 할 수 있다.

요약

2장에서는 이 책의 후속 장들에서 참고할 수 있는 NumPy 라이브러리의 배열 기반 프로그래밍을 간략히 소개했다. NumPy는 Python을 이용한 컴퓨팅의 핵심 라이브러리로, Python을 위한 거의 모든 컴퓨터 라이브러리의 기초를 제공한다. NumPy 라이브러리와 그 사용 패턴에 익숙해지는 것은 Python을 과학 및 기술 컴퓨팅에 사용하기 위한 기본 기술을 익히는 것이다. 여기서는 NumPy의 N차원 배열 데이터 구조인 ndarray 객체를 소개하는 것으로 시작해 배열에서 원소를 추출하기 위한 인덱싱과 슬라이스 등 배열의 생성 및 조작과 관련된 함수를 거듭 설명했다. 또한 벡터화된 표현과 배열과의 효율적인 연산을 위한 연산자를 중심으로 ndarray 객체를 사용해 연산을 수행하기 위한 함수 및 연산자도 알아봤다. 이 책의 나머지 부분에 걸쳐 NumPy가 제공하는 배열 프레임워크를 사용하는 과학 컴퓨팅의 특정 분야를 위한 상위 수준의 라이브러리의 예를 보게 될 것이다.

추가 참고 도서 목록

NumPy 라이브러리는 NumPy T. Oliphant의 제작자가 만든 『The Guide to NumPy』 (2015), 『NumPy Cookbook』(2012), 『Learning NumPy Array』(2014) 등과 같은 여러 책의 주제다. NumPy는 『맥킨니』(McKinney, 2013)에서도 상당히 상세하게 다루고 있다.

참고 문헌

- Idris, I. Learning NumPy Array. Mumbai: Packt, 2014.
- —. Numpy Beginner's Guide. 3rd. Mumbai: Packt, 2015.
- —. NumPy Cookbook. Mumbai: Packt, 2012.
- McKinney, Wes. Python for Data Analysis. Sebastopol: O'Reilly, 2013.

3장

기호 연산

기호 연산은 2장, '벡터, 행렬, 다차원 배열'에서 소개한 수치 배열 기반의 연산과 비교했을 때 완전히 다른 패러다임이다. 컴퓨터 대수 시스템computer algebra systems, CAS으로도 알려진 기호 연산 소프트웨어는 수학 관련 객체와 식의 표현 및 조작, 변환이 해석적으로 일어난다.[1] 기호 연산은 주로 펜과 종이를 이용해 수작업으로 하던 해석적 연산을 컴퓨터로 하는 것을 말한다. 그러나 CAS를 이용해 수학 식을 표현하고 조작하는 것을 자동화하면 수작업으로 하던 것보다 훨씬 더 많은 해석적 연산이 가능해진다. 기호 연산은 수작업으로 수행하던 해석적 계산을 확인하고 디버깅하기 위한 훌륭한 도구이기도 하지만 좀 더 중요한 것은 기호 연산 없이는 불가능했을 여러 해석적 연산을 수행할 수 있다는 점이다.

해석적, 기호적 연산은 과학적, 기술적 컴퓨팅 환경의 핵심 부분이며 수치로만 해결할 수 있는 문제(실질적 문제는 해석적 방법이 불가능하므로 수치로만 해결해야 할 경우가 많다)도 수치적 방법에 의존하기 전에 해석적으로 접근할 수 있는 범위의 한계를 넓혀준다는 점에서 큰

---

[1] π라는 무리수는 3.14 등과 같이 수치적으로 근사해 표현할 수 있지만 수치적 근사는 오차를 수반할 수밖에 없다. 이런 오차가 계속 누적되면 그 결괏값은 실제 값과 크게 달라질 수 있다. 반면, 기호 연산은 수치적 근사 대신 π라는 기호를 그대로 사용해 보다 신뢰할 수 있는 계산이 가능하게 하는 방법을 연구하는 것이다. – 옮긴이

도움을 얻을 수 있다. 다시 말해 기호 연산 방법은 최종적으로 해결해야 하는 수치 문제의 복잡도나 규모를 크게 줄일 수 있다. 즉, 수치적 방법을 이용해 문제를 원 형태로 해결하는 대신, 해석적인 방법을 먼저 사용하면 문제를 단순화할 가능성이 있다. 과학적 Python 환경에서 기호 연산을 위한 주요 모듈은 SymPy$^{Symbolic\ Python}$다. SymPy는 Python으로만 작성됐으며 광범위한 해석 및 기호적 문제 해결을 위한 여러 도구를 제공한다. 3장에서는 SymPy가 Python을 이용해 기호 연산을 어떻게 수행하는지 자세히 살펴본다.

노트

SymPy

SymPy 라이브러리의 목표는 모든 기능을 갖춘 CAS를 제공하는 것이다. SymPy는 다른 많은 CAS와 대조적으로 주로 완전한 독립 개발 환경으로서보다는 라이브러리 형태로 제공된다. 이 때문에 SymPy는 다른 Python 라이브러리도 사용하고 있는 응용과의 통합에 매우 적합하다. 이 글을 쓰고 있는 시점의 최신 버전은 1.1.10이다. SymPy에 대한 자세한 정보는 www.sympy.org와 https://github.com/sympy/sympy/wiki/Faq에서 확인할 수 있다.

SymPy 임포트하기

SymPy 프로젝트는 sympy라는 이름의 Python 모듈을 제공한다. SymPy로 작업할 때는 from sympy import*라는 명령어를 사용해 이 모듈의 모든 기호를 임포트하는 것이 일반적인 사용법이지만 명확성과 함께 SymPy, Numpy 등의 다른 패키지와 Scipy의 함수나 변수 간의 이름 공간 충돌을 없애기 위해 여기서는 전체 라이브러리를 SymPy 그대로 가져올 것이다. 이 책의 나머지 부분에서도 SymPy를 이런 방식으로 임포트한다고 가정한다.

```
In [1]: import sympy
In [2]: sympy.init_printing()
```

여기서는 sympy.init_printing 함수도 동시에 임포트했는데 3장 뒷부분의 여러 예에서처럼 이 함수는 SymPy의 출력 시스템이 수학 식을 잘 포맷해 표현할 수 있도록 구성해준다. Jupyter nootbook에서는 MathJax JavaScript 라이브러리가 SymPy 식을 렌더링하도록 출력을 설정하고 그 결과를 nootbook 브라우저 페이지에 표시한다.

또한 3장 예시 코드의 가독성을 높이기 위해 다음과 같이 자주 사용되는 기호가 SymPy에서 로컬 이름 공간으로 임포트된다고 가정한다.

```
In [3]: from sympy import I, pi, oo
```

> **주의!**
>
> Numpy와 SymPy 그리고 다른 많은 라이브러리에서는 같은 이름을 가진 함수와 변수가 많다는 점에 유의해야 한다. 그러나 이 기호들은 대체해 사용할 수 없다. 예를 들어 numpy.pi는 수학 기호 π의 수치 근삿값인 반면, SymPy.pi는 π의 기호적 표현이다. 따라서 기호 계산을 수행할 때는, 예컨대 SymPy.pi 대신 numpy.pi를 혼합해 사용하지 않는 것이 중요하다. 이 점은 numpy.sin, Scipy.sin과 같은 많은 기본적인 수학 함수에도 동일하게 적용된다. 따라서 Python을 사용한 연산에서 둘 이상의 패키지를 사용할 때는 이름 공간을 일관되게 사용하는 것이 중요하다.

기호들

SymPy의 핵심적인 특징은 수학적 기호를 Python 객체로 표현하는 것이다. 예를 들어 SymPy 라이브러리에서는 sympy.Symbol 클래스를 이와 같은 용도로 사용할 수 있다. Symbol의 인스턴스에는 이름과 함께 그 특성을 기술하는 속성 집합과 해당 특성을 쿼리하고 기호 객체에 연산을 수행하는 메서드가 있다. 기호 자체로는 별로 실용적이지 않지만 대수 식을 나타낼 때 그 수식 트리의 노드로 기호를 사용한다(다음 절 참조). SymPy를 사용해 문제를 설정하고 해석하는 첫 번째 단계 중 하나는 문제 기술에 필요한 다양한 수학 변수와 수량에 대한 기호를 생성하는 것이다. 기호 이름은 문자열로, LaTeX와 같은 마크업을 선택적으로 포함시켜 IPython의 리치 디스플레이 시스템에 기호 이름이 잘 표시되게 할 수 있다. Symbol 객체 이름은 생성 시에 설정한다. 기호는 SymPy에서 몇 가지 다른 방법, 예컨대 sympy.Symbol, sympy.symbols, sympy.var를 사용해 생성할 수 있다. 일반적으로 Python 변수는 SymPy 기호와 동일하거나 기호 이름에 가까운 것을 사용하는 것이 바람직하다. 예를 들어 x라는 기호를 생성해 동일한 이름을 가진 Python 변수에 바인딩하려면 Symbol 클래스의 생성자를 사용해 기호 이름이 포함된 문자열을 첫 번째 인수로 전달해야 한다.

```
In [4]: x = sympy.Symbol("x")
```

변수 x는 이제 추상적인 수학 기호 x를 나타내는데, 기본 정보가 거의 알려져 있지 않다. 이 시점의 x의 정체는 실수, 정수, 복소수, 함수는 물론 어떠한 다른 가능성도 가질 수 있다. 대부분의 경우에는 이렇듯 추상적이고 지정되지 않은 Symbol 객체로 수학적 기호를 나타낸 것으로 충분하지만 때로는 Symbol 객체가 나타내는 기호의 정확한 유형의 SymPy 라이브러리에게 더 많은 힌트를 줘야 한다. 이는 SymPy가 해석 표현을 보다 효율적으로 조작하고 단순화하는 데 도움을 준다. Symbol과 같은 기호 생성 함수에 선택적 키워드 인수를 추가하면 기호가 가질 수 있는 속성의 가능한 범위를 좁힐 수 있다. 표 3-1은 Symbol 클래스 인스턴스에 연계시킬 수 있는, 자주 사용되는 가정들 중 일부를 발췌해 요약한 것이다. 예를 들어 실수로 알려진 수학 변수 y가 있으면 해당 기호 인스턴스를 생성할 때 real=True라는 키워드 인수를 사용할 수 있다. is_real 속성을 사용하면 SymPy가 실제로 기호 클래스의 인스턴스를 실수로 인식하는지 검증할 수 있다.

```
In [5]: y = sympy.Symbol("y", real=True)
In [6]: y.is_real
Out[6]: True
```

반면, 명시적으로 실수라고 지정한 적이 없는 기호 x를 쿼리하기 위해 is_real을 사용하면 이 기호는 실수와 비실수 변수 모두를 나타낼 수 있기 때문에 결과적으로 None을 반환한다.

```
In [7]: x.is_real is None
Out[7]: True
```

is_real은 기호가 실수라는 것을 알고 있으면 True, 실수가 아니라는 것을 알고 있으면 False를 반환하며 기호가 실수인지 아닌지 모를 경우 None을 반환한다는 점에 주목하자. Symbol 객체에 대한 가정을 쿼리하는 다른 속성(표 3-1 참조)도 이와 동일한 방식으로 작동한다. is_real 속성이 False를 반환하는 기호의 예는 다음을 참고하라.

```
In [8]: sympy.Symbol("z", imaginary=True).is_real
Out[8]: False
```

▼ 표 3-1 가정과 해당 Symbol 객체 키워드 발췌(전체 리스트는 sympy.Symbol docstrings 참고)

가정 키워드 인수	속성	설명
real, imaginary	is_real, is_imaginary	기호가 실수인지 허수인지 지정
positive, negative	is_positive, is_negative	기호가 양인지 음인지 지정
integer	is_integer	기호는 정수를 나타냄
odd, even	is_odd, is_even	기호가 짝수인지 홀수인지 지정
prime	is_prime	기호가 소수인지(따라서 정수) 지정
finite, infinite	is_finite, is_infinite	기호가 유한인지 무한인지 지정

표 3-1의 가정 중 새 기호를 생성할 때 명시적으로 지정해야 할 가장 중요한 것은 real과 positive다. 기호에 이러한 가정을 추가하지 않았다면 Sympy에서 불가능했을 여러 가지 다른 방법으로 표현을 단순화시키는 데 도움이 된다. 다음과 같은 간단한 예를 생각해보자.

```
In [9]: x = sympy.Symbol("x")
In [10]: y = sympy.Symbol("y", positive=True)
In [11]: sympy.sqrt(x ** 2)
Out[11]: $\sqrt{x^2}$
In [12]: sympy.sqrt(y ** 2)
Out[12]: $y$
```

여기서는 x와 y라는 2개의 기호를 만들고 SymPy 함수 SymPy.sqrt를 사용해 그 기호의 제곱근을 계산했다. 기호가 알려져 있지 않은 경우라면 어떠한 단순화도 수행할 수 없다. 반면, 그 기호가 양수라는 것을 알고 있으면 분명히 $\sqrt{y^2}=y$다. 그리고 SymPy는 후자의 예에서 이 사실을 정확하게 인지한다.

예컨대 실수가 아니라 정수를 나타내는 수학적 기호로 작업한다면 해당 SymPy 기호를 생성할 때는 이를 명시적으로 지정하는 것이 유용하다. 예를 들어 가능하다면 integer =True, even=True, odd=True 식으로 지정하는 것이 좋다. 이는 또한 SymPy가 다음 예제에서처럼 특정 식이나 함수 계산을 해석적으로 단순화할 수 있게 한다.

```
In [13]: n1 = sympy.Symbol("n")
In [13]: n2 = sympy.Symbol("n", integer=True)
In [13]: n3 = sympy.Symbol("n", odd=True)
In [14]: sympy.cos(n1 * pi)
Out[14]: $\cos(\pi n)$
In [15]: sympy.cos(n2 * pi)
Out[15]: $(-1)n$
In [16]: sympy.cos(n3 * pi)
Out[16]: $-1$
```

복잡한 수학 문제를 공식화하려면 많은 수의 기호를 정의할 필요가 있다. SymPy에는 sympy.symbols 함수가 포함돼 있으므로 한 번의 함수 호출로 복수 개의 기호를 생성할 수 있다. sympy.symbols 함수는 임의의 키워드 인수는 물론 쉼표로 구분된 문자열을 통해 기호 이름을 취한다(모든 심벌에 적용된다). 그다음 새로 생성된 기호를 튜플 형태로 반환한다. Python에서 튜플을 해체하는 구문을 `sympy.symbols`를 호출할 때 사용하면 기호를 편리하게 생성할 수 있다.

```
In [17]: a, b, c = sympy.symbols("a, b, c", negative=True)
In [18]: d, e, f = sympy.symbols("d, e, f", positive=True)
```

숫자들

수학 기호를 Python 객체로 표현하는 목적은 수학 식을 나타내는 수식 트리에 사용하기 위해서다. 이를 위해서는 숫자, 함수, 상수 등과 같은 다른 수학 객체도 나타낼 필요가 있다. 이 절에서는 수치 객체를 나타내는 SymPy 클래스를 살펴본다. 이 모든 클래스들은 `Symbol` 인스턴스의 메서드와 속성을 공유하며 이를 통해 식을 나타낼 때 기호와 수치를 동일한 입장에서 취급할 수 있다.

예를 들어 앞 절에서 `Symbol` 인스턴스에는 `is_real`과 같은 기호 객체의 특성을 쿼리하는 속성이 있다는 것을 살펴봤다. SymPy의 기호 식을 다룰 때는 정수와 부동소수 등 모든 종류의 객체에 동일한 속성을 사용할 수 있어야 한다. 이러한 이유 때문에 Python에 내장된 정수int나 부동소수float 등의 객체를 직접 사용하면 안 된다. 그 대신, SymPy는 그 프레임워크 내에 정수와 부동소수점 번호를 나타내기 위한 `sympy.Integer`와 `sympy.Float` 클래스를 제공한다. 이러한 구분은 SymPy로 작업할 경우에 매우 중요하지만 다행스럽게도 `sympy.Integer`와 `sympy.Float` 유형의 객체를 생성하기 위해 고생할 필요는 없다. SymPy는 SymPy 식에서 Python 수치가 나타날 때마다 수치를 해당 클래스의 인스턴스로 자동 승격시켜주기 때문이다. 그러나 다음 예에서는 Python 내장 숫자 유형과 SymPy의 해당 유형 간에 존재하는 차이를 보여주기 위해 `sympy.Integer`와 `sympy.Float` 인스턴스를 명시적으로 생성하고 일부 속성을 사용해 그 특성을 쿼리해본다.

```
In [19]: i = sympy.Integer(19)
```

```
In [20]: type(i)
Out[20]: sympy.core.numbers.Integer
In [21]: i.is_Integer, i.is_real, i.is_odd
Out[21]: (True, True, True)
In [22]: f = sympy.Float(2.3)
In [23]: type(f)
Out[23]: sympy.core.numbers.Float
In [24]: f.is_Integer, f.is_real, f.is_odd
Out[24]: (False, True, False)
```

숫자를 SymPy 수치나 임의의 식으로 만들려면 sympy.sympify 함수를 사용할 수도 있
다. 이 함수는 광범위한 입력을 받아 SymPy 호환 식을 도출하므로 생성해야 할 객체 유
형을 명시적으로 지정할 필요가 없다. 숫자 입력의 간단한 예는 다음과 같다.

```
In [25]: i, f = sympy.sympify(19), sympy.sympify(2.3)
In [26]: type(i), type(f)
Out[26]: (sympy.core.numbers.Integer, sympy.core.numbers.Float)
```

정수

앞 절에서 이미 정수를 나타내기 위해 Integer 클래스를 사용했다. integer=True라고 설
정한 Symbol 인스턴스와 Integer 인스턴스 자체의 차이점에 주목할 필요가 있다.
integer=True로 설정된 Symbol은 어떤 정수를 나타내는 반면, Integer 인스턴스는 특정
정수를 나타낸다. 두 경우 모두 is_integer 속성은 True이지만 Integer 인스턴스에만
True인 is_Integer(I가 대문자라는 것에 유의하자) 속성도 있다. 일반적으로 이름이 is_Name

인 속성은 객체가 Name 유형인지, is_name인 속성은 객체가 조건 name을 만족하는지 알아보는 것이다. 따라서 Symbol 인스턴스의 True 값을 반환하는 속성인 is_Symbol도 있다.

```
In [27]: n = sympy.Symbol("n", integer=True)
In [28]: n.is_integer, n.is_Integer, n.is_positive, n.is_Symbol
Out[28]: (True, False, None, True)
In [29]: i = sympy.Integer(19)
In [30]: i.is_integer, i.is_Integer, i.is_positive, i.is_Symbol
Out[30]: (True, True, True, False)
```

SymPy의 정수란, 임의의 정밀도를 가지므로 고정된 하한이나 상한이 없다는 것을 의미한다. Numpy에서 특정 비트 크기의 정수를 나타낼 때도 그렇다. 따라서 다음 예와 같이 매우 큰 수로 작업할 수도 있다.

```
In [31]: i ** 50
Out[31]: 8663234049605954426644038200675212212900743262211018069459689001
In [32]: sympy.factorial(100)
Out[32]: 93326215443944152681699238856266700490715968264381621468592963895217599
93229915608941463976156518286253697920827223758251185210916864000000000000000000
000000
```

부동수(실수)

앞 절에서 이미 sympy.Float 유형을 본 적이 있다. Integer처럼 Float도 내장형 float 유형이나 Numpy와 달리 임의의 정밀도를 가진다. 따라서 임의의 소수점 자리를 갖는 Float를 나타낼 수 있다. 생성자를 사용해 Float를 생성할 때는 2개의 인수가 사용되는데 첫 번째 인수는 Float 객체의 부동소수, 두 번째 (선택적) 인수는 정밀도(유의한 소수점 자릿수)다. 예를 들어 실수 0.3은 일반적인 고정 비트-크기 부동-소수점 수로 정확히 나타낼 수 없다는 것은 잘 알려진 사실이다. 이 경우, 0.3을 소수 20자리까지만 유의한 것으로 표현하면 `0.29999999999988897698`로 표시된다. SymPy Float 객체는 부동소수점 자릿수의 제한 없이 실제 숫자 0.3을 나타낼 수 있다.

```
In [33]: "%.25f" % 0.3 # 소수 25자리를 지정하는 문자열 표현
Out[33]: '0.299999999999999999888977698'
In [34]: sympy.Float(0.3, 25)
Out[34]: 0.299999999999999999888977698
In [35]: sympy.Float('0.3', 25)
Out[35]: 0.3
```

그러나 0.3을 Float 객체로 나타내기 위해서는 이미 부동소수점 오류를 포함하고 있는 Python 실수 0.3이 아니라 문자열 0.3을 사용해 초기화해야 한다는 점에 유의하자.

유리수

유리수는 두 정수의 분수 p/q이며 분자는 p, 분모는 q다. SymPy에서는 `sympy.Rational` 클래스를 사용하면 이러한 유형의 숫자를 나타낼 수 있다. `sympy.Rational`를 사용해 분모 분자를 인수로 지정하면 유리수를 명시적으로 생성할 수 있다.

```
In [36]: sympy.Rational(11, 13)
```
$$Out[36]: \frac{11}{13}$$

또 이들은 SymPy에 의해 수행된 단순화의 결과일 수 있다. 어느 경우든 유리수와 정수 사이의 산술 연산은 유리수로 남는다.

```
In [37]: r1 = sympy.Rational(2, 3)
In [38]: r2 = sympy.Rational(4, 5)
In [39]: r1 * r2
```
$$Out[39]: \frac{8}{15}$$
```
In [40]: r1 / r2
```

$$\text{Out[40]: } \frac{5}{6}$$

상수와 특수 기호

SymPy는 가상 허수 I, 무한과 같이 다양한 수학적 상수와 특수 객체에 미리 정의된 기호를 제공하고 있다. 이들은 표 3-2에 SymPy의 해당 기호와 함께 요약돼 있다. 특히 SymPy에서는 허수 단위가 I로 표기된다는 점에 주목하자.

▼ 표 3-2 SymPy에 있는 수학적 정수와 특수 기호의 일부 발췌

수학 기호	SymPy 기호	설명
π	sympy.pi	원주율
e	sympy.E	자연 로그의 밑, $e=\exp(1)$
γ	sympy.EulerGamma	오일러 상수
i	sympy.I	허수
∞	sympy.oo	무한대

함수

SymPy에서 함수를 나타내는 객체는 sympy.Function으로 생성할 수 있다. 이 Function 객체는 Symbol처럼 이름을 첫 번째 인수로 취한다. SymPy는 정의된 함수와 정의되지 않은 함수, 적용된 함수와 적용되지 않은 함수를 구분한다. Function을 사용해 함수를 생성하면 정의되지 않고(추상적) 적용되지 않은 함수가 만들어지는데 이름은 있지만 그 식이나 본체가 정의돼 있지 않아 계산할 수 없다. 이러한 함수는 아직 어떤 특정 기호나 입력 변수에 적용되지 않았기 때문에 임의의 함수나 기호를 나타낼 수 있다. '적용되지 않은' 함수는 함수 도메인을 나타내는 기호 입력 집합에 '적용'될 수 있는데 이를 적용하기 위해서는 함수 인스턴스를 호출할 때 해당 기호를 인수로 사용해야 한다.[2]

---

2 여기서는 Python의 함수나 sympy.Function과 같은 호출 가능한 Python 객체와 sympy.Function 클래스 인스턴스가 나타내는 기호적 함수를 구분하는 것이 중요하다.

결과는 여전히 계산되지 않은 함수이지만 지정된 입력 변수에 '적용'됐기 때문에 종속 변수 집합이 생긴다.

이러한 개념의 예로, 미정의 함수 f를 생성한 후 기호 x에 적용한 경우와 기호 x, y, z 집합에 직접 적용한 또 다른 함수 g를 생성해보자.

```
In [41]: x, y, z = sympy.symbols("x, y, z")
In [42]: f = sympy.Function("f")
In [43]: type(f)
Out[43]: sympy.core.function.UndefinedFunction
In [44]: f(x)
Out[44]: f(x)
In [45]: g = sympy.Function("g")(x, y, z)
In [46]: g
Out[46]: g(x,y,z)
In [47]: g.free_symbols
Out[47]: {x,y,z}
```

여기서는 free_symbols라는 특성 또한 사용했는데 이 특성은 주어진 식에 포함된 고유의 기호 집합(예제의 경우는 적용된 정의되지 않은 함수 g)을 반환해 적용된 함수가 실제로 특정 입력 기호들과 연계됐는지를 보여준다. 이 점은 3장의 뒷부분, 예컨대 추상적 함수의 미분을 고려할 때 중요해진다. 정의되지 않은 함수를 적용하는 중요 응용 중 하나는 미분방정식을 지정하거나 함수 방정식은 알려져 있지만 함수 자체는 모르는 경우다.

정의되지 않은 함수와는 대조적으로, 정의된 함수는 특정 구현이 있고 모든 유효한 입력 매개변수를 수치적으로 계산할 수 있는 함수다. 이러한 형태의 함수는 sympy.Function의 하위 클래스를 만들면 정의할 수 있지만 대부분의 경우 SymPy에서 제공하는 수학 함수를 사용하는 것만으로도 충분하다.

당연히 SymPy에는 전역 SymPy 이름 공간에서 사용할 수 있는 많은 내장 표준 수학 함수가 제공된다(sympy.functions.elementary, sympy.functions.combinatorial, sympy.functions.special의 모듈 문서를 참고하고 이들의 서브 패키지에 대한 리스트는 Python help 함

수를 참고하라). 예를 들어 사인 함수에 대한 SymPy 함수는 SymPy.Sin(여기서의 임포트 규약에 따름)이다. 이 함수는 Python 문맥의 함수가 아니라(사실 sympy.Function의 서브 클래스다) 숫자, 기호 또는 식에 적용할 수 있는 계산되지 않은 sin 함수를 나타낸다.

```
In [48]: sympy.sin
Out[48]: sympy.functions.elementary.trigonometric.sin
In [49]: sympy.sin(x)
Out[49]: sin(x)
In [50]: sympy.sin(pi * 1.5)
Out[50]: -1
```

sin 함수를 x와 같은 추상적 기호에 적용할 경우에는 계산되지 않은 상태로 유지되지만 가능한 경우, 예컨대 숫자에 적용된 경우나 다음 예와 같이 특정 성질을 가진 식에 적용된 경우에는 수치 값으로 계산된다.

```
In [51]: n = sympy.Symbol("n", integer=True)
In [52]: sympy.sin(pi * n)
Out[52]: 0
```

SymPy의 세 번째 유형은 람다^{lambda} 함수, 즉 익명의 함수로, 관련된 이름은 없지만 계산이 가능한 특정 함수 본체를 갖고 있다. 람다 함수는 sympy.Lambda를 사용해 생성할 수 있다.

```
In [53]: h = sympy.Lambda(x, x**2)
In [54]: h
Out[54]: (x ↦ x²)
In [55]: h(5)
Out[55]: 25
In [56]: h(1 + x)
Out[56]: (1 + x)²
```

식

앞 절에 소개된 다양한 기호는 수학 식을 표현하는 데 필요한 기본적인 구성 요소들이다. SymPy에서의 수학 식은 잎이 기호이고 각 노드가 수학 연산을 나타내는 클래스 인스턴스인 트리로 표현된다. 이러한 클래스의 예로는 기초 산술 연산자인 Add, Mul, Pow와 해석적 수학 연산을 위한 Sum, Product, Integral, Derivative를 들 수 있다. 이외에도 수학 연산을 위한 또 다른 많은 클래스가 있는데 이는 3장의 뒷부분에서 살펴본다.

예를 들어 수학 식 $1 + 2x^2 + 3x^3$을 생각해보자. 이 식을 SymPy에서 나타내려면 기호 x를 만들고 식을 Python 코드로 사용하면 된다.

```
In [54]: x = sympy.Symbol("x")
In [55]: expr = 1 + 2 * x**2 + 3 * x**3
In [56]: expr
Out[56]: 3x³ + 2x² + 1
```

여기 expr은 하위식 1, 2*x**2, 3*x**3을 갖는 Add의 인스턴스다. expr에 대한 전체 수식 트리는 그림 3-1에 시각화돼 있다. 수식 트리는 기호 및 연산자로 자동 구성되므로 명시적으로 구축할 필요가 없다는 점에 주목하자. 그럼에도 불구하고 SymPy가 어떻게 작동하는지 이해하기 위해서는 식이 어떻게 표현되는지 알아두는 것이 중요하다.

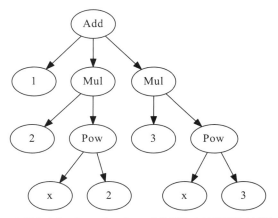

▲ 그림 3-1 1 + 2 * x**2 + 3 * x**3에 대한 수식 트리의 시각화

수식 트리는 args 속성을 사용해 명시적으로 접근할 수 있는데, 이 속성은 모든 SymPy 의 연산과 기호에서 제공된다. args 속성은 연산자 클래스로 구현된 규칙과 결합된 하위 수식의 튜플이다. 기호의 경우, args 속성은 수식 트리의 잎이라는 것을 나타내는 빈 튜 플이다. 다음 예는 수식 트리에 명시적으로 접근할 수 있는 방법을 보여준다.

```
In [57]: expr.args
Out[57]: (1,2x^2,3x^3)
In [58]: expr.args[1]
Out[58]: 2x^2
In [59]: expr.args[1].args[1]
Out[59]: x^2
In [60]: expr.args[1].args[1].args[0]
Out[60]: x
In [61]: expr.args[1].args[1].args[0].args
Out[61]: ()
```

SymPy의 기본 사용에서는 수식 트리를 명시적으로 조작할 필요가 거의 없지만 다음 절 에서 소개할 수식 조작 방법이 충분하지 않을 경우, args 속성을 이용해 수식 트리를 횡 단하고 조작하는 자기만의 함수를 구현할 수 있다면 유용할 것이다.

식 다루기

수식 트리를 조작하는 것은 SymPy의 주요 작업 중 하나이며 변환과 관련된 다양한 유형의 함수가 제공된다. 전반적인 아이디어는, 수식 트리는 단순화와 재작성 함수를 이용해 수학적으로 동등한 형태로 서로 변형할 수 있다는 것이다. 이러한 함수들은 일반적으로 함수에 전달되는 수식들을 바꾸는 것이 아니라 수정된 수식에 상응하는 새로운 식들을 만들어낸다. 따라서 SymPy에서 수식은 (바꿀 수 없는) 불변의 객체로 간주돼야 한다. 이 절에서 고려하는 모든 함수는 SymPy 수식을 불변의 대상으로 간주하고 수식을 인플레이스로 수정하지 않고 새로운 수식 트리로 반환한다.

단순화

가장 바람직한 수학 식 조작 방법은 단순화다. 단순화는 아마도 가장 모호한 작업이기도 한데, 그 이유는 사람에게 어떤 하나의 식이 다른 식보다 더 단순하게 보이는지의 판단을 알고리즘적으로 결정하는 것은 쉬운 일이 아니며 어떤 방법을 사용해 더 단순한 표현에 도달해야 하는지도 명확하지 않기 때문이다. 그럼에도 불구하고 블랙박스 단순화는 모든 CAS에 있어 중요한 부분이며 SymPy는 다양한 방법과 접근 방식을 사용해 특정 표현을 단순화하기 위해 `sympy.simplify` 함수를 제공한다. 단순화 함수는 다음 예제에서와 같이 `simplify` 메서드를 통해서도 호출할 수 있다.

```
In [67]: expr = 2 * (x**2 - x) - x * (x + 1)
In [68]: expr
Out[68]: 2x² − x(x+1)−2x
In [69]: sympy.simplify(expr)
Out[69]: x(x−3)
In [70]: expr.simplify()
Out[70]: x(x−3)
In [71]: expr
Out[71]: 2x² − x(x+1)−2x
```

여기에서 sympy.simplify(expr)와 expr.simplify( )는 앞에서 언급한 바와 같이 새로운 수식 트리를 반환하고 원래 표현 식은 그대로 둔다는 점에 유의하자. 이 예에서 수식 expr은 곱셈을 확장하고 항을 제거한 후 수식을 인수분해함으로써 단순화할 수 있다. 일반적으로 sympy.simplify는 다양한 전략을 시도할 것이고 여기서 예시된 것처럼 삼각함수와 지수 표현도 단순화할 것이다.

```
In [72]: expr = 2 * sympy.cos(x) * sympy.sin(x)
In [73]: expr
Out[73]: 2 sin(x)cos(x)
In [74]: sympy.simplify(expr)
Out[74]: sin(2x)
```

그리고

```
In [75]: expr = sympy.exp(x) * sympy.exp(y)
In [76]: expr
Out[76]: exp(x)exp(y)
In [77]: sympy.simplify(expr)
Out[77]: exp(x+y)
```

각각의 특정 유형 단순화는 sympy.trigsimp, sympy.powsimp와 같은 더 전문적인 함수를 사용해 각각 삼각함수와 지수 단순화를 수행할 수 있다. 이러한 함수들은 자신의 이름이 나타내는 부분만 단순화를 수행하고 수식의 다른 부분은 원래 형태로 남겨둔다. 단순화 기능의 요약은 표 3-3에 나타나 있다. 단순화 단계를 정확히 알고 있다면 일반적으로 이처럼 보다 구체적인 특정 단순화 함수에 의존하는 것이 더 낫다. 이들의 행동은 더 잘 정의돼 있고 SymPy의 향후 버전에서도 변경될 가능성이 적기 때문이다. 반면, sympy.simplify 함수는 향후에 바뀔 수 있는 휴리스틱 접근법에 의존하고 있으며 결과적으로 특정 입력 표현을 다르게 생성할 수도 있다.

함수	설명
sympy.simplify	주어진 식을 간단히 하기 위해 다양한 방법론과 접근법 사용
sympy.trigsimp	삼각함수를 사용해 수식 단순화 시도
sympy.powsimp	지수 법칙을 사용해 수식 단순화 시도
sympy.compsimp	조합을 이용해 단순화
sympy.ratsimp	공통 분모를 작성해 수식 단순화 시도

확장

sympy.simplify에 의한 블랙박스 단순화가 만족스러운 결과를 거두지 못할 경우, 보다 구체적인 대수적 연산을 이용해 수동으로 시도하면 진전을 이룰 수 있는 경우가 많다. 이 과정에서의 중요한 도구는 수식을 다양한 방식으로 확장하는 것이다. sympy.expand 함수는 선택적인 키워드 인수 값에 따라 다양한 형태로 확장을 수행한다. 이 함수는 기본적으로 덧셈에 대한 곱셈의 배분 법칙을 사용해 수식을 완전히 확장한다. 예를 들어 $(x+1)$ $(x+2)$ 유형의 곱은 다음과 같이 x^2+3x+2로 확장할 수 있다.

```
In [78]: expr = (x + 1) * (x + 2)
In [79]: sympy.expand(expr)
Out[79]: x² + 3x + 2
```

사용할 수 있는 키워드 인수 중 일부는 (예제에서처럼) 곱셈을 확장하기 위한 mul=True나 삼각함수를 확장하기 위한 trig=True다.

```
In [80]: sympy.sin(x + y).expand(trig=True)
Out[80]: sin(x)cos(y) + sin(y)cos(x)
```

로그 함수를 확장하려면 log=True를 사용해야 한다.

```
In [81]: a, b = sympy.symbols("a, b", positive=True)
In [82]: sympy.log(a * b).expand(log=True)
Out[82]: log(a) + log(b)
```

수식에서 실수와 허수를 분리하려면 complex=True를 사용해야 한다.

```
In [83]: sympy.exp(I*a + b).expand(complex=True)
Out[83]: ie^b sin(a) + e^b cos(a)
```

그리고 power_base=True와 power_exp=True는 각각 지수 표기의 가수와 지수를 확장하기 위한 것이다.

```
In [84]: sympy.expand((a * b)**x, power_base=True)
Out[84]: a^x b^x
In [85]: sympy.exp((a-b)*x).expand(power_exp=True)
Out[85]: e^{iax} e^{-ibx}
```

이러한 키워드 인수를 True로 설정한 상태에서 sympy.expand 함수를 호출하는 것은 보다 구체적인 함수인 SymPy.expand_mul, SymPy.expand_trig, SymPy.expand_log, SymPy.expand_complex, SymPy.expand_power_base, SymPy.exp를 각각 호출하는 것과 동일하지만 sympy.expand를 호출할 때의 장점은 여러 종류의 확장을 한 번의 호출로 수행할 수 있다는 것이다.

인수분해 모음 및 병합

sympy.expand 함수를 사용하는 일반적인 패턴은 수식을 확장해 SymPy가 항이나 인자를 제거한 후 다시 수식을 결합하거나 인수분해하는 것이다. sympy.factor 함수는 가능한 한 수식을 인수분해하려고 하는데 이는 어떤 의미에서 mul=True로 설정한 sympy.expand와 반대되는 개념이다. 이 함수는 수식의 인수분해를 위해 다음처럼 사용할 수 있다.

```
In [86]: sympy.factor(x**2 - 1)
Out[86]: (x - 1)(x + 1)
In [87]: sympy.factor(x * sympy.cos(y) + sympy.sin(z) * x)
Out[87]: x(sin(x) + cos(y))
```

앞 절에서 확장된 다른 유형들의 역연산은 sympy.trigsimp, sympy.powsimp, sympy.
logcombine를 사용해 수행할 수 있다. 예를 들어 다음과 같다.

```
In [90]: sympy.logcombine(sympy.log(a) - sympy.log(b))
```
$$\text{Out[90]:} \quad \log\left(\frac{a}{b}\right)$$

수식으로 작업할 때는 인수분해에 대한 세밀한 제어가 필요한 경우가 많다. SymPy 함수
의 sympy.collect는 지정한 기호 또는 기호의 리스트에 해당하는 항을 인수분해한다. 예
를 들어 $x+y+xyz$는 완전히 인수분해할 수 없지만 x 또는 y를 포함하는 항으로 부분적
으로 인수분해할 수 있다.

```
In [89]: expr = x + y + x * y * z
In [90]: expr.collect(x)
Out[90]: x(yz + 1) + y
In [91]: expr.collect(y)
Out[91]: x + y(xz + 1)
```

sympy.collect 함수 또는 해당하는 collect 메서드에 기호나 수식 목록을 전달하면 하
나의 함수 호출을 통해 복수의 기호를 모을 수 있다. 또한 새로운 식을 반환하는 메서드
collect를 이용할 경우, 다음과 같은 방법으로 복수의 메서드 콜을 체인시킬 수도 있다.

```
In [93]: expr = sympy.cos(x + y) + sympy.sin(x - y)
In [94]: expr.expand(trig=True).collect([sympy.cos(x),
   ...:                                  sympy.sin(x)]).collect(sympy.
       cos(y) - sympy.sin(y))
```

```
Out[95]: (sin(x) + cos(x))(-sin(y) + cos(y))
```

분리, 묶기, 제거

여기서 살펴볼 수학적 단순화의 마지막 유형은 분수의 재작성이다. `SymPy.apart` 및 `SymPy.together` 함수는 각각 분수를 부분 분수로 다시 쓰고 부분 분수를 단일 분수로 결합하는 일을 수행하며 다음과 같은 방법을 사용할 수 있다.

```
In [95]: sympy.apart(1/(x**2 + 3*x + 2), x)
```
$$Out[95]: \quad -\frac{1}{x+2}+\frac{1}{x+1}$$
```
In [96]: sympy.together(1 / (y * x + y) + 1 / (1+x))
```
$$Out[96]: \quad \frac{y+1}{y(x+1)}$$
```
In [97]: sympy.cancel(y / (y * x + y))
```
$$Out[97]: \quad \frac{1}{x+1}$$

첫 번째 예에서는 SymPy.apart를 사용해 수식 $(x^2+3x+2)^{-1}$을 부분 분수 $-\frac{1}{x+2}+\frac{1}{x+1}$로 다시 썼고 `sympy.together`를 사용해 $1/(yx+y)+1/(1+x)$의 합을 단일 분수 형태로 병합했다. 이 예제에서는 SymPy.cancel 함수를 사용해 $y/(yx+y)$의 분모와 분자에서 공통 인자를 제거했다.

치환

앞 절은 다양한 수학적 동질성을 이용해 수식들을 다시 쓰는 것에 관한 것이었다. 수학식 조작에서 자주 사용되는 또 다른 형태는 식 내의 기호나 하위 식을 치환하는 것이다. 예를 들어 변수 치환을 수행하고 변수 x를 y로 바꾸거나 기호를 다른 수식으로 바꾸려고 할 수 있다. SymPy에는 이를 위해 subs와 replace라는 두 가지 메서드가 제공된다. 대개 subs가 가장 적합한 대안이지만 어떤 경우에는 replace가 더 강력한 도구를 제공한다. 예를 들어 와일드카드 표현 식에 기초해 교체하는 경우를 들 수 있다(좀 더 자세한 사항은 sympy.Symbol.replace의 docsting을 참고하라).

가장 기초적인 subs 사용법에서는 수식 내에서 메서드를 호출하는데, 교체하려는 기호나 수식(x)은 첫 번째 인수로, 새로운 기호나 수식(y)은 두 번째 인수로 한다. 그 결과, 수식에서는 모든 x가 y로 치환된다.

```
In [98]: (x + y).subs(x, y)
Out[98]: 2y
In [99]: sympy.sin(x * sympy.exp(x)).subs(x, y)
Out[99]: sin(ye^y)
```

여러 번의 치환이 필요할 때는 subs를 반복해 호출하지 말고 이전 기호나 수식을 새로운 기호나 수식으로 매핑하는 딕셔너리dictionary를 첫 번째(이자 유일한) 인수로 전달해야 한다.

```
In [100]: sympy.sin(x * z).subs({z: sympy.exp(y), x: y, sympy.sin: sympy.cos})
Out[100]: cos(ye^y)
```

subs 메서드의 일반적인 응용은 기호를 숫자로 치환하는 것이다(좀 더 자세한 내용은 다음 절 참조). 이를 위한 편리한 방법은 기호를 숫자 값으로 해석하는 딕셔너리를 정의하고 이 딕셔너리를 subs 메서드의 인수로 전달하는 것이다. 다음 예를 살펴보자.

```
In [101]: expr = x * y + z**2 *x
In [102]: values = {x: 1.25, y: 0.4, z: 3.2}
In [103]: expr.subs(values)
Out[103]: 13.3
```

수치 계산

기호 수학으로 작업할 때도 기호 식을 수치로 계산하는 것이 필요하다. 도표를 그려야 한다거나 구체적인 수치 결과를 생성할 때를 예로 들 수 있다. sympy.N 함수나 SymPy 수식 인스턴스의 evalf 메서드를 사용하면 SymPy 수식을 계산할 수 있다.

```
In [104]: sympy.N(1 + pi)
Out[104]: 4.14159265358979
In [105]: sympy.N(pi, 50)
Out[105]: 3.1415926535897932384626433832795028841971693993751
In [106]: (x + 1/pi).evalf(10)
Out[106]: x + 0.3183098862
```

sympy.N와 evalf 메서드 둘 다 계산하려는 수식에서 유의미한 자릿수를 인수로 받는다. 앞의 예제에서 보는 것처럼 SymPy의 다정밀 부동소수 표기는 π 값을 소수점 50자리까지 나타낼 수 있다.

어떤 범위에 있는 입력값들의 수치를 다시 계산할 필요가 있는 경우, 다음 예에서처럼 반복문을 사용해 evalf를 연속적으로 호출할 수 있다.

```
In [114]: expr = sympy.sin(pi * x * sympy.exp(x))
In [115]: [expr.subs(x, xx).evalf(3) for xx in range(0, 10)]
Out[115]: [0,0.774,0.642,0.722,0.944,0.205,0.974,0.977,-0.870,-0.695]
```

그러나 이 메서드는 다소 느리므로 SymPy에는 이 작업을 좀 더 효율적으로 하기 위해 SymPy.lambdify 함수를 제공한다. 이 함수는 자유 기호의 집합과 수식을 인수로 받아 수식의 수치 값을 효율적으로 계산할 수 있는 함수를 생성한다. 생성된 함수는 sympy.lambdify의 첫 번째 인수로 전달된 자유 기호의 수와 동일한 개수의 인수를 취한다.

```
In [109]: expr_func = sympy.lambdify(x, expr)
```

```
In [110]: expr_func(1.0)
Out[110]: 0.773942685266709
```

expr_func 함수는 수치(스칼라) 값을 인수로 취하므로 이 함수의 인수에는 기호 등을 전달할 수 없으며 이는 오직 수치 계산만을 위한 것이라는 점에 유의하자. 앞의 예에서 생성된 expr_func는 스칼라 함수로, 2장에서 논의한 바와 같이 Numpy 배열의 형태로 벡터화된 입력과 바로 호환되지 않는다. 그러나 SymPy에는 Numpy 배열을 인식하는 함수를 생성할 수 있는 기능도 제공된다. 옵션 인수인 'numpy'를 SymPy.lamdify의 세 번째 인수로 전달하면 SymPy는 Numpy 배열을 입력으로 받아들이는 벡터화 함수를 생성한다. 이는 대량의 입력 매개변수 기호 표현[3]을 수치적으로 계산하는 효율적인 방법이다. 다음 코드는 SymPy 수식 expr을 효율적으로 계산하기 위해 Numpy 배열을 인식할 수 있는 벡터화 함수로 변환하는 과정을 보여준다.

```
In [111]: expr_func = sympy.lambdify(x, expr, 'numpy')
In [112]: import numpy as np
In [113]: xvalues = np.arange(0, 10)
In [114]: expr_func(xvalues)
Out[114]: array([ 0.        , 0.77394269, 0.64198244, 0.72163867,
        0.94361635,
                0.20523391, 0.97398794, 0.97734066, -0.87034418,
        -0.69512687])
```

SymPy 수식에서 데이터를 생성하는 이 방법은 도식화나 다른 데이터지향의 응용에 유용하다.

---

3 sympy.utilities.autowrap 모듈의 ufuncity와 sympy.printing.theanocode 모듈의 theano_function도 살펴보라. 이들은 sympy.lambdify와 유사한 기능을 제공하지만 다른 계산 백엔드를 이용한다.

미적분

지금까지 SymPy에서 수학 식을 어떻게 표현하는지 그리고 기본적으로 수식들의 단순화와 변환이 어떻게 수행되는지 살펴봤다. 이 프레임워크가 갖춰지면 이제 응용 수학의 초석이자 과학과 공학 전반에 걸쳐 많은 응용 분야를 갖고 있는 기호 미적분, 즉 해석학을 살펴볼 준비가 된 것이다. 해석학의 중심 개념은 입력 변수가 변화함에 따른 함수의 변화를 도함수와 미분으로 정량화하거나 일정 범위의 함수를 축적해 적분으로 정량화하는 것이다. 이 절에서는 SymPy 함수의 미분 및 적분을 계산하는 방법을 살펴본다.

도함수

함수의 도함수는 지정된 점에서의 변화율을 기술한다. SymPy에서는 `SymPy.diff`를 사용하거나 SymPy 수식 인스턴스의 `diff` 메서드를 사용해 함수의 도함수를 계산할 수 있다. 이러한 함수의 인수는 함수 또는 수식이 미분되는 것에 관련된 기호(들)다. x에 관한 추상적 함수 $f(x)$의 1차 미분은 다음과 같이 나타낼 수 있다.

```
In [119]: f = sympy.Function('f')(x)
In [120]: sympy.diff(f, x)                    # f.diff(x)와 동일
Out[120]: 
```
$$\frac{d}{dx}f(x)$$

더 높은 차수의 미분을 나타내려면 `SymPy.diff`의 인수 목록에서 기호 x를 반복하거나 기호 다음의 인수에 그 기호에 대한 차수를 정의하는 정수를 인수로 지정해야 한다.

```
In [117]: sympy.diff(f, x, x)
Out[117]: 
```
$$\frac{d^2}{dx^2}f(x)$$
```
In [118]: sympy.diff(f, x, 3)                 # sympy.diff(f, x, x, x)와 동일
Out[118]: 
```
$$\frac{d^3}{dx^3}f(x)$$

이 방법은 다변량 함수로도 쉽게 확장된다.

```
In [119]: g = sympy.Function('g')(x, y)
In [120]: g.diff(x, y)          # sympy.diff(g, x, y)와 동일
```
Out[120]: $\dfrac{\partial^2}{\partial x \partial y} g(x,y)$
```
In [121]: g.diff(x, 3, y, 2)    # sympy.diff(g, x, x, x, y, y)와 동일
```
Out[121]: $\dfrac{\partial^5}{\partial x^3 \partial y^2} g(x,y)$

지금까지의 예들은 정의되지 않은 유형적 함수의 미분만을 다뤘다. 따라서 정의된 함수
와 수식의 미분도 계산할 수 있으며 그 결과로 계산된 도함수에 해당하는 새로운 수식이
나올 수도 있다. 예를 들어 sympy.diff를 사용하면 다항식과 같은 수식들의 도함수를 쉽
게 계산할 수 있다.

```
In [122]: expr = x**4 + x**3 + x**2 + x + 1
In [123]: expr.diff(x)
```
Out[123]: $4x^3 + 3x^2 + 2x+1$
```
In [124]: expr.diff(x, x)
```
Out[124]: $2(6x^2 + 3x + 1)$
```
In [125]: expr = (x + 1)**3 * y ** 2 * (z - 1)
In [126]: expr.diff(x, y, z)
```
Out[126]: $6y(x + 1)^2$

삼각함수와 그 밖의 복잡한 수식은 다음과 같다.

```
In [127]: expr = sympy.sin(x * y) * sympy.cos(x / 2)
In [128]: expr.diff(x)
```
Out[128]: $y\cos\left(\dfrac{x}{2}\right)\cos(xy) - \dfrac{1}{2}\sin\left(\dfrac{x}{2}\right)\sin(xy)$
```
In [129]: expr = sympy.special.polynomials.hermite(x, 0)
In [130]: expr.diff(x).doit()
```
Out[130]: $\dfrac{2^x \sqrt{\pi}\, \mathrm{polygamma}\left(0, -\dfrac{x}{2}+\dfrac{1}{2}\right)}{2\Gamma\left(-\dfrac{x}{2}+\dfrac{1}{2}\right)} + \dfrac{2^x \sqrt{\pi}\, \log(2)}{\Gamma\left(-\dfrac{x}{2}+\dfrac{1}{2}\right)}$

도함수를 계산하기는 비교적 쉬우며 SymPy에 정의된 대부분의 표준 수학 함수의 도함수는 sympy.diff를 사용해 계산할 수 있다. 이 예제들에서 각 수식에 SymPy.diff를 직접 호출하면 새로운 수식이 생성된다는 점에 유의하자. 정의된 수식의 미분을 기호로 표현하려면 sympy.Derivative 클래스의 인스턴스를 생성할 때 첫 번째 인수로 수식을 전달하고 미분을 수행하고자 하는 기호를 그다음 인수로 주면 된다.

```
In [131]: d = sympy.Derivative(sympy.exp(sympy.cos(x)), x)
In [132]: d
```
$$Out[132]: \quad \frac{d}{dx}e^{\cos(x)}$$

이 도함수의 공식 표현은 sympy.Derivative의 doit 메서드를 호출해 계산할 수 있다.

```
In [133]: d.doit()
```
$$Out[133]: \quad -e^{\cos(x)}\sin(x)$$

이러한 지연 계산 패턴은 SymPy 전반에 걸쳐 다시 나타나며 유형적 수식이 언제 특정한 결과로 계산되는지 완전히 통제할 수 있을 때 매우 유용하다. 계산 이후가 아니라 유형적으로 표현된 상태에서 단순화되거나 조작될 수 있는 상황에서는 더욱 그러하다.

적분

SymPy에서 적분은 sympy.integrate를 사용해 계산하며 유형적 적분은 sympy.Integral을 사용해 나타낼 수 있다(이 경우, sympy.Derivative에서처럼 doit 메서드를 호출해 명시적으로 계산할 수 있다). 적분에는 두 가지 기본 형태가 있는데 하나는 정적분, 다른 하나는 부정적분이다. 정적분은 적분의 범위가 지정되므로 면적이나 부피로 해석할 수 있지만 부정적분은 적분의 범위가 정해져 있지 않으므로 역도함수(antiderivative, 미분 함수의 역함수)를 나타낸다. SymPy는 sympy.integrate 함수를 사용해 정적분과 부정적분을 모두 다룬다.

`sympy.integrate` 함수의 인수에 수식만 있으면 부정적분이 계산된다. 반면, `sympy.integrate` 함수에 추가로 `(x, a, b)` 형태의 튜플이 인수로 전달되면 정적분을 계산한다. 여기서 x는 적분을 수행하는 기호, a, b는 적분 범위가 된다. 따라서 단일 변수 함수 $f(x)$의 경우, 정적분과 부정적분은 다음과 같이 계산된다.

```
In [135]: a, b, x, y = sympy.symbols("a, b, x, y")
     ...: f = sympy.Function("f")(x)
In [136]: sympy.integrate(f)
```
Out[136]: $\int f(x)dx$
```
In [137]: sympy.integrate(f, (x, a, b))
```
Out[137]: $\int_a^b f(x)dx$

이러한 방법을 함수에 명시적으로 적용할 경우, 적분은 그에 따라 계산된다.

```
In [138]: sympy.integrate(sympy.sin(x))
```
Out[138]: $-\cos(x)$
```
In [139]: sympy.integrate(sympy.sin(x), (x, a, b))
```
Out[139]: $\cos(a) - \cos(b)$

정적분은 또한 무한대를 나타내는 SymPy의 ∞ 기호를 사용해 음의 무한대에서 양의 무한대로 확장되는 범위를 포함할 수 있다.

```
In [139]: sympy.integrate(sympy.exp(-x**2), (x, 0, oo))
```
Out[139]: $\dfrac{\sqrt{\pi}}{2}$
```
In [140]: a, b, c = sympy.symbols("a, b, c", positive=True)
In [141]: sympy.integrate(a * sympy.exp(-((x-b)/c)**2), (x, -oo, oo))
```
Out[141]: $\sqrt{\pi}ac$

적분을 기호적으로 계산하는 것은 일반적으로 어려운 문제로, SymPy가 모든 적분의 그 기호적 결과를 산출할 수 있는 것은 아니다. SymPy가 적분 계산에 실패하면 유형적 적분식을 나타내는 `sympy.Integral`의 인스턴스를 대신 반환한다.

```
In [142]: sympy.integrate(sympy.sin(x * sympy.cos(x)))
Out[142]: ∫sin(x cos(x))dx
```

다변량 수식도 `sympy.integrate`를 사용해 적분할 수 있다. 다변량 식의 부정적분의 경우, 적분 변수는 명시적으로 지정돼야 한다.

```
In [140]: expr = sympy.sin(x*sympy.exp(y))
In [141]: sympy.integrate(expr, x)
Out[141]: -e^{-y}cos(xe^{y})
In [142]: expr = (x + y)**2
In [143]: sympy.integrate(expr, x)
Out[143]: (x³)/3 + x²y + xy²
```

하나 이상의 기호를 전달하거나 기호와 그 적분 범위를 갖고 있는 복수 개의 튜플이 전달되면 복수의 적분을 수행할 수 있다.

```
In [144]: sympy.integrate(expr, x, y)
Out[144]: (x³y)/3 + (x²y²)/2 + (xy³)/3
In [145]: sympy.integrate(expr, (x, 0, 1), (y, 0, 1))
Out[145]: 7/6
```

계열

계열^{series} 확장은 많은 계산 분야에서 중요한 도구다. 계열 확장에서는 임의 함수를 다항식으로 작성할 수 있으며 계열 확장이 이뤄지는 지점에서 함수의 미분에 의해 계수가 부여된다. 어떤 차수 n에서 계열 확장을 중단하면 함수의 n차 근사를 얻게 된다. SymPy에서 함수 또는 수식의 계열 확장은 `sympy.series` 함수나 SymPy 수식 인스턴스에 있는

series 메서드를 이용해야 한다. sympy.series의 첫 번째 인수는 확장하려는 함수 또는 수식이며 확장을 계산할 기호(단, 변수의 식이나 함수의 경우에는 생략할 수 있다)가 뒤따른다. 또한 계열 확장을 실시할 특정 지점(x0 키워드를 사용하며 기본값은 x0=0), 확장 차수의 명기 (n 키워드를 사용하며 기본값은 n=6), 계열이 계산되는 방향, 즉 x0의 위쪽이나 아래쪽(dir 키 워드를 사용하며 기본값은 dir='+')을 지정할 수 있다.

정의되지 않은 함수 f(x)의 경우, x0=0을 따라 6차의 확장은 다음과 같이 계산된다.

```
In [147]: x, y = sympy.symbols("x, y")
In [148]: f = sympy.Function("f")(x)
In [149]: sympy.series(f, x)
```

$$
\begin{aligned}
\text{Out[149]: } & f(0) + x\frac{d}{dx}f(x)\Big|_{x=0} + \frac{x^2}{2}\frac{d^2}{dx^2}f(x)\Big|_{x=0} + \frac{x^3}{6}\frac{d^3}{dx^3}f(x)\Big|_{x=0} \\
& + \frac{x^4}{24}\frac{d^4}{dx^4}f(x)\Big|_{x=0} + \frac{x^5}{120}\frac{d^5}{dx^5}f(x)\Big|_{x=0} + \mathcal{O}\left(x^6\right)
\end{aligned}
$$

함수가 확장되는 점을 변경하려면 다음 예와 같이 x0 인수를 지정해야 한다.

```
In [147]: x0 = sympy.Symbol("{x_0}")
In [151]: f.series(x, x0, n=2)
```

$$
\text{Out[151]: } f(x_0) + (x - x_0)\frac{d}{d\xi_1}f(\xi_1)\Big|_{\xi_1 = x_0} + \mathcal{O}\left((x - x_0)^2 ; x \to x_0\right)
$$

여기서는 n=2로 지정해 2차까지만 항을 계열 확장하도록 했다. 잘린 항으로 인해 발생한 오류는 차수 객체 $\mathcal{O}(...)$로 표현된다는 점에 주목하자. 차수 객체는 다른 확장끼리 곱하 거나 더하는 등 계열 수식 계산 시 차수를 추적하는 데 유용하다. 그러나 구체적인 수치 계산을 위해서는 수식에 있는 차수 항을 제거할 필요가 있으며 removeO 메서드를 사용하 면 이를 제거할 수 있다.

```
In [152]: f.series(x, x0, n=2).removeO()
```

$$
\text{Out[152]: } f(x_0) + (x - x_0)\frac{d}{d\xi_1}f(\xi_1)\Big|_{\xi_1 = x_0}
$$

앞서의 확장은 불특정 함수 f(x)에 대한 연산인 반면, 구체적인 함수나 수식의 계열 확장도 당연히 계산할 수 있으며 이 경우 구체적인 결괏값을 얻게 된다. 예를 들어 많은 표준 수학 함수의 유명한 확장들은 다음과 같이 쉽게 생성할 수 있다.

```
In [153]: sympy.cos(x).series()
```
Out[153]: $1 - \dfrac{x^2}{2} + \dfrac{x^4}{24} + \mathcal{O}\left(x^6\right)$

```
In [154]: sympy.sin(x).series()
```
Out[154]: $x - \dfrac{x^3}{6} + \dfrac{x^5}{120} + \mathcal{O}\left(x^6\right)$

```
In [155]: sympy.exp(x).series()
```
Out[155]: $1 + x + \dfrac{x^2}{2} + \dfrac{x^3}{6} + \dfrac{x^4}{24} + \dfrac{x^5}{120} + \mathcal{O}\left(x^6\right)$

```
In [156]: (1/(1+x)).series()
```
Out[156]: $1 - x + x^2 - x^3 + x^4 - x^5 + \mathcal{O}\left(x^6\right)$

임의 수식도 가능하며 이 경우 다변량 함수도 될 수 있다.

```
In [157]: expr = sympy.cos(x) / (1 + sympy.sin(x * y))
In [158]: expr.series(x, n=4)
```
Out[158]: $1 - xy + x^2\left(y^2 - \dfrac{1}{2}\right) + x^3\left(-\dfrac{5y^3}{6} + \dfrac{y}{2}\right) + \mathcal{O}\left(x^4\right)$

```
In [159]: expr.series(y, n=4)
```
Out[159]: $\cos(x) - xy\cos(x) + x^2 y^2 \cos(x) - \dfrac{5x^3 y^3 \cos(x)}{6} + \mathcal{O}\left(y^4\right)$

극한

미적분의 또 다른 중요한 도구는 극한이다. 이는 종속 변수 중 하나가 특정 값에 접근하거나 변숫값이 음이나 양의 무한대에 근접할 때 함수가 갖는 값을 나타낸다. 극한의 예 중 하나에는 도함수의 정의가 있다.

$$\frac{d}{dx}f(x) = \lim_{h \to 0} \frac{f(x+h) - f(x)}{h}$$

극한은 이론적 도구에 가깝고 실용적 예는 계열 확장에 비해 많지 않지만 SymPy를 사용해 극한을 계산하는 것은 여전히 유용하다. SymPy에서 극한은 SymPy.limit 함수를 사용해 계산할 수 있으며 이 함수는 수식과 수식이 종속된 기호, 그 기호가 접근하는 값을 인수로 취한다. 예를 들어 변수 x가 0으로 갈 때 함수 $\sin(x)/x$의 극한 $\lim_{x \to 0} \sin(x)/x$을 계산하려면 다음과 같이 해야 한다.

```
In [161]: sympy.limit(sympy.sin(x) / x, x, 0)
Out[161]: 1
```

계산을 통해 이 극한의 잘 알려진 값인 1을 얻었다. 또한 SymPy.limit를 사용해 기호의 극한을 계산할 수 있는데, 이는 앞의 정의를 사용해 미분을 계산함으로써 설명할 수 있다 (물론 SymPy.diff를 사용하는 것이 더 효율적이기는 하다).

```
In [162]: f = sympy.Function('f')
     ...: x, h = sympy.symbols("x, h")
In [163]: diff_limit = (f(x + h) - f(x))/h
In [164]: sympy.limit(diff_limit.subs(f, sympy.cos), h, 0)
Out[164]: -sin(x)
In [165]: sympy.limit(diff_limit.subs(f, sympy.sin), h, 0)
Out[165]: cos(x)
```

극한을 사용하는 보다 실질적인 예로는 종속 변수가 무한대에 접근함에 따른 함수의 점근적 행동을 알아내는 것이다. 예를 들어 $f(x) = (x^2 - 3x)/(2x - 2)$ 함수를 생각해보자. 이 함수의 큰 x 값에 대한 종속성을 알고자 한다고 가정해보자. 그 결과는 $f(x) \to px + q$ 형태가 되는데, 이제 SymPy.limit를 사용해 다음처럼 p와 q를 계산해보자.

```
In [166]: expr = (x**2 - 3*x) / (2*x - 2)
```

```
In [167]: p = sympy.limit(expr/x, x, sympy.oo)
In [168]: q = sympy.limit(expr - p*x, x, sympy.oo)
In [169]: p, q
```
Out[169]: $\left(\dfrac{1}{2}, -1\right)$

따라서 x가 커질 수록 $f(x)$의 점근적 행동은 선형 함수인 $f(x) \rightarrow x/2 - 1$이 된다.

합과 곱

합과 곱은 SymPy 클래스 sympy.Sum와 sympy.Product를 사용해 기호로 나타낼 수 있다. 둘 다 첫 번째 인수로 수식, 두 번째 인수로 (n, n1, n2) 유형의 튜플을 취한다. 여기서 n은 기호, n1과 n2는 각각 합이나 곱에서 기호 n의 하한과 상한이다. sympy.Sum이나 sympy.Product를 생성한 후에 doit 메서드를 사용하면 계산을 수행할 수 있다.

```
In [171]: n = sympy.symbols("n", integer=True)
In [172]: x = sympy.Sum(1/(n**2), (n, 1, oo))
In [173]: x
```
Out[173]: $\displaystyle\sum_{n=1}^{\infty} \dfrac{1}{n^2}$
```
In [174]: x.doit()
```
Out[174]: $\dfrac{\pi^2}{6}$
```
In [175]: x = sympy.Product(n, (n, 1, 7))
In [176]: x
```
Out[176]: $\displaystyle\prod_{n=1}^{7} n$
```
In [177]: x.doit()
```
Out[177]: 5040

앞 예제에서 덧셈은 위 상한이 무한대로 지정됐다는 것에 주목하자. 따라서 이 합은 명시적 합산으로 계산되지 못하고 해석적으로 계산될 것이다. SymPy는 이러한 유형의 많은 합산을 할 수 있는데 다음 예제처럼 피가수summand에 가산 지수 대신 기호 변수가 들어 있는 경우에도 가능하다.

```
In [178]: x = sympy.Symbol("x")
In [179]: sympy.Sum((x)**n/(sympy.factorial(n)), (n, 1, oo)).doit().simplify()
Out[179]: ex - 1
```

방정식

방정식 해결은 과학과 기술의 거의 전 분야에서 응용할 수 있는 수학의 근본적인 부분이
므로 매우 중요하다. SymPy는 많은 방정식이 원칙적으로 해석적으로 해결되지 않음에
도 불구하고 광범위한 방정식을 기호적으로 해결할 수 있다. 방정식 또는 연립 방정식이
해석적으로 해결될 수 있다면 SymPy가 해답을 찾을 가능성이 크다. 그렇지 않다면 수치
적 기법이 유일한 옵션일 것이다.

가장 단순한 형태의 방정식은 단일 미지의 변수를 갖는 단일 방정식을 다루며 추가적인
매개변수는 없다. 예를 들어 2차 다항식 $x^2 + 2x - 3 = 0$을 충족하는 x의 값을 찾는 것이다.
이 방정식은 수작업으로도 쉽게 풀 수 있지만 SymPy에서는 이 방정식을 만족시키는 x를
찾기 위해 SymPy.solve 함수를 사용할 수 있다.

```
In [170]: x = sympy.Symbol("x")
In [171]: sympy.solve(x**2 + 2*x - 3)
Out[171]: [-3,1]
```

즉, 정답은 $x = -3$, $x = 1$이다. sympy.solve 함수의 인수는 등식이 0이라 가정하고 문제
를 해결하려는 수식이다. 이 수식에 2개 이상의 기호가 포함된 경우라면 값을 찾고자 하
는 변수는 두 번째 인수로 주어져야 한다. 예를 들어 다음과 같다.

```
In [172]: a, b, c = sympy.symbols("a, b, c")
In [173]: sympy.solve(a * x**2 + b * x + c, x)
```
$$\text{Out[173]:} \quad \left[\frac{1}{2a}\left(-b + \sqrt{-4ac + b^2}\right), -\frac{1}{2a}\left(b + \sqrt{-4ac + b^2}\right) \right]$$

이 경우, 결괏값은 방정식의 매개변수를 나타내는 기호들에 종속된 수식이 된다. SymPy.solve 함수는 삼각함수를 포함한 다른 유형의 방정식을 해결할 수도 있다.

```
In [174]: sympy.solve(sympy.sin(x) - sympy.cos(x), x)
Out[174]:
```
$$\left[-\frac{3\pi}{4}, \right.$$

그리고 특수 함수의 형태로 표현된 방정식도 해결할 수 있다.

```
In [180]: sympy.solve(sympy.exp(x) + 2 * x, x)
Out[180]:
```
$$\left[-\text{LambertW}\left(\frac{1}{2}\right) \right]$$

그러나 일반 방정식을 다룰 때 단변량 예에서조차 대수적으로 해결할 수 없거나 SymPy 가 해결할 수 없는 방정식을 접하는 것은 그리 드문 일이 아니다. 이 경우, SymPy는 필요 시 수치로 계산할 수 있는 유형적 해법을 반환하거나 특정 유형의 방정식에 사용할 수 있는 방법이 없을 경우 오류를 발생시킨다.

```
In [176]: sympy.solve(x**5 - x**2 + 1, x)
Out[176]: [RootOf(x5 - x2 + 1,0), RootOf(x5 - x2 + 1,1), RootOf(x5 - x2 + 1,2),
          RootOf(x5 - x2 + 1,3), RootOf(x5 - x2 + 1,4)]
In [177]: sympy.solve(sympy.tan(x) + x, x)
---------------------------------------------------------------------------
NotImplementedError                       Traceback (most recent call last)
...
NotImplementedError: multiple generators [x, tan(x)] No algorithms are
implemented to solve equation x + tan(x)
```

SymPy에서 둘 이상의 미지의 변수에 대한 연립 방정식을 해결하는 것은 단순히 단변수 방정식에 사용한 절차를 일반화하는 것을 의미한다. 이때는 하나의 수식을 sympy.solve 의 첫 번째 인수로 전달하는 대신, 연립 방정식을 나타내는 수식의 리스트를 사용한다.

이 경우 두 번째 인수는 찾고자 하는 기호의 리스트가 돼야 한다. 예를 들어 다음 두 가지 예는 각각 선형 방정식과 비선형 방정식인 두 연립 방정식에서 x와 y를 찾는 방법을 보여 준다.

```
In [178]: eq1 = x + 2 * y - 1
     ...: eq2 = x - y + 1
In [179]: sympy.solve([eq1, eq2], [x, y], dict=True)
```
$$\text{Out[179]: } \left[\left\{ x:-\frac{1}{3}, y:\frac{2}{3} \right\} \right]$$
```
In [180]: eq1 = x**2 - y
     ...: eq2 = y**2 - x
In [181]: sols = sympy.solve([eq1, eq2], [x, y], dict=True)
In [182]: sols
Out[182]:
```
$$\left[\{x:0, y:0\}, \{x:1, y:1\}, \left\{ x:-\frac{1}{2}+\frac{\sqrt{3}i}{2}, y:-\frac{1}{2}-\frac{\sqrt{3}i}{2} \right\}, \left\{ x:\frac{\left(1-\sqrt{3}i\right)^2}{4}, y:-\frac{1}{2}+\frac{\sqrt{3}i}{2} \right\} \right]$$

이 두 예에서, SymPy.solve 함수가 반환하는 결과 리스트의 각 원소에는 연립 방정식에 대한 해답이 들어 있다. 선택적인 키워드 인수인 dict=True도 사용됐는데 이 인수는 각 해답을 딕셔너리 형태로 반환하도록 지정해 기호를 찾은 답에 매핑시킨다. 이 딕셔너리 는 subs 호출에 편리하게 사용되는데 이를 통해 각 해답이 두 방정식을 만족하는지 검산 할 수 있다. 이는 다음 코드에 잘 나타나 있다.

```
In [183]: [eq1.subs(sol).simplify() == 0 and eq2.subs(sol).simplify() == 0
          for sol in sols]
Out[183]: [True, True, True, True]
```

선형 대수학

선형 대수학은 과학 및 기술 컴퓨팅 전반에 걸쳐 중요한 응용을 가진 수학의 또 다른 기본적인 분야다. 그 예로는 벡터, 벡터 공간, 벡터 공간 사이의 선형 매핑 등이 있고, 이는 행렬로 나타낼 수 있다. SymPy에서는 sympy.Matrix 클래스를 사용해 벡터와 행렬을 기호적으로 표현할 수 있는데 각 원소는 또 다시 수, 기호 또는 임의의 기호 식이 될 수 있다. 2장, '벡터, 행렬, 다차원 배열'의 NumPy 배열에서 살펴본 바와 같이 행렬을 수치 값으로 생성하려면 sympy.Matrix에 Python 리스트를 전달해야 한다.

```
In [184]: sympy.Matrix([1, 2])
```
$$\text{Out[184]: } \begin{bmatrix} 1 \\ 2 \end{bmatrix}$$
```
In [185]: sympy.Matrix([[1, 2]])
```
$$\text{Out[185]: } \begin{bmatrix} 1 & 2 \end{bmatrix}$$
```
In [186]: sympy.Matrix([[1, 2], [3, 4]])
```
$$\text{Out[186]: } \begin{bmatrix} 1 & 2 \\ 3 & 4 \end{bmatrix}$$

이 예에서 볼 수 있듯이 단일 리스트는 열 벡터를 생성하는 반면, 행렬은 내포된 리스트가 필요하다. SymPy의 sympy.Matrix 객체는 2장, '벡터, 행렬, 다차원 배열'에서 설명한 NumPy의 다차원 배열과 달리, 최대 2차원 배열, 즉 벡터와 행렬만을 위한 것이다. 새로운 sympy.Matrix 객체를 생성하는 또 다른 방법은 첫 번째 인수로는 행 개수, 두 번째 인수로는 열 개수 그리고 세 번째 인수로는 행과 열 인덱스를 인수로 취해 해당 원소의 값을 반환하는 함수를 전달하는 것이다.

```
In [187]: sympy.Matrix(3, 4, lambda m, n: 10 * m + n)
```
$$\text{Out[187]: } \begin{bmatrix} 0 & 1 & 2 & 3 \\ 10 & 11 & 12 & 13 \\ 20 & 21 & 22 & 23 \end{bmatrix}$$

SymPy의 행렬 객체가 NumPy 배열 등과 구분되는 가장 강력한 특징은 그 원소 자체가 기호 식이 될 수 있다는 것이다. 예를 들어 임의의 2×2 행렬은 각 원소를 기호 변수로 나타낼 수 있다.

```
In [188]: a, b, c, d = sympy.symbols("a, b, c, d")
In [189]: M = sympy.Matrix([[a, b], [c, d]])
In [190]: M
Out[190]: ⎡ a  b ⎤
          ⎣ c  d ⎦
```

이러한 행렬은 계산에 사용될 수 있으며 그 후 원소들은 기호 값으로 매개변수화돼 남게 된다. 통상적인 산술 연산자는 행렬 객체로 구현되지만 이 경우의 곱셈 연산자 *는 행렬 곱셈을 의미한다는 것에 유의하자.

```
In [191]: M * M
Out[191]: ⎡ a² + bc    ab + bd ⎤
          ⎣ ac + cd    bc + d² ⎦
In [192]: x = sympy.Matrix(sympy.symbols("x_1, x_2"))
In [194]: M * x
Out[194]: ⎡ ax₁ + bx₂ ⎤
          ⎣ cx₁ + dx₂ ⎦
```

산술 연산 외에 벡터와 행렬에 대한 많은 표준 선형 대수 연산이 SymPy의 함수나 sympy.Matrix 클래스의 메서드로 구현돼 있다. 표 3-4에는 자주 사용하는 선형 대수 관련 함수가 요약돼 있으며(전체 목록은 sympy.Matrix의 docstrings를 참조하라), SymPy 행렬도 2장, '벡터, 행렬, 다차원 배열'의 Numpy 배열에서 설명한 것과 유사한 인덱싱 및 슬라이스 작업을 통해 원소별 계산 형태로 사용할 수도 있다.

SymPy를 이용해 기호 선형 대수로 해결할 수는 있지만 순수 수치적 접근 방법으로는 직접 해결할 수 없는 문제의 예로, 다음과 같이 매개변수화된 선형 연립 방정식을 들 수 있다.

$$x + p\,y = b_1,$$

$$q\,x + y = b_2,$$

이 문제에서 미지의 변수 x와 y를 찾고자 한다. 여기서 p, q, b_1, b_2는 불특정 매개변수다. 이 두 방정식은 행렬의 형태로 다음과 같이 기술할 수 있다.

$$\begin{pmatrix} 1 & p \\ q & 1 \end{pmatrix} \begin{pmatrix} x \\ y \end{pmatrix} = \begin{pmatrix} b_1 \\ b_2 \end{pmatrix}$$

순수 수치적 방법에서는 이 문제를 해결하기 전에 p와 q에게 특정 값을 부여해야만 한다. 예를 들어 방정식의 왼쪽의 행렬의 LU 분해$^{LU\ factorization}$(또는 역산)를 사용한다. 반면, 기호 연산 접근법에서는 마치 수작업으로 해석적 계산을 수행하는 것처럼 해법 계산을 직접 진행할 수 있다. SymPy를 사용하면 미지의 변수와 매개변수를 기호로 정의하고 필요한 행렬 객체를 설정할 수 있다.

```
In [195]: p, q = sympy.symbols("p, q")
In [196]: M = sympy.Matrix([[1, p], [q, 1]])
In [203]: M
Out[203]: ⎡1  p⎤
          ⎣q  1⎦
In [197]: b = sympy.Matrix(sympy.symbols("b_1, b_2"))
In [198]: b
Out[198]: [b₁  b₂]
```

예를 들어 LUsolve 메서드를 사용하면 선형 연립 방정식을 해결할 수 있다.

```
In [199]: x = M.LUsolve(b)
In [200]: x
Out[200]: ⎡     p(-b₁q + b₂) ⎤
          ⎢ b₁ - ─────────── ⎥
          ⎢         -pq + 1  ⎥
          ⎢   -b₁q + b₂      ⎥
          ⎢   ─────────      ⎥
          ⎣    -pq + 1       ⎦
```

또 다른 방법으로는 매트릭스 M의 역행렬을 직접 계산한 후 벡터 b와 곱할 수도 있다.

```
In [201]: x = M.inv() * b
In [202]: x
```

$$\text{Out[202]:} \begin{bmatrix} b_1\left(\dfrac{pq}{-pq+1}+1\right)-\dfrac{b_2 p}{-pq+1} \\ -\dfrac{b_1 q}{-pq+1}+\dfrac{b_2}{-pq+1} \end{bmatrix}$$

▼ 표 3-4 SymPy 행렬 연산을 위한 함수와 메서드 중 일부 발췌

함수/메서드	설명
transpose/T	전치 행렬 계산
adjoint/H	수반 행렬 계산
trace	행렬 대각 원소의 합 계산
det	행렬식(determinant) 계산
inv	역행렬 계산
LUdecomposition	행렬의 LU 분해 계산
LUsolve	미지의 벡터 x의 LU 분해를 이용해 $Mx = b$ 형태의 연립 선형 방정식을 해결
QRdecomposition	행렬의 QR 분해 계산
QRsolve	미지의 벡터 x의 QR 분해를 이용해 $Mx = b$ 형태의 연립 선형 방정식을 해결
diagonalize	D가 대각일 때 $D = P^{-1}MP$가 되도록 행렬 M을 대각화
norm	행렬의 노름(norm) 계산
nullspace	행렬의 영공간(null space)을 구성하는 벡터 집합을 계산
rank	행렬의 랭크(rank) 계산
singular_values	행렬의 특이점 계산
solve	$Mx = b$ 형태의 연립 선형 방정식을 해결

그러나 역행렬의 계산은 LU 분해를 수행하는 것보다 어렵기 때문에 $Mx=b$라는 등식을 푸는 것이 목적이라면 여기서처럼 LU 분해를 이용하는 것이 좀 더 효율적이다. 이는 더 큰 연립 방정식에서 특히 두드러진다. 여기서 살펴본 두 가지 방법은 모든 매개변숫값에 대한 해를 다시 계산하지 않고도 간단히 해를 계산할 수 있는 기호 식을 얻게 된다. 이 점이 바로 기호 연산의 강점이며 때때로 수치 컴퓨팅을 능가할 수 있는 예시 중 하나다. 여기서 살펴본 예들은 물론 수작업으로도 쉽게 해결할 수 있지만 방정식과 불특정 매개변수의 개수가 증가함에 따라 수작업으로 하는 해석적 처리는 엄두도 못낼 만큼 길어지고 힘들어진다. SymPy와 같은 CAS의 도움으로 해석적으로 처리할 수 있는 문제의 한계를 넓혀줄 수 있다.

요약

3장에서는 Python과 SymPy 라이브러리를 이용한 컴퓨터 기반의 기호 연산을 소개했다. 해석적 기법이나 수치적 기법은 별개로 검토되는 경우가 많지만 해석적 방법이 계산의 모든 것을 뒷받침하고 있는 것은 사실이며 알고리즘과 수치적 방법을 개발하는 데 필수적이다. 해석 수학을 수작업으로 수행하든, SymPy와 같은 CAS를 이용하든 연산 작업에 필수적인 도구다. 그러므로 장려하고 싶은 접근법은 다음과 같다. 해석적 방법과 수치적 방법은 밀접하게 얽혀 있고 종종 해석적이고 기호적인 방법으로 컴퓨터 문제를 분석하는 것이 좋다. 그러한 방법들이 실현 불가능한 것으로 판명됐을 때가 수치적인 방법에 의지해야 할 시점이다. 그러나 어떤 문제를 해석적으로 분석하기 전에 수치적인 방법을 직접 적용하면 실제로 필요한 것보다 까다롭게 컴퓨터 문제를 해결하게 될 가능성이 있다.

추가 참고 도서 목록

SymPy에 대한 빠르고 간단한 소개는 Lamy(2013)를 참고하라. 공식적인 SymPy 문서도 SymPy를 시작하기 위한 좋은 튜토리얼을 제공한다. SymPy 공식 문서는 http://docs. sympy.org/latest/tutorial/index.html에서 확인할 수 있다.

참고 문헌

- Lamy, R. (2013). Instant SymPy Starter. Mumbai: Packt.

도식화와 시각화

시각화는 컴퓨팅 연구의 결과를 검사하고 전달하는 보편적인 도구로, 수치든 기호든 거의 모든 연산의 최종 산물은 일종의 도식화나 그래프라고 해도 과언이 아니다. 계산 결과로부터 지식이나 영감을 가장 잘 얻을 수 있는 방법은 그래픽 형태로 시각화하는 것이다. 그러므로 시각화는 모든 계산 연구의 분야의 작업 흐름 중 매우 중요한 부분이다.

Python을 사용한 과학 계산 환경에는 많은 고품질 시각화 라이브러리가 있다. 가장 인기 있는 범용 시각화 라이브러리는 Matplotlib으로, 주로 정적인 출판물 품질의 2D 및 3D 그래프를 생성하는 데 초점을 맞추고 있다. 많은 다른 라이브러리들은 시각화의 틈새 영역에 초점을 맞추고 있다.

대표적인 예로는 Bokeh(http://bokeh.pydata.org)와 Plotly(http://plot.ly)를 들 수 있는데, 둘 다 상호 작용과 웹 접속성에 초점을 맞추고 있고 Seaborn(http://stanford.edu/~mwaskom/software/seaborn)은 통계 데이터 분석을 목표로 Matplotlib 라이브러리에 기반을 두고 고급 도식화 라이브러리를 제공한다. Mayavi 라이브러리(http://docs.enthought.com/mayavi/mayavi)는 고급 3차원 시각화에 사용되며 강력한 과학적 시각화를 제공하는 VTK 소프트웨어(http://www.vtk.org)를 사용한다. ParaView(www.paraview.org)와 같은 VTK

기반의 시각화 소프트웨어도 Python에서 사용할 수 있으며 Python 응용에서 제어할 수 있다는 점도 알아두는 것이 좋다. 3차원 시각화 공간에서는 OpenGL 기반의 2차원과 3차원 시각화 라이브러리에 기반을 두고 있으며, Jupyter Notebook처럼 웹 기반 환경의 브라우저에 대한 상호 작용성과 연결성을 가진 VisPy(http://vispy.org)와 같이 최근에 등장한 것들도 있다.

Python을 사용한 과학 컴퓨팅 환경의 시각화 영역은 생동감 넘치고 다양하며 여러 시각화 요구에 대한 옵션을 제공해준다. 4장에서는 Matplotlib 라이브러리를 사용하는 전통적인 Python 과학 시각화를 알아보는 것에 초점을 맞춘다. 여기서 말하는 전통적인 시각화란, 선, 막대, 등고선 컬러 맵, 3D 표면과 같이 과학 및 기술 분야의 결과와 데이터를 시각화하기 위해 일반적으로 사용하는 도식화와 그림을 의미한다.

노트

Matplotlib

Matplotlib은 다양한 출력 유형을 지원하는 출판 품질의 2D 및 3D 그래픽용 Python 라이브러리다. 책을 쓰는 시점의 최신 버전은 2.2.2다. Matplotlib에 대한 좀 더 자세한 내용은 프로젝트 웹 사이트(www.matplotlib.org)에서 확인할 수 있다. 이 웹 사이트에는 각 예제의 코드와 함께 Matplotlib 라이브러리를 사용해 생성할 수 있는 다양한 유형의 그래프를 보여주는 상세한 문서와 광범위한 갤러리가 있다. 이 갤러리는 시각화 아이디어에 대한 영감의 원천이므로 이 갤러리를 둘러봄으로써 Matplotlib을 살펴볼 것을 강력히 추천한다.

과학적 시각화를 작성하는 데에는 그래프를 수동으로 작성하기 위한 GUI를 사용하는 방식과 코드를 사용해 그래프를 생성하는 프로그래밍 방식이 있다. 두 가지 접근법 모두 장단점을 갖고 있다. 4장에서는 프로그래밍 방식을 취하며 Matplotlib API를 사용해 그래프를 그리고 그 모습을 제어하는 방법을 살펴본다. 프로그램 접근법은 과학 및 기술 애플리케이션 및 특히 출판물 품질의 그림을 생성하는 데 특히 적합한 방법이다. 프로그램적으로 생성된 그래프 기법을 사용하는 주요한 동인은 여러 그림에 걸쳐 일관성을 유지하도록 보장해준다는 점, 재현이 가능하다는 점, GUI를 사용해 오랫동안 지루한 작업을 되풀이하지 않고도 손쉽게 편집하고 수정할 수 있다는 점이다.

모듈 임포트하기

Matplotlib은 대부분의 Python 라이브러리와 달리, 실제로 다른 API를 사용해 라이브러리에 여러 개의 진입점을 제공한다. 구체적으로는 상태 기반 API$^{stateful\ API}$와 객체지향 API가 제공되는데 둘 다 matplotlib.pyplot 모듈에 의해 제공된다. 이 중 객체지향 접근법만 사용할 것을 강력히 권장하며 4장의 나머지 부분은 Matplotlib의 이 부분에만 초점을 맞춘다.[1]

객체지향 API를 사용하려면 먼저 해당 Python 모듈을 임포트해야 한다. 이제부터 Matplotlib은 다음과 같은 표준 방법을 사용해 임포트된다고 가정한다.

```
In [1]: %matplotlib inline
In [2]: import matplotlib as mpl
In [3]: import matplotlib.pyplot as plt
In [4]: from mpl_toolkits.mplot3d.axes3d import Axes3D
```

첫 번째 줄은 현재 IPython 환경에서 일하고 있다고 가정하며 좀 더 구체적으로는 Jupyter Notebook이나 IPython QtConsole에서 작업하고 있다고 가정한다. IPython 매직 명령어 %matplotlib inline은 Matplotlib이 inline 백엔드를 사용하도록 구성하는데, 이는 새 창이 아닌 Jupyter Notebook에 직접 표시된다. import matplotlib as mpl 명령어는 Matplotlib 모듈을 임포트하고, import matplotlib.pyplot as plt 명령어는 새로운 Figure 인스턴스를 생성하는 데 사용되는 함수를 제공해주는 서브모듈인 matplotlib.pyplot를 편리하게 사용하기 위한 것이다.

4장 전체에 걸쳐 Numpy 라이브러리를 자주 사용할 것이며 Numpy는 2장, '벡터, 행렬, 다차원 배열'에서와 같이 다음과 같이 임포트한다고 가정한다.

---

1   작은 예제에서는 상태 기반 API도 편리하고 간단하지만 상태 기반 API로 제작된 코드는 가독성과 유지 측면에서 확장하기 힘들고 이러한 코드는 문맥에 의존하는 속성을 갖고 있어서 재조정하거나 재사용하기 힘들다. 따라서 아예 사용하지 말고 그냥 객체지향 API만 사용할 것을 권장한다.

```
In [5]: import numpy as np
```

그리고 SymPy library는 다음과 같이 임포트된다고 가정한다.

```
In [6]: import sympy
```

시작하기

Matplotlib로 그래픽을 그리는 방법에 대한 세부 사항을 좀 더 알아보기 전에 단순하지만 전형적인 그래프를 만드는 방법에 관한 간단한 예를 들어보자. 여기서는 라이브러리와 함께 그래픽이 어떻게 만들어질 수 있는지에 대한 이해를 돕기 위해 Matplotlib 라이브러리의 몇 가지 기본 원칙을 다룬다.

Matplotlib의 그래프는 Figure 인스턴스와 그림 내에 하나 이상의 Axes 인스턴스로 구성된다. Figure 인스턴스는 그림을 그리기 위한 캔버스 영역을 제공하며 Axes 인스턴스는 전체 그림 캔버스의 고정 영역에 할당된 좌표계를 제공한다(그림 4-1 참조).

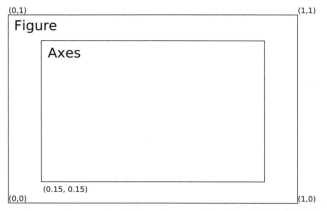

▲ 그림 4-1 Matplotlib의 Figure와 Axis 인스턴스의 구성. Axes 인스턴스는 작도를 위한 좌표계를 제공하고 그 자체로 그림 캔버스의 영역이 할당된다. 그림 캔버스는 단순 좌표 시스템을 갖는데 (0,0)은 왼쪽-아래 구석이고 (1,1)은 오른쪽-위 구석이다. 좌표계는 그림 캔버스에 Axes와 같은 원소를 위치시킬 때만 사용된다.

176

Figure는 그림에 복수 개의 패널을 보이거나 또 다른 Axes 인스턴스 안에 삽화를 보이기 위해 다수의 Axes 인스턴스를 가질 수 있다. Axes 인스턴스는 임의의 그림 캔버스 영역에 수동으로 할당될 수도 있고 Matplotlib이 제공하는 여러 레이아웃 관리자 중 하나를 사용해 그림 캔버스에 Axes 인스턴스를 자동으로 추가할 수도 있다. Axes 인스턴스는 선 그래프, 산포도 막대그래프 등의 많은 스타일을 포함한 다양한 형태로 데이터를 표시하는데 사용할 수 있는 좌표계를 제공한다. 또한 Axes 인스턴스는 축 레이블, 눈금 및 눈금 레이블 등과 관련해 좌표축이 표시되는 방법을 결정한다. 사실 Matplotlib의 객체지향 API로 작업할 때 그래프의 외관을 조정하는 데 필요한 대부분의 함수는 Axes 클래스의 메서드다.

Matplotlib을 시작하기 위한 간단한 예로, $x \in [-5, 2]$ 범위에 걸쳐 함수 $y(x) = x^3 + 5x^2 + 10$을 그려보자. 이를 위해 먼저 x 범위에 대한 Numpy 배열을 만들고 그래프를 그릴 세 함수를 계산한다. 그래프 데이터가 준비되면 Matplotlib Figure와 Axes 인스턴스를 생성해야 한다. 그다음 Axes 인스턴스의 plot 메서드를 사용해 데이터를 그리고 set_xlabel 및 set_ylabel 메서드를 사용해 x축과 y축 레이블을 설정하는 것과 같은 기본 그래프 특성을 설정하고 legend 메서드를 사용해 범례를 생성한다. 이런 단계는 다음 코드를 사용해 수행하며 그 결과 그래프는 그림 4–2에 나타나 있다.

```
In [7]: x = np.linspace(-5, 2, 100)
...: y1 = x**3 + 5*x**2 + 10
...: y2 = 3*x**2 + 10*x
...: y3 = 6*x + 10
...:
...: fig, ax = plt.subplots()
...: ax.plot(x, y1, color="blue", label="y(x)")
...: ax.plot(x, y2, color="red", label="y'(x)")
...: ax.plot(x, y3, color="green", label="y″(x)")
...: ax.set_xlabel("x")
...: ax.set_ylabel("y")
...: ax.legend()
```

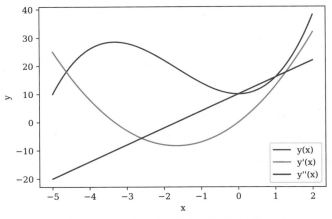

▲ 그림 4-2 Matplotlib을 사용해 생성된 단순 그래프 예제

여기서는 Figure와 Axes 인스턴스를 생성하기 위해 pt.subplots 함수를 사용했다. 이 함수는 새로 생성된 Figure 인스턴스 내에서 Axes 인스턴스의 그리드를 만드는 데 사용될 수 있지만 여기서는 단지 Figure와 Axes 인스턴스를 하나의 호출로 생성하기 위한 방법으로만 사용됐다. Axes 인스턴스를 사용할 수 있게 되면 나머지 모든 단계는 이 Axes 인스턴스의 메서드를 호출하는 방법과 관련된다는 점에 주목하자. 실제 그래프를 생성하기 위해서는 ax.plot을 사용해야 하는데 이는 첫 번째와 두 번째 인수로 그래프의 x와 y 값에 대한 수치 데이터가 있는 Numpy 배열을 취한 후 이 데이터 점들을 연결하는 직선을 그린다. 각 선의 색깔과 범례에 사용될 텍스트 레이블을 지정하기 위해서는 선택적 키워드 인수인 color와 label을 사용해야 한다. 코드가 몇 줄 되지 않는다면 계획한 그래프를 그리기에 충분하지만 가능한 한 가장 기본적인 요소로서 x축과 y축에 레이블과 각 커브에 대한 범례를 설정해보는 것이 좋다. 축 레이블은 해당 레이블과 텍스트 문자열을 인수로 사용하는 Ax.set_xlabel 및 Ax.set_ylabel 메서드로 설정한다. 범례는 Ax.Legend 메서드를 사용해 추가되는데, 이번 경우에는 곡선을 그릴 때 레이블 키워드 인수를 사용했으므로 별도의 인수가 필요하지 않다.

이는 Matplotlib을 사용해 그래프를 그리는 데 필요한 일반적인 단계들이다. 결과 그래프인 그림 4-2는 완벽하고, 기능을 완전히 수행하지만 외관상 여러 측면에서 개선의 여지가 보인다. 예를 들어 간행물이나 제작 표준을 충족하려면 축 레이블, 눈금 레이블, 범례의 글꼴과 글꼴 크기를 변경해야 할 필요가 있으며 아마도 범례를 그리려는 곡선을 방해하지 않도록 그래프의 한쪽 부분으로 이동시켜야 할 것이다. 심지어 그래프의 특정 측면을 강조하기 위해 축 눈금 및 레이블의 수를 변경하고 주석과 추가 도움말 라인을 추가하길 원할 수도 있다. 선을 따라 약간 변경하면 그림 4-3과 같이 만들 수 있다. 4장의 나머지 부분에서는 Matplotlib을 사용해 생성한 그래픽의 모양을 완전히 제어하는 방법을 살펴본다.

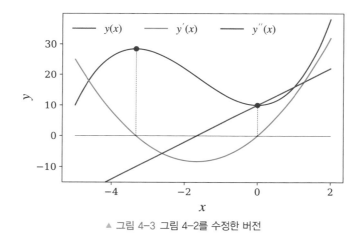

▲ 그림 4-3 그림 4-2를 수정한 버전

대화형 및 비대화형 모드

Matplotlib 라이브러리는 다양한 환경과 플랫폼에서 잘 작동하도록 설계됐다. 라이브러리는 그래프를 생성하는 루틴만을 포함하고 있는 것이 아니라 다른 그래픽 환경에서 그래프를 표시하는 지원도 포함하고 있다. 이를 위해 Matplotlib은 다른 유형(예: PNG, PDF, Postscript, SVG)으로 그래픽을 생성하고 다양한 위젯 툴킷(예: Qt, GTK, wxWidget, 맥

OSX용 코코아)을 사용해 GUI에 그래픽을 표시하는 백엔드를 제공한다.

어떤 백엔드를 사용할 것인지는 Matplotlib 리소스 파일[2]에서 선택하거나 `mpl.use` 함수를 이용하면 되는데, 이 함수는 반드시 Matplotlib을 임포트하고 `matplotlib.pyplot` 모듈을 임포트하기 전에 호출해야 한다. 예를 들어 Qt4Agg 백엔드를 선택하기 위해서는 다음과 같이 할 수 있다.

```
import matplotlib as mpl
mpl.use('qt4agg')
import matplotlib.pyplot as plt
```

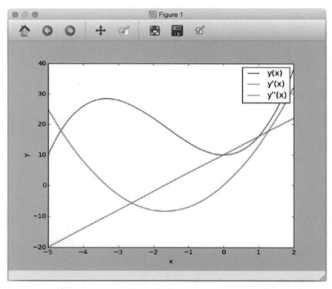

▲ 그림 4-4 맥 OSX와 Qt4를 백엔드로 사용해 그림을 출력하는 Matplotlib GUI의 스크린샷. 상세한 모습은 플랫폼과 백엔드에 따라 다르지만 기본 기능은 동일하다.

---

2 Matplotlib 리소스 파일인 matplotlibrc는 많은 Matplotlib의 기본값을 설정하기 위해 사용할 수 있다. 이 파일의 위치는 플랫폼에 따라 다르다. 좀 더 자세한 사항은 http://matplotlib.org/users/customizing.html를 참조하기 바란다.

그림 4-4와 같은 Matplotlib 그림을 표시하기 위한 GUI는 Python 스크립트 파일이나 IPython 콘솔과 대화식으로 사용할 때 유용하다. 예컨대 확대 및 상하좌우 이동 등을 통해 그림을 대화형으로 탐색할 수 있게 해준다. GUI에서 표시하는 상호 작용 백엔드를 사용할 경우, `plt.show` 함수를 호출해 창이 화면에 나타나도록 해야 한다. `plt.show` 호출은 기본적으로 창이 닫힐 때까지 계속된다. 좀 더 상호 작용적인 경험을 위해 plt.ion 함수를 호출해 상호 작용 모드를 활성화할 수도 있다. 이는 Matplotlib이 GUI 이벤트 루프를 맡고 생성 즉시 수치에 대한 창을 보여줌으로써 제어 흐름을 Python 또는 IPython 인터프리터로 되돌리도록 지시한다. 수치 변경 사항을 반영하려면 `plt.draw` 함수를 사용해 다시 그리기 명령을 내릴 필요가 있다. `funct.ioff` 함수를 사용하면 상호 작용 모드를 비활성화할 수 있으며 `mpl.is_interactive` 함수를 사용하면 Matplotlib이 상호 작용 모드인지 여부를 확인할 수 있다.

대화형 GUI는 고유의 장점을 갖고 있지만 Jupyter Notebook 또는 Qtconsole과 작동할 때는 종종 Notebook에 직접 내장된 Matplotlib이 작성한 그래픽을 표시하는 것이 좀 더 편리할 때가 있다. 이 작동은 IPython 명령어인 `%matplotlib inline`을 사용해 활성화되며 이는 IPython이 제공하는 'inline backend'를 활성화한다. 이는 Matplotlib이 비상호 작용 백엔드를 사용해 그래픽 이미지를 생성하도록 구성한다. 예를 들어 Jupyter Notebook에 정적 이미지로 표시된다. Matplotlib용 IPython 'inline backend'는 IPython `%config` 명령을 사용해 미세 조정할 수 있다. 예를 들어 `InlineBackend.figure_format` 옵션[3]을 사용해 생성된 그래픽의 출력 유형을 선택하거나 PNG 파일이 아닌 SVG 그래픽을 생성하기 위해 'svg'로 설정할 수 있다.

```
In [8]: %matplotlib inline
In [9]: %config InlineBackend.figure_format='svg'
```

---

3   맥 OSX 사용자들에게 유용한 옵션은 %config InlineBackend.figure_format='retina'다. 이 옵션은 레티나 화면에서 볼 때 Matplotlib 그래픽의 품질을 향상시킨다.

이러한 접근 방법을 사용하면 GUI의 대화형 측면(예: 확대 축소 및 상하좌우 이동)이 상실되지만 그래픽을 Notebook에 직접 내장하면 많은 장점이 생긴다. 예를 들어 동일한 문서에 결과 그림과 그림을 생성하기 위해 사용한 코드를 함께 보관하면 그림을 표시하기 위해 코드를 다시 실행할 필요가 없어지고 Jupyter Notebook의 상호 작용 특성 자체가 Matplotlib의 GUI의 일부 상호 작용을 대체한다.

IPython 인라인 백엔드를 사용할 때 IPython 리치 디스플레이 시스템이 렌더링과 그림의 표시를 담당하므로 `plt.show`와 `plt.draw`를 사용할 필요가 없다. 이 책에서는 Jupyter Notebook에서 코드가 실행된다고 가정하므로 `plt.show` 함수에 대한 호출은 코드 예에 포함하지 않는다. 양방향 백엔드를 사용할 때는 이 함수 호출을 각 예제의 끝에 추가할 필요가 있다.

Figure

앞 절에서 소개한 바와 같이, `Figure` 객체는 그래프를 나타내기 위해 Matplotlib에서 사용된다. 예를 들어 `Figure` 객체는 `Axes` 인스턴스를 배치할 수 있는 캔버스를 제공하는 것 외에 그림에 대한 작업을 수행하기 위한 메서드를 제공하며 그림의 특성을 구성하는 데 사용할 수 있는 몇 가지 속성을 갖고 있다.

`Figure` 개체는 `plt.figure`를 사용해 생성할 수 있다. 몇 가지 선택적 키워드 인수를 그림의 특성 설정에 사용한다. 특히 그림 캔버스의 폭과 높이를 인치 단위로 명시하면서 (폭, 높이) 유형의 튜플에 할당되는 `figsize` 키워드 인수를 받아들인다. 또한 `facecolor` 키워드를 설정해 그림 캔버스의 색깔을 지정하는 데도 유용하다.

일단 Figure가 생성되면 `add_axes` 메서드를 사용해 새로운 `Axes` 인스턴스를 만들고 그림 캔버스의 특정 지역에 할당할 수 있다. `add_axes`에는 필수 인수가 1개 필요한데, 그림 캔버스 좌표 시스템에서 `Axes`의 왼쪽 아래와 너비, 높이를 가진 리스트로 (left, bottom, width, height) 유형을 취한다.[4] Axes 객체의 좌표와 폭, 높이는 전체 캔버스 폭과 높이의 비율로 표현된다(그림 4-1 참조). 예를 들어 캔버스를 완전히 채우는 Axes 객체는 (0, 0, 1, 1)에 해당하지만 이는 축 레이블과 눈금 표시를 위한 공간을 남기지 않는다. 보다 실용적인 크기는 (0.1, 0.1, 0.8, 0.8)이 될 수 있는데 이는 캔버스 폭과 높이의 80%를 커버하는 중심 Axes 인스턴스에 해당한다. add_axes 메서드는 새로운 Axes 인스턴스의 속성을 설정하기 위해 많은 키워드 인수를 사용한다. 이는 4장의 뒷부분에서 Axes 객체를 심도 있게 논의할 때 좀 더 자세히 설명한다. 그러나 여기서 강조할 가치가 있는 키워드 인수는 facecolor이며 이를 통해 Axes 객체에 배경색을 지정할 수 있다. 이는 plt.figure의 facecolor 인수와 함께 Axes 인스턴스에서 다룬 캔버스와 영역 모두의 색상을 선택할 수 있다.

plt.figure와 fig.add_axes로부터 획득한 Figure와 Axes 객체의 메서드를 사용해 데이터를 도식화하는 데 필요한 준비를 한다. 이에 대한 좀 더 자세한 내용은 다음 절을 참조하라. 그러나 일단 필요한 도면이 생성되면 그래프 작성 작업 흐름에서 중요한 메서드들이 Figure 객체에 제공된다. 예를 들어 전체 그림 제목을 설정하기 위해서는 제목 문자열을 인수로 취하는 suptitle을 사용할 수 있다. 그림을 파일에 저장하기 위해 savefig 메서드를 사용할 수 있다. 이 메서드는 출력 파일 이름이 있는 문자열을 첫 번째 인수로 받고 몇 가지 선택적인 키워드 인수를 사용한다. 기본적으로 출력 파일 유형은 파일 이름 인수의 파일 확장자에서 결정되지만 format 인수를 사용해 유형을 명시적으로 지정할 수도 있다. 사용할 수 있는 출력 유형은 사용하는 Matplotlib 백엔드에 따라 다르지만 일반적으로 사용할 수 있는 옵션은 PNG, PDF, EPS 및 SVG 유형이다. 생성된 이미지의 해상도는 dpi 인수로 설정할 수 있다. DPI는 '인치당 도트 수'를 의미하며 그림의 크기가 figsize 인수를 사용해 인치 단위로 지정되기 때문에 이 숫자들을 곱하면 출력 이미지 크기가 픽셀 단위로 변환된다. 예를 들어 figsize=(8, 6)과 dpi=100으로 생성된 이미지의 크기는 800×600픽셀이다. savefig 메서드 또한 facecolor 인수처럼 plt.figure 함

---

4   좌표와 크기 튜플을 add_axes에 전달하는 다른 방법은 이미 존재하는 Axes 인스턴스를 보내는 것이다.

수와 유사한 몇 가지 인수를 취한다. plt.figure에 facecolor 인수가 사용됐더라도 생성된 이미지 파일에 적용되려면 savefig와 함께 지정돼야 한다. 마지막으로 그림 캔버스는 savefig 인수에 transparent=True인수를 사용해야 투명하게 만들 수 있다. 다음 코드 리스트는 이러한 기법을 보여주며 그 결과는 그림 4-5에 나타나 있다.

```
In [10]: fig = plt.figure(figsize=(8, 2.5), facecolor="#f1f1f1")
    ...:
    ...: # axes 좌표는 캔버스의 너비와 높이의 부분
    ...: left, bottom, width, height = 0.1, 0.1, 0.8, 0.8
    ...: ax = fig.add_axes((left, bottom, width, height),
        facecolor="#e1e1e1")
    ...:
    ...: x = np.linspace(-2, 2, 1000)
    ...: y1 = np.cos(40 * x)
    ...: y2 = np.exp(-x**2)
    ...:
    ...: ax.plot(x, y1 * y2)
    ...: ax.plot(x, y2, 'g')
    ...: ax.plot(x, -y2, 'g')
    ...: ax.set_xlabel("x")
    ...: ax.set_ylabel("y")
    ...:
    ...: fig.savefig("graph.png", dpi=100, facecolor="#f1f1f1")
```

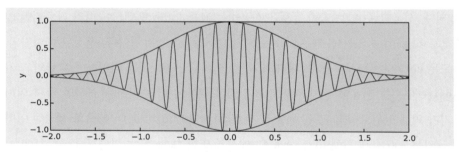

▲ 그림 4-5 figsize를 통해 그림의 크기를 설정한 결과를 보여주는 그래프. 새 축 Axes 인스턴스를 add_axes를 사용해 추가하고 Figure와 Axes 객체의 배경색은 facecolor를 통해 설정한다. 끝으로 그림은 savefig를 사용해 파일에 저장한다.

Axes

앞 절에서 소개한 Figure 객체는 Matplotlib 그래프의 뼈대를 제공하지만 모든 흥미로운 내용은 Axes 인스턴스 내부 또는 주변에 정리돼 있다. 이미 4장의 서두에서 몇 번 Axes 객체들을 본 적 있다. Axes 객체는 Matplotlib 라이브러리와 함께 도식화의 중심이 된다. Axes는 데이터와 수학적 함수를 도식화할 수 있는 좌표계를 제공하며 축 레이블과 축 눈금이 어디에 위치하는지를 결정하는 축 객체를 갖고 있다. 다른 유형의 도식을 그리는 함수도 이 Axes 클래스의 메서드다. 이 절에서는 먼저 Axes 메서드를 사용해 그릴 수 있는 다양한 유형의 도식과 Axes 객체와 함께 사용되는 x축 및 y축의 모양과 좌표계를 사용자 정의하는 방법을 알아본다. 지금까지는 add_axes 메서드를 사용해 어떻게 새로운 Axes 인스턴스를 명시적으로 그림에 추가하는지 살펴봤다. 이는 Axes 객체를 임의의 위치에 배치하기 위한 유연하고 강력한 방법이며 이 방법은 몇 가지 중요한 응용에 쓰인다. 그러나 대부분의 사용 예에서 그림 캔버스 내에 Axes 인스턴스의 좌표를 일일이 명시적으로 지정하는 것은 매우 번거로운 일이다. 이는 그리드 레이아웃에서 그림 내에 Axes 인스턴스의 여러 패널을 사용할 때 특히 그러하다. Matplotlib은 여러 가지 다른 Axes 레이아웃 관리자를 제공하며 Axes 인스턴스를 다른 전략에 따라 그림 캔버스 안에 만들고 배치한다. 4장의 뒷부분에서 레이아웃 관리자를 사용하는 방법을 좀 더 자세히 살펴본다. 그러나 이제 살펴볼 예제들을 위해 레이아웃 관리자 중 하나인 plt.subplots 함수를 간략히 살펴보자. 4장의 앞부분에서는 이미 이 함수를 사용해 한 번의 함수 호출만으로 새로운 Figure와 Axes 객체를 편리하게 생성했다. 그러나 plt.subplots 함수에는 첫 번째와 두 번째 인수를 사용해 그림을 Axes 인스턴스 그리드로 채울 수 있으며 nrows와 ncols라는 인수들을 사용해 Axes 객체의 그리드를 생성할 수도 있다. 예를 들어 새롭게 생성된 Figure 객체에 3행과 2열을 가진 Axes 인스턴스 그리드를 생성하는 방법은 다음과 같다.

```
fig, axes = plt.subplots(nrows=3, ncols=2)
```

여기서 함수 plt.subplots는 튜플 (fig, axes)를 반환한다. 여기서 fig는 Figure 인스턴스, axes는 크기가 (nrows, ncols)인 Numpy 배열이다. 또 각 원소는 해당 그림 캔버스에 적절하게 배치된 Axes 인스턴스다. 이 시점에서는 열 및/또는 행이 sharex 및 sharey 인수를 사용해 x축과 y축을 공유하도록 명시할 수도 있는데, 이 값은 True 또는 False로 설정할 수 있다.

plt.subplots 함수는 각각 Figure와 Axes 인스턴스를 생성할 때 사용되는 키워드 인수를 갖는 딕셔너리인 figure_kw와 subplot_kw라는 2개의 특수 키워드 인수를 취한다. 이를 통해 Figure와 Axes 객체의 특성을 plt.subplots를 사용해 완전히 통제할 수 있는데, 이는 plt.figure와 make_axes 메서드를 직접 사용할 때와 유사하다.

도식 유형

데이터의 효과적인 과학 기술적 시각화에는 다양한 그래프 기법이 요구된다. Matplotlib은 많은 유형의 도식화 기법을 Axes 객체의 메서드로 구현해놓았다. 예를 들어 이미 Axes 객체가 제공하는 좌표계에서 곡선을 그리는 plot 메서드를 살펴봤다. 다음 절에서는 예제 그래프에서 이러한 함수들을 사용해 Matplotlib의 도식화 함수를 좀 더 자세히 알아본다. 일반적으로 사용되는 2D 도식화 함수는 그림 4-6에 요약돼 있다. 컬러 맵과 3D 그래프와 같은 다른 유형의 그래프는 4장의 뒷부분에서 논한다. Matplotlib의 모든 도식화 함수는 입력으로서 Numpy 배열 데이터를 취하며 대개 첫 번째와 두 번째 인수로서 x축과 y축 좌표를 가진 배열을 취한다. 좀 더 자세한 내용은 그림 4-6에 나타난 각 메서드의 docstring, 예컨대 help(plt.Axes.bar) 식으로 참조해야 한다.

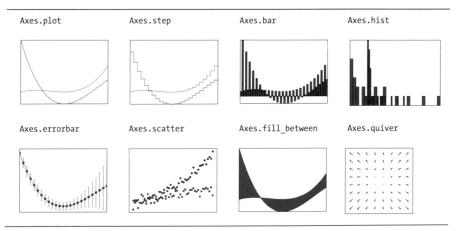

▲ 그림 4-6 발췌된 2D 그래프 유형 개요. 각 유형의 그래프를 나타내는 데 사용된 Axes 메서드는 해당 그래프와 함께 표시돼 있다.

선 속성

가장 기본적인 유형의 도식은 단순 직선이다. 예컨대 이는 데이터를 단변량 함수의 그래프를 표시하거나 제어 변수의 함수로 표시하는 데 사용될 수 있다. 선의 도식화에서는 그래프의 선 너비, 선 색상, 선 형태(실선, 파선, 점선 등) 등과 같은 속성을 설정하는 일이 자주 필요하다. Matplotlib에서는 plot, step, bar 등과 같은 키워드 인수를 도식화 메서드에 전달해 특성을 설정한다. 이러한 그래프 유형 중 몇 가지를 그림 4-6에 나타냈다. 많은 도식화 메서드는 고유의 특정 인수를 갖지만 대부분의 도식화 메서드에서는 색, 선 너비 등의 기본 속성이 공유된다. 이러한 기본 속성과 해당 키워드 인수는 표 4-1에 요약돼 있다.

▼ 표 4-1 Matplotlib 메서드에 사용되는 기본 선의 특성과 해당 인수 이름

인수	예제 값	설명
color	색 지정은 'red', 'blue'와 같은 색을 나타내는 문자열이나 '#aabbcc.' 형태의 RGB 색 코드일 수 있다.	색상 지정
alpha	0.0(완전 투명)과 1.0(완전 불투명) 사이의 실수	투명도
linewidth, lw	실수	선 너비
linestyle, ls	'-' – 실선 '--' – 파선 ':' – 점선 '.-' – 파점선	선 유형. 즉, 선이 실선인지 점선인지 파선인지 지정
Marker	+, o, * = 십자, 원, 별 s = 사각 . = 작은 점 1, 2, 3, 4, ... = 다른 각을 가진 삼각형	인접 여부와 상관없이 각 데이터 포인터는 이 인수에 지정된 마커 기호로 나타낼 수 있다.
markersize	실수	마커 크기
Markerfacecolor	색 지정(앞 참고)	마커에 채울 색상
Markeredgewidth	실수	마커 선 너비
Markeredgecolor	색 지정(앞 참고)	마커 선 색상

이러한 속성과 인수의 사용 예를 보기 위해 선 너비, 선 형태, 마커 유형, 색상 및 크기를 다양한 값으로 변형해 수평선을 그리는 다음 코드를 살펴보자. 결과 그래프는 그림 4-7에 나타나 있다.

```
In [11]: x = np.linspace(-5, 5, 5)
   ...: y = np.ones_like(x)
   ...:
   ...: def axes_settings(fig, ax, title, ymax):
   ...: ax.set_xticks([])
   ...: ax.set_yticks([])
   ...: ax.set_ylim(0, ymax+1)
   ...: ax.set_title(title)
```

```
...:
...: fig, axes = plt.subplots(1, 4, figsize=(16,3))
...:
...: # 선 너비
...: linewidths = [0.5, 1.0, 2.0, 4.0]
...: for n, linewidth in enumerate(linewidths):
...:     axes[0].plot(x, y + n, color="blue", linewidth=linewidth)
...: axes_settings(fig, axes[0], "linewidth", len(linewidths))
...:
...: # 선 형태
...: linestyles = ['-', '-.', ':']
...: for n, linestyle in enumerate(linestyles):
...:     axes[1].plot(x, y + n, color="blue", lw=2, linestyle=linestyle)
...: # 점선 유형
...: line, = axes[1].plot(x, y + 3, color="blue", lw=2)
...: length1, gap1, length2, gap2 = 10, 7, 20, 7
...: line.set_dashes([length1, gap1, length2, gap2])
...: axes_settings(fig, axes[1], "linetypes", len(linestyles) + 1)
...: # 마커 유형
...: markers = ['+', 'o', '*', 's', '.', '1', '2', '3', '4']
...: for n, marker in enumerate(markers):
...:     # lw = 선 두께 약어, ls = 선 형태 약어
...:     axes[2].plot(x, y + n, color="blue", lw=2, ls='*',
        marker=marker)
...: axes_settings(fig, axes[2], "markers", len(markers))
...:
...: # 마커의 크기와 색상
...: markersizecolors = [(4, "white"), (8, "red"), (12, "yellow"),
    (16, "lightgreen")]
...: for n, (markersize, markerfacecolor) in enumerate
    (markersizecolors):
...:     axes[3].plot(x, y + n, color="blue", lw=1, ls='-',
...:                  marker='o', markersize=markersize,
...:                  markerfacecolor=markerfacecolor,
                     markeredgewidth=2)
...: axes_settings(fig, axes[3], "marker size/color", len
    (markersizecolors))
```

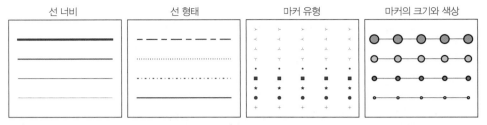

▲ 그림 4-7 선 너비, 선 형태, 마커 유형, 마커의 크기와 색상의 특성을 설정한 결과를 보여주는 그래프

실제로 다른 색상, 선 너비 및 선 형태를 사용하면 그래프를 쉽게 읽도록 만들 수 있는 중요한 도구가 된다. 선 개수가 많은 그래프에서는 색상과 선 형태의 조합을 사용해 각 선을 고유하게 식별할 수 있는 범례와 같은 역할을 할 수 있다. 선 너비 특성은 중요한 선에 초점을 주고자 할 때 가장 잘 활용할 수 있다. 그림 4-8과 같이 함수 $\sin(x)$이 $x=0$ 주변의 처음 몇 개의 계열 확장과 함께 도식화된 경우를 살펴보자.

```
In [12]: # x의 기호 변수와 x의 특정 값을 가진 수치 배열
    ...: sym_x = sympy.Symbol("x")
    ...: x = np.linspace(-2 * np.pi, 2 * np.pi, 100)
    ...:
    ...: def sin_expansion(x, n):
    ...:     """
    ...:     배열 x에 있는 수치 값을 이용해 sin(x)를
    ...:     확장한 테일러 급수 계산
    ...:     """
    ...:     return sympy.lambdify(sym_x, sympy.sin(sym_x).series(n=n+1).
    ...:     removeO(), 'numpy')(x)
    ...:
    ...: fig, ax = plt.subplots()
    ...:
    ...: ax.plot(x, np.sin(x), linewidth=4, color="red", label='exact')
    ...:
    ...: colors = ["blue", "black"]
    ...: linestyles = [':', '-.', '--']
    ...: for idx, n in enumerate(range(1, 12, 2)):
    ...:     ax.plot(x, sin_expansion(x, n), color=colors[idx // 3],
```

```
   ...:                    linestyle=linestyles[idx % 3], linewidth=3,
   ...:                    label="order %d approx." % (n+1))
   ...:
   ...:  ax.set_ylim(-1.1, 1.1)
   ...: ax.set_xlim(-1.5*np.pi, 1.5*np.pi)
   ...:
   ...: # Axes 외부에 범례 표시
   ...: ax.legend(bbox_to_anchor=(1.02, 1), loc=2, borderaxespad=0.0)
   ...: # Axes 오른쪽에 범례를 표시할 공간 확보
   ...: fig.subplots_adjust(right=.75)
```

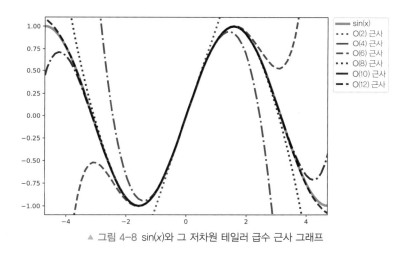

▲ 그림 4-8 sin(x)와 그 저차원 테일러 급수 근사 그래프

범례

여러 개의 선을 가진 그래프는 대개 그림 내의 어딘가에 각 선 유형에 따라 레이블을 표
시하는 범례를 사용하는 것이 유용하다. 앞의 예에서 살펴봤듯이, legend를 사용해
Matplotlib 그림의 **Axes** 인스턴스에 범례를 추가할 수 있다. 이때 레이블이 할당된 선만
범례에 포함된다(레이블을 선에 할당하려면 Axes.plot과 같은 label를 인수로 사용). legend 메
서드는 많은 선택적 인수를 받아들인다. 좀 더 자세한 내용은 help(plt.legend)를 참조

하라. 여기서는 좀 더 유용한 인수들 몇 가지를 살펴본다. 앞 절의 예에서는 loc 인수를 사용했는데, 이는 Axes 영역 어디에 범례를 추가할 것인지 지정했다. 그림 4-9에서처럼 loc=1은 오른쪽-위 모서리, loc=2는 왼쪽-위 모서리, loc=3은 왼쪽-아래 모서리, loc=4는 오른쪽-아래다.

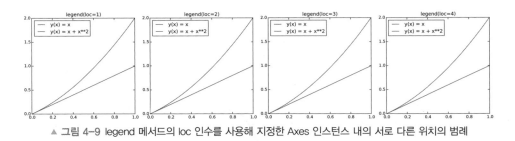

▲ 그림 4-9 legend 메서드의 loc 인수를 사용해 지정한 Axes 인스턴스 내의 서로 다른 위치의 범례

앞 절의 예에서는 bbox_to_chanchor도 사용했는데, 이는 그림 캔버스 내의 임의의 위치에 범례를 배치하는 데 도움을 준다. bbox_to_ancor 인수는 (x, y) 유형의 튜플 값을 취하는데, 여기서 x와 y는 Axes 객체 내의 캔버스 좌표가 된다. 즉, 점(0, 0)은 왼쪽 아래 모서리, (1, 1)은 오른쪽 위 모서리에 해당한다. 이 경우 x와 y는 0보다 작고 1보다 클 수 있는데 앞 절에서 사용한 것처럼 범례가 Axes 영역 외부에 배치될 수 있다는 것을 의미한다. 범례의 모든 선은 수직으로 배치된다. ncols 인수를 사용하면 범례 레이블을 여러 개의 열로 분할할 수 있다(그림 4-10 참조).

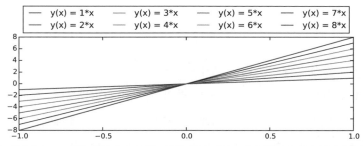

▲ 그림 4-10 범례가 Axes 객체 외부에 표시되고 단일 열이 아닌 4개의 열에 표시된 예. 여기서는 ax.legend (ncol=4, loc=3, bbox_to_anchor=(0, 1)을 사용했다.

텍스트 서식 및 주석

텍스트 레이블, 제목 및 주석은 대부분의 그래프에서 중요한 구성 요소이며 간행물 품질 그래프를 작성하려면 이러한 텍스트를 렌더링할 때 사용되는 글꼴 유형과 크기를 완전히 제어해야 한다. Matplotlib은 글꼴 속성을 구성하는 여러 메서드를 제공한다. 기본값은 Matplotlib 리소스 파일에서 설정할 수 있으며 세션별 구성은 `mpl.rcParams` 딕셔너리에 설정할 수 있다. 이 딕셔너리는 Matplotlib 리소스 파일의 캐시로, 이 딕셔너리 매개변수의 변경은 Python 인터프리터가 다시 시작돼 Matplotlib이 다시 임포트되기 전까지 유효하다. 텍스트 표시 방법과 관련된 매개변수는 `'font.family'`, `'font.size'` 같은 것들이 있다.

> **팁**
>
> 가능한 설정 매개변수와 그 현재 값의 목록을 얻으려면 print(mpl.rcParams)를 해보면 된다. 매개변수 업데이트는 딕셔너리 mpl.rcParams['savefig.dpi'] = 100과 같이 새 값을 딕셔너리 mpl.rcParams의 해당 항목에 할당하면 간단히 해결된다. 또한 mpl.rcdefaults를 사용하면 기본값으로 복원된다.

표준 키워드 인수의 집합을 그래프의 텍스트 레이블을 생성하는 함수에 전달해 텍스트 속성을 설정할 수도 있다. 텍스트 레이블을 처리하는 대부분의 Matplotlib 함수는 표 4-2에 요약된 키워드 인수를 받아들인다(이 목록은 일반적인 인수의 일부를 발췌한 것이다. 전체 목록은 help(mpl.text.Text)를 참조해야 한다). 예를 들어 이 인수들은 `Axes.text` 메서드와 함께 사용될 수 있는데, 이는 지정된 좌표에 새로운 텍스트 레이블을 만든다. 이들은 또한 `set_title`, `set_xlabel`, `set_ylabel` 등과도 함께 사용할 수 있다. 이러한 방법에 대한 좀 더 자세한 내용은 다음 절을 참조하라.

과학 및 기술적 시각화에서는 텍스트 레이블에 수학적 기호와 표현을 렌더링할 수 있는 지가 매우 중요하다. Matplotlib은 텍스트 레이블 내에서 LaTeX 마크업을 통해 이에 대한 지원이 제공된다. 즉, Matplotlib의 텍스트 레이블은 `"Regular text: $f(x)=1-x^2$"`

처럼 $ 기호 내에 LaTeX 수학 식을 포함시킬 수 있다. 기본적으로 Matplotlib은 LaTeX 언어의 부분 집합을 제공하는 내부 LaTeX 렌더링을 사용한다. 그러나 설정 매개변수 mpl.rcParams["text.usetex"]=true로 하면 외부의 완전한 기능을 갖춘 LaTeX 엔진을 사용할 수도 있다(자체 시스템에서 제공되는 경우).

Python의 문자열에 LaTeX 코드를 삽입할 때는 장애물이 있다. Python은 \를 탈출 escape 문자로 사용하는 반면, LaTeX에서는 이를 명령의 시작을 나타내는 데 사용한다. Python 인터프리터가 LaTeX 식을 포함한 문자열에서 탈출되는 것을 방지하기 위해 원시 raw 문자열을 사용하는 것이 편리한데 r"$\int f(x) dx$" 및 r'x_{\rm A}$처럼 r을 추가해야 한다.

다음 예제는 ax.text와 ax.notate를 사용해 Matplotlib 그림에 텍스트 레이블과 주석을 추가하는 방법과 LaTeX 식을 포함하는 텍스트 레이블을 렌더링하는 방법을 보여준다. 결과 그래프는 그림 4-11에 나타나 있다.

```
In [13]: fig, ax = plt.subplots(figsize=(12, 3))
   ...:
   ...: ax.set_yticks([])
   ...: ax.set_xticks([])
   ...: ax.set_xlim(-0.5, 3.5)
   ...: ax.set_ylim(-0.05, 0.25)
   ...: ax.axhline(0)
   ...:
   ...: # text label
   ...: ax.text(0, 0.1, "Text label", fontsize=14, family="serif")
   ...:
   ...: # annotation
   ...: ax.plot(1, 0, "o")
   ...: ax.annotate("Annotation",
   ...:             fontsize=14, family="serif",
   ...:              xy=(1, 0), xycoords="data",
   ...:           xytext=(+20, +50), textcoords="offset points",
   ...:           arrowprops=dict(arrowstyle="->", connectionstyle="arc3,
   ...:           rad=.5"))
```

```
...:
...: # 식
...: ax.text(2, 0.1, r"Equation: $i\hbar\partial_t \Psi = \hat{H}\
    Psi$", fontsize=14, family="serif")
...:
```

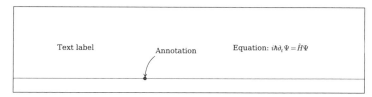

▲ 그림 4-11 ax.text와 ax.annotation을 사용해 텍스트 레이블을 추가하고 LaTex 유형의 수식을 나타낸 경우의 결과를 보여주는 예제

▼ 표 4-2 폰트 특성과 해당 키워드 인수 일부 발췌 및 요약

인수	설명
fontsize	포인트 크기로 나타낸 폰트 크기
family or fontname	폰트 유형
backgroundcolor	텍스트 레이블의 배경 색
color	폰트 색
alpha	폰트 색의 투명도
rotation	텍스트 레이블의 회전 각

축 특성

데이터나 함수는 Figure와 Axes 객체를 생성한 후 Matplotlib이 제공하는 많은 도식화 함수 중 일부를 사용해 그려지며 선과 마커의 외관은 사용자가 정의할 수 있다. 이제 마지막 남은 주요 그래프 구성 요소 설정은 Axis 인스턴스다. 2차원 그래프는 수평 x와 수직 y의 축 객체를 가진다. 각 축은 축 레이블, 눈금 및 눈금 레이블의 배치, 축 자체의 위치와 모양과 같은 속성과 관련해 개별적으로 구성할 수 있다. 이 절에서는 그래프의 이러한 측면을 제어하는 방법을 자세히 살펴본다.

축 레이블 및 제목

거의 모든 경우에 설정되는 축의 가장 중요한 특성 중 하나는 축의 레이블이다. set_xlabel과 set_ylabel 메서드를 사용하면 축 레이블을 설정할 수 있다. 둘 다 첫 번째 인수로 지정할 레이블을 가진 문자열을 취한다. 또한 옵션 labelpad 인수는 축에서 레이블까지의 간격을 점 단위로 지정한다. 이러한 채워넣기는 축 레이블과 축 눈금 레이블이 겹치는 것을 방지하는 데 필요하다. set_xlabel 및 set_ylabel 메서드는 또한 앞 절에서 자세히 논의한 바와 같이 색상, 글꼴 크기 및 글꼴 이름과 같은 텍스트 속성을 설정하기 위한 추가 인수를 취한다. 다음 코드는 set_xlabel 및 set_ylabel 메서드와 여기에서 논의된 키워드 인수를 사용하는 방법을 보여주며, 그 결과는 그림 4-12에 나타나 있다.

```
In [14]: x = np.linspace(0, 50, 500)
   ...: y = np.sin(x) * np.exp(-x/10)
   ...:
   ...: fig, ax = plt.subplots(figsize=(8, 2), subplot_kw={'facecolor':
        "#ebf5ff"})
   ...:
   ...: ax.plot(x, y, lw=2)
   ...:
   ...: ax.set_xlabel ("x", labelpad=5, fontsize=18, fontname='serif',
        color="blue")
   ...: ax.set_ylabel ("f(x)", labelpad=15, fontsize=18, fontname='serif',
        color="blue")
   ...: ax.set_title("axis labels and title example", fontsize=16,
   ...: fontname='serif', color="blue")
```

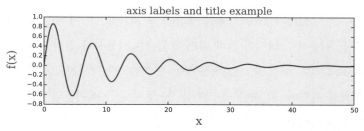

▲ 그림 4-12 x축과 y축 레이블을 설정하는 set_xlabel과 set_ylabel를 사용한 결과를 보여주는 그래프

x축과 y축의 레이블 외에도 set_title 방식을 사용해 Axes 객체의 제목을 설정할 수 있다. 이 메서드는 주로 set_xlabel 및 set_ylabel과 동일한 인수를 취하는데, loc 인수는 'left', 'centered', 'right' 값을 가질 수 있으며 각각 제목을 왼쪽 정렬, 가운데 정렬 또는 오른쪽 정렬하라고 지시한다.

축 범위

기본적으로 Matplotlib의 *x*축과 *y*축의 범위는 Axes 객체에 표시된 데이터로부터 자동 조정된다. 대부분의 경우 이러한 기본 설정 범위로도 충분하지만 상황에 따라 축 범위를 명시적으로 설정해야 할 때가 있다. 이 경우 Axes 객체의 set_xlim 및 set_ylim 메서드를 사용할 수 있다. 이 두 메서드에는 각각의 축에 표시할 하한과 상한을 명시할 두 인수가 필요하다. set_xlim과 set_ylim의 대안은 axis 메서드에 'tight'와 'equal' 같은 문자열을 지정하는 것인데 각각 선에 꼭 맞는 좌표 범위와 각 축의 단위를 동일한 픽셀 수로 고정한다(즉, 좌표축의 비율을 유지한다).

또한 autoscale 메서드의 첫 번째 인수에 True와 False를 전달하면 자동 조정을 선택적으로 활성화 또는 비활성화할 수 있는데 axis 인수를 'x', 'y' 또는 'both'로 설정할 수 있다. 다음 예는 축 범위를 제어하기 위해 이러한 방법을 사용하는 것을 보여주며 결과 그래프는 그림 4-13에 나타나 있다.

```
In [15]: x = np.linspace(0, 30, 500)
    ...: y = np.sin(x) * np.exp(-x/10)
    ...:
    ...:
    ...: fig, axes = plt.subplots(1, 3, figsize=(9, 3), subplot_
        kw={'facecolor': "#ebf5ff"})
    ...:
    ...: axes[0].plot(x, y, lw=2)
    ...: axes[0].set_xlim(-5, 35)
    ...: axes[0].set_ylim(-1, 1)
    ...: axes[0].set_title("set_xlim / set_y_lim")
    ...:
```

```
...: axes[1].plot(x, y, lw=2)
...: axes[1].axis('tight')
...: axes[1].set_title("axis('tight')")
...:
...: axes[2].plot(x, y, lw=2)
...: axes[2].axis('equal')
...: axes[2].set_title("axis('equal')")
```

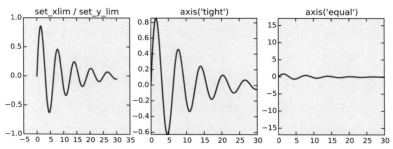

▲ 그림 4-13 그래프의 축 범위를 설정하는 set_xlim, set_ylim, axis 메서드를 사용한 결과를 보여주는 그래프

축 눈금, 눈금 레이블 및 그리드

축의 구성에 관해 설정해야 할 마지막 기본 속성은 축 눈금 배치와 해당 눈금 레이블의 배치 및 유형이다. 축 눈금은 그래프의 전체 외관상 중요한 부분이며 출판물 및 생산 품질 수준의 그래프를 작성하려면 축 눈금에서 상세한 제어를 할 필요가 있다. Matplotlib 모듈의 mpl.ticker는 눈금의 배치를 완전히 제어할 수 있는 일반적이고 확장 가능한 눈금 관리 시스템을 제공한다. Matplotlib은 주 눈금과 부눈금을 구분한다. 모든 주 눈금은 기본값으로 해당 레이블을 가지며 주 눈금 사이의 거리는 레이블이 없는 부눈금을 사용해 추가로 표시할 수 있다. 단, 이 특성은 명시적으로 활성화해야 한다. 주 눈금과 부눈금의 예시는 그림 4-14를 참조하라.

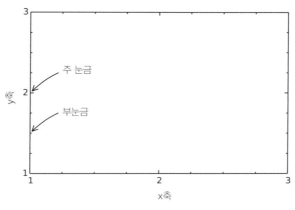

▲ 그림 4-14 주 눈금과 부눈금의 차이

눈금을 설정할 때 가장 일반적인 배치상의 목표는 레이블이 있는 좌표축을 따라 레이블과 주 눈금을 배치하는 위치를 결정하는 것이다. `mpl.ticker` 모듈은 서로 다른 눈금 배치 전략을 위한 클래스를 제공한다. 예를 들어 `mpl.ticker.MaxNLocator`를 사용하면 (지정하지 않은 위치의) 최대 눈금 개수를 설정할 수 있고 `mpl.ticker.MultipleLocator`는 지정한 기본 수의 배수로 눈금을 설정하며 `mpl.ticker.FixedLocator`는 명시적으로 지정된 좌표에 눈금을 표시하는 데 사용할 수 있다. 눈금 전략을 바꾸려면 `Axes.xaxis`와 `Axes.yaxis`의 `set_major_locator`와 `set_minor_locator` 메서드를 사용해야 한다. 이 메서드들은 `mpl.ticker`에 정의된 눈금 클래스나 그 클래스들 중 하나에서 파생된 사용자 지정 클래스의 인스턴스를 받아들인다.

눈금 위치를 명시적으로 지정할 때는 `set_xticks`와 `set_yticks`를 사용할 수도 있는데, 이 메서드들은 주 눈금을 표시할 곳에 대한 좌표의 목록을 취한다. `set_xticklabels` 및 `set_yticklabels`를 사용해 각 눈금에 대한 사용자 정의 레이블을 설정할 수도 있으며, 이 경우 해당 눈금의 레이블로 사용할 문자열 목록을 취한다. 가능하면 일반적인 눈금 배치 전략(예: `mpl.ticker.MaxNLocator`)을 사용하는 것이 좋다. 왜냐하면 이 방법은 좌표 범위가 변경될 때 동적으로 조정되는 반면, `set_xticks`와 `set_yticks`를 사용하는 명시적 눈금 배치는 수동으로 코드를 변경하는 작업이 필요하다. 그러나 눈금의 배치를 정교하게 통제해야 할 때는 set_xticks와 set_yticks를 사용하는 것이 편리하다.

다음 코드는 앞서 논의한 방법들을 조합해 기본 눈금 배치를 변경하는 방법을 보여주며 그 결과 그래프는 그림 4-15에 나타나 있다.

```
In [16]: x = np.linspace(-2 * np.pi, 2 * np.pi, 500)
    ...: y = np.sin(x) * np.exp(-x**2/20)
    ...:
    ...: fig, axes = plt.subplots(1, 4, figsize=(12, 3))
    ...:
    ...: axes[0].plot(x, y, lw=2)
    ...: axes[0].set_title("default ticks")
    ...: axes[1].plot(x, y, lw=2)
    ...: axes[1].set_title("set_xticks")
    ...: axes[1].set_yticks([-1, 0, 1])
    ...: axes[1].set_xticks([-5, 0, 5])
    ...:
    ...: axes[2].plot(x, y, lw=2)
    ...: axes[2].set_title("set_major_locator")
    ...: axes[2].xaxis.set_major_locator(mpl.ticker.MaxNLocator(4))
    ...: axes[2].yaxis.set_major_locator(mpl.ticker.FixedLocator([-1, 0, 1]))
    ...: axes[2].xaxis.set_minor_locator(mpl.ticker.MaxNLocator(8))
    ...: axes[2].yaxis.set_minor_locator(mpl.ticker.MaxNLocator(8))
    ...:
    ...: axes[3].plot(x, y, lw=2)
    ...: axes[3].set_title("set_xticklabels")
    ...: axes[3].set_yticks([-1, 0, 1])
    ...: axes[3].set_xticks([-2 * np.pi, -np.pi, 0, np.pi, 2 * np.pi])
    ...: axes[3].set_xticklabels([r'$-2\pi$', r'$-\pi$', 0, r'$\pi$',
        r'$2\pi$'])
    ...: x_minor_ticker = mpl.ticker.FixedLocator([-3 * np.pi / 2,
        -np.pi / 2, 0,
    ...:                                            np.pi / 2, 3 * np.pi / 2])
    ...: axes[3].xaxis.set_minor_locator(x_minor_ticker)
    ...: axes[3].yaxis.set_minor_locator(mpl.ticker.MaxNLocator(4))
```

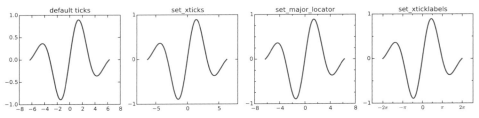

▲ 그림 4-15 x축과 y축을 따라 주 눈금과 부눈금의 모습과 위치를 조절하는 다양한 방법을 보여주는 그래프

그래프에서 흔히 사용되는 디자인 요소는 그리드 선이며 그래프에서 값을 읽을 때 시각적인 가이드라인 역할을 한다. 그리드와 그리드 선은 동일한 좌푯값으로 그려지기 때문에 축 눈금과 밀접하게 관련돼 있고 따라서 기본적으로 그래프를 가로지르는 눈금의 확장이기도 하다. Matplotlib에서는 축 객체의 grid 메서드를 사용해 축 그리드를 켤 수 있다. grid 메서드는 그리드의 외관을 제어하는 선택 키워드 인수를 사용한다. 예를 들어 Matplotlib의 많은 도식화 함수처럼 grid 메서드는 그리드 선의 특성을 명시하기 위해 color, linestyle, linewidth와 같은 인수를 받아들인다. 또한 각각 'major', ' minor', 또는 'both' 그리고 'x', 'y' 또는 'both' 값을 가질 수 있는 which와 axis 인수를 취한다. 이 인수들은 지정한 스타일을 어느 축을 따라 어떤 눈금을 나타낼지 정하기 위해 사용된다. 그리드 선을 몇 가지 다른 스타일로 그리려면 서로 다른 which 값과 axis 값을 사용해 grid 메서드를 여러 번 호출할 수 있다. 그리드 선을 추가하는 것과 다르게 스타일화하는 방법은 그림 4-16의 그래프를 생성하는 다음 예를 참조하라.

```
In [17]: fig, axes = plt.subplots(1, 3, figsize=(12, 4))
    ...: x_major_ticker = mpl.ticker.MultipleLocator(4)
    ...: x_minor_ticker = mpl.ticker.MultipleLocator(1)
    ...: y_major_ticker = mpl.ticker.MultipleLocator(0.5)
    ...: y_minor_ticker = mpl.ticker.MultipleLocator(0.25)
    ...:
    ...: for ax in axes:
    ...:     ax.plot(x, y, lw=2)
    ...:     ax.xaxis.set_major_locator(x_major_ticker)
    ...:     ax.yaxis.set_major_locator(y_major_ticker)
```

```
   ...:        ax.xaxis.set_minor_locator(x_minor_ticker)
   ...:        ax.yaxis.set_minor_locator(y_minor_ticker)
   ...:
   ...: axes[0].set_title("default grid")
   ...: axes[0].grid()
   ...:
   ...: axes[1].set_title("major/minor grid")
   ...: axes[1].grid(color="blue", which="both", linestyle=':',
        linewidth=0.5)
   ...:
   ...: axes[2].set_title("individual x/y major/minor grid")
   ...: axes[2].grid(color="grey", which="major", axis='x', linestyle='-',
        linewidth=0.5)
   ...: axes[2].grid(color="grey", which="minor", axis='x', linestyle=':',
        linewidth=0.25)
   ...: axes[2].grid(color="grey", which="major", axis='y', linestyle='-',
        linewidth=0.5)
```

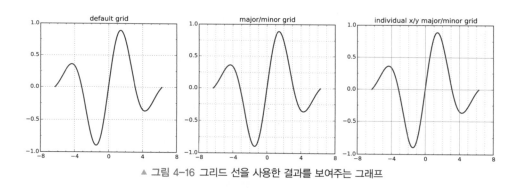

▲ 그림 4-16 그리드 선을 사용한 결과를 보여주는 그래프

Matplotlib `mpl.ticker` 모듈은 눈금 배치를 제어하는 것 외에도 눈금 레이블을 사용자 정의하기 위한 클래스를 제공한다. 예를 들어 `mpl.ticker` 모듈의 `ScalarFormatter`는 매우 큰 숫자 값에 대한 축 레이블을 과학 기호로 표시하기 위한 눈금 레이블과 관련된 몇 가지 유용한 속성을 설정하는 데 사용될 수 있다. `set_scientific` 메서드를 사용해 과학 표기법이 활성화되면 `set_ powerlimits` 메서드로 과학 표기법을 사용할 때의 임곗값을 제어할 수 있으며(작은 수에 대한 눈금 레이블 표시에는 과학 표기가 사용되지 않음),

scalarFormatter 인스턴스를 생성할 때 useMathText=True 인수를 사용하면 그림에서 보는 것처럼 코드 스타일 지수 표기(예: 1e10) 대신, 수학적인 지수 표기를 사용할 수 있다. 눈금 레이블에서 과학 표기법을 적용한 예는 다음 코드를 참조하라. 결과 그래프는 그림 4-17에 나타나 있다.

```
In [19]: fig, axes = plt.subplots(1, 2, figsize=(8, 3))
    ...:
    ...: x = np.linspace(0, 1e5, 100)
    ...: y = x ** 2
    ...:
    ...: axes[0].plot(x, y, 'b.')
    ...: axes[0].set_title("default labels", loc='right')
    ...:
    ...: axes[1].plot(x, y, 'b')
    ...: axes[1].set_title("scientific notation labels", loc='right')
    ...:
    ...: formatter = mpl.ticker.ScalarFormatter(useMathText=True)
    ...: formatter.set_scientific(True)
    ...: formatter.set_powerlimits((-1,1))
    ...: axes[1].xaxis.set_major_formatter(formatter)
    ...: axes[1].yaxis.set_major_formatter(formatter)
```

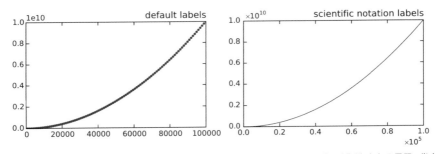

▲ 그림 4-17 과학 표기를 사용한 눈금 레이블 그래프. 왼쪽 패널은 레이블 유형을 사용했지만 오른쪽 패널은 수학 기호로 표시되는 과학 표기를 사용했다.

로그 도식화

높은 차수를 넘나드는 데이터의 시각화는 로그 좌표계로 작업하는 것이 유용하다. Matplotlib에서는 이러한 좌표계에서의 그래픽 기능을 위한 도식화 함수가 몇 가지 있다. 예를 들어 x축과 y축 모두에 각각 로그 척도를 사용하는 loglog, semilogx, semilogy 함수가 제공된다. 이러한 함수는 로그 축 척도를 제외하고 표준 도식화 메서드와 유사하게 작동한다. 대안적 접근법은 표준 도식화 메서드를 사용하고 set_xscale 및/또는 set_yscale 메서드의 첫 번째 인수를 'log'로 지정해 축 척도를 로그로 별도 구성하는 것이다. 이러한 로그 스케일 도식화 작성 방법은 다음 절에 예시돼 있으며, 결과 그래프는 그림 4-18에 나타나 있다.

```
In [20]: fig, axes = plt.subplots(1, 3, figsize=(12, 3))
   ...:
   ...: x = np.linspace(0, 1e3, 100)
   ...: y1, y2 = x**3, x**4
   ...:
   ...: axes[0].set_title('loglog')
   ...: axes[0].loglog(x, y1, 'b', x, y2, 'r')
   ...:
   ...: axes[1].set_title('semilogy')
   ...: axes[1].semilogy(x, y1, 'b', x, y2, 'r')
   ...:
   ...: axes[2].set_title('plot / set_xscale / set_yscale')
   ...: axes[2].plot(x, y1, 'b', x, y2, 'r')
   ...: axes[2].set_xscale('log')
   ...: axes[2].set_yscale('log')
```

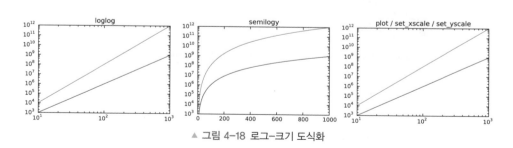

▲ 그림 4-18 로그-크기 도식화

트윈 축

Matplotlib의 축이 제공하는 재미있는 트릭이 하나 있는데, 그것은 바로 트윈 축 기능이
다. 이는 2개의 독립적인 축이 서로 중첩되도록 표시하는 것이다. 이 방법은 두 가지 서
로 다른 수량, 예컨대 서로 다른 단위를 동일한 그래프 내에 표시할 때 유용하다. 다음 예
에서 이러한 기능을 보여준다. 결과 그래프는 4–19에 나타나 있다. 여기서는 twinx 메서
드(twiny 메서드도 있다)를 사용해 x축을 공유하는 새로운 독립된 y축을 생성하는 Axes 인
스턴스를 만드는데, 이는 그래프의 오른쪽에 나타나 있다.

```
In [21]: fig, ax1 = plt.subplots(figsize=(8, 4))
   ...:
   ...: r = np.linspace(0, 5, 100)
   ...: a = 4 * np.pi * r ** 2 # 면적
   ...: v = (4 * np.pi / 3) * r ** 3 # 부피
   ...:
   ...: ax1.set_title("surface area and volume of a sphere", fontsize=16)
   ...: ax1.set_xlabel("radius [m]", fontsize=16)
   ...:
   ...: ax1.plot(r, a, lw=2, color="blue")
   ...: ax1.set_ylabel(r"surface area ($m^2$)", fontsize=16, color="blue")
   ...: for label in ax1.get_yticklabels():
   ...:     label.set_color("blue")
   ...:
   ...: ax2 = ax1.twinx()
   ...: ax2.plot(r, v, lw=2, color="red")
   ...: ax2.set_ylabel(r"volume ($m^3$)", fontsize=16, color="red")
   ...: for label in ax2.get_yticklabels():
   ...:     label.set_color("red")
```

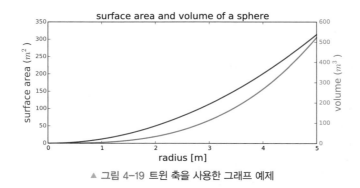

▲ 그림 4-19 트윈 축을 사용한 그래프 예제

스파인

지금까지 생성된 모든 그래프는 항상 Axes 영역을 둘러싸고 있는 상자를 갖고 있었다. 이는 실제로 과학 및 기술 그래프의 일반적인 스타일이지만 도식적 그래프schematic graphs를 나타낼 때는 이러한 좌표선을 이동하는 것이 좀 더 바람직할 수 있다. 주변 박스를 구성하는 라인은 Matplotlib에서 축 스파인spine이라 부르며 Axes.spines 속성을 사용해 값을 변경할 수 있다. 예를 들어 오른쪽 위의 스파인을 제거하고 좌표계의 원점과 일치하도록 스파인을 이동하길 원할 수 있다.

Axes 객체의 spines 속성은 각 스파인에 개별적으로 접근할 수 있는 키인 right, left, top, bottom을 가진 딕셔너리다. set_color 메서드를 사용해 색을 'None'으로 지정하면 특정 스파인이 표시되지 않도록 할 수 있는데, 이 경우 스파인과 연계된 눈금도 Axes.xaxis and Axes.yaxis(각각 'both', 'top' 또는 'bottom'과 'both', 'left' 또는 'right'인 수를 취한다) 메서드의 set_ticks_position을 이용해 제거해야 한다. 이 메서드를 사용하면 그림의 예에서 보는 것처럼 x, y 좌표로 변환할 수 있다. 결과 그래프는 4-20에 나타나 있다.

```
In [22]: x = np.linspace(-10, 10, 500)
    ...: y = np.sin(x) / x
    ...:
```

```
...: fig, ax = plt.subplots(figsize=(8, 4))
...:
...: ax.plot(x, y, linewidth=2)
...:
...: # 오른쪽 위 스파인 제거
...: ax.spines['right'].set_color('none')
...: ax.spines['top'].set_color('none')
...:
...: # 오른쪽 위 눈금 제거
...: ax.xaxis.set_ticks_position('bottom')
...: ax.yaxis.set_ticks_position('left')
...:
...: # 왼쪽 아래 스파인을 x = 0과 y = 0로 이동
...: ax.spines['bottom'].set_position(('data', 0))
...: ax.spines['left'].set_position(('data', 0))
...:
...: ax.set_xticks([-10, -5, 5, 10])
...: ax.set_yticks([0.5, 1])
...:
...: # 각 레이블이 도식의 선과 겹치지 않도록 배경색을 백색으로 지정
...: for label in ax.get_xticklabels() + ax.get_yticklabels():
...:     label.set_bbox({'facecolor': 'white',
...:                     'edgecolor': 'white'})
```

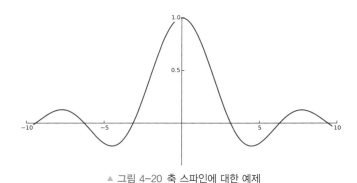

▲ 그림 4-20 축 스파인에 대한 예제

고급 Axes 레이아웃

지금까지 새로운 Figure와 Axes 인스턴스를 만들기 위해 plt.scape, Figure.make_axes 그리고 plt.subplot을 반복적으로 사용했다. 과학 및 기술 시각화, 예를 들어 그리드 배치에서는 일반적으로 서로 다른 패널에 있는 여러 수치를 함께 묶는다. Matplotlib에는 다양한 배치 전략을 사용해 자동으로 Axes 객체를 만들어 그림 캔버스에 배치하는 기능이 있다. Axes 객체의 균일한 그리드를 생성하는 pt.subplots 함수는 이미 사용했다. 이 절에서는 plt.subplot 함수의 추가 기능을 알아보고 Axes 객체가 그림 캔버스 내에 분산되게 하는데, 좀 더 유연하게 사용할 수 있는 subplot2grid와 GridSpec 레이아웃 관리자를 소개한다.

인셋

고급 Axes 레이아웃 관리자를 사용하는 방법에 대한 세부 사항을 좀 더 자세히 살펴보기 전에 한 걸음 물러서서 Axes 인스턴스를 그림 캔버스에 추가할 때 사용했던 첫 번째 접근 방법의 중요한 사용 예인 Figure.add_axes 메서드를 알아볼 필요가 있다. 이 방법은 소위 인셋inset을 생성하는 데 적합하다. 이는 다른 그래프의 영역 내부에 표시된 좀 더 작은 그래프를 의미한다. 인셋은 큰 그래프에서 특별한 관심이 있는 영역을 확대 표시하거나 부차적으로 중요한 일부 관련 그래프를 표시하기 위해 자주 사용된다.

Matplotlib에서는 기존 Axes 객체와 겹치더라도 그림 캔버스 내의 임의 위치에 Axes 객체를 추가로 배치할 수 있다. 따라서 인셋을 만들기 위해서는 (그림 캔버스에서) 인셋이 배치돼야 하는 곳의 좌표를 Figure.make_axes를 사용해 새로운 Axes 객체를 단순히 추가하기만 해야 한다. 인셋이 있는 Axes 객체를 작성할 때는 배경색을 지정하는 facecolor='none' 인수를 사용해 배경색을 없애는 것이 좋으며 이 경우 인셋의 Axes 배경은 투명하게 설정된다.

```
In [23]: fig = plt.figure(figsize=(8, 4))
```

```
...:
...: def f(x):
...:     return 1/(1 + x**2) + 0.1/(1 + ((3 - x)/0.1)**2)
...:
...: def plot_and_format_axes(ax, x, f, fontsize):
...:     ax.plot(x, f(x), linewidth=2)
...:     ax.xaxis.set_major_locator(mpl.ticker.MaxNLocator(5))
...:     ax.yaxis.set_major_locator(mpl.ticker.MaxNLocator(4))
...:     ax.set_xlabel(r"$x$", fontsize=fontsize)
...:     ax.set_ylabel(r"$f(x)$", fontsize=fontsize)
...:
...: # 주 그래프
...: ax = fig.add_axes([0.1, 0.15, 0.8, 0.8], facecolor="#f5f5f5")
...: x = np.linspace(-4, 14, 1000)
...: plot_and_format_axes(ax, x, f, 18)
...:
...: # 인셋
...: x0, x1 = 2.5, 3.5
...: ax.axvline(x0, ymax=0.3, color="grey", linestyle=":")
...: ax.axvline(x1, ymax=0.3, color="grey", linestyle=":")
...:
...: ax_insert = fig.add_axes([0.5, 0.5, 0.38, 0.42], facecolor='none')
...: x = np.linspace(x0, x1, 1000)
...: plot_and_format_axes(ax_insert, x, f, 14)
```

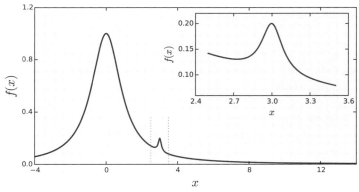

▲ 그림 4-21 인셋을 가진 그래프 예제

부도면

이미 plt.subplots을 광범위하게 사용했으며 이 함수를 호출하면 요청된 각 행과 열에 Axes 객체가 있는 Numpy 배열과 Figure 인스턴스가 있는 튜플을 반환한다는 것을 살펴봤다. 부도면의 그리드를 도식화하는 경우, 종종 x축, y축 또는 둘 다를 공유하게 된다. 이런 상황에서는 plt.subplots의 인수로 sharex와 sharey를 사용하는 것이 좋은데, 그 이유는 여러 Axes에서 동일한 축 레이블이 반복되지 않도록 해주기 때문이다.

또한 plt.subplots가 반환하는 Axes 인스턴스를 포함하는 Numpy 배열의 차원은 기본적으로 '압축'돼 있다. 즉, 길이가 1인 차원은 배열에서 제거된다는 점에 유의할 필요가 있다. 요청된 열과 행의 수가 모두 1보다 크면 2차원 배열이 반환되지만 열 또는 행(또는 둘다)의 수가 1개일 경우, 1차원(또는 스칼라 즉, 유일한 Axes 객체 자체)이 반환된다. 인수 squeeze=False를 plt.subplots 함수에 전달하면 Numpy 배열의 차수 압축을 비활성화할 수 있다. 이 경우 fig의 axes 변수, axes = plt.subplots(nrows, ncols)는 항상 2차원 배열이 된다.

마지막 설정 예시는 명시적으로 전체 Axes 그리드의 좌표를 좌우, 상하의 좌표로 설정하고 그리드에서 Axes 인스턴스 간의 너비wspace와 높이hspace 간격을 조정하는 plt.subplots_adjust 함수를 통해 지정하는 것이다. Axes 그리드를 x축과 y축을 공유해 설정하고 Axes 간격을 조정하는 예제는 다음 코드를 참고하라. 결과는 그림 4-22에 나타나 있다.

```
In [24]: fig, axes = plt.subplots(2, 2, figsize=(6, 6), sharex=True,
sharey=True, squeeze=False)
    ...:
    ...: x1 = np.random.randn(100)
    ...: x2 = np.random.randn(100)
    ...:
    ...: axes[0, 0].set_title("Uncorrelated")
    ...: axes[0, 0].scatter(x1, x2)
    ...:
```

```
...: axes[0, 1].set_title("Weakly positively correlated")
...: axes[0, 1].scatter(x1, x1 + x2)
...:
...: axes[1, 0].set_title("Weakly negatively correlated")
...: axes[1, 0].scatter(x1, -x1 + x2)
...:
...: axes[1, 1].set_title("Strongly correlated")
...: axes[1, 1].scatter(x1, x1 + 0.15 * x2)
...:
...: axes[1, 1].set_xlabel("x")
...: axes[1, 0].set_xlabel("x")
...: axes[0, 0].set_ylabel("y")
...: axes[1, 0].set_ylabel("y")
...:
...: plt.subplots_adjust(left=0.1, right=0.95, bottom=0.1, top=0.95,
     wspace=0.1, hspace=0.2)
```

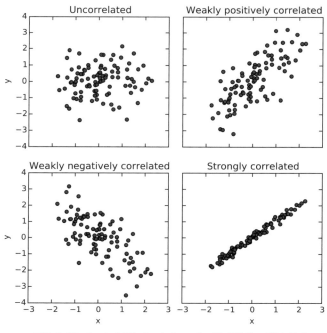

▲ 그림 4-22 plt.subplot와 plt.subplot_adjust를 사용한 그래프 예제

Subplot2grid

plt.subplot2grid 함수는 plt.subplots와 gridspec(다음 절 참조)의 중개자로, 보다 유연한 Axes 레이아웃 관리를 가능하게 해주며 gridspec보다 사용하기가 간단하다. 특히 plt.subplot2grid는 여러 행 및/또는 열에 걸쳐 있는 Axes 인스턴스의 그리드를 생성할 수 있다. plt.subplot2grid는 두 가지 필수 인수를 취하는데, 첫 번째 인수는 튜플 (nrows, ncols) 형태의 Axes 그리드의 형상, 두 번째 인수는 그리드 내에서 시작 위치를 지정하는 튜플(row, col)이다. 2개의 선택적 키워드 인수 colspan과 rowspan은 새로운 Axes 인스턴스가 얼마나 많은 행과 열을 확장해야 하는지를 나타내기 위해 사용될 수 있다. plt.subplot2grid 함수의 사용 방법 예는 표 4-3에 나타나 있다. plt.subplot2grid 함수에 대한 각각의 호출은 새로운 Axes 인스턴스를 생성하는 반면, plt.subplots는 하나의 기능 호출로 모든 Axes 인스턴스를 생성하며, 그것들을 Numpy 배열로 반환한다는 점에 유의하자.

▼ 표 4-3 plt.subplot2grid와 해당 코드로 생성된 그리드 레이아웃 예제

Axes 그리드 레이아웃	코드
	ax0 = plt.subplot2grid((3, 3), (0, 0)) ax1 = plt.subplot2grid((3, 3), (0, 1)) ax2 = plt.subplot2grid((3, 3), (1, 0), colspan=2) ax3 = plt.subplot2grid((3, 3), (2, 0), colspan=3) ax4 = plt.subplot2grid((3, 3), (0, 2), rowspan=2)

GridSpec

여기서 다루는 마지막 그리드 배치 관리자는 mpl.gridspec 모듈의 GridSpec이다. GridSpec은 Matplotlib에서 가장 일반적인 그리드 배치 관리자로, 특히 행과 열의 폭과

높이가 동일하지 않은 곳에 그리드를 만들 수 있게 해준다. 이는 4장에서 살펴본 그리드 배치 관리자로는 쉽게 달성할 수 없다.

GridSpec 객체는 그리드 레이아웃을 지정하는 데만 사용되며, 그 자체로는 어떠한 Axes 객체도 생성하지 않는다. GridSpec 클래스의 새로운 인스턴스를 생성할 때는 그리드의 행과 열의 수를 지정해야 한다. 다른 그리드 배치 관리자와 마찬가지로 left, bottom, right 키워드 인수를 사용해 그리드의 위치를 설정할 수 있으며 wspace와 hspace를 사용해 부도면 사이의 폭과 높이 간격을 설정할 수도 있다. 또한 GricSpec은 width_ratios 및 height_ratios 인수를 사용해 열과 행의 상대적인 너비과 높이를 지정할 수 있다. 이 두 가지는 그리드의 각 열과 행 크기에 대한 상대 가중값을 가진 리스트여야 한다. 예를 들어 첫 번째 행과 열이 두 번째 행과 열보다 두 배가 더 큰 2개의 행과 2개의 열을 가진 그리드를 생성하려면 mpl.gridspec.GridSpec(2, 2, width_ratios=[2, 1], height_ratios=[2, 1])로 지정할 수 있다. 일단 GridSpec 인스턴스가 생성되면 Figure.add_subplot를 사용해 Axes 객체를 생성하고 그림 캔버스에 위치시킬 수 있다. add_subplot 의 인수로는 mpl.gridspec.SubplotSpec 인스턴스를 전달할 수 있는데, 이는 배열 유형의 인덱싱을 사용해 GridSpec 객체로부터 생성할 수 있다. 예를 들어 주어진 GridSpec 인스턴스 gs가 있으면 gs[0, 0]을 사용해 왼쪽 위 그리드 원소의 SubplotSpec 인스턴스를 얻을 수 있고, 첫 번째 행을 포함하는 SubplotSpec 인스턴스는 gs[:, 0]로 지정할 수 있다. GridSpec과 add_subplot을 사용해 Axes 인스턴스를 생성하는 방법에 대한 구체적인 예는 표 4-4를 참조하라.

▼ 표 4-4 부도면 그리드 관리자 mpl.gridspec.GridSpec를 사용하는 예제

Axes 그리드 레이아웃	코드
| | ```python
fig = plt.figure(figsize=(6, 4))
gs = mpl.gridspec.GridSpec(4, 4)
ax0 = fig.add_subplot(gs[0, 0])
ax1 = fig.add_subplot(gs[1, 1])
ax2 = fig.add_subplot(gs[2, 2])
ax3 = fig.add_subplot(gs[3, 3])
ax4 = fig.add_subplot(gs[0, 1:])
ax5 = fig.add_subplot(gs[1:, 0])
ax6 = fig.add_subplot(gs[1, 2:])
ax7 = fig.add_subplot(gs[2:, 1])
ax8 = fig.add_subplot(gs[2, 3])
ax9 = fig.add_subplot(gs[3, 2])
``` |
| | ```python
fig = plt.figure(figsize=(4, 4))
gs = mpl.gridspec.GridSpec(
    2, 2,
    width_ratios=[4, 1],
    height_ratios=[1, 4],
    wspace=0.05, hspace=0.05)
ax0 = fig.add_subplot(gs[1, 0])
ax1 = fig.add_subplot(gs[0, 0])
ax2 = fig.add_subplot(gs[1, 1])
``` |

컬러 맵 도식화

지금까지 단변량 함수 또는 x-y 유형의 2차원 데이터의 그래프를 고려했다. 지금까지 사용해온 2차원 Axes 객체도 소위 컬러 맵(또는 히트맵heat map)을 사용해 이변량 함수 또는 x-y-z 유형의 3차원 데이터를 시각화하는 데 사용될 수 있으며, 여기서 Axes 영역의 각 픽셀은 좌표계 해당 지점의 z 값에 따라 색칠된다. Matplotlib은 이러한 유형의 플롯에 polor와 imshow 함수를 제공하며 색상 맵이 아닌 윤곽선을 그려 동일한 유형으로 데이터

를 그리는 contour와 contourf 함수를 제공한다. 이러한 함수로 생성된 그래프의 예는
그림 4-23과 같다.

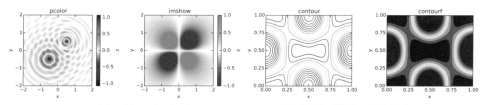

▲ 그림 4-23 pcolor, imshow, contour, contourf를 사용해 생성된 그래프 예제

예를 들어 pcolor를 사용해 컬러 맵 그래프를 만들려면 먼저 적절한 유형으로 데이터를
준비해야 한다. 표준 2차원 그래프는 x 값과 y 값을 갖는 1차원 좌표 배열들을 취하지만,
이 경우에는 NumPy meshgrid 함수를 사용해 생성된 2차원 좌표 배열을 사용해야 한다.
이변량 함수 또는 2개의 종속 변수를 가진 데이터를 도식화하기 위해서는 원하는 좌표
범위를 포함하거나 데이터가 가용한 값에 대응하는 1차원 좌표 배열 x와 y를 정의하는
것부터 시작한다. 그런 다음 x 배열과 y 배열을 np.meshgrid 함수에 전달할 수 있으며 이
는 2차원 좌표 배열 X와 Y를 생성한다. 필요한 경우, In [25]의 1~3행에서처럼 X와 Y를
가진 Numpy 배열 계산으로 이변량 함수를 계산해 데이터 배열 Z를 얻을 수 있다(다음 절
참조).

일단 2차원 좌표와 데이터 배열이 준비되면 첫 번째 3개의 인수로 X, Y, Z 배열을 pcolor,
contournal 또는 contourf에 전달함으로써 쉽게 시각화할 수 있다. imshow 메서드는 이
와 유사하게 작동하지만 데이터 배열 Z를 인수로만 취하며 관련 좌표 범위는 [xmin,
xmax, ymin, ymax] 유형의 리스트로 설정해야 한다. colormap 그래프의 외관을 제어하
는 데 필요한 추가 키워드 인수는 vmin, vmax, norm, cmap: vmin, vmax다. vmin과 vmax는
컬러 축에 매핑된 값의 범위를 설정하는 데 사용될 수 있다. 이는 norm=mpl.colors.
Normalize(vmin, vmax)를 통해서도 설정할 수 있다. cmap 인수는 데이터 값을 그래프
의 색으로 매핑하는 컬러 맵을 지정한다. 이 인수는 미리 정의된 컬러 맵 이름을 가진 문
자열 또는 컬러 맵 인스턴스가 될 수 있다. Matplotlib의 미리 정의된 컬러 맵은

help(mpl.cm)을 통해 알아보거나 mpl.cm 모듈의 IPython에서 자동 완성 기능을 사용하면 전체 목록을 볼 수 있다.[5]

완전한 컬러 맵 도식화에 필요한 마지막 조각은 컬러 바 요소로, 그래프 관찰자에게 각 색상이 나타내는 다른 수치를 알아내는 데 도움을 준다. Matplotlib에서는 plt.colorbar 함수를 사용해 이미 표시된 컬러 맵 그래프에 컬러 바를 부착할 수 있다. 첫 번째 인수로는 도면에 대한 핸들[handle]을 취하며 2개의 옵션 인수 ax와 cax는 그래프에서 컬러 바가 나타날 위치를 제어하는 데 사용될 수 있다. ax가 주어질 경우 축 객체에는 새 컬러 바를 그릴 공간을 확보한다. 반면, cax가 주어질 경우 컬러 바는 이 Axes 객체에 그려질 것이다. 컬러 바 인스턴스 cb는 자체 축 객체를 가지며 축 속성을 설정하기 위한 표준 방법은 cb.ax 객체에 사용할 수 있다. 예를 들어 set_label, set_ticks, set_ticks, set_ticklabels 방법을 x축과 y축과 같은 방식으로 사용할 수 있다.

앞 단락에서 개괄한 단계들은 다음 코드에 나타나 있으며 결과 그래프는 그림 4-24에 나타나 있다. 이러한 함수들은 특성 값을 제어하기 위한 추가 인수가 필요하지만 imshow, contour, contourf 함수는 거의 이와 유사한 방식으로 사용될 수 있다. 예를 들어 contour와 contourf 함수는 그리고자 하는 등고선 개수를 지정하는 인수 N을 추가로 취한다.

```
In [25]: x = y = np.linspace(-10, 10, 150)
    ...: X, Y = np.meshgrid(x, y)
    ...: Z = np.cos(X) * np.cos(Y) * np.exp(-(X/5)**2-(Y/5)**2)
    ...:
    ...: fig, ax = plt.subplots(figsize=(6, 5))
    ...:
    ...: norm = mpl.colors.Normalize(-abs(Z).max(), abs(Z).max())
    ...: p = ax.pcolor(X, Y, Z, norm=norm, cmap=mpl.cm.bwr)
    ...:
```

---

5   사용할 수 있는 모든 컬러 맵의 멋진 시각화는 http://wiki.Scipy.org/Cookbook/Matplotlib/Show_colormaps에서 찾아 볼 수 있다. 이 페이지에는 새로운 컬러 맵을 생성하는 방법도 설명돼 있다.

```
...: ax.axis('tight')
...: ax.set_xlabel(r"$x$", fontsize=18)
...: ax.set_ylabel(r"$y$", fontsize=18)
...: ax.xaxis.set_major_locator(mpl.ticker.MaxNLocator(4))
...: ax.yaxis.set_major_locator(mpl.ticker.MaxNLocator(4))
...:
...: cb = fig.colorbar(p, ax=ax)
...: cb.set_label(r"$z$", fontsize=18)
...: cb.set_ticks([-1, -.5, 0, .5, 1])
```

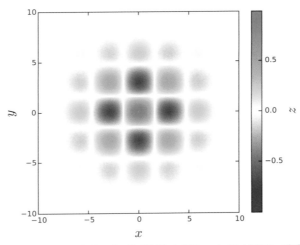

▲ 그림 4-24 컬러 맵 그래프를 생성하기 위해 pcolor를 사용하는 예제

3D 도면

앞 절에서 논한 컬러 맵 그래프는 2D 그래프의 컬러 코딩 데이터에 의해 2개의 종속 변수로 데이터를 시각화하는 데 이용됐다. 동일한 유형의 데이터를 시각화하는 또 다른 방법은 3D 그래프를 사용하는 것인데, 여기서 세 번째 축 z가 도입되고 그래프가 화면에 원근법으로 표시된다. Matplotlib에서 3D 그래프를 그리려면 다른 축 객체, 즉 mpl_toolkits.mplot3d 모듈에서 사용할 수 있는 Axes3D 객체를 사용해야 한다. Figure 인스

턴스를 Axes3D 생성자의 인수로 전달함으로써(ax = Axes3D(fig)) 명시적으로 3D-인식 Axes 인스턴스를 만들 수 있다. 이외에 add_subplot 함수에 exposition='3d' 인수를 전달하는 방법도 있다.

```
ax = ax = fig.add_subplot(1, 1, 1, projection='3d')
or use plt.subplots with the subplot_kw={'projection': '3d'} argument:
fig, ax = plt.subplots(1, 1, figsize=(8, 6), subplot_kw={'projection': '3d'})
```

projection 인수를 적절한 방법으로만 지정할 경우, 이전에 2D 그래프에 사용했던 모든 축 배치 방식을 사용할 수 있다. add_subplot을 사용하면 동일한 그림 내에서 축 객체를 2D 및 3D 투영으로 혼용할 수 있지만 plt.subplot을 사용할 경우 subplot_kw 인수가 그림에 추가된 모든 부도면에 적용된다.

앞에서 설명한 메서드 등을 이용해 3-D 인식 Axes 인스턴스를 그림에 추가하면 plot_surface, plot_wireframe과 contour와 같은 Axes3D 메서드를 사용해 3차원 원근법상의 표면으로 나타낼 수 있다. 이러한 함수들은 이전 절에서의 컬러 맵과 거의 동일한 방식을 사용한다. 이러한 3D 도식화 함수는 모두 2차원 좌표와 데이터 배열 X, Y, Z를 첫 번째 인수로 사용한다. 또한 각 함수는 특정 속성을 조정하기 위해 추가 매개변수를 사용한다. 예를 들어 plot_surface 함수는 입력 배열에서 데이터를 선택하는 rstride와 cstride(행 및 열의 폭^{stride}) 인수를 취한다(너무 밀도가 높은 데이터 포인트를 없애기 위해). contour와 contourf 함수는 옵션 인수 zdir와 offset을 사용하며 이 값은 투영 방향("x", "y", "z")과 투영을 표시하는 평면을 선택하는 데 사용된다.

3D 표면 도식화 방법 이외에도 2D 축에 사용할 수 있는 선 및 산포도 함수의 간단한 일반화도 가능하다. 예를 들어 Axes3D 클래스에서 사용할 수 있는 버전의 plot, scatter, bar 그리고 bar3d는 z 좌표에 대한 추가 인수가 필요하다. 이들의 2D 친척들과 마찬가지로 이러한 함수들은 표면 도식화에 사용되는 2차원 좌표 배열이 아닌 1차원 데이터 배열을 받아들인다. 축 제목, 레이블, 눈금 및 눈금 레이블에 관해서는 4장의 앞부분에서 설

명한 대로 2D 그래프에 사용되는 모든 방법을 3D 그래프에서도 그대로 일반화해 사용할 수 있다. 예를 들어 새로운 z축의 속성을 조작하기 위한 set_zlabel, set_zticks, set_zticklabels 등이 제공된다. Axes3D 객체는 또한 3D의 특정 작동과 속성에 대한 새로운 클래스 메서드를 제공한다. 특히 view_init 메서드를 사용하면 그래프가 보이는 각도를 변경할 수 있으며 표고 및 방위각을 첫 번째와 두 번째 인수로 취한다.

이러한 3D 도식화 함수의 사용 방법 예는 다음 절에 나타나 있고 생성된 그래프는 그림 4-25에 나타나 있다.

```
In [26]: fig, axes = plt.subplots(1, 3, figsize=(14, 4), subplot_
         kw={'projection': '3d'})
    ...:   def title_and_labels(ax, title):
    ...:       ax.set_title(title)
    ...:       ax.set_xlabel("$x$", fontsize=16)
    ...:       ax.set_ylabel("$y$", fontsize=16)
    ...:       ax.set_zlabel("$z$", fontsize=16)
    ...:
    ...: x = y = np.linspace(-3, 3, 74)
    ...: X, Y = np.meshgrid(x, y)
    ...:
    ...: R = np.sqrt(X**2 + Y**2)
    ...: Z = np.sin(4 * R) / R
    ...:
    ...: norm = mpl.colors.Normalize(-abs(Z).max(), abs(Z).max())
    ...:
    ...: p = axes[0].plot_surface(X, Y, Z, rstride=1, cstride=1,
         linewidth=0, antialiased=False, norm=norm, cmap=mpl.cm.Blues)
    ...:
    ...: cb = fig.colorbar(p, ax=axes[0], shrink=0.6)
    ...: title_and_labels(axes[0], "plot_surface")
    ...:
    ...: p = axes[1].plot_wireframe(X, Y, Z, rstride=2, cstride=2,
         color="darkgrey")
    ...: title_and_labels(axes[1], "plot_wireframe")
```

```
...:
...: cset = axes[2].contour(X, Y, Z, zdir='z', offset=0, norm=norm,
    cmap=mpl.cm.Blues)
...: cset = axes[2].contour(X, Y, Z, zdir='y', offset=3, norm=norm,
    cmap=mpl.cm.Blues)
...: title_and_labels(axes[2], "contour")
```

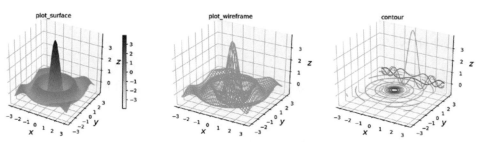

▲ 그림 4-25 plot_surface, plot_wireframe, contour를 사용해 생성된 3D 표면과 등고선

요약

4장에서는 Matplotlib을 이용한 2D 및 3D 그래픽을 제작하는 기본 방법을 다뤘다. 시각화는 계산 문제를 연구함과 동시에 계산 결과를 제시하고 전달하는 분석 도구로, 전산학자와 공학자에게 중요한 도구 중 하나다. 따라서 시각화는 계산 작업 흐름의 필수적인 부분이며 모든 그래픽 요소에 대한 세부적인 제어와 함께 데이터를 신속하게 시각화하고 탐색할 수 있으며 흠잡을 데 없이 완벽한 간행물 품질의 그래프를 제작할 수 있는 것도 중요하다. Matplotlib은 탐색적 시각화와 간행물 품질의 그래픽 제작을 위한 훌륭한 범용 도구다. 그러나 특히 상호 작용성과 고품질 3D 그래픽에 관해서는 Matplotlib으로 할 수 있는 것에 한계가 있다. 따라서 좀 더 전문적인 사용 사례를 위해 과학 Python 생태계에서 이용할 수 있는 다른 그래픽 라이브러리 중 몇 가지를 살펴볼 것을 권고한다. 그중 일부는 4장의 시작 부분에서 간략하게 언급했다.

추가 참고 도서 목록

Matplotlib은 Tosi(2009)와 Devert(2014) 등 이 라이브러리를 전문으로 다룬 책과 폭넓은 범위를 다룬 여러 권의 책, 예를 들어 Milovanovi(2013)와 McKinney(2013)에서 다루고 있다. 데이터 시각화 및 스타일 가이드 및 시각화 모범 사례에 대한 흥미로운 설명은 didnYau(2011)와 J Steele(2010)을 참조하라.

참고 문헌

- Devert, A.(2014). matplotlib Plotting Cookbook. Mumbai : Packt.
- J. Steele, N. I.(2010). Beautiful Visualization. Sebastopol : O'Reilly.
- McKinney, W.(2013). Python for Data Analysis. Sebastopol : O'Reilly.
- Milovanovi, I.(2013). Python Data Visualization Cookbook. Mumbai : Packt.
- Tosi, S.(2009). Matplotlib for Python Developers. Mumbai : Packt.
- Yau, N.(2011). Visualize this. Indianapolis : Wiley.

5장

방정식 풀이

4장, '도식화와 시각화'에서는 배열 기반 수치 연산, 기호 연산, 시각화 등과 같은 일반적인 방법론과 기법을 논의했다. 이러한 방법은 계산 문제를 해결할 때 임의로 사용할 수 있는 기본적인 도구셋을 구성하는 과학 연산의 초석이다.

5장부터는 4장, '도식화와 시각화'에서 소개한 기본 기술을 이용해 응용 수학과 계산 과학의 다른 영역에서 문제를 해결하는 방법을 탐구하기 시작한다. 5장의 주제는 대수 방정식의 해결이다. 이는 수학의 여러 분야의 이론과 접근 방법을 접목해야 하는 광범위한 주제다. 특히 방정식의 해결을 논할 때 일변량 방정식과 다변량 방정식(예: 단일 미지의 변수 또는 다수의 미지의 변수를 포함하는 방정식)을 구별해야 한다. 더욱이 선형 방정식과 비선형 방정식을 구별할 필요가 있는데, 다른 유형의 방정식을 해결하려면 다른 수학적 방법과 접근 방식을 적용해야 하기 때문에 이러한 분류를 사용하는 것이 매우 유용하다.

먼저 선형 연립 방정식부터 시작한다. 이 방정식은 매우 유용하며 과학의 모든 분야에서 중요하게 적용된다. 이러한 보편성을 갖는 이유는 선형 대수 이론은 선형 방정식을 직접적으로 풀 수 있도록 해주는 반면, 비선형 방정식은 일반적으로 해결하기 어렵고 더 복잡하며 계산적으로 까다로운 방법이 필요하기 때문이다. 선형 시스템은 쉽게 해결할 수 있기 때문에 비선형 시스템의 지역적 근삿값으로서의 중요한 도구로도 사용된다. 예를 들어 확장점으로부터의 작은 변화를 고려하면 비선형 시스템을 확장점 인근의 선형 시스템으로 근사해 그 값을 추정할 수 있다. 단, 선형화는 지역적 특성만 기술할 수 있으며 비선형 문제의 전역 분석을 위해서는 다른 기법이 필요하다. 이러한 방법은 일반적으로 반복적인 접근법을 사용해 정확한 해답의 추정값을 점진적으로 구성한다.

5장에서는 SymPy를 사용한 기호 연산을 통해 방정식을 풀고 Scipy 라이브러리의 선형 대수 모듈을 사용해 선형 연립 방정식을 수치적으로 해결한다. 비선형 문제를 해결하기 위해 Scipy의 optimize 모듈에 있는 제곱근 탐색 기능을 사용할 것이다.

> **노트**
>
> **Scipy**
>
> Scipy는 Python 라이브러리이자 Python을 위한 과학 연산 환경의 종합적인 명칭으로, Python을 이용한 과학 연산을 위한 많은 핵심 라이브러리의 상위 구성이다. 사실 이 라이브러리는 다소 독립돼 있는 고급 과학 연산을 위한 라이브러리의 집합체다. Scipy 라이브러리는 Numpy 위에 구축돼 배열의 기본적인 배열 데이터 구조와 그 배열에 대한 기본적인 연산 기능을 제공한다. Scipy의 모듈은 선형 대수, 최적화, 보간, 적분 등과 같은 영역 특유의 고급 연산 방법을 제공한다. 이 글을 쓰는 시점의 가장 최신 버전은 Scipy 1.1.0이다. 자세한 내용은 www.Scipy.org를 참고하라.

모듈 임포트하기

Scipy 모듈인 Scipy는 필요할 때 선택적으로 임포트되는 모듈들의 모음으로 간주할 수 있다. 5장에서는 선형 연립 방정식을 풀기 위해 Scipy.linalg 모듈을 사용하고 Scipy.optimize 모듈을 사용해 비선형 방정식을 해결할 것이다. 5장에서는 이 모듈들이 다음과 같은 방법으로 임포트된다고 가정한다.

```
In [1]: from Scipy import linalg as la
In [2]: from Scipy import optimize
```

5장에서는 또한 4장에 소개된 Numpy, SymPy 및 Matplotlib 라이브러리를 사용하며, 편의상 이러한 라이브러리는 이전에 소개된 관례에 따라 임포트됐다고 가정한다.

```
In [3]: import sympy
In [4]: sympy.init_printing()
In [5]: import numpy as np
In [6]: import matplotlib.pyplot as plt
```

정수 나눗셈에서 Python 2와 Python 3 버전 모두에서 동일한 작동을 얻기 위해 다음 명령문도 포함(Python 2에만 필요)시킨다.

```
In [7]: from __future__ import division
```

선형 연립 방정식

선형 대수의 중요한 적용 분야 중 하나는 선형 연립 방정식을 푸는 것이다. 3장, '기호 연산'에서 이미 SymPy 라이브러리의 선형 대수 함수를 본 적 있다. 또한 Numpy 및 Scipy 라이브러리의 선형 대수 모듈인 numpy.linalg 및 Scipy.linalg도 있어서 종합적으로 수치 인자와 매개변수로 완전히 명시된 문제에 대한 선형 대수의 틀을 제공한다.

선형 연립 방정식은 일반적으로 다음과 같은 유형으로 나타낼 수 있다.

$$a_{11}x_1 + a_{12}x_2 + \ldots + a_{1n}x_n = b_1,$$

$$a_{21}x_1 + a_{22}x_2 + \ldots + a_{2n}x_n = b_2,$$

$$\ldots$$

$$a_{m1}x_1 + a_{m2}x_2 + \ldots + a_{mn}x_n = b_m.$$

이는 n개의 미지의 변수 $\{x_1, x_2, \ldots, x_n\}$로 이뤄진 m개의 선형 연립 방정식이다. 여기서

a_{mn}과 b_m은 알려진 매개변수 또는 상숫값이다. 선형 연립 방정식으로 작업할 때는 방정식을 행렬 형태로 나타내는 것이 편리하다.

$$\begin{pmatrix} a_{11} & a_{12} & \ldots & a_{1n} \\ a_{21} & a_{22} & \ldots & a_{2n} \\ \vdots & \vdots & \ddots & \vdots \\ a_{m1} & a_{m2} & \ldots & a_{mn} \end{pmatrix} \begin{pmatrix} x_1 \\ x_2 \\ \vdots \\ x_n \end{pmatrix} = \begin{pmatrix} b_1 \\ b_2 \\ \vdots \\ b_m \end{pmatrix},$$

또는 간단히 $Ax = b$로 나타낼 수 있는데, 여기서 A는 $m \times n$ 행렬, b는 $m \times 1$ 행렬(또는 m-벡터), x는 미지의 $n \times 1$ 해답 행렬(또는 n-벡터)이다. 행렬 A의 특성에 따라 해답 벡터 x가 존재하거나 존재하지 않을 수 있으며 해답이 존재하는 경우에도 하나 이상의 답이 존재할 수도 있다. 그러나 해답이 존재하는 경우에는 벡터 b를 행렬 A의 열들의 선형 조합으로 나타낼 수 있는데, 여기서 계수들은 해답 벡터 x의 원소에 의해 주어진다.

$n < m$인 연립 방정식은 미결정^{undetermined}이라고 부른다. 미지의 개수보다 방정식 개수가 적어, 유일한 해답을 완전히 확정할 수 없기 때문이다. 반면, $m > n$인 경우에는 방정식이 과결정^{overdetermined}됐다고 한다. 이 경우 일반적으로 모순되는 제약 조건으로 이어져 해결책이 존재하지 않는 결과를 초래할 것이다.

정방 시스템

$m = n$인 정방 시스템은 중요한 경우다. 이 시스템은 방정식의 개수와 미지의 변수의 개수가 동일한 경우이며, 잠재적으로 유일한 해를 가질 수 있다. 유일한 해가 존재하려면 행렬 A가 비특이^{nonsingular}여야 하며, 이 경우 A의 역이 존재하고 그 해는 $x = A^{-1}b$로 나타낼 수 있다. 행렬 A가 특이^{singular} 행렬인 경우, 즉 행렬의 랭크가 n 보다 작은 경우 (Rank(A) < n) 또는 행렬식이 0인 경우, (det$A$ = 0)이면 식 $Ax = b$는 벡터 b의 오른쪽에 따라 해가 없거나 무한히 많은 해를 가진다. 랭크 결함$^{rank\ deficiency}$(Rank(A) < n)을 가진 행렬의 경우, 다른 열 또는 벡터의 선형 조합으로 나타낼 수 있는 열이나 행이 존재하고, 이는 새로운 제약 조건을 갖지 못한 방정식에 해당하므로 연립 방정식은 미결정이 된다. 따

라서 선형 연립 방정식을 정의하는 행렬 A의 랭크를 계산하는 것은 행렬의 특이 유무를 알려주거나 해의 존재 유무를 알려주는 유용한 기법이다.

A가 완전 랭크full rank를 가지면 해가 존재한다는 것이 보장된다. 단, 해를 정확히 계산할 수도, 그러지 못할 수도 있다. 행렬의 조건 수condition number Cond(A)는 선형 연립 방정식이 얼마나 잘 조건화됐는지 측정한다. 조건 수가 1에 가까우면 양 조건well conditioned(조건 수 1이 이상적임), 조건 수가 크면 악조건ill conditioned이라고 부른다. 악조건인 연립 방정식의 해는 큰 오차를 가질 수 있다. 조건 수의 직관적 해석은 간단한 오차 분석에서 얻을 수 있다. $Ax=b$ 유형의 선형 연립 방정식이 있다고 가정해보자. 여기서 x는 해solution 벡터다. 이제 작은 변화 b가 생겨(즉, δb), 해답에도 상응하는 변화 δx가 생겼다고 가정해보자. 즉 $A(x+\delta x)=b+\delta b$가 된다. 이는, 방정식의 선형성으로 인해 $A\delta x=\delta b$가 된다. 이때 고려해야 할 중요한 문제는 b의 변화에 대한 x의 상대적 변화는 얼마나 큰지다. 이 문제는 수학적으로는 벡터들의 노름 비율로 공식화할 수 있다.

구체적으로는 $\|\delta x\|/\|x\|$와 $\|\delta b\|/\|b\|$를 비교하며, 여기서 $\|x\|$는 x의 노름을 나타낸다. 행렬 노름 관계식 $\|Ax\| \le \|A\| \cdot \|x\|$를 이용하면 다음과 같이 사용할 수 있다.

$$\frac{\|\delta x\|}{\|x\|} = \frac{\|A^{-1}\delta b\|}{\|x\|} \le \frac{\|A^{-1}\| \cdot \|\delta b\|}{\|x\|} = \frac{\|A^{-1}\| \cdot \|b\|}{\|x\|} \cdot \frac{\|\delta b\|}{\|b\|} \le \|A^{-1}\| \cdot \|A\| \cdot \frac{\|\delta b\|}{\|b\|}$$

b 벡터의 상대적 오차가 주어졌을 때 해 x의 상대적 오차에 대한 한도는 cond(A)$\equiv\|A^{-1}\| \cdot \|A\|$로 정해진다. 이는 정의상 행렬 A의 조건 수가 된다. 이는 악조건 행렬 A로 특징 지어지는 선형 연립 방정식에서는 b 벡터의 사소한 변화라도 해 벡터 x에 큰 오차를 생성시킬 수 있다는 의미가 된다. 이는 특히 오로지 실제 수에 대한 근삿값으로만 계산할 수 있는 부동소수점을 사용한 수치적 해와 관련된다. 따라서 선형 연립 방정식을 풀 때 해의 정확도를 추정하려면 조건 수를 확인하는 것이 중요하다.

기호 행렬symbolic matrix의 랭크, 조건 수 그리고 노름은 SymPy에서 Matrix 메서드인 rank, condition_number 그리고 norm을 사용해 계산할 수 있으며 수치 문제의 경우,

Numpy 함수인 `np.linalg.matrix_rank`, `np.linalg.cond`와 `np.linalg.norm`을 사용할 수 있다. 예를 들어 두 선형 식을 가진 연립 방정식을 살펴보자.

$$2x_1 + 3x_2 = 4$$
$$5x_1 + 4x_2 = 3$$

이 두 식은 (x_1, x_2) 평면의 선에 해당하며 이 교차점이 연립 방정식의 해가 된다. 두 방정식에 해당하는 선을 그래프로 나타낸 그림 5-1에서 볼 수 있듯이, 선은 $(-1, 2)$에서 교차한다.

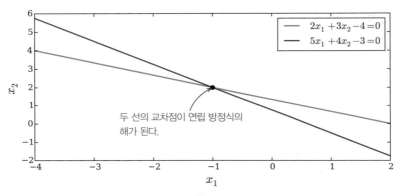

▲ 그림 5-1 두 선형 연립 방정식의 그래프 표현

이 문제는 SymPy에서 A와 b에 대한 행렬 객체를 생성하고 다음 명령문을 이용해 행렬 A의 랭크, 조건 수, 노름을 구함으로써 정의할 수 있다.

```
In [8]: A = sympy.Matrix([[2, 3], [5, 4]])
In [9]: b = sympy.Matrix([4, 3])
In [10]: A.rank()
Out[10]: 2
In [11]: A.condition_number()
```
$$Out[11]: \quad \frac{\sqrt{27+2\sqrt{170}}}{\sqrt{27-2\sqrt{170}}}$$
```
In [12]: sympy.N(_)
```

```
Out[12]: 7.58240137440151
In [13]: A.norm()
Out[13]: 3√6
```

Numpy/Scipy에서도 A와 b에 대한 Numpy 배열과 `np.linalg`, `Scipy.linalg` 모듈의 함수를 사용해 이와 동일한 작업을 수행할 수 있다.

```
In [14]: A = np.array([[2, 3], [5, 4]])
In [15]: b = np.array([4, 3])
In [16]: np.linalg.matrix_rank(A)
Out[16]: 2
In [17]: np.linalg.cond(A)
Out[17]: 7.5824013744
In [18]: np.linalg.norm(A)
Out[18]: 7.34846922835
```

선형 문제 해결을 위한 직접적인 접근법은 예컨대 앞의 해석적 방법 논의에서처럼 행렬 A의 역행렬을 구한 후 벡터 b를 곱하는 것이다. 그러나 이는 해 벡터 x를 찾는 가장 효율적인 계산 방법이 아니다. 더 좋은 방법은 행렬 A가 $A = LU$가 되도록 LU 인수분해하는 것인데, 여기서 L은 아래의 삼각행렬, U는 위의 삼각행렬이다. L, U가 주어지면 해 벡터 x는 먼저 $Ly = b$를 전방 치환으로 해결하고 $Ux = y$를 후방 치환으로 해결하면 효율적으로 구성할 수 있다. L, U가 모두 삼각행렬이라는 점 덕분에 이 두 절차는 계산상 효율적이다.

SymPy에서는 `sympy.Matrix` 클래스의 `LUdecomposition` 메서드를 사용하면 기호적 LU 인수분해를 수행할 수 있다. 이 메서드는 L과 U 벡터에 대한 것은 물론, 행이 뒤바뀐 새로운 `Matrix`를 반환한다. $Ax = b$라는 연립 방정식의 해결에 관심이 있다면 명시적으로 L과 U 행렬을 계산할 필요가 없고 `LUsolve` 메서드를 사용해야 한다. 이 메서드는 내부적으로 LU 인수분해를 수행하고 이 인자를 이용해 연립 방정식을 해결한다. 앞의 예로 돌아가서, 이제 L과 U 인자를 계산할 수 있고 다음을 사용해 연립 방정식을 해결할 수 있다.

```
In [19]: A = sympy.Matrix([[2, 3], [5, 4]])
In [20]: b = sympy.Matrix([4, 3])
In [21]: L, U, _ = A.LUdecomposition()
In [22]: L
```
$$\text{Out[22]: } \begin{bmatrix} 1 & 0 \\ 5/2 & 1 \end{bmatrix}$$
```
In [23]: U
```
$$\text{Out[23]: } \begin{bmatrix} 2 & 3 \\ 0 & -7/2 \end{bmatrix}$$
```
In [24]: L * U
```
$$\text{Out[24]: } \begin{bmatrix} 2 & 3 \\ 5 & 4 \end{bmatrix}$$
```
In [25]: x = A.solve(b); x# A.LUsolve(b)와 동일
```
$$\text{Out[25]: } \begin{bmatrix} -1 \\ 2 \end{bmatrix}$$

수치적 문제에서는 Scipy 선형 대수 모듈의 la.lu 함수를 사용할 수 있다. 이 함수는 $A = PLU$를 만족하는 순열 함수 P와 L, U를 반환한다. SymPy에서와 같이 la.solve 함수를 사용해 L과 U 행렬을 명시적으로 계산하지 않고도 연립 방정식 $Ax = b$를 해결할 수 있다. 여기서 la.solve는 A 행렬과 b 벡터를 인수로 취한다. 이는 일반적으로 Scipy를 이용해 수치적 선형 방정식을 해결할 때 선호되는 방법이다.

```
In [26]: A = np.array([[2, 3], [5, 4]])
In [27]: b = np.array([4, 3])
In [28]: P, L, U = la.lu(A)
In [29]: L
Out[29]: array([[ 1. , 0. ],
               [ 0.4, 1. ]])
In [30]: U
Out[30]: array([[ 5. , 4. ],
               [ 0. , 1.4]])
In [31]: P.dot(L.dot(U))
Out[31]: array([[ 2., 3.],
               [ 5., 4.]])
In [32]: la.solve(A, b)
```

```
Out[32]: array([-1., 2.])
```

SymPy를 사용할 때의 장점은 정확한 결과를 얻을 수 있다는 것, 행렬에 기호 변수를 포함할 수 있다는 것이다. 그러나 모든 문제가 기호적으로 해결되는 것은 아니며 그렇지 않을 경우 과도하게 긴 결과를 생성할 수도 있다. 한편, Numpy/Scipy로 수치적 접근 방식을 사용할 경우의 이점은 (비록 부동소수점 오차에 의한 근사적 해에 머물겠지만) 결과를 얻는 것이 보장된다는 점이다. 기호와 수치적 접근 방법의 차이를 보여주는 예와 수치적 접근법은 큰 조건 수를 가진 연립 방정식에서는 불안정할 수 있다는 예는 다음 코드(In [38])를 참고하라. 이 예제에서는 다음과 같은 연립 방정식을 푼다.

$$\begin{pmatrix} 1 & \sqrt{p} \\ 1 & \dfrac{1}{\sqrt{p}} \end{pmatrix} \begin{pmatrix} x_1 \\ x_2 \end{pmatrix} = \begin{pmatrix} 1 \\ 2 \end{pmatrix}$$

여기서 $p=1$은 특이 행렬, 1 근처의 p는 악조건이다. SymPy를 사용하면 해를 쉽게 찾을 수 있다.

```
In [33]: p = sympy.symbols("p", positive=True)
In [34]: A = sympy.Matrix([[1, sympy.sqrt(p)], [1, 1/sympy.sqrt(p)]])
In [35]: b = sympy.Matrix([1, 2])
In [36]: x = A.solve(b)
In [37]: x
```
$$\text{Out[37]:} \begin{pmatrix} \dfrac{2p-1}{p-1} \\ -\dfrac{\sqrt{p}}{p-1} \end{pmatrix}$$

이 기호적 해법과 수치적 해법의 비교는 그림 5-2에 나타나 있다. 여기서의 수치적 해법의 오차는 수치적 부동소수점 오차에 기인하며, 수치적 오차는 큰 조건 수를 갖는 $p=1$ 부근에서 현저하게 커진다. 또한 A나 b에 또 다른 오차의 원인이 있다면 x에서의 해당 오차는 더욱 심각할 수 있다.

```
In [38]: # 기호적으로 문제 해결
    ...: p = sympy.symbols("p", positive=True)
    ...: A = sympy.Matrix([[1, sympy.sqrt(p)], [1, 1/sympy.sqrt(p)]])
    ...: b = sympy.Matrix([1, 2])
    ...:
    ...: # 기호적으로 문제 해결
    ...: x_sym_sol = A.solve(b)
    ...: Acond = A.condition_number().simplify()
    ...:
    ...: # 수치적으로 문제 해결
    ...: AA = lambda p: np.array([[1, np.sqrt(p)], [1, 1/np.sqrt(p)]])
    ...: bb = np.array([1, 2])
    ...: x_num_sol = lambda p: np.linalg.solve(AA(p), bb)
    ...:
    ...: # 기호적(정확한 해)과 수치적인 결과의 차이를 그래프로 그림
    ...: fig, axes = plt.subplots(1, 2, figsize=(12, 4))
    ...:
    ...: p_vec = np.linspace(0.9, 1.1, 200)
    ...: for n in range(2):
    ...:     x_sym = np.array([x_sym_sol[n].subs(p, pp).evalf() for pp in
            p_vec])
    ...:     x_num = np.array([x_num_sol(pp)[n] for pp in p_vec])
    ...:     axes[0].plot(p_vec, (x_num - x_sym)/x_sym, 'k')
    ...: axes[0].set_title("Error in solution\n(numerical - symbolic)/
        symbolic")
    ...: axes[0].set_xlabel(r'$p$', fontsize=18)
    ...:
    ...: axes[1].plot(p_vec, [Acond.subs(p, pp).evalf() for pp in p_vec])
    ...: axes[1].set_title("Condition number")
    ...: axes[1].set_xlabel(r'$p$', fontsize=18)
```

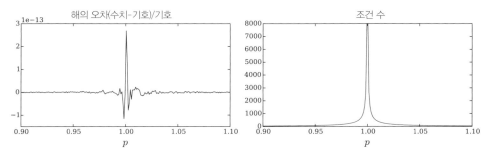

▲ 그림 5-2 상대적 수치 오차(왼쪽)와 조건 수(오른쪽)를 모수 p의 함수를 이용해 그래프로 나타낸 것

비정방 방정식

$m \neq n$의 조건을 갖는 비정방^{Rectangular} 방정식은 미결정이나 과결정될 수 있다. 미결정 방정식은 등식보다 변수가 더 많으므로 해를 결정적인 방식으로 찾을 수 없다. 그러므로 이러한 방정식에서의 해는 남은 자유 변수의 항으로 표현할 수밖에 없다. 이때문에 이런 유형의 문제를 수치적으로 처리하기는 어렵지만 종종 기호적 접근법을 사용할 수 있다. 예를 들어 미결정 선형 연립 방정식을 살펴보자.

$$\begin{pmatrix} 1 & 2 & 3 \\ 4 & 5 & 6 \end{pmatrix} \begin{pmatrix} x_1 \\ x_2 \\ x_3 \end{pmatrix} = \begin{pmatrix} 7 \\ 8 \end{pmatrix}.$$

여기에는 3개의 미지수가 있지만 오직 2개의 방정식만이 이들 변수 사이의 관계를 제약한다. 이 방정식을 $Ax - b = 0$으로 나타내면 SymPy의 `SymPy.solve` 함수를 사용해 나머지 자유 변수 x_3로 매개화된 x_1 및 x_2에 대한 해를 얻을 수 있다.

```
In [39]: x_vars = sympy.symbols("x_1, x_2, x_3")
In [40]: A = sympy.Matrix([[1, 2, 3], [4, 5, 6]])
In [41]: x = sympy.Matrix(x_vars)
In [42]: b = sympy.Matrix([7, 8])
In [43]: sympy.solve(A*x - b, x_vars)
```

```
Out[43]: {x₁ = x₃ - 19/3, x₂ = -2x₃ + 20/3}
```

여기서 기호적 해인 $x_1 = x_3 - 19/3$과 $x_2 = -2x_3 + 20/3$을 얻었는데, 이 값은 $\{x_1, x_2, x_3\}$로 이뤄진 3차원 공간상의 선을 정의한다. 따라서 이 선의 어느 점이라도 미결정 연립 방정식을 만족한다.

한편, 시스템이 과결정돼 미지의 변수 $m > n$보다 방정식이 많은 경우에는 자유도보다 제약이 많고 일반적으로 이러한 연립 방정식에 대한 정확한 해는 존재하지 않는다. 그러나 과결정된 연립 방정식의 근사 해를 찾는 것은 흥미롭다. 이러한 상황이 발생할 경우의 예로는 데이터 적합화를 들 수 있다. 즉, 변수 y가 변수 x에 2차 다항식으로 기술된 모델을 갖고 있다면 $y = A + Bx + Cx^2$가 될 것이고 이제 실험 데이터에 이 모델을 적합화시키려 한다고 가정해보자. 여기서 y는 x에 비선형이지만 y는 3개의 미지의 계수 A, B, C에 선형이며 이 사실을 이용하면 이 모델을 선형 연립 방정식 체계로 나타낼 수 있다. 변수 x와 y의 쌍 $\{(x_i, y_i)\}_{i=1}^{m}$에 대한 m개의 데이터를 수집하고 모델을 $m \times 3$ 연립 방정식으로 나타낼 수 있다.

$$\begin{pmatrix} 1 & x_1 & x_1^2 \\ \vdots & \vdots & \vdots \\ 1 & x_m & x_m^2 \end{pmatrix} \begin{pmatrix} A \\ B \\ C \end{pmatrix} = \begin{pmatrix} y_1 \\ \vdots \\ y_m \end{pmatrix}.$$

$m = 3$일 경우, 연립 방정식 행렬이 비특이non-singular라고 가정하면 미지의 모델 매개변수 A, B, C를 찾을 수 있다. 그러나 데이터에 잡음이 많고 3개 이상의 데이터 포인트를 이용하려면 모델 매개변수에 대한 보다 정확한 추정을 할 수 있어야 한다는 점은 명확하다.

그러나 $m > 3$에는 일반적으로 정확한 해가 없으며 과결정된 방정식 $Ax \approx b$를 최적으로 근사하는 해를 찾을 필요가 있다. 이 연립 방정식의 최적합화에 대한 자연스러운 정의는 제곱 오차의 합 $\min_x \sum_{i=1}^{m} (r_i)^2$을 최소화하는 것이다. 여기서 $r = b - Ax$는 잔차 벡터다. 이는 데이터 포인트와 선형 해 사이의 거리를 최소화하는 것으로, $Ax \approx b$ 문제에 있어 최소자승 해법으로 이어진다. SymPy에서는 `solve_least_squares` 메서드를 사용해 과결정된 연립 방정식의 최소 자승 해를 찾을 수 있으며, 수치적 문제에는 Scipy의 l.lstsq 함수를 사용할 수 있다.

다음 코드는 Scipy la.lstsq 메서드가 이전 절에서 살펴본 예제 모델을 적합화하는 데 어떻게 사용될 수 있는지를 보여주며 그 결과는 그림 5-3에 나타나 있다. 먼저 모델의 참 매개변수를 정의한 후, 참 모델에 랜덤 잡음을 추가하고 측정된 데이터를 사용해 시뮬레이션한다. 그런 다음 la.lstsq 함수를 사용해 최소 자승 문제를 해결하는데, 이 함수는 해 벡터 x와 더불어 제곱 오차의 합(잔차 r), 랭크 rank, 행렬 A의 특이 값 sv도 반환한다. 그러나 다음 예에서는 해의 벡터 x만 사용한다.

```
In [44]: # 모델의 참 매개변수 정의
    ...: x = np.linspace(-1, 1, 100)
    ...: a, b, c = 1, 2, 3
    ...: y_exact = a + b * x + c * x**2
    ...:
    ...: # 잡음이 있는 데이터 시뮬레이션
    ...: m = 100
    ...: X = 1 - 2 * np.random.rand(m)
    ...: Y = a + b * X + c * X**2 + np.random.randn(m)
    ...:
    ...: # 선형 최소 자승을 사용해 데이터를 모델에 적합화
    ...: A = np.vstack([X**0, X**1, X**2]) # 대안으로는 np.vander를 참고하라.
    ...: sol, r, rank, sv = la.lstsq(A.T, Y)
    ...:
    ...: y_fit = sol[0] + sol[1] * x + sol[2] * x**2
    ...: fig, ax = plt.subplots(figsize=(12, 4))
    ...:
    ...: ax.plot(X, Y, 'go', alpha=0.5, label='Simulated data')
    ...: ax.plot(x, y_exact, 'k', lw=2, label='True value $y = 1 + 2x +
        3x^2$')
    ...: ax.plot(x, y_fit, 'b', lw=2, label='Least square fit')
    ...: ax.set_xlabel(r"$x$", fontsize=18)
    ...: ax.set_ylabel(r"$y$", fontsize=18)
    ...: ax.legend(loc=2)
```

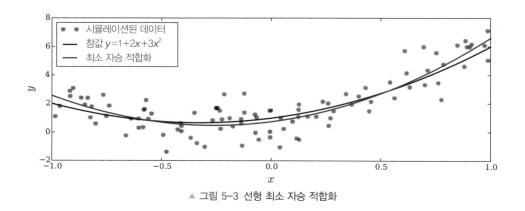

▲ 그림 5-3 선형 최소 자승 적합화

모델에 대한 좋은 적합화란, 데이터를 기술하는 데 사용된 모델이 데이터를 생산한 기저 프로세스에 잘 대응해야 한다는 것이다. 다음 예(In [45])와 그림 5-4에서는 앞의 예에서 사용한 것과 동일한 데이터를 선형 모델과 고차(최대 15차) 다항 모델에 적합시켜본다.

전자의 경우에는 데이터에 비해 너무 단순한 모델을 사용한 결과 과소 적합을 초래했고, 후자의 경우에는 데이터에 비해 너무 복잡한 모델을 사용한 결과, 과적합을 초래해 그 모델의 기저 패턴만 적합화시킨 것이 아니라 잡음도 적합화시켰다. 적절한 모델을 사용하는 것은 데이터 적합화에 있어 중요하고도 섬세한 측면이다.

```
In [45]: # 선형 최소 자승을 이용한 데이터 적합화
    ...: # 1차 다항식
    ...: A = np.vstack([X**n for n in range(2)])
    ...: sol, r, rank, sv = la.lstsq(A.T, Y)
    ...: y_fit1 = sum([s * x**n for n, s in enumerate(sol)])
    ...:
    ...: # 15차 다항식
    ...: A = np.vstack([X**n for n in range(16)])
    ...: sol, r, rank, sv = la.lstsq(A.T, Y)
    ...: y_fit15 = sum([s * x**n for n, s in enumerate(sol)])
    ...:
    ...: fig, ax = plt.subplots(figsize=(12, 4))
    ...: ax.plot(X, Y, 'go', alpha=0.5, label='Simulated data')
```

```
...: ax.plot(x, y_exact, 'k', lw=2, label='True value $y = 1 + 2x +
    3x^2$')
...: ax.plot(x, y_fit1, 'b', lw=2, label='Least square fit [1st
    order]')
...: ax.plot(x, y_fit15, 'm', lw=2, label='Least square fit [15th
    order]')
...: ax.set_xlabel(r"$x$", fontsize=18)
...: ax.set_ylabel(r"$y$", fontsize=18)
...: ax.legend(loc=2)
```

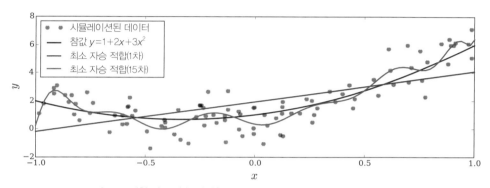

▲ 그림 5-4 선형 최소 자승 기법을 사용한 과소 적합과 과적합을 보여주는 그래프

고윳값 문제

이론과 실용적으로 대단히 중요한 특별한 연립 방정식은 고윳값 방정식 $Ax = \lambda x$이다. 여기서 A는 $N \times N$ 정방 행렬, x는 미지의 벡터, λ는 미지의 스칼라다. 여기서 x는 행렬 A의 고유 벡터, λ는 고윳값이다. 고윳값 방정식 $Ax = \lambda x$는 선형 방정식 $Ax = b$와 유사하지만 여기서는 x와 λ 모두 미지수이므로 동일한 기법을 이 방정식 해결에 직접 적용할 수 없다는 점에 유의하자. 이 고윳값 문제를 해결하기 위한 표준적인 접근법은 $(A - I\lambda)x = 0$ 형태로 방정식을 다시 쓰는 것이며 비자명 해nontrivial solution가 존재하기 위해서는 행렬 $A - I\lambda$가 특이singular여야 하고 그 행렬식determinant은 0, 즉 $\det(A - I\lambda) = 0$이어야 한다는 점에

주목하자. 이는 그 N개의 근이 N 고윳값 $\{\lambda_n\}_{n=1}^N$이 되는 N차(특성characteristic 다항) 방정식을 생성한다. 일단 고윳값을 알아내면 n번째 고유 벡터 x_n의 표준 전방대입forward substitution을 사용해 방정식 $(A - I\lambda_n)x_n = 0$을 해결할 수 있다.

SymPy와 Scipy의 선형 대수 패키지는 모두 고윳값 문제의 해결자solver가 들어 있다. SymPy에는 Matrix 클래스의 eigenvals과 eigenvects 메서드를 사용할 수 있는데, 이는 기호 표현 요소를 원소로 가진 행렬의 고윳값과 고유 벡터를 계산할 수 있다. 예를 들어 기호 원소를 가진 대칭 2×2 행렬의 고윳값과 고유 벡터를 계산하려면 다음과 같이 할 수 있다.

```
In [46]: eps, delta = sympy.symbols("epsilon, Delta")
In [47]: H = sympy.Matrix([[eps, delta], [delta, -eps]])
In [48]: H
```
$$\text{Out[48]:} \begin{pmatrix} \varepsilon & \Delta \\ \Delta & -\varepsilon \end{pmatrix}$$
```
In [49]: H.eigenvals()
```
$$\text{Out[49]:} \left\{ -\sqrt{\varepsilon^2 + \Delta^2} : 1, \sqrt{\varepsilon^2 + \Delta^2} : 1 \right\}$$
```
In [50]: H.eigenvects()
```
$$\text{Out[50]:} \left[\left(-\sqrt{\varepsilon^2 + \Delta^2}, 1, \left[\begin{bmatrix} -\dfrac{\Delta}{\varepsilon + \sqrt{\varepsilon^2 + \Delta^2}} \\ 1 \end{bmatrix} \right] \right), \left(\sqrt{\varepsilon^2 + \Delta^2}, 1, \left[\begin{bmatrix} -\dfrac{\Delta}{\varepsilon - \sqrt{\varepsilon^2 + \Delta^2}} \\ 1 \end{bmatrix} \right] \right) \right]$$

---

eigenvals 메서드의 반환 값은 각 딕셔너리로서 각 고윳값이 키가 되고 해당 값은 그 특정 고윳값의 중복도multiplicity가 된다. 여기서 고윳값은 $-\sqrt{\varepsilon^2 + \Delta^2}$ and $\sqrt{\varepsilon^2 + \Delta^2}$이며 각각 1의 중복도를 가진다. eigenvects의 반환 값은 좀 더 복잡하다. 리스트가 반환되는데, 각 원소는 튜플로서 고윳값, 고윳값의 중복도 그리고 고유 벡터의 리스트를 갖고 있다. 각 고윳값의 고유 벡터 개수는 중복도와 같다. 지금의 예에서는 eigenvects이 반환한 값을 풀어 두 고유 벡터가 직교한다는 것을 검증할 수 있다. 예를 들어 다음과 같이 해야 한다.

```
In [51]: (eval1, _, evec1), (eval2, _, evec2) = H.eigenvects()
In [52]: sympy.simplify(evec1[0].T * evec2[0])
Out[52]: [0]
```

이러한 메서드들을 사용해 고윳값과 고유 벡터에 대한 해석적 식을 얻는 것은 대개 매우 바람직하지만 불행하게도 이 방법은 작은 행렬에만 작동한다. 3×3보다 더 커지면 해석적 표현 식은 일반적으로 SymPy와 같은 CAS를 사용하더라도, 작업 시간이 너무 길고 번거로워진다. 그러므로 더 큰 연립 방정식은 완전히 수치적 접근법에 의존해야 한다. 이를 위해 Scipy의 선형 대수 패키지에 있는 la.eigvals나 la.eig 함수를 사용할 수 있다. 또 에르미트[Hermitian]나 실수 대칭[real symmetric] 행렬은 실수의 고윳값을 가지므로 그러한 행렬에서는 반환된 고윳값이 Numpy 배열에 실수로 저장되는 것이 보장되는 la.eigvalsh나 la.eigh 함수를 사용하는 것이 유리하다. 예를 들어 수치적 고윳값 문제를 la.eig로 해결하려면 다음처럼 사용해야 한다.

```
In [53]: A = np.array([[1, 3, 5], [3, 5, 3], [5, 3, 9]])
In [54]: evals, evecs = la.eig(A)
In [55]: evals
Out[55]: array([ 13.35310908+0.j,   -1.75902942+0.j,   3.40592034+0.j])
In [56]: evecs
Out[56]: array([[ 0.42663918,  0.90353276, -0.04009445],
               [ 0.43751227, -0.24498225, -0.8651975 ],
               [ 0.79155671, -0.35158534,  0.49982569]])
In [57]: la.eigvalsh(A)
Out[57]: array([ -1.75902942,   3.40592034,   13.35310908])
```

이 예에서 행렬은 대칭이기 때문에 제공하는 la.eigh와 la.eigvalsh를 사용할 수 있으며 이는 Out[57] 셀에서 볼 수 있는 것처럼 실숫값을 갖는 고윳값 배열을 생성한다.

비선형 방정식

이 절에서는 비선형 방정식을 살펴본다. 앞 절에서 살펴본 것처럼 선형 연립 방정식은 과학 연산에서 있어 매우 중요하다. 선형 방정식은 쉽게 풀리면서도 많은 계산 기법과 기술의 중요한 구성 요소로 사용될 수 있기 때문이다. 그러나 자연 과학과 공학 분야에서는 대부분은 아니더라도 많은 방정식이 본질적으로 비선형이다.

정의에 따라 선형 함수 $f(x)$는 가산성^{additivity} $f(x+y) = f(x) + f(y)$ 및 동질성^{homogeneity} $f(\alpha x) = \alpha f(x)$를 만족하고, 이는 중첩 원리$^{superposition\ principle}$에 따라 $f(\alpha x + \beta y) = \alpha f(x) + \beta f(y)$로 사용할 수 있다. 이는 선형성에 대한 엄밀한^{precise} 정의에 해당한다. 이와 대조적으로 비선형 함수는 이러한 조건을 만족하지 않는다. 따라서 비선형성은 훨씬 더 넓은 개념이며 함수는 여러 가지 형태로 비선형적일 수 있다. 그러나 일반적으로 1보다 큰 지수 항을 포함한 변수를 가진 식은 비선형이다. 예를 들어 $x^2 + x + 1$은 x^2 항 때문에 비선형이다.

비선형 방정식은 항상 $f(x) = 0$ 유형으로 사용할 수 있다. 여기서 $f(x)$는 비선형 함수이며 우리는 $f(x)$가 0이 되도록 하는 x(스칼라 또는 벡터일 수 있음) 값을 찾고자 한다. 이 x는 $f(x)$ 함수의 근^{root}이라고 불리며 따라서 방정식 해결은 흔히 근 찾기라고 한다. 5장 이전 절과는 대조적으로 이 절에서는 단일 방정식과 연립 방정식 이외에도 단변량 방정식과 다변량 방정식을 구분할 필요가 있다.

단변량 방정식

단변량 함수는 단일 변수 $f(x)$에만 의존하는 함수로, 여기서 x는 스칼라이고 해당 단변량 방정식은 $f(x) = 0$ 형태다. 이 방정식의 전형적인 예로는 $x^2 - x + 1 = 0$과 같은 다항식 및 $x^3 - 3\sin(x) = 0$, $\exp(x) - 2 = 0$ 등 기초 함수를 포함하는 식이다. 선형 연립 방정식과 달리, 비선형 방정식의 해법은 존재하는지, 복수의 해를 갖는지 또는 주어진 해가 고유한지 판단할 수 있는 방법은 없다. 이러한 사실은 비선형 함수의 그래프가 임의의 가짓수로 $x = 0$과 교차하는 곡선에 해당한다는 생각을 해보면 직감적으로 이해할 수 있다.

가능한 상황의 수가 매우 많기 때문에 비선형 방정식을 풀 수 있는 완전히 자동적인 접근 방식을 개발하기는 어렵다. 해석적으로는 특별한 형태를 가진 방정식만 정확히 풀 수 있다. 예를 들어 4차까지의 다항식 및 일부 특별한 경우, 더 높은 차원도 해석적으로 해결할 수 있으며 삼각함수 및 기타 기초 함수를 포함하는 일부 방정식을 해석적으로 해결할 수도 있다. SymPy에서 SymPy.solve 함수를 사용하면 해석적으로 해결할 수 있는 단변량 및 비선형 방정식을 풀 수 있다. 예를 들어 표준 2차 방정식 $a + bx + cx^2 = 0$을 해결하려면 방정식을 정의하고 이를 sympy.solve 함수에 전달한다.

```
In [58]: x, a, b, c = sympy.symbols("x, a, b, c")
In [59]: sympy.solve(a + b*x + c*x**2, x)
Out[59]: [(-b + sqrt(-4*a*c + b**2))/(2*c), -(b + sqrt(-4*a*c + b**2))/(2*c)]
```

이 해는 사실 이 방정식의 공식으로 매우 잘 알려진 근의 공식이다. 동일한 방법을 사용하면 일부 삼각 방정식을 해결할 수 있다.

```
In [60]: sympy.solve(a * sympy.cos(x) - b * sympy.sin(x), x)
Out[60]: [-2*atan((b - sqrt(a**2 + b**2))/a), -2*atan((b +
         sqrt(a**2 + b**2))/a)]
```

그러나 일반적으로 비선형 방정식은 해석적으로 해결할 수 없다. 예를 들어 다항식과 $\sin x = x$와 같은 기초 함수를 모두 포함하는 방정식은 초월transcendental 함수인 경우가 많고, 이는 대수적 해가 없다. SymPy를 이용해 이러한 방정식을 풀려고 시도하면 예외 형태의 오류를 얻는다.

```
In [61]: sympy.solve(sympy.sin(x)-x, x)
...
NotImplementedError: multiple generators [x, sin(x)]
No algorithms are implemented to solve equation -x + sin(x)
```

이런 상황에서는 다양한 수치적 기법에 의존할 필요가 있다. 첫 단계로 함수를 그래프로 표시해보면 대개 매우 유용하다. 그래프를 분석하면 방정식의 근의 수 및 대략적인 위치에 대한 중요한 단서를 찾을 수 있다. 이 정보는 방정식의 근에 대한 좋은 근삿값을 찾기 위해 수치적 기법을 적용할 때 종종 필요하다. 예를 들어 그림 5-5에서와 같이 비선형 함수의 네 가지 예를 도식화하는 예(In [62])를 살펴보자. 왼쪽에서 오른쪽으로 그려진 이 함수 그래프들로부터 2개, 3개, 1개 그리고 많은 근(적어도 그래프가 그려진 범위 이내에서)을 갖는다는 결론을 내릴 수 있다.

```
In [62]: x = np.linspace(-2, 2, 1000)
    ...: # 네 가지 비선형 함수 예제
    ...: f1 = x**2 - x - 1
    ...: f2 = x**3 - 3 * np.sin(x)
    ...: f3 = np.exp(x) - 2
    ...: f4 = 1 - x**2 + np.sin(50 / (1 + x**2))
    ...:
    ...: # 각 함수의 도식화
    ...: fig, axes = plt.subplots(1, 4, figsize=(12, 3), sharey=True)
    ...:
    ...: for n, f in enumerate([f1, f2, f3, f4]):
    ...:     axes[n].plot(x, f, lw=1.5)
    ...:     axes[n].axhline(0, ls=':', color='k')
    ...:     axes[n].set_ylim(-5, 5)
    ...:     axes[n].set_xticks([-2, -1, 0, 1, 2])
    ...:     axes[n].set_xlabel(r'$x$', fontsize=18)
    ...:
    ...: axes[0].set_ylabel(r'$f(x)$', fontsize=18)
    ...:
    ...: titles = [r'$f(x)=x^2-x-1$', r'$f(x)=x^3-3\sin(x)$',
    ...:           r'$f(x)=\exp(x)-2$', r'$f(x)=\sin\left(50/(1+x^2)\
                   right)+1-x^2$']
    ...: for n, title in enumerate(titles):
    ...:     axes[n].set_title(title)
```

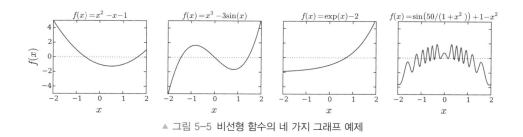

▲ 그림 5-5 비선형 함수의 네 가지 그래프 예제

방정식 근의 대략적인 위치를 찾기 위해 일반적으로 알고리즘이 근에 원하는 정확도만큼 좁혀질 때까지 연속 지점의 함수를 반복적으로 계산하는 방식을 적용하는 여러 수치적 근 찾기 기법 중 하나를 적용해볼 수 있다. 여러 수치적 근 찾기 기법이 어떻게 작동하는지를 잘 보여주는 표준적인 두 가지 기법은 이분법^{bisection}과 뉴턴^{Newton} 기법이다.

이분법에서는 $f(a)$와 $f(b)$의 부호가 서로 다른 시작 구간 $[a, b]$가 필요하다. 이 조건은 이 구간 내에 적어도 하나의 근이 있음을 보증한다. 각 반복에서 함수는 a와 b 사이의 중간 점 m에서 계산되며 함수의 기호가 a와 m에서 서로 다르면 그다음 반복에는 새로운 구간 $[a, b=m]$을 선택한다. 그렇지 않다면 다음 반복에서는 $[a=m, b]$ 구간을 선택한다. 각 반복에서 함수 구간의 두 끝점 부호가 서로 다르면 반복할 때마다 간격이 반감돼 방정식의 근으로 수렴하는 것이 보장된다. 다음 코드 예는 그림 5-6과 같이 각 단계를 그래픽으로 시각화한 이분법의 단순 구현을 보여준다.

```
In [63]: # 함수, 원하는 허용 값, 시작 구간 [a, b]를 정의한다.
    ...: f = lambda x: np.exp(x) - 2
    ...: tol = 0.1
    ...: a, b = -2, 2
    ...: x = np.linspace(-2.1, 2.1, 1000)
    ...:
    ...: # 함수 f를 도식화한다.
    ...: fig, ax = plt.subplots(1, 1, figsize=(12, 4))
    ...:
    ...: ax.plot(x, f(x), lw=1.5)
    ...: ax.axhline(0, ls=':', color='k')
```

```
...: ax.set_xticks([-2, -1, 0, 1, 2])
...: ax.set_xlabel(r'$x$', fontsize=18)
...: ax.set_ylabel(r'$f(x)$', fontsize=18)
...:
...: # 이분법을 사용해 근을 찾고 그래프에서 각 단계를 시각화한다.
...: fa, fb = f(a), f(b)
...:
...: ax.plot(a, fa, 'ko')
...: ax.plot(b, fb, 'ko')
...: ax.text(a, fa + 0.5, r"$a$", ha='center', fontsize=18)
...: ax.text(b, fb + 0.5, r"$b$", ha='center', fontsize=18)
...:
...: n = 1
...: while b - a > tol:
...:     m = a + (b - a)/2
...:     fm = f(m)
...:
...:     ax.plot(m, fm, 'ko')
...:     ax.text(m, fm - 0.5, r"$m_%d$" % n, ha='center')
...:     n += 1
...:
...:     if np.sign(fa) == np.sign(fm):
...:         a, fa = m, fm
...:     else:
...:         b, fb = m, fm
...:
...: ax.plot(m, fm, 'r*', markersize=10)
...: ax.annotate("Root approximately at %.3f" % m,
...:             fontsize=14, family="serif",
...:             xy=(a, fm), xycoords='data',
...:             xytext=(-150, +50), textcoords='offset points',
...:             arrowprops=dict(arrowstyle="->",
...:             connectionstyle="arc3, rad=-.5"))
...:
...: ax.set_title("Bisection method")
```

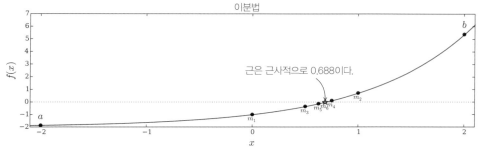

▲ 그림 5-6 이분법이 작동하는 것을 시각화해 보여주는 그래프

근을 찾는 또 다른 방법은 뉴턴 기법이다. 뉴턴 기법은 앞 단락에서 논의한 이분법보다 더 빨리 수렴된다. 이분법은 각 지점에서 함수의 부호만을 사용하는 반면, 뉴턴 기법은 실제 함수 값을 사용해 비선형 함수의 보다 정확한 근삿값을 구한다. 특히 이 기법은 함수 $f(x)$를 1차 테일러 급수 $f(x+dx)=f(x)+dx\ f'(x)$로 근사하게 되는데, 이는 그 근이 $x-f(x)/f'(x)$라는 것을 쉽게 찾을 수 있는 선형 함수다. 물론 이것이 반드시 $f(x)$의 근이 아닐 수 있지만 $f(x)$의 근에 근접하기 위한 좋은 근삿값인 경우가 많다. $x_{k+1}=x_k-f(x_k)/f'(x_k)$를 반복하면 함수의 근에 접근할 수 있다. 이 방법의 잠재적인 문제는 어느 시점 x_k에서 $f'(x_k)$가 0이면 실패한다는 것이다. 이 특별한 경우는 이 방법을 실제 구현한 상태에서 처리해야 한다. 다음 예(In [64])에서는 SymPy를 사용해 함수 $f(x)$의 도함수를 구함으로써 방정식 $\exp(x)-2=0$의 근을 찾는 과정을 보여주며 그림 5-7은 이 근 찾기 프로세스의 각 단계를 시각화한 것이다.

```
In [64]: # 함수, 원하는 허용도 시작점 xk를 정의
    ...: tol = 0.01
    ...: xk = 2
    ...:
    ...: s_x = sympy.symbols("x")
    ...: s_f = sympy.exp(s_x) - 2
    ...:
    ...: f = lambda x: sympy.lambdify(s_x, s_f, 'numpy')(x)
    ...: fp = lambda x: sympy.lambdify(s_x, sympy.diff(s_f, s_x), 'numpy')(x)
```

```
    ...:
    ...: x = np.linspace(-1, 2.1, 1000)
    ...:
    ...: # 근 찾기를 시각화해줄 그래프 설정
    ...: fig, ax = plt.subplots(1, 1, figsize=(12, 4))
    ...: ax.plot(x, f(x))
    ...: ax.axhline(0, ls=':', color='k')
    ...:
    ...: # 원하는 허용 값에 도달할 때까지 뉴턴 기법을 반복
    ...: n = 0
    ...: while f(xk) > tol:
    ...:     xk_new = xk - f(xk) / fp(xk)
    ...:
    ...:     ax.plot([xk, xk], [0, f(xk)], color='k', ls=':')
    ...:     ax.plot(xk, f(xk), 'ko')
    ...:     ax.text(xk, -.5, r'$x_%d$' % n, ha='center')
    ...:     ax.plot([xk, xk_new], [f(xk), 0], 'k-')
    ...:
    ...:     xk = xk_new
    ...:     n += 1
    ...:
    ...: ax.plot(xk, f(xk), 'r*', markersize=15)
    ...: ax.annotate("Root approximately at %.3f" % xk,
    ...:             fontsize=14, family="serif",
    ...:             xy=(xk, f(xk)), xycoords='data',
    ...:             xytext=(-150, +50), textcoords='offset points',
    ...:             arrowprops=dict(arrowstyle="->",
    ...:             connectionstyle="arc3, rad=-.5"))
    ...:
    ...: ax.set_title("Newtown's method")
    ...: ax.set_xticks([-1, 0, 1, 2])
```

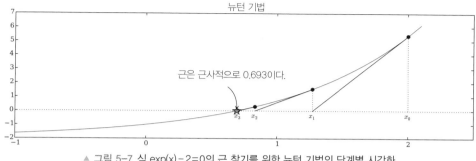

▲ 그림 5-7 식 exp(x)−2=0의 근 찾기를 위한 뉴턴 기법의 단계별 시각화

뉴턴 기법의 잠재적 문제는 각 반복에서 함수의 값과 함수 미분 값이 모두 필요하다는 것이다. 앞의 예에서는 도함수를 기호적으로 계산하기 위해 SymPy를 사용했다. 물론 이러한 일은 모든 수치적 구현에서 가능한 것이 아니며 도함수에 대한 수치적 근삿값이 필요할 수 있는데 이는 또 다시 추가 함수 계산이 필요하다. 함수의 도함수를 계산해야 하는 요구 사항을 우회하는 뉴턴 기법의 한 변종은 시컨트 기법$^{secant\ method}$으로, 이 기법은 함수의 근사를 구하기 위해 이전 두 함수의 계산을 사용하는데, 이를 사용해 근의 새로운 추정을 계산한다. 시컨트 기법의 반복 공식은 $x_{k+1} = x_k - f(x_k)\dfrac{x_k - x_{k-1}}{f(x_k) - f(x_{k-1})}$이다. 이는 뉴턴 기법의 기본 아이디어에 대한 많은 변형과 개선 중 한 예에 불과하다. 수치적으로 근을 찾는 최첨단 함수의 구현은 일반적으로 뉴턴 기법이나 이분법 또는 이 두 가지 방법을 조합한 것을 기본 아이디어로 사용하지만 더 빠른 수렴을 위해 함수의 고차원 보간과 같은 다양한 정교화 전략을 추가로 사용한다.

Scipy optimize 모듈은 수치적으로 근을 찾기 위한 다양한 함수를 제공한다. `optimize.bisect`와 `optimize.newton` 함수는 각각 이분법과 뉴턴 기법의 변형을 구현한 것이다. `optimize.bisect`는 세 가지 인수를 취하는데, 첫째 인수는 근을 찾으려는 수학 함수를 나타내는 Python 함수(예: 람다 함수), 둘째와 셋째 인수는 이분법을 수행하는 구간의 하한과 상한 값이다. 앞서 설명한 것처럼 이분법이 작동하려면 함수의 부호가 a와 b 지점에서 서로 달라야 한다는 점에 유의한다. `optimize.bisect` 함수를 사용해 앞의 예에서 사용한 방정식 exp(x)−2=0의 근을 계산할 수 있다.

```
In [65]: optimize.bisect(lambda x: np.exp(x) - 2, -2, 2)
Out[65]: 0.6931471805592082
```

$f(a)$와 $f(b)$가 실제로 다른 부호를 갖는 한, $[a, b]$ 구간 내에 근을 찾을 수 있다는 것이 보장된다. 이와 대조적으로 뉴턴 기법을 구현한 optimize.newton 함수는 첫 번째 인수로 함수, 두 번째 인수로 근에 대한 최초 추측 값을 취한다. 선택적으로 fprime 키워드 인수를 이용해 함수의 도함수를 특정하기도 한다. fprime이 주어지면 뉴턴 기법이 사용되고 그렇지 않으면 시컨트 기법이 대신 사용된다. 도함수를 명시하거나, 명시하지 않는 방법을 통해 $\exp x - 2 = 0$의 근을 찾으려면 다음과 같이 사용해야 한다.

```
In [66]: x_root_guess = 2
In [67]: f = lambda x: np.exp(x) - 2
In [68]: fprime = lambda x: np.exp(x)
In [69]: optimize.newton(f, x_root_guess)
Out[69]: 0.69314718056
In [70]: optimize.newton(f, x_root_guess, fprime=fprime)
Out[70]: 0.69314718056
```

이 방법에서는 함수가 복수 개의 근을 가질 경우, 어떤 근을 계산할 것인지를 거의 통제할 수 없다는 점에 유의하자. 예를 들어 함수가 반환하는 근이 초기 추측에 가장 근접한 것이라는 보장을 할 수 없다. 근이 초기 추측보다 더 클지, 작을지도 미리 알 수 없다.

Scipy optimize 모듈은 근을 찾기 위한 추가 기능을 제공한다. 특히 이분법의 변형인 optimize.brentq 및 optimize. brenth도 함수의 기호가 변하는 구간에서 작동한다. Scipy에서는 일반적으로 optimize.brentq 함수가 만능 근 찾기 함수로 선호되고 있다. 앞서 살펴본 것과 동일한 방정식의 근을 찾기 위해 simplicate.brentq와 simplicate. brth 함수를 사용하면 다음과 같다.

```
In [71]: optimize.brentq(lambda x: np.exp(x) - 2, -2, 2)
```

```
Out[71]: 0.6931471805599453
In [72]: optimize.brenth(lambda x: np.exp(x) - 2, -2, 2)
Out[72]: 0.6931471805599381
```

이 두 함수는 첫 번째 인수로서 방정식의 Python 함수를 취하고 두 번째 및 세 번째 인수로서 부호 변경 구간의 하한 값 및 상한 값을 취한다는 점에 주목하자.

비선형 연립 방정식

비선형 연립 방정식은 선형 연립 방정식과는 대조적으로 행렬 벡터의 곱으로 나타낼 수 없다. 그 대신 다변량 비선형 연립 방정식을 벡터 값 함수^{vector-valued function}로 나타낸다. 예를 들어 N차원 벡터를 취해 이를 다른 N차원 벡터로 매핑하는 $f: \mathbb{R}^N \rightarrow \mathbb{R}^N$이다. 다변량 연립 방정식 일변량 연립 방정식보다 해결하기가 훨씬 더 복잡한데, 그 이유 중 하나는 가능한 행동들이 훨씬 더 많기 때문이다. 그 결과, 일변량 비선형 방정식의 이분법처럼 근의 수렴을 확실히 보장해주는 방법은 없으며, 존재하는 기법들은 변수의 개수가 증가함에 따라 일변량에 비해 엄청나게 많은 계산 요구량이 필요하다.

이전에 일변량 방정식 해결을 위해 설명했던 모든 방법이 다변량 사례로 일반화되는 것은 아니다. 예를 들어 이분법 기법은 다변량 연립 방정식으로 일반화할 수 없다. 한편 뉴턴 기법은 다변량 문제에 사용할 수 있으며, 이 경우 반복 공식은 $x_{k+1} = x_k - J_f(x_k)^{-1}f(x_k)$이고, 여기서 $Jf(x_k)$는 함수 $f(x)$의 자코비안^{Jacobian} 행렬이며 $Jf(x_k)$는 $[Jf(x_k)]_{ij} = \partial f_i(x_k)/\partial x_j$를 원소로 가진다. 자코비안 역행렬을 구하는 대신, 선형 연립 방정식 $[Jf(x_k)]_{ij} = \partial f_i(x_k)/\partial x_j$를 풀고 $x_{k+1} = x_k + \delta x_k$를 사용해 x_k를 업데이트하면 충분하다. 일변량 연립 방정식을 위한 뉴턴 기법의 시컨트 변형과 마찬가지로 이전의 함수 계산에서 추정하는 방법을 통해 자코비안 계산을 줄일 수 있는 다변량 기법의 변형도 있다. 브로이든^{Broyden} 기법은 다변량 연립 방정식에서 이런 유형의 시컨트 업데이트를 수행하는 대표적인 예다. Scipy `optimize` 모듈에서 `broyden1`과 `broyden2`는 서로 다른 자코비안 근사를 통해 브로이든 방법을 각각 구현했으며 `optimize.fsolve` 함수는 뉴턴과 유사한 기법을 구현했는데 선택적으로 자코비안을 지정할 수 있다. 이 함수들은 모두 유사한 함수 시그니처$^{function\ signature}$[1]를 가진다. 첫 번째 인수는 해결할 방정식을 나타내는 Python 함수로, 이 Python 함수는 그 첫 번째 인수로 Numpy 배열을 취해 동일한 유형의 배열을 반환해야 한다. 두 번째 인수는 근에 대한 최초의 추측을 Numpy 배열로 전달한다. `optimize.fsolve` 함수는 선택적 키워드 인수인 `fprime`도 취하는데, 이는 함수 $f(x)$의 자코비안을 반환하는 함수를 제공하는 데 사용할 수 있다. 또 이러한 함수는 그 작동의 세부 튜닝을 위한 수많은 선택적인 키워드 인수를 취한다(자세한 내용은 docstrings 참조).

예를 들어 다음과 같은 2개의 다변량 비선형 연립 방정식을 살펴보자.

$$\begin{cases} y - x^3 - 2x^2 + 1 = 0, \\ \quad\ y + x^2 - 1 = 0 \end{cases}$$

이 방정식은 벡터 함수인 $f([x_1,\ x_2]) = [x_2 - x_1^3 - 2x_1^2 + 1,\ x_2 + x_1^2 - 1]$로 나타낼 수 있다. Scipy를 사용해 이 연립 방정식을 해결하려면 $f([x_1,\ x_2])$에 대한 Python 함수를 정의하고, 예컨대 `ptimize.fsolve`를 근 벡터의 초기 추측 값과 함수를 사용해 호출해야 한다.

```
In [73]: def f(x):
    ...:     return [x[1] - x[0]**3 - 2 * x[0]**2 + 1, x[1] + x[0]**2 - 1]
In [74]: optimize.fsolve(f, [1, 1])
Out[74]: array([ 0.73205081, 0.46410162])
```

`optimize.broyden1`과 `optimize.broyden2`는 이와 유사한 방법으로 사용될 수 있다. `optimize.fsolve`에서 사용할 자코비안을 지정하려면 주어진 입력 벡터의 자코비안을 계산하는 함수를 정의해야 한다. 이를 위해서는 먼저 수작업 또는 SymPy 등을 사용해 자코비안을 도출해야 한다.

---

1 함수 시그니처(function signature)란, 함수 정의에 있어 인수의 유형과 개수와 출력 유형 등의 입출력 구조를 의미한다. – 옮긴이

```
In [75]: x, y = sympy.symbols("x, y")
In [76]: f_mat = sympy.Matrix([y - x**3 -2*x**2 + 1, y + x**2 - 1])
In [77]: f_mat.jacobian(sympy.Matrix([x, y]))
```
$$
Out[77]: \begin{pmatrix} -3x^2 - 4x & 1 \\ 2x & 1 \end{pmatrix}
$$

이는 Python 함수로 쉽게 구현할 수 있으며, 이 함수는 `optimize.fsolve`로 전달될 수 있다.

```
In [78]: def f_jacobian(x):
    ...:     return [[-3*x[0]**2-4*x[0], 1], [2*x[0], 1]]
In [79]: optimize.fsolve(f, [1, 1], fprime=f_jacobian)
Out[79]: array([ 0.73205081, 0.46410162])
```

일변량 비선형 연립 방정식에서의 뉴턴 기법과 마찬가지로 근에 대한 초기 추측이 중요하며 초기 추측이 달라지면 방정식에 대한 다른 근을 찾게 될 수 있다. 최초 추측이 참 근과 얼마나 가까이 있는가 하는 것이 대개 그 특정 근으로의 수렴과 관련되지만 특정 근을 찾게 해준다는 보장은 없다. 따라서 가능한 한 해결하려는 방정식을 그래프로 표시해 근의 개수와 위치를 시각적으로 알아보는 것이 좋다. 예를 들어 다음 코드는 `optimize.fsolve` 함수를 사용할 때 서로 다른 초기 추측을 이용해 (여기에서의) 연립 방정식의 세 가지 다른 근을 찾는 과정을 보여준다. 결과는 그림 5-8에 나타나 있다.

```
In [80]: def f(x):
    ...:     return [x[1] - x[0]**3 - 2 * x[0]**2 + 1,
    ...:             x[1] + x[0]**2 - 1]
    ...:
    ...: x = np.linspace(-3, 2, 5000)
    ...: y1 = x**3 + 2 * x**2 -1
    ...: y2 = -x**2 + 1
    ...:
    ...: fig, ax = plt.subplots(figsize=(8, 4))
    ...:
```

```
...: ax.plot(x, y1, 'b', lw=1.5, label=r'$y = x^3 + 2x^2 - 1$')
...: ax.plot(x, y2, 'g', lw=1.5, label=r'$y = -x^2 + 1$')
...:
...: x_guesses = [[-2, 2], [1, -1], [-2, -5]]
...: for x_guess in x_guesses:
...:     sol = optimize.fsolve(f, x_guess)
...:     ax.plot(sol[0], sol[1], 'r*', markersize=15)
...:
...:     ax.plot(x_guess[0], x_guess[1], 'ko')
...:     ax.annotate("", xy=(sol[0], sol[1]), xytext=(x_guess[0],
                    x_guess[1]),
...:                 arrowprops=dict(arrowstyle="->", linewidth=2.5))
...:
...: ax.legend(loc=0)
...: ax.set_xlabel(r'$x$', fontsize=18)
```

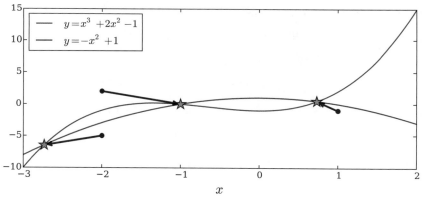

▲ 그림 5-8 두 비선형 연립 방정식 그래프. 근은 빨간색 별, 최초 추측은 검은색 점으로 표시돼 있으며 화살표는 최초 추측이 궁극적으로 어느 근으로 수렴하고 있는지 보여준다.

서로 다른 초기 추측으로 연립 방정식을 체계적으로 해결함으로써 서로 다른 초기 추측 들이 어떻게 다른 근으로 수렴되는지를 시각화할 수 있다. 이는 다음 코드 예에서 수행되 며 그 결과는 그림 5-9에 나타나 있다. 이 예는 비교적 단순한 예에서조차 다른 근으로 수렴하게 만들 수 있는 초기 추측 영역이 매우 중요함을 보여주며 알고리즘에는 어떤 근으로도 수렴하지 못하는 초기 추측 점도 존재한다는 것을 보여준다. 비선형 방정식의 해결은 복잡한 과제이며 여러 유형의 시각화는 특정 문제의 특성을 이해할 때 귀중한 도구가 되는 경우가 많다.

```
In [81]: fig, ax = plt.subplots(figsize=(8, 4))
    ...:
    ...: ax.plot(x, y1, 'k', lw=1.5)
    ...: ax.plot(x, y2, 'k', lw=1.5)
    ...:
    ...: sol1 = optimize.fsolve(f, [-2, 2])
    ...: sol2 = optimize.fsolve(f, [ 1, -1])
    ...: sol3 = optimize.fsolve(f, [-2, -5])
    ...: sols = [sol1, sol2, sol3]
    ...: for idx, s in enumerate(sols):
    ...:     ax.plot(s[0], s[1], colors[idx]+'*', markersize=15)
    ...:
    ...: colors = ['r', 'b', 'g']
    ...: for m in np.linspace(-4, 3, 80):
    ...:     for n in np.linspace(-15, 15, 40):
    ...:         x_guess = [m, n]
    ...:         sol = optimize.fsolve(f, x_guess)
    ...:         idx = (abs(sols - sol)**2).sum(axis=1).argmin()
    ...:         ax.plot(x_guess[0], x_guess[1], colors[idx]+'.')
    ...:
    ...: ax.set_xlabel(r'$x$', fontsize=18)
```

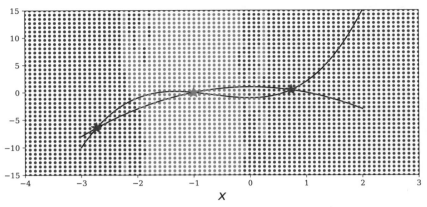

▲ 그림 5-9 서로 다른 최초의 추측이 다른 근으로 수렴하는 것을 시각화한 것. 각 점은 최초 추측을 나타내며, 각 색은 어떤 근에 최종적으로 수렴했는지를 보여준다. 근은 각별의 해당 색으로 표시돼 있다.

요약

5장에서는 SymPy와 Scipy 라이브러리를 사용해 대수 방정식을 푸는 방법을 탐구했다. 방정식 풀이는 계산 과학에 있어서 가장 기초적인 수학 도구 중 하나이며, 많은 알고리즘과 방법에서 중요한 요소인 동시에 많은 문제 해결 상황에 직접 적용할 수 있다. 경우에 따라 해석적 대수 해법이 존재한다. 특히 다항식이거나 기초 함수가 조합된 식을 포함한 경우에 그러하다. 이러한 방정식은 SymPy를 이용해 기호적으로 취급되는 경우가 많다. 대수적 해법이 없는 방정식과 더 큰 연립 방정식의 경우, 일반적으로 수치적 방법이 실행 가능한 유일한 접근 방식이다. 선형 연립 방정식은 항상 체계적으로 해결될 수 있으며 이러한 이유로 인해 원래 선형 연립 방정식에 대한 것이든, 이에 근사한 것이든 선형 연립 방정식에는 매우 중요한 응용이 많다. 비선형 방정식 해결에는 다른 일련의 방법이 필요하며 일반적으로 선형 연립 방정식에 비해 훨씬 복잡하고 많은 계산양이 요구된다. 사실, 선형 연립 방정식 방정식의 해결은 비선형 연립 방정식을 해결하기 위해 존재하는 많은 방법에서 채택한 반복적 방법에 있어 중요한 단계를 수행한다. 수치적 방정식 해결 방법에서는 Scipy의 선형 대수학과 최적화 모듈을 이용할 수 있는데, 이 모듈들은 선형 및 비선형 시스템 모두에 있어 수치적 근 탐색과 방정식 해결을 위한 효율적이고 잘 검증된 방법을 제공한다.

추가 참고 도서 목록

방정식 풀이는 대부분의 수치 분석 입문서에서 그 방법을 다루고 있는 기본적인 수치적 기법이다. 이러한 주제를 다룬 책 중 좋은 예는 Heath(2001)이며 W.H. Press(2007)는 구현 세부 사항과 함께 실용적인 소개를 하고 있다.

참고 문헌

- Heath, M.(2001). Scientific Computing. Boston: McGraw-Hill.
- W.H. Press, S. T.(2007). Numerical Recipes: The Art of Scientific Computing (3rd ed). Cambridge: Cambridge University Press.

6장

최적화

6장에서는 5장, '방정식 풀이'의 공식을 바탕으로 최적화 문제 해결과 관련된 주제를 살펴본다. 최적화란, 가능한 여러 후보군의 집합에서 최적의 원소를 찾아 선택하는 과정을 의미한다. 수학적 최적화에서 이 문제는 대개 주어진 영역에서 함수의 극값을 찾아내는 것으로 공식화된다. 극값 또는 최적값은 응용과 특정 문제에 따라 함수의 최솟값 또는 최댓값을 의미할 수 있다. 6장에서는 1개 또는 여러 개의 변수를 가진 실수 함수의 최적화에 관해 살펴보는데, 이는 함수의 영역을 선택적으로 제한하는 일련의 제약 조건을 따를 수 있다.

수학적 최적화의 응용과 마찬가지로 최적화 문제를 해결하기 위해 채택해야 하는 방법과 알고리즘 또한 다양하다. 최적화는 보편적으로 중요한 수학적 도구이기 때문에 과학과 공학의 많은 분야에 이용하기 위해 개발되고 적응돼왔으며 최적화 문제를 기술하기 위해 사용되는 용어는 분야별로 다르다. 몇 가지만 예로 들면 최적화된 수학적 함수는 비용 함수, 손실 함수, 에너지 함수 또는 목적 함수라고 할 수 있다. 여기서는 원래의 용어인 목적objective 함수라는 용어를 사용한다.

함수의 최적값이란, 그 함수의 미분(다변량의 경우에는 그레이디언트)이 0인 지점이므로 최적화는 방정식의 해결과 밀접하게 관련돼 있다. 역은 반드시 성립하지 않지만 최적화 문제를 해결하는 방법은 미분이나 그레이디언트 등의 값을 0을 이용해 풀고 그 후보군에서 최적값을 테스트해보는 것이다. 그러나 이 접근 방식이 항상 실현 가능한 것은 아니며 5장, '방정식 풀이'에서 다룬 제곱근을 발견했을 때의 수치적인 방법과 유사한 다른 수치적 접근법을 취해야 하는 경우가 많다.

6장에서는 비선형 최적화 문제에 있어 Scipy의 최적화 모듈인 `optimize`를 이용하는 것을 살펴보며, 선형 제약이 있는 선형 최적화 문제는 컨벡스^{convex} 최적화 라이브러리 `cvxopt`의 사용을 살펴본다. 이 라이브러리 또한 2차 프로그래밍 문제에 대한 강력한 해결자를 갖고 있다.

> **노트**
>
> **cvxopt**
>
> 컨벡스 최적화 라이브러리 cvxopt는 선형 및 2차 최적화 문제에 대한 해결자를 제공한다. 이 책을 쓰고 있는 시점의 cvxopt 최신 버전은 1.1.9다. 좀 더 자세한 내용은 프로젝트 웹 사이트(http://cvxopt.org)를 참고하라. 여기서는 이 라이브러리를 이용해 제한된 선형 최적화를 수행해본다.

모듈 임포트하기

5장, '방정식 풀이'에서처럼 여기서는 Scipy 라이브러리의 `optimize` 모듈을 사용하며 이 모듈이 다음과 같은 방법으로 임포트된다고 가정한다.

```
In [1]: from Scipy import optimize
```

6장의 뒷부분에서는 `cvxopt` 라이브러리를 사용한 선형 프로그래밍도 살펴본다. 이 라이브러리는 다음과 같이 별명을 사용하지 않고 이름 그대로 임포트한다고 가정한다.

```
In [2]: import cvxopt
```

기본 수치, 기호 및 도식화에서도 Numpy, SymPy, Matplotlib 라이브러리를 사용하고 있는데 이 라이브러리에서는 5장, '방정식 풀이'에서 소개한 방법을 사용해 임포트되고 초기화된다.

```
In [3]: import matplotlib.pyplot as plt
In [4]: import numpy as np
In [5]: import sympy
In [6]: sympy.init_printing()
```

최적화 문제 분류

여기서는 하나 이상의 종속 변수를 갖는 실수 함수의 수학적 최적화에 집중한다. 이러한 방식을 사용하면 많은 수학적 최적화 문제를 구성할 수 있다. 눈에 띄는 예외는 이산형 변수, 예를 들어 정수에 대한 함수의 최적화로, 이는 이 책의 범위를 벗어난다.

여기서 고려한 일반적인 최적화 문제의 유형은 최소화 문제로 공식화할 수 있는데, m개의 등식 제약 조건 $g(x)=0$과 p개의 부등식 제약 조건 $h(x) \leq 0$하에 $\min_x f(x)$를 찾는 것이다. 여기서 $f(x)$는 실숫값을 갖는 x의 함수로, 스칼라 또는 벡터 $x = (x_0, x_1, ..., x_n)^T$인 반면, $g(x)$와 $h(x)$는 백터 함수 $f:\mathbb{R}^n \longrightarrow \mathbb{R}$, $g:\mathbb{R}^n \longrightarrow \mathbb{R}^m$ 및 $h:\mathbb{R}^n \longrightarrow \mathbb{R}^p$일 수 있다. $f(x)$를 최대화하는 것은 $-f(x)$를 최소화하는 것과 동일하므로 일반성을 잃지 않고 최소한의 문제만 고려해도 충분하다는 점에 주목하자. 목적 함수 $f(x)$와 등식 또는 부등식 제약 $g(x)$와 $h(x)$의 특성에 따라 이 공식은 매우 다양한 문제를 포함한다. 이런 유형의 일반적인 수학 최적화는 해결하기 힘들지만, 특수한 경우에는 이를 효율적으로 해결할 수 있는 방법이 있다. 따라서 최적화 문제를 해결하기 위해서는 목적 함수와 제약 조건을 가능한 한 많이 알고 있는 것이 중요하다.

최적화 문제는 함수 $f(x)$, $g(x)$, $h(x)$의 특성에 따라 분류된다. 무엇보다 x가 스칼라인 경우, 문제는 일변량 또는 1차원이고 x가 벡터, $x \in \mathbb{R}$인 경우에는 다변량 또는 다차원 문제가 된다. 고차원 목적 함수에서 n이 크면 최적화 문제는 좀 더 계산하기 어려워지고, 계산양도 많아진다. 목적 함수와 제약 조건이 모두 선형인 경우에는 선형 최적화 또는 선형 프로그래밍 문제가 된다.[1] 이는 컴퓨터 프로그래밍과는 관련이 없다. 목적 함수나 제약 조건 중 하나가 비선형일 경우, 비선형 최적화 문제 또는 비선형 프로그래밍 문제가 된다. 제약 조건에 있어 최적화의 주요 하위 부류는 제약되지 않는 문제이며 선형 및 비선형 제약 조건을 가진 문제들이다. 마지막으로 등식과 부등식 제약을 다루는 데는 다른 접근 방법이 필요하다.

늘 그렇듯이 비선형 문제는 그 행동 범위가 넓기 때문에 선형 문제보다 해결하기가 훨씬 더 까다롭다. 일반적인 비선형 문제는 지역 및 전역 최저를 모두 가질 수 있는데, 이는 전역 최적을 찾는 것을 매우 어렵게 만든다. 반복 작업을 통한 해결법은 종종 전역 최저를 찾지 못하고 지역 최저에 수렴되거나 지역과 전역 최저가 모두 있는 경우에도 수렴 자체를 못할 수도 있다. 그러나 비선형 문제 부류 중 좀 더 효율적으로 해결할 수 있는 중요한 하위 부류는 바로 컨벡스convex 문제다. 이 문제에는 지역 최저가 존재하지 않고 유일한 전역 최저만 존재한다.

컨벡스 함수의 정의는 다음과 같다. 구간 $[a, b]$에서 함수의 값이 함수의 끝점 $(a, f(a))$와 $(b, f(b))$를 잇는 직선 아래에 있으면 그 구간의 컨벡스라고 한다. 이 조건은 다변량 경우로도 일반화될 수 있으며 구간 내 고유한 최저의 존재와 같은 몇 가지 중요한 성질을 내포한다. 이러한 강력한 특성으로 인해 컨벡스 문제는 비선형적으로도 해결할 수 있다. 지역 및 전역 최저, 컨벡스나 비컨벡스 함수의 개념은 그림 6-1과 같다.

---

1   역사적 이유로 인해 최적화 문제는 종종 '프로그래밍 문제'라고도 불린다.

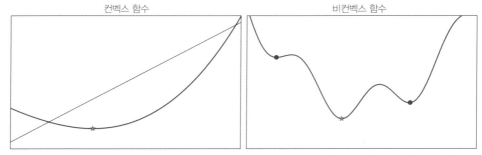

▲ 그림 6-1 컨벅스 함수(왼쪽)와 하나의 전역 최젓값, 2개의 지역 최젓값을 가진 비컨벅스 함수(오른쪽)

목적 함수 $f(x)$와 제약 조건 $g(x)$ 및 $h(x)$가 연속적이고 매끈한지^{smooth}의[2] 여부는 최적화 문제 해결에 사용할 수 있는 방법과 기법을 결정하는 데 매우 중요한 영향을 미치는 속성이다. 이러한 함수들 또는 그 함수들의 도함수나 그레이디언트의 불연속성은 최적화 문제 해결에 있어 많은 문제를 야기한다. 다음 설명에서는 이러한 함수들이 연속이며 매끈하다고 가정한다. 참고로 함수 자체를 정확히 알 수 없지만 측정이나 다른 이유로 인해 잡음이 포함될 경우, 다음에 설명할 많은 방법이 적절하지 않을 수 있다.

연속이며 매끈한 함수의 최적화는 비선형 방정식 풀이와 밀접한 관련이 있다. 함수 $f(x)$의 극단 값은 그 도함수(또는 그레이디언트)가 0인 점에 해당하기 때문이다. 따라서 $f(x)$ 최적값의 후보를 찾는 것은 (일반적으로 비선형) 연립 방정식 $\nabla f(x)=0$을 푸는 것과 동일하다. 그러나 정류점$^{stationary\ point}$으로 알려진 $\nabla f(x)=0$의 해법은 반드시 $f(x)$의 최솟값에 해당하지 않는다. 이는 최대 또는 안장점$^{saddle\ point}$이 될 수도 있다(그림 6-2 참조). 따라서 $\nabla f(x)=0$을 해결해 얻은 후보들은 최적성을 테스트해야 한다. 제약되지 않는 목적 함수의 경우, 정류점이 지역 최소인지 아닌지를 알아내기 위해 고차의 도함수 또는 다변량 경우의 헤세 행렬$^{hessian\ matrix}$를 사용할 수 있다.

$$\{H_f(x)\}_{ij} = \frac{\partial^2 f(x)}{\partial x_i \partial x_j},$$

---

2 매끈한(smooth) 함수는 무한 번의 미분 가능한 함수를 의미한다. – 옮긴이

특히 2차 도함수가 양수(또는 헤세 양정 값$^{Hessian\ positive\ definite}$)인 경우, 정류점 x^*에서 계산했을 때 x^*는 지역 최솟값이다. 음의 2차 도함수(또는 음의 헤세 정 값)인 경우에는 지역 최대에 해당하며 2차 도함수가 0인 경우(또는 헤세 부정 값$^{indefinite\ Hessian}$)에는 안장점에 해당한다.

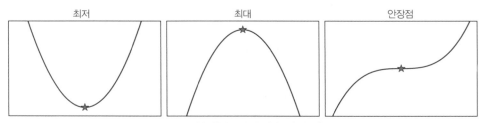

최저   최대   안장점

▲ 그림 6-2 1차원 함수에서의 서로 다른 정류점 예시

따라서 연립 방정식 $\nabla f(x) = 0$을 대수적으로 풀고 최적성에 대한 후보 해들을 테스트하는 것은 최적화 문제를 해결하기 위한 전략 중 하나다. 그러나 항상 이 방법이 가능한 것은 아니다. 특히 도함수를 계산하기 위한 $f(x)$의 해석적 표현이 존재하지 않을 수 있고 비선형 연립 방정식 시스템의 해결이 쉽지 않을 수도 있으며, 모든 근을 발견하지 못할 수도 있다. 이 경우, 대안적인 수치적 최적화 방법이 있으며 그중 일부는 5장, '방정식 풀이'에서 설명한 근 찾기 방법 중 하나와 유사하다. 6장의 나머지 부분에서는 여러 최적화 문제를 살펴보고 그러한 문제를 Python의 여러 최적화 라이브러리를 이용해 어떻게 해결할 수 있는지를 알아본다.

일변량 최적화

단일 변수에만 종속된 함수의 최적화는 비교적 쉽다. 함수의 도함수 근을 찾는 해석적 접근법 외에 일변량 함수의 근 탐색법, 즉 브래킷^{bracketing} 기법, 뉴턴 기법과 유사한 것을 사용할 수 있다. 일변량 근 탐색을 위한 이분법처럼 함수 계산만으로 브래킷과 함수 계산을 사용한 구간의 반복적 정제 방법을 사용할 수 있다. 최소를 포함하는 간격 $[a, b]$를 찾아내는 것은 2개의 내부 지점 x_1과 $x_2(x_1 < x_2)$에서 함수를 계산하고, $f(x_1) > f(x_1)$인 경우에는 $[x_1, b]$를 새 구간으로 선택하며, 그 이외의 경우에는 $[a, x_2]$를 새로운 구간으로 선택하는 방법을 사용하면 해결할 수 있다. 이 아이디어는 '황금 분할율' 기법에서 사용되며 추가로 $[a, b]$ 구간의 상대적인 위치가 황금율을 만족하도록 x_1과 x_2를 선택하는 요령을 사용한다. 이는 이전 반복에서의 함수 계산을 재사용할 수 있게 함으로써 각 반복에서 하나의 새로운 함수에 대한 계산만 필요함에도 불구하고 각 반복마다 일정한 부분 이상으로 간격을 줄여주는 장점이 있다. 주어진 간격에서 고유의 최젓값을 갖는 함수는 이 접근법이 최적값에 수렴하는 것을 보장해주지만 아쉽게도 좀 더 복잡한 함수는 최적을 보장하지 않는다. 따라서 이상적으로는 최적점에 비교적 가깝도록 초기 구간을 신중하게 선택하는 것이 중요하다. Scipy optimize 모듈에서는 golden 함수가 황금률 검색 방법을 구현한 것이다.

근 찾기의 이분법처럼 황금률 탐색법은 (상대적으로) 안전하지만 수렴이 느리다. 단지 값을 서로 비교하는 것(이분법에서 함수의 부호만을 사용하는 것과 유사)이 아니라 함수 계산 값을 사용하는 경우에 더 빠른 수렴을 얻을 수 있다. 예를 들어 함숫값은 다항(예를 들어 2차)을 적합화하는 데 사용할 수 있다. 이는 새로운 최솟값에 대한 근삿값을 찾기 위해 보간할 수 있고, 새로운 함수를 계산하기 위한 후보를 생성해 그다음 반복이 가능하게 해준다. 접근법은 더 빨리 수렴할 수 있지만 브래킷보다 위험하며 전혀 수렴하지 않거나 주어진 브래킷 구간의 외부에 있는 지역 최소로까지 수렴할 수 있다.

뉴턴의 근 찾기 방법은 함수 자체보다는 그 도함수에 이 방법을 적용해 함수 최솟값을 찾는 2차 근사법의 한 예다. 이는 최적점 근처에서 시작했을 경우 더 빠른 수렴이 가능한 $x_{k+1} = x_k - f'(x_k)/f''(x_k)/f(x_k)$와 같은 반복 공식을 생성한다. 이와 반대로 최적값으로부터 너무 먼 지점에서 출발하면 전혀 수렴되지 않을 수 있다. 이 공식은 반복할 때마다 도함수와 2차 도함수 모두를 계산해야 한다. 이들 도함수에 대한 해석적 표현 식이 존재한다면 좋은 방법이 될 수 있다. 함수 계산만 이용할 수 있는 경우라면 근 찾기를 위한 시컨트 기법과 유사한 기법을 사용해 도함수의 근삿값으로 추정할 수 있다.

일변량 최적화 루틴의 실용적인 구현에는 앞서 설명한 두 가지 기법의 조합이 사용돼 안정성과 함께 빠른 수렴이 가능하다. Scipy의 `optimize` 모듈에서는 `brent` 함수가 이러한 하이브리드 방식이며 일반적으로 Scipy를 이용한 일변량 함수의 최적화를 위해 선호되는 방법이다. 이 방법은 보다 빠른 수렴을 위해 역포물선 보간법을 사용하는 황금률 검색 방식의 변형이다.

`optimize.golden`과 `optimize.brent` 함수를 직접 호출하는 대신, `optimize.minimize_scalar` 통합 함수를 호출하는 것이 더 편리하다. 이 통합 함수는 메서드의 키워드 인숫값이 `'Golden'`, `'Brent'`, `'Bounded'` 중 어느 것이냐에 따라 `optimize.golden`과 `optimize.brent` 함수를 호출한다. 마지막 옵션의 경우 `optimize.fminbound` 함수를 호출한다. 이는 한정된 구간에서 최적화를 수행하므로 목적 함수 $f(x)$의 영역을 제한해둔 최적화 문제에 해당한다. `optimize.golden`과 `optimize.brent` 함수는 최초 구간 외부에서 수렴할 가능성이 있지만 fminbound는 이런 경우 허용된 구간의 끝 값을 반환한다는 점에 주목하자. 이러한 기법의 예로 다음과 같은 고전적인 최적화 문제를 살펴보자. 단위 부피를 가진 실린더의 면적을 최소화한다. 여기에 적합한 변수는 실린더의 반지름 r과 높이 h이며 목적 함수는 $f([r, h]) = 2\pi r^2 + 2\pi rh$이고 동등 제약 조건 $g([r, h]) = \pi r^2 h - 1 = 0$을 가진다. 이 문제는 제약 조건 등식을 갖는 2차원 최적화다. 그러나 종속 변수들 중 하나, 예를 들어 $h = 1/\pi r^2$에 대한 제약 방정식을 대수적으로 풀 수 있으며 이를 목적 함수로 대체해 제한되지 않은 1차원 최적화 문제, $f(r) = 2\pi r^2 + 2/r$을 얻을 수 있다. 우선 SymPy를 사용해 $f(r)$의 미분이 0이 되게 만드는 방법을 사용하면 문제를 기호적으로 풀 수 있다.

```
In [7]: r, h = sympy.symbols("r, h")
In [8]: Area = 2 * sympy.pi * r**2 + 2 * sympy.pi * r * h
In [9]: Volume = sympy.pi * r**2 * h
In [10]: h_r = sympy.solve(Volume - 1)[0]
In [11]: Area_r = Area.subs(h_r)
In [12]: rsol = sympy.solve(Area_r.diff(r))[0]
In [13]: rsol
Out[13]: $\dfrac{2^{2/3}}{2\sqrt[3]{\pi}}$
```

```
In [14]: _.evalf()
Out[14]: 0.541926070139289
```

이제 2차 도함수가 양수이고 rsol이 최솟값에 해당하는지 확인한다.

```
In [15]: Area_r.diff(r, 2).subs(r, rsol)
Out[15]: 12π
In [16]: Area_r.subs(r, rsol)
Out[16]: 3∛(2π)
In [17]: _.evalf()
Out[17]: 5.53581044593209
```

간단한 문제는 이 접근법을 종종 실행할 수 있지만 보다 현실적인 문제에 있어서는 수치 기술에 의존할 필요가 있다. Scipy의 수치 최적화 함수를 이용해 이 문제를 해결하려면 우선 목적 함수를 구현하는 Python 함수 f를 정의해야 한다. 최적화 문제를 해결하기 위해서는 이 함수를 optimize.brent 등에 전달해야 한다. brack 키워드 인수를 선택적으로 사용하면 알고리즘의 시작 구간을 지정할 수 있다.

```
In [18]: def f(r):
    ...:     return 2 * np.pi * r**2 + 2 / r
In [19]: r_min = optimize.brent(f, brack=(0.1, 4))
In [20]: r_min
Out[20]: 0.541926077256
In [21]: f(r_min)
Out[21]: 5.53581044593
```

optimize.brent를 직접 호출하는 대신, 스칼라 최적화 문제를 위한 일반적 인터페이스인 optimize.minimize_scalar를 사용할 수도 있다. 이 경우, 시작 구간을 지정하려면 bracket 키워드 인수를 사용해야 한다는 점에 주목하자.

```
In [22]: optimize.minimize_scalar(f, bracket=(0.1, 4))
```

```
Out[22]: nit: 13
         fun: 5.5358104459320856
           x: 0.54192606489766715
        nfev: 14
```

이 모든 방법은 실린더의 면적을 최소화하는 반지름이 약 0.54(기호 계산을 통한 정확한 결과는 $2^{2/3}/2\sqrt[3]{\pi}$)이고, 최소 면적은 약 5.54(정확한 결과는 $3\sqrt[3]{2\pi}$)임을 알려준다. 이 예에서 최소화한 목적 함수는 그림 6-3에 도식화돼 있으며 최솟값은 빨간색 별로 표시돼 있다. 가능하다면 수치적 최적화를 시도하기 전에 목적 함수를 시각화해보는 것이 좋다. 이는 수치 최적화 루틴에 있어 적절한 초기 구간이나 시작점을 알아내는 데 도움을 줄 수 있다.

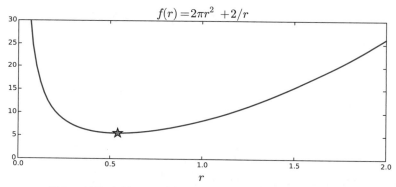

▲ 그림 6-3 단위 면적을 갖는 실린더의 표면적을 반지름의 함수로 나타낸 그래프

제약 없는 다변량 최적화

다변량 최적화는 이전 절에서 살펴본 일변량 최적화보다 훨씬 어렵다. 특히 다변량의 경우에는 그레이디언트의 근을 구하는 비선형 방정식을 푸는 해석적 접근법이 거의 불가능하며 황금률 탐색법에 이용되는 브래킷 방식도 적용할 수 없다. 그 대신, 좌표 공간의 어느 지점에서 시작해 최소 점에 대한 더 나은 근삿값으로 이동하기 위해서는 다른 전략을 사용해야 한다. 이 유형의 가장 기본적인 접근법은 주어진 x에서 목적 함수 $f(x)$의 그레이

디언트 $\nabla f(x)$를 고려하는 것이다. 일반적으로 그레이디언트의 음수인 $-\nabla f(x)$는 항상 함수 $f(x)$가 가장 많이 감소하는 방향을 가리킨다. 따라서 최소화 전략으로는 이 방향을 따라 일정 거리 α_k만큼 이동한 후 새로운 지점에서 이 방식을 반복하는 것이 현명하다. 이 방법은 최대 경사 하강법$^{\text{steepest descent method}}$으로 알려져 있으며 반복 공식인 $x_{k+1}=xk-\alpha_k\nabla f(x_k)$를 생성한다. 여기서 α_k는 각 반복에서 주어진 방향을 따라 이동하는 정도를 결정하는 선 검색 매개변수로 알려진 자유 매개변수다. 예를 들어 적절한 α_k는 1차원 최적화 문제 $\min_{a k}f(x_k-\alpha_k\nabla f(x_k))$를 해결함으로써 선택할 수 있다. 이 방법은 전개가 보장돼 있어 결국 함수의 최솟값으로 수렴되지만 그레이디언트 방향으로 오버슈팅^{overshooting}하는 경향이 있기 때문에 최솟값을 향한 지그재그를 형성하고 수렴이 상당히 늦어질 수 있다. 그럼에도 불구하고 최대 경사 하강법은 많은 다변량 최적화 알고리즘의 개념적 기초가 되며 적절한 수정을 가하면 수렴 속도가 빨라질 수 있다.

다변량 최적화를 위한 뉴턴 기법은 최대 경사 하강 방식의 수렴을 개선할 수 있도록 변형한 것이다. 일변량 사례에서와 같이 뉴턴 기법은 최소화된 경우 반복 계획을 제공해주는 함수의 지역적 2차 근삿값으로 볼 수 있다. 다변량 사례에서의 반복 공식은 $x_{k+1}=x_k-H_f^{-1}(x_k)\nabla f(x_k)$로, 여기서는 최대 경사 하강 방법과 비교했을 때, 함수의 헤세 역행렬을 왼쪽에 곱한 그레이디언트로 대체됐다.[3] 일반적으로 이 방법은 단계의 방향과 길이를 모두 변경하므로 엄밀히 말해 최대 경사 하강법이 아니며 최소로부터 너무 먼 지점에서 출발하면 수렴되지 않을 수 있다. 하지만 최솟값에 가까우면 빠르게 수렴한다. 늘 그렇듯이 수렴률과 안정성 사이에는 트레이드-오프의 관계가 있다. 여기서 공식화한 것처럼 뉴턴 기법에는 함수의 그레이디언트와 헤세 둘 다 필요하다.

Scipy에서 뉴턴 기법은 `optimize.fmin_ncg` 함수에 구현돼 있다. 이 함수는 목적 함수인 Python 함수, 시작점, 그레이디언트 계산을 위한 Python 함수 그리고 (선택적으로) 헤세 계산을 위한 Python 함수를 취한다. 최적화 문제를 해결하기 위해 이 메서드들을 어떻게

---

3   실제로 헤세 역행렬을 계산할 필요는 없다. 그 대신 선형 등식 $H_f(x_k)y_k=-\nabla f(x_k)$를 해결하고 적분 공식 $x_{k+1}=x_k+y_k$를 사용한다.

활용할 수 있는지 살펴보기 위해 목적 함수가 $f(x) = (x_1 - 1)^4 + 5(x_2 - 1)^2 - 2x_1x_2$인 $\min_x$ $f(x)$의 문제를 살펴보자. 뉴턴 기법을 적용하려면 그레이디언트와 헤세를 계산할 필요가 있다. 이 특별한 경우, 수작업으로 쉽게 구할 수 있지만 일반화하기 위해서는 SymPy를 사용해 그레이디언트와 헤세를 위한 기호적 식을 계산한다. 목적 함수에 대한 기호와 기호 식부터 정의한 후 각 변수에 대한 그레이디언트와 헤세의 기호적 형태를 구하기 위해 sympy.diff 함수를 사용한다.

```
In [23]: x1, x2 = sympy.symbols("x_1, x_2")
In [24]: f_sym = (x1-1)**4 + 5 * (x2-1)**2 - 2*x1*x2
In [25]: fprime_sym = [f_sym.diff(x_) for x_ in (x1, x2)]
In [26]: # 그레이디언트
    ...: sympy.Matrix(fprime_sym)
```
$$Out[26]: \begin{bmatrix} -2x_2 + 4(x_1 - 1)^3 \\ -2x_1 + 10x_2 - 10 \end{bmatrix}$$
```
In [27]: fhess_sym = [[f_sym.diff(x1_, x2_) for x1_ in (x1, x2)] for x2_ in
         (x1, x2)]
In [28]: # 헤세
    ...: sympy.Matrix(fhess_sym)
```
$$Out[28]: \begin{bmatrix} -2x_2 + 4(x_1 - 1)^3 \\ -2x_1 + 10x_2 - 10 \end{bmatrix}$$

이제 그레이디언트와 헤세의 기호 식이 있으므로 sympy.lambdify를 사용해 이 식에 대한 벡터화 함수를 생성할 수 있다.

```
In [29]: f_lmbda = sympy.lambdify((x1, x2), f_sym, 'numpy')
In [30]: fprime_lmbda = sympy.lambdify((x1, x2), fprime_sym, 'numpy')
In [31]: fhess_lmbda = sympy.lambdify((x1, x2), fhess_sym, 'numpy')
```

그러나 sympy.lambdify에 의해 생성된 함수는 해당 표현 식의 각 변수에 하나의 인수를 취하며 Scipy 최적화 함수는 모든 좌표가 하나의 배열로 압축된 벡터화 함수를 취한다. Scipy 최적화 루틴과 호환되는 함수를 얻기 위해서는 sympy.lambdify에 의해 생성된 각 함수를 인수를 재정렬하는 Python 함수로 래핑해야 한다.

```
In [32]: def func_XY_to_X_Y(f):
    ...:     """
    ...:     Wrapper for f(X) -> f(X[0], X[1])
    ...:     """
    ...:     return lambda X: np.array(f(X[0], X[1]))
In [33]: f = func_XY_to_X_Y(f_lmbda)
In [34]: fprime = func_XY_to_X_Y(fprime_lmbda)
In [35]: fhess = func_XY_to_X_Y(fhess_lmbda)
```

f, fprime, fhees는 optimize.fmin_ncg가 기대하는 형태로 벡터화된 Python 함수로,
이 함수를 호출하면 당면한 문제의 수치적 최적화를 진행할 수 있다. SymPy 식에서 준
비한 함수 이외에 뉴턴 기법의 출발점을 설정해야 한다. 여기서는 (0, 0)을 출발점으로 사
용한다.

```
In [36]: x_opt = optimize.fmin_ncg(f, (0, 0), fprime=fprime, fhess=fhess)
         Optimization terminated successfully.
                Current function value: -3.867223
                Iterations: 8
                Function evaluations: 10
                Gradient evaluations: 17
                Hessian evaluations: 8
In [37]: x_opt
Out[37]: array([ 1.88292613, 1.37658523])
```

루틴은 최소를 $(x_1, x_2) = (1.88292613, 1.37658523)$로 찾았으며, 근에 도달하기 위해 필
요한 함수의 반복 횟수와 그레이디언트, 헤시 계산 등 근에 대한 진단 정보도 표준으로
출력했다. 늘 그렇지만 목적 함수와 근을 시각화하면 도움이 된다(그림 6-4 참조).

```
In [38]: fig, ax = plt.subplots(figsize=(6, 4))
    ...: x_ = y_ = np.linspace(-1, 4, 100)
```

```
...: X, Y = np.meshgrid(x_, y_)
...: c = ax.contour(X, Y, f_lmbda(X, Y), 50)
...: ax.plot(x_opt[0], x_opt[1], 'r*', markersize=15)
...: ax.set_xlabel(r"$x_1$", fontsize=18)
...: ax.set_ylabel(r"$x_2$", fontsize=18)
...: plt.colorbar(c, ax=ax)
```

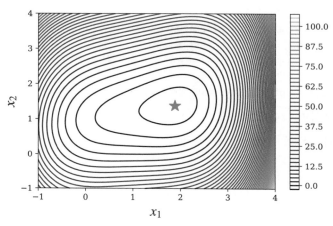

▲ 그림 6-4 목적 함수 $f(x)=(x_1-1)^4+5(x_2-1)^2-2x_1x_2$의 도식화. 최저점은 빨간색 별로 표시돼 있다.

실제로 목적 함수의 그레이디언트와 헤세를 모두 계산하는 함수를 늘 제공할 수 있는 것이 아니며 목적 함수만 필요한 해법이 편리할 때가 많다. 이 경우, 수치적으로 그레이디언트나 헤세 또는 둘 다를 계산하는 몇 가지 방법이 존재한다. 헤세를 근사하는 방법은 유사-뉴턴quasi-Newton 기법으로 알려져 있으며 헤세를 완전히 없앨 수 있는 대체 반복법도 있다. 두 가지 보편적인 방법은 Broyden-Fletcher-Goldfarb-ShannoBFGS와 켤레 그레이디언트 기법으로, Scipy에서는 `optimize.fmin_bfgs`와 `optimize.fmin_cg`로 구현돼 있다. BFGS 방식은 필요에 따라 점진적으로 헤세의 수치적 추정값을 구하는 유사-뉴턴 기법이며 그레이디언트도 계산할 수 있다. 켤레 그레이디언트 기법은 최대 경사 하강법의 변종으로, 헤세를 사용하지 않으며 함수 계산으로만 얻은 그레이디언트의 수치적 추정값과 함께 사용할 수 있다. `optimize.fmin_bfgs`와 optimize 메서드는 둘 다 문제 해결에 필요한 함수 계산의 수가 뉴턴 기법보다 훨씬 더 많은 반면, 그레이디언트와 헤세를 모두 계산한다. 둘 다 `optimize.fmin_bfgs`를 최적화하고 최적화한다. `optimize.fmin_cg`는 그레이디언트를 계산하는 함수를 선택적으로 취할 수 있지만, 없는 경우에는 함수 계산을 통해 그레이디언트를 추정한다.

앞서 주어진 문제는 뉴턴 기법으로 해결됐는데 헤세에 대한 함수를 제공하지 않고 `optimize.fmin_bfgs`와 `optimize.fmin_cg`를 사용해도 해결할 수 있다.

```
In [39]: x_opt = optimize.fmin_bfgs(f, (0, 0), fprime=fprime)
         Optimization terminated successfully.
             Current function value: -3.867223
             Iterations: 10
             Function evaluations: 14
             Gradient evaluations: 14
In [40]: x_opt
Out[40]: array([ 1.88292605, 1.37658523])
In [41]: x_opt = optimize.fmin_cg(f, (0, 0), fprime=fprime)
         Optimization terminated successfully.
             Current function value: -3.867223
             Iterations: 7
             Function evaluations: 17
             Gradient evaluations: 17
In [42]: x_top
Out[42]: array([ 1.88292613, 1.37658522])
```

여기에서는 앞 절의 최적화 해결자에서의 진단 출력에서 살펴본 것과 같이 함수와 그레이디언트 계산 수가 뉴턴 기법보다 많다는 점에 유의하자. 앞서 언급한 바와 같이, 이 두 메서드 모두 그레이디언트 함수를 제공하지 않고도 사용할 수 있다. 다음 예제에서 볼 수 있듯이 `optimize.fmin_bfgs`를 사용한다.

```
In [43]: x_opt = optimize.fmin_bfgs(f, (0, 0))
         Optimization terminated successfully.
             Current function value: -3.867223
```

```
        Iterations: 10
        Function evaluations: 56
        Gradient evaluations: 14
In [44]: x_opt
Out[44]: array([ 1.88292604, 1.37658522])
```

이 경우, 함수 계산 수는 더욱 많지만 그레이디언트와 헤세에 대한 함수를 구현하지 않아도 된다는 점은 편리하다.

일반적으로 BFGS 방법은 최초 시도의 용도로 좋다. 특히 그레이디언트와 헤세가 모두 알려져 있지 않은 경우에 그러하다. 그레이디언트만 알고 있는 경우라도 BFGS를 사용할 것을 권하지만, 켤레 그레이디언트 기법도 대안이 될 수 있다. BFGS와 켤레 그레이디언트 기법은 둘 다 뉴턴 기법보다 느리지만 종종 보다 개선된 안정성을 제공하므로 더 선호된다. 뉴턴의 기법은 유사-뉴턴이나 켤레 그레이디언트 기법에 비해 각 반복 시의 계산양 또한 더 많을 수 있으며 특히 대규모 문제에서 더 많은 반복이 소요됨에도 불구하고 더 빠르다.

지금까지 논의했던 다변량 최적화의 방법은 모두 지역 최소로 수렴된다. 지역 최소 문제의 경우, 전역 최솟값이 존재하더라도 해결자가 지역 최솟값에 쉽게 갇혀 버리는 상황으로 이어질 수 있다. 이 문제에 대한 완전하고 일반적인 해결책은 없지만, 이 문제를 부분적으로 완화시킬 수 있는 실용적인 접근법은 좌표 그리드에 대한 무차별 검색brute force search을 사용해 반복형 해결자가 시작할 적절한 위치를 찾는 것이다. 적어도 이 기법은 주어진 좌표 범위 내에서 전역 최솟값을 찾기 위한 체계적인 접근 방법을 제공한다. Scipy에서는 `optimize.brute` 함수가 이러한 체계적 검색을 수행할 수 있다. 이 방법을 설명하기 위해 지역 최저 수가 많은 함수 $4 \sin x\pi + 6 \sin y\pi + (x-1)^2 + (y-1)^2$를 최소화하는 문제를 살펴본다. 이 문제는 반복형 해결자가 적합한 초기 지점을 까다롭게 선택할 수 있다. 이 최적화 문제를 Scipy로 해결하기 위해서는 우선 목적 함수를 Python 함수로 정의해야 한다.

```
In [45]: def f(X):
    ...:     x, y = X
    ...:     return (4 * np.sin(np.pi * x) + 6 * np.sin(np.pi * y)) +
         (x - 1)**2 + (y - 1)**2
```

좌표 그리드상에서 최솟값을 체계적으로 검색하기 위해서는 optimize.brute 함수를 호출해야 한다. 첫 번째 매개변수는 목적 함수인 f, 두 번째 매개변수는 각 좌표 구간을 지정한 slice 객체의 튜플이다. slice 객체는 최솟값을 검색할 좌표 그리드를 지정한다. 여기서는 키워드 인수로 finish=none을 설정했는데, 이는 optimization.brute가 자동으로 최적의 후보를 정제하는 것을 막는다.

```
In [46]: x_start = optimize.brute(f, (slice(-3, 5, 0.5),
         slice(-3, 5, 0.5)), finish=None)
In [47]: x_start
Out[47]: array([ 1.5, 1.5])
In [48]: f(x_start)
Out[48]: -9.5
```

슬라이스 객체의 주어진 tuple로 지정된 좌표 그리드에서 최적점은 $(x_1, x_2) = (1.5, 1.5)$이며, 해당 목적 함수 최솟값은 -9.5다. 이는 이제 optimize.fmin_bfgs와 같은 더 정교하고 반복형 해결자에게 좋은 출발점이 됐다.

```
In [49]: x_opt = optimize.fmin_bfgs(f, x_start)
         Optimization terminated successfully.
             Current function value: -9.520229
             Iterations: 4
             Function evaluations: 28
             Gradient evaluations: 7
In [50]: x_opt
Out[50]: array([ 1.47586906, 1.48365788])
In [51]: f(x_opt)
Out[51]: -9.52022927306
```

여기에서 BFGS 기법은 최종 최소점 $(x_1, x_2) = (1.47586906, 1.48365788)$을 제시하고 목적 함수의 최솟값으로는 -9.52022927306을 계산했다. 이러한 유형의 문제에서는 초기 시작점을 추측에 의존하면 반복형 해결자가 지역 최소로 수렴되기 쉬우므로 대개 optimize.brute가 제공하는 체계적인 접근법이 유용하다.

항상 그렇듯이, 가능한 경우 목적 함수와 해결자를 시각화하는 것이 중요하다. 다음 2개의 코드는 현재 목적 함수의 등고선 그래프를 표시하고 얻은 근을 빨간색 별(그림 6-5 참조)로 표시한다. 앞의 예와 같이 조정된 벡터가 함수에 전달되는 방식(각각 배열로 분리돼 전달되거나 하나의 배열로 합쳐 전달하는 등)이 다르기 때문에 목적 함수의 매개변수를 다시 구성하기 위한 래퍼 함수가 필요하다.

```
In [52]: def func_X_Y_to_XY(f, X, Y):
   ...:     """
   ...:     Wrapper for f(X, Y) -> f([X, Y])
   ...:     """
   ...:     s = np.shape(X)
   ...:     return f(np.vstack([X.ravel(), Y.ravel()])).reshape(*s)
In [53]: fig, ax = plt.subplots(figsize=(6, 4))
   ...: x_ = y_ = np.linspace(-3, 5, 100)
   ...: X, Y = np.meshgrid(x_, y_)
   ...: c = ax.contour(X, Y, func_X_Y_to_XY(f, X, Y), 25)
   ...: ax.plot(x_opt[0], x_opt[1], 'r*', markersize=15)
   ...: ax.set_xlabel(r"$x_1$", fontsize=18)
   ...: ax.set_ylabel(r"$x_2$", fontsize=18)
   ...: plt.colorbar(c, ax=ax)
```

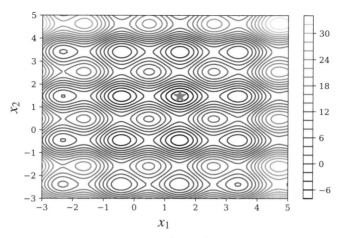

▲ 그림 6-5 목적 함수 $f(x)=4 \sin x\pi + 6 \sin y\pi + (x-1)^2 + (y-1)^2$의 등고선. 최젓값은 빨간색 별로 표시돼 있다.

이 절에서는 `optimize.fmin_bfgs`와 같이 특정 해결자를 명시적으로 호출했다. 그러나 스칼라 최적화의 경우와 마찬가지로 Scipy 또한 모든 다변량 최적화 해결자의 통일된 인터페이스인 `optimize.minimize`를 제공한다. 이 함수는 `method` 키워드 인숫값에 따라 특정 해결자를 불러온다(통일된 인터페이스를 제공하는 일변량 함수 `optimize.scalar_minimize`를 상기해보자). 여기서는 특정 해결자 함수를 명시적으로 호출하는 것을 선호했지만, 일반적으로 `optimize.minimize` 사용하면 다른 해결자 간의 전환이 쉽기 때문에 이를 사용하는 것이 좋다. 예를 들어 앞의 예에서는 `optimize.fmin_bfgs`를 다음과 같이 사용했다.

```
In [54]: x_opt = optimize.fmin_bfgs(f, x_start)
```

이는 다음처럼 사용해도 좋았을 것이다.

```
In [55]: result = optimize.minimize(f, x_start, method= 'BFGS')
In [56]: x_opt = result.x
```

`optimize.minimize` 함수는 최적화 결과를 나타내는 `optimize.OptimizeResult` 인스턴스를 반환한다. 특히 이 클래스의 x 속성을 통해 근을 이용할 수 있다.

비선형 최소 자승 문제

5장, '방정식 풀이'에서는 선형 최소 자승 문제를 살펴봤고 이것들이 선형 대수법으로 어떻게 해결될 수 있는지 설명했다. 일반적으로 최소 자승 문제는 목적 함수가 $g(\beta) = \sum_{i=0}^{m}$ $r_i(\beta)^2 = \|r(\beta)\|^2$인 최적화 문제로 볼 수 있다. 여기서 $r(\beta)$는 m개의 관측값(x_i, y_i) 집합의 잔차 벡터인 $r_i(\beta) = y_i - f(x_i, \beta)$다. 여기서 β는 함수 $f(x, \beta)$를 특정하는 미지의 매개변수를 가진 벡터다. 이 문제가 매개변수 β에 비선형인 경우에는 비선형 최소 자승 문제로 알려져 있으며 비선형이기 때문에 5장, '방정식 풀이'에서 설명한 선형 대수 기법으로는 해결할 수 없다. 그 대신, 뉴턴 기법이나 유사-뉴턴 기법 등 앞 절에서 기술한 다변량 최적화 기술을 이용할 수 있다. 그러나 이 비선형 최소 자승 최적화 문제는 특정 구조를 갖고 있으며 이러한 특정 최적화 문제를 해결하기 위해 맞춤화된 몇 가지 방법이 개발됐다. 한 가지 예로 레벤베르크-마콰르트^{Levenberg-Marquardt} 방법을 들 수 있는데, 이 방법은 각 반복에서 문제를 연속적으로 선형화한다는 아이디어에 기초하고 있다.

Scipy에서 `optimization.leastsq` 함수는 레벤베르크-마콰르트 방법을 사용하는 비선형 최소 자승 해결자를 제공한다. 이 함수가 어떻게 사용되는지 설명하기 위해 $f(x, \beta) =$ $\beta_0 + \beta_1 \exp(-\beta 2x^2)$ 형태의 비선형 모델과 일련의 관측값 (x_i, y_i)를 고려해보자. 다음 예에서는 실측값에 랜덤으로 잡음을 추가한 관측값을 시뮬레이션하고 매개변수 β에 대한 최적의 최소 자승 추정값을 찾아내는 최소화 문제를 해결해본다. 먼저, 매개변수 벡터 β의 참값과 모델 함수의 Python 함수를 정의한다. 주어진 x 값에 해당하는 y 값을 반환하는 이 함수는 변수 x를 첫 번째 인수로 취한다. 다음 인수들은 미지의 함수 매개변수다.

```
In [57]: beta = (0.25, 0.75, 0.5)
In [58]: def f(x, b0, b1, b2):
```

```
   ...:         return b0 + b1 * np.exp(-b2 * x**2)
```

모델 함수가 정의되면 관측을 시뮬레이션하는 랜덤화 데이터 포인트를 생성한다.

```
In [59]: xdata = np.linspace(0, 5, 50)
In [60]: y = f(xdata, *beta)
In [61]: ydata = y + 0.05 * np.random.randn(len(xdata))
```

모델 함수와 관측 데이터가 준비되면 비선형 최소 자승 문제 해결에 착수할 준비가 된 것이다. 첫 번째 단계는 주어진 데이터와 모델 함수에 대한 잔차 함수를 정의하는 것으로, '아직 결정되지 않은' 모델 매개변수 β의 항으로 정의된다.

```
In [62]: def g(beta):
   ...:         return ydata - f(xdata, *beta)
```

그다음에는 매개변수 벡터에 대한 초기 추측을 정의하고 optimize.leastsq를 사용해 매개 벡터에 대한 최소 자승 적합화 문제를 해결한다.

```
In [63]: beta_start = (1, 1, 1)
In [64]: beta_opt, beta_cov = optimize.leastsq(g, beta_start)
In [65]: beta_opt
Out[65]: array([ 0.25733353, 0.76867338, 0.54478761])
```

여기서 최적 적합화는 앞서 정의한 참 매개변숫값(0.25, 0.75, 0.5)에 상당히 가깝다. 참 및 적합화된 함수 매개변수에 대한 관측 데이터와 모델 함수를 도식화하면 적합화된 모델이 데이터를 잘 설명하는지 시각적으로 확인해볼 수 있다(그림 6-6 참조).

```
In [66]: fig, ax = plt.subplots()
   ...: ax.scatter(xdata, ydata, label='samples')
   ...: ax.plot(xdata, y, 'r', lw=2, label='true model')
```

```
...: ax.plot(xdata, f(xdata, *beta_opt), 'b', lw=2, label='fitted model')
...: ax.set_xlim(0, 5)
...: ax.set_xlabel(r"$x$", fontsize=18)
...: ax.set_ylabel(r"$f(x, \beta)$", fontsize=18)
...: ax.legend()
```

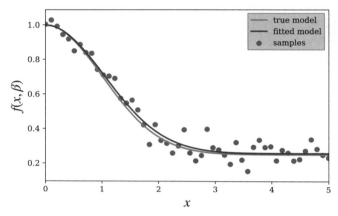

▲ 그림 6-6 함수 $\beta = (0.25, 0.75, 0.5)$인 함수 $f(x, \beta) = \beta_0 + \beta_1 \exp(-\beta_2 x^2)$에 대한 비선형 최소 자승 적합화

Scipy optimize 모듈은 optimize.curve_fit 함수를 통해 비선형 최소 자승 적합화에 대한 대체 인터페이스를 제공한다. optimize.curve_fit 함수는 optimize.leastsq를 둘러싼 편의 래퍼convenience wrapper로, 최소 자승 문제에 대한 잔차 함수를 명시적으로 정의할 필요가 없다. 따라서 이전의 문제는 다음과 같은 방법을 사용해 보다 간결하게 해결할 수 있었다.

```
In [67]: beta_opt, beta_cov = optimize.curve_fit(f, xdata, ydata)
In [68]: beta_opt
Out[68]: array([ 0.25733353, 0.76867338, 0.54478761])
```

제약 조건 최적화

제약 조건은 최적화 문제에 또 다른 수준의 복잡도를 추가하며 그 자체로 또 다른 분류가 필요하다. 제약 조건 최적화의 단순한 형태는 좌표 변수가 어떤 범위 이내로 정해진 최적화다. 예를 들어 $0 \leq x \leq 1$을 조건으로 하는 $\min_x f(x)$ 문제 등을 생각해볼 수 있다. 여기서의 제약 조건 $0 \leq x \leq 1$은 다른 변수에 종속되지 않고 오직 좌표 범위만 제한하므로 간단하다. 이러한 유형의 문제는 앞서 사용한 BFGS 방식의 변형인 Scipy의 L-BFGS-B 메서드를 사용해 해결할 수 있다. 이 해결자는 `optimize.fmin_l_bgfs_b` 함수나 `optimize.minimize` 함수의 `method` 인수를 `'L-BFGS-B'`로 설정하면 사용할 수 있다. 좌표 범위를 설정하려면 bound 키워드 인수를 사용해야 하는데, 그 값은 각 제약 변수의 최소와 최대 범위를 지정하는 튜플의 리스트다. 최솟값 또는 최댓값을 None으로 설정하면 범위에 대한 제약이 없는 것으로 해석한다. L-BFGS-B 해결자로 범위가 한정된 최적화 문제를 해결하는 예로, 제약 조건 $2 \leq x_1 \leq 3$ 및 $0 \leq x_2 \leq 2$를 가진 목적 함수 $f(x_1 - 1)^2 = (x_1 - 1)^2$의 최소화를 살펴보자. 이 문제 해결을 위해 우선 목적 함수에 해당하는 Python 함수와 주어진 제약 조건에 따른 두 변수 각각에 대한 경곗값을 가진 튜플을 정의한다.

다음 코드에서는 동일한 목적 함수로 제약되지 않은 최적화 문제를 해결해보고 제약되지 않는 최솟값과 제약 조건 최솟값에 각각 파란색 별과 빨간색 별로 표시하는 목적 함수 등고선 그래프를 그려본다(그림 6-7 참조).

```
In [69]: def f(X):
   ...:     x, y = X
   ...:     return (x - 1)**2 + (y - 1)**2
In [70]: x_opt = optimize.minimize(f, [1, 1], method='BFGS').x
In [71]: bnd_x1, bnd_x2 = (2, 3), (0, 2)
In [72]: x_cons_opt = optimize.minimize(f, [1, 1], method='L-BFGS-B',
   ...:                                  bounds=[bnd_x1, bnd_x2]).x
In [73]: fig, ax = plt.subplots(figsize=(6, 4))
   ...: x_ = y_ = np.linspace(-1, 3, 100)
```

```
...: X, Y = np.meshgrid(x_, y_)
...: c = ax.contour(X, Y, func_X_Y_to_XY(f, X, Y), 50)
...: ax.plot(x_opt[0], x_opt[1], 'b*', markersize=15)
...: ax.plot(x_cons_opt[0], x_cons_opt[1], 'r*', markersize=15)
...: bound_rect = plt.Rectangle((bnd_x1[0], bnd_x2[0]),
...:                             bnd_x1[1] - bnd_x1[0], bnd_x2[1] -
                                 bnd_x2[0], facecolor="grey")
...: ax.add_patch(bound_rect)
...: ax.set_xlabel(r"$x_1$", fontsize=18)
...: ax.set_ylabel(r"$x_2$", fontsize=18)
...: plt.colorbar(c, ax=ax)
```

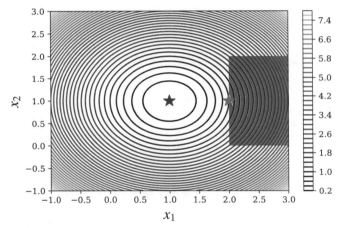

▲ 그림 6-7 목적 함수 $f(x)$에 등고선과 함께 비제약(파란색 별)과 제약 조건의 최소(빨간색 별)를 도식화한 것. 제약 조건 문제의 영역은 회색으로 표시돼 있다.

둘 이상의 변수를 포함하는 등식이나 부등식으로 정의되는 제약 조건은 다소 복잡하다. 그러나 이러한 유형의 문제를 사용할 수 있는 일반적인 기술도 있다. 예를 들어 라그랑지 승수를 사용하면 추가 변수를 도입해 제약된 최적화 문제를 제약 없는 최적화 문제로 전환할 수 있다. 예를 들어 제약 조건의 등식 $g(x) = 0$에 따른 최적화 문제 $\min_x f(x)$를 생각해보자. 제약 없는 최적화 문제에서는 $f(x)$의 그레이디언트가 최적점 $\nabla f(x) = 0$에서 소멸한다. 제약 문제에 대한 해당 조건은 음의 그레이디언트가 제약 조건의 법선으로 형성된 공간(즉, $-\nabla f(x) = \lambda J_g^T(x)$)상에 있다는 것을 증명할 수 있다. 여기서 $J_g(x)$는 제약 함수 $g(x)$의 자코비안 행렬, λ는 라그랑지 승수(새 변수들)의 벡터다. 이 조건은 라그랑지 함수로 알려진 함수 $\Lambda(x, \lambda) = f(x) + \lambda^T g(x)$의 그레이디언트를 0으로 만드는 것에서 발생한다. 따라서 $f(x)$와 $g(x)$가 모두 연속적이고 매끈한 경우, 함수 $\Lambda(x_0, \lambda_0)$의 정류점 (x_0, λ_0)은 원래 제약 최적화 문제의 최적인 x_0에 해당한다. $g(x)$가 스칼라 함수(즉, 하나의 제약 조건만 있는 경우)인 경우, 자코비안 $J_g(x)$는 그레이디언트 $\nabla g(x)$로 축소된다는 점에 주목하자.

이 기법을 설명하기 위해 전체 표면적이 1이 된다는 제약하에서 변의 길이가 각각 x_1, x_2, x_3로 이뤄져 있는 사각형들(육면체)의 볼륨을 최대화하는 문제 $g(x) = 2x_1x_2 + 2x_0x_2 + 2x_1x_0 - 1 = 0$을 생각해보자. 이 최적화 문제를 라그랑지 승수를 이용해 해결하기 위해 라그랑지 $\Lambda(x) = f(x) + \lambda g(x)$를 형성하고 $\nabla \Lambda(x) = 0$인 정류점을 찾는다. SymPy를 사용하면 먼저 문제의 변수에 대한 기호를 정의한 후 $f(x)$, $g(x)$, $\Lambda(x)$에 대한 표현 식을 구성함으로써 이 작업을 수행할 수 있다.

```
In [74]: x = x0, x1, x2, l = sympy.symbols("x_0, x_1, x_2, lambda")
In [75]: f = x0 * x1 * x2
In [76]: g = 2 * (x0 * x1 + x1 * x2 + x2 * x0) - 1
In [77]: L = f + l * g
```

마지막으로 `sympy.diff`를 사용해 $\nabla \Lambda(x)$를 계산하고 `sympy.solve`를 사용해 $\nabla \Lambda(x) = 0$을 해결한다.

```
In [78]: grad_L = [sympy.diff(L, x_) for x_ in x]
In [79]: sols = sympy.solve(grad_L)
In [80]: sols
```

$$\text{Out[80]:} \left[\left\{ \lambda : -\frac{\sqrt{6}}{24}, x_0 : \frac{\sqrt{6}}{6}, x_1 : \frac{\sqrt{6}}{6}, x_2 : \frac{\sqrt{6}}{6} \right\}, \left\{ \lambda : \frac{\sqrt{6}}{24}, x_0 : -\frac{\sqrt{6}}{6}, x_1 : -\frac{\sqrt{6}}{6}, x_2 : -\frac{\sqrt{6}}{6} \right\} \right]$$

이 절차는 2개의 정류점을 찾아낸다. 각 경우에 대한 목적 함수를 계산해보면 어떤 것이 최적 근에 해당하는지 알아낼 수 있다. 그러나 여기서는 두 정류점 중 하나만 물리적으로 가능한 근에 해당한다. 이 문제에서 x_i는 직사각형의 길이이므로 양수여야 한다. 따라서 직관적으로 결과 $x_0 = x_1 = x_2 = \dfrac{\sqrt{6}}{6}$(입방체)에 해당하는 근을 즉시 확인할 수 있다. 제약 함수와 목적 함수를 얻어진 근을 사용해 계산해본다.

```
In [81]: g.subs(sols[0])
Out[81]: 0
In [82]: f.subs(sols[0])
```
$$Out[82]: \frac{\sqrt{6}}{36}$$

이 방법은 부등식 제약 조건도 처리할 수 있도록 확장할 수 있으며 이 접근법을 적용할 수 있는 수치적인 방법이 존재한다. 한 가지 예로, 약자 SLSQP로 표기하는 '순차적 최소 자승 프로그래밍sequential least square programming'이 있다. 이 방법은 Scipy에서 optimize. slsqp 함수를 사용하거나 optimize.minimize 함수에서 method='SLSQP' 키워드를 지정해 이용할 수 있다. optimize.minimize 함수는 constraints라는 키워드 인수를 취하는데, 이는 각각 제약 조건을 지정하는 딕셔너리 리스트여야 한다. 이 딕셔너리에서 허용된 키(값)는 type('eq' 또는 'ineq'), fun(제약 함수), jac(제약 함수의 자코비안), args(제약 함수의 추가 인수 및 자코비안 계산을 위한 함수)다. 예를 들어 앞 문제의 제약 조건을 기술하는 제약 조건 딕셔너리는 dict(type='eq'. fun=g)처럼 된다.

Scipy의 SLSQP 해결자를 사용해 수치적으로 전체 문제를 해결하려면 목적 함수와 제약 함수를 Python 함수로 정의해야 한다.

```
In [83]: def f(X):
    ...:     return -X[0] * X[1] * X[2]
In [84]: def g(X):
    ...:     return 2 * (X[0]*X[1] + X[1] * X[2] + X[2] * X[0]) - 1
```

Scipy 최적화 함수는 최소화 문제를 해결한다. 여기서는 f 함수가 원래 목적 함수의 음함수이므로 관심사는 최대화가 된다. 다음으로 제약 딕셔너리 $g(x) = 0$을 정의하고 최종적으로 optimize.minimize 함수를 호출한다.

```
In [85]: constraint = dict(type='eq', fun=g)
In [86]: result = optimize.minimize(f, [0.5, 1, 1.5], method='SLSQP',
         constraints=[constraint])
In [87]: result
Out[87]:   status: 0
          success: True
             njev: 18
             nfev: 95
              fun: -0.068041368623352985
                x: array([ 0.40824187, 0.40825127, 0.40825165])
          message: 'Optimization terminated successfully.'
              jac: array([-0.16666925, -0.16666542, -0.16666527, 0.])
              nit: 18
In [88]: result.x
Out[88]: array([ 0.40824187, 0.40825127, 0.40825165])
```

예상대로 근은 라그랑지 승수를 사용한 기호 계산으로 얻은 해석적 결과와 일치한다. 부등식 제약과 관련된 문제를 해결하기 위해서는 제약 조건 딕셔너리에 type='ineq'로 설정하고 그에 상응하는 부등식 함수를 제공해야 한다. 비선형 부등식 조건을 가진 비선형 목적 함수의 최소화를 설명하기 위해 이전에 살펴본 2차 문제로 되돌아가 본다. 이번에는 부등식 제약 조건 $g(x) = x_1 - 1.75 - (x_0 - 0.75)4 \geq 0$을 사용한다. 평소처럼 목적 함수와 제약 함수 그리고 제약 딕셔너리를 먼저 정의한다.

```
In [89]: def f(X):
    ...:     return (X[0] - 1)**2 + (X[1] - 1)**2
In [90]: def g(X):
    ...:     return X[1] - 1.75 - (X[0] - 0.75)**4
In [91]: constraints = [dict(type='ineq', fun=g)]
```

다음으로 optimize.minimize 함수를 호출하면 최적화 문제를 해결할 준비가 된다. 비교를 하기 위해 여기서는 해당 비제약 문제도 풀어본다.

```
In [92]: x_opt = optimize.minimize(f, (0, 0), method='BFGS').x
In [93]: x_cons_opt = optimize.minimize(f, (0, 0), method='SLSQP',
         constraints=constraints).x
```

얻어진 근의 확실성을 검증하기 위해 목적 함수의 등고선을 가능 영역(부등식 조건이 만족
하는 영역)의 음영과 함께 도식화했다. 제약 조건하의 근과 비제약 조건하의 근이 각각 빨
간색 별과 파란색 별로 표시돼 있다(그림 6-8 참조).

```
In [94]: fig, ax = plt.subplots(figsize=(6, 4))
In [95]: x_ = y_ = np.linspace(-1, 3, 100)
    ...: X, Y = np.meshgrid(x_, y_)
    ...: c = ax.contour(X, Y, func_X_Y_to_XY(f, X, Y), 50)
    ...: ax.plot(x_opt[0], x_opt[1], 'b*', markersize=15)
    ...: ax.plot(x_, 1.75 + (x_-0.75)**4, 'k-', markersize=15)
    ...: ax.fill_between(x_, 1.75 + (x_-0.75)**4, 3, color='grey')
    ...: ax.plot(x_cons_opt[0], x_cons_opt[1], 'r*', markersize=15)
    ...:
    ...: ax.set_ylim(-1, 3)
    ...: ax.set_xlabel(r"$x_0$", fontsize=18)
    ...: ax.set_ylabel(r"$x_1$", fontsize=18)
    ...: plt.colorbar(c, ax=ax)
```

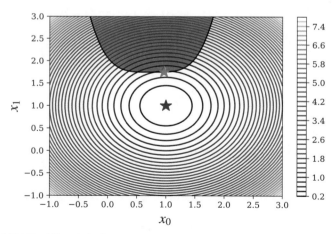

▲ 그림 6-8 목적 함수를 제약 조건의 가능 영역을 음영으로 칠한 부분과 함께 도식화한 그림. 빨간색 별과 파란
색 별은 각각 제약과 비제약 문제에서 최적점을 나타낸다.

부등식 제약만 있는 최적화 문제에서 대해 Scipy는 선형 근사^{COBYLA}법에 의한 제약 최적화를 이용할 수 있는 대체 해결자를 제공한다. 이 해결자는 `optimize.fmin_cobyla` 또는 `optimize.minimize` 함수에 `method='COBYLA'` 키워드를 부여해 사용할 수 있다. 앞의 예에서는 `method='SLSQP'`를 `method='COBYLA'`로 대체함으로써 이 해결자로 해결할 수 있었다.

선형 프로그래밍

앞 절에서는 목적 함수와 제약 함수가 모두 비선형일 수 있는 매우 일반적인 최적화 문제를 알아봤다. 그러나 이쯤에서 한 걸음 물러서 훨씬 더 제한된 유형의 최적화 문제, 즉 목적 함수가 선형이고 모든 제약 조건이 선형의 등식 또는 부등식 제약 조건인 '선형 프로그래밍'을 살펴볼 필요가 있다. 이런 부류의 문제는 분명히 훨씬 덜 일반적이지만 선형 프로그래밍은 주요하게 응용되고 있으며 일반적인 비선형 문제보다 훨씬 더 효율적으로 해결될 수 있다. 그 이유는 선형 문제는 비선형과는 완전히 다른 방법을 사용할 수 있게 해주는 속성을 지니고 있기 때문이다. 특히 선형 최적화 문제의 근은 반드시 제약 조건 경계 내에 놓여 있어야 하므로 선형 제약 조건 함수끼리의 교차 꼭짓점을 탐색하는 것만으로도 충분하다. 실제로 이 작업은 효율적으로 실행할 수 있다. 이러한 유형의 문제에 보편적으로 사용되는 알고리즘 중에는 심플렉스^{simplex}가 있다. 이 알고리즘은 최적 꼭짓점에 도달할 때까지 체계적으로 한 꼭짓점에서 다른 꼭짓점으로 이동한다. 선형 프로그래밍 문제를 효율적으로 해결하는 최신의 내점 기법$^{interior\ point\ method}$도 있다. 이러한 방법을 동원하면 수천 개의 변수와 제약 조건을 가진 선형 프로그래밍 문제를 간단히 해결할 수 있다. 선형 프로그래밍 문제는 소위 표준 유형인 $\min_x c^T x$, $Ax \leq b$ 그리고 $x \geq 0$로 나타낸다. 여기서 c와 x는 길이 n인 벡터, A는 $m \times n$ 행렬, b는 m-벡터다. 예를 들어 $x_0 + x_1 \leq 1$, $-x_0 + 3x_1 \leq 2$ 및 $-x_1 + x_2 \leq 3$의 세 가지 부등식 제약 조건하에 함수 $f(x) = -x_0 + 2x_1 - 3x_2$를 최소화하는 문제를 생각해보자. 표준 유형으로는 $c = (-1,\ 2,\ -3)$, $b = (1,\ 2,\ 3)$ 그리고 A는 다음과 같다.

$$A = \begin{pmatrix} 1 & 1 & 0 \\ -1 & 3 & 0 \\ 0 & -1 & 1 \end{pmatrix}.$$

여기서는 이 문제를 해결하기 위해 cvxopt 라이브러리를 사용하는데 cvxopt.solvers.lp 함수와 함께 선형 프로그래밍 해결자를 제공한다. 이 해결자는 앞서 소개한 표준 유형에 사용된 c, A, b 벡터와 행렬을 인수로 취한다. cvxopt 라이브러리는 행렬과 벡터를 나타내기 위해 자체 클래스를 사용하지만 다행히 배열 인터페이스[4]를 통해 Numpy 배열과 상호 운용이 가능하므로 cvxopt.matrix 및 np.array 함수를 사용해 한 형태에서 다른 형태로 변환할 수 있다. Numpy 배열은 과학적인 Python 환경에서 사실상의 표준 배열 유형이기 때문에 가능한 한 Numpy 배열을 사용한다. 예를 들어 cvxopt.solvers의 해결자를 호출하기 전 등에만 cvxopt 행렬로 변환하는 것이 현명하다.

따라서 cvxopt 라이브러리를 사용해 다음에 명시된 예제 문제를 해결하기 위해 먼저 A 행렬과 c 및 b 벡터에 대한 Numpy 배열을 생성하고 cvxpot.matrix 함수를 사용해 이들을 cvxopt 행렬로 변환한다.

```
In [96]: c = np.array([-1.0, 2.0, -3.0])
In [97]: A = np.array([[ 1.0, 1.0, 0.0],
                       [-1.0, 3.0, 0.0],
                       [ 0.0, -1.0, 1.0]])
In [98]: b = np.array([1.0, 2.0, 3.0])
In [99]: A_ = cvxopt.matrix(A)
In [100]: b_ = cvxopt.matrix(b)
In [101]: c_ = cvxopt.matrix(c)
```

cvxopt 호환 행렬과 벡터 c_, A_, b_는 이제 선형 프로그래밍 해결자 cvxopt.solvers.lp에 전달할 수 있다.

---

4   좀 더 자세한 사항은 http://docs.Scipy.org/doc/numpy/reference/arrays.interface.html을 참고하라.

```
In [102]: sol = cvxopt.solvers.lp(c_, A_, b_)
          Optimal solution found.
In [103]: sol
Out[103]: {'dual infeasibility': 1.4835979218054372e-16,
           'dual objective': -10.0,
           'dual slack': 0.0,
           'gap': 0.0,
           'iterations': 0,
           'primal infeasibility': 0.0,
           'primal objective': -10.0,
           'primal slack': -0.0,
           'relative gap': 0.0,
           'residual as dual infeasibility certificate': None,
           'residual as primal infeasibility certificate': None,
           's': <3x1 matrix, tc='d'>,
           'status': 'optimal',
           'x': <3x1 matrix, tc='d'>,
           'y': <0x1 matrix, tc='d'>,
           'z': <3x1 matrix, tc='d'>}
In [104]: x = np.array(sol['x'])
In [105]: x
Out[105]: array([[ 0.25],
                 [ 0.75],
                 [ 3.75]])
In [106]: sol['primal objective']
Out[106]: -10.0
```

최적화 문제에 대한 근은 벡터 x의 항으로 나타난다. 이 특정 예에서는 $x = (0.25, 0.75, 3.75)$이며, 이는 $f(x)$ 값 -10에 해당한다. 이 방식과 cvxopt.solver.lp solver를 사용하면 수백 또는 수천 개의 변수를 가진 선형 프로그래밍 문제를 쉽게 해결할 수 있다. 표준 양식에 맞춰 최적화 문제를 기술한 후 c, A, b 행렬을 만드는 일만 해야 한다.

요약

최적화(일련의 대안 중에서 최선의 옵션을 선택하는 것)는 많은 이공계 응용 분야에서 기본적인 문제다. 수학적 최적화는 최적화 문제를 수학적 문제로 공식화할 수 있는 경우, 체계적으로 처리하기 위한 정확한 프레임워크를 제공한다. 최적화를 위한 계산적 기법은 그러한 최적화 문제를 해결하는 도구다. 그러므로 과학 컴퓨팅 환경에서의 최적화는 매우 중요한 역할을 한다. Python을 이용한 과학 연산의 경우, Scipy 라이브러리는 많은 표준 최적화 문제를 해결하기 위한 효율적인 루틴을 제공하며, 이는 다양한 컴퓨터 최적화 문제를 해결하는 데 사용될 수 있다. 그러나 최적화는 수학의 큰 분야로 다양한 유형의 문제를 해결하기 위한 여러 가지 방법이 요구되고 있다. 특정 유형의 최적화 문제에 전문화된 해결자를 제공하는 Python용 최적화 라이브러리가 몇 개 있다. 일반적으로 Scipy optimize 모듈은 광범위한 최적화 문제에 우수하고 유연한 범용 해결자를 제공하지만 특정 유형의 최적화 문제에는 더 나은 성능이나 더 많은 특징을 제공하는 전문 라이브러리도 많다. 이러한 라이브러리의 대표적인 예는 cvxopt로, Scipy의 범용 최적화 루틴을 선형 및 2차 문제에 대한 효율적인 해결자로 보완한다.

추가 참고 도서 목록

최적화에 대한 쉬운 소개와 6장에서 소개한 몇 가지 방법의 수치적 속성을 보다 상세하게 논의하기 위해서는 Heath(2002), 최적화에 대한 엄격하고 심층적인 소개는 E.K.P. Chong(2013) 등을 참고하라. 컨벡스 최적화에 대한 철저한 설명은 cvxopt 라이브러리를 만든 저자가 쓴 책(S. Boyd, 2004)에서 다루고 있는데 이 라이브러리는 http://stanford.edu/~boyd/cvxbook에서도 구할 수 있다.

참고 문헌

- E.K.P. Chong, S. Z.(2013). An Introduction to Optimization(4th ed). New York: Wiley.
- Heath, M.(2002). Scientific Computing: An introductory Survey(2nd ed). Boston: McGraw-Hill.
- S. Boyd, L. V.(2004). Convex Optimization. Cambridge: Cambridge University Press.

7장

보간법

보간법^{Interpolation}은 이산 데이터 포인트 집합으로부터 함수를 구성하기 위한 수학적 기법이다. 보간 함수는 주어진 데이터 포인트와 정확히 일치해야 하며 표본 범위 내의 다른 중간 입력값도 계산할 수 있다. 보간법의 응용 분야는 많다. 직관을 얻을 수 있는 전형적인 사용 예는 주어진 데이터 점 집합을 통과하는 매끄러운 곡선의 도식화다. 또 다른 사용 예는 복잡한 함수를 근사하는 것이다. 예를 들어 계산 부담이 상당한 곡선을 근사하는 것을 의미한다. 이 경우, 제한된 개수의 점에서만 원래 함수를 계산하고 중간점 계산은 그 함수를 근사하기 위한 보간법을 사용하는 것이 유용하다.

보간은 이미 5장, '방정식 풀이'의 '선형 최소 제곱' 절과 6장, '최적화'의 '비선형 최소 제곱' 절에서 살펴봤던 최소 자승 적합화와 유사해 보인다. 실제로 최소 자승을 사용한 곡선 적합화와 보간법 사이에는 많은 유사점이 있지만 이 두 가지 방법이 구별되는 중요한 개념적 차이가 있다. 최소 자승 적합화의 관심은 많은 데이터 포인트와 과결정된 연립 방정식을 사용해 제곱 오차의 합이 최소가 되는 방향으로 데이터 포인트에 함수를 근사적으로 적합화하는 것에 있다. 한편, 보간법에서는 함수가 주어진 데이터 포인트와 정확히 일치해야 하며 보간 함수의 자유 매개변수 개수와 동일한 데이터 포인트 수만을 사용한다. 따라서 최소 자승 적합화는 많은 수의 데이터 포인트를 모델 함수에 적합화하는 데 더욱 적절하며 보간법은 주어진 최소 데이터 포인트에 대한 함수적 표현을 생성하기 위한 수학적 도구이다. 사실, 보간법은 5장, '방정식 풀이'과 6장, '최적화'에서 사용했던 방정식 해결과 최적화를 위한 몇 가지 방법을 포함한 많은 수학적 방법에서 중요한 요소다.

외삽법^{extrapolation}은 보간과 연계된 개념으로, 표본된 범위 밖에서 추정된 함수를 계산하는 것을 의미하지만, 보간법은 주어진 데이터 포인트로 형성되는 범위 내에서만 함수를 계산하는 것을 의미한다. 외삽법은 표본이 추출되지 않은 지역의 함수를 추정하는 것을 포함하기 때문에 종종 보간보다 더 위험할 수 있다. 여기서는 보간만 알아본다. Python에서 보간법을 수행하기 위해서는 Numpy의 polynomial 모듈과 Scipy의 interpolate 모듈을 사용한다.

모듈 임포트하기

여기서는 Scipy 라이브러리에서 하위 모듈을 명시적으로 임포팅하는 관례를 계속 사용한다. 7장에서는 Scipy의 interpolate 모듈, 다항식 함수, 클래스를 제공하는 Numpy의 polynomial 모듈이 필요하다. 이 모듈들은 다음과 같이 임포트한다.

```
In [1]: from Scipy import interpolate
In [2]: from numpy import polynomial as P
```

Numpy 라이브러리, Scipy의 선형 대수 모듈 linalg, 도식화를 위한 Matplotlib 라이브러리도 필요하다.

```
In [3]: import numpy as np
In [4]: from Scipy import linalg
In [5]: import matplotlib.pyplot as plt
```

보간법

Numpy와 Scipy를 사용해 어떻게 보간하는지를 알아보기 전에 보간 문제를 수학적 유형으로 기술해보자. 표기의 편의상, 여기서는 1차 보간법만 고려하며 다음과 같이 유형화할 수 있다. 보간이란, 주어진 n개의 데이터 포인트 $\{(x_i, y_i)\}_{i=1}^{n}$의 집합에 $i \in [1, n]$에서 $f(x_i) = y_i$를 만족하는 함수 $f(x)$를 찾는 것이다. 함수 $f(x)$는 보간 함수$^{interpolation\ function}$로 알려져 있으며 유일하게 하나만 존재하는 것이 아니다. 실제로 보간 기준을 만족하는 함수는 무한하다. 전형적으로 보간 함수는 몇몇 베이시스 함수 $\phi_j(x)$의 선형 조합인 $f(x) = \sum_{j=1}^{n} c_j \phi_j(x)$ 형태로 사용할 수 있으며 여기서 c_j는 미지의 계수들이다. 주어진 데이터 포인트를 이 선형 조합에 대입하면 미지의 계수에 대한 선형 연립 방정식인 $\sum_{j=1}^{n} c_j \phi_j(x) = y_i$가 생성된다. 이 연립 방정식은 다음과 같은 명시적 행렬 형태로 나타내거나 보다 간단하며 묵시적 형태인 $\Phi(x)c = y$처럼 사용할 수 있는데 여기서 행렬 $\Phi(x)$의 원소들은 $\{\Phi(x)\}_{ij} = \phi_j(x_i)$다.

$$
\begin{bmatrix}
\phi_1(x_1) & \phi_2(x_1) & \cdots & \phi_n(x_1) \\
\phi_1(x_2) & \phi_2(x_2) & \cdots & \phi_n(x_2) \\
\vdots & \vdots & \ddots & \vdots \\
\phi_1(x_n) & \phi_2(x_n) & \cdots & \phi_n(x_n)
\end{bmatrix}
\begin{bmatrix}
c_1 \\
c_2 \\
\vdots \\
c_n
\end{bmatrix}
=
\begin{bmatrix}
y_1 \\
y_2 \\
\vdots \\
y_n
\end{bmatrix}
$$

여기서 기본 함수의 수는 데이터 포인트의 수와 동일하므로 $\Phi(x)$는 정방 행렬이라는 점에 주목하자. 이 행렬이 완전 랭크$^{full\ rank}$를 갖고 있다고 가정하면 5장, '방정식 풀이'에서 논의한 표준적인 방법을 사용해 유일한 c-벡터를 해결할 수 있다. 데이터 포인트 개수가 기본 함수의 수보다 크면 연립 방정식이 과결정^{overdetermined}되며, 일반적으로 보간 기준을 만족시키는 해는 없다. 그 대신, 이런 상황에서는 정확한 보간보다 최소 자승 적합화를 고려하는 것이 더욱 적절하다. 5장, '방정식 풀이'를 참고하라. 베이시스 함수의 선택은 결과 연립 방정식의 특성에 영향을 미치며 적절한 베이시스 선택은 적합화되는 데이터의 속성에 종속된다.

보간법을 위한 베이시스 함수의 일반적인 선택은 다양한 유형의 다항식으로, 예를 들어 지수 베이시스 $\phi_i(x) = x^{i-1}$ 또는 르장드르 다항식 $\phi_i(x) = P_{i-1}(x)$와 같은 직교 다항식, 체비셰프^{Chebyshev} 다항식 $\phi_i(x) = T_{i-1}(x)$ 또는 부분별 다항식이 있다. 일반적으로 $f(x)$는 고유하지 않지만 n 데이터 포인트의 경우, 사용하는 다항식 베이시스에 관계없이 $n-1$차의 고유한 보간 다항식이 존재한다는 점에 주목하자. 지수 베이시스 $\phi_i(x) = x^{i-1}$의 행렬 $\Phi(x)$는 반데르몽드^{Vandermonde} 행렬이며 이미 5장, '방정식 풀이'에서 최소 자승 적합화를 통해 그 응용을 살펴봤다. 다른 다항 베이시스의 경우, $\Phi(x)$는 일반화된 반데르몽드 행렬, 각 베이시스는 보간 문제에서 해결해야 하는 선형 연립 방정식의 행렬을 정의한다. $\Phi(x)$ 행렬의 구조는 다항식 베이시스마다 다르며 보간 문제를 해결하기 위한 조건 수와 계산 비용은 이에 따라 달라진다. 따라서 다항식은 보간법에서 중요한 역할을 하고 보간 문제를 해결하기 전에 Python에서 다항을 용이하게 다룰 수 있는 방법이 필요하며 이는 바로 다음 절의 주제다.

다항식

Numpy 라이브러리에는 다항식을 다루기 위한 함수와 클래스를 제공하는 polynomial 하위 모듈(여기서는 P로 임포트됨)이 포함돼 있다. 특히 이 하위 모듈은 많은 표준 직교 다항식 구현을 제공한다. 이러한 함수와 클래스들은 보간법으로 작업할 때 유용하다. 다항식 보간을 살펴보기 전에 이 모듈의 사용법을 알아보자.

> **노트**
>
> Numpy에는 다항식 모듈인 numpy.poly1d와 numpy.polynomial의 두 모듈이 있다. 이 둘은 그 기능에 많은 중복이 있지만 서로 호환되지 않는다(특히 좌표 배열은 두 표현에서 서로 순서가 반대다). numpy.poly1d 모듈은 더 오래됐고 numpy.polynomial로 대체됐는데 이제 새 코드에는 numpy.polynomial이 권장되고 있다. 여기서는 numpy.polynomial만 다루지만 numpy.poly1d가 있다는 사실도 알아둘 필요가 있다.

np.polynomial 모듈에는 다양한 다항식 베이시스로 다항식을 나타내기 위한 많은 클래스가 들어 있다. 일반적인 지수 베이시스 $\{x^i\}$로 작성된 표준 다항식은 Polynomial 클래스로 표현된다. 이 클래스의 인스턴스를 생성하기 위해서는 계수의 배열을 그 생성자에게 전달할 수 있다. 계수 배열에서 i번째 요소는 x^i의 계수다. 예를 들어 Polynomial 클래스에 리스트 [1, 2, 3]을 전달하면 다항식 $1+2x+3x^2$의 표현 식을 만들 수 있다.

```
In [6]: p1 = P.Polynomial([1, 2, 3])
In [7]: p1
Out[7]: Polynomial([ 1., 2., 3.], domain=[-1, 1], window=[-1, 1])
```

다른 방법으로는 클래스 메서드 P.Polynomial.fromroots를 사용해 근을 지정함으로써 다항식을 초기화할 수도 있다. 예를 들어 근이 $x=-1$ 및 $x=1$인 다항식은 다음과 같이 생성할 수 있다.

```
In [8]: p2 = P.Polynomial.fromroots([-1, 1])
In [9]: p2
Out[9]: Polynomial([-1., 0., 1.], domain=[-1., 1.], window=[-1., 1.])
```

여기의 결과는 계수의 배열 [-1, 0, 1]을 가진 다항식으로, $-1+x^2$에 해당한다. 다항식의 근은 roots 메서드를 사용해 계산할 수 있다. 예를 들어 이전에 생성된 두 다항식의 근은 다음과 같다.

```
In [10]: p1.roots()
Out[10]: array([-0.33333333-0.47140452j, -0.33333333+0.47140452j])
In [11]: p2.roots()
Out[11]: array([-1., 1.])
```

예상대로 다항식 p2의 근은 $x=-1$과 $x=1$로, fromroots 클래스 메서드를 사용해 생성할 때 지정한 대로다. 앞의 예에서 다항식의 표현은 Polynomial([-1., 0., 1.], domain=[-1., 1.], window=[-1., 1.])이다. 이 표현에서 첫 번째 리스트는 계수 배열이다. 두 번째와 세 번째 목록은 각각 domain과 window 속성인데, 이는 다항식의 입력 도메인을 다른 구간으로 매핑하는 데 사용할 수 있다. 입력 도메인 구간 [domain[0], domain[1]]은 선형 변환(크기 변화와 이동)을 통해 [window[0], window[1]]로 매핑된다. 기본값은 domain=[-1, 1]과 window=[-1, 1]이며 이는 항등 변환identity transformation(변화 없음)에 해당한다. domain과 window 인수는 특정 구간에 정의된 스칼라 곱에 직교인 다항과 작업할 경우에 특히 유용하다. 입력 데이터의 도메인은 이 구간에 매핑하는 것이 좋다. 이는 체비셰프 또는 에르미트 다항식과 같은 직교 다항식으로 보간할 때 중요하다. 이러한 변환을 수행하면 보간 문제에 대한 반데르몽드 행렬의 조건 수를 크게 향상시킬 수 있기 때문이다.

Polynomial 인스턴스의 특성은 coeff, domain 그리고 window 속성을 사용해 직접 접근할 수 있다. 예를 들어 앞의 예에서 정의된 p1 다항식의 경우는 다음과 같다.

```
In [12]: p1.coef
Out[12]: array([ 1., 2., 3.])
In [13]: p1.domain
Out[13]: array([-1, 1])
In [14]: p1.window
Out[14]: array([-1, 1])
```

Polynomial 인스턴스로 표현된 다항식은 그 클래스 인스턴스를 함수로 호출함으로써 임의의 값 x에서 쉽게 계산할 수 있다. x 변수는 스칼라 리스트 또는 임의의 Numpy 배열로 나타낼 수 있다. 예를 들어 다항식 p1을 점 $x = \{1.5, 2.5, 3.5\}$에서 계산하려면 단순히 p1 클래스를 호출할 때 x 값의 배열을 인수로 전달해야 한다.

```
In [15]: p1(np.array([1.5, 2.5, 3.5]))
Out[15]: array([ 10.75, 24.75, 44.75])
```

Polynomial의 인스턴스는 표준 산술 연산자 +, -, *, / 등을 사용해 연산할 수 있다. // 연산자는 다항식 나눗셈에 사용된다. 이것이 어떻게 작동하는지 알아보기 위해 다항식 $p_1(x) = (x-3)(x-2)(x-1)$를 다항식 $p_2 = (x-2)$로 나누는 것을 살펴보자. 인수분해된 형태로부터 알 수 있는 명백한 답은 $(x-3)(x-1)$이다. Numpy를 다음과 같이 사용하면 계산하거나 검증해볼 수 있다. 먼저 p1과 p2에 대한 다항식 인스턴스를 생성한 후 // 연산자를 사용해 다항식 나눗셈을 계산한다.

```
In [16]: p1 = P.Polynomial.fromroots([1, 2, 3])
In [17]: p1
Out[17]: Polynomial([ -6., 11., -6.,       1.], domain=[-1., 1.],
         window=[-1., 1.])
In [18]: p2 = P.Polynomial.fromroots([2])
In [19]: p2
Out[19]: Polynomial([-2., 1.], domain=[-1., 1.], window=[-1., 1.])
In [20]: p3 = p1 // p2
In [21]: p3
Out[21]: Polynomial([ 3., -4., 1.], domain=[-1., 1.], window=[-1., 1.])
```

그 결과는 계수 배열이 [3, -4, 1]인 새로운 다항식이다. 근을 계산하면 1과 3이 되므로 이 다항식은 실제로 $(x-3)(x-1)$이라는 것을 확인할 수 있다.

```
In [22]: p3.roots()
Out[22]: array([ 1., 3.])
```

표준 지수 베이시스 다항식에 대한 Polynomial 클래스 외에도 Polynomial 모듈에는 체비셰프, 르장드르, 라겔, 에르미트 베이시스로 표현하는 클래스도 갖고 있다. 그 이름은 각각 Chebyshev, Legendre, Laguerre 및 Hermite(물리학자), HermiteE(확률론자)다. 예를 들어 계수 리스트가 [1, 2, 3]인 체비셰프 다항식, 즉 $1T_0(x) + 2T_1(x) + 3T_2(x)$(여기서 $T_i(x)$는 차수 i인 체비셰프 다항식)는 다음과 같이 생성할 수 있다.

```
In [23]: c1 = P.Chebyshev([1, 2, 3])
In [24]: c1
Out[24]: Chebyshev([ 1., 2., 3.], domain=[-1, 1], window=[-1, 1])
```

그리고 이 근은 roots 속성을 사용해 계산할 수 있다.

```
In [25]: c1.roots()
Out[25]: array([-0.76759188, 0.43425855])
```

모든 다항식 클래스는 앞서 설명한 Polynomial 클래스와 동일한 메서드, 속성, 연산자를 가지며 모두 동일한 방식으로 사용할 수 있다. 예를 들어 근이 $x = -1$과 $x = 1$인 다항식의 체비셰프와 르장드르 표현을 만들려면 Polynomial 클래스와 같은 방법으로 fromroots 속성을 사용할 수 있다.

```
In [26]: c1 = P.Chebyshev.fromroots([-1, 1])
In [27]: c1
Out[27]: Chebyshev([-0.5, 0. , 0.5], domain=[-1., 1.],
         window=[-1., 1.])
In [28]: l1 = P.Legendre.fromroots([-1, 1])
In [29]: l1
Out[29]: Legendre([-0.66666667, 0.    , 0.66666667], domain=[-1., 1.],
         window=[-1., 1.])
```

여기서 $x = -1$ 및 $x = 1$(이는 유일한 다항식)을 근으로 갖는 다항식은 서로 다른 베이시스로 나타낼 때 서로 다른 계수 배열을 갖지만 x의 특정 값으로 계산했을 때 (예상대로) 2개 모두 동일한 결과를 나타낸다.

```
In [30]: c1(np.array([0.5, 1.5, 2.5]))
Out[30]: array([-0.75, 1.25, 5.25])
In [31]: l1(np.array([0.5, 1.5, 2.5]))
Out[31]: array([-0.75, 1.25, 5.25])
```

다항식 보간

앞 절에서 논의한 다항식 클래스는 모두 다항식 보간에 유용한 함수를 제공한다. 예를 들어 다항식 보간 문제에 대한 선형 방정식을 떠올려보라. $\Phi(x)c = y$에서 x와 y는 x_i 및 y_i 데이터 포인트를 포함하는 벡터, c는 미지의 계수 벡터다. 보간 문제를 해결하려면 행렬 $\Phi(x)$를 주어진 베이시스로 계산한 후 그 결과로 생성된 선형 연립 방정식을 해결해야 한다. Polynomial의 각 다항식 클래스는 해당 베이시스에 (일반화된) 반데르몽드 행렬을 계산하는 함수를 제공한다. 예를 들어 지수 베이시스에서는 np.polynomial.polynomial.polyvander, 체비셰프 베이시스의 다항식에서는 np.polynomial.chebyshev.chebvander 를 사용할 수 있다. 다양한 다항식 베이스에 대한 일반화된 반데르몽드 행렬 함수의 전체 목록은 np.polynomial과 그 서브모듈에 대한 docstrings를 참조하라.

반데르몽드 행렬 생성을 위한 여러 함수를 이용하면 서로 다른 베이스에서의 다항식 보간법을 쉽게 수행할 수 있다. 예를 들어 데이터 포인트 (1, 1), (2, 3), (3, 5), (4, 4)를 생각해보자. 먼저 데이터 포인트에 대한 x 좌표와 y 좌표의 Numpy 배열을 생성한다.

```
In [32]: x = np.array([1, 2, 3, 4])
In [33]: y = np.array([1, 3, 5, 4])
```

이들 점을 통해 다항식을 보간하려면 3차(데이터 포인트 수에서 1을 뺀 것) 다항식을 사용해야 한다. 지수 베이시스에서의 보간법은 $f(x) = \sum_{i=1}^{4} c_i x^{i-1} = c_1 x^0 + c_2 x^1 + c_3 x^2 + c_4 x^3$로 되는 계수 c_i를 탐색하고, 이 계수를 찾기 위해 반데르몽드 행렬을 계산하고 보간 연립 방정식을 다음과 같이 해결한다.

```
In [34]: deg = len(x) - 1
In [35]: A = P.polynomial.polyvander(x, deg)
In [36]: c = linalg.solve(A, y)
In [37]: c
Out[37]: array([ 2. , -3.5, 3. , -0.5])
```

찾은 계수 벡터는 [2, −3.5, 3, −0.5]다. 따라서 보간 다항식은 $f(x) = 2 − 3.5x + 3x^2 − 0.5x^3$ 이다. 계수 배열 c가 주어지면 보간법에 사용될 수 있는 다항식 표현을 만들 수 있다.

```
In [38]: f1 = P.Polynomial(c)
In [39]: f1(2.5)
Out[39]: 4.1875
```

이 다항식 보간법을 또 다른 베이시스의 다항식으로 수행하기 위해 바꿔야 할 부분은 앞의 예에서 반데르몽드 행렬 A를 생성하는 데 사용된 함수의 이름뿐이다. 예를 들어 체비셰프 베이시스 다항식을 사용해 보간하는 방법은 다음과 같다.

```
In [40]: A = P.chebyshev.chebvander(x, deg)
In [41]: c = linalg.solve(A, y)
In [42]: c
Out[42]: array([ 3.5 , -3.875, 1.5 , -0.125])
```

예상대로 이 베이시스에서는 계수의 배열 값이 다르고 체비셰프 베이시스의 보간 다항식은 $f(x) = 3.5T_0(x) − 3.875T_1(x) + 1.5T_2(x) − 0.125T3(x)$이다. 그러나 보간 다항식은 다항식 베이시스에 관계없이 고유하며 보간 함수를 계산하는 것은 항상 다음과 같은 값을 결과로 나타낸다.

```
In [43]: f2 = P.Chebyshev(c)
In [44]: f2(2.5)
Out[44]: 4.1875
```

두 가지 베이시스가 실제로 동일한 보간 함수를 생성한다는 것을 증명하기 위해 데이터 포인트와 함께 f1과 f2를 도식화해볼 수 있다(그림 7-1 참조).

```
In [45]: xx = np.linspace(x.min(), x.max(), 100) # 초과 표본 [x[0], x[-1]] 구간
```

```
In [45]: fig, ax = plt.subplots(1, 1, figsize=(12, 4))
   ...: ax.plot(xx, f1(xx), 'b', lw=2, label='Power basis interp.')
   ...: ax.plot(xx, f2(xx), 'r--', lw=2, label='Chebyshev basis interp.')
   ...: ax.scatter(x, y, label='data points')
   ...: ax.legend(loc=4)
   ...: ax.set_xticks(x)
   ...: ax.set_ylabel(r"$y$", fontsize=18)
   ...: ax.set_xlabel(r"$x$", fontsize=18)
```

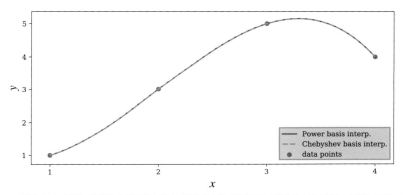

▲ 그림 7-1 4개의 데이터 포인터를 지수 베이시스와 체비셰프 베이시스로 다항 보간한 그래프

일반화된 반데르몽드 행렬에 대한 함수 덕분에 다른 다항식 베이스의 보간이 편리하긴 하지만 이보다 훨씬 간단하고 좋은 방법이 있다. 각 다항식 클래스는 보간 다항식 계산에 사용할 수 있는 클래스 메서드인 fit를 제공한다.[1] 따라서 앞의 예에서 수동으로 계산한 두 가지 보간 함수는 지수 베이시스와 Polynomial 클래스를 사용해 다음과 같은 방법으로 계산할 수 있다.

```
In [46]: f1b = P.Polynomial.fit(x, y, deg)
In [47]: f1b
Out[47]: Polynomial([ 4.1875, 3.1875, -1.6875, -1.6875],
```

---

1 요청된 보간 함수의 다항 차수가 데이터 포인터에서 1을 차감한 수보다 작으면 정확한 보간 대신, 최소 자승 적합화를 수행한다.

```
             domain=[ 1., 4.], window=[-1., 1.])
```

Chebyshev 클래스의 fit 클래스 메서드를 대신 사용하면 다음을 얻을 수 있다.

```
In [48]: f2b = P.Chebyshev.fit(x, y, deg)
In [49]: f2b
Out[49]: Chebyshev([ 3.34375  , 1.921875, -0.84375 , -0.421875],
         domain=[ 1., 4.], window=[-1., 1.])
```

이 방법을 사용하면 결과 인스턴스의 domain 속성이 데이터 포인트의 적절한 x 값(이 예에서는 입력 범위가 [1, 4])으로 자동 설정되고 이에 따라 계수가 조정된다는 점에 주목하자. 앞서 언급한 바와 같이, 보간 데이터를 특정 베이시스에 가장 적합한 범위로 매핑하면 보간법의 수치적 안정성을 크게 향상시킬 수 있다. 예를 들어 앞의 예에서 원래 x 값이 아니라 $x \in [-1, 1]$로 스케일링된 x 값을 가진 체비셰프 베이시스를 사용하면 조건 수가 4660에서 약 1.85로 급격히 감소한다.

```
In [50]: np.linalg.cond(P.chebyshev.chebvander(x, deg))
Out[50]: 4659.7384241399586
In [51]: np.linalg.cond(P.chebyshev.chebvander((2*x-5)/3.0, deg))
Out[51]: 1.8542033440472896
```

몇 개의 데이터 포인트에 대한 다항식 보간법은 강력하고 유용한 수학적 도구로, 많은 수학적 방법의 중요한 부분이다. 데이터 포인트 수가 증가하면 정확한 보간법을 위해 점점 더 고차 다항식을 사용할 필요가 있으며, 이는 여러 가지 면에서 문제가 있다. 우선 증가하는 다항식 차수에 대한 보간 함수를 결정하고 계산하는 것이 점점 더 까다로워진다. 그러나 보다 심각한 문제는 고차 다항식 보간법이 보간점 사이에서 바람직하지 않은 행동을 할 수 있다는 점이다. 비록 보간은 주어진 데이터 지점에서는 정확하지만 고차 다항식은 지정된 지점들 사이에서 크게 달라질 수 있다. 이 점은 구간 [−1, 1]에서 균일 간격의 표본 포인트를 이용해 런지^{Runge} 함수 $f(x) = 1/(1 + 25x^2)$의 다항식 보간법으로 잘 보여줄수 있다. 이 결과는 구간의 끝에 근접한 데이터 지점들 사이에서 발산하는 보간 함수다.

이러한 작동을 설명하기 위해 런지 함수를 구현한 Python 함수 runge 그리고 지수 베이스에서 n차 다항식을 일정한 간격의 표본 포인트에서 런지 함수로 보간하는 runge_interpolate 함수를 생성한다.

```
In [52]: def runge(x):
    ...:     return 1/(1 + 25 * x**2)
In [53]: def runge_interpolate(n):
    ...:     x = np.linspace(-1, 1, n + 1)
    ...:     p = P.Polynomial.fit(x, runge(x), deg=n)
    ...:     return x, p
```

다음으로 런지 함수를 구간 $[-1, 1]$에서 과표본^{supersampled}된 x 값으로 13차와 14차 다항식 보간과 함께 표시한다. 결과는 그림 7-2와 같다.

```
In [54]: xx = np.linspace(-1, 1, 250)
In [55]: fig, ax = plt.subplots(1, 1, figsize=(8, 4))
    ...: ax.plot(xx, runge(xx), 'k', lw=2, label="Runge's function")
    ...: # 런지 함수의 13차 보간
    ...: n = 13
    ...: x, p = runge_interpolate(n)
    ...: ax.plot(x, runge(x), 'ro')
    ...: ax.plot(xx, p(xx), 'r', label='interp. order %d' % n)
    ...: # 런지 함수의 14차 보간
    ...: n = 14
    ...: x, p = runge_interpolate(n)
    ...: ax.plot(x, runge(x), 'go')
    ...: ax.plot(xx, p(xx), 'g', label='interp. order %d' % n)
    ...:
    ...: ax.legend(loc=8)
    ...: ax.set_xlim(-1.1, 1.1)
    ...: ax.set_ylim(-1, 2)
```

```
...: ax.set_xticks([-1, -0.5, 0, 0.5, 1])
...: ax.set_ylabel(r"$y$", fontsize=18)
...: ax.set_xlabel(r"$x$", fontsize=18)
```

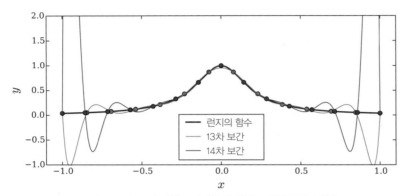

▲ 그림 7-2 두 고차 다항 보간 함수와 함께 도식화된 런지 함수

그림 7-2에서는 보간 함수가 표본점에서의 런지 함수와 정확히 일치하지만 이 지점들 사이에서는 구간의 끝 부근에서 심하게 진동한다는 점에 주목하자. 이는 보간 함수의 바람직하지 않은 성질이라 할 수 있다. 이 문제의 해결책은 대량의 데이터 포인트로 보간할 때 부분별 저차 다항식을 사용하는 것이다. 즉, 모든 데이터 포인트를 단일 고차 다항식에 맞추는 대신, 2개의 연속 데이터 포인트로 분류된 각 하위 구간을 기술할 때 서로 다른 저차 다항식을 사용한다. 이는 다음 절의 주제다.

스플라인 보간

n개의 데이터 포인트 집합의 전체 범위 $[x_0, x_{n-1}]$에 $n-1$개의 부분 구간 $[x_i, x_{i+1}]$이 있다. 이러한 두 부분 구간을 연결하는 내부의 데이터 점은 부분별 다항 보간의 용어로 결절점 ^{knot}이라 알려져 있다. 각 부분 구간에서 k차의 부분별 다항식을 사용해 n 데이터 포인트를 보간하기 위해서는 $(k+1)(n-1)$개의 미지의 매개변수를 결정해야 한다. 결절점에

서의 값은 $2(n-1)$개의 방정식을 생성한다. 이러한 방정식은 그 자체로 1차의 부분별 다항식, 즉 부분별 선형 함수를 결정하기에 충분하다. 그러나 도함수와 고차 도함수도 결절점에서 연속 조건이 만족되면 추가 방정식을 얻을 수 있다. 이 조건은 결과의 부분별 다항식이 매끈한 외관을 갖도록 보장한다.

스플라인^{spline}은 부분별 다항 보간 함수의 특별한 형태로, k차 부분별 다항식이 $k-1$회 연속으로 미분 가능한 경우다. 가장 보편적인 선택은 3차 스플라인($k=3$)으로, $4(n-1)$개의 매개변수가 필요하다. 이 경우, $n-2$ 결절점에서의 2회 도함수 연속성은 $2(n-1)$개의 추가 방정식을 생성하며 전체 방정식 개수는 $2(n-1)+2(n-2)=4(n-1)-2$가 된다. 그러므로 이에는 결정되지 않은 2개의 매개변수가 있으며 이는 다른 방법으로 결정해야 한다. 공통적인 접근 방법은 끝점에서의 2차 도함수가 0인 조건이 추가로 필요한 것이다(내추럴^{natural} 스플라인이 생성됨). 이렇게 하면 방정식이 2개 더 생겨 연립 방정식이 닫힌 해를 갖게 된다. Scipy interpolate 모듈은 스플라인 보간법을 수행하기 위한 몇 가지 함수와 클래스를 제공한다. 예를 들어 interpolate.interp1d 함수를 사용할 수 있는데, 이는 데이터 포인트에 대한 x 배열과 y 배열을 각각 첫 번째와 두 번째 인수로 취한다. 옵션 키워드 인수 kind를 사용하면 보간법의 종류와 차수를 지정할 수 있다. 특히 3차 스플라인을 계산하기 위해서는 kind=3(또는 동등하게 kind='cubic')으로 설정할 수 있다. 이 함수는 클래스 인스턴스를 반환한다. 이는 함수처럼 호출할 수 있고 함수 호출을 사용해 x의 다른 값에서 계산할 수 있다. 대체 스플라인 함수는 interpolate.InterpolatedUnivariateSpline인데 첫 번째와 두 번째 인수로 x와 y를 각각 배열로 취하지만 k 키워드(kind 대신)를 사용해 스플라인 보간법의 차수를 명시한다.

interpolate.interp1d 함수의 작동을 보기 위해 또 다시 런지의 함수를 살펴보는데, 이제는 이 함수를 3차 스플라인 다항으로 보간하고자 한다. 이를 위해 먼저 표본 포인트의 x 좌표와 y 좌표에 대한 Numpy 배열을 생성한다. 다음으로 주어진 데이터에 대한 3차 스플라인을 얻기 위해서는 interpolate.interp1d 함수를 kind=3 키워드를 사용해 호출한다.

```
In [56]: x = np.linspace(-1, 1, 11)
In [57]: y = runge(x)
In [58]: f_i = interpolate.interp1d(x, y, kind=3)
```

이 스플라인 보간법이 얼마나 좋은지 평가하기 위해(여기에 클래스 인스턴스 f_i로 나타남)
원래 런지 함수와 표본 포인트와 함께 보간된 그래프를 나란히 도식화한다. 결과는 그림
7-3과 같다.

```
In [59]: xx = np.linspace(-1, 1, 100)
In [60]: fig, ax = plt.subplots(figsize=(8, 4))
    ...: ax.plot(xx, runge(xx), 'k', lw=1, label="Runge's function")
    ...: ax.plot(x, y, 'ro', label='sample points')
    ...: ax.plot(xx, f_i(xx), 'r--', lw=2, label='spline order 3')
    ...: ax.legend()
    ...: ax.set_xticks([-1, -0.5, 0, 0.5, 1])
    ...: ax.set_ylabel(r"$y$", fontsize=18)
    ...: ax.set_xlabel(r"$x$", fontsize=18)
```

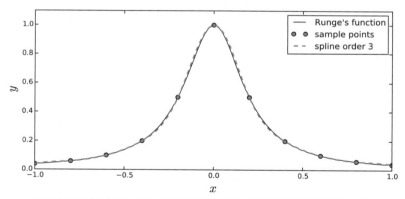

▲ 그림 7-3 런지 함수와 11개 데이터 포인트에 3차 스플라인 보간을 사용한 그래프

여기서는 11개의 데이터 포인트와 3차 스플라인을 사용했다. 보간 함수가 그림 7-3의
원래 함수와 매우 잘 일치한다는 점에 주목하라. 일반적으로 3차 이하의 스플라인 보간

법에서는 고차 다항식 보간법에서 관측된 것과 같은 유형의 진동을 겪지 않으며 데이터 포인트 수가 충분하면 보통 3차의 스플라인을 사용하기에 충분하다.

스플라인 보간법의 효과를 보여주기 위해 데이터 (0, 3), (1, 4), (2, 3.5), (3), (4), (5, 1.5), (6, 1.25) 및 (7, 0.9)의 오름차순 스플라인 보간 문제를 살펴보자. 먼저 x 배열과 y 배열을 정의하고 필요한 스플라인 정렬을 반복해 보간법을 계산하고 각 차수를 도식화한다.

```
In [61]: x = np.array([0, 1, 2, 3, 4, 5, 6, 7])
In [62]: y = np.array([3, 4, 3.5, 2, 1, 1.5, 1.25, 0.9])
In [63]: xx = np.linspace(x.min(), x.max(), 100)
In [64]: fig, ax = plt.subplots(figsize=(8, 4))
    ...: ax.scatter(x, y)
    ...:
    ...: for n in [1, 2, 3, 5]:
    ...:     f = interpolate.interp1d(x, y, kind=n)
    ...:     ax.plot(xx, f(xx), label='order %d' % n)
    ...:
    ...: ax.legend()
    ...: ax.set_ylabel(r"$y$", fontsize=18)
    ...: ax.set_xlabel(r"$x$", fontsize=18)
```

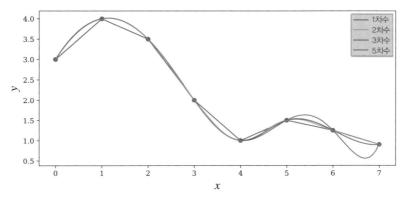

▲ 그림 7-4 서로 다른 차수에 대한 스플라인 보간

그림 7-4에 나타낸 스플라인 보간법에서 2차나 3차 스플라인 보간이 원함수와 작은 오차만 갖는 좋은 보간을 이미 제공하고 있다는 것을 알 수 있다. 고차의 스플라인에는 고차 다항식 보간에서 살펴봤던 것과 동일한 문제가 발생한다. 따라서 실제로는 3차 스플라인 보간법을 사용하는 것이 적절할 때가 많다.

다변량 보간법

다항식 및 스플라인 보간법은 다변량 상황으로 일반화할 수 있다. 일변량 사례와 유사하게 특정 점 집합에서 값이 부여되고 표본 범위 내의 중간 지점에 대한 값을 계산할 수 있는 함수를 찾아본다. Scipy는 다변량 보간을 위한 몇 가지 함수와 클래스를 제공하며 다음 두 가지 예에서는 가장 유용한 이변량 보간법 함수인 interpolate.interp2d와 interpolate.griddata를 알아본다. 보간 옵션에 대한 좀 더 자세한 정보는 interpolate의 docstrings를 참고하라.

먼저 interpolate.interp2d를 살펴보자. 이 함수는 앞서 사용했던 interp1d를 일반화한 것이다. 이 함수는 이용 가능한 데이터 포인트의 x 좌표와 y 좌표를 별도의 1차원 배열로 취한 후 x 좌표와 y 좌표의 각 조합에 대한 2차원 값의 배열로 취한 것이다. 이 함수는 데이터 포인트가 x 좌표와 y 좌표에 정규적이며 균등한 그리드로 주어진다고 가정한다.

interp2d 함수가 사용하는 방법을 설명하기 위해 알려진 함수에 랜덤 잡음을 추가해 잡음 측정을 시뮬레이션하는데, 다음 예에서는 $f(x, y) = \exp\left(-(x+1/2)^2 - 2(y+1/2)^2\right) - \exp\left(-(x-1/2)^2 - 2(y-1/2)^2\right)$로 한다. 보간 문제를 구성하기 위해 x 좌표와 y 좌표를 따라 [-2, 2] 구간의 10개 점에서 이 함수를 표본 추출한 후 정확한 값에 약간의 정규분포 잡음을 추가한다. 먼저 표본점의 x 좌표와 y 좌표에 대한 Numpy 배열을 생성하고 $f(x, y)$에 대한 Python 함수를 정의한다.

```
In [65]: x = y = np.linspace(-2, 2, 10)
In [66]: def f(x, y):
```

```
     ...:         return np.exp(-(x + .5)**2 - 2*(y + .5)**2) -
                  np.exp(-(x - .5)**2 - 2*(y - .5)**2)
```

다음으로 표본점에서 함수를 계산하고 불확실 측정을 시뮬레이션하기 위해 랜덤 잡음을
추가한다.

```
In [67]: X, Y = np.meshgrid(x, y)
In [68]: # 고정된 그리드 점 X, Y에서 잡음 데이터를 시뮬레이션
     ...: Z = f(X, Y) + 0.05 * np.random.randn(*X.shape)
```

이 시점에서 잡음이 있는 데이터 포인트 Z의 행렬이 형성되는데, 이는 정확히 알려져 있
고 일정하게 분포하고 있는 좌표 x 및 y와 연계돼 있다. x와 y 사이의 중간값을 계산할 수
있는 보간 함수를 표본 범위 내에서 얻으려면 interv2d 함수를 이용해야 한다.

```
In [69]: f_i = interpolate.interp2d(x, y, Z, kind='cubic')
```

여기서 x와 y는 1차원 배열(길이 10), Z는 shape(10, 10)의 2차원 배열이라는 점에 유의하
자. 보간을 사용해 원시 데이터를 과표본 추출하는 것은 다음과 같이 실행할 수 있다.

```
In [70]: xx = yy = np.linspace(x.min(), x.max(), 100)
In [71]: ZZi = f_i(xx, yy)
In [72]: XX, YY = np.meshgrid(xx, yy)
```

여기서 XX와 YY는 과표본된 점의 좌표 행렬이며 해당 보간값은 ZZi다. 이것들은 희소이
며 잡음 데이터를 기술하는 평활화 함수를 표시하는 데 사용될 수 있다. 다음 코드는 원
래 함수와 보간 데이터를 모두 도식화한 등고선을 보여준다. 결과 등고선은 그림 7-5를
참조하라.

```
In [73]: fig, axes = plt.subplots(1, 2, figsize=(12, 5))
```

```
...: # 먼저 정확한 함수의 등고선을 도식화한다.
...: c = axes[0].contourf(XX, YY, f(XX, YY), 15, cmap=plt.cm.RdBu)
...: axes[0].set_xlabel(r"$x$", fontsize=20)
...: axes[0].set_ylabel(r"$y$", fontsize=20)
...: axes[0].set_title("exact / high sampling")
...: cb = fig.colorbar(c, ax=axes[0])
...: cb.set_label(r"$z$", fontsize=20)
...: # 그다음 노이즈 데이터의 과표본 보간 등고선을 도식화한다.
...: c = axes[1].contourf(XX, YY, ZZi, 15, cmap=plt.cm.RdBu)
...: axes[1].set_ylim(-2.1, 2.1)
...: axes[1].set_xlim(-2.1, 2.1)
...: axes[1].set_xlabel(r"$x$", fontsize=20)
...: axes[1].set_ylabel(r"$y$", fontsize=20)
...: axes[1].scatter(X, Y, marker='x', color='k')
...: axes[1].set_title("interpolation of noisy data / low sampling")
...: cb = fig.colorbar(c, ax=axes[1])
...: cb.set_label(r"$z$", fontsize=20)
```

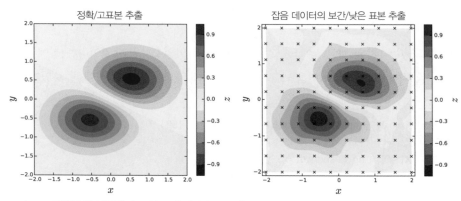

▲ 그림 7-5 정확한 함수(왼쪽)와 균일 그리드(십자로 표시)의 함수에서 추출된 잡음의 이변량 3차 스파라인 보간 (오른쪽)

비교적 간격이 짧은 데이터 포인트에서는 이변량 2차 스파라인 보간을 계산하기 위해 interpolate.interp2d를 사용해 기저 함수의 근사를 구성할 수 있다. 그 결과, 기저 함수에 평활화된 근사를 얻을 수 있는데, 이는 시간이나 다른 자원의 측면에서 계산하거나 측정하는 데 비용이 많이 드는 데이터를 취급할 때 유용하다. 더 높은 차원 문제에서는 interpolate.interpnd 함수를 사용할 수 있는데, 이 함수는 N차원 문제의 일반화다.

다변량 보간법이 필요한 또 다른 상황은 표본 데이터가 불규칙한 좌표 그리드에서 추출 된 경우에 발생한다. 이러한 상황은 정확한 관측값이 수집된 곳을 직접 제어할 수 없을 때(예: 실험이나 다른 데이터 수집 프로세스) 자주 발생한다. 기존 도구로 이러한 데이터를 쉽게 도식화하고 분석할 수 있도록 이 데이터를 정규 좌표 그리드로 보간하는 것이 바람직할 수 있다. Scipy에서는 이 작업을 위해 intervolate.gridata를 사용할 수 있다. 이 함수는 첫 번째 인수로서 zdata 데이터 값에 대한 (xdata, ydata) 1차원 좌표 벡터를 가진 튜플인데, zdata는 함수의 세 번째 인수로서 행렬 형태로 전달된다. 네 번째 인수는 보간이 계산될 새로운 점에 대한 좌표 벡터 또는 좌표 행렬의 튜플 (X, Y)다. method 키워드 인수('nearest', 'linear', 'cubic')를 사용해 보간법을 설정할 수도 있다.

```
In [74]: Zi = interpolate.griddata((xdata, ydata), zdata, (X, Y),
method='cubic')
```

비정형 좌표점에서 데이터를 보간하기 위한 interpolate.griddata 함수의 사용법을 설명하기 위해 함수 $f(x, y) = \exp(-x^2 - y^2) \cos 4x \sin 6y$를 취하고 x 좌표와 y 좌표를 따라 구간 0[-1, 1]에서 표본점을 랜덤으로 선택한다. 그런 다음 결과 $\{x_i, y_i, z_i\}$ 데이터를 보간해 $x, y \in [-1, 1]$ 지역에 걸쳐 과표본 정규 그리드에서 계산한다. 이를 위해 먼저 $f(x, y)$에 대한 Python 함수를 정의한 후 랜덤으로 표본 추출된 데이터를 생성한다.

```
In [75]: def f(x, y):
    ...:     return np.exp(-x**2 - y**2) * np.cos(4*x) * np.sin(6*y)
In [76]: N = 500
In [77]: xdata = np.random.uniform(-1, 1, N)
In [78]: ydata = np.random.uniform(-1, 1, N)
In [79]: zdata = f(xdata, ydata)
```

표본점의 함수와 밀도를 시각화하기 위해 $f(x, y)$의 등고선 그래프에 표본 위치를 중첩해 도식화한다. 결과는 그림 7-6과 같다.

```
In [80]: x = y = np.linspace(-1, 1, 100)
In [81]: X, Y = np.meshgrid(x, y)
In [82]: Z = f(X, Y)
In [83]: fig, ax = plt.subplots(figsize=(8, 6))
    ...: c = ax.contourf(X, Y, Z, 15, cmap=plt.cm.RdBu);
    ...: ax.scatter(xdata, ydata, marker='.')
    ...: ax.set_ylim(-1,1)
    ...: ax.set_xlim(-1,1)
    ...: ax.set_xlabel(r"$x$", fontsize=20)
    ...: ax.set_ylabel(r"$y$", fontsize=20)
    ...: cb = fig.colorbar(c, ax=ax)
    ...: cb.set_label(r"$z$", fontsize=20)
```

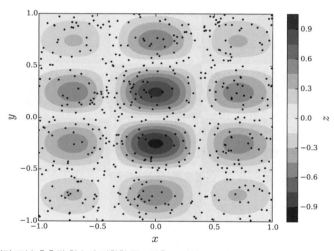

▲ 그림 7-6 랜덤 표본 추출된 함수의 정확한 등고선을 도식화. 500개의 표본점은 검은색 점으로 표시돼 있다.

그림 7-6의 등고선 그래프와 산포도를 살펴보면 랜덤으로 선택된 표본점은 관심 좌표 영역에 상당히 잘 분포하는 것으로 보이며 데이터를 보간함으로써 $f(x, y)$ 함수를 비교적 정확하게 재구성할 수 있는 가능성이 열려 있다는 것을 알 수 있다. 여기서는 X, Y 좌표

배열로 나타난 조밀 분포(과표본) 정규 그리드의 데이터를 해석하고자 한다. 다양한 보간법과 표본점을 늘릴 때의 효과를 비교하기 위해 주어진 데이터 포인트를 최근접 데이터 포인트, 선형 보간법, 3차 스플라인 보간법으로 보간하는 z_interpolate 함수를 정의한다.

```
In [84]: def z_interpolate(xdata, ydata, zdata):
    ...:     Zi_0 = interpolate.griddata((xdata, ydata), zdata, (X, Y),
            method='nearest')
    ...:     Zi_1 = interpolate.griddata((xdata, ydata), zdata, (X, Y),
            method='linear')
    ...:     Zi_3 = interpolate.griddata((xdata, ydata), zdata, (X, Y),
            method='cubic')
    ...:     return Zi_0, Zi_1, Zi_3
```

끝으로 각각 50, 150, 500점을 사용하는 총 표본점의 세 가지 부분 데이터에 적용한 세 가지 보간법의 보간 데이터 등고선 그래프를 도식화한다. 결과는 그림 7-7과 같다.

```
In [85]: fig, axes = plt.subplots(3, 3, figsize=(12, 12), sharex=True,
        sharey=True)
    ...:
    ...: n_vec = [50, 150, 500]
    ...: for idx, n in enumerate(n_vec):
    ...:     Zi_0, Zi_1, Zi_3 = z_interpolate(xdata[:n], ydata[:n],
            zdata[:n])
    ...:     axes[idx, 0].contourf(X, Y, Zi_0, 15, cmap=plt.cm.RdBu)
    ...:     axes[idx, 0].set_ylabel("%d data points\ny" % n, fontsize=16)
    ...:     axes[idx, 0].set_title("nearest", fontsize=16)
    ...:     axes[idx, 1].contourf(X, Y, Zi_1, 15, cmap=plt.cm.RdBu)
    ...:     axes[idx, 1].set_title("linear", fontsize=16)
    ...:     axes[idx, 2].contourf(X, Y, Zi_3, 15, cmap=plt.cm.RdBu)
    ...:     axes[idx, 2].set_title("cubic", fontsize=16)
    ...: for m in range(len(n_vec)):
    ...:     axes[idx, m].set_xlabel("x", fontsize=16)
```

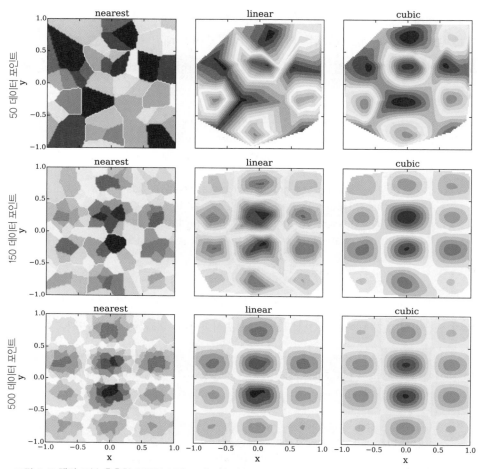

▲ 그림 7-7 랜덤 표본 추출한 이변량 보간 그래프의 차수를 증가시키고(왼쪽에서 오른쪽), 표본점을 증가시키며 (위에서 아래로) 도식화한 것

그림 7-7은 관심 영역이 잘 포함돼 있는 한 비구조 표본의 보간으로부터 함수를 재구성 하는 것이 가능하다는 것을 보여준다. 이 예제에서와 다른 일반적인 상황에서도 3차 스 플라인 보간이 최근접 포인트나 선형 보간보다 뛰어나다. 비록 스플라인을 계산하려면 더 많은 계산 자원이 필요하지만 대부분 그럴 만한 가치가 있다.

요약

보간은 과학과 기술 연산 전반에 걸쳐 중요한 응용을 가진 기본적인 수학 도구다. 특히 보간법은 많은 수학적 방법과 알고리즘에 있어 중요하다. 또한 그 자체로 유용한 실용 도구로서 실험, 관측 또는 자원 수요 연산에서 얻은 데이터를 도식화하거나 분석할 때 유용하다. Numpy와 Scipy 라이브러리를 조합하면 하나 이상의 독립 변수에서 수치 보간 방법을 적절히 제공한다. 많은 데이터 점을 수반하는 대부분의 실질적 보간 문제의 경우, 3차 스플라인 보간법이 가장 유용하다(비록 낮은 차수의 다항식 보간법이 다른 수치 방법(근의 발견, 최적화, 수치 통합 등)에서는 가장 일반적 도구로 사용되지만). 7장에서는 Numpy의 polynomial과 Scipy의 interpolate 모듈을 사용해 1개 및 2개의 독립 변수로 주어진 데이터셋datasets에 보간을 수행하는 방법을 알아봤다. 이러한 기술을 숙지하는 것은 컴퓨터 과학자의 중요한 기술이며 여기서 다루지 않은 Scipy.interpolate와 관련된 내용은 모듈이나 많은 함수의 docstrings를 참고하기 바란다.

추가 참고 도서 목록

보간은 수치적인 방법을 설명하는 대부분의 책에서 다루고 있으며 주제에 대한 보다 이론적인 설명은 J. Stoer(1992)나 Hamming(1987)을 참고하라.

참고 문헌

- Hamming, R.(1987). Numerical Methods for Scientists and Engineers. New York: Dover Publications.
- J. Stoer, R. B.(1992). Introduction to Numerical Analysis. New York: Springer.

8장

적분

8장에서는 적분의 다른 측면을 다룬다. 8장의 주된 주제는 수치적 적분이다. 적분은 역사적인 이유로 인해 구적법^{quadrature}으로도 알려져 있다. 적분은 그 역함수인 미분에 비해 훨씬 더 힘들고 해석적으로 계산 가능한 적분 사례도 많지만, 일반적으로 수치적인 방법에 의존해야 한다. 적분 계산은 피적분 함수의 성질과 적분 범위에 따라 쉬울 수도 있고, 어려울 수도 있다. 연속 함수이면서 유한한 범위를 가진 적분은 대부분 1차원에서 효율적으로 계산할 수 있지만 적분 범위가 무한이거나 특이성을 가진 함수의 경우에는 1차원 경우조차도 수치적으로 다루기 힘들다. 2차원 적분(이중 적분)과 고차 적분은 반복적인 1차원 적분 또는 1차원 적분 해결에 사용되는 기법을 다차원적으로 일반화한 기법을 사용해 수치적으로 계산할 수 있다. 그러나 계산 복잡도는 적분 차원의 증가에 따라 빠르게 증가하며 실제로 이런 방법은 이중 적분 또는 삼중 적분과 같은 저차원 적분에만 가능하다. 그보다 더 높은 차수의 적분은 몬테 카를로 표본 알고리즘과 같이 완전히 다른 기법이 필요한 경우가 많다.

적분은 정적분을 수치적으로 계산해 단일 값으로 나타내는 것 이외에도 다른 많은 응용을 갖고 있다. 예를 들어 적분에서의 피적분 함수가 미지의 수량일 경우의 방정식을 적분 방정식이라고 하는데, 적분 방정식은 과학과 공학 응용에 자주 나타난다. 적분 방정식은 대개 해결하기가 힘들지만 적분법을 이산화해 선형 방정식으로 다시 변환할 수 있는 경우가 많다. 여기서는 이 주제를 다루지 않지만 10장, '희소 행렬과 그래프'에서 이러한 유형의 예를 살펴본다. 적분의 또 다른 응용은 적분 변환으로, 서로 다른 도메인 간에 방정식을 변환하는 기술이다. 8장의 끝에서는 SymPy를 사용해 라플라스나 푸리에 변환과 같은 몇몇 적분 방정식을 변환하는 방법을 간략히 설명한다.

기호 적분을 하려면 3장, '기호 연산'에서 설명한 것처럼 SymPy를 이용할 수 있는데, 이 때는 주로 integrate 모듈을 사용한다. 그러나 SymPy는 (다중-정밀도 라이브러리인 mpmath 를 통해) 임의의 정밀도로 수치적 적분을 수행할 수 있는데, 이는 Scipy의 기능을 보충해준다. 8장에서는 이 옵션들과 각각의 장단점을 알아본다. 또한 scikit-monaco 라이브러리를 사용해 몬테 카를로 적분도 살펴본다.

> **노트**
>
> ### Scikit-monaco
>
> Scikit-monaco는 몬테 카를로 적분을 편리하고 쉽게 할 수 있게 해주는 최신 라이브러리다. 이 책을 쓰고 있는 시점의 Scikit-monaco 최신 버전은 0.2.1이다. 좀 더 자세한 사항은 http://scikit-monaco를 참조하라.

모듈 임포트하기

8장에서는 기본적인 수치와 도식화를 지원하기 위한 Numpy와 Matplotlib 라이브러리가 필요하고 Scipy의 integrate 모듈, SymPy 라이브러리 그리고 임의의 정밀도를 가진 수학 라이브러리 mpmath를 사용한다. 여기서는 이런 모듈이 다음과 같은 방식으로 임포트된다고 가정한다.

```
In [1]: import numpy as np
In [2]: import matplotlib.pyplot as plt
```

```
    ...: import maplotlib as mpl
In [3]: from Scipy import integrate
In [4]: import sympy
In [5]: import mpmath
```

추가로 SymPy의 결과를 유형을 갖춰 출력하기 위해서는 출력 시스템을 설정할 필요가 있다.

```
In [6]: sympy.init_printing()
```

수치적 적분법

여기서는 $I(f) = \int\limits_a^b f(x)dx$의 형태와 a와 b의 범위를 가진 정적분을 계산하는 방법을 알아본다. 구간 $[a, b]$은 유한하거나 한쪽만 무한(여기서 $a = -\infty$ 또는 $b = \infty$) 또는 무한(여기서 $a = -\infty$, $b = \infty$ 모두)이 될 수 있다. 적분 $I(f)$는 그림 8-1과 같이 피적분 함수 $f(x)$와 x축 사이의 영역으로 해석할 수 있다.

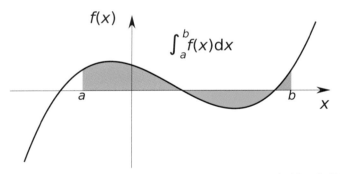

▲ 그림 8-1 피적분 함수의 곡선과 x축 사이의 면적으로 적분을 해석한 그림. 면적은 $f(x) > 0$(초록색)에서 양수, 이외(빨간색)에는 음수가 된다.

앞의 형태를 적분 $I(f)$로 계산하는 일반적인 전략은 적분값을 이산 합으로 근사하는 것이다.

$$I(f) = \sum_{i=1}^{n} w_i f(x_i) + r_n.$$

여기서 w_i는 $x_i \in [a, b]$ 구간에서 n번의 $f(x)$ 계산 가중값을 나타내며 r_n은 근삿값에 의한 잔차다. 실제로는 r_n이 작아 무시할 수 있다고 가정하지만 얼마나 적분을 정확히 근사했는지 알기 위해서는 r_n을 추정하는 것이 중요하다. $I(f)$에 대한 이 합산 식은 n점 구적법 quadrature rule으로 알려져 있으며 n의 선택과 $[a, b]$상의 위치 그리고 가중값 인자 w_i는 계산의 정확도와 복잡성에 영향을 미친다. 구적법은 $[a, b]$ 구간 대해 $f(x)$를 보간해 얻을 수 있다. 점 x_i가 구간 $[a, b]$에서 균일하게 존재하고 다항식 보간을 사용하는 경우를 뉴턴-코츠 구적법Newton-Cotes quadrature rule이라고 한다.[1] 예를 들어 중간값 $x_0 = (a+b)/2$를 사용해 0차 다항식(상수)으로 $f(x)$를 근사하면 다음과 같은 식을 얻을 수 있다.

$$\int_a^b f(x)\mathrm{d}x \approx f\left(\frac{a+b}{2}\right)\int_a^b \mathrm{d}x = (b-a)f\left(\frac{a+b}{2}\right)$$

이 방식을 중간점 법칙midpoint rule이라고 하며 1차 다항식(선형 함수) 적분까지는 정확히 계산하므로 다항도polynomial degree 1이라고 부른다. 다항도 1로 근사한 $f(x)$의 구간 끝점에서 계산한 값은 다음과 같다.

$$\int_a^b f(x)\mathrm{d}x \approx \frac{b-a}{2}\big(f(a) + f(b)\big)$$

이 방법은 사다리꼴 법칙trapezoid rule으로 알려져 있으며 이 다항도 1을 이용한다. 2차 보간 함수를 사용하면 심슨의 법칙Simpson's rule을 얻을 수 있다.

---

[1] 뉴턴-코츠 구적법은 구간을 잘라 저차로 구적하므로 구분 구적법이라고도 한다. – 옮긴이

$$\int_a^b f(x)\mathrm{d}x \approx \frac{b-a}{6}\left(f(a)+4f\left(\frac{a+b}{2}\right)+f(b)\right)$$

이 방법은 중간점과 끝점에서 함수를 계산한다. 이 방법은 다항도 3이며 이는 3차 다항식까지 정확히 적분한다는 의미다. 이 식을 얻는 방법은 SymPy를 이용해 쉽게 보일 수 있다. 먼저 f 함수와 함께 변수 a, b, x에 대한 기호를 정의한다.

```
In [7]: a, b, X = sympy.symbols("a, b, x")
In [8]: f = sympy.Function("f")
```

그다음으로 표본점(구간 $[a, b]$의 중간점과 끝점)을 포함하는 튜플 x와 해당 표본점의 구적법에 사용될 가중값의 리스트 w를 정의한다.

```
In [9]: x = a, (a+b)/2, b # 심슨 법칙
In [10]: w = [sympy.symbols("w_%d" % i) for i in range(len(x))]
```

x와 w가 주어지면 구적법에 대한 기호 표현을 구성할 수 있다.

```
In [11]: q_rule = sum([w[i] * f(x[i]) for i in range(len(x))])
In [12]: q_rule
```
Out[12]: $w_0 f(a)+w_1 f\left(\frac{a}{2}+\frac{b}{2}\right)+w_2 f(b)$

적절한 가중값 w_i를 계산하기 위해 $f(x)$의 보간 함수로 다항식 베이시스 함수 $\left\{\phi_n(x)=x^n\right\}_{n=0}^2$를 선택한다. 여기서는 sympy.Lambda 함수를 사용해 각 베이시스 함수의 기호적 표현을 생성한다.

```
In [13]: phi = [sympy.Lambda(X, X**n) for n in range(len(x))]
In [14]: phi
```
Out[14]: $\left[(x\mapsto 1),(x\mapsto x),(x\mapsto x^2)\right]$

구적법 식(Out[12])의 가중값 인자를 구할 때의 핵심은 적분 $\int_a^b \phi_n(x)\mathrm{d}x$가 각 베이시스 함수 $\phi_n(x)$를 해석적으로 계산할 수 있다는 것이다. 함수 $f(x)$를 구적법의 각 베이시스 함수 $\phi_n(x)$로 대체하면 미지의 가중값 인자에 대한 방정식을 얻을 수 있다.

$$\sum_{i=0}^{2} w_i \phi_n(x_i) = \int_a^b \phi_n(x)\mathrm{d}x,$$

이 방정식은 구적법이 모든 베이시스 함수를 정확히 적분하므로 이 베이시스에 의해 결정되는 모든 함수의 적분을 정확히 계산한다는 조건을 명시한 것과 같다. 이 방정식은 SymPy를 사용해 다음과 같이 구성할 수 있다.

```
In [15]: eqs = [q_rule.subs(f, phi[n]) - sympy.integrate(phi[n](X), (X, a, b))
    ...:         for n in range(len(phi))]
In [16]: eqs
```

$$\text{Out[16]:} \left[a - b + w_0 + w_1 + w_2, \frac{a^2}{2} + aw_0 - \frac{b^2}{2} + bw_2 + w_1\left(\frac{a}{2} + \frac{b}{2}\right), \frac{a^3}{3} + a^2 w_0 - \frac{b^3}{3} + b^2 w_2 + w_1\left(\frac{a}{2} + \frac{b}{2}\right)^2 \right]$$

이 선형 방정식을 해결하면 가중값 인자에 대한 해석적 표현을 얻을 수 있다.

```
In [17]: w_sol = sympy.solve(eqs, w)
In [18]: w_sol
```

$$\text{Out[18]:} \left\{ w_0 : -\frac{a}{6} + \frac{b}{6}, \ w_1 : -\frac{2a}{3} + \frac{2b}{3}, \ w_2 : -\frac{a}{6} + \frac{b}{6} \right\}$$

이 근을 구적법의 기호적 표현에 대입하면 다음을 얻을 수 있다.

```
In [19]: q_rule.subs(w_sol).simplify()
```

$$\text{Out[19]:} \ -\frac{1}{6}(a - b)\left(f(a) + f(b) + 4f\left(\frac{a}{2} + \frac{b}{2}\right) \right)$$

이 결과를 통해 바로 앞 절에서 설명한 심슨의 구적법이라는 것을 알 수 있다. 다른 표본점(이 코드의 x 튜플)을 선택하면 또 다른 구적법을 얻을 수 있다. 고차 구적법은 고차 다항 보간([a, b] 구간상의 더 많은 표본점)을 사용해 이와 유사하게 도출할 수 있다. 그러나 고차 다항 보간은 7장, '보간법'에서 설명한 바와 같이 표본점 사이에 바람직하지 않은 행동이 나타날 수 있다. 그러므로 고차 구적법을 사용하기보다는 적분 구간 [a, b]를 하위 구간 $[a=x_0, x_1], [x_1, x_2], \ldots, [x_{N-1}, x_N=b]$로 나누고 각 하위 구간에서 저차 구적법을 사용하는 것이 좋다. 이러한 방법들은 복합 구적법$^{\text{composite quadrature rules}}$으로 알려져 있다. 그림 8-2는 구간 [−1,1]에서의 함수 $f(x)=3+x+x^2+x^3+x^4$에 대한 3개의 최하-차수 뉴턴-코츠 구적법과 원래 구간을 4개의 하위 구간으로 만든 해당 복합 구적법을 보여준다.

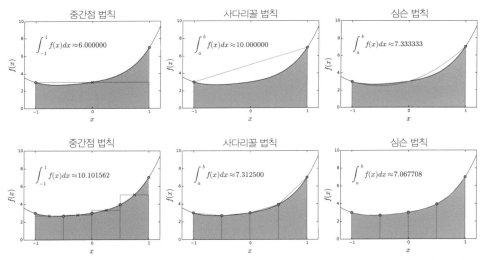

▲ 그림 8-2 0차(중간점 법칙), 1차(사다리꼴 법칙), 2차(심슨 법칙)에서의 구적법(위 패널)과 복합 구적법(아래 패널)을 시각화한 것

복합 구적법을 특징 짓는 중요한 매개변수는 하위 구간의 길이 $h=(b-a)/N$이다. 근사 구적법에서의 오차 추정과 그 크기를 h로 조정하는 것은 피적분 함수의 테일러 급수 확장과 결과 급수의 해석적 적분 항을 사용해 얻을 수 있다. 두 결과의 이러한 차이는 종종 오차의 추정값을 제공하며, 이는 다음 절의 예에서 볼 수 있는 것처럼 많은 구적법이 적분의 추정에 더해 오차의 추정을 생성하는 기초가 된다.

앞서 뉴턴-코츠 구적법은 피적분 함수 $f(x)$에서 균일 간격의 표본점을 사용하는 것을 살펴봤다. 이 방법은 대체로 편리하고, 특히 피적분 함수가 측정된 값이나 지정한 곳의 관측값에서만 얻을 수 있다. $[a, b]$ 구간의 임의 지점에서 계산할 수 없는 경우에 더욱 그러하다. 그러나 균일 간격을 사용하는 방법이 구적법에서 반드시 가장 효율적인 것은 아니며, 만약 피적분 함수가 $x \in [a, b]$ 구간의 임의 값으로 쉽게 계산할 수 있는 함수로 주어졌다면 균일 간격의 표본점을 사용하지 않는 구적법이 더 유리할 수도 있다. 그러한 방법의 예로는 가우스 구적법Gaussian quadrature이 있는데, 이 방법 또한 다항 보간을 사용해 구적법의 가중값 인자를 결정하지만 구적법 노드 x_i는 주어진 고정된 개수의 구적법 점을 정확히 적분할 수 있는 다항 차수를 최대화되게 한다. 이런 기준을 만족하는 x_i의 선택은 서로 다른 직교 다항의 근이며 표본점 x_i는 대개 적분 구간 $[a, b]$에서 무리수의 위치에 놓인다. 일반적으로 이 점은 수치적 구현에서 문제가 되지 않지만 실질적으로는 함수 $f(x)$ 함수의 값이 표로 제공되거나 균일 간격의 x 값에서 미리 계산된 것이 아니라 임의의 점에서 계산 가능해야만 한다. 가우스 구적법은 $f(x)$를 임의의 값에서 계산할 수 있는 경우에 더 유용하지만 방금 언급한 이유로 인해 피적분 함수가 표로 주어졌을 때는 뉴턴-코츠 구적법도 유용하다.

Scipy와의 수치적 적분

Scipy integrate 모듈에서의 수치적 구적법은 두 가지 유형으로 분류될 수 있다. 첫째는 피적분 함수로 Python 함수를 사용하는 것이고, 둘째는 주어진 지점에서의 피적분 함수의 배열 값을 사용하는 것이다. 첫 번째 유형의 함수는 가우스 구적법(quad, quadrature, fixed_quad)을 사용하고, 두 번째 유형의 함수는 뉴턴-코츠 구적법(trapz, simps, romb)을 사용한다.

quadrature 함수는 Python에 구현돼 있는 적응적 가우스 구적법이다. quadrature은 고정된 차수 가우스 구적법의 fixed_quad 함수를 반복적으로 호출하며 원하는 정확도에 도달할 때까지 차수를 증가시킨다. quad 함수는 FORTRAN 라이브러리 QUADPACK을 래핑한 것으로, 속도 면에서 우수하고 더 많은 특징(부정적분의 지원 등)을 갖고 있다. 따라서 보통 quad가 더 선호되며 다음에서 이 구적법 함수를 사용한다. 그러나 이러한 모든 함수는 유사한 인수를 취하므로 대개 서로 대체될 수 있다. 이 함수들의 첫 번째 인수는 피적분 함수를 구현한 함수이며 두 번째와 세 번째는 적분 구간의 상한과 하한이다. 구체적인 예로 피적분 함수 $\int_{-1}^{1} e^{-x^2}\, dx$의 수치적 계산을 살펴보자. Scipy의 quad 함수를 사용해 이 적분을 계산하려면 피적분 함수를 정의한 후에 quad 함수를 호출해야 한다.

```
In [20]: def f(x):
    ...:         return np.exp(-x**2)
In [21]: val, err = integrate.quad(f, -1, 1)
In [22]: val
Out[22]: 1.493648265624854
In [23]: err
Out[23]: 1.6582826951881447e-14
```

quad 함수는 적분의 수치적 추정값인 val과 그 절대 오차를 추정한 값 err을 가진 튜플을 반환한다. 절대 오차와 상대 오차의 허용값은 각각 epsabs과 epsrel 키워드 인수를 사용해 설정할 수 있다. 함수 f가 2개 이상의 변수를 취할 경우, quad 루틴은 첫 번째 인수로 전달된 함수로 적분한다. 추가 인수의 값을 피적분 함수에 전달할 수도 있는데, 이때에는 args 키워드 인수를 통해 quad에 전달해야 한다. 예를 들어 $a=1$, $b=2$, $c=3$이라는 특정 매개변숫값을 $\int_{-1}^{1} ae^{-(x-b)^2/c^2}$로 계산하려면 이 추가 인수를 모두 취하는 피적분 함수를 정의한 후 args=(1, 2, 3)를 quad 함수에 전달해 a, b, c의 값을 지정할 수 있다.

```
In [24]: def f(x, a, b, c):
    ...:         return a * np.exp(-((x - b)/c)**2)
In [25]: val, err = integrate.quad(f, -1, 1, args=(1, 2, 3))
In [26]: val
Out[26]: 1.2763068351022229
In [27]: err
```

```
Out[27]: 1.4169852348169507e-14
```

적분하려는 변수가 첫 번째 인수가 아닌 함수와 작업할 때는 lambda 함수를 사용해 인수를 재구성할 수 있다. 예를 들어 피적분 함수 $J_0(x)$가 1종 0차 베셀^{Bessel} 함수인 적분 $\int_0^5 J_0(x)\,dx$를 계산하려면 Scipy.special 모듈의 jv를 피적분 함수로 사용하는 것이 좋다. 함수 jv는 인수 v와 x를 취하고 실수 차수 v를 가지며 x에서 계산된 1종 베셀 함수다. 따라서 jv 함수를 quad의 피적분 함수로 사용하려면 jv의 인수를 수정해야 한다. 람다 함수를 이용하면 다음과 같은 방법으로 인수를 뒤섞을 수 있다.

```
In [28]: from Scipy.special import jv
In [29]: f = lambda x: jv(0, x)
In [30]: val, err = integrate.quad(f, 0, 5)
In [31]: val
Out[31]: 0.7153119177847678
In [32]: err
Out[32]: 2.47260738289741e-14
```

이 기법을 사용하면 어떤 함수의 인수를 임의로 바꿀 수 있고 적분 변수가 항상 첫 번째 인수가 되도록 함수를 조정해 그 함수를 quad의 피적분 함수로 사용할 수 있게 된다.

quad는 부정적분도 지원한다. 무한대의 적분 범위를 나타내려면 무한대의 부동소수점 표기인 float('inf')를 사용해야 하는데 Numpy를 사용하면 np.inf처럼 간단히 이용할 수 있다. 예를 들어 적분 $\int_{-\infty}^{\infty} e^{-x^2}\,dx$를 살펴보자. quad를 사용해 이 적분을 계산하는 방법은 다음과 같다.

```
In [33]: f = lambda x: np.exp(-x**2)
In [34]: val, err = integrate.quad(f, -np.inf, np.inf)
In [35]: val
Out[35]: 1.7724538509055159
In [36]: err
Out[36]: 1.4202636780944923e-08
```

그러나 quadrature와 fixed_quad 정적분만 지원한다는 사실에 유의하자.

좀 더 부연하면, quad 함수는 미분 가능한 특이성을 가진 적분들을 처리할 수 있다. 예를 들어 $\int_{-1}^{1} \frac{1}{\sqrt{|x|}}dx$를 살펴보자. 적분은 $x=0$에서 발산하지만 적분값은 발산되지 않으며 그 값은 4다. 이 적분을 단순하게 quad를 사용해 계산하려고 시도하면 발산하는 피적분 함수 때문에 실패할 수 있다.

```
In [37]: f = lambda x: 1/np.sqrt(abs(x))
In [38]: a, b = -1, 1
In [39]: integrate.quad(f, a, b)
Out[39]: (inf, inf)
```

이와 같은 상황에서는 그림 8-3과 같이 피적분 함수를 그래프로 표시하고 그 모습에 대한 통찰을 얻는 것이 좋다.

```
In [40]: fig, ax = plt.subplots(figsize=(8, 3))
    ...: x = np.linspace(a, b, 10000)
    ...: ax.plot(x, f(x), lw=2)
    ...: ax.fill_between(x, f(x), color='green', alpha=0.5)
    ...: ax.set_xlabel("$x$", fontsize=18)
    ...: ax.set_ylabel("$f(x)$", fontsize=18)
    ...: ax.set_ylim(0, 25)
    ...: ax.set_xlim(-1, 1)
```

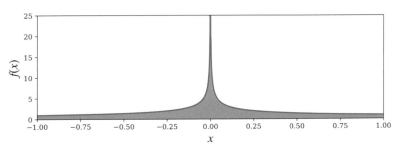

▲ 그림 8-3 quad 함수를 사용해 계산 가능한 부정적분(초록색/채워진 부분)을 가진 발산하는 피적분 함수의 예

이 경우, 피적분 함수가 가우스 구적법(중간점)의 표본점 중 하나에서 정확히 발산하기 때문에 적분 계산이 실패한다. 여기서는 points 키워드 인수를 적절히 사용해 계산상에서 피해야 할 점들의 리스트를 지정해줌으로써 quad 루틴을 조절할 수 있다. 앞의 예에서 points=[0]을 사용하면 quad가 정확하게 적분 계산을 할 수 있다.

```
In [41]: integrate.quad(f, a, b, points=[0])
Out[41]: (4.0,5.684341886080802e-14)
```

표로 된 피적분 함수

앞서 피적분 함수가 임의의 지점에서 계산 가능한(특정 구적법에 의해 결정됨) Python 함수를 사용해 지정된 경우에는 quad를 피적분 함수로 이용하는 것이 적절하다는 것을 살펴봤다. 그러나 많은 경우, 피적분 함수가 미리 정해둔 점에서만 특정될 때가 있다. 예를 들어 적분 구간 $[a, b]$에서 균등 간격으로 된 점들과 같은 경우가 있다. 이런 유형은 특정 적분 루틴으로 제어할 수 없는 실험이나 관측을 통해 피적분 함수를 구한 경우에 발생한다. 이때는 앞서 설명한 것처럼 중간점, 사다리꼴 또는 심슨 법칙과 같은 뉴턴-코츠 구적법을 사용할 수 있다.

Scipy integrate 모듈에는 복합 사다리꼴 법칙과 심슨의 법칙이 각각 trapz와 simps 함수로 구현돼 있다. 이러한 함수는 그 첫 번째 인수로 적분 구간의 점 집합에 대한 피적분 함숫값을 가진 배열 y를 취하며 두 번째 인수로는 선택적으로 표본점 x 값을 지정하는 배열이나(균등의 경우) 각 표본 사이의 간격 dx를 지정한다. 표본점은 반드시 균일 간격일 필요는 없지만 사전에 알고 있어야 한다는 점에 유의하자.

표본값으로 주어진 함수의 적분을 계산하는 방법을 알아보기 위해 그림 8-4에서와 같이 적분 구간 $[0, 2]$에서 피적분 함수의 표본 25개를 취해 적분 $\int_0^2 \sqrt{x}\,dx$를 계산해보자.

```
In [42]: f = lambda x: np.sqrt(x)
```

```
In [43]: a, b = 0, 2
In [44]: x = np.linspace(a, b, 25)
In [45]: y = f(x)
In [46]: fig, ax = plt.subplots(figsize=(8, 3))
    ...: ax.plot(x, y, 'bo')
    ...: xx = np.linspace(a, b, 500)
    ...: ax.plot(xx, f(xx), 'b-')
    ...: ax.fill_between(xx, f(xx), color='green', alpha=0.5)
    ...: ax.set_xlabel(r"$x$", fontsize=18)
    ...: ax.set_ylabel(r"$f(x)$", fontsize=18)
```

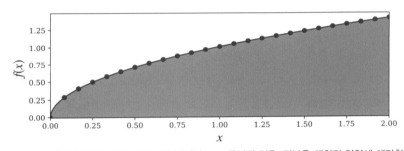

▲ 그림 8-4 피적분 함수가 점으로 표시된 것처럼 표로 주어진 경우. 적분은 채워진 영역에 해당한다.

적분을 계산하려면 x 배열과 y 배열을 trapz 또는 simps 메서드에 전달해야 한다. y 배열은 반드시 첫 번째 인수로 전달해야 한다는 점에 유의하자.

```
In [47]: val_trapz = integrate.trapz(y, x)
In [48]: val_trapz
Out[48]: 1.88082171605
In [49]: val_simps = integrate.simps(y, x)
In [50]: val_simps
Out[50]: 1.88366510245
```

trapz와 simps 함수는 오차 추정값을 제공하지 않지만 이 특별한 예에서는 적분을 해석적으로 계산한 후 두 가지 방법의 계산 수치 차이를 비교해볼 수 있다.

```
In [51]: val_exact = 2.0/3.0 * (b-a)**(3.0/2.0)
In [52]: val_exact
Out[52]: 1.8856180831641267
In [53]: val_exact - val_trapz
Out[53]: 0.00479636711328
In [54]: val_exact - val_simps
Out[54]: 0.00195298071541
```

피적분 함수의 모든 정보는 주어진 표본점뿐이므로 trapz나 simps를 사용해 더 정교한 계산을 수행할 수 없다. 정확도를 높일 수 있는 유일한 방법은 표본점의 수를 늘리거나 (이 방법은 기저 함수를 모를 경우 어려울 수 있다) 더 고차원의 방법을 사용하는 것이다.

integrate 모듈에는 롬버그^{Romberg} 기법을 구현해둔 함수 romb가 제공된다. 롬버그 방법은 뉴턴-코츠 방식이지만 사다리꼴 방식의 수렴을 가속화하기 위해 리차드슨^{Richardson} 외삽법을 사용한다. 그러나 이 방법은 표본점의 간격이 균일해야 하며 $2^n + 1$개의 표본점이 있어야 한다(여기서 n은 정수). trapz와 simps 메서드처럼 romb는 첫 번째 인수로서 피적분 함수의 표본이 있는 배열을 취하지만 두 번째 인수는 반드시 표본점들의 간격 dx가 돼야 한다.

```
In [55]: x = np.linspace(a, b, 1 + 2**6)
In [56]: len(x)
Out[56]: 65
In [57]: y = f(x)
In [58]: dx = x[1] - x[0]
In [59]: val_exact - integrate.romb(y, dx=dx)
Out[59]: 0.000378798422913
```

여기에서 논의한 Scipy 적분 함수 중, 가장 유용한 함수는 아마도 simps일 것이다. simps 함수는 사용의 편의성(표본점에 대한 제약이 없음)과 상대적인 정확도에서 균형이 잘 잡혀 있다.

다중 적분

이중 적분 $\int_a^b\int_c^d f(x,y)\mathrm{d}x\mathrm{d}y$나 삼중 적분 $\int_a^b\int_c^d\int_e^f f(x,y,z)\mathrm{d}x\mathrm{d}y\mathrm{d}z$와 같은 다중 적분은 Scipy 적분 모듈의 dblquad 및 tplquad 함수를 사용해 계산할 수 있다. 또한 어떤 도메인 D에 대한 n개 변수의 적분 $\int...\int_D f(x)\mathrm{d}x$도 nquad 함수를 사용하면 계산할 수 있다. 이러한 함수는 일변수 구적률 함수 quad의 래퍼로서 quad를 적분의 각 차원에 반복적으로 호출하는 것이다.

구체적으로 이중 적분 루틴 dblquad는 다음과 같은 유형으로 계산할 수 있다.

$$\int_a^b\int_{g(x)}^{h(x)} f(x,y)\mathrm{d}x\mathrm{d}y,$$

함수 시그니처는 dblquad(f, a, b, g, h) 유형을 가진다. 여기서 f는 피적분 함수를 나타내는 Python 함수, a와 b는 x축에 대한 상수 적분 구간, g와 f는 y축에 대한 적분 구간을 지정하는 Python 함수(변수로 x를 취함)다. 예를 들어 적분 $\int_0^1\int_0^1 e^{-x^2-y^2}\,\mathrm{d}x\mathrm{d}y$를 고려해보자. 이 적분을 계산하려면 먼저 피적분 함수 f를 정의하고 그림 8-5와 같이 함수와 적분 영역을 그래프로 표시해야 한다.

```
In [60]: def f(x, y):
    ...:     return np.exp(-x**2 - y**2)
In [61]: fig, ax = plt.subplots(figsize=(6, 5))
    ...: x = y = np.linspace(-1.25, 1.25, 75)
    ...: X, Y = np.meshgrid(x, y)
    ...: c = ax.contour(X, Y, f(X, Y), 15, cmap=mpl.cm.RdBu, vmin=-1,
        vmax=1)
    ...: bound_rect = plt.Rectangle((0, 0), 1, 1, facecolor="grey")
    ...: ax.add_patch(bound_rect)
    ...: ax.axis('tight')
    ...: ax.set_xlabel('$x$', fontsize=18)
    ...: ax.set_ylabel('$y$', fontsize=18)
```

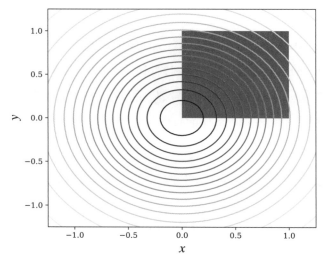

▲ 그림 8-5 채워진 영역과 같은 적분 구간을 갖는 등고선 형태의 2차원 피적분 함수

이 예제에서는 적분 구간 x 변수와 y 변수 모두 상수지만 dblquad는 y 변수의 적분 구간에 대한 함수를 예상하기 때문에 함수 h와 g도 정의해야 한다. 비록 이 경우는 x의 값에 관계 없이 상수로 계산된다.

```
In [62]: a, b = 0, 1
In [63]: g = lambda x: 0
In [64]: h = lambda x: 1
```

이제, 모든 인수가 준비됐으므로 dblquad를 호출해 그 적분을 계산할 수 있다.

```
In [65]: integrate.dblquad(f, a, b, g, h)
Out[65]: (0.5577462853510337, 6.1922276789587025e-15)
```

lambda 함수 정의를 사용해도 이와 동일한 작업을 좀 더 간결하게 (비록 가독성은 조금 떨어지겠지만) 처리할 수도 있다는 점에 주목하자.

```
In [66]: integrate.dblquad(lambda x, y: np.exp(-x**2-y**2), 0, 1, lambda
         x: 0, lambda x: 1)
Out[66]: (0.5577462853510337, 6.1922276789587025e-15)
```

g와 h는 함수이기 때문에 y축을 따라 x-종속 정적분을 계산할 수 있다. 예를 들어 $g(x) = x - 1$, $h(x) = 1 - x$로 다음을 얻을 수 있다.

```
In [67]: integrate.dblquad(f, 0, 1, lambda x: -1 + x, lambda x: 1 - x)
Out[67]: (0.7320931000008094, 8.127866157901059e-15)
```

tplquad 함수는 다음과 같은 적분을 계산할 수 있다.

$$\int_{a}^{b}\int_{g(x)}^{h(x)}\int_{q(x,y)}^{r(x,y)} f(x,y,z)\mathrm{d}x\mathrm{d}y\mathrm{d}z,$$

이 적분은 dblquad로 계산된 이중 적분의 일반화다. 또한 추가로 두 Python 함수를 인수로 취하는데, 이 함수는 z축에 대한 적분 구간을 명시한다. 이 함수들은 두 인수 x와 y가 필요하지만 g와 h는 여전히 하나의 인수(x)만 취한다는 점에 주목하자. tplquad를 어떻게 사용하는지 알아보기 전에 이전의 세 변수 적분 $\int_{0}^{1}\int_{0}^{1}\int_{0}^{1} e^{-x^2-y^2-z^2}\,\mathrm{d}x\mathrm{d}y\mathrm{d}z$를 일반화한 것을 고려해보자. 이 적분은 dblquad 예제와 유사한 방법을 사용해 계산한다. 즉, 먼저 피적분 함수와 적분 구간을 정의한 후 tplquad 함수를 호출한다.

```
In [68]: def f(x, y, z):
    ...:     return np.exp(-x**2-y**2-z**2)
In [69]: a, b = 0, 1
In [70]: g, h = lambda x: 0, lambda x: 1
In [71]: q, r = lambda x, y: 0, lambda x, y: 1
In [72]: integrate.tplquad(f, 0, 1, g, h, q, r)
Out[72]: (0.4165383858866382, 4.624505066515441e-15)
```

임의 횟수의 적분을 위해서는 nquad 함수를 사용할 수 있다. 이 함수 또한 첫 번째 인수로 피적분 함수를 Python 함수 유형으로 취한다. 피적분 함수의 시그니처는 f(x1, x2, ..., xn) 유형이어야 한다. nquad 함수는 dplquad 및 tplquad와는 대조적으로 두 번째 인수로서 적분 구간 리스트를 취한다. 리스트는 각 적분 변수에 대한 적분 구간의 튜플 또는 그 구간을 반환하는 호출 가능 함수이어야 한다. 예를 들어 앞서 tplquad로 계산했던 적분을 계산하기 위해 다음처럼 사용할 수 있다.

```
In [73]: integrate.nquad(f, [(0, 1), (0, 1), (0, 1)])
Out[73]: (0.4165383858866382, 8.291335287314424e-15)
```

적분 변수 개수가 증가하면 다중 적분의 계산 복잡도, 예를 들어 nquad의 사용 복잡도는 증가한다. 이러한 복잡도의 가중을 알아보기 위해 dplquad과 tplquad의 일반화 버전을 살펴보자.

```
In [74]: def f(*args):
    ...:     """
    ...:     f(x1, x2, ... , xn) = exp(-x1^2 - x2^2 - ... - xn^2)
    ...:     """
    ...:     return np.exp(-np.sum(np.array(args)**2))
```

다음으로 다양한 차수(1에서 5까지의 범위)의 적분을 계산한다. 다음 예에서는 적분 구간 리스트의 길이가 적분 횟수를 결정한다. 계산 시간을 대략적으로 알아보기 위해 Ipython의 %time 명령을 사용한다.

```
In [75]: %time integrate.nquad(f, [(0,1)] * 1)
CPU times: user 398 µs, sys: 63 µs, total: 461 µs
Wall time: 466 µs
Out[75]: (0.7468241328124271,8.291413475940725e-15)
In [76]: %time integrate.nquad(f, [(0,1)] * 2)
CPU times: user 6.31 ms, sys: 298 µs, total: 6.61 ms
```

```
Wall time: 6.57 ms
Out[76]: (0.5577462853510337,8.291374381535408e-15)
In [77]: %time integrate.nquad(f, [(0,1)] * 3)
CPU times: user 123 ms, sys: 2.46 ms, total: 126 ms
Wall time: 125 ms
Out[77]: (0.4165383858866382,8.291335287314424e-15)
In [78]: %time integrate.nquad(f, [(0,1)] * 4)
CPU times: user 2.41 s, sys: 11.1 ms, total: 2.42 s
Wall time: 2.42 s
Out[78]: (0.31108091882287664,8.291296193277774e-15)
In [79]: %time integrate.nquad(f, [(0,1)] * 5)
CPU times: user 49.5 s, sys: 169 ms, total: 49.7 s
Wall time: 49.7 s
Out[79]: (0.23232273743438786,8.29125709942545e-15)
```

여기서 적분 수를 1에서 5로 늘리면 계산 시간은 수백 마이크로초에서 거의 1분으로 증가한다는 것을 알 수 있다. 좀 더 많은 적분 횟수의 경우, 직접적인 구적률 방법은 비현실적일 수 있으며 몬테 카를로 표본 추출 기법과 같은 다른 방법이 더 우수할 수 있는데, 특히 요구되는 정밀도가 그리 높지 않은 경우에 더 그러하다. 몬테 카를로 적분은 간단하지만 강력한 기술로, 피적분 함수 영역의 랜덤 지점에서 표본 추출한 후 점차 적분 추정값을 구성한다. 변환 속도는 알고리즘의 확률적 성질로 인해 상대적으로 느리고, 높은 정확도를 달성하기 힘들다. 그러나 몬테 카를로 적분은 차원성에 따라 매우 잘 확장되며 대개고차원 적분에 있어서는 꽤 괜찮은 방법이다.

몬테 카를로 표본을 사용해 적분을 계산하려면 skmonaco 라이브러리(scikit-monaco라고 알려져 있다)의 mcquad 함수를 사용할 수 있다. mcquad 함수는 첫 번째 인수로 피적분 함수의 Python 함수, 두 번째 인수로 아래 적분 구간의 리스트, 세 번째 인수로 위 적분 구한의 리스트를 취한다. 적분 구간을 지정하는 방법은 Scipy의 integrate 모듈 quad 함수에서와 정확히 일치하지 않는다는 점에 유의하자. 먼저 skmonaco[scikit-monaco] 모듈을 임포트한다.

```
In [80]: import skmonaco
```

일단 모듈을 임포트하면 몬테 카를로 적분을 수행하기 위해 skmonaco.mcquad 함수를 사용할 수 있다. 다음 예에서는 nquad를 사용해 앞의 예와 동일한 적분을 계산한다.

```
In [81]: %time val, err = skmonaco.mcquad(f, xl=np.zeros(5), xu=np.ones(5),
         npoints=100000)
CPU times: user 1.43 s, sys: 100 ms, total: 1.53 s
Wall time: 1.5 s
In [82]: val, err
Out[82]: (0.231322502809, 0.000475071311272)
```

오차 수준은 nquad에 비할 바가 못 되지만 연산 시간은 훨씬 짧다. 표본점을 늘리거나 (npoints 인수를 사용해 지정할 수 있다) 결과의 정확도를 높일 수 있다. 그러나 몬테 카를로 적분의 수렴은 매우 느리고 일반적으로 높은 정확도가 요구되지 않을 때 가장 적합하다. 그러나 몬테 카를로 적분의 장점은 계산 복잡도가 적분의 횟수와 무관하다는 것에 있다. 이는 10-변수 적분을 앞서의 5-변수 적분과 필적할 만한 오차 수준으로 수행하는 다음 예제에 잘 나타나 있다.

```
In [83]: %time val, err = skmonaco.mcquad(f, xl=np.zeros(10), xu=np.
ones(10), npoints=100000)
CPU times: user 1.41 s, sys: 64.9 ms, total: 1.47 s
Wall time: 1.46 s
In [84]: val, err
Out[84]: (0.0540635928549, 0.000171155166006)
```

기호와 임의-정밀도 적분

3장, '기호 연산'에서는 sympy.integrate 함수를 사용해 SymPy가 정적분과 부정적분에 대한 기호적 연산을 수행하는 예제를 살펴봤다. 예를 들어 적분 $\int_{-1}^{1} 2\sqrt{1-x^2}\,dx$를 계산하려면 먼저 x에 대한 기호를 생성하고 피적분 함수, 적분 구간 $a=1$과 $b=1$을 정의해야 한다.

```
In [85]: x = sympy.symbols("x")
In [86]: f = 2 * sympy.sqrt(1-x**2)
In [87]: a, b = -1, 1
```

닫힌 유형의 적분을 계산하기 위해 다음처럼 계산할 수도 있다.

```
In [88]: val_sym = sympy.integrate(f, (x, a, b))
In [89]: val_sym
Out[89]: π
```

이 예에서 SymPy는 적분에 대한 해석적 표현인 π를 찾을 수 있다. 앞서 지적했듯이, 이 상황은 예외적이며 일반적으로는 해석적인 닫힌 식을 찾을 수 없다. 그렇다면 8장의 앞 부분에서 설명한 Scipy의 integrate.quad를 사용한 수치적 구적법 계산에 의존해야 한다. 그러나 SymPy와 밀접하게 통합된 mpmath 라이브러리[2]는 임의 정밀도 연산을 사용해 수치적 구적법 계산의 대안을 제공한다. 이 라이브러리를 사용하면 부동소수점 자리의 제약에서 벗어나 임의 정밀도의 적분을 계산할 수 있다. 그러나 단점은 임의 정밀 계산은 부동소수점 계산보다 현저하게 느리다는 것이다. 그러나 Scipy 구적법 함수가 계산할 수 있는 것 이상의 정밀도가 필요할 때는 이 다중 정밀도 구적법이 해결책을 제공한다. 예를 들어 적분, $\int_{-1}^{1} 2\sqrt{1-x^2}\,dx$를 주어진 정밀도로 계산하기 위해[3] mpmath.quad 함수를 사용하

---

2 다정밀 수학 함수(multiprecision mathematics, mpmath)에 대한 좀 더 자세한 사항은 프로젝트 웹 페이지(http://mpmath.org)를 참고하라.

3 여기서는 의도적으로 알려진 값을 가진 적분을 사용해 정확한 값과 다중 정밀도 구적법을 비교할 수 있도록 했다.

는데, 이 함수는 피적분 함수에 대한 Python 함수를 첫 번째 인수, 튜플 유형의 적분 구간 (a, b)를 두 번째 인수로 취한다. 정밀도를 지정하려면 `mpmath.mp.dps` 변수를 원하는 소수 자릿수로 설정해야 한다. 예를 들어 75자릿수 만큼의 정확도가 필요하다면 다음과 같이 지정할 수 있다.

```
In [90]: mpmath.mp.dps = 75
```

피적분 함수는 `mpmath`의 수학 함수를 사용해 계산할 수 있는 Python 함수로 주어져야만 한다. SymPy 식에서 `sympy.lambdify`를 사용할 때 `'mpmath'`를 세 번째 키워드로 지정하면 이러한 함수를 생성할 수 있다. 이는 `mpmath`와 호환되는 함수를 원한다는 것을 의미한다. 또는 SymPy의 `mpmath` 모듈에 있는 수학 함수를 사용해 Python 함수를 직접 구현할수도 있는데, 이 경우 함수는 `f_mpmath = lambda x: 2 * mpmath.sqrt(1 - x**2)`처럼된다. 그러나 여기서는 이 단계를 자동화하기 위해 `sympy.lambdify`를 이용한다.

```
In [91]: f_mpmath = sympy.lambdify(x, f, 'mpmath')
```

그다음에는 `mpmath.quad`를 사용해 적분을 계산하고 그 결과를 표시한다.

```
In [92]: val = mpmath.quad(f_mpmath, (a, b))
In [93]: sympy.sympify(val)
Out[93]: 3.14159265358979323846264338327950288419716939937510582097494459230
         781640629
```

숫자로 계산된 값이 필요한 소수점 수(75)만큼 정확한지 확인하기 위해 그 결과를 알려진 해석적 분석값(π)과 비교한다. 오차는 매우 적다.

```
In [94]: sympy.N(val_sym, mpmath.mp.dps+1) - val
Out[94]: 6.9089348440755557003090814902403196568928002915490251080
         1896277613487344253e-77
```

이 정도의 정밀도는 Scipy의 `integrate` 모듈에 있는 `quad` 함수로 얻을 수 없다. `quad` 함수의 정밀도는 부동소수점-정밀도로 제한돼 있기 때문이다. `mpmath` 라이브러리의 `quad` 함수 또한 이중 및 삼중 적분 계산에 사용될 수 있다. 그러려면 단지 복수의 변수를 인수로 받을 수 있는 피적분 함수를 전달하고 각 적분 변수에 대한 적분 구간 튜플을 전달하기만 해야 한다. 예를 들어 다음과 같은 이중 적분과

$$\int_0^1\int_0^1 \cos(x)\cos(y)e^{-x^2-y^2}\,\mathrm{d}x\mathrm{d}y$$

다음과 같은 3중 적분을 소수점 30자릿수까지 계산하려면(이 예제는 SymPy로 해석적으로 해결할 수 없음),

$$\int_0^1\int_0^1\int_0^1 \cos(x)\cos(y)\cos(z)e^{-x^2-y^2-z^2}\,\mathrm{d}x\mathrm{d}y\mathrm{d}z$$

먼저 피적분 함수들에 대한 SymPy 식을 만든 후 `sympy.lambdify`를 사용해 해당 `mpmath` 표현 식을 생성할 수 있다.

```
In [95]: x, y, z = sympy.symbols("x, y, z")
In [96]: f2 = sympy.cos(x) * sympy.cos(y) * sympy.exp(-x**2 - y**2)
In [97]: f3 = sympy.cos(x) * sympy.cos(y) * sympy.cos(z) * sympy.
         exp(-x**2 - y**2 - z**2)
In [98]: f2_mpmath = sympy.lambdify((x, y), f2, 'mpmath')
In [99]: f3_mpmath = sympy.lambdify((x, y, z), f3, 'mpmath')
```

그런 다음 `mpmath.mp.dps`를 설정하고 `mpmath.quad`를 호출함으로써 원하는 정확도로 계산할 수 있다.

```
In [100]: mpmath.mp.dps = 30
In [101]: mpmath.quad(f2_mpmath, (0, 1), (0, 1))
Out[101]: mpf('0.430564794306099099242308990195783')
In [102]: res = mpmath.quad(f3_mpmath, (0, 1), (0, 1), (0, 1))
```

```
In [103]: sympy.sympify(res)
Out[103]: 0.282525579518426896867622772405
```

다시 한번 말하지만, 이 방법은 Scipy.integrate.quad가 계산할 수 있는 것 이상의 정밀도를 제공한다. 하지만 이러한 정밀도는 엄청난 계산양을 수반한다. mpmath.quad가 반환하는 객체의 유형은 다중 정밀 부동점(mpf)이라는 점에 유의해야 한다. 이 값은 sympy.sympify를 이용해 sympy 유형으로 변환될 수 있다.

선 적분

SymPy 또한 line_integral 함수를 사용해 $\int_C f(x, y)ds$ 형태의 선 적분 계산에 사용될 수 있다. 여기서 C는 x-y 평면상의 곡선이다. 이 함수는 첫 번째 인수로 SymPy 식, 두 번째 인수로 sympy.Curve 인스턴스, 세 번째 인수로 적분 변수의 리스트를 취한다. 선 적분의 경로는 Curve 인스턴스로 지정하며 이를 통해 x 좌표와 y 좌표가 독립 매개변수(즉, t)의 함수로 주어진 매개변수화된 곡선을 설명한다. 단위 원을 따라 경로를 기술하는 Curve 인스턴스를 만들려면 다음처럼 사용할 수 있다.

```
In [104]: t, x, y = sympy.symbols("t, x, y")
In [105]: C = sympy.Curve([sympy.cos(t), sympy.sin(t)], (t, 0, 2 * sympy.pi))
```

일단 적분 경로가 지정되면 line_integral을 사용해 주어진 피적분 함수에 대한 선 적분을 쉽게 계산할 수 있다. 예를 들어 피적분 함수 $f(x, y) = 1$에 적용한 결과는 단위 원의 둘레가 된다.

```
In [106]: sympy.line_integrate(1, C, [x, y])
Out[106]: 2π
```

일반적이지 않은 피적분 함수의 선 적분 결과는 명백히 드러나지 않는데, 이는 예처럼 피적분 함수 $f(x, y) = x^2y^2$에 대한 결과를 보면 잘 알 수 있다.

```
In [107]: sympy.line_integrate(x**2 * y**2, C, [x, y])
Out[107]: π/4
```

적분 변환

8장에서 설명하는 적분의 마지막 응용은 적분 변환이다. 적분 변환은 함수를 입력으로 받아 다른 함수를 출력하는 절차다. 적분 변환은 기호적으로 계산 가능할 때 가장 유용하며, 여기서는 SymPy를 사용해 수행할 수 있는 적분 변환의 두 가지 예인 라플라스 변환과 푸리에 변환을 살펴본다. 이 두 가지 변환의 응용은 수없이 많지만 근본적인 동기는 문제를 좀 더 쉽게 다룰 수 있는 형태로 바꾸자는 것이다. 예를 들어 라플라스 변환을 사용해 미분 방정식을 대수 방정식으로 변환하거나 푸리에 변환을 사용해 문제를 시간 영역에서 주파수 영역으로 변환할 수 있다. 일반적으로 함수 $f(t)$의 적분 변환은 다음과 같이 사용할 수 있다.

$$T_f(u) = \int_{t_1}^{t_2} K(t, u) f(t) \mathrm{d}t,$$

여기서 $T_f(u)$는 변형된 함수다. 커널 $K(t, u)$와 적분 구간을 선택하면 적분 변환의 유형이 결정된다. 적분 변환의 역함수는 다음과 같이 정의된다.

$$f(u) = \int_{u_1}^{u_2} K^{-1}(u, t) T_f(u) \mathrm{d}u,$$

여기서 $K^{-1}(u, t)$은 역변환의 커널이다. SymPy는 몇 가지 유형의 적분 변환 함수를 제공하지만, 여기서는 라플라스 변환에 초점을 맞춘다.

$$L_f(s) = \int_0^\infty e^{-st} f(t) \mathrm{d}t,$$

역변환은 다음과 같다.

$$f(t) = \frac{1}{2\pi i} \int_{c-i\infty}^{c+i\infty} e^{st} L_f(s) \mathrm{d}s,$$

푸리에 변환은 다음과 같다.

$$F_f(\omega) = \frac{1}{\sqrt{2\pi}} \int_{-\infty}^{\infty} e^{-i\omega t} f(t) \mathrm{d}t,$$

역변환은 다음과 같다.

$$f(t) = \frac{1}{\sqrt{2\pi}} \int_{-\infty}^{\infty} e^{i\omega t} F_f(\omega) d\omega.$$

SymPy를 사용하면 각각 `sympy.laplace_transform`과 `sympy.fourier_transform`을 사용해 이러한 변환을 수행할 수 있으며 그에 따른 역변환도 `sympy.inverse_laplace_transform` 및 `sympy.inverse_ fourier_transform`로 계산할 수 있다. 이 함수들은 첫 번째 인수로 변환할 함수에 대한 SymPy 식, 두 번째 인수로 변환할 식의 독립 변수 기호(예를 들어 t), 세 번째 인수로 변환 변수(예: s)의 기호를 취한다. 예를 들어 $f(t) = \sin(at)$ 함수의 라플라스 변환을 계산하려면 먼저 변수 a, t, s에 대한 SymPy 기호 및 $f(t)$ 함수에 대한 SymPy 표현 식을 정의해야 한다.

```
In [108]: s = sympy.symbols("s")
In [109]: a, t = sympy.symbols("a, t", positive=True)
In [110]: f = sympy.sin(a*t)
```

변수와 함수에 대한 SymPy 객체가 준비되면 laplace_transform 함수를 호출해 라플라스 변환을 계산할 수 있다.

```
In [111]: sympy.laplace_transform(f, t, s)
```
$$\text{Out[111]: } \left(\frac{a}{a^2+s^2}, -\infty, 0 < \Re s \right)$$

---

laplace_transform 함수는 변환 결과를 가진 튜플을 반환한다. 변환의 수렴 조건으로부터 값 A는 $A < \Re s$;의 유형을 취하고 마지막으로 변환이 잘 정의되기 위한 추가 조건이 필요하다. 이러한 조건들은 일반적으로 기호가 생성될 때 명시된 제약 조건에 따라 달라진다. 예를 들어 기호 a와 t를 만들 때 positive=True를 사용한 것은 실수이면서 양수라는 것을 나타낸다. 대개 변환 자체에만 관심이 있기 때문에 noconds=True 키워드 인수를 사용해 반환 결과의 조건을 제외할 수 있다.

```
In [112]: F = sympy.laplace_transform(f, t, s, noconds=True)
In [113]: F
```
$$\text{Out[113]: } \frac{a}{a^2+s^2}$$

역변환도 기호 s와 t의 역할을 거꾸로 해야 한다는 점을 제외하면 이와 유사한 방식으로 진행할 수 있다. 라플라스 변환은 고유한 일대일 매핑이므로 이전에 계산한 라플라스 변환의 역라플라스 변환을 계산하면 원래의 함수를 복구할 수 있다.

```
In [114]: sympy.inverse_laplace_transform(F, s, t, noconds=True)
```
$$\text{Out[114]: } \sin(at)$$

SymPy는 많은 기초 수학적 함수와 그 함수들의 광범위한 조합에 대한 변환을 계산할 수 있다. 라플라스 변환을 이용해 문제를 해결할 때는 일반적으로 알려진 라플라스 변환이 나열된 참조표에서 일치하는 함수를 검색한다. 이 프로세스에 SymPy를 사용하면 대부

분의 경우 편리하게 자동화될 수 있다. 다음은 라플라스 변환표에서 찾을 수 있는 잘 알려진 함수에 대한 몇 가지 추가 예를 보여준다. 다항식은 간단한 라플라스 변환을 가진다.

```
In [115]: [sympy.laplace_transform(f, t, s, noconds=True) for f in
          [t, t**2, t**3, t**4]]
```
Out[115]: $[\dfrac{1}{s^2}, \dfrac{2}{s^3}, \dfrac{6}{s^4}, \dfrac{24}{s^5}]$

또한 임의의 정수 지수로 일반적 결과를 계산할 수 있다.

```
In [116]: n = sympy.symbols("n", integer=True, positive=True)
In [117]: sympy.laplace_transform(t**n, t, s, noconds=True)
```
Out[117]: $\dfrac{\Gamma(n+1)}{s^{n+1}}$

복합 표현 식의 라플라스 변환도 다음 예에서와 같이 계산할 수 있다. 함수 $f(t)=(1-at)$ e^{-at}의 변환을 계산하는 과정을 살펴보자.

```
In [118]: sympy.laplace_transform((1 - a*t) * sympy.exp(-a*t), t, s,
noconds=True)
```
Out[118]: $\dfrac{s}{(a+s)^2}$

라플라스 변환의 주된 응용은 미분 방정식을 푸는 것인데, 변환을 사용하면 미분 방정식을 순수 대수 형태로 만들 수 있고, 이 대수를 해결한 후 역라플라스 변환을 적용하면 원래의 도메인으로 되돌릴 수 있다. 9장, 'ODE'에서 이 방법의 구체적인 예를 보게 될 것이다. 푸리에 변환도 이와 같은 목적으로 사용할 수 있다.

푸리에 변환 함수인 fourier_tranform과 그 역함수인 inverse_ fourier_transform은 라플라스 변환 함수와 거의 같은 방식으로 사용할 수 있다. 예를 들어 $f(t)=e^{-at^2}$의 푸리에 변환을 계산하려면 a, t, ω 변수에 대한 SymPy 기호 및 $f(t)$ 함수를 정의한 후에 sympy. fourier_transform 함수를 호출해야 한다.

```
In [119]: a, t, w = sympy.symbols("a, t, omega")
In [120]: f = sympy.exp(-a*t**2)
In [121]: F = sympy.fourier_transform(f, t, w)
In [122]: F
Out[122]: $\sqrt{\pi/a}e^{-\pi^2\omega^2/a}$
```

F에 대한 역변환을 계산하면 원래의 함수가 복구된다.

```
In [123]: sympy.inverse_fourier_transform(F, w, t)
Out[123]: $e^{-at^2}$
```

SymPy는 광범위한 푸리에 변환을 기호적으로 계산하는 데 사용될 수 있지만 불행하게도 원시 함수나 결과 변환에서 디락 델타^{Dirac delta} 함수를 포함하는 변환은 잘 처리하지 못한다. 이 점은 사용성을 제한하지만, 그럼에도 불구하고 디락 델타 기능을 포함하지 않는 문제로서는 유용한 도구다.

요약

적분은 수학적 분석의 기본 도구 중 하나다. 적분에 대한 수치적 구적법 또는 수치적 계산은 많은 과학 분야에서 중요하게 응용된다. 그 이유는 실생활에서 발생하는 적분은 해석적으로 계산할 수 없고 닫힌 형태의 식으로 표현될 수 없는 경우가 많기 때문이다. 이 경우의 적분 계산은 수치적 기술이 필요하다. 8장에서는 수치적 구적법에 대한 기본 기법과 방법을 살펴봤고 실제로 적분 계산을 하는 데 사용할 수 있는 Scipy의 integrate 모듈에 있는 해당 함수들을 소개했다. 피적분 함수가 임의의 지점에서 계산할 수 있는 형태로 주어지면 일반적으로 가우스 구적법이 선호된다. 반면, 피적분 함수가 표로 된 데이터로 정의되면 이보다 단순한 뉴턴-코츠 구적법을 사용할 수 있다. 또한 기호적 적분과 임의의 정밀도를 가진 구적법도 알아봤는데, 이 방법은 기호적으로 계산 가능하거나 추가 정밀도가 필요한 경우, 특정 적분의 부동소수점 구적법을 보완할 수 있다. 늘 그렇지만 제일 먼저 문제를 기호적으로 분석하려고 시도하는 것이 좋고, 만약 특정 적분이 부정적분을 찾음으로써 기호적으로 해결될 수 있다면 일반적으로 가장 바람직한 상황이라고 할 수 있다. 기호적 적분이 실패하면 Scipy의 integrate 모듈에서 제공되는 함수처럼 부동소수점 기반으로 구현된 수치적 구적법에 의존해야 한다. 만약 추가 정확도가 요구된다면 임의 정밀도 구적법을 사용할 수 있다. 기호적 적분의 또 다른 응용은 적분 변환이며 적분 변환은 서로 다른 도메인 사이의 미분 방정식과 같은 문제를 변환하는 데 사용될 수 있다. 여기서는 SymPy를 사용해 라플라스와 푸리에 변환을 기호적으로 수행하는 방법을 간략히 살펴봤으며 9장, 'ODE'에서는 특정 유형의 미분 방정식을 해결하기 위해 이 방법을 계속 살펴본다.

추가 참고 도서 목록

수치적 구적법은 Heath(2002)와 J. Stoer(1992)와 같은 수치 컴퓨팅에 관한 많은 입문서에서 다루고 있다. 여러 구적법에 대한 자세한 설명과 구현 예제들은 W. H. Press(2002)에서 찾아볼 수 있다. 푸리에 변환과 라플라스 변환과 같은 적분 변환 이론은 Folland(1992)와 같은 책에 소개돼 있다.

참고 문헌

- Folland, G.B. Fourier Analysis and Its Applications. American Mathematical Society, 1992.

- Heath, M.T. Scientific Computing An introductory survey. 2nd. New York: McGrawHill, 2002.

- J. Stoer, R. Bulirsch. Introduction to Numerical Analysis. New York: Springer, 1992.

- W. H. Press, S. A. Teukolsky, W. T. Vetterling, B. P. Flannery. Numerical Recipes in C. Cambridge: Cambridge University Press, 2002.

9장

ODE

어떤 방정식에서 미지의 값이 변수가 아니라 함수이면서 그 미지의 함수에 대한 미분을 포함하고 있으면 이를 미분 방정식이라 부른다. 상미분 방정식^{ordinary differential equation,} ODE은 특수한 경우로, 오직 하나의 독립 변수에 따라 미분이 일어난다. 반면, 2개 이상의 변수에 따라 미분이 일어나는 경우에는 편미분 방정식^{partial differential equation, PDE}이라고 한다. 편미분은 11장, 'PDE'에서 살펴본다. 여기서는 ODE에 초점을 맞추고 이러한 유형의 방정식을 해결하기 위한 기호적 방법과 수치적인 방법을 모두 알아본다. ODE에 대한 해석적인 닫힌 해는 존재하지 않는 경우가 많지만 여러 특수한 유형의 ODE의 경우에는 해석적 해가 있으며, 이 경우에는 기호적 방법을 동원해 해를 찾을 가능성이 있다. 만약 기호적 방법이 실패한다면 수치적 기술에 의존해야 한다.

ODE는 과학과 공학뿐 아니라 동적 시스템에 대한 연구 등에서도 발생한다. ODE의 대표적인 예로는 변화율(도함수)이 프로세스상의 다른 성질과 관련될 수 있는 프로세스의 시간적 진화를 기술하는 방정식이 있다. 어떤 초기 상태가 주어졌을 때 프로세스가 시간에 따라 어떻게 진행되는지 알기 위해서는 프로세스를 기술하는 ODE를 해결(또는 적분)해야 한다. ODE 응용의 구체적인 예로서 물리학의 역학 운동 법칙, 화학과 생물학에서의 분자 반응 그리고 생태학에서의 개체군 모델링 등이 있다.

9장에서는 ODE 문제를 해결하기 위한 기호적 접근법과 수치적 접근법을 모두 살펴본다. 기호적인 방법은 SymPy 모듈을 사용하고 ODE의 수치적 적분을 위해서는 Scipy의 integrate 모듈의 함수를 사용한다.

모듈 임포트하기

여기서는 기본적인 수치 계산과 도식화를 위해 Numpy와 Matplotlib 라이브러리가 필요하고 ODE를 해결하기 위해서는 SymPy 라이브러리와 Scipy의 integrate 모듈이 필요하다. 이들 모듈은 다음과 같은 방법으로 임포트된 것으로 가정한다.

```
In [1]: import numpy as np
In [2]: import matplotlib.pyplot as plt
In [3]: from Scipy import integrate
In [4]: import sympy
```

SymPy 출력을 제대로 표시하려면 출력 시스템을 초기화해야 한다.

```
In [5]: sympy.init_printing( )
```

ODE

ODE의 가장 간단한 형태는 $\frac{dy(x)}{dx} = f(x, y(x))$이고 여기서 $y(x)$는 알려져 있지 않은(미지의) 함수, $f(x, y(x))$는 알려져 있는 함수다. 미지의 함수 $y(x)$의 도함수가 방정식에서 발생하므로 이는 미분 방정식이다. 방정식에서는 첫 번째 도함수만 발생하므로 이 예제는 1차 ODE가 된다. 보다 일반적으로는 n차 ODE를 $\frac{d^n y}{dx^n} = f\left(x, y, \frac{dy}{dx}, \ldots, \frac{d^{n-1}y}{dx^{n-1}}\right)$와 같은 명시적 형태, $F\left(x, y, \dfrac{dy}{dx}, ..., \dfrac{d^n y}{dx^n}\right) = 0$과 같은 묵시적 형태로 나타낼 수 있다. 여기서 f와 F는 알려진 함수다.

1차 ODE의 예로는 뉴턴의 냉각 법칙$^{\text{law of cooling}}$인 $\dfrac{dT(t)}{dt} = -k(T(t) - T_a)$이 있다. 뉴턴의 냉각 법칙은 온도 $T(t)$인 물체가 주위의 온도가 T_a인 환경에 놓여 있을 때의 상황을 기술한다. 이 ODE의 해는 $T(t) = T_0 + (T_0 - T_a)e^{-kt}$이며, 여기서 T_0는 물체의 초기 온도다. 2차 ODE의 예로는 뉴턴의 제2 운동법칙인 $F = ma$(또는 보다 명시적으로 $F(x(t)) = m\dfrac{d^2 x(t)}{dt^2}$)가 있다. 이 방정식은 질량 m인 물체가 위치 의존적인 힘 $F(x(t))$에 노출됐을 때의 위치 $x(t)$를 기술한다. 이 ODE의 해를 완전히 명시하기 위해서는 일반적인 해를 찾는 것 외에 물체의 초기 위치와 속도가 주어져야 한다. 이와 유사하게 n차 ODE의 일반적 해는 n개의 자유 매개변수를 갖는다. 예를 들어 미지의 함수와 $n-1$개 도함수를 초기 조건으로 지정해야 한다.

ODE는 항상 1차 ODE 방정식으로 다시 사용할 수 있다. 좀 더 구체적으로, 명시적 형태인 $\dfrac{d^n y}{dx^n} = g\left(x, y, \dfrac{dy}{dx}, ..., \dfrac{d^{n-1} y}{dx^{n-1}}\right)$의 n차 ODE는 n개의 새로운 함수 $y_1 = y$, $y_2 = \dfrac{dy}{dx}$, ..., $y_n = \dfrac{d^{n-1} y}{dx^{n-1}}$를 도입하면 표준 형태로 사용할 수 있다. 이는 다음과 같은 1차 ODE 방정식을 생성한다.

$$\frac{d}{dx}\begin{bmatrix} y_1 \\ y_2 \\ \vdots \\ y_{n-1} \\ y_n \end{bmatrix} = \begin{bmatrix} y_2 \\ y_3 \\ \vdots \\ y_n \\ g(x, y_1, ..., y_n) \end{bmatrix},$$

이 방정식은 보다 간결한 벡터 형태인 $\dfrac{d}{dx}\boldsymbol{y}(x) = f(x, \boldsymbol{y}(x))$로 나타낼 수도 있다.

이 정규형$^{\text{canonical form}}$은 ODE를 수치적으로 해결할 때 특히 유용하며 ODE를 수치적으로 해결할 때는 통상 $f = (f_1, f_2, ..., f_n)$ 함수를 취한다. 여기서는 $f = (y_2, y_3, ..., g)$를 ODE

를 지정하는 입력으로 사용했다. 예를 들어 뉴턴의 제2 운동 법칙인 $F(x) = m\dfrac{d^2x}{dt^2}$에 대한 2차 ODE는 $\boldsymbol{y} = \left[y_1 = x, y_2 = \dfrac{dx}{dt} \right]^T$를 사용해 표준 형태로 사용할 수 있는데, 이를 통해 $\dfrac{d}{dt} \begin{bmatrix} y_1 \\ y_2 \end{bmatrix} = \begin{bmatrix} y_2 \\ F(y_1)/m \end{bmatrix}$가 생성된다.

$f_1, f_2, ..., f_n$ 함수가 모두 선형이면 해당 ODE 방정식은 $\dfrac{dy(x)}{dx} = A(x)y(x) + r(x)$로 나타낼 수 있다. 여기서 $A(x)$는 $n \times n$ 행렬, $r(x)$는 x에만 의존하는 n-벡터다. 이 형태에서의 $r(x)$는 소스 항source term으로 알려져 있고 선형 방정식은 $r(x) = 0$이면 동종homogeneous, 그렇지 않으면 이종nonhomogeneous이라고 한다. 선형 ODE는 $A(x)$의 고윳값 분해 등을 사용해 해결할 수 있는 특수한 경우다. 이와 마찬가지로 함수 $f(x, y(x))$의 특정 속성과 형태에는 해당 ODE를 해결하기 위한 알려진 해법과 특별한 방법이 존재할 수 있지만, 임의의 $f(x, y(x))$에 대한 일반적인 방법은 없고 수치적 기법을 통한 근사만 가능하다. 함수 $f(x, y(x))$의 성질 외에 ODE에 대한 경계 조건도 ODE 문제의 해결 가능성과 사용할 수 있는 수치 접근법에 영향을 미친다. 해에 등장하는 적분 상숫값을 결정하기 위해서는 경계 조건이 필요하다. ODE 문제에는 두 가지 형태의 주요 경계 조건이 존재하는데 하나는 초깃값 조건, 다른 하나는 경곗값 조건이다. 초깃값 문제는 함수의 값과 그 도함수가 시작점에서 주어지며 이 시작점으로부터 독립 변수(시간이나 위치를 나타냄)에서 함수를 점진적으로 전개시키는 것이다. 경곗값 문제는 미지의 함수와 그 도함수가 고정점으로 주어진다. 이러한 고정점은 주로 관심 영역의 끝점이 되는 경우가 많다. 9장에서는 주로 초깃값 문제에 초점을 맞추며 경곗값 문제에 적용되는 방법은 10장, '희소 행렬과 그래프'의 'PDE' 절에서 알아본다.

ODE의 기호적 해법

SymPy에는 일반적인 ODE 해결자인 `sympy.dsolve`가 제공되며 이 함수에서는 많은 기초적 ODE에 대한 해석적 해법을 찾을 수 있다. `sympy.dsolve` 함수는 주어진 ODE를 자동으로 분류하려고 시도하며 그 해결책을 찾기 위해 다양한 기법을 시도할 수 있다. 또한 dsolve 함수에 힌트를 줘 가장 적절한 솔루션 방법을 안내할 수도 있다. 다음과 같이 여러 간단한 ODE를 기호적으로 해결하기 위해 dsolve를 사용할 수도 있지만 대부분의 ODE는 해석적으로 해결할 수 없다는 점을 명심할 필요가 있다. 기호적 해결책을 기대할 만한 대표적인 ODE의 예는 소수의 미지 함수 개수를 가진 1차 ODE의 1차나 2차 또는 선형 방정식이다. 또한 ODE가 특수 대칭 구조를 갖거나, 분리 가능하거나, 상수 계수를 갖거나, 알려진 해석적 해가 존재하는 특수 형태 등의 특별한 성질을 가진 경우에 많은 도움이 된다. 이러한 유형의 ODE는 예외적이며 특별한 경우지만 그러한 ODE에는 여러 중요한 응용이 있으며, 이 경우 SymPy의 dsolve는 전통적인 해석적 기법에 대한 매우 유용한 보완책이 될 수 있다. 이 절에서는 SymPy와 그 dsolve 함수를 사용해 단순하지만 일반적으로 발생하는 ODE를 해결하는 방법을 알아본다.

SymPy로 ODE를 해결하는 방법을 설명하기 위해 단순한 문제에서 시작해 점점 더 복잡한 상황을 살펴보자. 첫 번째 예는 초깃값 $T(0) = T_0$을 가진 뉴턴의 냉각 법칙 $\dfrac{dT(t)}{dt} = -k(T(t) - T_a)$에 대한 간단한 1차 ODE다. SymPy를 사용해 이 문제를 해결하려면 먼저 변수 t, k, T_0, T_a에 대한 기호를 정의해야 한다. 미지의 함수 $T(t)$를 나타내기 위해서는 sympy.Function 객체 T를 사용할 수 있다. 이 객체에 함수 호출 기호인 구문 $T(x)$를 사용해 기호 t를 적용하면 함수 객체가 생성된다. T(t) 식에 sympy.diff 또는 diff 메서드를 적용하면 도함수를 구할 수 있다.

```
In [8]: ode = T(t).diff(t) + k*(T(t) - Ta)
In [9]: sympy.Eq(ode)
```
Out[9]: $k\left(-T_a + T(t)\right) + \dfrac{dT(t)}{dt} = 0$

여기서는 sympy.Eq를 사용해 등호 표시와 0으로 표시된 우변을 포함하도록 방정식을 나타냈다. 이런 ODE의 식이 주어지면 직접 sympy.dsolve에 전달할 수 있는데, 이를 통해 자동으로 ODE의 일반적인 해를 찾으려 시도한다.

```
In [10]: ode_sol = sympy.dsolve(ode)
In [11]: ode_sol
Out[11]: $T(t) = C_1 e^{-kt} + T_a$
```

이 ODE 문제에서, `sympy.dsolve` 함수는 실제로 일반 해를 찾아냈는데, 여기서는 문제의 초기 조건에 따라 지정해야 할 미지의 적분 상수 C_1을 포함하고 있다. `sympy.dsolve`의 반환값은 `sympy.Eq`의 인스턴스이며, 이 인스턴스는 등식의 기호적 표현이다. 이 등식 객체는 lh와 rh 속성을 갖는다. 각각 등식의 좌변과 우변에 접근할 수 있다.

```
In [12]: ode_sol.lhs
Out[12]: $T(t)$
In [13]: ode_sol.rhs
Out[13]: $C_1 e^{-kt} + T_a$
```

일단 일반 해가 발견되면 초기 조건을 이용해 아직 결정되지 않은 적분 상숫값을 찾아야 한다. 여기서의 초기 조건은 $T(0) = T_0$이다. 이를 위해 우선 초기 조건을 나타내는 딕셔너리인 iics = {T(0): T0}을 생성한다. 이 초기 조건을 ODE의 해에 적용하려면 SymPy의 `subs` 메서드를 사용할 수 있다. 그 결과 미지의 적분 상수 C_1에 대한 방정식이 생성된다.

```
In [14]: ics = {T(0): T0}
In [15]: ics
Out[15]: {$T(0)$: $T_0$}
In [16]: C_eq = ode_sol.subs(t, 0).subs(ics)
In [17]: C_eq
Out[17]: $T_0 = C_1 + T_a$
```

이 예에서의 C_1에 대한 방정식은 쉽게 해결할 수 있지만 일반화를 위해, 여기서는 `sympy.solve`을 사용해 해결했다. 그 결과는 해의 리스트다(이 경우, 리스트에는 하나의 해만 존재한다). C_1의 해는 ODE 문제의 일반적인 해로 대체해 주어진 초기 조건에 해당하는 특정 해를 구할 수 있다.

```
In [18]: C_sol = sympy.solve(C_eq)
In [19]: C_sol
Out[19]: [{C₁:T₀ − Tₐ}]
In [20]: ode_sol.subs(C_sol[0])
Out[20]: T(t) = Tₐ + (T₀ − Tₐ)e⁻ᵏᵗ
```

이 단계를 실행해 ODE 문제를 기호적으로 완전히 해결했고 해 $T(t) = T_a + (T_0 - t_a)e^{-kt}$를 얻었다. 이 프로세스와 연계된 단계들은 단순하지만 초기 조건을 적용하고 미결정 적분 상수를 해결하는 것은 약간 장황할 수 있으므로 이 단계들을 모아 재사용할 수 있는 함수로 만들어두면 유용하다. 다음 함수 apply_ics는 이러한 단계들을 임의 차수의 미분 방정식으로 일반화하는 기본적 구현을 보여준다.

```
In [21]: def apply_ics(sol, ics, x, known_params):
    ....:     """
    ....:     ics = {y(0): y0, y(x).diff(x).subs(x, 0): yp0, ...}
              유형으로 주어진 초기 조건을
    ....:     독립 변수 x를 가진 ODE의 해에 적용한 것
    ....:     미결정 적분 상수 C1, C2, ... 는
    ....:     ODE 해의 자유 기호로부터 추출되고 known_params 리스트에서
    ....:     기호를 제거한다.
    ....:     """
    ....:     free_params = sol.free_symbols - set(known_params)
    ....:     eqs = [(sol.lhs.diff(x, n) - sol.rhs.diff(x, n))
              .subs(x, 0).subs(ics) for n in range(len(ics))]
    ....:     sol_params = sympy.solve(eqs, free_params)
    ....:     return sol.subs(sol_params)
```

이 함수를 통해 주어진 초기 조건의 집합을 만족하는 ODE의 특정 해를 보다 편리하게 추출할 수 있다. 이전 예제에 적용하면 다음과 같다.

```
In [22]: ode_sol
Out[22]: T(t) = C₁e⁻ᵏᵗ + Tₐ
```

```
In [23]: apply_ics(ode_sol, ics, t, [k, Ta])
Out[23]: T(t) = Ta + (T0 - Ta)e-kt
```

지금까지 살펴본 예는 대부분 단순한 것이지만 모든 ODE 문제에 동일한 방법을 사용할
수 있다. 물론 해를 찾을 수 있다는 보장은 없다. 약간 더 복잡한 문제의 예로, 감쇠 진동
damped harmonic oscillator에 대한 ODE의 예인 $\dfrac{d^2 x(t)}{dt^2} + 2\gamma\omega_0 \dfrac{dx(t)}{dt} + \omega_0^2 x(t) = 0$을 살펴보
자. 여기서 $x(t)$는 시간 t에서 진동의 위치, ω_0은 미감쇠 경우의 주파수, γ는 감쇠율이다.
먼저 필요한 기호를 정의하고 ODE를 구성한 후 SymPy의 sympy.dsolve 함수를 다음
처럼 호출해 일반 해를 찾는다.

```
In [24]: t, omega0, gamma= sympy.symbols("t, omega_0, gamma",
            positive=True)
In [25]: x = sympy.Function("x")
In [26]: ode = x(t).diff(t, 2) + 2 * gamma * omega0 * x(t).diff(t) +
            omega0**2 * x(t)
In [27]: sympy.Eq(ode)
```
$$\text{Out[27]: } \frac{d^2 x(t)}{dt^2} + 2\gamma\omega_0 \frac{dx(t)}{dt} + \omega_0^2 x(t) = 0$$
```
In [28]: ode_sol = sympy.dsolve(ode)
In [29]: ode_sol
```
$$\text{Out[29]: } x(t) = C_1 e^{\omega_0 t\left(-\gamma - \sqrt{\gamma^2 - 1}\right)} + C_2 e^{\omega_0 t\left(-\gamma + \sqrt{\gamma^2 - 1}\right)}$$

이는 2차 ODE이므로 일반 해에 2개의 미결정 적분 상수가 있다. ODE의 특정 해를 찾
기 위해서는 위치 $x(0)$와 속도 $\left.\dfrac{dx(t)}{dt}\right|_{t=0} = 0$에 대한 초기 조건을 지정해야 한다. 이를 위해
이러한 초기 조건을 가진 딕셔너리를 생성하고 apply_ics를 사용해 일반 ODE 솔루션에
적용한다.

```
In [30]: ics = {x(0): 1, x(t).diff(t).subs(t, 0): 0}
In [31]: ics
```
$$\text{Out[31]: } \left\{ x(0):1, \left.\frac{dx(t)}{dt}\right|_{t=0} :0 \right\}$$

```
In [32]: x_t_sol = apply_ics(ode_sol, ics, t, [omega0, gamma])
In [33]: x_t_sol
```

Out[33]: $x(t) = \left(-\dfrac{\gamma}{2\sqrt{\gamma^2-1}} + \dfrac{1}{2}\right) e^{\omega_0 t\left(-\gamma-\sqrt{\gamma^2-1}\right)} + \left(\dfrac{\gamma}{2\sqrt{\gamma^2-1}} + \dfrac{1}{2}\right) e^{\omega_0 t\left(-\gamma+\sqrt{\gamma^2-1}\right)}$

이 해는 임의의 t, ω_0, γ에 대한 진동 역학에 대한 것으로 여기서는 초기 조건으로 $x(0)=1$ 및 $\left.\dfrac{dx(t)}{dt}\right|_{t=0}=0$을 사용했다. 그러나 임계 감쇠에 해당하는 $\gamma=1$을 이 식에 직접 대입하면 분모가 0이 되는 오류가 발생하고 이 특정 경우에 해당하는 γ을 선택할 때는 조심해야 하며 $\gamma \to 1$의 극한값을 계산해야 한다.

```
In [34]: x_t_critical = sympy.limit(x_t_sol.rhs, gamma, 1)
In [35]: x_t_critical
```

Out[35]: $\dfrac{\omega_0 t + 1}{e^{\omega_0 t}}$

마지막으로 $\omega_0 = 2\pi$에 대한 해와 일련의 다른 감쇠율 γ를 도식화해본다.

```
In [36]: fig, ax = plt.subplots(figsize=(8, 4))
    ...: tt = np.linspace(0, 3, 250)
    ..: w0 = 2 * sympy.pi
    ...: for g in [0.1, 0.5, 1, 2.0, 5.0]:
    ...:     if g == 1:
    ...:         x_t = sympy.lambdify(t, x_t_critical.subs({omega0: w0}), 'numpy')
    ...:     else:
    ...:         x_t = sympy.lambdify(t, x_t_sol.rhs.subs({omega0: w0,
                 gamma: g}), 'numpy')
    ...:     ax.plot(tt, x_t(tt).real, label=r"$\gamma = %.1f$" % g)
    ...: ax.set_xlabel(r"$t$", fontsize=18)
    ...: ax.set_ylabel(r"$x(t)$", fontsize=18)
    ...: ax.legend()
```

감쇠 진동의 ODE 해는 그림 9-1과 같다. $\gamma<1$인 경우, 진동은 저감쇠이며 진동하는 해를 볼 수 있다. $\gamma>1$의 경우, 진동은 과밀 감쇠돼 소멸한다. 이 두 작동 사이의 교차점은 임계 감쇠율 $\gamma=1$에서 발생한다.

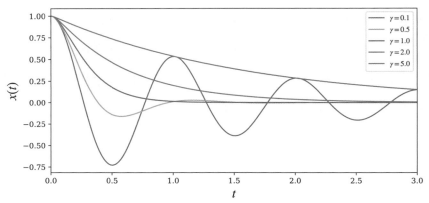

▲ 그림 9-1 일련의 감쇠율에서 감쇠 진동의 ODE 해를 나타낸 그래프

지금까지 살펴본 두 가지 ODE의 예는 둘 다 해석적인 방법으로 해결될 수 있지만 늘 이 경우만 있는 것은 아니다. 심지어 많은 1차 ODE도 기초적 함수의 항으로 정확히 해결되지 않는다. 예를 들어 닫힌 해가 없는 ODE의 예인 $\dfrac{dy(x)}{dx}=x+y(x)^2$를 살펴보자. 만약 이 식을 sympy.dsolve를 사용해 해결하려고 시도하면 멱급수$^{\text{power series}}$ 형태로 된 개략적인 해를 얻는다.

```
In [37]: x = sympy.symbols("x")
In [38]: y = sympy.Function("y")
In [39]: f = y(x)**2 + x
In [40]: sympy.Eq(y(x).diff(x), f)
```
Out[40]: $\dfrac{dy(x)}{dx}=x+y(x)^2$
```
In [41]: sympy.dsolve(y(x).diff(x) - f)
```
Out[41]: $y(x)=C_1+C_1x+\dfrac{1}{2}(2C_1+1)x^2+\dfrac{7C_1}{6}x^3+\dfrac{C_1}{12}(C_1+5)x^4$

$\qquad\qquad +\dfrac{1}{60}\big(C_1^2(C_1+45)+20C_1+3\big)x^5+\mathcal{O}(x^6)$

다른 많은 유형의 방정식에서 SymPy는 어떠한 해결책도 만들어내지 못한다. 예를 들어 2차 ODE의 예인 $\frac{d^2y(x)}{dx^2} = x + y(x)^2$를 해결하려고 하면 다음과 같은 오류 메시지가 발생한다.

```
In [42]: sympy.Eq(y(x).diff(x, x), f)
```
Out[42]: $\frac{d^2y(x)}{dx^2} = x + y(x)^2$
```
In [43]: sympy.dsolve(y(x).diff(x, x) - f)
--------------------------------------------------------------------------
...
NotImplementedError: solve: Cannot solve -x - y(x)**2 + Derivative(y(x), x, x)
```

이러한 유형의 결과가 나타난 이유는 ODE의 해석적 해가 실제로 존재하지 않거나 단순히 SymPy가 그 식을 처리할 수 없다는 것을 의미할 수 있다.

dsolve 함수는 많은 선택적 인수를 취하는데, 당면한 ODE 문제를 해결하기 위해 어떤 방법을 사용해야 하는지에 대한 힌트를 주는 방향으로 해결자 선택에 영향을 미쳐 결과를 다르게 할 수 있다. 사용할 수 있는 옵션에 대한 좀 더 자세한 내용은 sympy.dsolve의 docstrings를 참고하라.

방향장

방향장^{direction field} 그래프는 간단하지만 임의의 1차 ODE의 가능한 해를 시각화할 수 있는 유용한 기법이다. 방향장은 x-y 평면상의 격자에 있는 미지의 함수의 기울기를 나타내는 짧은 선들로 구성돼 있다. 이 그래프는 x-y 평면상 임의 지점의 $y(x)$ 기울기를 ODE 정의인 $\frac{dy(x)}{dx} = f(x, y(x))$로부터 구할 수 있으므로 쉽게 생성할 수 있다. 즉, 관심 대상 좌표 그리드에서 x와 y를 반복적으로 $f(x, y(x))$로 계산해 그 점에서의 $y(x)$ 기울기를 구해야 한다. 방향장 그래프가 유용한 이유는 방향장 그래프에서 (모든 점에서) 기울기에 접하는 매끈하고 연속인 곡선이 ODE의 해이기 때문이다.

함수 plot_direction_field는 주어진 독립 변수 x, 미지의 함수 $y(x)$, 우변 함수 $f(x, y(x))$에 1차 ODE의 방향장 그래프를 생성한다. 이 함수는 x축과 y축(각각 x_lim과 y_lim)에 대한 범위와 그래프를 그릴 Matplotlib 축의 인스턴스를 옵션으로 취한다.

```
In [44]: def plot_direction_field(x, y_x, f_xy, x_lim=(-5, 5),
        y_lim=(-5, 5), ax=None):
    ...:     f_np = sympy.lambdify((x, y_x), f_xy, 'numpy')
    ...:     x_vec = np.linspace(x_lim[0], x_lim[1], 20)
    ...:     y_vec = np.linspace(y_lim[0], y_lim[1], 20)
    ...:
    ...:     if ax is None:
    ...:         _, ax = plt.subplots(figsize=(4, 4))
    ...:
    ...:     dx = x_vec[1] - x_vec[0]
    ...:     dy = y_vec[1] - y_vec[0]
    ...:
    ...:     for m, xx in enumerate(x_vec):
    ...:         for n, yy in enumerate(y_vec):
    ...:             Dy = f_np(xx, yy) * dx
    ...:             Dx = 0.8 * dx**2 / np.sqrt(dx**2 + Dy**2)
    ...:             Dy = 0.8 * Dy*dy / np.sqrt(dx**2 + Dy**2)
    ...:             ax.plot([xx - Dx/2, xx + Dx/2],
    ...:                     [yy - Dy/2, yy + Dy/2], 'b', lw=0.5)
    ...:     ax.axis('tight')
    ...:     ax.set_title(r"$%s$" %
    ...:                 (sympy.latex(sympy.Eq(y(x).diff(x), f_xy))),
    ...:                 fontsize=18)
    ...:     return ax
```

이 함수를 사용하면 $\dfrac{dy(x)}{dx} = f(x, y(x))$ 유형의 ODE에 대한 방향장 그래프를 생성할 수 있다. 예를 들어 다음 코드는 $f(x, y(x)) = y(x)^2 + x$, $f(x, y(x)) = -x/y(x)$와 $f(x, y(x)) = y(x)^2/x$에 대한 방향장 그래프를 생성한다. 결과는 그림 9-2와 같다.

```
In [45]: x = sympy.symbols("x")
In [46]: y = sympy.Function("y")
In [47]: fig, axes = plt.subplots(1, 3, figsize=(12, 4))
    ...: plot_direction_field(x, y(x), y(x)**2 + x, ax=axes[0])
    ...: plot_direction_field(x, y(x), -x / y(x), ax=axes[1])
    ...: plot_direction_field(x, y(x), y(x)**2 / x, ax=axes[2])
```

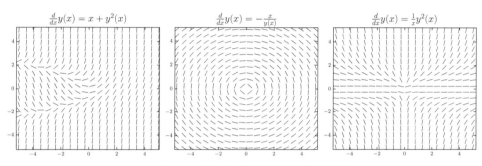

▲ 그림 9-2 3개의 1차 미분 방정식에 대한 방향장

그림 9-2에 있는 그래프의 방향선은 해당 ODE의 답이 되는 곡선이 어떻게 작동하는지를 나타내므로 방향장 그래프는 해석적으로 해결할 수 없는 ODE의 해를 시각화하는 데 유용한 도구다. 이 점을 보여주기 위해 이전에 멱급수의 근사로 부정확하게 해결됐던 ODE의 예인 $\dfrac{dy(x)}{dx} = x + y(x)^2$(초기 조건은 $y(0)=0$)을 다시 살펴보자. 이전과 마찬가지로 기호 x와 함수 y(x)를 정의함으로써 이 문제를 다시 해결해본다. 이 함수는 ODE를 구성하고 표시하는 데 다시 사용된다.

```
In [48]: x = sympy.symbols("x")
In [49]: y = sympy.Function("y")
In [50]: f = y(x)**2 + x
In [51]: sympy.Eq(y(x).diff(x), f)
```
Out[51]: $\dfrac{dy(x)}{dx} = x + y(x)^2$

이제 초기 조건을 만족시키는 특정 멱급수 해를 찾고자 하며, 이 문제는 dsolve 함수에 ics 키워드 인수를 전달해 직접 초기 조건을 지정할 수 있다.[1]

```
In [52]: ics = {y(0): 0}
In [53]: ode_sol = sympy.dsolve(y(x).diff(x) - f, ics=ics)
In [54]: ode_sol
```
$$\text{Out[54]: } y(x) = \frac{x^2}{2} + \frac{x^5}{20} + \mathcal{O}(x^6)$$

ODE의 방향장과 함께 해를 도식화하는 것은 멱급수 근사의 유효 범위를 빠르고 간단하게 파악할 수 있는 방법이다. 다음 코드는 근사 해와 방향장(그림 9-3, 왼쪽 패널)을 도식화한다. 앞서 멱급수에서의 초기 조건값 x를 증가시키면서 ODE를 반복적으로 풀면 확장된 유효 범위를 가진 해도 얻을 수 있다.

```
In [55]: fig, axes = plt.subplots(1, 2, figsize=(8, 4))
    ...: # 왼쪽 패널
    ...: plot_direction_field(x, y(x), f, ax=axes[0])
    ...: x_vec = np.linspace(-3, 3, 100)
    ...: axes[0].plot(x_vec, sympy.lambdify(x, ode_sol.rhs.removeO())
       (x_vec), 'b', lw=2)
    ...: axes[0].set_ylim(-5, 5)
    ...:
    ...: # 오른쪽 패널
    ...: plot_direction_field(x, y(x), f, ax=axes[1])
    ...: x_vec = np.linspace(-1, 1, 100)
    ...: axes[1].plot(x_vec, sympy.lambdify(x, ode_sol.rhs.removeO())
       (x_vec), 'b', lw=2)
    ...: # 초기 조건을 업데이트하며 반복적으로 ODE 해결
    ...: ode_sol_m = ode_sol_p = ode_sol
    ...: dx = 0.125
    ...: # 양의 x
```

---

[1] 현 SymPy 버전의 경우, ics 키워드는 dsolve의 멱급수 해결자에서만 인식된다. 다른 형태의 ODE 해결자는 ics 인수를 무시하므로 앞서 정의한 apply_ics 함수가 필요하다.

```
...: for x0 in np.arange(1, 2., dx):
...:     x_vec = np.linspace(x0, x0 + dx, 100)
...:     ics = {y(x0): ode_sol_p.rhs.removeO().subs(x, x0)}
...:     ode_sol_p = sympy.dsolve(y(x).diff(x) - f, ics=ics, n=6)
...:     axes[1].plot(x_vec, sympy.lambdify(x, ode_sol_p.rhs.removeO())
                      (x_vec), 'r', lw=2)
...: # 음의 x
...: for x0 in np.arange(-1, -5, -dx):
...:     x_vec = np.linspace(x0, x0 - dx, 100)
...:     ics = {y(x0): ode_sol_m.rhs.removeO().subs(x, x0)}
...:     ode_sol_m = sympy.dsolve(y(x).diff(x) - f, ics=ics, n=6)
...:     axes[1].plot(x_vec, sympy.lambdify(x, ode_sol_m.rhs.removeO())
                      (x_vec), 'r', lw=2)
```

그림 9-3의 왼쪽 패널에서 근사 해의 곡선은 $x=0$ 근처에서 방향장과 잘 정렬되지만 $|x| \gtrsim 1$에서는 벗어나기 시작해 근사 해가 더 이상 유효하지 않다는 것을 알 수 있다. 오른쪽 패널에 표시된 근사 해 곡선은 도식 범위 전체에서 방향장과 더 잘 정렬된다. 파란색(짙은 회색) 곡선 세그먼트는 원래의 근사 해, 빨간색(밝은 회색) 곡선은 파란색(짙은 회색) 곡선이 끝나는 곳에서 시작하는 초기 조건 시퀀스로, ODE를 해결해 얻은 것이다.

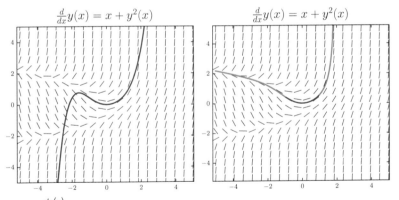

▲ 그림 9-3 ODE $\frac{dy(x)}{dx} = y(x)^2 + x$의 방향장 그래프. 왼쪽에는 $x=0$ 근처에서의 5차 멱급수 해, 오른쪽에는 −5와 2 사이에 0.125 간격을 둔 연속 멱급수 확장이 나타나 있다.

라플라스 변환을 이용한 ODE 해결

SymPy의 '블랙박스' 해결자[2] dslove로 ODE를 해결하는 것에 대한 대안은 SymPy의 기호적 능력을 보다 수동적으로 사용해 ODE를 해결하는 접근 방법의 보조 수단으로 사용하는 것이다. 특정 ODE 문제를 해결하는 데 사용할 수 있는 기술은 라플라스로 ODE를 변환하는 것인데, 많은 문제의 경우 라플라스 변환을 통해 보다 해결하기 쉬운 대수 방정식을 얻을 수 있다. 대수 방정식의 해를 찾은 후 역라플라스 변환을 하면 원래 도메인으로 다시 변환돼 원시 문제에 대한 해답을 얻을 수 있다. 이 방법의 핵심은, 함수의 도함수에 대한 라플라스 변환은 함수 자체를 라플라스 변환한 것의 대수적 표현 $\mathcal{L}[y'(t)] = s\mathcal{L}[y(t)] - y(0)$이라는 것이다. 그러나 SymPy는 여러 유형의 기초 함수를 라플라스 변환하는 데 능하지만 미지의 함수에 대한 도함수는 처리하지 못한다. 그러나 이 작업을 수행할 함수를 정의하면 이 단점을 쉽게 수정할 수 있다. 예를 들어 강제 조화 진동자[driven harmonic oscillator]의 다음 미분 방정식을 살펴보자.

$$\frac{d^2}{dt^2}y(t) + 2\frac{d}{dt}y(t) + 10y(t) = 2\sin 3t$$

이 ODE를 해결하려면 먼저 독립 변수 t와 함수 $y(t)$에 대한 SymPy 기호를 생성하고 이 기호를 사용해 ODE에 대한 기호 식을 구성해야 한다.

```
In [56]: t = sympy.symbols("t", positive=True)
In [57]: y = sympy.Function("y")
In [58]: ode = y(t).diff(t, 2) + 2 * y(t).diff(t) + 10 * y(t) - 2 * sympy.
         sin(3*t)
In [59]: sympy.Eq(ode)
Out[59]: 10y(t) - 2sin(3t) + 2\frac{d}{dt}y(t) + \frac{d^2}{dt^2}y(t) = 0
```

---

2 SymPy는 오픈 소스이므로 dsolve의 내부 작동 원리를 즉시 찾을 수 있다는 측면에서는 화이트 박스라고 볼 수 있다.

이 ODE의 라플라스 변형은 대수 방정식을 생성한다. SymPy와 그 함수 sympy.laplace_transform을 사용해 이 방법을 사용하려면 먼저 라플라스 변환에 사용할 기호 s를 생성해야 한다. 이때 나중에 사용할 기호 Y도 생성한다.

```
In [60]: s, Y = sympy.symbols("s, Y", real=True)
```

다음으로 전체 ODE 방정식뿐 아니라 미지의 함수 y(t)에도 라플라스로 변환을 진행한다.

```
In [61]: L_y = sympy. laplace_transform(y(t), t, s)
In [62]: L_y
```
Out[62]: $\mathcal{L}_t\big[y(t)\big](s)$
```
In [63]: L_ode = sympy. laplace_transform(ode, t, s, noconds=True)
In [64]: sympy.Eq(L_ode)
```
Out[64]: $10\mathcal{L}_t\big[y(t)\big](s)+2\mathcal{L}_t\left[\dfrac{d}{dt}y(t)\right](s)+\mathcal{L}_t\left[\dfrac{d^2}{dt^2}y(t)\right](s)-\dfrac{6}{s^2+9}=0$

라플라스가 미지의 함수 $y(t)$를 변환하면 미결정 결과 $\mathcal{L}_t\big[y(t)\big](s)$를 얻는다. 이는 예상한 결과다. 하지만 sympy.laplace_transform을 $\dfrac{d}{dt}y(t)$와 같은 $y(t)$의 도함수에 적용하면 계산되지 않은 식 $\mathcal{L}_t\left[\dfrac{d}{dt}y(t)\right](s)$가 생성된다. 이는 바람직한 결과가 아니며, 이 문제를 해결해 원하는 대수 방정식을 얻어야 한다. 미지 함수의 도함수의 라플라스 변환은 그 도함수가 아닌 함수 자체의 라플라스 변환을 갖는, 잘 알려진 형태다. 함수 $y(t)$의 n차 도함수 공식은 다음과 같다.

$$\mathcal{L}_t\left[\frac{d^n}{dt^n}y(t)\right](s)=s^n\mathcal{L}_t\big[y(t)\big](s)-\sum_{m=0}^{n-1}s^{n-m-1}\frac{d^m}{dt^m}y(t)\bigg|_{t=0}$$

L_ode에 대한 SymPy 표현 트리를 따라 반복하고 $\mathcal{L}_t\left[\dfrac{d^n}{dt^n}y(t)\right](s)$가 나타날 때마다 공식에 의해 주어진 식으로 대체하면 원하던 ODE의 대수적 형태를 얻을 수 있다. 다음 함

수는 라플라스 변환된 ODE를 취해 $y(t)$ 도함수의 계산되지 않은 라플라스 변환을 대체한다.

```
In [65]: def laplace _transform_derivatives(e):
    ...:        """
    ...:        함수의 도함수에 대한 라플라스 변환 계산
    ...:        """
    ...:        if isinstance(e, sympy. LaplaceTransform):
    ...:            if isinstance(e.args[0], sympy.Derivative):
    ...:                d, t, s = e.args
    ...:                n = len(d.args) - 1
    ...:                return ((s**n) * sympy. LaplaceTransform(d.args[0], t, s) -
    ...:                        sum([s**(n-i) * sympy.diff(d.args[0], t, i-1).
    ...:                        subs(t, 0) for i in range(1, n+1)]))
    ...:
    ...:        if isinstance(e, (sympy.Add, sympy.Mul)):
    ...:            t = type(e)
    ...:            return t(*[Laplace_transform_derivatives(arg) for arg in
    ...:            e.args])
    ...:
    ...:        return e
```

이 함수를 라플라스 변환된 ODE 방정식 L_ode에 적용하면 다음과 같은 결과를 얻는다.

```
In [66]: L_ode_2 = laplace _transform_derivatives(L_ode)
In [67]: sympy.Eq(L_ode_2)
```
Out[67]:
$$s^2 \mathcal{L}_t\big[y(t)\big](s) + 2s\mathcal{L}_t\big[y(t)\big](s) - sy(0)$$
$$+ 10\mathcal{L}_t\big[y(t)\big](s) - 2y(0) - \frac{d}{dt}y(t)\bigg|_{t=0} - \frac{6}{s^2+9} = 0$$

표기를 단순화하기 위해 $\mathcal{L}_t\big[y(t)\big](s)$를 기호 Y로 대신한다.

```
In [68]: L_ode_3 = L_ode_2.subs(L_y, Y)
In [69]: sympy.Eq(L_ode_3)
```

Out[69]: $s^2 Y + 2sY - sy(0) + 10Y - 2y(0) - \dfrac{d}{dt}y(t)\Big|_{t=0} - \dfrac{6}{s^2+9} = 0$

이 시점에서 ODE 문제의 경계 조건을 명시할 필요가 있다. 여기서는 $y(0)=1$ 및 $y'(t)=0$ 을 사용하고 이 경계 조건을 포함하는 딕셔너리를 만든 후 그 값을 라플라스 변환된 ODE 방정식으로 대체하기 위해 사용한다.

In [70]: ics = {y(0): 1, y(t).diff(t).subs(t, 0): 0}
In [71]: ics
Out[71]: $\left\{ y(0):1, \dfrac{d}{dt}y(t)\Big|_{t=0} : 0 \right\}$
In [72]: L_ode_4 = L_ode_3.subs(ics)
In [73]: sympy.Eq(L_ode_4)
Out[74]: $Ys^2 + 2Ys + 10Y - s - 2 - \dfrac{6}{s^2+9} = 0$

이 식은 Y를 해결할 수 있는 대수 방정식이다.

In [75]: Y_sol = sympy.solve(L_ode_4, Y)
In [76]: Y_sol
Out[76]: $\left[\dfrac{s^3 + 2s^2 + 9s + 24}{s^4 + 2s^3 + 19s^2 + 18s + 90} \right]$

결과는 해의 목록이며 예에서는 한 가지 원소만 가진다. 이 식의 역라플라스 변환을 수행하면 시간 도메인의 원시 문제에 대한 해가 된다.

In [77]: y_sol = sympy.inverse_laplace _transform(Y_sol[0], s, t)
In [78]: sympy.simplify(y_sol)
Out[78]: $\dfrac{1}{111e^t}\left(6\left(\sin 3t - 6\cos 3t\right)e^t + 43\sin 3t + 147\cos 3t \right)$

라플라스가 ODE를 변환하고 해당 대수 방정식을 풀고 결과를 변환해 원시 문제에 대한 해결책을 얻는 이 기술은 전기 공학 및 프로세스 제어 응용 등에서 발생하는 중요한 ODE 문제 해결에 응용될 수 있다. 비록 이런 문제들은 라플라스 변환표를 사용해 수작업으로 해결할 수 있지만 SymPy를 사용하면 과정을 상당히 단순화할 수 있는 가능성이 있다.

ODE 해결을 위한 수치적인 방법

일부 ODE 문제는 이전 절의 예에서 살펴본 것처럼 해석적 방법으로 해결할 수 있지만 해석적으로 해결할 수 없는 ODE 문제가 훨씬 더 많다. 따라서 실제로 ODE 문제는 주로 수치적인 방법으로 해결한다. 수치적으로 ODE를 해결하는 방법은 많은데 대부분 $\frac{dy(x)}{dx} = f(x, y(x))$의 표준형을 가진 1차 ODE 방정식 문제로 설계돼 있다. 여기서 $y(x)$는 x의 미지의 함수 벡터다. Scipy는 이런 종류의 문제를 해결할 수 있는 함수를 제공하지만 그 함수의 사용법을 알아보기 전에 간단히 그 기본 개념을 먼저 살펴보고 ODE 문제를 수치적으로 적분하는 데 사용되는 용어를 소개한다.

많은 ODE의 수치적인 방법의 기본 개념은 오일러 기법에 담겨 있다. 오일러 기법은 점 x 주변의 $y(x)$를 테일러 급수 확장한 것으로부터 도출할 수 있다.

$$y(x+h) = y(x) + \frac{dy(x)}{dx}h + \frac{1}{2}\frac{d^2 y(x)}{dx^2}h^2 + \dots$$

여기서는 표기의 편의상 $y(x)$가 스칼라 함수인 경우만 고려한다. 2차 이상의 항을 제거하면 단계 크기 h로 1차까지 정확한 근사 식 $y(x+h) \approx y(x) + f(x, y(x))h$를 얻는다. 이 방정식은 x 변수 $x_0, x_1, \dots, x_k$를 이산화하고 단계 크기를 $h_k = x_{k+1} - x_k$로 선택하고 $y_k = y(x_k)$로 표기하면 반복 공식으로 바뀔 수 있다. 결과 반복식 $y_{k+1} \approx y_k + f(x_k, y_k)h_k$는 전방 오일러 기법forward Euler method으로 알려져 있으며 주어진 y_k 값에 대한 공식을 이용해 y_{k+1}을 직접 계산할 수 있으므로 명시적explicit이라고 불린다. 초깃값 문제의 수치적 해법 목표는 초기 조건 $y(x_0)=y_0$가 주어졌을 때 어떤 점 x_n에서의 $y(x)$를 계산하는 것이다. 따라서 전방 오일러 기법과 같은 반복 공식은 y_0부터 시작해 일련의 y_k의 연속값의 계산에 사용될 수 있다. 이 접근법에는 두 가지 유형의 오류가 있다. 첫째, 테일러 급수의 절사는 이 방법의 정확성을 제한하는 오차를 생성한다. 둘째, 이전 반복에서 y_k의 근삿값을 사용하면 y_{k+1}을 계산할 때 연속적으로 오차가 누적될 수 있고, 방법의 안정성에 영향을 미칠 수 있는 오류가 추가로 발생한다.

이와 유사한 방식으로 도출할 수 있는 대안적인 형태는 후방 오일러 방식backward Euler Method이며 반복식 $y_{k+1} \approx y_k + f(x_{k+1}, y_{k+1})h_k$로 주어진다. 이 식은 후방 미분 공식BDF의 예로, y_{k+1}이 방정식의 양변에 나타나기 때문에 묵시적implicit이라고 불린다. 그러므로 y_{k+1}을 계산하려면 대수 방정식(예로서 5장, '방정식 풀이'의 '뉴턴 기법'을 참고하라)을 풀어야 한다. 묵시적 기법은 명시적 기법보다 구현하기가 더 복잡하고 각 반복마다 더 많은 계산 작업이 필요하다. 그러나 묵시적 기법은 일반적으로 더 넓은 영역과 더 높은 정확도를 가지므로 stepsize h_k를 더 크게 설정해도 여전히 정확하고 안정적인 해를 얻을 수 있다는 장점이 있다. 명시적 기법과 묵시적 기법 중 어느 것이 더 효율적인지는 해결하려는 특정 문제에 달려 있다. 묵시적 기법은 종종 소위 가파른stiff 문제[3]에 특히 유용하다. 개략적으로 말하면 복수의 상이한 시간 척도에 발생하는 역학(예: 빠른 진동과 느린 진동 모두를 포함하는 역학)을 설명하는 ODE 문제들이다.

1차 오일러 전방 및 후방 기법을 개선할 수 있는 몇 가지 방법이 있다. 그중 하나는 $y(x+h)$의 테일러 급수 확장에서 고차 항을 그대로 두는 것이다. 이 방법을 통해 더 높은 정확도를 얻을 수 있는데 2차 기법 $y_{k+1} \approx y_k + f(x_{k+1}, y_{k+1})h_k + \frac{1}{2}y_k''(x)h_k^2$과 같은 경우다. 그러나 이 방법에서는 $y(x)$의 고차 도함수를 계산해야 하는데 $f(x, y(x))$가 사전에 알려져 있지 않을 경우 (또 기호적 형태로 제공되지 않을 경우) 문제가 될 수 있다. 이 문제를 없앨 수 있는 방법으로는 도함수의 유한차분finite-difference 근사를 이용해 고차 도함수를 근사하는 방

---

3   ODE에서 가파른 문제란, 찾으려는 해는 천천히 변하지만 그 근방의 해는 매우 빠르게 변화하기 때문에 수치 계산에서 단계 크기를 매우 작게 해야 하는 경우를 일컫는다. - 옮긴이

법과 구간 $[x_k, x_{k+1}]$의 중간 지점에서 함수 $f(x, y(x))$를 샘플링하는 방법이 있다. 이런 방식의 예로는 $f(x, y(x))$에 대한 추가 계산을 이용한 단일 단계 방식인 유명한 런지-쿠타 Runge-Kutta 기법이 있다. 가장 잘 알려진 런지-쿠타 기법은 4차 구성법이다.

$$y_{k+1} = y_k + \frac{1}{6}\left(k_1 + 2k_2 + 2k_3 + k_4\right)$$

여기서

$$k_1 = f\left(t_k, y_k\right)h_k,$$

$$k_2 = f\left(t_k + \frac{h_k}{2}, y_k + \frac{k_1}{2}\right)h_k,$$

$$k_3 = f\left(t_k + \frac{h_k}{2}, y_k + \frac{k_2}{2}\right)h_k,$$

$$k_4 = f\left(t_k + h_k, y_k + k_3\right)h_k.$$

$k_1 \sim k_4$는 앞서 주어진 y_{k+1}의 명시적 공식에 사용되는 ODE 함수 $f(x, y(x))$의 네 가지 다른 계산이다. y_{k+1}의 추정값 결과는 4차의 정확도와 5차의 오차를 가진다. 더 많은 함수 계산을 사용하는 더 고차의 구성도 가능하다. 서로 다른 차수의 두 방법을 병합함으로써 근사의 오차도 추정할 수 있다. 인기 있는 조합은 런지-쿠타 4차 및 5차 구성으로 4차 정확도를 가지며 오차 추정이 된다. 이 방법은 RK45 또는 런지-쿠타-펠버그 Runge-Kutta-Fehlberg 방법으로 알려져 있다. 돌만드-프린스 Dormand-Prince 방법은 또 다른 더 높은 차수의 예로, 앞의 방법에 더해 적응 단계 조정을 추가로 이용한다. 예를 들어 8-5-3 방식은 3차, 5차 구성을 결합해 8차 기법을 만든다. 8-5-3 방식은 Scipy에 구현돼 있는데, 이는 다음 절에서 설명한다.

다른 방법은 y_{k+1}을 계산하기 위해 2개 이상의 이전 y_k 값을 사용하는 것이다. 이러한 방법은 다단계 방법으로 알려져 있으며 일반적으로 다음과 같은 형태로 기술할 수 있다.

$$y_{k+s} = \sum_{n=0}^{s-1} a_n y_{k+n} + h \sum_{n=0}^{s} b_n f\left(x_{k+n}, y_{k+n}\right)$$

y_{k+s}를 계산하기 위해 이 공식과 함께 y_k와 $f(x_k, y_k)$의 이전 s 값을 사용한다(s-단계 기법이라 불린다). 계수 a_n과 b_n의 선택은 다른 다단계 방법을 야기한다. $b_s = 0$이면 명시적, $b_s \neq 0$이 면 묵시적이 된다는 점에 유의하자.

예를 들어 $b_0 = b_1 = \ldots = b_{s-1} = 0$은 s-단계 BDF 공식이 일반 공식이 되게 해주는데, 여기 서 a_n과 b_n은 가능한 높은 차수까지 다항식이 정확하도록 해서 정확도의 차수를 극대화 할 수 있도록 선택한다. 이 방법을 사용하면 미지의 계수 a_n과 b_n에 관련된 해결 가능한 방정식을 얻을 수 있다. 예를 들어 $b_1 = a_0 = 1$인 1단계 BDF 방법은 후방 오일러 방법인 $y_{k+1} = y_k + hf(x_{k+1}, y_{k+1})$로 축소되고 2단계 BDF 방법인 $y_{k+2} = a_0 y_k + a_1 y_{k+1} + hb_2 f(x_{k+2}, y_{k+2})$ 을 계수 (a_0, a_1, b_2)로 풀면 $y_{k+2} = -\frac{1}{3} y_k + \frac{4}{3} y_{k+1} + \frac{2}{3} hf(x_{k+2}, y_{k+2})$가 된다. 고차 BDF 기법 도 구성할 수 있다. Scipy는 안정성이 좋아 가파른 문제에 권장되는 BDF 해결자를 제공 한다.

다단계 기법의 또 다른 종류는 아담^{Adams} 기법인데 $a_0 = a_1 = \ldots = a_{s-2} = 0$과 $a_{s-1} = 1$로 설정 하면 얻을 수 있다. 아담 방식에서도 나머지 미지의 계수는 기법의 차수를 최대화하도록 선택한다. 구체적으로는 $b_s = 0$인 명시적 기법을 아담-배시포트^{Adams-Bashfort} 방식이라고 하며 $b_s \neq 0$인 묵시적 기법을 아담-몰턴^{Adams-Moulton} 방식이라고 한다. 예를 들어 1단계 의 아담-배시포트와 아담-몰턴 방식은 각각 전방 및 후방 오일러 방식으로 축소되고 2단 계 방식은 각각 $y_{k+2} = y_{k+1} + h\left(-\frac{1}{2}(f(x_k, y_k) + \frac{3}{2} f(x_{k+1}, y_{k+1})\right)$, $y_{k+1} = y_k + \frac{1}{2} h(f(x_k, y_k) + f(x_{k+1}, y_{k+1}))$이다. 더 높은 차수의 명시 및 묵시적 기법 또한 이와 같은 방식으로 구성할 수 있다. Scipy에는 이러한 아담 기법을 사용한 해결자들도 구현돼 있다.

일반적으로 명시적 기법은 구현이 더 편리하고 암시적 방법에 비해 반복 시 계산 요구량 이 적기 때문에 원칙적으로 미지의 y_{k+1}에 대한 초기 추측을 한 후 각 반복에서 (잠재적으로 비선형적인) 방정식을 풀어야 한다. 그러나 앞서 언급한 바와 같이 묵시적 기법은 더 정확 하고 안정성이 높은 경우가 많다. 두 방법의 장점들을 유지하는 절충은 우선 명시적 기법을 사용해 y_{k+1}을 계산한 후 주어진 y_{k+1} 방정식을 묵시적 기법으로 풀기 위한 초기 추측으로서 이 y_{k+1}을 사용하는 것이다. 이 방정식을 정확히 풀 필요는 없지만 명시적 기법의 초기 추측은 어느 정도 정확해야 하므로 뉴턴 기법을 사용해 약간의 반복을 하면 충분할 수 있다. 이처럼 명시적 기법에 의한 결과를 사용해 y_{k+1}을 예측하고 묵시적 기법을 사용해 이 예측값을 수정하는 방식을 예측–교정predictor-corrector법이라고 한다.

마지막으로 많은 고급 ODE 해결자가 사용하는 중요한 기법은 적응적 단계 크기adaptive stepsize 또는 단계 크기 제어stepsize control다. ODE의 정확성과 안정성은 ODE 기법의 반복 식에서 사용되는 단계 크기 h_k와 밀접하게 관련돼 있으며 해의 계산양도 이와 마찬가지다. y_{k+1} 자체의 계산은 물론 y_{k+1}의 오차도 추정할 수 있다면 해결자는 단계 크기 h_k를 자동으로 조정할 있으므로 해결자는 큰 단계의 크기를 사용하고 필요할 때만 작은 단계의 크기를 사용할 수 있다. 일부 기법에서 가능한 유관 기술은 기법의 차수를 자동으로 조정해 가능하면 낮은 차수를 사용하되, 필요할 때만 높은 차수를 사용하는 것이다. 아담 방법은 차수를 쉽게 변경할 수 있는 기법의 예다. ODE 해결자를 고품질로 구현할 수 있는 방법은 매우 다양하게 존재하며 여기서 논의된 방법을 다시 구현할 필요는 거의 없다. 사실, 재구현하려고 시도하는 것은 교육적인 목적이나 수치적 ODE 해결 기법 자체를 연구하는 것이 아니라면 실수하고 있을 가능성이 높다. 실용적 목적을 위해서라면 이미 고도로 조정되고 철저히 테스트된 기존의 ODE 패키지 중 하나를 사용하는 것이 바람직하다. ODE 패키지 대부분은 무료로 이용할 수 있고 Scipy와 같은 라이브러리에 패키지로 존재한다. 그러나 선택 가능한 해결자가 매우 다양하므로 특정 문제에 어떤 것을 사용해야 하는지에 대한 정보에 입각해 결정을 내릴 수 있도록 각 옵션을 충분히 이해할 수 있으려면 문제 해결에 사용되는 기본 개념과 방법, 전문 용어를 충분히 숙지하는 것이 중요하다.

Scipy를 이용한 ODE의 수치적 적분

앞 절에서 ODE를 해결하기 위한 여러 수치적인 방법을 검토했으므로 이제 Scipy에서 이용할 수 있는 ODE 해결자와 사용법을 알아볼 준비가 됐다. Scipy의 integrate 모듈에는 integrated.odeint와 integrated.ode라는 2개의 ODE 해결자 인터페이스가 제공된다. odeint 함수는 ODEPACK의 LSODA 해결자에 대한 인터페이스로서[4] odeint 문제에서 가파른 문제를 위한 아담 예측-교정 기법과 가파르지 않은 문제를 위한 BDF 기법 사이에서 자동으로 전환된다. 반면, integrated.ode 클래스는 서로 다른 다양한 해결자에 대한 인터페이스를 제공해준다. 예를 들어 VODE와 ZVODE(ZVODE는 VODE를 복소수 함수를 위해 변형한 것이다),[5] LSODA, 적응적 단계 크기의 4차와 8차 도맨드-프린스 Dormand-Prince 기법(즉, 런지-쿠타 기법 유형)인 Dopri5와 dop853 등이 있다. integrated. ode가 제공하는 객체지향 인터페이스는 보다 유연하지만 odeint 함수는 대개 더 단순하고 편리한 사용성을 제공한다.

odeint 함수는 3개의 필수 인수, 즉 표준 ODE의 우변을 계산하기 위한 함수, 미지의 함수의 초기 조건을 지정하는 배열(또는 스칼라) 그리고 미지의 함수가 계산되는 독립 변숫값을 가진 배열이다. ODE의 우변 함수는 2개의 필수 인수와 임의 개수의 선택 인수를 취한다. 첫 번째 필수 인수는 벡터 $y(x)$의 배열(또는 스칼라)이며 두 번째는 x의 값이다. 예를 들어 스칼라 ODE $y'(x) = f(x, y(x)) = x + y(x)^2$를 다시 살펴보자. 이 ODE의 방향장을 다시 도식화하기 위해 이번에는 odeint를 이용한 수치적 적분으로 얻은 특정 해를 이용하는데 먼저 $f(x, y(x))$의 기호 식을 구성하기 위한 SymPy 기호를 정의한다.

```
In [79]: x = sympy.symbols("x")
In [80]: y = sympy.Function("y")
In [81]: f = y(x)**2 + x
```

---

4   ODEPACK에 대한 좀 더 자세한 사항은 http://computation.llnl.gov/casc/odepack을 참고하라.

5   VODED와 ZVODDE는 netlib(http://www.netlib.org/ode)에서 구할 수 있다.

Scipy의 odeint로 이 ODE를 해결하려면 먼저 Python 스칼라나 Numpy 배열을 입력으로 취하는 $f(x, y(x))$ Python 함수를 정의해야 한다. SymPy 식 f에서 sympy.lambdify의 'numpy' 인수를 사용하면 함수를 생성할 수 있다.[6]

```
In [82]: f_np = sympy.lambdify((y(x), x), f)
```

다음으로 함수 $y(x)$를 계산하기 위해 초깃값 y_0과 x의 이산값을 가진 Numpy 배열을 정의해야 한다. 여기서는 각각 Numpy 배열 xp와 xm을 사용해 양과 음의 방향 모두에서 $x=0$으로 시작하는 ODE를 해결한다. ODE를 음의 방향으로 해결하려면 음의 증분으로 된 Numpy 배열만 만들면 된다는 점에 주목하자.

이제 ODE 함수 f_np, 초깃값 y0 및 x 좌표의 배열(예: xp)을 설정했으므로 integrated. odeint(f_np, y0, xp)를 호출하면 ODE 문제를 적분할 수 있다.

```
In [83]: y0 = 0
In [84]: xp = np.linspace(0, 1.9, 100)
In [85]: yp = integrate.odeint(f_np, y0, xp)
In [86]: xm = np.linspace(0, -5, 100)
In [87]: ym = integrate.odeint(f_np, y0, xm)
```

결과는 2개의 1차원 Numpy 배열 ym과 yp로, 해당 좌표 배열 xm, xp와 같은 길이(즉, 100)로 지정된 지점에서 ODE 문제에 대한 해를 갖고 있다. 해를 시각화하기 위해 다음으로 ym과 yp 배열을 ODE의 방향장과 함께 그려본다. 결과는 그림 9-4와 같다. 예상대로 해는 그래프의 모든 지점에서 방향장에 있는 선(접선)과 일치한다는 것을 명백히 볼 수 있다.

---

6 스칼라 ODE인 이 특수한 경우에는 'math' 인수를 사용할 수 있는데, 이를 통해 표준 math 라이브러리 함수로 스칼라 함수를 생성할 수 있다. 그러나 더 많은 경우는 배열을 인식할 수 있는 함수가 필요하므로 sympy.lambdify의 인수로 'numpy'를 지정해야 한다.

```
In [88]: fig, ax = plt.subplots(1, 1, figsize=(4, 4))
    ...: plot_direction_field(x, y(x), f, ax=ax)
    ...: ax.plot(xm, ym, 'b', lw=2)
    ...: ax.plot(xp, yp, 'r', lw=2)
```

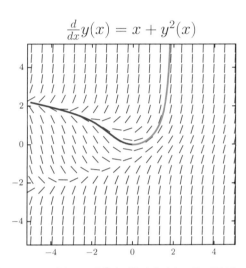

$$\frac{d}{dx}y(x) = x + y^2(x)$$

▲ 그림 9-4 ODE $y'(x)=x+y(x)^2$의 방향장과 $y(0)=0$을 만족하는 특정 해

앞의 예에서는 스칼라 ODE 문제를 해결했다. 더 많은 경우, 벡터 값 ODE 문제(ODE 시스템)의 해결이 필요하다. odeint를 사용해 벡터 값 ODE 형태의 문제를 어떻게 해결하는지 알아보기 위해 포식자와 먹이 동물 집단 수의 역동성에 대한 로카-볼테라^{Lotka-} Volterra 방정식을 살펴보자(이 예는 결합-ODE^{coupled-ODE}의 고전적 예제다). 등식은 $x'(t)=ax-bxy$ 및 $y'(t)=cxy-dy$이며, 여기서 $x(t)$는 먹잇감의 수, $y(t)$는 포식 동물의 수, 계수 a, b, c, d는 모형의 진행률이다.

예를 들어 a는 먹잇감이 태어나는 속도, d는 포식자가 죽는 속도다. b와 c 계수는 각각 포식자가 먹이를 소비하는 속도와 포식자가 먹이 집단을 먹어 치움으로써 번식하는 성장 비율이다. 이 식은 xy 항 때문에 ODE의 비선형 방정식이라는 점에 유의하자.

이 문제를 odeint를 사용해 해결하려면 먼저 ODE의 우변 함수를 벡터 형태로 써야 한다. 이 경우, $f(t, [x, y]^T) = [ax - bxy, cxy - dy]^T$가 되는데 다음과 같은 방법으로 Python 함수로 구현할 수 있다.

```
In [89]: a, b, c, d = 0.4, 0.002, 0.001, 0.7
In [90]: def f(xy, t):
    ...:     x, y = xy
    ...:     return [a * x - b * x * y, c * x * y - d * y]
```

여기에서는 계수 a, b, c, d에 대한 변수와 값도 정의했다. 여기서 ODE 함수 f의 첫 번째 인수는 $x(t)$와 $y(t)$의 현재 값을 포함하는 배열이라는 점에 유의하자. 편의상 먼저 이들 변수를 별도의 변수 x와 y로 풀어 나머지 함수를 쉽게 읽을 수 있도록 한다. 함수의 반환값은 $x(t)$와 $y(t)$의 도함숫값을 가진 배열이나 리스트여야 한다. 함수 f가 취하는 인수 t는 독립 좌표의 현재 값이어야 한다. 단, t는 이 예에서는 사용되지 않는다. f 함수가 정의되면 배열 xy0을 초깃값 $x(0)$과 $y(0)$으로 정의하고 ODE의 해답을 계산하고자 하는 지점에 대한 배열 t도 정의해야 한다. 여기서는 초기 조건 $x(0) = 600$과 $y(0) = 400$을 사용한다. 이는 시뮬레이션 시작 시점에 600마리의 먹잇감 동물과 400마리의 포식 동물이 있다는 설정이다.

```
In [91]: xy0 = [600, 400]
In [92]: t = np.linspace(0, 50, 250)
In [93]: xy_t = integrate.odeint(f, xy0, t)
In [94]: xy_t.shape
Out[94]: (250,2)
```

integrated.odeint(f, xy0, t)를 호출하면 ODE 문제를 적분하고 t에 있는 각 250개 값의 $x(t)$와 $y(t)$를 가진 (250, 2) 형태의 배열을 반환한다. 다음 코드는 해를 시간과 위상 공간의 함수로 도식화한다. 결과는 그림 9-5와 같다.

```
In [95]: fig, axes = plt.subplots(1, 2, figsize=(8, 4))
    ...: axes[0].plot(t, xy_t[:,0], 'r', label="Prey")
    ...: axes[0].plot(t, xy_t[:,1], 'b', label="Predator")
    ...: axes[0].set_xlabel("Time")
    ...: axes[0].set_ylabel("Number of animals")
    ...: axes[0].legend()
    ...: axes[1].plot(xy_t[:,0], xy_t[:,1], 'k')
    ...: axes[1].set_xlabel("Number of prey")
    ...: axes[1].set_ylabel("Number of predators")
```

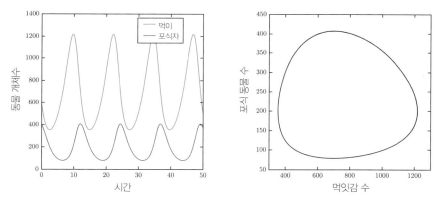

▲ 그림 9-5 포식자-먹이 개체의 로카-볼테라 ODE 해를 시간(왼쪽)과 공간(오른쪽)의 함수로 나타낸 그래프

앞의 두 예에서, ODE 우변 항의 함수는 추가 인수 없이 구현됐다. 로카-볼테라 등식의 예에서는 f 함수가 전역으로 정의된 계수 변수를 사용했다. 전역 변수를 사용하기보다 모든 계수나 매개변수를 인수 형태로 취하는 방식으로 f 함수를 구현하는 것이 더 편리하고 좋은 경우가 많다. 이 점을 설명하기 위해 또 다른 유명한 ODE 문제를 살펴보자. 로렌츠^{Lorenz}는 3개의 결합된 비선형 ODE, 즉 $x'(t) = \sigma(y-x)$, $y'(t) = x(\rho-z)-y$, $z'(t) = xy - \beta z$의 연립 방정식이다. 이러한 방정식은 매개변수 σ, ρ, β 값에 민감하게 종속된 혼돈 해$^{\text{chaotic solutions}}$로 알려져 있다. 이러한 방정식에 서로 다른 매개변숫값을 적용해 해결하려면 ODE 함수를 작성해 이러한 변수들의 값을 인수 형태로 취하는 것이 좋다. 다음 예제에서는 f를 구현할 때 매개변수의 이름을 sigma, rho, beta처럼 구성한 후

필수 인수인 $y(t)$와 t 다음에 추가했다.

```
In [96]: def f(xyz, t, sigma, rho, beta):
    ...: x, y, z = xyz
    ...: return [sigma * (y - x),
    ...: x * (rho - z) - y,
    ...: x * y - beta * z]
```

그다음에는 변수들을 특정 매개변숫값으로 정의하는데, 우선 해를 계산하기 위한 t 값을 가진 배열을 정의하고 함수 $x(t)$, $y(t)$, $z(t)$의 초기 조건을 정의한다.

```
In [97]: sigma, rho, beta = 8, 28, 8/3.0
In [98]: t = np.linspace(0, 25, 10000)
In [99]: xyz0 = [1.0, 1.0, 1.0]
```

이번에는 integrated.odeint를 호출할 때 args 인수를 설정해야 하는데, 앞 절에서 정의한 함수 f에서의 추가 인수의 개수와 동일한 수의 리스트나 튜플 또는 배열이어야 한다. 예제의 경우에는 3개의 매개변수가 있으며 integrated.odeint를 호출할 때 args 인수를 통해 이들 값을 튜플 형태로 전달한다. 다음에는 세 가지 다른 매개변수 집합(그러나 동일한 초기 조건)에 대한 ODE를 해결한다.

```
In [100]: xyz1 = integrate.odeint(f, xyz0, t, args=(sigma, rho, beta))
In [101]: xyz2 = integrate.odeint(f, xyz0, t, args=(sigma, rho, 0.6*beta))
In [102]: xyz3 = integrate.odeint(f, xyz0, t, args=(2*sigma, rho, 0.6*beta))
```

해는 Numpy 배열 xyz1, xyz2, xyz3에 저장된다. 여기의 경우는 t 배열이 10,000개의 원소를 갖고 ODE 문제에 3개의 미지의 함수가 있으므로 (10000, 3) 형태의 배열을 가진다. 다음 코드는 3D 그래프로 세 가지 해를 그리며 결과는 그림 9-6과 같다. 매개변수의 작은 변화만으로도 결과 해는 크게 달라질 수 있다.

```
In [103]: from mpl_toolkits.mplot3d.axes3d import Axes3D
In [104]: fig, (ax1, ax2, ax3) = plt.subplots(1, 3, figsize=(12, 4),
     ...:                                      subplot_kw={'projection':'3d'})
     ...: for ax, xyz, c in [(ax1, xyz1, 'r'), (ax2, xyz2, 'b'),
         (ax3, xyz3, 'g')]:
     ...:     ax.plot(xyz[:,0], xyz[:,1], xyz[:,2], c, alpha=0.5)
     ...:     ax.set_xlabel('$x$', fontsize=16)
     ...:     ax.set_ylabel('$y$', fontsize=16)
     ...:     ax.set_zlabel('$z$', fontsize=16)
     ...:     ax.set_xticks([-15, 0, 15])
     ...:     ax.set_yticks([-20, 0, 20])
     ...:     ax.set_zticks([0, 20, 40])
```

지금까지 살펴본 세 가지 예는 모두 odeint 해결자를 사용했다. odeint 함수는 미세한 튜닝을 위해 수많은 옵션 인수를 사용할 수 있다. 그 예로는 허용 가능 최대 단계(hmax), 아담의 최대 차수(mxordn), BDF의 최대 차수(mxords) 등이 있다. 좀 더 자세한 내용은 odeint의 docstrings를 참고하라.

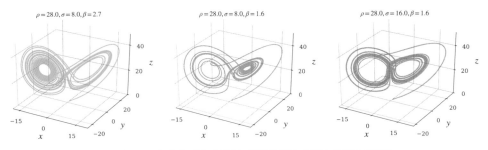

▲ 그림 9-6 세 가지 다른 매개변수 집합에 대한 로렌츠 ODE의 동역학

Scipy에서 있는 odeint의 대안은 integrated.ode 클래스에서 제공되는 객체지향 인터 페이스다. odeint 함수에서와 마찬가지로 integrated.ode 클래스를 사용하려면 먼저 ODE 우변 함수를 정의하고 해를 계산하려는 독립 변숫값에 대한 배열 및 초기 배열을 정의해야 한다. 그러나 한 가지, 작지만 중요한 차이는 odeint와 함께 사용할 $f(x, y(x))$는 f(y, x, ...) 형태의 시그니처를 가져야 하는 반면, integrated.ode에서의 해당 함수는

f(x, y, ...) 형태(즉, x와 y의 순서가 뒤바뀌어야 한다는 것이다)의 시그니처를 가져야 한다는 점이다.

integrated.ode 클래스는 다른 해결자 모음과 함께 사용할 수 있으며 각 해결자마다 특정 옵션을 가진다. integrated.ode의 docstrings에는 가용한 해결자와 그 옵션들이 설명돼 있다. integrated.ode 인터페이스를 사용하는 방법을 설명하기 위해 먼저 연결 2차 ODE를 살펴보자.

$$m_1 x_1''(t) + \gamma_1 x_1'(t) + k_1 x_1 - k_2 (x_2 - x_1) = 0,$$

$$m_2 x_2''(t) + \gamma_2 x_2'(t) + k_2 (x_2 - x_1) = 0.$$

이 방정식은 2개의 연결된 스프링의 역학을 기술한다. 여기서 $x_1(t)$와 $x_2(t)$는 각각 질량 m_1과 m_2를 가진 물체의 평형 위치로부터의 변위다. x_1에서의 물체는 스프링 상수 k_1로 고정된 벽에 연결되고 스프링 상수 k_2를 가진 스프링을 통해 x_2에서 다른 물체와 연결된다. 두 물체 모두 각각 γ_1과 γ_2로 특징된 감쇠력을 받는다. Scipy로 이런 문제를 해결하려면 $y_0(t) = x_1(t)$, $y_1(t) = x_1'(t)$, $y_2(t) = x_2(t)$, $y_3(t) = x_2'(t)$를 도입해 표준 형태로 기술해야 하는데, 이를 통해 다음과 같이 4개의 결합된 1차 방정식이 생성된다.

$$\frac{d}{dt}\begin{bmatrix} y_0(t) \\ y_1(t) \\ y_2(t) \\ y_3(t) \end{bmatrix} = f(t, \mathbf{y}(t)) = \begin{bmatrix} y_1(t) \\ (-\gamma_1 y_1(t) - k_1 y_0(t) - k_2 y_0(t) + k_2 y_2(t))/m_1 \\ y_3(t) \\ (-\gamma_2 y_3(t) - k_2 y_2(t) + k_2 y_0(t))/m_2 \end{bmatrix}$$

첫 번째 과제는 $f(t, \mathbf{y}(t))$ 함수를 구현하는 Python 함수를 작성하는 것인데, $f(t)$, $y(t)$는 문제 매개변수를 추가 인수로 취한다. 다음 구현에서는 모든 매개변수를 튜플로 묶어 하나의 인수로 함수에 전달받은 후 함수 본문 첫 번째 라인에서 튜플을 풀어 구성 요소로 분해한다.

```
In [105]: def f(t, y, args):
    ...:     m1, k1, g1, m2, k2, g2 = args
    ...:     return [y[1], - k1/m1 * y[0] + k2/m1 * (y[2] - y[0]) -
            g1/m1 * y[1],
    ...:             y[3], - k2/m2 * (y[2] - y[0]) - g2/m2 * y[3]]
```

함수 f의 반환값은 길이 4의 리스트로, 이 원소는 ODE 함수 $y_0(t) \sim y_3(t)$의 도함수다. 그 다음에는 매개변수의 특정 값을 가진 변수를 튜플 args로 묶은 후 함수 f에 전달한다. 이 전처럼 초기 조건 y0과 해를 계산하고자 하는 ODE t 값의 배열 또한 생성해야 한다.

```
In [106]: m1, k1, g1 = 1.0, 10.0, 0.5
In [107]: m2, k2, g2 = 2.0, 40.0, 0.25
In [108]: args = (m1, k1, g1, m2, k2, g2)
In [109]: y0 = [1.0, 0, 0.5, 0]
In [110]: t = np.linspace(0, 20, 1000)
```

integrated.odeint와 integrated.ode의 주된 차이점은 여기서 시작한다. odeint 함수를 호출하는 대신, 이제는 integrated.ode의 클래스 인스턴스를 생성해야 하는데 이때 ODE 함수 f를 인수로 전달한다.

```
In [111]: r = integrate.ode(f)
```

여기서 결과 해결자 인스턴스는 변수 r에 저장한다. r을 사용하기 전에 그 일부 속성을 설정해야 한다. 최소한 set_initial_value 메서드를 사용해 초기 상태를 설정해야 하며 함수 f가 추가 인수를 취한다면 set_f_params 메서드를 사용해 이들을 설정해야 한다. set_integrator 메서드를 사용해도 해결자를 선택할 수 있는데, set_integrator는 vode, zvode, lsoda, dopri5, dop853과 같은 해결자 이름을 첫 번째 인수로 취한다. 각 해결자는 선택적 인수를 추가로 취한다. 좀 더 자세한 내용은 integrate.ode에 대한 docstrings를 참고하라. 여기서는 LSODA 해결자를 사용하고 함수 f의 초기 상태와 매

9장_ ODE **379**

개변수를 설정한다.

```
In [112]: r.set_integrator('lsoda');
In [113]: r.set_initial_value(y0, t[0]);
In [114]: r.set_f_params(args);
```

일단 해결자가 생성되고 설정되면 r.integrate 메서드를 호출해 단계적으로 ODE의 해결을 시작할 수 있으며 통합의 상태는 r.composited 메서드를 사용해 쿼리할 수 있다(통합이 잘 진행되는 한 True를 반환한다). 어느 지점에 통합해야 하는지 추적하고 스스로 결과를 저장할 필요가 있다.

```
In [115]: dt = t[1] - t[0]
     ...: y = np.zeros((len(t), len(y0)))
     ...: idx = 0
     ...: while r.successful() and r.t < t[-1]:
     ...:     y[idx, :] = r.y
     ...:     r.integrate(r.t + dt)
     ...:     idx += 1
```

이는 단순히 odeint를 호출하는 것만큼 편리하지는 않지만 추가적인 유연성을 제공한다. 이 점은 종종 절실할 때가 있다. 이 예에서는 t에서의 각 해당 원소에 대한 해를 배열 y에 저장했다. 이는 odeint가 반환하는 것과 유사하다. 다음 코드는 해를 도식화하며 결과는 그림 9-7과 같다.

```
In [116]: fig = plt.figure(figsize=(10, 4))
     ...: ax1 = plt.subplot2grid((2, 5), (0, 0), colspan=3)
     ...: ax2 = plt.subplot2grid((2, 5), (1, 0), colspan=3)
     ...: ax3 = plt.subplot2grid((2, 5), (0, 3), colspan=2, rowspan=2)
     ...: # x_1 대 시간 도식화
     ...: ax1.plot(t, y[:, 0], 'r')
     ...: ax1.set_ylabel('$x_1$', fontsize=18)
     ...: ax1.set_yticks([-1, -.5, 0, .5, 1])
```

```
...: # x2 대 시간 도식화
...: ax2.plot(t, y[:, 2], 'b')
...: ax2.set_xlabel('$t$', fontsize=18)
...: ax2.set_ylabel('$x_2$', fontsize=18)
...: ax2.set_yticks([-1, -.5, 0, .5, 1])
...: # x1과 x2의 위상 공간 도식화
...: ax3.plot(y[:, 0], y[:, 2], 'k')
...: ax3.set_xlabel('$x_1$', fontsize=18)
...: ax3.set_ylabel('$x_2$', fontsize=18)
...: ax3.set_xticks([-1, -.5, 0, .5, 1])
...: ax3.set_yticks([-1, -.5, 0, .5, 1])
...: fig.tight_layout()
```

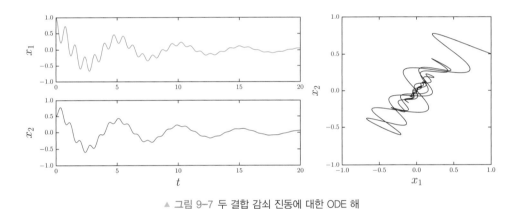

▲ 그림 9-7 두 결합 감쇠 진동에 대한 ODE 해

ODE 함수 $f(t, y(t))$에 대한 Python 함수를 제공하는 것 외에 주어진 t와 $y(t)$에 대한 자코비안 행렬을 계산하는 Python 함수도 제공할 수 있다. 예를 들어 해결자는 묵시적 기법에서 발생하는 연립 방정식을 보다 효율적으로 해결하기 위해 자코비안을 사용할 수 있다.

이 예에서, 다음에 정의된 것과 같이 자코비안 함수 jac를 사용하려면 integrated.ode 클래스가 생성될 때 jac과 f를 함께 전달해야 한다. 자코비안 함수 jac가 추가 인수를 취할 경우, 추가 인수들은 생성된 integrated.ode 클래스에서 set_jac_params 메서드로 구성해야 한다.

```
In [117]: def jac(t, y, args):
     ...:          m1, k1, g1, m2, k2, g2 = args
     ...:          return [[0, 1, 0, 0],
     ...:                     [- k1/m2 - k2/m1, - g1/m1 * y[1], k2/m1, 0],
     ...:                     [0, 0, 1, 0],
     ...:                     [k2/m2, 0, - k2/m2, - g2/m2]]
In [118]: r = integrate.ode(f, jac)
In [119]: r.set_jac_params(args);
```

ODE 문제가 먼저 SymPy 식으로 정의된다면 $f(t, y(t))$와 그 자코비안 모두 SymPy의 lambdify를 사용해 편리하게 생성할 수 있다. 이 기호-수치적 혼합 접근법은 ODE 문제 해결을 위한 강력한 도구다. 이 방식을 설명하기 위해 이중 진자가 만드는 2개의 결합-2차 비선형 ODE라는 다소 복잡한 연립 방정식을 살펴보자.

첫 번째와 두 번째 진자의 각 굴절^{angular deflection} 운동에 대한 식은 각각 다음과 같다.[7]

$$(m_1 + m_2)l_1\theta_1''(t) + m_2l_2\theta_2''(t)\cos(\theta_1 - \theta_2) + m_2l_2\left(\theta_2'(t)\right)^2\sin(\theta_1 - \theta_2) + g(m_1 + m_2)\sin\theta_1 = 0,$$

$$m_2l_2\theta_2''(t) + m_2l_1\theta_1''\cos(\theta_1 - \theta_2) - m_2l_1\left(\theta_1'(t)\right)^2\sin(\theta_1 - \theta_2) + m_2g\sin\theta_2 = 0.$$

첫 번째 진자는 고정된 지지대, 두 번째 진자는 첫 번째 진자에 부착된다. m_1과 m_2는 각각 첫 번째와 두 번째 진자의 질량, l_1과 l_2는 각각의 길이다. 먼저 변수 및 문제의 함수들에 대한 SymPy 기호를 정의하고 osd 식을 구성한다.

```
In [120]: t, g, m1, l1, m2, l2 = sympy.symbols("t, g, m_1, l_1, m_2, l_2")
In [121]: theta1, theta2 = sympy.symbols("theta_1, theta_2", cls=sympy.
          Function)
In [122]: ode1 = sympy.Eq((m1+m2)*l1 * theta1(t).diff(t,t) +
     ...:                    m2*l2 * theta2(t).diff(t,t) * sympy.
                           cos(theta1(t)-theta2(t)) +
     ...:                    m2*l2 * theta2(t).diff(t)**2 * sympy.
```

---

7   좀 더 자세한 사항은 http://scienceworld.wolfram.com/physics/DoublePendulum.html을 참고하라.

```
                          sin(theta1(t)-theta2(t)) +
    ...:                  g*(m1+m2) * sympy.sin(theta1(t)))
    ...: ode1
```
$\text{Out[122]:}\quad g\left(m_1+m_2\right)\sin\theta_1(t)+l_1\left(m_1+m_2\right)\dfrac{d^2}{dt^2}\theta_1(t)+l_2 m_2 \sin\left(\theta_1(t)-\theta_2(t)\right)\left(\dfrac{d}{dt}\theta_2(t)\right)^2$

$\qquad\qquad +l_2 m_2 \dfrac{d^2}{dt^2}\theta_2(t)\cos\left(\theta_1(t)-\theta_2(t)\right)=0$

```
In [123]: ode2 = sympy.Eq(m2*l2 * theta2(t).diff(t,t) +
    ...:                   m2*l1 * theta1(t).diff(t,t) * sympy.
                           cos(theta1(t)-theta2(t)) -
    ...:                   m2*l1 * theta1(t).diff(t)**2 * sympy.
                           sin(theta1(t) - theta2(t)) +
    ...:                   m2*g * sympy.sin(theta2(t)))
    ...: ode2
```
$\text{Out[123]:}\quad g m_2 \sin\theta_2(t)-l_1 m_2 \sin\left(\theta_1(t)-\theta_2(t)\right)\left(\dfrac{d}{dt}\theta_1(t)\right)^2$

$\qquad\qquad +l_1 m_2 \cos\left(\theta_1(t)-\theta_2(t)\right)\dfrac{d^2}{dt^2}\theta_1(t)+l_2 m_2 \dfrac{d^2}{dt^2}\theta_2(t)=0$

이제 ode1과 ode2는 두 2차 ODE 방정식에 대한 SymPy 식이다. 이 방정식을 sympy. dsolve로 해결하려 시도하는 것은 효과가 없으며 이를 해결하려면 수치적인 방법을 동원해야 한다. 그러나 여기에 표현된 방정식은 Scipy에서 사용할 수 있는 ODE 해결자의 수치적 해법에 적합한 형태가 아니다. 따라서 먼저 두 2차 ODE 연립 방정식을 4개의 1차 ODE 표준 형태로 다시 기술해야 한다. 방정식을 표준 형태로 다시 쓰는 것은 어렵지 않지만 수작업으로 하기에는 번거로울 수 있다. 다행히 이 과제를 자동화하기 위해 SymPy의 기호적 능력을 활용할 수 있다. 이를 위해 새로운 함수 $y_1(t)=\theta_1(t)$, $y_2(t)=\theta_1'(t)$ 및 $y_3(t)=\theta_2(t)$, $y_4(t)=\theta_2'(t)$를 도입하고 ODE를 이 함수의 항으로 다시 작성해야 한다.

```
In [124]: y1, y2, y3, y4 = sympy.symbols("y_1, y_2, y_3, y_4", cls=sympy.
          Function)
In [125]: varchange = {theta1(t).diff(t, t): y2(t).diff(t),
    ...:               theta1(t): y1(t),
    ...:               theta2(t).diff(t, t): y4(t).diff(t),
    ...:               theta2(t): y3(t)}
In [126]: ode1_vc = ode1.subs(varchange)
```

```
In [127]: ode2_vc = ode2.subs(varchange)
```

또한 $y_1'(t)$, $y_3'(t)$로 2개의 추가 ODE를 도입해야 한다.

```
In [128]: ode3 = y1(t).diff(t) - y2(t)
In [129]: ode4 = y3(t).diff(t) - y4(t)
```

이 시점에서 y_1에서 y_4까지의 함수로 4개의 연결 1차 ODE를 생성했다. 표준 형태로 ODE를 구하기 위해서는 이 함수의 도함수들을 해결해야 한다. sympy.solve:를 사용하는 방법은 다음과 같다.

```
In [130]: y = sympy.Matrix([y1(t), y2(t), y3(t), y4(t)])
In [131]: vcsol = sympy.solve((ode1_vc, ode2_vc, ode3, ode4), y.diff(t),
          dict=True)
In [132]: f = y.diff(t).subs(vcsol[0])
```

f는 ODE 함수 $f(t, y(t))$에 대한 SymPy 식이다. sympy.Eq (y.diff (t), f)를 사용하면 ODE를 나타낼 수 있지만 결과는 다소 길기 때문에 지면 관계상 출력하지 않았다. 여기서 f를 구성하는 주된 목적은 integrated.odeint 또는 integrated.ode와 함께 사용할 수 있도록 Numpy가 인식할 수 있는 함수로 변환하기 위한 것이다. 이제 ODE는 sympy.lambdify를 사용해 Numpy가 인식할 수 있는 함수로 만들 수 있는 형태를 취하고 있다. 또한 아직까지 문제의 기호적인 식이 있기 때문에 자코비안을 계산하고 Numpy가 인식 가능한 함수를 만들기 쉽다. sympy.lambdify를 사용해 odeint와 ode 함수를 만들 때는 sympy.lambdify에 전달되는 튜플에 t와 y를 올바른 순서로 두도록 주의해야 한다. 여기서는 integrate.ode를 사용하므로 시그니처 f (t, y, * args) 유형의 함수가 필요하기 때문에 튜플 (t, y)를 sympy.lambdify의 첫 번째 인수로 전달하고 나머지 함수를 lambda로 래핑해 추가 인수인 args를 취할 수 있도록 한다. 이 방법은 SymPy 식에서 사용되지 않는다.

```
In [133]: params = {m1: 5.0, l1: 2.0, m2: 1.0, l2: 1.0, g: 10.0}
In [134]: _f_np = sympy.lambdify((t, y), f.subs(params), 'numpy')
In [135]: f_np = lambda _t, _y, *args: _f_np(_t, _y)
In [136]: jac = sympy.Matrix([[fj.diff(yi) for yi in y] for fj in f])
In [137]: _jac_np = sympy.lambdify((t, y), jac.subs(params), 'numpy')
In [138]: jac_np = lambda _t, _y, *args: _jac_np(_t, _y)
```

여기서 sympy.lambdify를 호출하기 전에 매개변수의 특정 값을 대체했다. 첫 번째 진자
는 두 번째 진자보다 두 배 길고, 다섯 배 무겁다. 이제 f_np와 jac_np 함수로 이전의 예
와 동일한 방식으로 integrated.ode를 사용해 ODE를 해결할 준비가 됐다. 여기서는 초
기 상태로 $\theta_1(0) = 2$ 및 $\theta_2(0) = 0$으로 설정하고 도함수는 0에서 0으로 하며 [0, 20]에서의 시
간 간격은 1000단계로 설정한다.

```
In [139]: y0 = [2.0, 0, 0, 0]
In [140]: tt = np.linspace(0, 20, 1000)
In [141]: r = integrate.ode(f_np, jac_np).set_initial_value(y0, tt[0])
In [142]: dt = tt[1] - tt[0]
     ...: yy = np.zeros((len(tt), len(y0)))
     ...: idx = 0
     ...: while r.successful() and r.t < tt[-1]:
     ...:     yy[idx, :] = r.y
     ...:     r.integrate(r.t + dt)
     ...:     idx += 1
```

ODE에 대한 해는 (1000, 4) 형태의 yy에 저장된다. 이 해를 시각화할 때 진자의 각 굴
절이 아니라 x-y 평면으로 진자의 위치를 표시하면 더 직관적이다. 각 변수 θ_1, θ_2,
x 좌표, y 좌표 사이의 변환은 $x_1 = l_1 \sin \theta_1$, $y_1 = l_1 \cos \theta_1$, $x_2 = x_1 = x_1 + l_2 \sin \theta_2$,
$y_2 = y_1 + l_2 \cos \theta_2$다.

```
In [143]: theta1_np, theta2_np = yy[:, 0], yy[:, 2]
In [144]: x1 = params[l1] * np.sin(theta1_np)
```

```
...: y1 = -params[l1] * np.cos(theta1_np)
...: x2 = x1 + params[l2] * np.sin(theta2_np)
...: y2 = y1 - params[l2] * np.cos(theta2_np)
```

마지막으로 x-y 평면상에 이중 진자의 역학을 시간의 함수로 그려본다. 결과는 그림 9-8
과 같다. 예상했던 대로 진자 1은 원 위에서만 움직이도록 제한된 반면(고정된 점 때문에),
진자 2는 훨씬 더 복잡한 궤적을 갖고 있다.

```
In [145]: fig = plt.figure(figsize=(10, 4))
     ...: ax1 = plt.subplot2grid((2, 5), (0, 0), colspan=3)
     ...: ax2 = plt.subplot2grid((2, 5), (1, 0), colspan=3)
     ...: ax3 = plt.subplot2grid((2, 5), (0, 3), colspan=2, rowspan=2)
     ...:
     ...: ax1.plot(tt, x1, 'r')
     ...: ax1.plot(tt, y1, 'b')
     ...: ax1.set_ylabel('$x_1, y_1$', fontsize=18)
     ...: ax1.set_yticks([-3, 0, 3])
     ...:
     ...: ax2.plot(tt, x2, 'r')
     ...: ax2.plot(tt, y2, 'b')
     ...: ax2.set_xlabel('$t$', fontsize=18)
     ...: ax2.set_ylabel('$x_2, y_2$', fontsize=18)
     ...: ax2.set_yticks([-3, 0, 3])
     ...:
     ...: ax3.plot(x1, y1, 'r')
     ...: ax3.plot(x2, y2, 'b', lw=0.5)
     ...: ax3.set_xlabel('$x$', fontsize=18)
     ...: ax3.set_ylabel('$y$', fontsize=18)
     ...: ax3.set_xticks([-3, 0, 3])
     ...: ax3.set_yticks([-3, 0, 3])
```

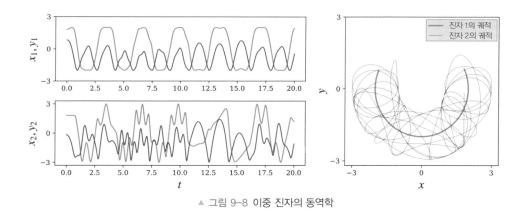

▲ 그림 9-8 이중 진자의 동역학

요약

9장에서는 Python의 과학적 계산 패키지를 사용해 ODE를 해결하는 다양한 기법과 도구를 알아봤다. ODE는 이공계의 많은 분야, 특히 동적 시스템의 모델링을 기술할 때 등장하며 ODE 문제를 해결하기 위한 방법의 습득은 계산 과학자가 갖춰야 할 중요한 기술이다. 9장에서는 SymPy로 `sympy.dsolve` 함수나 라플라스 변환 기법을 사용함으로써 ODE를 기호적으로 해결하는 방법을 살펴봤다. 기호적인 접근은, 많은 경우 좋은 출발점이 되며 SymPy의 기호적인 능력 덕분에 많은 기초 ODE 문제를 해석적으로 해결할 수 있다. 그러나 대부분의 문제에서는 해석적 해결법이 없으며 기호적 방법들은 결국 실패할 것이다. 남은 선택은 수치적 기술에 의지하는 것이다. ODE의 수치적 적분은 수학에서 광범위한 분야로, ODE 문제를 해결하는 믿을 만한 방법들이 많다. 9장에서는 ODE의 적분 기법을 살펴봄으로써 Scipy가 제공하는 해결자에 사용되는 Adams와 BDF 다단계 기법의 개념과 아이디어를 소개했다. 마지막으로 Scipy `integrate` 모듈에 있는 `odeint`와 `ode` 해결자가 어떻게 이용되는지 알아보기 위한 몇 가지 예제를 살펴봤다. 비록 대부분의 ODE 문제는 궁극적으로 수치적 적분이 필요하지만 SymPy와 Scipy의 특징 모두를 사용하는 혼합 기호-숫자 접근 방식을 사용하면 큰 장점을 얻을 수 있다. 9장의 마지막 예는 이 접근법을 입증하는 데 할애했다.

추가 참고 도서 목록

수치로 ODE 문제를 해결하는 많은 방법에 대한 접근 가능한 도입은 Heath(2002)를 참고하라. 코드 예제를 포함한 ODE는 Numerical Recipes(W. H. Press, 2007)의 11장, 'PDE'를 참고하라. 또한 ODE의 수치적 기법에 대한 자세한 연구는 Kendall Atkinson(2009)을 참고하라. Scipy에서 사용되는 ODE 해결자의 주된 구현은 VODE와 LSODA 해결자들이다. 이러한 기법의 원본 소스 코드는 각각 www.netlib.org/ode/vode.f와 www.netlib.org/odepack에서 확인할 수 있다. 이러한 해결자 외에도 로렌스 리버모어 국립 연구소에서 제공하고 http://computation.llnl.gov/casc/sundials/main.html에서 이용할 수 있는 sundials로 불리는 잘 알려진 해결자 집합도 있다. 이 소프트웨어군들에는 DAE(미분 대수 방정식)의 해결자도 포함돼 있다. sundials를 위한 Python 인터페이스는 http://github.com/bmcage/odes에서 얻을 수 있는 `scikit.odes` 라이브러리에서 제공한다. 또한 `odespy` 라이브러리는 다양한 ODE 해결자에게 통일된 인터페이스를 제공한다. `odespy`에 대한 좀 더 자세한 내용은 이 프로젝트의 웹 사이트 http://hplgit.github.io/odespy/doc/web/index.html를 참고하라.

참고 문헌

- Heath, M. T. Scientific Computing. 2nd. New York: McGraw-Hill, 2002.
- Kendall Atkinson, Weimin Han, David Stewart. Numerical solution of ordinary differential equations. New Jersey: Wiley, 2009.
- W.H. Press, S.A. Teukolsky, W.T. Vetterling, B.P. Flannery. Numerical Recipes. 3rd. New York: Cambridge University Press, 2007.

10장

희소 행렬과 그래프

이미 수치적 계산의 여러 측면에서 필수적 요소인 배열과 행렬에 관한 많은 예를 살펴봤다. 지금까지는 NumPy ndarray 데이터 구조를 이용해 배열을 나타냈는데, 이는 배열의 모든 원소를 저장하는 이질적heterogeneous 표현 방법이자 벡터, 행렬 또는 고차원 배열 등의 객체를 나타내는 가장 효율적인 방법이다. 하지만 대표적인 예외는 바로 대부분의 원소가 0인 행렬이다. 이러한 행렬은 희소 행렬로 알려져 있으며 연결 네트워크(회로 등)와 PDE를 풀 때 생기는 대형 대수 방정식 시스템(예: 11장, 'PDE' 참조) 등과 같은 경우에 흔히 발생한다. 행렬 원소의 대다수가 0인 경우, 모든 0을 컴퓨터 메모리에 저장하는 것은 비효율적이며 0이 아닌 값만 그 위치 정보와 함께 저장하는 것이 더 적합하다. 비희소 행렬은 밀집 행렬dense matrix이라고 부른다. 밀집 행렬을 0이 아닌 값만 따로 위치를 저장하는 것은 모든 값을 연속으로 저장하는 것보다 비효율적이지만 희소 행렬의 경우에는 이런 방식의 저장이 훨씬 효율적일 수 있다.

Python에는 희소 행렬을 다룰 수 있는 몇 가지 옵션이 있다. 여기서는 주로 Scipy에 있는 희소 행렬 모듈 Scipy.sparse에 초점을 맞춘다. Scipy.sparse는 희소 행렬을 표현하고 희소 행렬 객체에 선형 대수 연산을 수행하기 위한 풍부한 함수와 인터페이스를 제공하고 있다. 또 다른 옵션은 유사한 기능을 제공하는 PySparse다.[1] 매우 큰 문제의 경우, PyTrilinos[2]와 PETSc[3] 패키지에는 많은 희소 행렬 연산을 병렬 처리할 수 있는 강력한 기능이 구현돼 있다. 그러나 이러한 패키지를 사용하려면 더 많은 프로그래밍이 필요하며 학습이 더 어렵고 설치와 설정이 더 까다롭다. 대부분의 기본 사용 사례에서 Scipy의 sparse 모듈은 가장 적합한 옵션이거나 최소한 적절한 시작점이다. 10장의 끝부분에는 Scipy sparse.csgraph 모듈과 NetworkX 라이브러리를 사용해 그래프를 표현하고 처리하는 방법을 간략히 알아본다. 그래프는 많은 응용에서 서로 희소한 행렬들이 인접한 형태로 나타난다. 따라서 그래프와 희소 행렬은 서로 밀접하게 연결된 주제들이다.

모듈 임포트하기

10장에서는 주로 Scipy 라이브러리의 sparse 모듈을 다룬다. 여기서는 이 모듈이 sp라는 이름으로 임포트됐다고 가정한다. 또한 sparse 모듈의 하위 모듈인 linalg를 명시적으로 임포트해 sp.linalg라는 구문을 통해 접근한다.

```
In [1]: import Scipy.sparse as sp
In [2]: import Scipy.sparse.linalg
```

또한 평소처럼 Numpy 라이브러리가 필요한데, np라는 이름으로 임포트하고 도식화를 위해 Matplotlib 라이브러리도 임포트한다.

```
In [3]: import numpy as np
In [4]: import matplotlib.pyplot as plt
```

---

1   http://pysparse.sourceforge.net

2   http://trilinos.org/packages/pytrilinos

3   http://www.mcs.anl.gov/petsc 그리고 Python 연결은 https://bitbucket.org/petsc/petsc4py를 보라.

그리고 10장의 마지막 부분에서는 networkx 모듈을 사용하는데, nx라는 이름으로 임포트한다.

In [5]: import networkx as nx

Scipy의 희소 행렬

희소 행렬을 표현하는 기본 개념은 과도한 0이 희소 행렬에 저장하는 것을 피하자는 것이다. 배열의 모든 원소가 연속적으로 저장되는 밀집 행렬 표현에서는 각 원소의 행과 열의 인덱스는 배열의 위치에서 묵시적으로 알 수 있으므로 값 자체만 저장하면 충분하다. 그러나 만약 0이 아닌 원소만을 저장한다면 당연히 각 원소의 행과 열 인덱스도 함께 저장해야 한다. 0이 아닌 원소의 보관과 해당 행과 컬럼 인덱스를 구성하는 방법은 많다. 이러한 접근법들은 행렬을 생성하는 것이 얼마나 쉬운지, 희소 행렬에 대한 수학적 연산을 얼마나 효율적으로 구현할 수 있는지에 따라 서로 장단점을 갖고 있다. 표 10-1은 Scipy sparse 모듈에서 사용할 수 있는 희소 행렬 유형을 서로 비교하고 요약한 것이다.

▼ 표 10-1 희소 행렬을 나타내는 기법들의 요약 및 비교

유형	설명	장점	단점
좌표 리스트 (sp.coo_matrix, COO)	0이 아닌 값을 그 행과 열 값과 함께 리스트로 보관함	구성이 간단하고 새로운 원소 첨가가 효율적임	접근이 비효율적임. 행렬 곱셈과 같은 연산에는 부적절함
목록의 리스트 (sp.lil_matrix, LIL)	각 행에서 0이 아닌 원소의 열 인덱스를 리스트로 저장하고 해당 값을 리스트로 저장함	슬라이스 연산을 지원함	수학 연산에 이상적이지 않음
키의 딕셔너리 (sp.dok_matrix, DOK)	0이 아닌 값을 딕셔너리로 저장하고 키는 (행, 렬)의 튜플로 저장함	구성이 간단하고 원소의 추가, 제거, 접근이 빠름	수학 연산에 이상적이지 않음
대각 행렬 (sp.dia_matrix, DIA)	행렬의 대각을 리스트로 저장함	대각 행렬에 효율적임	비대각 행렬에는 적절하지 않음

유형	설명	장점	단점
압축 희소 열(sp.csc_matrix, CSC)과 압축 희소 행(sp.csr_matrix, CSR)	값을 열과 행 인덱스의 배열과 함께 저장함	효율적 행렬 벡터 곱셈이 가능함	구성이 상대적으로 까다로움
블록-희소 행렬 (cp.bsr_matrix, BSR)	CSR과 유사하지만 밀집 부분 행렬을 가진 희소 행렬을 위한 것임	특정 목적에는 효율적임	일반적인 사용에는 적합하지 않음

희소 행렬을 저장하기 위한 단순하고 직관적인 방법은 단순히 0이 아닌 값 리스트를 그 행, 열 인덱스와 함께 저장하는 것이다. 이 유형은 좌표 리스트 유형$^{coordinate\ list\ format}$이라고 부르며 Scipy에서는 COO로 약칭한다. `sp.coo_matrix` 클래스는 이런 유형으로 희소 행렬을 나타내는 데 사용된다. 이 유형은 초기화가 특히 쉽다. 예를 들어 다음 행렬의 경우,

$$A = \begin{bmatrix} 0 & 1 & 0 & 0 \\ 0 & 0 & 0 & 2 \\ 0 & 0 & 3 & 0 \\ 4 & 0 & 0 & 0 \end{bmatrix}$$

0이 아닌 값 $[A_{01}=1, A_{13}=2, A_{22}=3, A_{30}=4]$를 쉽게 찾을 수 있고 해당 행 [0, 1, 2, 3]과 열 [1, 3, 2, 0]을 쉽게 식별할 수 있다(여기서는 0으로 시작하는 Python 인덱스 관행을 사용한다는 점에 유의하자). `sp.coo_matrix` 객체를 만들려면 값, 행 인덱스, 열 인덱스의 리스트(또는 배열)를 만들어 `sp.coo_matrix`에 전달해야 한다. 선택적으로 shape 인수를 사용해 배열의 모양을 지정할 수 있는데, 이 방법은 0이 아닌 원소가 어떤 행 전체나 열 전체에 분포돼 있지 않을 경우에 유용하다(즉, 0만 포함하는 열이나 행이 존재하면, 그 모양을 행과 열 배열로부터 정확하게 추론하기 힘들다).

```
In [6]: values = [1, 2, 3, 4]
In [7]: rows = [0, 1, 2, 3]
In [8]: cols = [1, 3, 2, 0]
```

```
In [9]: A = sp.coo_matrix((values, (rows, cols)), shape=[4, 4])
In [10]: A
Out[10]: <4x4 sparse matrix of type '<type 'numpy.int64'>'
           with 4 stored elements in Coordinate format>
```

결과는 희소 행렬을 나타내는 데이터 구조다. Scipy의 sparse 모듈에 있는 모든 희소 행렬 표현은 몇 가지 공통된 속성을 가지며, 그중 대부분은 Numpy의 ndarray 객체에서 파생된다. 그러한 속성의 예로는 size, shape, dtype, ndim 등이 있으며 모든 희소 행렬 표현은 공통적으로 nnz(0이 아닌 원소의 개수, number of nonzero)와 data (0이 아닌 값) 속성을 갖고 있다.

```
In [11]: A.shape, A.size, A.dtype, A.ndim
Out[11]: ((4, 4), 4, dtype('int64'), 2)
In [12]: A.nnz, A.data
Out[12]: (4, array([1, 2, 3, 4]))
```

공유된 속성 외에도 각 희소 행렬 표현 유형은 저마다의 방식으로 0이 아닌 값의 위치를 저장하는 특정 속성을 가진다. sp.coo_matrix 객체의 경우, 기저 행과 열 배열에 접근하기 위한 row 및 col 속성이 있다.

```
In [13]: A.row
Out[13]: array([0, 1, 2, 3], dtype=int32)
In [14]: A.col
Out[14]: array([1, 3, 2, 0], dtype=int32)
```

또한 희소 행렬 객체에 대한 연산을 수행할 수 있는 많은 메서드가 있다. 이 메서드들 중 다수는 행렬에 수학적 함수를 적용하는 것이다. 예를 들어 sin, cos, arcsin 등과 같은 원소별 수학적 메서드가 있고 min, max, sum 등의 집계 메서드들, 켤레(conj)와 전치transpose 등과 같은 수학적 배열 연산자 그리고 희소 행렬끼리 또는 희소 행렬과 밀집 행렬 간의 내적 계산을 수행하는 dot 등이 있다(※ 연산자 또한 희소 행렬의 행렬 곱셈을 나타낸다). 좀 더 자세한 내용은 희소 행렬 클래스(표 10-1의 요약)의 docstrings를 참고하라. 또 다른 메서드들은 서로 다른 형태로 희소 행렬을 변환하는 것들로 tocoo, tocsr, tolil 등과 같은 것이 있다. 또한 희소 행렬을 NumPy ndarray와 NumPy matrix 객체(즉, 밀집 행렬 표현)로 변환하는 메서드도 있다. 예를 들어 희소 행렬 A를 COO 유형에서 CSR 유형으로, 그리고 Numpy 배열로 각각 변환하려면 다음처럼 해야 한다.

```
In [15]: A.tocsr()
Out[15]: <4x4 sparse matrix of type '<type 'numpy.int64'>'
         with 4 stored elements in Compressed Sparse Row format>
In [16]: A.toarray()
Out[16]: array([[0, 1, 0, 0],
                [0, 0, 0, 2],
                [0, 0, 3, 0],
                [4, 0, 0, 0]])
```

지금까지 사용했던 수많은 다른 문맥에서 행렬 원소에 접근하는 명백한 방법은 A[1,2]와 같은 인덱스 구문과 A[1:3, 2]와 같은 슬라이스 구문을 사용하는 것이다. 종종 이 구문을 희소 행렬과 함께 사용할 수 있지만 모든 희소 표현이 인덱스와 슬라이스 연산을 지원하지는 않으며, 만약 지원된다면 효율적이지 않을 수 있다. 특히 0 값을 가진 원소에 다른 값을 할당하는 연산은 어떤 유형을 사용하느냐에 따라 기본 데이터 구조를 재정렬해야 할 수 있으므로 비용이 많이 드는 작업이 될 수 있다. 희소 행렬에 점진적으로 새로운 원소를 추가하려면 LIL(sp.lil_matrix) 유형이 적절한 선택이지만, 이 유형은 산술 연산에는 적합하지 않다. 희소 행렬로 작업하다 보면 구성, 업데이트, 산술 연산 등과 같은 어떤 작업은 다른 유형으로 처리하는 것이 가장 효율적이다. 서로 다른 희소 유형으로의 변환은 상대적으로 효율적이므로 다른 응용 분야에서는 다른 유형으로 전환하는 것이 유용하다. 따라서 희소 행렬을 효율적으로 사용하려면 다양한 유형이 구현된 방법과 그 유형이 어디에 적합한지 이해해야만 한다. 표 10-1은 Scipy의 sparse 모듈에서 가용한 희소 행렬 유형들 사이의 장단점을 간략히 요약하고 있으며 변환 방법을 사용하면 서로 다른 유형으로 쉽게 전환할 수 있다. 다양한 유형의 장점에 대한 자세한 설명은 Scipy 참조 설명서의 '희소 행렬'[4] 절을 참고하라. 연산의 경우, Scipy의 `sparse` 모듈에서 가장 중요한 희소 행렬 표현은 효율적인 행렬 산수와 선형 대수 응용에 적합하기 때문에 CSR(압축 희소 행) 및 CSC(압축 희소 열) 유형이다. COO, LIL, DOK 등의 다른 유형은 주로 희소 행렬을 구성하거나 업데이트하는 데 사용되며 일단 희소 행렬이 계산에 사용될 준비가 되면 각각 `tcsr` 또는 `tcsc` 메서드를 사용해 CSR 또는 CSC 유형으로 변환하는 것이 최선이다. CSR 유형에서 0이 아닌 값들(data)은 각 값의 열 인덱스를 수록한 배열(indices), 각 행의 열 인덱스의 오프셋을 저장하는 배열(indptr)과 함께 저장한다. 예를 들어 다음 행렬을 살펴보자.

$$A = \begin{bmatrix} 1 & 2 & 0 & 0 \\ 0 & 3 & 4 & 0 \\ 0 & 0 & 5 & 6 \\ 7 & 0 & 8 & 9 \end{bmatrix},$$

여기서 0이 아닌 값은 [1, 2, 3, 4, 5, 6, 7, 8, 9](data)이며 첫 번째 행에서 0이 아닌 값에 해당하는 열 인덱스는 [0, 1], 두 번째 행은 [1, 2], 세 번째 행은 [2, 3] 그리고 네 번째 행은 [0, 2, 3]이다. 이 모든 칼럼 인덱스 리스트를 종합하면 인덱스 배열 [0, 1, 1, 2, 2, 3, 0, 2, 3]이 된다. 이 열 인덱스 배열이 어떤 행 항목에 해당하는지를 추적하기 위해 각 행의 시작 위치를 두 번째 배열로 저장할 수 있다. 첫 번째 행의 열 인덱스는 0부터 1의 원소, 두 번째 행 원소는 2부터 3의 원소, 세 번째 행 원소는 4부터 5의 원소 그리고 마지막으로 네 번째 행 원소는 6부터 9의 원소다. 배열의 시작 인덱스를 모으면 [0, 2, 4, 6]이 된다. 구현의 편의상 이 배열의 끝에는 0이 아닌 원소의 총 개수를 추가하므로 inptr 배열 [0, 2, 4, 6, 9]가 생성된다. 다음 코드는 행렬 *A*에 해당하는 밀집 Numpy 배열을 구성한 후 `sp.csr_matrix`를 사용해 CSR 행렬로 변환하고 `data`, `indices`, `indptr` 속성을 표시한다.

---

4 http://docs.Scipy.org/doc/Scipy/reference/sparse.html

```
In [17]: A = np.array([[1, 2, 0, 0], [0, 3, 4, 0], [0, 0, 5, 6], [7, 0, 8, 9]])
   ...: A
Out[17]: array([[1, 2, 0, 0],
               [0, 3, 4, 0],
               [0, 0, 5, 6],
               [7, 0, 8, 9]])
In [18]: A = sp.csr_matrix(A)
In [19]: A.data
Out[19]: array([1, 2, 3, 4, 5, 6, 7, 8, 9], dtype=int64)
In [20]: A.indices
Out[20]: array([0, 1, 1, 2, 2, 3, 0, 2, 3], dtype=int32)
In [21]: A.indptr
Out[21]: array([0, 2, 4, 6, 9], dtype=int32)
```

이 저장 방식에서 인덱스 i 행에 있는 0이 아닌 원소들은 인덱스 inptr[i]와 inptr[i+1]-1 사이의 data 배열에 저장되며 이 원소들의 열 인덱스는 indices 배열의 동일 인덱스에 저장된다. 예를 들어 인덱스가 i=2인 세 번째 행의 원소들은 inptr[2]=4에서 시작해 inptr[3]-1=5에서 끝나는데 이 원소들은 data[4]=5, data[5]=6, 열 인덱스 indices[4]=2, indices[5]=3이 된다. 따라서 $A[2, 2]=5$, $A[2, 3]=6$(0 인덱스 기반 표기법)이다.

```
In [22]: i = 2
In [23]: A.indptr[i], A.indptr[i+1]-1
Out[23]: (4, 5)
In [24]: A.indices[A.indptr[i]:A.indptr[i+1]]
Out[24]: array([2, 3], dtype=int32)
In [25]: A.data[A.indptr[i]:A.indptr[i+1]]
Out[25]: array([5, 6], dtype=int64)
In [26]: A[2, 2], A[2,3] # check
Out[26]: (5, 6)
```

CSR 저장 방법은 COO, LIL, DOK 만큼 직관적이지는 않지만 행렬 산술의 구현이나 선형 대수 연산 등에 활용하기는 적합하다. 따라서 CSC 유형과 함께 희소 행렬 계산에 많이 사용된다. CSC 유형은 열 인덱스와 행 포인터 대신, 행 인덱스 및 열 포인터를 사용하는 것(즉, 열과 행의 역할이 뒤바뀌는 것)을 제외하면 기본적으로 CSR과 동일하다.

희소 행렬 생성 함수

10장의 앞부분에서 살펴본 것처럼 희소 행렬을 구성하는 한 가지 방법은 특정 희소 행렬 유형에 대한 데이터 구조를 준비하고 이를 해당 희소 행렬 클래스의 생성자에게 전달하는 것이다. 이 방법은 때로 적절하지만 대개 미리 정의된 템플릿 행렬에서 희소 행렬을 작성하는 것이 더 편리하다. sp.sparse 모듈은 이러한 행렬을 생성하기 위한 다양한 함수를 제공한다. 예를 들어 sp.eye는 대각(주 대각선으로부터 선택적으로 오프셋)에 1이 있는 희소 행렬을 생성하고 sp.diag는 대각을 따라 지정된 패턴의 대각 행렬을 생성하기 위한 것이다. sp.kron은 두 희소 행렬의 크로네커(텐서) 곱을 계산하고 bmat는 희소 블록 행렬에서 희소 행렬을 생성하며 vstack와 hstack는 각각 희소 행렬을 수직이나 수평으로 쌓는다.

희소 행렬은 많은 응용에서 대각의 형태를 가진다. 10×10 크기의 주 대각과 상하 대각 희소 행렬을 만들려면 k 인수를 사용해 주 대각으로부터의 오프셋을 지정할 수 있다.

```
In [27]: N = 10
In [28]: A = sp.eye(N, k=1) - 2 * sp.eye(N) + sp.eye(N, k=-1)
In [29]: A
Out[29]: <10x10 sparse matrix of type '<class 'numpy.float64'>'
                 with 28 stored elements in Compressed Sparse Row format>
```

결과 객체는 CSR 유형의 희소 행렬이지만 format 인수를 사용하면 다른 희소 행렬 유형을 지정할 수 있다. format 인수의 값은 'csr', 'csc', 'lil' 등과 같은 문자열이어야 한다. sp.sparse에서 희소 행렬을 생성하는 모든 함수는 이 인수를 받아들인다. 예를 들어 앞의 예에서는 [1, -2, 1] 패턴(앞의 식에서 sp.eye 함수의 계수)과 주 대각으로부터의 해당 오프셋 [1, 0, -1]을 지정함으로써 sp.diags를 사용해 동일한 행렬을 생성할 수 있었다. 만약 추가로 CSC 유형으로 된 결과 희소 행렬을 원한다면 format='csc'로 설정할 수 있다.

```
In [30]: A = sp.diags([1, -2, 1], [1, 0, -1], shape=[N, N], format='csc')
In [31]: A
Out[31]: <10x10 sparse matrix of type '<class 'numpy.float64'>'
                  with 28 stored elements in Compressed Sparse Column format>
```

밀집 행렬 대신 희소 행렬을 사용했을 때의 장점은 대형 행렬과 작업할 때만 드러난다. 희소 행렬은 속성상 매우 크므로 예를 들어 화면에 원소를 출력함으로써 행렬을 시각화 하기는 어려울 수 있다. Matplotlib은 희소 행렬의 구조를 시각화하는 데 유용한 도구인 spy 함수를 제공한다. spy는 pyplot 모듈의 함수 또는 Axes 인스턴스의 메서드로 제공된 다. 앞서 정의한 A 행렬에 spy를 사용하면 그림 10-1과 같은 결과를 얻는다.

```
In [32]: fig, ax = plt.subplots()
    ...: ax.spy(A)
```

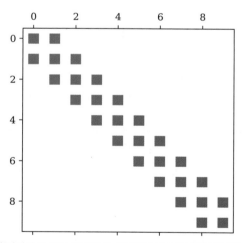

▲ 그림 10-1 주 대각 자신과 주 대각 근처의 두 대각에만 0이 아닌 원소가 존재하는 희소 행렬 구조

희소 행렬은 또한 종종 텐서 곱 공간과 연계된다. 이 경우에는 sp.kron 함수를 사용해 더 작은 구성 성분으로부터 희소 행렬을 생성할 수 있다. 예를 들어 A와 다음 행렬(B) 사이의 텐서 곱에 대한 희소 행렬을 생성하려면

$$B = \begin{bmatrix} 0 & 1 & 0 \\ 1 & 0 & 1 \\ 0 & 1 & 0 \end{bmatrix}$$

sp.kron(A,B)로 사용하면 된다.

```
In [33]: B = sp.diags([1, 1], [-1, 1], shape=[3,3])
In [34]: C = sp.kron(A, B)
In [35]: fig, (ax_A, ax_B, ax_C) = plt.subplots(1, 3, figsize=(12, 4))
    ...: ax_A.spy(A)
    ...: ax_B.spy(B)
    ...: ax_C.spy(C)
```

비교를 위해 A, B, C의 희소 행렬 구조를 도식화했다. 결과는 그림 10-2와 같다. sp.sparse 모듈을 사용해 희소 행렬을 만드는 방법에 대한 좀 더 자세한 내용은 Scipy 참조 설명서의 문서 문자열 및 '희소 행렬' 부분을 참고하라.

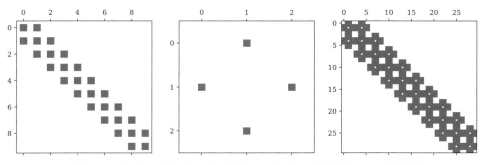

▲ 그림 10-2 두 행렬 A(왼쪽)와 B(가운데) 그리고 그 텐서 곱(오른쪽)의 희소 행렬 구조

희소 선형 대수 함수

희소 행렬의 주된 응용은 추적이 불가능하거나 밀집 행렬 표현으로 다루기에는 비효율적인 대형 행렬의 선형 대수 연산을 수행하는 것이다. Scipy sparse 모듈에는 많은 선형 대수 루틴이 구현돼 있는 모듈 linalg이 들어 있다. 모든 선형 대수 연산이 희소 행렬에 적합한 것은 아니며 경우에 따라서는 희소 행렬 버전의 작동을 밀집 행렬과 비교해 수정할 필요가 있다. 결과적으로 희소 선형 대수 모듈 Scipy.sparse.linalg와 밀집 선형 대수 모듈 Scipy.linalg 사이에는 몇 가지 차이가 있다. 예를 들어 밀집 문제에 대한 고윳값 해결자는 대개 모든 고윳값과 고유 벡터를 계산해 반환한다. 희소 행렬의 경우, 이 방법은 감당할 수 없다. $N \times N$ 크기의 희소 행렬 A의 모든 고유 벡터를 저장하는 것은 대개 $N \times N$ 크기의 밀집 행렬을 저장하는 것과 같기 때문이다. 그 대신, 희소 고윳값 해결자는 일반적으로 가장 작거나 가장 큰 고윳값을 갖고 있는 등 몇 개의 고윳값이나 고유 벡터만 계산한다. 일반적으로 희소 행렬 기법이 효율적이기 위해서는 계산에 참여하는 행렬의 희소성이 유지돼야 한다. 희소성이 유지되지 않는 연산의 일반적인 예는 역행렬이며, 이 연산은 가능한 한 피해야 한다.

선형 연립 방정식

희소 행렬의 가장 중요한 응용 중 하나는 $Ax = b$ 유형의 선형 연립 방정식을 푸는 것이다. 여기서 A는 희소 행렬, x와 b는 밀집 벡터다. Scipy sparse.linalg 모듈은 이러한 유형의 문제에 관련된 직접적이거나 반복적인 두 해결자를 모두 갖고 있으며(sp.linalg.spsolve) 행렬 A를 인수분해, 예를 들어 LU 분해(sp.linalg.splu)와 불완전 LU 분해(sp.linalg.spilu)하는 메서드를 갖고 있다. 예를 들어 $Ax = b$ 문제를 생각해보자. 여기서 A는 앞서 살펴본 3중 대각tridiagonal 행렬, b는 −1로 채워진 밀집 벡터다(이 등식의 물리적 해석은 11장, 'PDE'를 참고하라). 10×10 크기의 이러한 방정식을 해결하려면 먼저 희소 행렬 A와 밀집 벡터 b를 생성해야 한다.

```
In [36]: N = 10
In [37]: A = sp.diags([1, -2, 1], [1, 0, -1], shape=[N, N], format='csc')
In [38]: b = -np.ones(N)
```

이제 Scipy가 제공하는 해결자를 사용해 이 연립 방정식을 해결하려면 다음과 같은 방법을 사용해야 한다.

```
In [39]: x = sp.linalg.spsolve(A, b)
In [40]: x
Out[40]: array([ 5., 9., 12., 14., 15., 15., 14., 12., 9., 5.])
```

해 벡터는 밀집 Numpy 배열이다. 비교를 위해 밀집 행렬을 위한 직접적 해결자인 NumPy np.linalg.solve(또는 유사하게 Scipy.linalg.solve를 사용)를 사용해 이 문제를 해결해본다. 밀집 해결자를 사용하려면 A.todense( )를 이용해 희소 행렬 A를 밀집 배열로 변환해야 한다.

```
In [41]: np.linalg.solve(A.todense( ), b)
Out[41]: array([ 5.,  9., 12., 14., 15., 15., 14., 12.,   9.,   5.])
```

예상대로 결과는 희소 해결자와 일치한다. 이런 작은 문제에서는 희소 행렬을 사용해 얻을 것이 많지 않지만 크기가 증가하면 희소 행렬을 사용하는 장점이 뚜렷해진다. 이 특정 문제에서는 그림 10-3과 같이, 희소 방법을 사용하는 것이 밀집 방법을 능가하는 임곗값 크기가 대략 $N = 100$이다. 정확한 임곗값은 하드웨어와 소프트웨어 버전뿐 아니라 문제마다 다르지만 행렬 A가 충분히 희소한 문제에서는 이런 작동이 전형적이다.[5]

---

5   Python 코드를 최적화하는 기법과 메서드의 논의는 19장, '코드 최적화'를 참고하라.

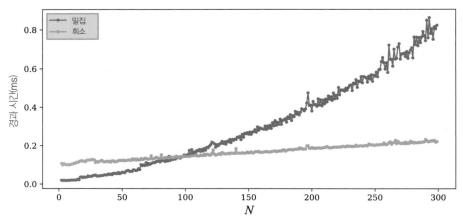

▲ 그림 10-3 1차원 푸아송 문제 해결에 있어 희소와 밀집 방법 사이의 성능 비교를 문제 크기의 함수로 나타낸 그래프

spsolve 인터페이스의 대안은 sp.spus.splu 또는 sp.spasse.spilu(불완전 LU 분해)를 사용해 LU 인수분해를 명시적으로 계산하는 것이다. 이러한 함수는 L과 U 인자 및 주어진 벡터 b의 $LUx = b$를 해결하는 메서드를 가진 객체를 반환한다. 이 방법은 물론 복수 개의 벡터 b로 $Ax = b$를 해결해야 할 때 특히 유용하다. 예를 들어 앞서 사용된 행렬 A의 LU 인수분해는 다음처럼 계산한다.

```
In [42]: lu = sp.linalg.splu(A)
In [43]: lu.L
Out[43]: <10x10 sparse matrix of type '<class 'numpy.float64'>'
                with 20 stored elements in Compressed Sparse Column format>
In [44]: lu.U
Out[44]: <10x10 sparse matrix of type '<class 'numpy.float64'>'
                with 20 stored elements in Compressed Sparse Column format>
```

일단 LU 인수분해가 가능해지면 lu 객체에 solve 메서드를 사용해 $LUx = b$라는 등식을 효율적으로 해결할 수 있다.

```
In [45]: x = lu.solve(b)
In [46]: x
Out[46]: array([ 5.,    9., 12., 14., 15., 15., 14., 12.,    9.,    5.])
```

희소 행렬에서 발생하는 사항은 A 행렬의 LU 분해가 L과 U에 새로운 0이 아닌 원소를 생성해 L과 U가 원시 A행렬에 비해 덜 희소해질 수 있다는 것이다. L이나 U에는 존재하지만 A에는 존재하지 않는 원소를 필-인$^{fill-in}$이라고 한다. 필-인이 많을 경우, 희소 행렬을 사용하면 장점이 사라질 수 있다. 필-인을 제거하는 완벽한 해법은 없지만 A에서 행과 열을 순열하면 대개 필-인을 줄이는 것이 가능하므로 LU 분해는 $P_rAP_c=LU$의 형태를 취한다. 여기서 P_r과 P_c는 각각 행과 열 순열 행렬을 구성한다. 순열 방법은 여러 가지 메서드를 사용할 수 있다. spsolve, splu 및 spilu 함수에는 모두 메서드에 내장된 다른 순열 방법을 지정할 수 있는 permc_spec 인수가 있으며 permc_spec의 값으로는 NATURAL, MMD_ATA, MMD_AT_PLUS_A 또는 COLAMD가 있다. splu와 spilu에 의해 반환된 객체는 그러한 순열을 구성하고 순열 벡터는 perm_c나 perm_r 속성을 통해 사용할 수 있다. 이러한 순열 때문에 lu.L과 lu.U의 곱은 A와 같지 않으며 lu.L과 lu.U에서 A를 재구성하기 위해서는 행과 열 순열을 되돌리는 작업^{undo}을 해야 한다.

```
In [47]: def sp_permute(A, perm_r, perm_c):
    ...:     """ A의 행과 열을 순열 """
    ...:     M, N = A.shape
    ...:     # 행 순열 행렬
    ...:     Pr = sp.coo_matrix((np.ones(M), (perm_r, np.arange(N)))).tocsr()
    ...:     # 열 순열 행렬
    ...:     Pc = sp.coo_matrix((np.ones(M), (np.arange(M), perm_c))).tocsr()
    ...:     return Pr.T * A * Pc.T
In [48]: lu.L * lu.U - # != 0
Out[48]: <10x10 sparse matrix of type '<class 'numpy.float64'>'
             with 8 stored elements in Compressed Sparse Column format>
In [49]: sp_permute(lu.L * lu.U, lu.perm_r, lu.perm_c) - A # == 0
Out[49]: <10x10 sparse matrix of type '<class 'numpy.float64'>'
             with 0 stored elements in Compressed Sparse Column format>
```

Scipy의 희소 선형 해결자는 SuperLU[6] 패키지를 사용한다. Scipy에서도 사용할 수 있는 대체 희소 행렬 해결자는 UMFPACK[7] 패키지로, Scipy에 번들돼 있지 않으며 Scikit-umfpack Python 라이브러리가 설치돼 있어야 한다. skikit-umfpack을 사용할 수 있고 sp.linalg.spsolve 함수에 대한 use_umfpack 인수를 참으로 설정한 경우, superLU 대신 UMFPACK이 사용된다. SuperLU나 UMFPACK 중 어느 것이 더 좋은 성능을 낼 것인지는 문제에 따라 다르므로 둘 다 설치한 후 주어진 문제에서 두 테스트를 병행해볼 필요가 있다.

sp.spsolve 함수는 직접 해결자에 대한 인터페이스로, 내부적으로 행렬 인수분해를 실시한다. 대안은 최적화에서 비롯된 반복적인 방법을 사용하는 것이다. Scipy sparse.ling 모듈에는 희소 선형 문제의 반복적 해법에 대한 몇 가지 함수가 포함돼 있다. 예를 들어 bics(이중켤레 그레이디언트 기법), cg(켤레 그레이디언트), gmres(일반화 최소 잔차), lgmres(완화된 일반화 최소 잔차 기법) 등이다. 이러한 모든 함수(및 그 외 다른 몇 가지 함수)는 A와 b를 함수의 인수로 호출해 $Ax=b$ 문제를 해결하는 데 사용될 수 있으며 모두 (x, info)의 튜플을 반환한다. 여기서 x는 해이고 info는 해 프로세스에 대한 추가 정보를 갖고 있다(info=0이면 성공을 나타내고 수렴 오차는 양수, 입력 오차는 음수다). 예를 들어 다음과 같다.

```
In [50]: x, info = sp.linalg.bicgstab(A, b)
In [51]: x
Out[51]: array([ 5.,   9., 12., 14., 15., 15., 14., 12.,   9.,   5.])
In [52]: x, info = sp.linalg.lgmres(A, b)
In [53]: x
Out[53]: array([ 5.,   9., 12., 14., 15., 15., 14., 12.,   9.,   5.])
```

---

6   http://crd-legacy.lbl.gov/~xiaoye/SuperLU/

7   http://faculty.cse.tamu.edu/davis/suitesparse.html

또한 각 반복형 해결자는 자체적인 해결자-종속 인수를 취한다. 좀 더 자세한 내용은 각 함수의 docstrings를 참조하라. 반복형 해결자는 매우 큰 문제에 있어서 직접 해결자보다 장점이 있을 수 있으며 대규모 문제에서는 직접 해결자가 바람직하지 않은 필-인을 야기해 과도한 메모리가 사용될 수 있다. 반복형 해결자는 이와 대조적으로 희소 행렬 벡터 곱셈만 계산하므로 필-인 문제에 시달리지 않지만 다른 한편으로는 많은 문제의 (특히 사전에 적절한 조건에 맞게 부합돼 있지 않으면) 수렴이 느릴 수 있다.

고윳값 문제

희소 고윳값과 특이값$^{singular-value}$ 문제는 각각 sp.linalg.eigs와 sp.linalg.svds 함수를 사용해 해결할 수 있다. 실수 대칭 또는 복소수 에르미트 행렬의 경우 고윳값(이 경우는 실수)과 고유 벡터도 sp.linalg.eigsh를 사용해 계산할 수 있다. 이러한 함수는 모든 고윳값이나 특이값을 계산하는 것이 아니라 주어진 개수(기본값은 6)의 고윳값과 벡터를 계산한다. 이러한 함수에 키워드 인수 k를 사용하면 몇 개의 고윳값과 벡터를 계산해야 하는지 정의할 수 있다. which 키워드 인수를 사용하면 어떤 k 값을 계산할 것인지 지정할 수 있다. eig에 대한 옵션은 가장 큰 크기 LM, 가장 작은 크기 SM, 가장 큰 실수 부분 LR, 가장 작은 실수 부분 SR, 가장 큰 허수 부분 LI 그리고 가장 작은 허수 부분 SI다. svd의 경우 LM과 SM만 가능하다.

예를 들어 (크기 10×10인) 1차원 푸아송 문제의 희소 행렬에 대한 가장 작은 4개의 고윳값을 계산하려면 sp.linalg.eigs (A, k = 4, 'LM')처럼 사용할 수 있다.

```
In [54]: N = 10
In [55]: A = sp.diags([1, -2, 1], [1, 0, -1], shape=[N, N], format='csc')
In [56]: evals, evecs = sp.linalg.eigs(A, k=4, which='LM')
In [57]: evals
Out[57]: array([-3.91898595+0.j, -3.68250707+0.j, -3.30972147+0.j,
         -2.83083003+0.j])
```

sp.linalg.eigs(그리고 sp.linalg.eigsh)의 반환값은 튜플(evals, evecs)이며 첫 번째 원소 evals는 고윳값의 배열, 두 번째 원소 evecs는 evals에 있는 k개 고윳값에 해당하는 $N \times k$ 배열이다. 따라서 A와 evecs의 열 사이의 내적은 evals의 해당 고윳값으로 크기 조정된 evecs의 같은 열과 동일할 것으로 예상된다. 예상대로인지는 바로 확인해볼 수 있다.

```
In [58]: np.allclose(A.dot(evecs[:,0]), evals[0] * evecs[:,0])
Out[58]: True
```

이 특정 예에서, 희소 행렬 A가 대칭이므로 sp.linalg.eigs 대신 sp.linalg.eigsh를 사용할 수 있으며 그렇게 함으로써 실수 원소를 가진 고윳값 배열을 얻을 수 있다.

```
In [59]: evals, evecs = sp.linalg.eigsh(A, k=4, which='LM')
In [60]: evals
Out[60]: array([-3.91898595, -3.68250707, -3.30972147, -2.83083003])
```

which='LM'(최소 크기)의 인수를 'SM'(최소 크기)으로 변경하면 다른 고윳값과 벡터 집합을 얻는다.

```
In [61]: evals, evecs = sp.linalg.eigs(A, k=4, which='SM')
In [62]: evals
Out[62]: array([-0.08101405+0.j, -0.31749293+0.j, -0.69027853+0.j,
         -1.16916997+0.j])
In [63]: np.real(evals).argsort()
Out[63]: array([3, 2, 1, 0])
```

앞의 예에서는 가장 작은 4개의 고윳값을 구했지만 이 고윳값과 벡터가 반드시 순서대로 정렬돼 있지는 않다(이 특정 경우에는 정렬돼 있다). 정렬된 고윳값을 얻는 것이 바람직한 때가 많으며 Numpy의 argsort 메서드를 사용해 고윳값을 분류하는 작지만 편리한 래퍼 함수로 쉽게 정렬할 수 있다. 여기서는 고윳값의 실수 부분에 따라 정렬된 고윳값과 고유 벡터를 반환하는 sp_eigs_sorted 함수를 작성한다.

```
In [64]: def sp_eigs_sorted(A, k=6, which='SR'):
    ...:     """ 실수 부분에 따라 정렬된 고윳값을 계산하고 반환"""
    ...:     evals, evecs = sp.linalg.eigs(A, k=k, which=which)
    ...:     idx = np.real(evals).argsort()
    ...:     return evals[idx], evecs[idx]
In [65]: evals, evecs = sp_eigs_sorted(A, k=4, which='SM')
In [66]: evals
Out[66]: array([-1.16916997+0.j, -0.69027853+0.j, -0.31749293+0.j,
         -0.08101405+0.j])
```

sp.linalg.eigs와 래퍼 함수 sp_ eigs_sorted를 사용하는 조금 복잡한 예로서 랜덤 희소 행렬 $M_1 + xM_2$의 선형 조합 $(1-x)M_1 + xM_2$의 최저 고윳값 스펙트럼을 살펴보자. sp.rand 함수를 사용해 2개의 랜덤 희소 행렬을 생성하고 sp_eigs_s_sorted를 반복적으로 사용해 $(1-x)M_1 + xM_2$ 행렬의 최소 25개의 evigs를 서로 다른 x 값을 찾고 고윳값을 x의 함수로 갖는 행렬(evals_mat)을 구축할 수 있다. 다음은 $[0, 1]$ 구간에서 50개의 x 값을 사용한 예다.

```
In [67]: N = 100
In [68]: x_vec = np.linspace(0, 1, 50)
In [69]: M1 = sp.rand(N, N, density=0.2)
In [70]: M2 = sp.rand(N, N, density=0.2)
In [71]: evals_mat = np.array([sp_eigs_sorted((1-x)*M1 + x*M2, k=25)[0] for
         x in x_vec])
```

고윳값의 행렬 evals_mat를 x의 함수로 계산하고 나면 고윳값 스펙트럼을 도식화할 수 있다. 결과는 그림 10-4에 나타나 있다. 행렬 M_1과 M_2의 무작위성으로 인해 복잡한 고윳값 스펙트럼이 나타나 있다.

```
In [72]: fig, ax = plt.subplots(figsize=(8, 4))
    ...: for idx in range(evals_mat.shape[1]):
    ...:     ax.plot(x_vec, np.real(evals_mat[:,idx]), lw=0.5)
```

```
    ...: ax.set_xlabel(r"$x$", fontsize=16)
    ...: ax.set_ylabel(r"eig.vals. of $(1-x)M_1+xM_2$", fontsize=16)
```

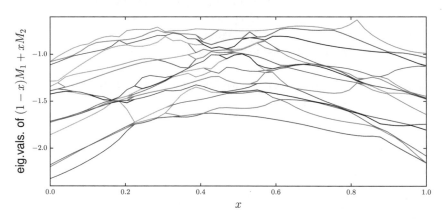

▲ 그림 10-4 희소 행렬 $(1-x)M_1+xM_2$ 예에서 가장 작은 25개 고윳값을 x의 함수로 나타낸 스펙트럼. M_1과 M_2는 랜덤 행렬이다.

그래프와 네트워크

그래프를 인접 행렬$^{adjacency\ matrices}$로 표현하는 것은 희소 행렬의 또 다른 중요한 응용이다. 인접 행렬에서의 원소는 그래프에서 서로 연결되는 노드를 나타낸다. 결과적으로 각노드가 단 몇 개의 다른 노드와만 연결되면 인접 행렬은 희소가 된다. Scipy sparse 모듈의 csgrap 모듈은 이런 그래프를 처리하는 함수를 제공한다. 이 함수에는 서로 다른 방법으로 그래프를 탐색(예: 너비-우선 또는 깊이-우선 탐색)하거나 그래프 노드 사이의 최단 경로를 계산하는 것도 포함된다. 이 모듈에 대한 좀 더 자세한 내용은 docstring인 help(sp.csgraph)를 참고하라. 그래프로 작업하는 보다 포괄적인 프레임워크로는 NetworkX Python 라이브러리가 있다. 이 라이브러리는 무방향 또는 방향 그래프를 생성하고 조작하기 위한 유틸리티를 제공하고 그래프에서 노드 간의 최단 경로를 찾는 등의 많은 그래프 알고리즘이 구현돼 있다. 여기서 우리는 Networkx 라이브러리가 nx라는 이름으로 임포트된다고 가정한다. 예를 들어 이 라이브러리를 사용하면 nx.Graph 클래스 객체를 생성해 무방향 그래프를 생성할 수 있다. 해시 가능한 모든 Python 객체는 graph 객체의 노드로 저장할 수 있으므로 매우 유연한 데이터 구조가 된다. 그러나 다음 예에서는 정수와 문자열만 노드의 레이블로 갖는 그래프 객체만을 사용한다. 그래프 생성과 그래프 객체에 노드와 에지를 추가하는 함수는 표 10-2에 요약돼 있다.

▼ 표 10-2 NetworkX를 사용한 기본 그래프 구성을 위한 객체와 메서드 요약

객체/메서드	설명
nx.Graph	무방향 그래프를 표현하기 위한 클래스
nx.DiGraph	방향 그래프를 표현하기 위한 클래스
nx.MultiGraph	다중 에지를 갖는 무방향 그래프를 표현하기 위한 클래스
nx.MultiDiGraph	다중 에지를 갖는 방향 그래프를 표현하기 위한 클래스
add_node	그래프에 노드를 추가. 노드 레이블을 인수로 취한다(예: 문자열 또는 일반적으로 해시 가능한 객체).
add_nodes_from	복수 개의 노드를 추가한다. 노드 레이블의 리스트(또는 반복)를 인수로 취한다.
add_edge	에지를 추가한다. 두 노드를 인수로 받으면 그 노드 사이의 에지를 생성한다.
add_edges_from	복수 개의 에지를 추가한다. 노드 레이블의 튜플의 리스트를 인수로 받는다.
add_weighted_edges_from	가중값을 가진 복수 개의 에지를 추가한다. 각각 두 노드의 레이블과 가중값을 가진 튜플의 리스트를 인수로 취한다.

예를 들어 nx.Graph( )를 사용하면 정수 데이터를 가진 노드의 단순 그래프를 생성할 수 있고 add_node 메서드 또는 add_nodes_from을 사용하면 복수 개의 노드를 한 번에 추가할 수 있다. nodes 메서드는 NodeView라 불리는 반복 개체를 반환한다.

```
In [73]: g = nx.Graph( )
In [74]: g.add_node(1)
In [75]: g.nodes( )
Out[75]: NodeView((1,))
In [76]: g.add_nodes_from([3, 4, 5])
In [77]: g.nodes( )
Out[77]: NodeView((1, 3, 4, 5))
```

노드를 연결하려면 add_edge를 사용해 에지를 추가할 수 있다. 연결하려는 두 노드의 레이블을 인수로 전달한다. 여러 개의 에지를 추가하려면 add_edges_from에 연결할 노드 목록을 전달해야 한다. edges 메서드 EdgeView라 불리는 에지에 대한 반복 객체를 반환한다.

```
In [78]: g.add_edge(1, 2)
In [79]: g.edges()
Out[79]: EdgeView([(1, 2)])
In [80]: g.add_edges_from([(3, 4), (5, 6)])
In [81]: g.edges()
Out[81]: EdgeView([(1, 2), (3, 4), (5, 6)])
```

노드들 사이에 가중값이 있는 에지(예: 거리)를 나타내려면 두 노드 외에 각 에지의 가중값을 포함하는 튜플 리스트를 add_weighted_edges_from에 전달해야 한다. edges 메서드를 호출할 때 data=true 인수를 추가로 설정하면 결과 뷰에 에지 데이터도 포함된다는 것을 나타낼 수 있다.

```
In [82]: g.add_weighted_edges_from([(1, 3, 1.5), (3, 5, 2.5)])
In [83]: g.edges(data=True)
Out[83]: EdgeDataView([(1, 2, {}),
                       (1, 3, {'weight': 1.5}),
                       (3, 4, {}),
                       (3, 5, {'weight': 2.5}),
                       (5, 6, {})])
```

그래프에 아직 존재하지 않는 노드 사이에 에지를 추가해도 오류 없이 처리된다는 점에 주목하자. 예를 들어 다음 코드에서 노드 6과 7 사이에 가중 에지를 추가한다. 노드 7은 원래 그래프에 존재하지 않았지만 여기에 에지를 추가하면 자동으로 생성돼 그래프에 추가된다.

```
In [84]: g.add_weighted_edges_from([(6, 7, 1.5)])
In [85]: g.nodes()
Out[85]: NodeView((1, 3, 4, 5, 2, 6, 7))
In [86]: g.edges()
Out[86]: EdgeView([(1, 2), (1, 3), (3, 4), (3, 5), (5, 6), (6, 7)])
```

이 정도로 기초 지식을 살펴봤으면 이미 좀 더 복잡한 그래프 예제를 볼 수 있는 준비가 된 셈이다. 이제 tokyo-metro.json(코드 목록에서 소스와 함께 제공된다)이라는 JSON 파일에 저장된 데이터셋으로부터 그래프를 구축할 것이다. 이 그래프는 Python 표준 라이브러리 모듈 json[8]을 사용해 로드한다.

```
In [87]: import json
In [88]: with open("tokyo-metro.json") as f:
    ...:         data = json.load(f)
```

JSON 파일을 로드한 결과는 지하철 노선이 기술된 딕셔너리 데이터다. 각 노선의 경우, 역간의 이동 시간(travel_times), 다른 지점으로 환승 가능한 리스트(transfer), 노선 색상 등의 데이터가 있다.

```
In [89]: data.keys()
Out[89]: dict_keys(['C', 'T', 'N', 'F', 'Z', 'M', 'G', 'Y', 'H'])
In [90]: data["C"]
Out[90]: {'color': '#149848',
        'transfers': [['C3', 'F15'], ['C4', 'Z2'], ...],
        'travel_times': [['C1', 'C2', 2], ['C2', 'C3', 2], ...]}
```

여기서 travel_times 리스트의 유형은 [['C1', 'C2', 2], ['C2', 'C3', 2], ...]로 역 C1과 C2 사이를 이동하는 데 2분, C2와 C3 사이를 이동하는 데 2분이 걸린다는 것을 나타낸다. transfers 리스트의 유형은 [['C3', 'F15'], ...]로 역 C3에서 역 F15로 환

---

8   JSON 유형과 json 모듈에 대한 좀 더 자세한 정보는 18장, '데이터 입출력'을 참고하라.

승할 수 있음을 나타낸다. travel_times와 transfers는 from_weaged_edges_from 및 add_edges_from에 바로 전달할 수 있는 유형이며 따라서 각 지하철 노선 딕셔너리를 반복하며 메서드를 호출함으로써 지하철 노선도 그래프를 손쉽게 생성할 수 있다.

```
In [91]: g = nx.Graph()
    ...: for line in data.values():
    ...:     g.add_weighted_edges_from(line["travel_times"])
    ...:     g.add_edges_from(line["transfers"])
```

환승 에지에는 가중값이 없으므로 먼저 각 에지에 새로운 부울 속성인 transfer를 추가해 모든 환승 에지를 표시한다.

```
In [92]: for n1, n2 in g.edges():
    ...:     g[n1][n2]["transfer"] = "weight" not in g[n1][n2]
```

그다음에는 도식화를 위해 환승 에지와 환승이 아닌 에지가 포함된 에지 리스트 2개를 만들고 네트워크의 각 노드에 해당하는 색상을 가진 리스트를 생성한다.

```
In [93]: on_foot = [e for e in g.edges() if g.get_edge_data(*e)["transfer"]]
In [94]: on_train = [e for e in g.edges () if not g.get_edge_data(*e)
         ["transfer"]]
In [95]: colors = [data[n[0].upper()]["color"] for n in g.nodes()]
```

그래프를 시각화하려면 Networkx 라이브러리에서 Matplotlib 기반 도식화 루틴을 사용할 수 있다. nx.draw를 사용해 각 노드를 그리고 nx.draw_networkx_labels를 사용해 노드에 레이블을 그린다. 또한 nx.draw_network_edges를 사용해 에지를 그린다. nx.draw_network_edges를 두 번 호출하는데, 한 번은 환승을 가진 에지 리스트(on_foot)로 edge_color 인수를 사용해 푸른색으로 칠하고, 또 한 번은 환승이 아닌 연결(on_train)을 그린 후, edge_color 인수를 사용해 검은색으로 칠한다. 그래프의 레이아웃은 도식화 함수의

pos 인수를 통해 결정된다. 여기서는 networkx.drawing.nx_agraph의 graphviz_layout 함수를 사용했다. 모든 도식화 함수는 Matplotlib axes 인스턴스를 ax 인수를 통해 취한 다. 결과는 그림 10-5와 같다.

```
In [96]: fig, ax = plt.subplots(1, 1, figsize=(14, 10))
    ...: pos = nx.drawing.nx_agraph.graphviz_layout(g, prog="neato")
    ...: nx.draw(g, pos, ax=ax, node_size=200, node_color=colors)
    ...: nx.draw_networkx_labels(g, pos=pos, ax=ax, font_size=6)
    ...: nx.draw_networkx_edges(g, pos=pos, ax=ax, edgelist=on_train, width=2)
    ...: nx.draw_networkx_edges(g, pos=pos, ax=ax, edgelist=on_foot, edge_
        color="blue")
```

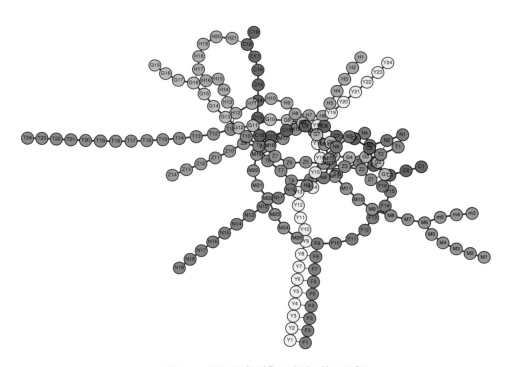

▲ 그림 10-5 도쿄 지하철 역을 그린 네트워크 그래프

네트워크가 구축되면 NetworkX 라이브러리에서 제공하는 많은 그래프 알고리즘을 사용해 네트워크를 분석할 수 있다. 예를 들어 각 노드의 차수(즉, 노드에 대한 연결 수)를 계산하려면 degree 메서드를 사용해야 한다(여기서는 지면을 절약하기 위해 ...로 표시했다).

```
In [97]: g.degree()
Out[97]: DegreeView({'Y8': 3, 'N18': 2, 'M24': 2, 'G15': 3, 'C18': 3,
         'N13': 2, ... })
```

이 그래프의 경우, 노드의 차수는 다른 역으로의 연결 수로 해석할 수 있다. 즉, 역에 연결되는 지하철 노선이 많을수록 해당 노드의 차수가 높다. degree 메서드와 max 함수를 이용하면 네트워크에서 가장 많이 연결된 역을 쉽게 검색할 수 있다. 다음으로 degree 메서드 결과를 반복해 최대 차수(이 네트워크에서 6개) 노드를 찾아낸다.

```
In [98]: d_max = max(d for (n, d) in g.degree())
In [99]: [(n, d) for (n, d) in g.degree() if d == d_max]
Out[99]: [('N7', 6), ('G5', 6), ('Y16', 6), ('M13', 6), ('Z4', 6)]
```

가장 많이 연결되는 역은 N 노선의 7번 역, G 노선의 5번 역 등이다. 이 모든 선은 같은 역(나가타쵸우Nagatachou 역)에서 만난다. 또한 nx.shortest_path를 사용하면 네트워크의 두 지점 사이에 최단 경로를 계산할 수 있다. 예를 들어 Y24와 C19를 이동하기 위한 최적의 이동 경로(대기 시간 없이 즉시 이동한다고 가정)는 다음과 같이 계산할 수 있다.

```
In [100]: p = nx.shortest_path(g, "Y24", "C19")
In [101]: p
Out[101]: ['Y24', 'Y23', 'Y22', 'Y21', 'Y20', 'Y19', 'Y18', 'C9', 'C10', 'C11',
          'C12', 'C13', 'C14', 'C15', 'C16', 'C17', 'C18', 'C19']
```

이 유형의 경로가 주어지면 경로상 인접한 노드의 가중값을 합산해 이동 시간을 직접 계산할 수 있다.

```
In [102]: np.sum([g[p[n]][p[n+1]]["weight"]
     ...:             for n in range(len(p)-1) if "weight" in g[p[n]][p[n+1]]])
Out[102]: 35
```

이 결과에 따르면, Y24에서 C19까지 이동하는 데 35분이 걸린다. 환승 노드 자체에는 가중값이 없기 때문에 열차의 환승은 사실상 순간적으로 일어난 것으로 가정한다. 지하철의 환승은 통상 약 5분이 소요된다고 가정하는 것이 타당하며, 이를 최단 경로와 이동 시간 계산에서 고려하려면 환승 노드를 업데이트해 각각 가중값 5를 추가해야 한다. 이를 위해 copy 메서드를 사용해 그래프의 복사본을 만들고 에지를 반복하며 transfer 속성이 True로 설정된 곳을 업데이트한다.

```
In [103]: h = g.copy()
In [104]: for n1, n2 in h.edges():
     ...:     if h[n1][n2]["transfer"]:
     ...:         h[n1][n2]["weight"] = 5
```

새로운 그래프로 경로와 이동 시간을 재계산하면 이동 시간에 대한 보다 현실적인 추정값을 얻을 수 있다.

```
In [105]: p = nx.shortest_path(h, "Y24", "C19")
In [106]: p
Out[106]: ['Y24', 'Y23', 'Y22', 'Y21', 'Y20', 'Y19', 'Y18', 'C9', 'C10',
           'C11', 'C12', 'C13', 'C14', 'C15', 'C16', 'C17', 'C18', 'C19']
In [107]: np.sum([h[p[n]][p[n+1]]["weight"] for n in range(len(p)-1)])
Out[107]: 40
```

이 방법을 사용하면 네트워크의 임의 노드들 사이의 최적의 경로와 이동 시간을 계산할 수 있다. 또 다른 예로 Z1과 H16 사이의 최단 경로와 이동 시간(32분)을 계산한다.

```
In [108]: p = nx.shortest_path(h, "Z1", "H16")
In [109]: np.sum([h[p[n]][p[n+1]]["weight"] for n in range(len(p)-1)])
Out[109]: 32
```

그래프를 NetworkX로 표현하면 nx.to_Scipy_sparse_matrix를 사용해 Scipy 희소 행렬의 형태로 인접 행렬을 변환할 수 있으며 그 후에 sp.csgraph 모듈의 루틴으로 그래프를 분석할 수도 있다. 그 예로써 도쿄 지하철 그래프를 인접 행렬로 변환해 역커틸-매키 ^{Cuthill-McKee} 정렬(sp.csgraph.reverse_cutill_mckey를 사용한다. 이 방법은 대각으로부터의 행렬 원소의 거리의 최대 거리를 재정렬하는 데 사용한다)을 계산해 이 순서대로 행렬을 순열한다. 두 행렬의 결과는 Matplotlib의 spy 함수를 사용해 도식화하며, 결과는 그림 10-6과 같다.

```
In [110]: A = nx.to_Scipy_sparse_matrix(g)
In [111]: A
Out[111]: <184x184 sparse matrix of type '<class 'numpy.int64'>'
                   with 486 stored elements in Compressed Sparse
                   Row format>
In [112]: perm = sp.csgraph.reverse_cuthill_mckee(A)
In [113]: fig, (ax1, ax2) = plt.subplots(1, 2, figsize=(8, 4))
     ...: ax1.spy(A, markersize=2)
     ...: ax2.spy(sp_permute(A, perm, perm), markersize=2)
```

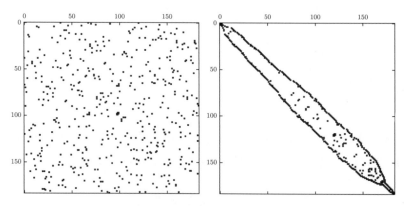

▲ 그림 10-6 도쿄 지하철 그래프의 인접 행렬(왼쪽)과 RCM 정렬 이후의 그림(오른쪽)

요약

10장에서는 희소 행렬을 저장하는 일반적인 방법을 간략히 소개하고 Scipy `sparse` 모듈의 희소 행렬 클래스를 사용해 이들을 어떻게 표현하는지 알아봤다. 또한 Scipy `sparse` 모듈에서 이용할 수 있는 희소 행렬 구성 함수와 `sparse.linalg`에서 이용할 수 있는 희소 선형 대수 루틴도 살펴봤다. Scipy에 내장된 선형 대수 루틴을 보완하기 위해 `Scikit.umfpack` 확장 패키지를 간략히 살펴봤는데, 이 패키지는 Scipy가 UMFPACK 해결자를 사용할 수 있게 해준다. Scipy의 희소 행렬 라이브러리는 다재다능하고 작업이 편리하며 선형 대수 루틴(SuperLU 또는 UMFPACK)에 효율적인 저급 라이브러리를 사용하므로 성능도 좋다. 작업 부하를 복수의 코어나 복수의 컴퓨터에 분산시키기 위한 병렬화가 필요한 대규모 문제에서는 Python 인터페이스를 갖고 있는 PETSc와 Trilinos 프레임워크의 고성능 응용에서 Python의 희소 행렬과 희소 선형 대수를 이용할 수 있는 경로를 제공한다. 한편, Scipy `sparse.csgrap` 및 NetworkX 라이브러리를 이용한 그래프 표현과 처리도 간략히 소개했다.

추가 참고 도서 목록

희소 선형 연립 방정식을 위한 희소 행렬과 직접 해결자는 Davis(2006)를 참고하면 된다. 희소 행렬과 방법에 대한 상당히 상세한 논의는 W. H. Press(2007)에서도 볼 수 있다. 네트워크 및 그래프 이론에 대한 좀 더 자세한 내용은 Newman(2010)을 참조하라.

참고 문헌

- Davis, T.(2006). Direct Methods for Sparse Linear Systems. Philadelphia: SIAM.

- Newman, M.(2010). Networks: An introduction. New York: Oxford.

- W. H. Press, S. A.(2007). Numerical Recipes in C: The Art of Scientific Computing. Cambridge: Cambridge University Press.

PDE

PDE는 둘 이상의 종속 변수를 가진 도함수에서 발생하는 다변량 미분 방정식이다. 즉, 방정식에서의 도함수는 편도 함수다. 편미분은 9장, 'ODE'에서 다룬 ODE를 일반화한 것이다. 개념적으로 상미분과 편미분의 차이는 크지 않지만 ODE와 PDE를 처리하기 위한 계산 기법은 사뭇 다르며 PDE를 해결하기 위해서는 일반적으로 훨씬 더 많은 계산 자원이 소모된다. PDE를 수치로 푸는 대부분의 기법은 PDE에서 발생하는 각각의 문제를 독립 변수 단위로 분리해 대수적 형태로 다시 기술하자는 아이디어에 기초한다. 이 방법은 대개 매우 큰 선형 대수 문제를 생성한다. PDE를 대수적 형태로 변환하는 데에는 두 가지 기법이 있다. 하나는 유한차분법finite-difference methods, FDMs으로 문제의 도함수를 유한차분 공식으로 근사한다. 다른 하나는 유한요소법finite-element method, FEM으로 미지의 함수를 쉽게 미분 및 적분이 가능한 단순 베이시스 함수의 선형 조합으로 기술하는 것이다. 미지의 함수는 베이시스 함수의 계수 집합으로 기술되고 PDE를 적절히 작성하면 이 계수들의 대수 방정식을 구할 수 있다.

FDM과 FEM 모두, 결과 대수 연립 방정식이 매우 크고 행렬 형태인데 이러한 연립 방정식은 대개 희소 행렬을 형성한다. 따라서 FDM과 FEM 모두 그 대수 선형 방정식 해결에 있어 10장, '희소 행렬과 그래프'에서 설명한 희소 행렬 표현에 크게 의존한다. 대부분의 PDE용 범용 프레임워크는 FEM 또는 FEM을 일부 변형한 것에 바탕을 두고 있는데 이 방법을 사용하면 복잡한 문제 영역에서의 매우 일반적인 문제를 해결할 수 있다.

PDE 문제를 해결하는 것은 지금까지 다뤘던 다른 유형의 컴퓨터 문제(ODE 등)와 비교했을 때 훨씬 더 많은 계산 자원이 필요할 수 있다. 계산 자원이 이렇게 소모되는 원인 중 하나는 공간의 영역을 나누기 위해 필요한 점들의 수가 차원 수와 비교했을 때 기하급수적으로 커질 수 있기 때문이다. 1차원 문제를 기술하는 데 100개의 점이 필요한 경우를 예로 들면 유사한 해상도를 가진 2차원 문제는 $100^2 = 10^4$, 3차원 문제는 $100^3 = 10^6$개의 점이 필요하다. 구분된 공간의 각 점은 미지의 변수에 해당하므로 PDE 문제가 매우 큰 연립 방정식을 생성할 수 있다. PDE 문제를 프로그래밍적으로 정의하는 것도 복잡할 수 있다. 그 이유 중 하나는 가능한 PDE 형태가 제한된 개수 형태를 가진 ODE보다 훨씬 더 많기 때문이다. 또 다른 이유는 기하학적 요인이다. 1차원 공간에서의 구간은 2개의 점으로 정의되지만 2차원 문제에서의 면적이나 3차원 문제에서의 볼륨은 곡선이나 표면으로 둘러싸인 임의의 복잡한 기하학 구조를 가질 수 있기 때문이다. 따라서 PDE의 문제 영역 및 그 분리를 좌표상에서 정의하려면 고급 도구가 필요하며 경계 조건을 정의할 수 있는 방법에는 높은 자유도가 주어져 있다. ODE 문제와는 대조적으로 PDE 문제를 정의할 수 있는 표준 유형은 없다.

이러한 이유로 Python용 PDE 해결자는 PDE 전용 라이브러리와 프레임워크를 통해서만 이용 가능하다. Python에서는 FEM 방식을 이용해 PDE를 해결할 수 있는 중요 라이브러리가 적어도 3개 있는데, FiPy 라이브러리, SfePy 라이브러리, FEniCS 라이브러리가 바로 그것이다. 이 라이브러리는 모두 광범위하고 기능이 풍부하며 이들 라이브러리의 사용 세부 사항을 살펴보는 것은 이 책의 범위를 벗어난다. 여기서는 Python에서 사용할 수 있는 PDE 라이브러리의 주요 예와 PDE 문제에 대한 간략한 소개만 하며 이러한 라이브러리 중 하나의 특징을 설명하는 몇 가지 예만 살펴볼 것이다. 더 깊은 관심이 있는 독자는 이 개괄을 통해 Python으로 PDE 문제를 해결하는 옵션에 대한 개요를 얻고 참조 정보를 바탕으로 더 깊이 탐구해보길 바란다.

모듈 임포트하기

기본적인 수치와 도식화를 위해 11장에서도 Numpy와 Matplotlib 라이브러리가 필요하다. 3D 도식화의 경우 `Mplot3d` 모듈을 Matplotlib 툴킷 라이브러리인 `mpl_toolkits`에서 명시적으로 임포트해야 한다. 늘 그렇듯이, 이러한 라이브러리가 다음과 같은 방식으로 임포트된다고 가정한다.

```
In [1]: import numpy as np
In [2]: import matplotlib.pyplot as plt
In [3]: import matplotlib as mpl
In [4]: import mpl_toolkits.mplot3d
```

또한 Scipy의 `Linalg`와 `sparse` 모듈이 사용되므로 `sparse` 모듈의 `linalg` 하위 모듈을 사용하기 위해 명시적으로 임포트할 필요가 있다.

```
In [5]: import Scipy.sparse as sp
In [6]: import Scipy.sparse.linalg
In [7]: import Scipy.linalg as la
```

이렇게 임포트하면 밀집 선형 대수 모듈은 `la`를 사용하고 희소 선형 대수 모듈은 `sp.linalg`로 접근할 수 있다. 더욱이 11장의 뒷부분에서는 FEniCS FEM 프레임워크도 사용할 것이므로 dolfin 및 mshr 라이브러리가 다음과 같은 방법으로 임포트돼야 한다.

```
In [8]: import dolfin
In [9]: import mshr
```

PDE

PDE에서 미지수는 다변량 함수로, 여기서는 u로 표기한다. N차원 문제에서 함수 u는 n-독립 변수에 종속된다: $u(x_1, x_2, \ldots, x_n)$. 일반 PDE는 다음과 같이 공식화할 수 있다.

$$F\left(x_1, x_2, \ldots, x_n, u, \left\{\frac{\partial u}{\partial x_{i_1}}\right\}_{1 \le i_1 \le n}, \left\{\frac{\partial^2 u}{\partial x_{i_1} x_{i_2}}\right\}_{1 \le i_1, i_2 \le n}, \ldots\right) = 0, x \in \Omega$$

여기서 $\left\{\dfrac{\partial u}{\partial x_{i_1}}\right\}_{1 \le i_1 \le n}$ 는 독립 변수와 연계된 모든 1차 도함수, $x_1, x_2, \ldots, x_n, \left\{\dfrac{\partial^2 u}{\partial x_{n_1} x_{n_2}}\right\}_{1 \le i_1, i_2 \le n}$ 는 모든 2차 도함수를 나타내는 식이다. 여기서 F는 PDE의 형태를 기술하는 알려진 함수, Ω는 PDE 문제의 영역이다. 실제로 발생하는 많은 PDE는 최대 2차 도함수만을 포함하며 일반적으로 문제는 2차원이나 3차원의 공간이나 시간으로 나타난다. PDE를 계산할 때 첨자 표기법인 $u_x = \dfrac{\partial u}{\partial x}$를 사용해 독립 변수 x에 대한 편도 함수를 나타냄으로써 표기를 단순화하는 것이 일반적이다. 고차 도함수는 $u_{xx} = \dfrac{\partial^2 u}{\partial x^2}$, $u_{xy} = \dfrac{\partial^2 u}{\partial x \partial y}$ 등과 같이 복수 지수로 표시된다. 전형적인 PDE의 예로는 2차원 카티션 좌표계에서 $u_t = \alpha(u_{xx} + u_{yy})$의 형태를 취하는 열 방정식이 있다. 여기서 함수 $u = u(t, x, y)$는 시간 t에서 공간상의 점 (x, y)에서의 온도, α는 열확산 계수다.

PDE의 특정 해를 완전히 특정하려면 문제 영역 Ω의 경계를 정의해야 하는데 알려진 함숫값이거나 문제 영역 Ω에 대한 그 함수의 도함수이고 문제가 시간에 종속되면 초깃값도 정의해야 한다. 경계는 흔히 Γ 또는 $\partial\Omega$로 표기되며 일반적으로 경계 부분이 달라지면 경계 조건도 달라질 수 있다. 경계 조건 중 두 가지 중요한 유형은 경계에서의 함숫값을 지정하는 $x \in \Gamma_D$의 경우 $u(x) = h(x)$ 디리클레^{Dirichlet} 경계 조건, 다른 하나는 경계에서의 법선 도함수$^{\text{normal derivate}}$를 지정하는 노이만^{Neumann} 경계 조건($x \in \Gamma_{N}$의 경우 $\dfrac{\partial u(x)}{\partial n} = g(x)$)이다. 여기서 n은 경계에서 외부로 향하는 법선, $h(x)$와 $g(x)$는 임의의 함수다.

FDMs

FDMs의 기본 아이디어는 PDE에서 발생하는 도함수를 이산 공간에서의 그 도함수의 유한차분 공식으로 근사하자는 것이다. 예를 들어 상미분 $\dfrac{du(x)}{dx}$로 연속 변수 x를 이산화해, 차분법 공식으로 해결하려면 다음의 전방차분 공식, $\dfrac{du(x_n)}{dx} \approx \dfrac{u(x_{n+1}) - u(x_n)}{x_{n+1} - x_n}$, 후진차분 공식 $\dfrac{du(x_n)}{dx} \approx \dfrac{u(x_n) - u(x_{n-1})}{x_n - x_{n-1}}$ 또는 중심차분 공식 $\dfrac{du(x_n)}{dx} \approx \dfrac{u(x_{n+1}) - u(x_{n-1})}{x_{n+1} - x_{n-1}}$으로 근사할 수 있다. 이와 유사하게, 2차 도함수 $\dfrac{d^2 u(x_n)}{dx^2} \approx \dfrac{u(x_{n+1}) - 2u(x_n) + u(x_{n-1})}{(x_n - x_{n-1})^2}$와 같은 고차 도함수를 위한 유한차분 공식도 만들 수 있다. 연속 변수 x를 이산화한 것이 정교하다면 그 유한차분 공식은 도함수의 근삿값을 생성할 수 있다. ODE나 PDE의 도함수를 유한차분 공식으로 대체하면 미분 방정식을 대수 방정식으로 바꿀 수 있다. 원래 ODE나 PDE가 선형인 경우, 대수 방정식도 선형이므로 표준 선형 대수 기법으로 해결할 수 있다. 이 방법을 보다 구체화하기 위해 구간 $x \in [0, 1]$과 경계 조건 $u(x=0) = 1$, $u(x=1) = 2$에서의 ODE 문제 $u_{xx} = -5$를 살펴보자. 이 문제는 1차원 정상 상태$^{\text{steady-state}}$ 열 방정식에서 발생한다. 9장, 'ODE'에서 살펴본 ODE 초깃값 문제와는 대조적으로 u의 값이 $x=0$과 $x=1$ 모두에서 지정되므로 경곗값 문제다. 그러므로 초깃값 문제 해법은 여기에 적용할 수 없다. 그 대신, 이 문제는 구간 $[0, 1]$을 x_n개의 이산점으로 나눠 해결할 수 있으며 이를 통해 이제 x_n개의 이산점에서 함수 $u(x_n) = u_n$을 찾는 문제로 바뀐다. ODE 문제를 유한차분 형태로 기술하면 모든 내부점 n과 경계 조건 $u_0 = 1$, $u_{N+1} = 2$에서 $(u_{n-1} - 2u_n + u_{n+1})/\Delta x^2 = -5$의 방정식이 생성된다. 여기서 구간 $[0, 1]$은 경계점을 포함한 $N+2$개의 균등 간격의 점으로 이산되며 그 간격은 $\Delta x = 1/(N+1)$이 된다. 두 경계점에서는 함수를 알 수 있기 때문에 내부점에서의 함숫값에 해당하는 N개 미지의 변수가 있다. 내부점에 대한 방정식들은 $Au = b$와 같은 행렬 형태로 기술할 수 있으며 여기서 $u = [u_1, \ldots, u_N]^T$, $b = \left[-5 - \dfrac{u_0}{\Delta x^2}, -5, \ldots, -5, -5 - \dfrac{u_{N+1}}{\Delta x^2} \right]^T$이고,

$$A = \frac{1}{\Delta x^2} \begin{bmatrix} -2 & 1 & 0 & 0 & \dots \\ 1 & -2 & 1 & 0 & \dots \\ 0 & 1 & -2 & 1 & 0 \\ 0 & 0 & 1 & -2 & \ddots \\ \vdots & \vdots & 0 & \ddots & \ddots \end{bmatrix}$$

이다.

여기서 행렬 A는 ODE의 2차 도함수를 근사하는 데 사용된 유한차분 공식으로 인한, u_n 과 인접점 값과의 연결^{coupling}을 기술한다. 경곗값은 b 벡터에 포함되며 이 벡터는 원래 ODE 우변의 상수항도 포함한다. 이때 미지의 벡터 u의 선형 연립 방정식 $Au = b$를 바로 풀 수 있으므로 이산점 $\{x_n\}$에서의 함수 $u(x)$의 근삿값을 얻을 수 있다.

Python 코드에서는 이 문제를 다음과 같이 설정해 해결할 수 있다. 먼저, N개의 내부점 변수를 정의하고 경계 u0 , u1에서의 함숫값과 이웃점 간의 간격 dx를 정의한다.

```
In [10]: N = 5
In [11]: u0, u1 = 1, 2
In [12]: dx = 1.0 / (N + 1)
```

다음으로 행렬 A를 구성한다. 이를 위해 Numpy의 eye 함수를 사용할 수 있는데, eye 함수는 인수 k에 의해 지정된 값만큼 주 대각에서 떨어진 상하 대각의 값을 모두 1로 설정하는 2차원 배열을 생성한다.

```
In [13]: A = (np.eye(N, k=-1) - 2 * np.eye(N) + np.eye(N, k=1)) / dx**2
In [14]: A
Out[14]: array([[-72.,  36.,   0.,   0.,   0.],
               [ 36., -72.,  36.,   0.,   0.],
               [  0.,  36., -72.,  36.,   0.],
               [  0.,   0.,  36., -72.,  36.],
               [  0.,   0.,   0.,  36., -72.]])
```

다음으로 원시 ODE의 소스 항 −5에 해당하는 벡터 b의 배열과 경계 조건을 정의한다. 경계 조건은 처음과 마지막 방정식(u_1과 u_N) 도함수의 유한차분 식을 통해 포함되는데, 이 항들은 행렬로 나타난 식에는 누락돼 있으므로 벡터 b에 추가해야 한다.

```
In [15]: b = -5 * np.ones(N)
   ...: b[0] -= u0 / dx**2
   ...: b[N-1] -= u1 / dx**2
```

행렬 A와 벡터 b가 정의되면 Scipy의 선형 방정식 해결자를 사용해 연립 방정식을 해결할 수 있다(Numpy의 np.linalg.solve를 사용할 수도 있다).

```
In [16]: u = la.solve(A, b)
```

이로써 ODE 문제를 해결할 수 있다. 해를 시각화하려면 문제를 해결한 이산 좌표점과 경계점을 포함한 배열 x를 생성한 후 경곗값과 내부점을 결합한 단일 배열 U를 생성해야 한다. 결과는 그림 11−1과 같다.

```
In [17]: x = np.linspace(0, 1, N+2)
In [18]: U = np.hstack([[u0], u, [u1]])
In [19]: fig, ax = plt.subplots(figsize=(8, 4))
        ...: ax.plot(x, U)
        ...: ax.plot(x[1:-1], u, 'ks')
        ...: ax.set_xlim(0, 1)
        ...: ax.set_xlabel(r"$x$", fontsize=18)
        ...: ax.set_ylabel(r"$u(x)$", fontsize=18)
```

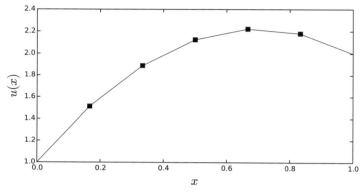

▲ 그림 11-1 책의 2차 ODE 경계 문제의 해

이산 좌표를 따라 유한차분 공식을 사용하면 FDMs를 고차원으로 쉽게 확장할 수 있다. 2차원 문제에서는 미지의 내부 함숫값에 대한 2차원 배열 u를 가지며 유한차분 공식을 사용하면 u에 연결된 연립 방정식을 얻는다. 이 방정식을 표준 행렬 벡터 유형으로 기술하려면 u 배열을 벡터로 재정렬하고 유한차분 방정식으로부터 해당 행렬 A를 조립할 수 있다. 예를 들어 앞의 문제, 즉 경계 조건 $u(x=0)=3$, $u(x=1)=-1$, $u(y=0)=-5$, $u(y=1)=5$인 $u_{xx}+u_{yy}=0$을 다음과 같이 2차원으로 일반화해보자. 여기에는 소스 항이 없지만 2차원 문제에서의 경계 조건은 앞서 풀었던 1차원 문제보다 훨씬 더 복잡하다. PDE를 FDMs 유형인 $(u_{m-1,n}-2u_{m,n}+u_{m+1,n})/\Delta x^2+(u_{m,n-1}-2u_{m,n}+u_{m,n+1})/\Delta y^2=0$로 사용할 수 있다. x와 y 구간을 N개의 내부점(경계점을 포함하면 $N+2$)으로 나눈다면 $\Delta x=\Delta y=\dfrac{1}{N+1}$ 이고 u는 NxN 행렬이다. 표준 유형 $Ab=b$로 방정식을 기술하려면 행렬 u를 $N^2\times1$ 크기의 벡터로 행이나 열을 쌓아 재배열할 수 있다. 그러면 행렬 A는 크기 $N^2\times N^2$이 되고 x 좌표와 y 좌표를 정교하게 이산하기 위해서는 크기가 매우 커질 수 있다.

예를 들어 x와 y를 따라 100개의 점을 사용하면 10^4개의 미지의 값 u_{mn}을 가진 방정식이 생성되고 행렬 A는 $100^4=10^8$개의 원소를 가진다. 다행히 유한차분 공식은 인접점만 연결하고 행렬 A는 매우 희소하므로 여기서는 다음에 살펴볼 것처럼 희박 행렬 연산을 크게 활용할 수 있다.

이 PDE 문제를 Python과 FEM으로 해결하려면 먼저 단위 사각형의 네 경계를 따라 내부점 개수와 값에 대한 변수를 정의해야 한다.

```
In [20]: N = 100
In [21]: u0_t, u0_b = 5, -5
In [22]: u0_l, u0_r = 3, -1
In [23]: dx = 1. / (N+1)
```

또한 x와 y의 이산화에서 균일한 간격 좌표점 사이의 간격 dx를 계산한다. 유한차분 공식은 인접한 행과 열을 모두 연결하므로 이 예에서 행렬 A를 구성하는 것은 약간 더 복잡하다. 그러나 우선 좌표 중 하나를 따라 1차원 공식에 해당하는 행렬 A_1d를 정의하는 것은 (즉, x나 $u_{m,n}$의 지수 m) 비교적 좀 더 직접적인 방법이다. 이 공식을 각 행에 따라 분산하기 위해 $N \times N$의 항등 행렬과 A_1d 행렬의 텐서 곱을 취한다. 그 결과는 모든 지수 n의 m-지수를 따라 모든 도함수를 기술한다. $u_{m,n}$을 $u_{m,n+1}$ 및 $u_{m,n-1}$ 방정식과 연결하는 항(즉, 인덱스 n을 따라가는 도함수)을 위해, 주 대각에서 N만큼 떨어진 대각을 추가할 필요가 있다. 다음에는 Scipy.sparse 모듈의 eye와 kron 함수로 A를 구성하기 위해 이 단계를 수행한다. 그 결과는 여기서 살펴보고 있는 2차원 PDE의 유한차분 연립 방정식을 기술하는 희소 행렬 A다.

```
In [24]: A_1d = (sp.eye(N, k=-1) + sp.eye(N, k=1) - 4 * sp.eye(N))/dx**2
In [25]: A = sp.kron(sp.eye(N), A_1d) + (sp.eye(N**2, k=-N) + sp.eye(N**2,
             k=N))/dx**2
In [26]: A
Out[26]: <10000x10000 sparse matrix of type '<type 'numpy.float64'>'
             with 49600 stored elements in Compressed Sparse Row format>
```

A의 출력은 10^8개 중 49,600개 원소가 0이 아니라는 것을 보여주므로 대략 2,000개 원소당 1개만 0이 아니므로 A는 진정한 희소 행렬임을 알 수 있다. 경계 조건에서 벡터 b를 구성하려면 $N \times N$의 0 배열을 생성하고 이 배열의 가장 자리 원소(이는 경계에서 결합된 u의

원소로, 경계에 인접한 내부점이다)에 경계 조건을 할당하는 것이 편리하다. 이 $N \times N$ 배열이 생성되고 할당되면 reshape 메서드를 사용해 이 배열을 $Av = b$ 방정식에서 사용할 수 있는 $N^2 \times 1$ 벡터로 재배열한다.

```
In [27]: b = np.zeros((N, N))
   ...: b[0, :] += u0_b # 바닥
   ...: b[-1, :] += u0_t # 위
   ...: b[:, 0] += u0_l # 좌
   ...: b[:, -1] += u0_r # 우
   ...: b = - b.reshape(N**2) / dx**2
```

A와 b 행렬이 생성되면 벡터 v에 대한 연립 방정식을 해결할 수 있고 reshape 메서드를 사용해 다시 $N \times N$ 행렬 u로 정렬할 수 있다.

```
In [28]: v = sp.linalg.spsolve(A, b)
In [29]: u = v.reshape(N, N)
```

도식화를 위해 u 행렬과 경계 조건을 병합한 행렬 U도 만든다. 좌표 행렬 X와 Y와 함께 해의 컬러 맵 그래프와 용액의 3D 표면 뷰를 도식화한다. 결과는 그림 11-2와 같다.

```
In [30]: U = np.vstack([np.ones((1, N+2)) * u0_b,
   ...:                  np.hstack([np.ones((N, 1)) * u0_l, u, np.ones
   ...:                  ((N, 1)) * u0_r]),
   ...:                  np.ones((1, N+2)) * u0_t])
In [31]: x = np.linspace(0, 1, N+2)
In [32]: X, Y = np.meshgrid(x, x)
In [33]: fig = plt.figure(figsize=(12, 5.5))
   ...: cmap = mpl.cm.get_cmap('RdBu_r')
   ...:
   ...: ax = fig.add_subplot(1, 2, 01)
   ...: c = ax.pcolor(X, Y, U, vmin=-5, vmax=5, cmap=cmap)
   ...: ax.set_xlabel(r"$x_1$", fontsize=18)
     ...: ax.set_ylabel(r"$x_2$", fontsize=18)
```

```
...:
...: ax = fig.add_subplot(1, 2, 2, projection='3d')
...: p = ax.plot_surface(X, Y, U, vmin=-5, vmax=5, rstride=3, cstride=3,
...:                      linewidth=0, cmap=cmap)
...: ax.set_xlabel(r"$x_1$", fontsize=18)
...: ax.set_ylabel(r"$x_2$", fontsize=18)
...: cb = plt.colorbar(p, ax=ax, shrink=0.75)
...: cb.set_label(r"$u(x_1, x_2)$", fontsize=18)
```

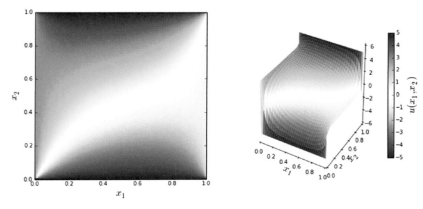

▲ 그림 11-2 책에서 정의한 디리클레 경계를 가진 2차원 열 방정식의 해

앞 절에서 언급한 것처럼 FDMs 방법은 매우 희소한 행렬 A를 생성하며 Scipy.sparse에서 제공하는 희소 행렬 데이터 구조 등을 사용하면 밀집 배열 Numpy를 사용하는 것에 비해 상당한 성능 향상을 얻을 수 있다. 이러한 유형의 문제에서 희소 행렬을 사용하는 것의 중요성을 구체적으로 설명하기 위해 IPython 명령 %timeit을 사용해 $Av = b$ 방정식 해결에 소요된 시간을 A의 희소 행렬 표현과 밀집 행렬 표현에서 서로 비교할 수 있다.

```
In [34]: A_dense = A.todense()
In [35]: %timeit la.solve(A_dense, b)
1 loops, best of 3: 10.8 s per loop
In [36]: %timeit sp.linalg.spsolve(A, b)
10 loops, best of 3: 31.9 ms per loop
```

현 문제에서 희소 행렬을 사용하면 속도가 수십 배(이 특정 경우, $10.8/0.0319 \approx 340$) 빨라지는 것을 알 수 있다. 앞의 두 예에서 사용한 유한차분 방식은 단순 기하를 갖는 PDE와 ODE 경곗값 문제를 해결하는 강력하면서도 비교적 단순한 방법이다. 그러나 유한차분법은 더 복잡한 도메인의 문제나 균일하지 않은 좌표 그리드 문제에는 쉽게 적용되지 않는다.

이러한 문제에는 일반적으로 FEM이 더 유연하고 작업이 편리하다. 비록 FEM이 FDMs보다 개념적으로 더 복잡하지만 계산상 효율적이며 복잡한 문제 영역과 더 복잡한 경계 조건에 잘 맞을 수 있다.

FEM

FEM은 PDE를 대수 방정식으로 변환하는 강력한 범용 기법이다. FEM의 기본 아이디어는 PDE를 유한 이산 영역 또는 요소의 집합으로 정의해 나타내고 각 요소의 지역 서포트support(또는 인접 요소의 작은 그룹)를 이용해 미지의 함수를 베이시스 함수의 선형 조합으로 근사하는 것이다. 수학적으로 이 근사 해법 u_h는 함수 공간 V(예: 연속 실수 함수)에서의 정확한 해 u를 문제 영역의 이산화와 연계된 유한 부분 공간 $V_h \subset V$로 투영한 것을 나타낸다. V_h가 V의 적절한 부분 공간이라면 u_h는 u에 대한 좋은 근사가 될 수 있다.

단순화된 함수 공간 V_h의 근사 문제를 해결하기 위해 먼저 강한 형태strong form라고 불리는 PDE의 원래 공식을 약한 형태weak form라고도 불리는 해당 변형 유형으로 다시 사용할 수 있다. 약한 형태를 얻기 위해 PDE에 임의의 함수 v를 곱하고 전체 문제 영역에 적분한다. 일반적으로 v 함수는 테스트 함수test function라고 불리며 대개 V, V_h와 다른 함수 공간 $\hat{V}$에서 정의될 수 있다.

예를 들어 앞서 FDMs를 사용해 해결한 정상 상태 열 방정식(일명 푸아송 방정식)을 살펴보자. 이 방정식의 강한 형태를 벡터 연산자 표기법으로 나타내면 $-\Delta u(\boldsymbol{x}) = f(\boldsymbol{x})$다. 이 방정식에 테스트 함수 v를 곱하고 영역 $\boldsymbol{x} \in \Omega$에 적분하면 다음과 같은 약한 형태를 얻을 수 있다.

$$-\int_\Omega \Delta u\, v\, \mathrm{d}x = \int_\Omega f\, v\, \mathrm{d}x$$

정확한 솔루션 u가 강한 형태를 만족시키기 때문에 어떤 합리적인 v의 선택에도 PDE의 약한 형태를 만족시킨다. 그 역은 반드시 유효하지 않지만 이 맥락에서 시험 함수^{trial} ^{function}라 불리는 함수 u_h가 적절히 선택된 대규모 시험 함수 v의 약한 형태를 만족한다면 u_h는 정확한 해 u의 좋은 근삿값일 수 있다.

이 문제를 수치적으로 다루기 위해서는 먼저 무한-차수 함수 공간 V와 $\widehat{V}$를 근사 유한-차수 함수 공간 V_h와 $\widehat{V}_h$로 변환해야 한다.

$$-\int_\Omega \Delta u_h v_h\, \mathrm{d}x = \int_\Omega f v_h\, \mathrm{d}x,$$

여기서 $u_h \in V_h$이고 $v_h \in \widehat{V}_h$이다. 여기서의 핵심은 V_h와 $\widehat{V}_h$가 유한 차수이므로 각각 V_h와 $\widehat{V}_h$를 확장하는 베이시스 함수인 $\{\phi_i\}$와 $\{\hat{\phi}_i\}$의 유한 집합을 사용해 u_h와 v_h의 함수를 기술할 수 있다는 것이다. 특히 u_h를 그 함수 공간 $u_h = \sum U_i \phi_i$를 확장하는 베이시스 함수의 선형 조합으로 나타낼 수 있다. 이 선형 조합을 PDE의 약한 형태에 대입하고 PDE의 항으로 연산하는 대신, 베이시스 함수에 대한 적분과 미분 연산을 수행하면 일련의 대수 방정식이 생성된다.

단순 유형 $AU = b$의 연립 방정식을 얻으려면 일부 함수 a와 L에 대한 u_h와 v_h 함수 $a(u_h, v_h) = L(v_h)$에 관해서도 PDE의 약한 형태를 쌍선형 형태$^{bilinear\ form}$로 나타내야 한다. 이 방법이 항상 가능한 것은 아니지만 푸아송 방정식 예에서는 부분 적분을 통해 이 유형을 얻을 수 있다.

$$-\int_\Omega \Delta u_h v_h\, \mathrm{d}x = \int_\Omega \nabla u_h \cdot \nabla v_h\, \mathrm{d}x - \int_\Omega \nabla \cdot (\nabla u_h v_h)\mathrm{d}x = \int_\Omega \nabla u_h \cdot \nabla v_h\, \mathrm{d}x - \int_{\partial\Omega} (\nabla u_h \cdot \boldsymbol{n})v_h\, d\Gamma$$

두 번째 등식에서는 두 번째 항을 도메인 Ω의 경계 $\partial\Omega$에 대한 적분으로 변환하기 위해 가우스 정리를 적용했다. 여기 n은 경계 $\partial\Omega$의 외향 법선 벡터다. PDE를 강한 형태에서 약한 형태로 다시 기술하는 일반적인 방법은 없으며, 각 문제별로 접근해야 한다. 그러나 여기서 사용한 기술, 즉 부분 적분을 한 후 그 결과 적분을 적분 항등식을 사용해 다시 기술하는 방법은 빈번히 발생하는 여러 PDE에 적용할 수 있다.

표준 선형 대수 기법을 사용할 수 있는 쌍선형 형태를 얻기 위해서는 앞의 약한 형태에서의 경계 항을 처리해야 한다. 이를 위해 이 문제가 $\partial\Omega$ 부분에 대한 디리클레 경계 조건을 만족한다고 가정하고 이를 Γ_D라 표기한다. 나머지 $\partial\Omega$ 부분에서는 노이만 경계 조건을 만족한다고 가정하고 이를 Γ_N: $\{u = h,\ x \in \Gamma_D\}$ 및 $\{\nabla u \cdot \boldsymbol{n} = g,\ x \in \Gamma_N\}$으로 표기한다. 모든 경계 조건이 디리클레 또는 노이만 유형인 것은 아니지만 이 두 조건을 합치면 물리적 환경에서 발생되는 많은 상황을 처리할 수 있다.

테스트 함수 v_h는 자유롭게 선택할 수 있으므로 v_h가 디리클레 경계 조건을 만족하는 경계 부분에서 사라지게 할 수 있다. 이 경우, 다음과 같이 PDE 문제의 약한 형태를 얻을 수 있다.

$$\int_\Omega \nabla u_h \cdot \nabla v_h\ \mathrm{d}x = \int_\Omega f v_h\ \mathrm{d}x + \int_{\Gamma_N} g\, v_h\ d\Gamma$$

함수 u_k를 베이시스 함수의 선형 조합으로 이뤄진 해당 식으로 대체하고 테스트 함수를 베이시스 함수 중 하나로 대체하면 다음과 같은 대수 방정식을 얻을 수 있다.

$$\sum_j U_j \int_\Omega \nabla \phi_j \cdot \nabla \hat{\phi}_i\ \mathrm{d}x = \int_\Omega f \hat{\phi}_i\ \mathrm{d}x + \int_{\Gamma_N} g \hat{\phi}_i\ d\Gamma$$

V_k에 N개의 베이시스 함수가 있다면 N개의 미지의 계수 U_i가 있으므로 닫힌 연립 방정식을 얻기 위해서는 N개의 독립 테스트 함수 $\hat{\phi}_i$가 필요하다. 이 연립 방정식은 $AU = b$ 유형이며 $A_{ij} = \int_\Omega \nabla \phi_j \cdot \nabla \hat{\phi}_i\ \mathrm{d}x$, $b_i = \int_\Omega f \hat{\phi}_i \cdot g \hat{\phi}_i\ d\Gamma$이다.

따라서 이 절차를 수행하면 PDE 문제는 10장, '희소 행렬과 그래프'에서 설명한 기법을 사용해 쉽게 해결할 수 있는 선형 연립 방정식으로 변환된다. 실제로는 정확한 해에 대한 좋은 근사를 얻으려면 매우 많은 수의 베이시스 함수가 필요할 수 있으며 따라서 FEM으로 생성된 선형 연립 방정식은 대개 매우 크다. 그러나 각 베이시스 함수는 문제 영역의 이산화 지점에서 단 몇 개만의 근접 요소를 서포트로 가지므로 행렬 A는 희소하다. 따라서 비교적 큰 규모의 FEM 문제를 해결할 수 있게 된다. 또한 베이시스 함수 ϕ_i와 $\hat{\phi}_i$는 최종 약한 형태에서 발생한 식의 미분 및 적분 계산이 쉽다는 중요한 성질에 주목하면 행렬 A와 벡터 b를 효율적으로 정리할 수 있다. 대표적인 베이시스 함수로는 단일 요소에서만 0이 아닌 저차 다항 함수가 있다. 그림 11-3은 이 유형의 베이시스 함수를 1차에 도식화한 것이다. 여기서 구간 [0, 6]은 5개의 내부점을 사용해 이산화되고 연속 함수(검은색 실선)는 적절히 가중화된 삼각 베이시스 함수(파란색/짙은 회색 실선)에 의해 부분별 선형 함수(빨간색/밝은 회색 파선)로 근사된다.

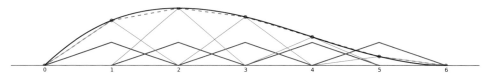

▲ 그림 11-3 가능한 베이시스 함수의 예로서(청/짙은 회식 선) 구간 [0.6]에서 지역 서포트를 가진다.

PDE 문제 해결을 위해 FEM 소프트웨어를 사용할 경우 일반적으로 수작업으로 PDE를 약한 형태로 변환해야 하고 가능하면 쌍선형 $a(u, v) = L(v)$로 나타낸다. 또한 문제 영역을 적절히 이산화하는 것도 필요하다. 이 이산화 작업은 메시^{mesh}라고 불리며 대개 전체 영역을 삼각형 형태(또는 고차원 일반화 형태)로 분할해 구성한다. 복잡한 문제 영역을 메싱하는 것 자체는 복잡한 과정이 될 수 있으며 특히 메시 생성 전용 소프트웨어를 사용해야 할 수도 있다. 간단한 기하에는 프로그램적으로 메시를 생성할 수 있는 도구가 있으며 다음 절에서 그 예를 살펴본다.

일단 메시가 생성되고 PDE 문제가 적절히 약한 형태로 작성되면 문제를 FEM 프레임워크에 넣어 자동으로 대수 방정식 시스템을 구성한 후 적절한 희소 방정식 해결자를 적용해 해를 찾을 수 있다. 이 과정에서 대개 여러 종류의 베이시스 함수와 해결자 중 선택 가능한 경우가 많다. 대수 방정식이 해결되면 베이시스 함수로 PDE의 근접 해를 구성할 수 있으며 그다음 해를 시각화하거나 또 다른 방식으로 후처리할 수 있다. 요약하면 FEM을 사용해 PDE를 해결하는 것은 일반적으로 다음 단계를 따른다.

1. 문제 영역에 대한 메시를 생성한다.

2. PDE를 약한 형태로 작성한다.

3. 문제를 FEM 프레임워크에서 프로그래밍한다.

4. 결과 대수 방정식을 해결한다.

5. 후처리한 후(선택적으로) 해를 시각화한다.

다음 절에서는 Python을 사용할 수 있는 FEM 프레임워크를 살펴본 후 FEM을 이용한 PDE 해법 프로세스의 핵심 단계 중 일부에 대한 예시 몇 가지를 알아본다.

FEM 라이브러리 조사

Python의 경우 FiPy, SfePy, FEniCS 등 적어도 세 가지 이상의 주요 FEM 패키지가 있다. 이 패키지들은 모두 광범위한 PDE 문제를 해결할 수 있는 완전한 기능을 갖춘 프레임워크다. FiPy 라이브러리는 기술적으로 FEM 소프트웨어가 아니라 유한체적법finite-volume method, FVM 소프트웨어지만 그 핵심은 FEM과 상당히 유사하다. FiPy 프레임워크는 http://www.ctcms.nist.gov/fipy에서 구할 수 있다. SfePy 라이브러리는 PDE 문제 정의에서 약간 다른 접근 방식을 취하는 FEM 소프트웨어인데 Python 파일을 사용해 FEM 해결자 구성 파일을 만든다(이러한 운영 방식은 SfePy에서도 기술적으로 지원된다). SfePy 라이브러리는 http://sfepy.org에서 구할 수 있다. Python을 사용하는 세 번째 FEM 주요 프레임워크는 FEniCS로, C++와 Python으로 작성됐다. FENiCS 프레임워크는 Python을 사용하는 FEM 소프트웨어로서는 개인적으로 가장 선호하는데 그 이유는 강력한 FEM 엔진에 대한 우아한 Python 인터페이스를 제공해주기 때문이다. FEM 문제도 FDMs 문제에서와 마찬가지로 대개 대규모 연립 방정식이 생성되므로 문제를 효율적으로 해결하기 위해서는 희소 행렬 기법을 사용해야 한다. 따라서 FEM 프레임워크에 있어 중요한 부분은 희소성 행렬 표현과 희소 시스템에서 작동하는 직접적 또는 반복형 해결자를 사용해 대규모 선형 및 비선형 시스템을 효율적으로 해결하는 것이며 가능한 경우 병렬 처리를 수행한다. 앞 절에서 언급한 각 프레임워크는 이러한 저급 연산을 위한 다양한 백엔드를 지원한다. 예를 들어 많은 FEM 프레임워크는 PETSc와 Triinos 프레임워크를 사용할 수 있다.

불행하게도 여기서는 이러한 FEM 프레임워크를 어떻게 사용하는지 깊이 탐구할 수 없지만 다음 절에서 FeniCS를 사용해 예제 문제를 해결하면서 기본적인 특징과 사용법을 소개할 것이다. 이 예를 통해 Python으로 FEM 문제를 다루는 방법에 흥미를 느끼게 되고 더 많은 것을 배우는 것에 관심을 갖게 되는 출발점이 됐으면 한다.

FENiCS를 이용해 PDE 해결하기

이 절에서는 FEniCS 프레임워크를 사용해 점점 더 복잡해지는 일련의 PDE를 해결하며 이 과정에서 FEM 소프트웨어의 주요 특징과 작업 흐름을 소개한다. FEniCS 프레임워크에 대한 좀 더 자세한 내용은 프로젝트 웹 사이트의 문서와 FEniCS 공식 책자(Anders Logg, 2012)를 참고하라.

> **노트**
>
> **FEniCS**
>
> FEniCS FE는 PDE 문제 해결을 위한 여러 라이브러리와 도구 모음으로 구성된 고도의 FEM 프레임워크다. 많은 FENiCS는 C++로 프로그래밍돼 있지만 공식적인 Python 인터페이스도 제공한다. FEniCS 라이브러리는 외부 저급 수치 라이브러리에 대한 의존도가 높으므로 일부 플랫폼에 conda를 이용해 설치되기도 하지만 대개는 패키지화해 독립된 환경에 설치된다. FENiCS에 대한 좀 더 자세한 내용은 프로젝트 웹 사이트(http://fenicsproject.org)를 참고하라. 이 책을 쓰고 있는 시점의 FENiCS 최신 버전은 2018.1.0이다.

FENiCS의 Python 인터페이스는 Dolfin이라는 라이브러리에 의해 제공된다. 여기서는 메시를 생성하기 위해 mshr 라이브러리도 사용한다. 다음 코드는 11장의 앞부분에서 설명한 대로 이 라이브러리 전체가 임포트된다고 가정한다. 이러한 라이브러리에서 가장 중요한 함수 및 클래스에 대한 요약은 표 11-1과 표 11-2를 참고하라.

▼ 표 11-1 dolfin 라이브러리의 함수와 클래스 중 일부 발췌한 것의 요약

함수/클래스	설명	예시
parameters	FEniCS 프레임워크 설정 매개변수를 가진 딕셔너리	dolfin.parameters ["reorder_dofs_serial"]
RectangleMesh	사각 2차원 메시 생성을 위한 객체	mesh = dolfin. RectangularMesh(dolfin.Point(0, 0),dolfin.Point (1, 1), 10, 10)
MeshFunction	주어진 메시에 정의된 함수	dolfin.MeshFunction("size_t", mesh, mesh.topology(). dim()-1)
FunctionSpace	함수 공간을 나타내는 객체	V = dolfin.FunctionSpace(mesh, 'Lagrange', 1)
TrialFunction	주어진 함수 공간에서의 시험(trial) 함수를 나타내는 객체	u = dolfin.TrialFunction(V)
TestFunction	주어진 함수 공간에서의 테스트 함수를 나타내는 객체	v = dolfin.TestFunction(V)
Function	PDE의 약한 형태에서 나타나는 미지의 함수를 나타내는 객체	u_sol = dolfin.Function(V)
Constant	고정된 상수를 나타내는 객체	c = dolfin.Constant(1.0)
Expression	공간 좌표의 항으로 나타난 수학 식의 표현	dolfin.Expression("x[0]*x[0] + x[1]*x[1]")
DirichletBC	디리클레 경계 조건을 나타내는 객체	dolfin.DirichletBC(V, u0, u0_boundary)
Equation	등식을 나타내는 객체. 예를 들어 다른 FEniCS와 == 연산자를 통해 생성된 객체	a == L
inner	내적을 나타내는 기호적 표현	dolfin.inner(u, v)
nabla_grad	그레이디언트 연산을 나타내는 기호적 표현	dolfin.nabla_grad(u)
dx	적분의 체적 척도를 나타내는 기호적 표현	f*v*dx
ds	적분의 선 척도를 나타내는 기호적 표현	g_v * v * dolfin.ds(0, domain=mesh, subdomain_data=boundary_parts)
assemble	베이시스 함수에 대한 적분을 수행해 정리한 대수 방정식	A = dolfin.assemble(a)
solve	대수 방정식을 해결	dolfin.solve(A, u_sol.vector(), b)
Plot	함수나 식을 도식화	dolfin.plot(u_sol)

함수/클래스	설명	예시
File	함수를 ParaView와 같은 시각화 소프트웨어로 읽을 수 있는 파일로 저장	dolfin.File('u_sol.pvd') << u_sol
refine	기존 메시 요소를 더 작은 조각으로 선택하기 위해 분할 및 세분화	mesh = dolfin.refine(mesh, cell_markers)
AutoSubDomain	인수로 받은 지시자(indicator) 함수에 따른 모든 요소로부터 선택된 영역 부분 집합을 나타냄	dolfin.AutoSubDomain (v_boundary_func)

▼ 표 11-2 mshr과 dolfin 라이브러리의 함수 및 클래스 일부 발췌

함수/클래스	설명
dolfin.Point	좌표 점을 나타냄
mshr.Circle	2D 영역 구성에 사용할 수 있는 원형의 기하 객체를 나타냄
mshr.Ellipse	타원형의 기하 객체
mshr.Rectangle	2D에서 사각형으로 정의된 영역을 나타냄
mshr.Box	3D에서 상자로 정의된 영역을 나타냄
mshr.Sphere	3D에서 구로 정의된 영역을 나타냄
mshr.generate_mesh	앞 절에서 나열한 것과 같은 기하 객체로 구성된 영역의 메시를 생성

FEniCS와 Dolfin Python 라이브러리를 사용하기 전에 다음 예에서 필요한 작동을 위해 dolfin.parameters 딕셔너리를 통해 두 가지 구성 매개변수를 설정해야 한다.

```
In [37]: dolfin.parameters["reorder_dofs_serial"] = False
In [38]: dolfin.parameters["allow_extrapolation"] = True
```

FEniCS를 사용하기 위해 FDMs로 11장의 앞부분에서 해결했던 2차원 정상 상태 열 방정식을 다시 살펴보자. 여기서는 $u_{xx} + u_{yy} = f$를 살펴보는데, 여기서 f는 소스 함수source function다. 우선 경계 조건은 $u(x=0, y) = u(x=1, y) = 0$이고 $u(x, y=0) = u(x, y=1) = 0$이라고 가정한다. 이후의 예에서는 디리클레 및 노이만 경계 조건을 정의하는 방법을 살펴본다.

FEM을 이용한 PDE 해법의 첫 단계는 문제 영역의 이산을 기술하는 메시를 정의하는 것이다. 현재 예의 문제 영역은 단위 정방형 $x, y \in [0, 1]$이다. 이처럼 간단한 기하 구조의 경우, 망 생성 함수가 dolfin 라이브러리에서 제공된다. 여기서는 RectangleMesh 함수를 사용한다. 이 함수의 첫 2개 인수는 dolfin.Point로 표현되는 좌표점 (x_0, y_0)과 (x_1, y_1)을 취하는데 사각형의 왼쪽 아래 좌표는 (x_0, y_0), 오른쪽 위 모서리 좌표는 (x_1, y_1)이다. 다섯 번째와 여섯 번째 인수는 각각 x와 y 방향의 요소 개수다. 결과 메시 객체는 그림 11-4에 리치 디스플레이 시스템을 사용해 Jupyter Notebook으로 표시했다(여기서는 메시 구조를 표시하기 위해 덜 미세한 메시를 생성).

```
In [39]: N1 = N2 = 75
In [40]: mesh = dolfin.RectangleMesh(dolfin.Point(0, 0), dolfin.Point
                  (1, 1), N1, N2)
In [41]: dolfin.RectangleMesh(dolfin.Point(0, 0), dolfin.Point(1, 1), 10, 10)
            # 도식화
```

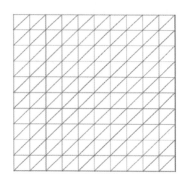

▲ 그림 11-4 dolfin.RectangleMesh를 사용해 생성한 사각형

문제 영역의 이 메시는 문제를 수치적인 방법으로 처리할 수 있는 형태로 이산하는 핵심이다. 다음 단계는 dolfin.FunctionSpace 클래스를 사용해 시험 및 테스트 함수에 대한 함수 공간 표현을 정의하는 것이다. 이 클래스의 생성자는 메시 객체, 베이시스 함수의 유형 이름, 베이시스 함수의 차수 등 적어도 3개 이상의 인수를 취한다. 여기서는 1차 라

그랑지 유형 베이시스 함수(선형 베이시스 함수)를 사용한다.

```
In [42]: V = dolfin.FunctionSpace(mesh, 'Lagrange', 1)
```

일단 메시와 함수 공간 객체가 만들어지면 해당 PDE의 약한 형태를 정의하는 데 사용할 시험 함수 u_h와 테스트 함수 v_h 객체를 생성해야 한다. FENiCS에서는 이 객체를 dolfin.TrialFunction과 dolfin.TestFunction 클래스를 사용해 만든다. 두 가지 모두 함수 공간 객체를 생성자의 첫 번째 인수로 취한다.

```
In [43]: u = dolfin.TrialFunction(V)
In [44]: v = dolfin.TestFunction(V)
```

함수 공간 V, 시험 및 테스트 함수 u, v 표현을 정의하는 목적은 일반 PDE의 약한 형태를 구성하기 위함이다. 여기서 살펴보고 있는 정상 상태의 열 방정식은 앞 절에서 (노이만 경계 조건의 부재에서) 다음의 약한 형태를 가진다는 것을 살펴봤다.

$$\int_\Omega \nabla u \cdot \nabla v \, \mathrm{d}x = \int_\Omega fv \, \mathrm{d}x.$$

이 유형에 도달하려면 PDE에 대한 직접 적분을 수작업으로 변환해 다시 작성해야 하며 대개 부분 적분을 수행한다. FENiCS에서는 PDE 자체가 적분 척도(즉, dx)를 포함해 약한 형태에서 나타나는 피적분 함수를 이용해 정의한다. 이를 위해 dolfin 라이브러리에서는 PDE의 약한 형태에서 일반적으로 발생하는 여러 함수에 대한 연산을 나타내기 위해 사용하는 시험 및 테스트 함수 객체 v와 u에 작동하는 다양한 함수를 제공한다. 예를 들어 현재의 경우 적분의 좌변 피적분 함수는 $\nabla u \cdot \nabla v \, \mathrm{d}x$다. 이 식을 나타내기 위해서는 내적, u와 v의 그레이디언트, 적분 척도 dx를 기호적으로 표현해야 한다. dolfin 라이브러리에 있는 이 함수들의 명칭은 각각 inner, nabla_grad, dx이며 이 함수들을 이용하면 FENiCS 프레임워크가 이해하고 다음처럼 사용할 수 있는 $a(u, v) = \nabla u \cdot \nabla v \, \mathrm{d}x$의 표현을 생성할 수 있다.

```
In [45]: a = dolfin.inner(dolfin.nabla_grad(u), dolfin.nabla_grad(v)) *
         dolfin.dx
```

이와 마찬가지로 우변의 경우 $b(v) = fv \, dx$를 나타내야만 한다. 현 시점에서는 문제 해결을 진행할 수 있는 f(원 PDF의 소스 항)를 명시적으로 지정해야 한다. 여기서는 $f=1$(상수)과 $f=x^2+y^2$(x와 y의 함수) 두 가지 함수를 살펴본다. $f=1$을 나타내기 위해 dolfin.Constant 객체를 사용할 수 있다. 이 객체는 나타낼 상숫값을 유일한 인수로 취한다.

```
In [46]: f1 = dolfin.Constant(1.0)
In [47]: L1 = f1 * v * dolfin.dx
```

f가 x와 y의 함수라면 dolfin.Expression 객체를 써서 f를 나타내야 한다. 이 객체의 생성자는 함수 방정식에 해당하는 문자열을 첫 번째 인수로 취한다. FEniCS 프레임워크는 식의 효율적인 계산을 위해 자동으로 C++ 함수를 생성하고 컴파일하므로 첫 번째 인수의 식은 반드시 C++ 구문을 사용해 정의해야 한다. 식을 통해 변수 x에 접근할 수 있는데, 변수 x는 특정 지점 좌표의 배열이고 여기서 x는 x[0], y는 x[1]로 접근할 수 있다. 예를 들어 $f(x, y) = x^2 + y^2$에 대한 식을 쓰려면 "x[0]*x[0] + x[1]*x[1]"을 사용해야 한다. 이 식에서는 C++ 구문을 사용해야 하기 때문에 Python의 구문 x[0]**2는 사용할 수 없다는 점에 유의하자. Expression 클래스 또한 베이시스 함수의 차수를 지정하는 degree 키워드 인수나 함수 공간 객체 V의 ufl_element 메서드를 사용해 얻을 수 있는 FEM을 기술하는 element 키워드 인수를 취한다.

```
In [48]: f2 = dolfin.Expression("x[0]*x[0] + x[1]*x[1]", degree=1)
In [49]: L2 = f2 * v * dolfin.dx
```

이 지점에서 PDE의 약한 형태에서 발생하는 항의 기호적 표현을 정의했다. 다음 단계는 경계 조건을 정의하는 것이다. 먼저 간단한 균등 디리클레형 경계 조건부터 시작한다.

dolfin 라이브러리는 이러한 유형의 경계 조건을 나타내는 DirichletBC 클래스를 갖고 있다. 이 클래스를 사용해 문제 도메인의 경계를 따라 임의 함수를 나타낼 수 있지만 첫 번째 예에서는 전체 경계에서 단순 경계 조건 $u = 0$인 상황을 설정한다. 경계상의 상숫값(이 경우 0)을 나타내려면 다시 dolfin.Constant 클래스를 사용해야 한다.

```
In [50]: u0 = dolfin.Constant(0)
```

경계 조건값 이외에도 DirichletBC 클래스의 인스턴스를 생성할 때 경계의 다른 부분 선택을 위해 사용되는 함수(여기서는 u0_boundary)를 정의해야 한다. 이 함수는 2개의 인수를 취하는데, 하나는 좌표 배열 x, 다른 하나는 플래그 on_boundary다. 플래그 on_boundary는 점이 메시의 물리적 경계에 있는지 알려주는 것으로, 점 x가 경계에 속하면 True를 반환하고 그렇지 않으면 False를 반환한다. 이 함수는 메시의 모든 꼭짓점에서 계산되므로 그 함수를 맞춤화하면 문제 영역의 임의 부분 함숫값을 특정 값이나 식으로 고정시킬 수 있다. 그러나 여기서는 물리적 경계상의 모든 점을 선택하면 되므로 u0_boundary 함수가 단순히 on_boundary 인수를 반환하도록 해야 한다.

```
In [51]: def u0_boundary(x, on_boundary):
    ...:     return on_boundary
```

일단 경곗값 식 u0과 메시 꼭짓점에서 경계를 선택할 함수 u0_boundary가 있으면 함수 공간 객체 V로 DirichletBC 객체를 생성할 수 있다.

```
In [52]: bc = dolfin.디리클레BC(V, u0, u0_boundary)
```

이로써 PDE 문제의 설정이 완료되며 다음 단계에서 PDE의 약한 형태 표현으로부터 행렬과 벡터를 구성해 문제를 대수 형태로 변환한다. 다음처럼 dolfin.assembly 함수를 명시적으로 사용해야 한다.

```
In [53]: A = dolfin.assemble(a)
In [54]: b = dolfin.assemble(L1)
In [55]: bc.apply(A, b)
```

결과는 미지의 함수에 대한 대수 연립 방정식을 정의하는 행렬 A와 벡터 b다. 여기서는 경계 조건 방정식으로 설명되도록 객체 A와 B를 수정하는 DirichletBC 클래스 인스턴스 bc의 apply 메서드도 사용했다. 문제를 해결하려면 미지의 해를 저장할 함수 객체를 생성하고, A 행렬과 b 벡터 및 Function 객체의 기저 데이터 배열을 제공하고, dolfin. solve 함수를 호출해야 한다. Function 인스턴스의 데이터는 객체의 vector 메서드를 호출하면 구할 수 있다.

```
In [56]: u_sol1 = dolfin.Function(V)
In [57]: dolfin.solve(A, u_sol1.vector(), b)
```

여기서는 해 u_sol1에 대한 Function 객체의 이름을 지정하고 dolfin.solve 함수를 호출해 연립 방정식을 풀고 u_sol1 객체의 데이터 배열에 값을 채운다. 여기서는 A와 b 행렬을 명시적으로 구성하고 그 결과를 dolfin.solve 함수에 전달했다. 이 단계들은 dolfin. solve 함수로도 해결할 수 있는데, 그 첫 번째 인수는 dolfin.Equation 객체, 두 번째 인수는 해의 Function 객체, 세 번째 인수는 경계 조건(또는 경계 조건의 리스트)이다. Equation 객체는 a == L2 식으로 생성할 수 있다.

```
In [58]: u_sol2 = dolfin.Function(V)
In [59]: dolfin.solve(a == L2, u_sol2, bc)
```

a == L1 식을 이용하면 앞서 u_sol1을 찾던 방법보다 약간 더 간결하지만, 여러 상황에서 문제를 해결해야 하는 경우, 행렬 A 및/또는 벡터 b를 명시적인 구성으로 사용하는 것이 더 유용할 수 있으므로 두 방법 모두 숙지하는 것이 바람직하다.

FEniCS Function 객체에서 가용한 해를 갖고 사후 처리나 해의 시각화를 할 수 있는 여러 가지 방법이 있다. 해를 도식화하는 간단한 방법은 내장 함수인 dolfin.plot을 사용하는 것인데 이 함수는 메시 객체, 함수 객체뿐 아니라 여러 종류의 객체를 도식화하는데 사용할 수 있다(좀 더 자세한 내용은 dolfin.plot의 docstrings 참조). 예를 들어 u_sol2의 해를 도식화하려면 단순히 dolfin.plot(u_sol2)라고 호출한다. 결과 그래프 창은 그림 11-5와 같다.

In [60]: dolfin.plot(u_sol2)

▲ 그림 11-5 dolfin 라이브러리의 plot 함수로 그린 메시 함수 u_sol2 그래프

dolfin.plot를 사용하는 것은 해나 그리드를 빠르게 시각화할 수 있는 좋은 방법이지만 시각화를 좀 더 잘 제어하기 위해서는 종종 ParaView[1]와 같은 전용 시각화 소프트웨어에 데이터를 내보낼 필요가 있다. 해 u_sol1과 u_sol2를 ParaView가 열 수 있는 유형으로 저장하려면 dolfin.File 객체를 사용해 PVD 파일(VTK 파일의 집합)을 생성하고 C++ 스트림과 같은 방식으로 << 연산자를 사용해 파일에 객체를 추가해야 한다.

In [61]: dolfin.File('u_sol1.pvd') << u_sol1

---

1   http://www.paraview.org

이 메서드를 사용하면 PVD 파일에 여러 객체를 추가할 수 있다.

```
In [62]: f = dolfin.File('u_sol_and_mesh.pvd')
    ...: f << mesh
    ...: f << u_sol1
    ...: f << u_sol2
```

FEniCS 객체 데이터를 외부 시각화 소프트웨어에서 처리할 수 있는 유형의 파일로 내보내는 것은 상호 작용, 병렬 처리, 고급 시각화 처리 등과 같은 강력한 시각화 소프트웨어의 여러 장점을 활용할 수 있는 방법이다. 그러나 많은 경우, 해와 메시의 시각화를 위해 Jupyter Notebook 내에서 작업하는 것이 바람직할 수 있다. 1차원, 2차원 그리고 경우에 따라 3차원 정도의 비교적 단순한 문제는 Matplotlib을 사용해 메시와 해 함수를 직접 시각화할 수 있다. Matplotlib을 사용하려면 FEniCS 함수 객체에 해당하는 데이터를 가진 Numpy 배열이 있어야 한다. 이러한 배열을 만드는 데에는 몇 가지 방법이 있다. 먼저, FEniCS 함수 객체는 다음처럼 좌표 값의 배열(리스트)로 함수처럼 호출할 수 있다.

```
In [63]: u_sol1([0.21, 0.67])
Out[63]: 0.0466076997781351
```

이 방법을 통해 문제 영역 내의 임의 지점에서 해를 계산할 수 있다. 또 vector 메서드를 사용하면 메시 꼭짓점에 있는 u_sol1과 같은 함수 객체의 값을 FEniCS 벡터로 얻을 수 있으며 이 값은 np.array 함수를 사용해 Numpy 배열로 변환할 수 있다. 결과 Numpy 배열은 1차원이며 2차원 직사각형 메시의 경우(현재 예와 같음), Matplotlib의 pcolor, contract 또는 plot_surface 함수를 사용해 도식화할 수 있도록 1차원을 2차원 배열로 재구성해야만 한다. 다음은 설명한 단계를 수행해 u_sol1 및 u_sol2 함수 객체의 기저 데이터를 Numpy 배열로 변환한 후 Matplotlib을 사용해 도식화한 것이다. 결과는 그림 11-6과 같다.

```
In [64]: u_mat1 = np.array(u_sol1.vector()).reshape(N1+1, N2+1)
In [65]: u_mat2 = np.array(u_sol2.vector()).reshape(N1+1, N2+1)
In [66]: X, Y = np.meshgrid(np.linspace(0, 1, N1+2), np.linspace(0, 1, N2+2))
In [67]: fig, (ax1, ax2) = plt.subplots(1, 2, figsize=(12, 5))
    ...:
    ...: c = ax1.pcolor(X, Y, u_mat1, cmap=mpl.cm.get_cmap('Reds'))
    ...: cb = plt.colorbar(c, ax=ax1)
    ...: ax1.set_xlabel(r"$x$", fontsize=18)
    ...: ax1.set_ylabel(r"$y$", fontsize=18)
    ...: cb.set_label(r"$u(x, y)$", fontsize=18)
    ...: cb.set_ticks([0.0, 0.02, 0.04, 0.06])
    ...:
    ...: c = ax2.pcolor(X, Y, u_mat2, cmap=mpl.cm.get_cmap('Reds'))
    ...: cb = plt.colorbar(c, ax=ax2)
    ...: ax1.set_xlabel(r"$x$", fontsize=18)
    ...: ax1.set_ylabel(r"$y$", fontsize=18)
    ...: cb.set_label(r"$u(x, x)$", fontsize=18)
    ...: cb.set_ticks([0.0, 0.02, 0.04])
```

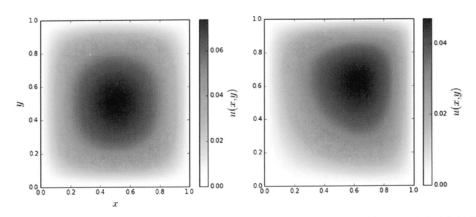

▲ 그림 11–6 소스 항이 $f=1$(왼쪽)과 $f=x^2+y^2$(오른쪽)이고, 경계에서의 함수 함수 $u(x, y)$가 0인 단위 정방의 정상–상태 열 방정식의 해

그림 11–6을 생성할 때 사용한 방법은 간단하고 편리하지만 직사각형 메시에만 사용할 수 있다. 좀 더 복잡한 메시에서는 꼭짓점 좌표가 구조적으로 정리되지 않으므로 단순히

1차원 배열 데이터를 재구성하는 것만으로는 충분하지 않다. 그러나 문제 영역의 메시를 나타내는 Mesh 객체는 각 꼭짓점의 좌표 리스트를 갖고 있다. Function 객체의 값과 함께 이 객체들은 Matplotlib의 triplot과 tripcolor 함수로 도식화할 수 있는 형태로 결합할 수 있다. 이러한 도식화 함수를 사용하려면 먼저 메시의 꼭짓점 좌표로부터 Triangulation 객체를 생성해야 한다.

```
In [68]: coordinates = mesh.coordinates()
    ...: triangles = mesh.cells()
    ...: triangulation = mpl.tri.Triangulation(coordinates[:, 0],
        coordinates[:, 1], triangles)
```

Triangulation 객체를 정의하면 다음 코드에 나타낸 대로 triplot과 tripcolor로 FEniCS 함수의 배열 데이터를 직접 도식화할 수 있다. 결과는 그림 11-7과 같다.

```
In [69]: fig, (ax1, ax2) = plt.subplots(1, 2, figsize=(10, 4))
    ...: ax1.triplot(triangulation)
    ...: ax1.set_xlabel(r"$x$", fontsize=18)
    ...: ax1.set_ylabel(r"$y$", fontsize=18)
    ...: cmap = mpl.cm.get_cmap('Reds')
    ...: c = ax2.tripcolor(triangulation, np.array(u_sol2.vector()),
        cmap=cmap)
    ...: cb = plt.colorbar(c, ax=ax2)
    ...: ax2.set_xlabel(r"$x$", fontsize=18)
    ...: ax2.set_ylabel(r"$y$", fontsize=18)
    ...: cb.set_label(r"$u(x, y)$", fontsize=18)
    ...: cb.set_ticks([0.0, 0.02, 0.04])
```

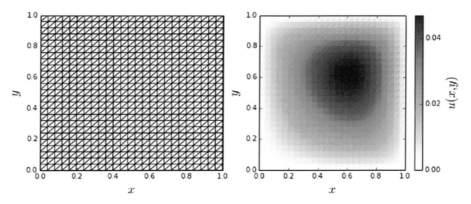

▲ 그림 11-7 그림 11-6과 동일하지만, 이 그래프는 Matplotlib의 triangulation 함수를 사용해 작성됐다. 메시는 왼쪽, PDE의 해는 오른쪽에 나타나 있다.

더 복잡한 경계 조건을 다루는 법을 알아보기 위해 다시 열 방정식을 살펴보자. 이번에는 소스 항인 $u_{xx} + u_{yy} = 0$이 없지만 $u(x=1) = -1$, $u(y=0) = -5$와 같은 경계 조건이 있다. 이 문제는 11장의 앞부분에서 FDMs 방법으로 해결한 문제와 동일하다. 여기서는 FEM을 사용해 이 문제를 다시 해결해보자. 앞의 예와 같이 먼저 문제 영역의 메시, 함수 공간, 실험 및 테스트 함수 객체를 정의한다.

```
In [70]: V = dolfin.FunctionSpace(mesh, 'Lagrange', 1)
In [71]: u = dolfin.TrialFunction(V)
In [72]: v = dolfin.TestFunction(V)
```

다음으로 PDE의 약한 형태를 정의한다. 여기서는 f를 나타내기 위해 dolfin.Constant 객체를 사용해 $f=0$으로 설정한다.

```
In [73]: a = dolfin.inner(dolfin.nabla_grad(u), dolfin.nabla_grad(v)) *
            dolfin.dx
In [74]: f = dolfin.Constant(0.0)
In [75]: L = f * v * dolfin.dx
```

이제 주어진 설정에 따라 경계 조건을 규정하는 일만 남았다. 이 예에서는 전체 경계에 적용되는 균일 경계 조건을 원하는 것이 아니므로 DirichletBC 클래스에 전달되는 경계 선택 함수를 첫 번째 인수로 사용해 경계의 다른 부분을 찾아낸다. 이를 위해 위, 아래, 왼쪽, 오른쪽 경계를 선택하는 네 가지 함수를 정의한다.

```
In [76]: def u0_top_boundary(x, on_boundary):
    ...:      # 경계 및 y == 1 -> 위 경계
    ...:      return on_boundary and abs(x[1]-1) < 1e-5
In [77]: def u0_bottom_boundary(x, on_boundary):
    ...:      # 경계 및 y == 0 -> 아래 경계
    ...:      return on_boundary and abs(x[1]) < 1e-5
In [78]: def u0_left_boundary(x, on_boundary):
    ...:      # 경계 및 x == 0 -> 왼쪽 경계
    ...:      return on_boundary and abs(x[0]) < 1e-5
In [79]: def u0_right_boundary(x, on_boundary):
    ...:      # 경계 및 x == 1 -> 왼쪽 경계
    ...:      return on_boundary and abs(x[0]-1) < 1e-5
```

각 경계에서 미지 함수의 값은 dolfin.Constant의 인스턴스로 표현할 수 있는 단순 상수들이다. 따라서 각 경계에 DirichletBC 인스턴스를 생성할 수 있으며 결과 객체는 bcs 리스트에 수집된다.

```
In [80]: bc_t = dolfin. Dirichlet C(V, dolfin.Constant(5), u0_top_boundary)
    ...: bc_b = dolfin. DirichletBC(V, dolfin.Constant(-5), u0_bottom_
         boundary)
    ...: bc_l = dolfin. DirichletBC(V, dolfin.Constant(3), u0_left_boundary)
    ...: bc_r = dolfin. DirichletBC(V, dolfin.Constant(-1), u0_right_
         boundary)
In [81]: bcs = [bc_t, bc_b, bc_r, bc_l]
```

이러한 경계 조건 설정으로 dolfin.solve을 호출하면 PDE 문제를 해결할 수 있다. Numpy 배열로 변환된 결과 벡터는 Matplotlib의 pcolar 함수를 사용해 해를 도식화하

는 데 사용된다. 결과는 그림 11-8과 같다. 그림 11-2에 나타난 것처럼 해당 FDMs 계산과 결과를 비교해보면 두 방법이 실제로 동일한 결과를 생성한다는 결론을 내릴 수 있다.

```
In [82]: u_sol = dolfin.Function(V)
In [83]: dolfin.solve(a == L, u_sol, bcs)
In [84]: u_mat = np.array(u_sol.vector()).reshape(N1+1, N2+1)
In [85]: x = np.linspace(0, 1, N1+2)
    ...: y = np.linspace(0, 1, N1+2)
    ...: X, Y = np.meshgrid(x, y)
In [86]: fig, ax = plt.subplots(1, 1, figsize=(8, 6))
    ...: c = ax.pcolor(X, Y, u_mat, vmin=-5, vmax=5, cmap=mpl.cm.get_
        cmap('RdBu_r'))
    ...: cb = plt.colorbar(c, ax=ax)
    ...: ax.set_xlabel(r"$x_1$", fontsize=18)
    ...: ax.set_ylabel(r"$x_2$", fontsize=18)
    ...: cb.set_label(r"$u(x_1, x_2)$", fontsize=18)
```

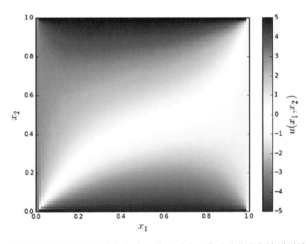

▲ 그림 11-8 단위 정방의 각 변위와 관련된 서로 다른 디리클레 경계에서의 열 방정식 정상-상태 해

지금까지는 FDMs로 해결했던 것과 동일한 문제를 해결하기 위해 FEM을 사용했지만 보다 복잡한 문제 기하 PDE를 해결하려 할 때 FEM의 진정한 힘을 느낄 수 있다. 그 예로,

하나의 단위 원에 5개의 더 작은 원의 구멍이 있는데, 하나는 원점에 위치하고 나머지 4개는 아래 메시 그림에서 보이는 것처럼 위치해 있는 열 방정식을 생각해보자. 이러한 기하 구조를 메시로 생성하려면 FEniCS와 함께 배포되는 mshr 라이브러리를 사용할 수 있다. mshr 라이브러리에는 관심 대상 문제 영역의 메시를 구성할 수 있는 대수(집합) 연산에 이용되는 기하 프리비티브^{primitives}(Point, Circle, Rectangle 등)가 제공된다. 여기서는 먼저 mshr.Circle을 사용해 (0, 0)에 중심을 둔 단위 원을 생성하고 제거해야 하는 메시 부분에 해당하는 다른 Circle 개체를 이 단위 원에서 뺀다. 결과 메시는 그림 11-9와 같다.

```
In [87]: r_outer = 1
    ...: r_inner = 0.25
    ...: r_middle = 0.1
    ...: x0, y0 = 0.4, 0.4
In [88]: domain = mshr.Circle(dolfin.Point(.0, .0), r_outer) \
    ...:     - mshr.Circle(dolfin.Point(.0, .0), r_inner) \
    ...:     - mshr.Circle(dolfin.Point( x0, y0), r_middle) \
    ...:     - mshr.Circle(dolfin.Point( x0, -y0), r_middle) \
    ...:     - mshr.Circle(dolfin.Point(-x0, y0), r_middle) \
    ...:     - mshr.Circle(dolfin.Point(-x0, -y0), r_middle)
In [89]: mesh = mshr.generate_mesh(domain, 10)
```

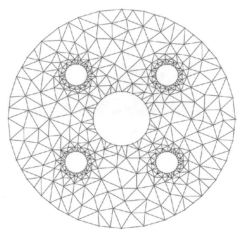

▲ 그림 11-9 mshr 라이브러리로 생성된 메시 객체

이 메시의 물리적 해석은, 이 기하는 블록을 통과하는 5개 파이프의 단면을 나타낸다는 것이다. 예를 들어 내부 파이프는 뜨거운 액체를 운반하고 외부 파이프는 블록을 냉각하기 위한 차가운 액체(예: 냉각 파이프로 둘러싸인 엔진 실린더)를 운반한다. 이 설명을 염두에 두고 내부 파이프에는 높은 값의 경계 조건 $u_0(x,y)\big|_{x^2+y^2=r_{outer}^2}=10$을 설정하고 더 작은 주변 파이프는 더 낮은 값의 경계 조건 $u_0(x,y)\big|_{(x-x_0)^2+(y-y_0)^2=r_{inner}^2}=0$을 설정한다. 여기서 (x_0, y_0)는 각 작은 파이프의 중심이다. 다른 외부 경계는 명시하지 않은 채로 두는데, 이는 노이만 경계 조건의 특별한 경우인 $\dfrac{\partial u(\boldsymbol{x})}{\partial \boldsymbol{n}}=0$에 해당한다. 앞에서와 같이 경계의 꼭짓점을 찾기 위한 함수를 정의한다. 다른 경계에는 다른 경계 조건을 가지므로 여기에도 어느 꼭짓점이 어느 경계에 속하는지 알아내기 위해 좌표 인수 x를 사용해야 한다.

```
In [90]: def u0_inner_boundary(x, on_boundary):
    ...:     x, y = x[0], x[1]
    ...:     return on_boundary and abs(np.sqrt(x**2 + y**2) - r_inner)
         < 5e-2
In [91]: def u0_middle_boundary(x, on_boundary):
    ...:     x, y = x[0], x[1]
    ...:     if on_boundary:
    ...:         for _x0 in [-x0, x0]:
    ...:             for _y0 in [-y0, y0]:
    ...:                 if abs(np.sqrt((x-_x0)**2 + (y-_y0)**2) - r_
                    middle) < 5e-2:
    ...:                     return True
    ...:     return False
In [92]: bc_inner = dolfin. DirichletBC(V, dolfin.Constant(10), u0_inner_
                    boundary)
    ...: bc_middle = dolfin. DirichletBC(V, dolfin.Constant(0), u0_middle_
                    boundary)
In [93]: bcs = [bc_inner, bc_middle]
```

일단 메시와 경계 조건이 설정되면 평소처럼 함수 공간과 시험 및 함수의 정의와 PDE 문제의 약한 형태 표현 구성 등을 진행할 수 있다.

```
In [94]: V = dolfin.FunctionSpace(mesh, 'Lagrange', 1)
In [95]: u = dolfin.TrialFunction(V)
In [96]: v = dolfin.TestFunction(V)
In [97]: a = dolfin.inner(dolfin.nabla_grad(u), dolfin.nabla_grad(v)) *
            dolfin.dx
In [98]: f = dolfin.Constant(0.0)
In [99]: L = f * v * dolfin.dx
In [100]: u_sol = dolfin.Function(V)
```

문제를 해결하고 시각화하는 것 역시 이전과 같은 패턴을 따른다. 해의 도식화 결과는 그림 11-10과 같다.

```
In [101]: dolfin.solve(a == L, u_sol, bcs)
In [102]: coordinates = mesh.coordinates()
     ...: triangles = mesh.cells()
     ...: triangulation = mpl.tri.Triangulation(
     ...:     coordinates[:, 0], coordinates[:, 1], triangles)
In [103]: fig, (ax1, ax2) = plt.subplots(1, 2, figsize=(10, 4))
     ...: ax1.triplot(triangulation)
     ...: ax1.set_xlabel(r"$x$", fontsize=18)
     ...: ax1.set_ylabel(r"$y$", fontsize=18)
     ...: c = ax2.tripcolor(
     ...:     triangulation, np.array(u_sol.vector()), cmap=mpl.cm.get_
            cmap("Reds"))
     ...: cb = plt.colorbar(c, ax=ax2)
     ...: ax2.set_xlabel(r"$x$", fontsize=18)
     ...: ax2.set_ylabel(r"$y$", fontsize=18)
     ...: cb.set_label(r"$u(x, y)$", fontsize=18)
     ...: cb.set_ticks([0.0, 5, 10, 15])
```

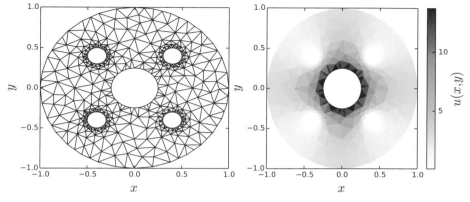

▲ 그림 11-10 구멍이 난 단위 원의 열 방정식 해

이러한 종류의 기하 문제를 FDMs 방법으로 처리하기는 어렵지만 FEM을 사용하면 상대적으로 쉽게 처리할 수 있다. 일단 FEM 문제에 대한 해를 얻으면 보다 복잡한 경계 문제도 도식화하는 것 이외의 다른 방법으로 비교적 쉽게 처리할 수 있다. 예를 들어 경계 중하나를 따라가는 함숫값에 관심이 있을 수 있다. 현재 문제를 예로 들면 4개의 냉각 파이프에 의해 몸체의 외부 온도가 얼마나 내려갔는지 보기 위해 문제 영역의 외부 반지름을따라 온도를 살펴보는 것이 자연스럽다. 이런 분석을 위해서는 u_sol 객체에서 경곗값을 골라내는 방법이 필요하다. 경계를 기술하는 객체(여기서는 dolfin.AutoSubDomain 사용)를 정의한 후 u_sol과 mesh.coordinate( )에서 원하는 요소를 선택하기 위한 마스크로 사용되는 새로운 Function 객체에 적용하면 이를 수행할 수 있다. 다음은 이 마스크 함수인 mask_outer를 호출한다.

```
In [104]: outer_boundary = dolfin.AutoSubDomain(
     ...:     lambda x, on_bnd: on_bnd and abs(np.sqrt(x[0]**2 + x[1]**2) -
            r_outer) < 5e-2)
In [105]: bc_outer = dolfin.디리클레BC(V, 1, outer_boundary)
In [106]: mask_outer = dolfin.Function(V)
In [107]: bc_outer.apply(mask_outer.vector())
In [108]: u_outer = u_sol.vector()[mask_outer.vector() == 1]
In [109]: x_outer = mesh.coordinates()[mask_outer.vector() == 1]
```

이 단계들로 외부 경계 조건에 대한 마스크를 생성한 후 u_sol.vector( )와 mesh. coordinates( )에 적용했고 그 결과 외부 경계점에 대한 함숫값과 좌표를 얻었다. 다음으로 (x, y) 점과 x축 사이의 각도의 함수로서 경계 데이터를 표시한다. 결과는 그림 11-11 과 같다.

```
In [110]: phi = np.angle(x_outer[:, 0] + 1j * x_outer[:, 1])
In [111]: order = np.argsort(phi)
In [112]: fig, ax = plt.subplots(1, 1, figsize=(8, 4))
    ...: ax.plot(phi[order], u_outer[order], 's-', lw=2)
    ...: ax.set_ylabel(r"$u(x,y)$ at $x^2+y^2=1$", fontsize=18)
    ...: ax.set_xlabel(r"$\phi$", fontsize=18)
    ...: ax.set_xlim(-np.pi, np.pi)
```

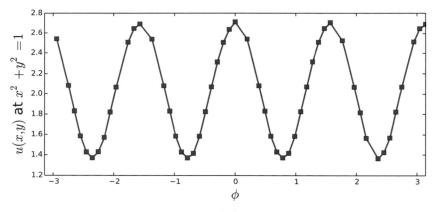

▲ 그림 11-11 구멍난 단위 원의 외부 경계의 온도 분포

FEM으로 계산된 PDE 해의 정확도는 문제 영역을 나타내는 메시의 요소 크기와 밀접하게 연결돼 있다. 메시가 미세할수록 더 정확한 해를 얻을 수 있다. 그러나 메시의 요소 개수를 증가시키면 문제 해결을 위한 계산 요구량이 증가한다. 따라서 메시의 정확성과 가용 계산 자원 사이에는 트레이드-오프 관계가 있으며 이 점은 반드시 고려돼야 한다. 이 트레이드-오프를 처리하기 위한 중요한 도구는 불균일 분포 요소들로 이뤄진 메시다. 이러한 메시를 사용하면 미지의 함수가 빠르게 변화할 것으로 예상되는 곳은 더 작은 요소

들을 사용할 수 있고, 덜 흥미로운 곳은 더 적은 개수의 요소만 사용할 수 있다. dolfin 라이브러리는 dolfin.refine 함수를 사용해 메시를 정제할 수 있는 간단한 방법을 제공한다. dolfin.refine는 첫 번째 인수로 메시를 취하고 다른 인수가 주어지지 않으면 균일하게 메시를 정제한 후 새로운 메시를 반환한다. 그러나 dolfin.refine 함수는 메시의 어느 부분을 더 정제할지 지정할 수 있는 두 번째 인수도 취할 수 있다. 이 두 번째 인수는 부울 값으로 된 dolfin.MeshFunction의 인스턴스여야 하며, 어떤 요소(셀)를 분할할 것인지 표시하는 마스크 역할을 한다. 예를 들어 단위 원의 메시를 $x>0$ 및 $y<0$인 사분면에 더 적게 분할하는 경우를 가정해보자. mshr.Circle과 mshr.Rectangle을 사용하면 이 기하를 가진 메시를 구성할 수 있다.

```
In [113]: domain = mshr.Circle(dolfin.Point(.0, .0), 1.0) \
     ...:     - mshr.Rectangle(dolfin.Point(0.0, -1.0), dolfin.Point(1.0, 0.0))
In [114]: mesh = mshr.generate_mesh(domain, 10)
```

결과 메시는 그림 11-12의 왼쪽 부분에 나타나 있다. 기하에서 날카로운 모서리 부분은 대개 보다 미세한 구조를 가진 메시를 사용하는 것이 바람직하다. 이 예에서는 원점 부근의 가장자리 주변 메시를 더 미세하게 하는 것이 좋다. 이를 위해 dolfin.MeshFunction의 인스턴스를 생성해야 한다. 그다음, set_all 메서드를 사용해 모든 요소를 False로 초기화한다. 요소를 반복하면서 원점 근처의 요소는 True로 표시한다. 마지막으로 dolfin.refine 함수를 메시와 MeshFunction 인스턴스를 인수로 해 호출한다. 이 과정은 충분히 미세한 메시가 확보될 때까지 반복할 수 있다. 다음 코드는 반복적으로 dolfin.refine을 호출하며 분할하려고 표시하는 셀의 개수를 점점 감소시켜 나간다.

```
In [115]: refined_mesh = mesh
     ...: for r in [0.5, 0.25]:
     ...:     cell_markers = dolfin.MeshFunction("bool", refined_mesh, dim=2)
     ...:     cell_markers.set_all(False)
     ...:     for cell in dolfin.cells(refined_mesh):
     ...:         if cell.distance(dolfin.Point(.0, .0)) < r:
```

```
...:             # 원점에서 반지름 r이내의 셀은 분할하는 것으로 표시
...:             cell_markers[cell] = True
...:         refined_mesh = dolfin.refine(refined_mesh, cell_markers)
```

결과 메시인 refined_mesh는 원시 메시, 원점 부근에서 더 정교한 요소로 분할된 메시로
구성한 버전이다. 다음 코드는 비교를 위해 두 메시를 도식화하며 결과는 그림 11−12와
같다.

```
In [116]: def mesh_triangulation(mesh):
...:         coordinates = mesh.coordinates()
...:         triangles = mesh.cells()
...:         triangulation = mpl.tri.Triangulation(coordinates[:, 0],
...:         coordinates[:, 1],
...:         return triangulation
In [117]: fig, (ax1, ax2) = plt.subplots(1, 2, figsize=(8, 4))
...:
...: ax1.triplot(mesh_triangulation(mesh))
...: ax2.triplot(mesh_triangulation(refined_mesh))
...:
...: # hide 축과 틱을 감춘다.
...: for ax in [ax1, ax2]:
...:     for side in ['bottom','right','top','left']:
...:         ax.spines[side].set_visible(False)
...:         ax.set_xticks([])
...:         ax.set_yticks([])
...:         ax.xaxis.set_ticks_position('none')
...:         ax.yaxis.set_ticks_position('none')
...:
...: ax.set_xlabel(r"$x$", fontsize=18)
...: ax.set_ylabel(r"$y$", fontsize=18)
```

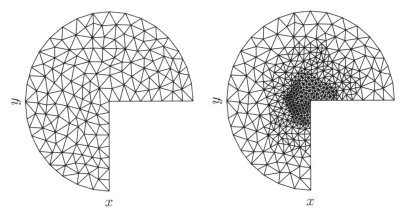

▲ 그림 11-12 원시 메시와 단위 원 중 3개 사분면을 세분화한 메시

dolfin.refine을 사용해 망을 정제하는 것은 11장에서 사용한 것처럼 기하학 프리미티브 식을 사용해 구성된 단순 메시를 개선하기 위한 실용적인 기술이다. FENiCS의 마지막 예로, 3개 사분원에 정제된 이 메시를 사용해 또 다른 정상-상태 방정식 예를 살펴보자. 여기서는 단위 원 중 누락된 부분의 수직과 수평 경계를 따라 노이만 경계 조건을 부과한다. 수직 가장자리의 경우, $\nabla u \cdot \boldsymbol{n} = -2$, $x = 0$, $y < 0$으로 기술되는 열의 유출을 가정하고, 수평 가장자리를 통해서는 $\nabla u \cdot \boldsymbol{n} = 1$, $x > 0$, $y = 0$으로 기술되는 열의 유입을 가정하며, 외부 반지름 경계는 디리클레 경계 조건 $u(x, y) = 0$, $x^2 + y^2 = 1$로 기술되는 것으로 가정한다.

여기서도 여느 때처럼 함수 공간, 테스트 함수, 시험 함수에 대한 객체를 정의하는 것으로 시작한다.

```
In [118]: mesh = refined_mesh
In [119]: V = dolfin.FunctionSpace(mesh, 'Lagrange', 1)
In [120]: u = dolfin.TrialFunction(V)
In [121]: v = dolfin.TestFunction(V)
```

노이만 경계 조건의 문제에는 PDE의 약한 형태에 경계 조건을 포함시킬 필요가 있다. 푸 아송 방정식의 약한 형태는 $\int_{\Omega} \nabla u \cdot \nabla v \, dx = \int_{\Omega} fv \, dx + \int_{\Gamma_N} gv \, d\Gamma$ 이므로 앞의 예와 비교하면 노이만 경계 조건과의 경계 위의 적분인 $\int_{\Gamma_N} gv \, d\Gamma$ 항을 추가할 필요가 있다. 약한 형태 명 세로 이 적분 척도를 나타내려면 dolfin.ds를 사용하면 되지만 경계의 다른 부분을 구별 하기 위해서는 경계 부분을 가장 먼저 표시해야 한다. FEniCS에서 이를 수행하는 한 가 지 방법은 dolfin.MeshFunction 객체를 사용해 경계의 각 다른 부분에 고유한 정숫값을 할당하는 것이다. 이렇게 하려면 가장 먼저 dolfin.MeshFunction 인스턴스를 생성해야 한다.

```
In [122]: boundary_parts = dolfin.MeshFunction("size_t", mesh, mesh.
topology().dim()-1)
```

다음으로 경계점을 선택하는 함수와 경계 선택 함수에서 초기화된 dolfin.AutoSubDomain 인스턴스를 정의한다. 그런 다음 AutoSubDomain 인스턴스를 사용해 MeshFunction(여기서 boundary_parts)의 해당 셀을 식별 정숫값으로 표시할 수 있다. 다음 코드는 메시의 수직 가장자리에 이 단계를 수행한다. 여기서 $x = 0$, $y < 0$이다.

```
In [121]: def v_boundary_func(x, on_boundary):
     ...:     """ 메시의 수직 가장자리, 여기서 x = 0 and y < 0 """
     ...:     x, y = x[0], x[1]
     ...:     return on_boundary and abs(x) < 1e-4 and y < 0.0
In [122]: v_boundary = dolfin.AutoSubDomain(v_boundary_func)
In [123]: v_boundary.mark(boundary_parts, 0)
```

메시의 수평 가장자리에 이와 동일한 절차를 반복한다. 여기서 $y = 0$, $x > 0$이다.

```
In [124]: def h_boundary_func(x, on_boundary):
     ...:     """ 메시의 수평 가장자리, 여기서 y = 0이고 x > 0 """
     ...:     x, y = x[0], x[1]
```

```
   ...:     return on_boundary and abs(y) < 1e-4 and x > 0.0
In [125]: h_boundary = dolfin.AutoSubDomain(h_boundary_func)
In [126]: h_boundary.mark(boundary_parts, 1)
```

디리클레 경계 조건을 정의하는 데도 이와 똑같은 방법을 사용할 수 있다. 여기서 우리는
디리클레 경계 조건에 의해 기술된 경계 부분을 표시한 후 dolfin.DirichletBC 객체 생
성에 사용한다.

```
In [127]: def outer_boundary_func(x, on_boundary):
   ...:     x, y = x[0], x[1]
   ...:     return on_boundary and abs(x**2 + y**2-1) < 1e-2
In [128]: outer_boundary = dolfin.AutoSubDomain(outer_boundary_func)
In [129]: outer_boundary.mark(boundary_parts, 2)
In [130]: bc = dolfin. DirichletBC(V, dolfin.Constant(0.0), boundary_parts, 2)
```

일단 경계가 표시되면 PDE의 약한 형태를 만들 수 있다. 여기서는 분할된 경계를 사용하
기 때문에 적분 척도 dolfin.dx와 dolfin.ds에 mesh와 boundary_parts 객체를 사용해
domain과 subdomain 인수를 설정해야 한다.

```
In [131]: dx = dolfin.dx(domain=mesh, subdomain_data=boundary_parts)
In [132]: a = dolfin.inner(dolfin.nabla_grad(u), dolfin.nabla_grad(v)) * dx
In [133]: f = dolfin.Constant(0.0)
In [134]: g_v = dolfin.Constant(-2.0)
In [135]: g_h = dolfin.Constant(1.0)
In [136]: L = f * v * dolfin.dx(domain=mesh, subdomain_data=boundary_parts)
In [137]: L += g_v * v * dolfin.ds(0, domain=mesh, subdomain_data=boundary_parts)
In [138]: L += g_h * v * dolfin.ds(1, domain=mesh, subdomain_data=boundary_parts)
```

마지막 두 줄의 코드에 메시의 수직과 수평 가장자리에 대한 노이만 경계 조건의 새로운
항을 추가했다. 경계의 이 부분은 앞 절에서 정의한 대로 각각 정수 0과 1로 표시되며, 이
정수는 경계의 다른 부분에 대한 적분을 선택하기 위한 dolfin.ds의 인수로 전달된다.

```
In [139]: u_sol = dolfin.Function(V)
In [140]: dolfin.solve(a == L, u_sol, bc)
```

일단 PDE의 약한 형태 표현이 정의되면 앞의 예와 마찬가지로 dolfin.solve를 사용해 문제를 해결할 수 있다. 마지막으로 Matplotlib의 삼각 도식화 함수를 사용해 해를 도식화한다. 결과는 그림 11-13과 같다. 그래프에서는 예상대로 해가 원점 근처 가장자리에서 더 많은 구조를 갖는 것을 볼 수 있다. 따라서 이 지역에서 더 작은 요소들을 가진 메시를 사용하는 것은 균일 구조된 망사를 사용하는 것보다 더 과도한 계산 비용을 쓰지 않고도 이 지역에서 충분한 해결책을 얻을 수 있는 좋은 방법이다.

```
In [141]: fig, (ax1, ax2) = plt.subplots(1, 2, figsize=(10, 4))
     ...: triangulation = mesh_triangulation(mesh)
     ...: ax1.triplot(triangulation)
     ...: ax1.set_xlabel(r"$x$", fontsize=18)
     ...: ax1.set_ylabel(r"$y$", fontsize=18)
     ...:
     ...: data = np.array(u_sol.vector())
     ...: norm = mpl.colors.Normalize(-abs(data).max(), abs(data).max())
     ...: c = ax2.tripcolor(triangulation, data, norm=norm, cmap=mpl.
         cm.get_cmap("RdBu_r"))
     ...: cb = plt.colorbar(c, ax=ax2)
     ...: ax2.set_xlabel(r"$x$", fontsize=18)
     ...: ax2.set_ylabel(r"$y$", fontsize=18)
     ...: cb.set_label(r"$u(x, y)$", fontsize=18)
     ...: cb.set_ticks([-.5, 0, .5])
```

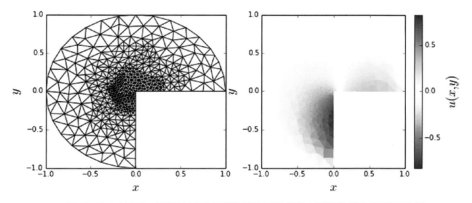

▲ 그림 11-13 노이만과 디리클레 경제 조건을 가진 단위 원의 사분원에 대한 열 방정식 해

이 절에서 살펴본 예는 FEniCS 프레임워크가 사용될 수 있는 여러 문제 유형에 대한 간단한 시연에 불과하다. FENiCS에는 여기서 언급조차 하지 않았던 많은 특징이 있다. PDE 문제 해결에 특히 관심이 있는 독자를 위해 FEniCS(Anders Logg, 2012)와 이 책 속에 들어 있는 많은 예제 애플리케이션을 연구해볼 것을 권한다. 특히 여기서 논할 수 없었던 FEM을 이용한 PDE 해결의 주요 측면은 일반적이지 않은 노이만 경계 조건(PDE의 약한 형태 형성에 포함시킬 필요가 있음), 벡터 값 함수를 위한 PDE, 고차원 PDE 문제(예: 3차원 열 등식), 시간-종속 PDE 등이다. 이 모든 주제와 많은 다른 주제는 FEniCS 프레임워크에서 잘 지원된다.

요약

11장에서는 PDE를 푸는 방법과 이러한 방법들이 과학 Python 환경에서 어떻게 사용될 수 있는지를 간략히 알아봤다. 특히 PDE 문제 해결을 위해 FDMs와 FEM을 소개했고 이 방식을 사용해 몇 가지 예제를 해결했다. FDMs의 장점은 단순함이며 쉽게 적용할 수 있는 문제(단순 문제 영역, 균등 이산화 등)의 경우, 매우 실용적인 방법이다. 예를 들어 (문제 도메인이 더 복잡한) 복잡한 PDE 문제는 일반적으로 FEM이 더 적합하다. 그러나 FEM의 수학 이론은 더 복잡하고 구현하기에도 훨씬 더 기술적이다. Python에서 사용할 수 있는 고급 FEM 프레임워크가 많지만 11장에서는 FEniCS 프레임워크라는 하나의 두드러진 예에 초점을 맞췄다. FEniCS는 광범위한 PDE 문제에 사용할 수 있는 모든 기능을 갖춘 FEM 소프트웨어다. 여기서는 이 소프트웨어로 얻을 수 있는 일부만 살펴본 것이다. 그러나 11장에서 다룬 예제를 통해 FEM으로 PDE 문제를 해결할 때와 FEniCS 소프트웨어를 사용할 때 그 작업 흐름에 대한 일반적인 감각을 얻을 수 있었기를 바란다.

추가 참고 도서 목록

11장에서 FDMs와 FEM을 논의했지만 PDE를 수치적으로 해결하기 위한 성공적이고 유용한 방법들도 있다. 예를 들어 FVM은 다른 분야는 물론 유체 역학 계산에 자주 사용되는 FEM 방식의 변형이다. Python 라이브러리 FiPy는 FVM을 이용해 PDE 문제를 해결하기 위한 프레임워크를 제공하며 이 방법에 대한 이론적 소개는 Wescovery(2009)에서 찾을 수 있다. 11장에서 제공한 FDMs와 FEM에 대한 이론적 배경 정보는 매우 간략하기 때문에 여기서는 필요한 용어와 표기만 간단히 소개했다. FDMs, 특히 FEM 방법을 보다 깊이 알아보기 위해서는 이 방법의 기본 원리를 철저히 이해하는 것이 중요하다. FDMs와 FEM에 대한 좋은 안내서는 Gockenbach(2011), Gockenbach(2006), Johnson(2009), LeVeque(2007) 등이 있다. FEniCS 프로젝트의 웹 사이트(http://fenicsproject.org)에서 온라인으로 무료 이용할 수 있는 FEniCS(Logg, 2012)에는 FEniCS 소프트웨어 자체의 상세한 설명과 더불어 FEM 방식에 대한 멋진 소개도 포함돼 있다.

참고 문헌

- Anders Logg, K.-A. M.(2012). Automated Solution of Differential Equations by the Finite Element Method. Springer.

- Gockenbach, M.(2011). Partial Differential Equations. Philadelphia: SIAM.

- Gockenbach, M.(2006). Understanding And Implementing the Finite Element Method. Philadelphia: SIAM.

- Johnson, C.(2009). Numerical Solution of Partial Differential Equations by the Finite Element Method. Cambridge: Dover.

- LeVeque, R.(2007). Finite Difference Methods for Ordinary and Partial Differential Equations: Steady−State and Time−Dependent Problems. Philadelphia: SIAM.

- Wesseling, P.(2009). Principles of Computational Fluid Dynamics. Berlin: Springer.

데이터 처리 및 분석

지난 몇 장에서 전통적인 과학 계산의 주요 주제를 다뤘다. 이 주제들은 대부분의 계산 작업에 대한 기초를 제공했다. 12장부터는 데이터 처리 및 분석, 통계, 통계 모델링으로 주제를 옮긴다. 이 방향의 첫 단계로 데이터 분석 라이브러리인 pandas를 살펴본다. 이 라이브러리는 데이터의 계열과 데이터의 표를 나타내기 위한 편리한 데이터 구조를 제공하며 데이터의 변환, 분할, 병합 및 변환하기가 쉽다. 이 단계는 원시 데이터를 분석에 적합한 정돈된tidy 형태로 정리하는 프로세스[1]상의 중요한 단계다. Pandas 라이브러리는 Numpy 위에 구축되며 레이블 인덱스, 계층 인덱스, 데이터셋의 비교 및 합병을 위한 데이터의 정렬, 누락된 데이터 처리 등과 같이 데이터 처리 시 유용한 기능을 보완해준다. 이처럼 Pandas 라이브러리는, 특히 통계 애플리케이션의 경우 Python에서 고급 데이터 처리를 위한 사실상의 표준 라이브러리가 됐다. Pandas 라이브러리 자체는 통계적 모델링(즉, 선형 회귀 분석)에 대한 제한된 기능만을 지원한다. 좀 더 복잡한 통계 분석과 모델링은 statsmodels, patsy, scikit-learn과 같은 다른 패키지가 있는데 이 패키지는 나중에 다룬다. 그러나 이러한 패키지를 사용한 통계적 모델링 또한 여전히 pandas를 사용

---

1   이 단계는 데이터 멍잉(data munging) 또는 데이터 랭그링(data wrangling)으로도 알려져 있다.

해 데이터를 나타낼 수 있다. 따라서 Pandas 라이브러리는 Python을 이용한 데이터 분석 소프트웨어의 핵심 구성 요소다.

> **노트**
>
> ### Pandas
>
> pandas 라이브러리는 Python에서 데이터 처리와 분석을 위한 프레임워크다. 이 책을 쓰고 있는 시점의 pandas 최신 버전은 0.23.4다. pandas 라이브러리와 pandas의 공식 문서에 대한 좀 더 자세한 내용은 프로젝트 웹 사이트(http://pandas.pydata.org)를 참고하라.

12장의 초점은 pandas 라이브러리의 특징과 사용법을 소개하는 것이다. 12장의 끝부분에서는 통계적 시각화 라이브러리인 Seaborn을 살펴본다. Seaborn은 Matplotlib 위에 구현돼 있다. 이 라이브러리는 pandas 데이터 구조(또는 Numpy 배열)로 표현된 데이터를 빠르고 편리하게 그래프로 표현해준다. 시각화는 탐구적 데이터 분석에서 매우 중요한 부분이고, Pandas 라이브러리 자체는 기본적인 데이터 시각화 함수를 제공한다(이 또한 Matplotlib 위에 구현돼 있다). Seaborn는 한 발 더 나아가 추가 통계적 그래프 기능과 개선된 스타일 기능을 제공한다. Seaborn 라이브러리는 기본값 설정으로도 보기 좋은 그래프를 생성할 수 있다는 것으로 유명하다.

> **노트**
>
> ### Seaborn
>
> 라이브러리는 통계적 그래픽을 위한 시각화 라이브러리다. Seaborn은 Matplotlib 위에 구현돼 있으며 일반적 통계 그래프를 그리기 위한 간편한 함수를 제공한다. 이 책을 쓰고 있는 시점의 Seaborn 최신 버전은 0.8.1이다. Seaborn에 대한 좀 더 자세한 내용과 공식 문서는 프로젝트 웹 사이트인 http://stanford.edu/~mwaskom/software/seaborn를 참고하라.

모듈 임포트하기

12장은 주로 pandas 라이브러리로 작업하며 pd라는 이름으로 임포트하는 것을 가정한다.

```
In [1]: import pandas as pd
```

또한 Numpy와 Matplotlib이 필요한데, 다음과 같은 통상적 방법으로 임포트한다.

```
In [2]: import numpy as np
In [3]: import matplotlib.pyplot as plt
```

pandas 라이브러리에서 생성된 Matplotlib 수치의 미적 만족감을 높이기 위해 mpl. style.use 함수를 사용해 통계 그래프에 적합한 스타일을 선택한다.

```
In [4]: import matplotlib as mpl
   ...: mpl.style.use('ggplot')
```

12장의 뒷부분에 seaborn 모듈을 sns라는 이름으로 임포트한다.

```
In [5]: import seaborn as sns
```

Pandas 소개

12장에서는 데이터 분석을 위한 Pandas 라이브러리를 소개한다. Pandas 라이브러리는 데이터를 표현하거나 조작하기 위한 데이터 구조와 메서드를 제공한다. Pandas의 두 가지 주요 데이터 구조는 Series와 DataFrame 객체인데, 각각 데이터 계열과 표 데이터를 나타내기 위해 사용된다. 이 두 객체 모두 객체로 표현된 데이터의 요소나 행에 접근하기 위한 인덱스를 갖고 있다. 인덱스는 Numpy 배열처럼 0부터 시작하는 정수지만 어떠한 식별자 시퀀스도 인덱스로 사용할 수 있다.

Series

데이터 계열을 정수가 아닌 레이블로 색인할 수 있다는 장점은 다음과 같은 가장 단순한 예에서도 명백하게 나타난다. 생성자에게 정수 리스트를 제공해 해당 데이터를 나타내는 Series 객체를 생성해보자. 객체를 Ipython에 나타내면 Series 객체의 데이터와 해당 인덱스를 볼 수 있다.

```
In [6]: s = pd.Series([909976, 8615246, 2872086, 2273305])
In [7]: s
Out[7]: 0     909976
        1    8615246
        2    2872086
        3    2273305
        dtype: int64
```

결과 객체는 데이터 유형^{dtype} int64인 Series 인스턴스, 그 구성 원소는 정수 0, 1, 2, 3으로 인덱스된다. index와 values 속성을 사용하면 series에 저장돼 있는 인덱스와 값의 기저 데이터를 추출할 수 있다.

```
In [8]: list(s.index)
Out[8]: RangeIndex(start=0, stop=4, step=1)
In [9]: s.values
Out[9]: array([ 909976, 8615246, 2872086, 2273305], dtype=int64)
```

정수-인덱스 배열이나 데이터 series를 이용하면 기능적으로는 완전히 표현하지만 데이터 내용 자체를 표현하지는 못한다. 예를 들어 이 자료가 유럽 4개 수도의 인구를 나타내려고 할 때 이 인덱스에 정수가 아닌 도시 이름을 사용하면 훨씬 더 설명적인 방법이 될 것이다. Series 객체를 사용하면 Series 객체의 index 속성에 새로운 인덱스 목록을 할당할 수 있다. 또한 Series 객체의 name 속성을 설정해 다음처럼 설명적인 이름을 부여할 수도 있다.

```
In [10]: s.index = ["Stockholm", "London", "Rome", "Paris"]
In [11]: s.name = "Population"
In [12]: s
Out[12]: Stockholm     909976
         London       8615246
         Rome         2872086
         Paris        2273305
         Name: Population, dtype: int64
```

이제 이 자료가 무엇을 나타내는지 명백히 알아볼 수 있다. index와 name 속성은 Series 객체가 생성될 때 키워드 인수로 설정할 수도 있다.

```
In [13]: s = pd.Series([909976, 8615246, 2872086, 2273305], name="Population",
    ...:                index=["Stockholm", "London", "Rome", "Paris"])
```

이 도시의 인구를 Numpy 배열에 직접 저장하는 것도 가능하지만 이 간단한 예에서도 데이터 포인트를 의미 있는 레이블로 인덱스하는 것이 훨씬 더 명료하다는 것을 알 수 있다. 데이터에 대한 설명을 데이터 자체와 가까이 둘 때의 이점은 데이터셋의 복잡도가 증가할수록 더 커진다. Series의 각 요소는 해당 인덱스(레이블)로 인덱싱하거나 인덱스와 동일한 이름을 가진 속성을 통해 바로 접근할 수 있다(인덱스 레이블이 유효한 Python 기호 이름일 경우).

```
In [14]: s["London"]
Out[14]: 8615246
In [15]: s.Stockholm
Out[15]: 909976
```

인덱스 리스트를 사용해 Series 객체를 인덱싱하면 (제공한 인덱스 리스트에 해당하는) 원시 데이터의 부분 집합을 가진 새로운 Series 객체를 생성한다.

```
In [16]: s[["Paris", "Rome"]]
Out[16]: Paris    2273305
         Rome     2872086
         Name: Population, dtype: int64
```

Series 객체로 표현된 데이터 계열을 사용하면 Series 메서드 count(데이터 포인트 수),
median(중앙값 계산), mean(평균값 계산), std(표준편차 계산), min과 max(최솟값 및 최댓값 계산),
quantile(분위수 계산)을 사용해 기술 통계량을 쉽게 계산할 수 있다.

```
In [17]: s.median(), s.mean(), s.std()
Out[17]: (2572695.5, 3667653.25, 3399048.5005155364)
In [18]: s.min(), s.max()
Out[18]: (909976, 8615246)
In [19]: s.quantile(q=0.25), s.quantile(q=0.5), s.quantile(q=0.75)
Out[19]: (1932472.75, 2572695.5, 4307876.0)
```

앞의 모든 데이터는 describe 메서드의 결과에 병합돼 Series 객체가 나타내는 데이터의
요약을 보여준다.

```
In [20]: s.describe()
Out[20]: count          4.000000
         mean     3667653.250000
         std      3399048.500516
         min       909976.000000
         25%      1932472.750000
         50%      2572695.500000
         75%      4307876.000000
         max      8615246.000000
         Name: Population, dtype: float64
```

plot 메서드를 사용하면 Series 객체의 데이터를 시각화하는 그래프를 쉽고 빠르게 생
성할 수 있다. pandas 라이브러리는 도식화에 Matplotlib을 사용하며 Matplotlib Axes

인스턴스를 ax 인수를 통해 plot 메서드에 전달할 수도 있다. 그래프의 유형은 kind 인수(유효한 옵션은 line, hist, bar, barh, box, kde, density, area 및 pie)를 사용해 지정한다.

```
In [21]: fig, axes = plt.subplots(1, 4, figsize=(12, 3))
    ...: s.plot(ax=axes[0], kind='line', title='line')
    ...: s.plot(ax=axes[1], kind='bar', title='bar')
    ...: s.plot(ax=axes[2], kind='box', title='box')
    ...: s.plot(ax=axes[3], kind='pie', title='pie')
```

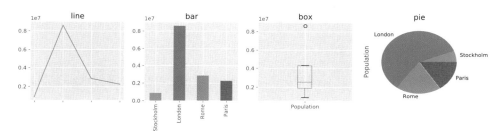

▲ 그림 12-1 Pandas에서 Series.plot 메서드를 사용해 생성할 수 있는 도식화의 종류 예시

DataFrame

앞의 예제에서 봤듯이, pandas Series 객체는 1차원 배열을 위한 컨테이너를 제공하며 요소에 대한 설명 레이블을 사용할 수 있고 기술 통계와 시각화에 빠르게 접근할 수 있다. 고차원 배열(주로 2차원 배열 또는 테이블)의 경우, 해당 데이터 구조는 Pandas DataFrame 객체다. DataFrame은 공통 인덱스를 가진 Series 객체의 집합으로 볼 수 있다. DataFrame을 초기화하는 데에는 많은 방법이 있다. 간단하면서도 쉬운 방법은 내포된 Python 리스트나 딕셔너리를 DataFrame 객체의 생성자에 전달하는 것이다. 예를 들어 앞서 사용한 데이터셋을 확장해 각 도시의 인구 이외에 각 도시가 속한 주를 나타내는 열을 추가해보자. 다음과 같은 방법을 사용하면 해당 DataFrame 객체를 생성할 수 있다.

```
In [22]: df = pd.DataFrame([[909976, "Sweden"],
    ...:                      [8615246, "United Kingdom"],
    ...:                      [2872086, "Italy"],
    ...:                      [2273305, "France"]])
In [23]: df
Out[23]:
        0        1
0   909976   Sweden
1  8615246   United Kingdom
2  2872086   Italy
3  2273305   France
```

그 결과는 행과 열이 있는 표 데이터 구조다. Series 객체와 마찬가지로 index 속성에 일
련의 레이블을 할당하면 행에 대한 레이블 인덱싱을 사용할 수 있으며, columns 속성은
열의 레이블 시퀀스로 설정할 수 있다.

```
In [24]: df.index = ["Stockholm", "London", "Rome", "Paris"]
In [25]: df.columns = ["Population", "State"]
In [26]: df
Out[26]:
            Population   State
Stockholm   909976       Sweden
London      8615246      United Kingdom
Rome        2872086      Italy
Paris       2273305      France
```

index 및 columns 속성은 DataFrame 객체가 생성될 때 해당 키워드 인수를 사용해 설정
할 수도 있다.

```
In [27]: df = pd.DataFrame([[909976, "Sweden"],
```

```
  ...:                          [8615246, "United Kingdom"],
  ...:                          [2872086, "Italy"],
  ...:                          [2273305, "France"]],
  ...:                    index=["Stockholm", "London", "Rome", "Paris"],
  ...:                    columns=["Population", "State"])
```

동일한 DataFrame을 생성하는 또 다른 방법은 (종종 더 편리한 방법이다) 열 제목을 키, 열
데이터를 값으로 하는 딕셔너리를 전달하는 것이다.

```
In [28]: df = pd.DataFrame({"Population": [909976, 8615246, 2872086, 2273305],
  ...:                       "State": ["Sweden", "United Kingdom", "Italy",
  ...:                                 "France"]},
  ...:                     index=["Stockholm", "London", "Rome", "Paris"])
```

이전과 같이 DataFrame의 기저 데이터는 values 속성을 사용해 Numpy 배열로 구할 수
있고 인덱스와 열 배열은 각각 index와 columns 속성을 통해 구할 수 있다. DataFrame
의 각 열은 열 이름을 속성으로 사용해 접근할 수 있다(또는 열 레이블로 인덱스할 수도 있다.
예를 들어 df["Population"]와 같이 할 수 있다).

```
In [29]: df.Population
Out[29]: Stockholm     909976
         London       8615246
         Rome         2872086
         Paris        2273305
         Name: Population, dtype: int64
```

DataFrame에서 열을 추출한 결과는 새로운 Series 객체로, 이전 절에서 논의한 메서드를
사용해 처리하거나 조작할 수 있다. DataFrame 인스턴스의 행은 loc 인덱서 속성을 사용
해 접근할 수 있다. 또한 이 속성을 인덱스화하면 Series 객체가 생성되는데, 이는 원래
DataFrame의 행에 해당한다.

```
In [30]: df.loc["Stockholm"]
Out[30]: Population      909976
         State           Sweden
         Name: Stockholm, dtype: object
```

행 레이블 리스트를 loc 인덱서에 전달하면 선택한 행만 포함하는 원래 DataFrame의 부
분 집합인 새로운 DataFrame이 생성된다.

```
In [31]: df.loc[["Paris", "Rome"]]
Out[31]:
```

	Population	State
Paris	2273305	France
Rome	2872086	Italy

또한 loc 인덱서는 행과 열을 동시에 선택하는 데 사용할 수 있다. 가장 먼저 행 레이블
(또는 리스트)을 전달하고 그다음에 열 레이블(또는 리스트)을 전달해야 한다. 결과는 선택
한 열과 행 수에 따라 DataFrame, Series 또는 요소값이 된다.

```
In [32]: df.loc[["Paris", "Rome"], "Population"]
Out[32]: Paris      2273305
         Rome       2872086
         Name: Population, dtype: int64
```

기술 통계량은 앞서 Series 객체에 사용했던 것과 동일한 방법으로 계산할 수 있다.
DataFrame에 이러한 메서드(mean, std, median, min, max, 등)를 호출하면 다음과 같은 수치
적 데이터 유형을 가진 각 열에 대한 계산이 수행된다.

```
In [33]: df.mean()
Out[33]: Population      3667653.25
         dtype: float64
```

이 경우, 두 열 중 하나만 수치 데이터 유형(Population이라는 이름의 데이터)을 갖는다. DataFrame 메서드 info와 dtypes 속성을 사용하면 DataFrame의 내용 요약과 각 열의 데이터 유형을 얻을 수 있다.

```
In [34]: df.info()
<class 'pandas.core.frame.DataFrame'>
Index: 4 entries, Stockholm to Paris
Data columns (total 2 columns):
Population    4 non-null int64
State         4 non-null object
dtypes: int64(1), object(1)
memory usage: 96.0+ bytes
In [35]: df.dtypes
Out[35]: Population        int64
         State           object
         dtype: object
```

pandas의 진정한 장점은 지금까지 사용한 예보다 더 크고 복잡한 데이터셋을 다룰 때 나타난다. 이런 복잡한 데이터가 DataFrame 초기화로 전달되는 명시적 리스트나 딕셔너리 등으로 정의되는 경우는 드물다. 더 일반적인 상황은 데이터를 파일이나 다른 외부 소스에서 읽는 것이다. pandas 라이브러리는 서로 다른 유형의 파일에서 데이터를 읽는 다양한 방법을 지원한다. 여기서는 read_csv 함수를 사용해 CSV 파일에서 데이터를 읽고 DataFrame 객체를 생성한다.[2] 이 함수는 이 작동을 조정하기 위해 수많은 인수를 취한다. 좀 더 자세한 내용은 docstring help(pd.read_csv)를 참고하라. 가장 유용한 인수로는 header(있는 경우, 어떤 행이 열 이름을 가진 헤더인지 명시), skiprows(데이터를 읽기 전 건너뛸 행 개수 또는 건너뛸 줄 번호 리스트), delimiter(열 값 사이의 구분 기호로 사용되는 문자), encoding(파일에서 사용하는 인코딩 이름, 예: utf-8), nrow(읽을 행 수) 등이 있다. pd.read_csv 함수의 첫 번째이자 유일한 필수 인수는 데이터 소스 파일 이름 또는 URL이다. 예를 들어 다음 코

---

2 CSV 또는 콤마-분리값(comma-separated values)은 보편적 텍스트 파일로, 행은 각 줄에 저장되고 열은 콤마(또는 다른 텍스트 구분자)로 구분된다. CSV나 다른 파일 유형에 대한 좀 더 자세한 사항은 18장을 참고하라.

드에 그 첫 다섯 줄이 출력돼 있는 european_cities.csv[3] 파일에 저장된 데이터셋을 읽어오려면 단순히 pd.read_csv("european_cities.csv")를 호출해야 한다. 구분자가 ","이고 헤더는 첫 줄에서 읽어오기 때문이다. 이 모든 옵션은 명시적으로 지정할 수 있다.

```
In [36]: !head —n 5 european_cities.csv
Rank,City,State,Population,Date of census
1,London, United Kingdom,"8,615,246",1 June 2014
2,Berlin, Germany,"3,437,916",31 May 2014
3,Madrid, Spain,"3,165,235",1 January 2014
4,Rome, Italy,"2,872,086",30 September 2014
In [37]: df_pop = pd.read_csv("european_cities.csv",
    ...:                       delimiter=",", encoding="utf-8", header=0)
```

이 데이터셋은 12장의 앞부분에서 사용한 예제 데이터와 유사하다. 여기서는 추가 열과 다른 도시에 관한 더 많은 행이 있다. 일단 데이터셋을 DataFrame 객체에 읽어 들이면 데이터셋의 특성을 파악하기 위해 먼저 info 메서드를 사용해 데이터에 대한 요약을 검토해보는 것이 좋다.

```
In [38]: df_pop.info()
<class 'pandas.core.frame.DataFrame'>
Int64Index: 105 entries, 0 to 104
Data columns (total 5 columns):
Rank            105 non-null int64
City            105 non-null object
State           105 non-null object
Population      105 non-null object
Date of census  105 non-null object
dtypes: int64(1), object(4) memory usage: 4.9+ KB
```

---

3   이 파일은 WIKI 페이지(http://en.wikipedia.org/wiki/Largest_cities_of_the_European_Union_by_population_within_city_limits)에서 구했다.

476

여기서는 이 데이터셋에 105개의 행과 5개의 열이 있다는 것을 알 수 있다. 오직 Rank 열만 수치 데이터 유형이다. 특히 Population 열은 그 값이 "8,615,246" 유형이어서 아직 수치적 유형이 아니므로 read_csv에 의해 문자열값으로 해석된다. 데이터를 표로 나타내보는 것도 유용하다. 그러나 이 데이터셋은 너무 커서 전체를 표시할 수 없으며 이와 같은 상황에서는 head와 tail 메서드를 사용해 각각 처음 몇 행과 마지막 몇 행만 포함하는 잘린 데이터 집합을 만드는 것이 유용하다. 이 두 함수 모두 잘린 DataFrame에 포함할 행의 수를 지정하는 선택적 인수를 사용한다. df.head(n)는 df[:n]과 동일한데, 여기서 n은 정수라는 점에 유의하자.

```
In [39]: df_pop.head()
Out[39]:
```

	Rank	City	State	Population	Date of census
0	1	London	United Kingdom	8,615,246	1 June 2014
1	2	Berlin	Germany	3,437,916	31 May 2014
2	3	Madrid	Spain	3,165,235	1 January 2014
3	4	Rome	Italy	2,872,086	30 September 2014
4	5	Paris	France	2,273,305	1 January 2013

잘린 DataFrame을 표시해보면 데이터 분석을 준비하기 전에 데이터의 모양에 대한 아이디어를 얻고 남은 작업이 무엇인지 파악하는 데 도움이 된다. 이런저런 식으로 열을 변환해보고 특정 열이나 인덱스별로 정렬해 표의 순서를 바꾸는 것도 흔한 작업이다. 다음은 DataFrame 객체를 수정하는 몇 가지 메서드를 알아본다. 먼저 새로운 열을 생성한 후 단순히 Series 객체를 열 이름으로 인덱스된 DataFrame에 할당함으로써 DataFrame을 업데이트한다. 그런 다음 Python의 del 키워드를 사용해 열을 삭제한다. apply 메서드는 열 내용을 변환하는 강력한 도구다. apply는 원시 열의 원소에 인수로 받은 함수를 적용한 결과를 새로운 Series 객체로 생성한다. 예를 들어 apply 메서드를 사용해 Population 열에 있는 문자열로 된 원소를 정수로 변환할 수 있는데, 이를 위해 lambda를 전달함으로

써 "," 문자를 문자열에서 제거한 후 정수로 변환시키면 된다. 여기서는 변환된 열을 NumericPopulation이라는 이름의 새로운 열에 할당한다. 동일한 메서드를 사용하면 State 값에 strip 문자열 메서드를 적용해 불필요한 공백을 제거함으로써 정돈된 데이터로 만들 수 있다.

```
In [40]: df_pop["NumericPopulation"] = df_pop.Population.apply(
    ...:             lambda x: int(x.replace(",", "")))
In [41]: df_pop["State"].values[:3] # contains extra white spaces
Out[41]: array([' United Kingdom', ' Germany', ' Spain'], dtype=object)
In [42]: df_pop["State"] = df_pop["State"].apply(lambda x: x.strip())
In [43]: df_pop.head()
Out[43]:
```

	Rank	City	State	Population	Date of census	NumericPopulation
0	1	London	United Kingdom	8,615,246	1 June 2014	8615246
1	2	Berlin	Germany	3,437,916	31 May 2014	3437916
2	3	Madrid	Spain	3,165,235	1 January 2014	3165235
3	4	Rome	Italy	2,872,086	30 September 2014	2872086
4	5	Paris	France	2,273,305	1 January 2013	2273305

업데이트된 DataFrame에서 열의 데이터 유형을 검사하면 새로운 열 NumbericPopulation이 실제로 정수 유형이라는 것을 확인할 수 있다(Population 열은 변경되지 않음).

```
In [44]: df_pop.dtypes
Out[44]: Rank               int64
         City              object
         State             object
         Population        object
         Date of census    object
         NumericPopulation  int64
         dtype: object
```

또 인덱스를 DataFrame 중 하나의 열로 바꿔야 할 수도 있다. 현재의 예에서는 City 열을 인덱스로 사용하려고 한다. set_index 메서드를 사용하면 열을 지정할 수 있는데, 이 메서드는 인덱스로 사용하려는 열의 이름을 인수로 취한다. 이 결과는 새로운 DataFrame 객체이며 원래의 DataFrame은 변하지 않는다. 또한 sort_index 메서드를 사용하면 인덱스를 기준으로 DataFrame을 정렬할 수 있다.

```
In [45]: df_pop2 = df_pop.set_index("City")
In [46]: df_pop2 = df_pop2.sort_index()
In [47]: df_pop2.head()
Out[47]:
```

City	Rank	State	Population	Date of census	NumericPopulation
Aarhus	92	Denmark	326,676	1 October 2014	326676
Alicante	86	Spain	334,678	1 January 2012	334678
Amsterdam	23	Netherlands	813,562	31 May 2014	813562
Antwerp	59	Belgium	510,610	1 January 2014	510610
Athens	34	Greece	664,046	24 May 2011	664046

sort_index 메서드는 또한 열 이름의 리스트를 취하기도 하는데, 이 경우 계층적 인덱스가 생성된다. 계층적 인덱스는 DataFrame의 행을 지정하기 위해 인덱스 레이블의 튜플을 사용한다. 이 sort_index 메서드는 정수 인수 level과 함께 사용할 수 있는데, 이 경우 DataFrame의 행을 level=n인 계층적 인덱스의 n번째 레벨로 정렬한다. 다음 예는 State와 City를 인덱스로 하는 계층적 인덱스를 생성하고 sort_index 메서드를 사용해 첫 번째 인덱스(State)를 기준으로 정렬한 것이다.

```
In [48]: df_pop3 = df_pop.set_index(["State", "City"]).sort_index(level=0)
In [49]: df_pop3.head(7)
Out[49]:
```

State	City	Rank	Population	Date of census
Austria	Vienna	7	1794770	1 January 2015

Belgium	Antwerp	59	510610	1 January 2014
	Brussels	16	1175831	1 January 2014
Bulgaria	Plovdiv	84	341041	31 December 2013
	Sofia	14	1291895	14 December 2014
	Varna	85	335819	31 December 2013
Croatia	Zagreb	24	790017	31 March 2011

계층 인덱스를 가진 DataFrame은 0번째 레벨(df3.loc["Sweden"])을 사용해 부분 인덱싱하거나 모든 계층 인덱스의 튜플(df3.loc["Sweden", "Gothenburg"])을 사용해 완전히 인덱싱할 수 있다.

```
In [50]: df_pop3.loc["Sweden"]
Out[50]:
```

City	Rank	Population	Date of census	NumericPopulation
Gothenburg	53	528,014	31 March 2013	528014
Malmö	102	309,105	31 March 2013	309105
Stockholm	20	909,976	31 January 2014	909976

```
In [51]: df_pop3.loc[("Sweden", "Gothenburg")]
Out[51]: Rank                            53
         Population                 528,014
         Date of census       31 March 2013
         NumericPopulation           528014
         Name: (Sweden, Gothenburg), dtype: object
```

만약 인덱스가 아니라 열 기준으로 정렬하려면 sort_values 메서드를 사용할 수 있다. sort_values는 DataFrame을 정렬할 열 이름 또는 열 이름 리스트를 취한다. 또한 sort_values는 해당 열을 오름차순 또는 내림차순으로 정렬할지 지정하는 부울 값 리스트인 키워드 인수 ascending을 받아들인다.

```
In [52]: df_pop.set_index("City").sort_values(["State", "NumericPopulation"],
    ...:                                        ascending=[False, True]).head()
```

City	Rank	State	Population	Date of census	NumericPopulation
Nottingham	103	United Kingdom	308,735	30	June 2012 308735
Wirral	97	United Kingdom	320,229	30	June 2012 320229
Coventry	94	United Kingdom	323,132	30	June 2012 323132
Wakefield	91	United Kingdom	327,627	30	June 2012 327627
Leicester	87	United Kingdom	331,606	30	June 2012 331606

State 열과 같은 범주형 데이터에서는 열에 포함된 각 범주의 값이 몇 개인지 요약해야할 때가 있다. (Series 객체의) value_counts 메서드를 사용하면 이 개수를 계산할 수 있다. 예를 들어 유럽에서 가장 큰 105개 도시 목록 중 각국이 보유한 도시 수를 집계하려면 다음과 같은 방법을 사용할 수 있다.

```
In [53]: city_counts = df_pop.State.value_counts()
In [54]: city_counts.head()
Out[54]: Germany            19
         United Kingdom     16
         Spain              13
         Poland             10
         Italy              10
         dtype: int64
```

이 예의 결과에서 독일(19개), 영국(16개) 순이라는 것을 알 수 있다. 이와 유사한 질문은 '한 주 내의 모든 도시의 총 인구는 얼마나 되는가?'다. 이러한 유형의 질문에 답하는 데는 두 가지 방법이 있다. 첫째, State와 City를 사용해 계층적 인덱스를 만들고 sum 메서드를 인덱스 중 하나로 DataFrame을 축소한다. 이 경우, State 인덱스 수준 내의 모든 항목을 합하면 된다. sum(level="State")를 사용해 City 인덱스를 제거한 후 표시하기 위해 결과 DataFrame을 NumericPopulation 열에 따라 내림차순으로 정렬한다.

```
In [55]: df_pop3 = df_pop[["State", "City", "NumericPopulation"]].set_
         index(["State", "City"])
In [56]: df_pop4 = df_pop3.sum(level="State").sort_
         values("NumericPopulation", ascending=False)
In [57]: df_pop4.head()
Out[57]:
```

State	NumericPopulation
United Kingdom	16011877
Germany	15119548
Spain	10041639
Italy	8764067
Poland	6267409

두 번째 방법은 groupby 메서드를 사용해 동일한 결과를 얻을 수 있는데 groupby 메서드는 DataFrame의 행을 주어진 열의 값에 따라 그룹화할 수 있게 해주므로 그 결과 객체에 축소 함수를 적용할 수 있게 해준다(예: sum, mean, min, max, 등). 그 결과는 grouped-by 열을 인덱스로 갖는 새로운 DataFrame이다. 이 메서드를 사용하면 주별로 그룹화된 105개 도시의 총 인구를 다음과 같은 방법으로 계산할 수 있다.

```
In [58]: df_pop5 = (df_pop.drop("Rank", axis=1)
    ...:                   .groupby("State").sum()
    ...:                   .sort_values("NumericPopulation",
                          ascending=False))
```

여기서는 또한 drop 메서드를 사용해 DataFrame에서 Rank 열을 제거(따라서 axis=1로 설정한다. 행을 제거하려면 axis=0으로 설정한다)한다(rank를 합으로 집계하는 것은 의미가 없기 때문이다). 마지막으로 Series 객체의 plot 메서드를 사용해 도시 개수와 총 인구의 막대그래프를 도식화한다. 결과는 그림 12-2와 같다.

```
In [59]: fig, (ax1, ax2) = plt.subplots(1, 2, figsize=(12, 4))
    ...: city_counts.plot(kind='barh', ax=ax1)
    ...: ax1.set_xlabel("# cities in top 105")
    ...: df_pop5.NumericPopulation.plot(kind='barh', ax=ax2)
    ...: ax2.set_xlabel("Total pop. in top 105 cities")
```

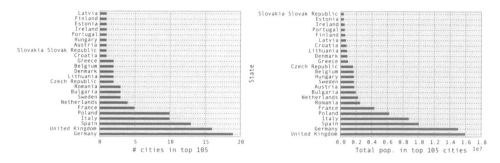

▲ 그림 12-2 유럽에서 가장 인구가 많은 105개 도시 중 주별 도시의 개수(왼쪽)와 주별 전체 인구(오른쪽) 그래프

시계열

시계열은 수량이 정기적 또는 불규칙한 시간 간격의 시점timestamps 또는 고정 또는 가변 시간 간격(주기)으로 주어지는 흔한 데이터 유형이다. pandas에는 이러한 종류의 데이터를 나타내기 위한 전용 데이터 구조가 있다. Series와 DataFrame은 시점과 시간 간격을 기술할 수 있는 데이터 유형을 가진 열과 인덱스를 둘 다 가질 수 있다. 시간 데이터를 처리할 때 데이터를 시간 데이터 유형으로 인덱스할 수 있으면 특히 유용하다. pandas 시계열 인덱서, DatetimeIndex와 PeriodIndex를 사용하면 시간 범위 선택과 시계열 데이터 포인트의 이동 및 재표본과 같은 일반적인 날짜, 시간, 주기 및 캘린더 작업을 수행할 수 있다. pandas Series나 DataFrame 객체에서 인덱스로 사용할 수 있는 날짜 시퀀스를 생성하는 데는 date_range 함수를 사용할 수 있다. date_range 함수는 날짜 및 시간 문

자열(또는 Python 표준 라이브러리의 Datetime 객체)로 된 시작점을 첫 번째 인수로 취하고 periods 키워드 인수를 사용해 범위 내의 원소 개수를 설정할 수 있다.

```
In [60]: pd.date_range("2015-1-1", periods=31)
Out[60]: <class 'pandas.tseries.index.DatetimeIndex'>
         [2015-01-01, ..., 2015-01-31]
         Length: 31, Freq: D, Timezone: None
```

시점의 빈도(기본값은 하루)를 지정하기 위해 freq 키워드 인수를 사용할 수 있으며 periods를 사용해 포인트 개수를 지정하는 대신, 시작점과 종료점을 날짜 및 시간 문자열(또는 datetime 객체)로 첫 번째 및 두 번째 인수에서 지정할 수 있다. 예를 들어 2015-01-01 00:00~12:00 사이에 시간별 시점을 생성하려면 다음과 같이 할 수 있다.

```
In [61]: pd.date_range("2015-1-1 00:00", "2015-1-1 12:00", freq="H")
Out[61]: <class 'pandas.tseries.index.DatetimeIndex'>
         [2015-01-01 00:00:00, ..., 2015-01-01 12:00:00]
         Length: 13, Freq: H, Timezone: None
```

date_range 함수는 DatetimeIndex의 인스턴스를 반환하며, 이 값은 Series 또는 DataFrame 객체의 인덱스로 사용할 수 있다.

```
In [62]: ts1 = pd.Series(np.arange(31), index=pd.date_range("2015-1-1",
             periods=31))
In [63]: ts1.head()
Out[63]: 2015-01-01    0
         2015-01-02    1
         2015-01-03    2
         2015-01-04    3
         2015-01-05    4
         Freq: D, dtype: int64
```

DatetimeIndex 객체의 원소는 날짜 및 시간 문자열로 인덱싱해 접근할 수 있다. DatetimeIndex의 원소는 표준 Python datetime 객체를 확장한 pandas 객체 Timestamp 유형이다(Python 표준 라이브러리의 datetime 모듈을 참고하라).

```
In [64]: ts1["2015-1-3"]
Out[64]: 2
In [65]: ts1.index[2]
Out[65]: Timestamp('2015-01-03 00:00:00', offset='D')
```

Timestamp와 datetime 객체는 서로 교체할 수 있으며 Timestam 클래스는 datetime 클래스처럼 year, month, day, hour, minute 등과 같은 시간 필드에 접근하기 위한 속성을 갖고 있다. 그러나 Timestamp와 datetime의 두드러진 차이점은 Timestamp는 나노초 정밀도로 시간을 저장하는 반면, datetime 객체는 마이크로초 정밀도만 사용한다는 것이다.

```
In [66]: ts1.index[2].year, ts1.index[2].month, ts1.index[2].day
Out[66]: (2015, 1, 3)
In [67]: ts1.index[2].nanosecond
Out[67]: 0
```

to_pydatetime 메서드를 사용하면 Timestamp 객체를 표준 Python datetime 객체로 변환할 수 있다.

```
In [68]: ts1.index[2].to_pydatetime()
Out[68]: datetime.datetime(2015, 1, 3, 0, 0)
```

datetime 객체 리스트를 사용하면 pandas 시계열을 만들 수 있다.

```
In [69]: import datetime
In [70]: ts2 = pd.Series(np.random.rand(2),
   ...:                   index=[datetime.datetime(2015, 1, 1), datetime.
```

```
                         datetime(2015, 2, 1)]])
In [71]: ts2
Out[71]: 2015-01-01     0.683801
         2015-02-01     0.916209
         dtype: float64
```

시간 간격 시퀀스로 정의된 데이터는 PeriodIndex 클래스를 사용해 인덱싱된 Series 및 DataFrame 객체를 사용해 나타낼 수 있다. Period 객체의 리스트를 전달해 PeriodIndex 클래스의 인스턴스를 명시적으로 구성한 후 Series나 DataFrame 객체를 생성할 때 인덱스로 지정할 수 있다.

```
In [72]: periods = pd.PeriodIndex([pd.Period('2015-01'),
   ...:                            pd.Period('2015-02'),
   ...:                            pd.Period('2015-03')])
In [73]: ts3 = pd.Series(np.random.rand(3), index=periods)
In [74]: ts3
Out[74]: 2015-01     0.969817
         2015-02     0.086097
         2015-03     0.016567
Freq: M, dtype: float64
In [75]: ts3.index
Out[75]: <class 'pandas.tseries.period.PeriodIndex'>
         [2015-01, ..., 2015-03]
         Length: 3, Freq: M
```

또한 DatetimeIndex 객체로 인덱싱된 Series 또는 DataFrame 객체를 to_period 메서드 (주기 빈도를 지정하는 인수를 취하는데, 여기서는 월별을 의미하는 'M'이다)를 사용해 PeriodIndex 로 변환할 수 있다.

```
In [76]: ts2.to_period('M')
Out[76]: 2015-01     0.683801
         2015-02     0.916209
         Freq: M, dtype: float64
```

이 절의 나머지 부분에서는 예를 통해 pandas의 시계열의 특징을 탐구한다. 여기서는 주어진 시점에서 온도 측정 시퀀스를 포함하는 2개의 시계열을 조작하는 방법을 살펴본다. 2014년, 약 1년에 걸쳐 실내 온도 센서 데이터셋과 실외 온도 센서 데이터셋을 약 10분마다 관찰했다. 두 데이터 파일은 temperature_indoor_2014.tsv와 emperature_outdoor_2014.tsv라는 2개의 열을 가진 TSV[tab-separated values](CSV 포맷의 변형) 유형이며 첫 번째 열에는 UNIX timestamps(1970년 1월 1일부터 초 단위로 경과한 시간)가 포함돼 있다. 두 번째 열은 섭씨로 측정한 온도다. 예를 들어 옥외 데이터셋의 첫 번째 5개 라인은 다음과 같다.

```
In [77]: !head -n 5 temperature_outdoor_2014.tsv
1388530986     4.380000
1388531586     4.250000
1388532187     4.190000
1388532787     4.060000
1388533388     4.060000
```

열 사이의 구분 문자를 탭[TAB] 문자, 즉 delimiter="\t"라고 지정하면 read_csv를 사용해 데이터 파일을 읽을 수 있다. 두 파일을 읽을 때 names 키워드 인수를 사용해 열 이름을 명시적으로 지정하는 이유는 이 예제 파일에는 열 이름과 header 줄이 없기 때문이다.

```
In [78]: df1 = pd.read_csv('temperature_outdoor_2014.tsv', delimiter="\t",
   ...:                     names=["time", "outdoor"])
In [79]: df2 = pd.read_csv('temperature_indoor_2014.tsv', delimiter="\t",
   ...:                     names=["time", "indoor"])
```

시계열 데이터를 위한 DataFrame 객체를 만든 후에는 다음과 같이 처음 몇 행을 표시해 데이터를 살펴보는 것이 좋다.

```
In [80]: df1.head()
Out[80]:
```

	time	outdoor
0	1388530986	4.38
1	1388531586	4.25
2	1388532187	4.19
3	1388532787	4.06
4	1388533388	4.06

시계열 데이터를 의미 있게 표현하기 위한 다음 단계는 to_datetime 메서드에 unit="s" 인수를 전달해 UNIX 시간을 날짜 및 시간 객체로 변환하는 것이다. 더 나아가 tz_localize를 이용해 타임스탬프를 지역화(시간대 할당)하고 tz_convert를 사용해 시간대 속성을 Europe/Stockholm로 변환한다. 또 set_index를 사용해 시간 열을 인덱스로 설정한다.

```
In [81]: df1.time = (pd.to_datetime(df1.time.values, unit="s")
   ...:                     .tz_localize('UTC').tz_convert('Europe/Stockholm'))
In [82]: df1 = df1.set_index("time")
In [83]: df2.time = (pd.to_datetime(df2.time.values, unit="s")
   ...:                     .tz_localize('UTC').tz_convert('Europe/Stockholm'))
In [84]: df2 = df2.set_index("time")
In [85]: df1.head()
Out[85]:
```

time	outdoor
2014-01-01 00:03:06+01:00	4.38
2014-01-01 00:13:06+01:00	4.25
2014-01-01 00:23:07+01:00	4.19
2014-01-01 00:33:07+01:00	4.06
2014-01-01 00:43:08+01:00	4.06

실외 온도 데이터셋을 위한 DataFrame의 처음 몇 행을 출력해보면 인덱스가 실제로 날짜와 시간 객체라는 것을 알 수 있다. 다음 예에서 볼 수 있듯이 적절한 날짜 및 시간 객체로 대표되는 시계열 인덱스(예: UNIX 타임스탬프를 나타내는 정수와 반대)를 사용하면 많은 시간 중심 작업을 쉽게 수행할 수 있다. 데이터 탐색을 좀 더 자세히 진행하기 전에 데이터의 모양을 파악하기 위해 2개의 시계열을 도식화해본다. 이를 위해 DataFrame.plot 메서드를 사용할 수 있으며 결과는 그림 12-3과 같다. 8월 중 일부 자료가 누락돼 있다는 것에 유의한다. 불완전한 데이터는 흔히 발생하는 문제로, 누락된 데이터를 적절한 방법으로 처리하는 것은 pandas 라이브러리의 목적 중 일부다.

```
In [86]: fig, ax = plt.subplots(1, 1, figsize=(12, 4))
   ...: df1.plot(ax=ax)
   ...: df2.plot(ax=ax)
```

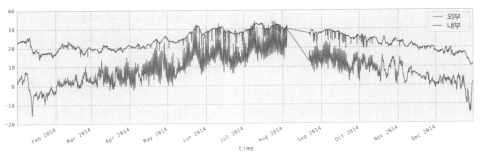

▲ 그림 12-3 내외부 온도 시계열 도식화

DataFrame 객체에 info 메서드를 사용해 그 결과를 표시해보는 것도 이해를 하는 데 도움이 된다. 이를 통해 이 데이터셋에는 약 5만 개의 데이터 포인트가 있으며 2014-01-01 00:03:06부터 시작해 2014-12-30 23:56:35까지의 데이터 포인트가 포함돼 있다는 것을 알 수 있다.

```
In [87]: df1.info()
<class 'pandas.core.frame.DataFrame'>
DatetimeIndex: 49548 entries, 2014-01-01 00:03:06+01:00 to 2014-12-30
23:56:35+01:00
Data columns (total 1 columns):
outdoor    49548 non-null float64
dtypes: float64(1) memory usage: 774.2 KB
```

시계열에서의 일반적인 작업은 데이터의 일부를 선택하고 추출하는 것이다. 예를 들어 2014년도의 모든 데이터를 포함하는 전체 데이터셋에서 1월 데이터만을 선별하고 분석하는 것에 관심이 있는 경우를 생각해보자. pandas에서는 여러 가지 방법으로 이 작업을 성취할 수 있다. 예를 들어 DataFrame의 부울 인덱싱을 사용해 데이터의 부분 집합을 DataFrame으로 생성할 수 있다. 1월의 데이터를 선택하는 부울 인덱싱 마스크를 만들기 위해 시계열 인덱스를 날짜와 시간의 문자열 표현과 비교할 수 있는 pandas 시계열 특징을 이용할 수 있다. 다음 코드에서의 df1.index >= "2014-1-1-1"과 같은 표현은(여기서 df1.index는 DateTimeIndex 인스턴스) 원하는 요소를 선택하기 위한 마스크로 사용할 수 있는 불린 Numpy 배열을 생성한다.

```
In [88]: mask_jan = (df1.index >= "2014-1-1") & (df1.index < "2014-2-1")
In [89]: df1_jan = df1[mask_jan]
In [90]: df1_jan.info()
<class 'pandas.core.frame.DataFrame'>
DatetimeIndex: 4452 entries, 2014-01-01 00:03:06+01:00 to 2014-01-31
23:56:58+01:00
Data columns (total 1 columns):
outdoor    4452 non-null float64
dtypes: float64(1) memory usage: 69.6 KB
```

다른 방법은 날짜와 시간 문자열이 있는 슬라이스 구문을 직접 사용하는 것이다.

```
In [91]: df2_jan = df2["2014-1-1":"2014-1-31"]
```

결과는 df1_jan과 df2_jan이라는 2개의 DataFrame 객체로 1월 한 달 동안의 데이터만 담고 있다. plot 메서드를 사용해 (원래 데이터의) 이 부분 집합을 도식화하면 그림 12-4 에 표시된 그래프가 된다.

```
In [92]: fig, ax = plt.subplots(1, 1, figsize=(12, 4))
    ...: df1_jan.plot(ax=ax)
    ...: df2_jan.plot(ax=ax)
```

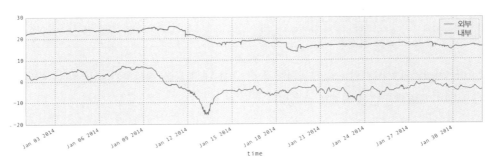

▲ 그림 12-4 선택된 월(1월)의 내외부 온도의 시계열 도식화

Python의 표준 라이브러리에 있는 datetime 클래스처럼 시간값을 나타내기 위해 pandas에서 사용되는 Timestamp 클래스는 연도 월, 일, 시간, 분 등과 같은 필드에 접근 할 수 있는 속성을 갖고 있다. 이러한 필드는 특히 시계열 처리 시에 유용하다. 예를 들어 1년 중 각 달의 평균 온도를 계산하려면 가장 먼저 새로운 month 열을 생성하고 그 month 열에 DatetimeIndex 인덱서의 Timestamp 값에 있는 month 필드를 할당한다. 각 Timestamp 값에서 month 필드를 추출하려면 가장 먼저 reset_index를 호출해 인덱스를 DataFrame의 열(이 경우 새로운 DataFrame 객체는 다시 정수 인덱스가 된다)로 변환한 후 새로 생성된 time 열에 apply 함수를 사용한다.[4]

---

4 DatetimeIndex 객체의 month 메서드를 직접 사용할 수도 있지만 여기서는 설명을 위해 보다 명시적인 방법을 사용했다.

```
In [93]: df1_month = df1.reset_index()
In [94]: df1_month["month"] = df1_month.time.apply(lambda x: x.month)
In [95]: df1_month.head()
Out[95]:
```

	time	outdoor	month
0	2014-01-01 00:03:06+01:00	4.38	1
1	2014-01-01 00:13:06+01:00	4.25	1
2	2014-01-01 00:23:07+01:00	4.19	1
3	2014-01-01 00:33:07+01:00	4.06	1
4	2014-01-01 00:43:08+01:00	4.06	1

DataFrame을 새 month 필드로 그룹화하고 각 그룹 내 평균을 계산하기 위한 mean 함수를
사용하면 그룹화된 값을 집계할 수 있다.

```
In [96]: df1_month = df1_month.groupby("month").aggregate(np.mean)
In [97]: df2_month = df2.reset_index()
In [98]: df2_month["month"] = df2_month.time.apply(lambda x: x.month)
In [99]: df2_month = df2_month.groupby("month").aggregate(np.mean)
```

두 번째 DataFrame(내부 온도)에 동일한 과정을 반복한 후 join 메서드를 사용해 df1_
month와 df2_month를 단일 DataFrame으로 병합한다.

```
In [100]: df_month = df1_month.join(df2_month)
In [101]: df_month.head(3)
Out[101]:
```

time	outdoor	indoor
1	-1.776646	19.862590
2	2.231613	20.231507
3	4.615437	19.597748

단지 코드 몇 줄로 데이터로 변환하고 계산하기 위한 pandas의 많은 데이터 처리 능력 중 일부를 이용해봤다. pandas가 제공하는 도구를 결합하면 같은 분석이나 유사한 분석이 가능하다. 이 예의 to_period와 groupby 메서드 그리고 concat 함수(Join처럼 DataFrame 을 하나의 DataFrame으로 결합하는 것)를 이용하면 전체 과정을 단 한 줄의 코드로 끝낼 수 있다.

```
In [102]: df_month = pd.concat([df.to_period("M").groupby(level=0).mean()
          for df in [df1, df2]],
   ...:                        axis=1)
In [103]: df_month.head(3)
Out[103]:

time        outdoor      indoor
2014-01    -1.776646    19.862590
2014-02     2.231613    20.231507
2014-03     4.615437    19.597748
```

결과를 시각화하기 위해 DataFrame의 plot 메서드를 사용해 막대그래프와 상자 그래프로 월 평균 온도를 표시해보자. 결과는 그림 12-5와 같다.

```
In [104]: fig, axes = plt.subplots(1, 2, figsize=(12, 4))
   ...: df_month.plot(kind='bar', ax=axes[0])
   ...: df_month.plot(kind='box', ax=axes[1])
```

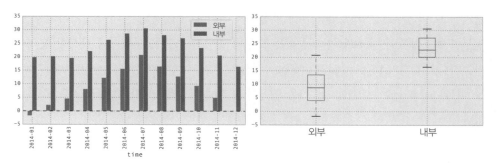

▲ 그림 12-5 월별 평균 내외부 온도(왼쪽)과 월별 내외부 온도를 박스 그래프로 도식화(오른쪽)

마지막으로 pandas 시계열 객체의 매우 유용한 특징 중 하나는 resample 메서드를 사용해 시계열을 업샘플링up-sampling하거나 다운샘플링down-sampling할 수 있는 능력이다. 재표본은 시계열의 데이터 포인트 수가 변화된다는 것을 의미한다. 재표본을 통해 표본을 증대(업샘플링)시키거나 감소(다운샘플링)시킬 수 있다. 업샘플링의 경우, 누락된 값을 채우는 방법을 선택하고, 다운샘플링의 경우 새로운 표본 포인트마다 복수의 표본 포인트를 집계하는 방법을 선택해야 한다. resample 메서드는 재표본된 시계열의 새로운 데이터 포인트 주기를 지정하는 문자열을 첫 번째 인수로 취한다. 예를 들어 문자열 H는 1시간, 문자열 D는 1일, 문자열 M은 1개월을 나타내는 식이다.[5] 또한 이 표기를 7일을 나타내는 7D와 같은 간단한 표현으로 결합할 수 있다. resample 메서드는 재표본된 데이터를 얻기 위해 재표본 객체를 반환하는데, 재표본 객체는 mean이나 sum과 같은 집계 함수를 갖고 있다.

resample 메서드 사용의 예시를 보기 위해 온도 데이터가 있는 이전 2개의 시계열을 다시 살펴보자. 원래 표본 주기는 약 10분으로 1년에 걸쳐 많은 데이터 포인트를 갖게 된다. 도식화를 목적으로 하거나 약간 다른 시간대로 표본된 2개의 시계열을 비교하려면 종종 원래의 데이터를 다운샘플링해야 할 필요가 있다. 이를 통해 서로 쉽게 비교될 수 있는 덜 복잡한 그래프와 규칙적인 간격을 가진 시계열을 생성할 수 있다. 다음 코드는

---

5   시간 단위를 지정하는 코드는 매우 많다. 좀 더 자세한 사항은 Pandas 매뉴얼의 'Offset aliases'와 'Anchored offsets'를 참고하라.

실외 온도 시계열을 4개의 다른 표본 주기로 재표본하고 그 결과 시계열을 표시한다. 또 1년간의 실내외 일일 평균 온도 차이를 얻기 위해 일 평균으로 실내외 시계열을 재표본해 그 차를 구해본다. 이런 종류의 조작은 시계열을 다룰 때 매우 편리하며 pandas 라이브러리가 정말 빛을 발하는 많은 분야 중 하나다.

```
In [105]: df1_hour = df1.resample("H").mean()
In [106]: df1_hour.columns = ["outdoor (hourly avg.)"]
In [107]: df1_day = df1.resample("D").mean()
In [108]: df1_day.columns = ["outdoor (daily avg.)"]
In [109]: df1_week = df1.resample("7D").mean()
In [110]: df1_week.columns = ["outdoor (weekly avg.)"]
In [111]: df1_month = df1.resample("M").mean()
In [112]: df1_month.columns = ["outdoor (monthly avg.)"]
In [113]: df_diff = (df1.resample("D").mean().outdoor - df2.resample("D").
                     mean().indoor)
In [114]: fig, (ax1, ax2) = plt.subplots(2, 1, figsize=(12, 6))
     ...: df1_hour.plot(ax=ax1, alpha=0.25)
     ...: df1_day.plot(ax=ax1)
     ...: df1_week.plot(ax=ax1)
     ...: df1_month.plot(ax=ax1)
     ...: df_diff.plot(ax=ax2)
     ...: ax2.set_title("temperature difference between outdoor and indoor")
     ...: fig.tight_layout()
```

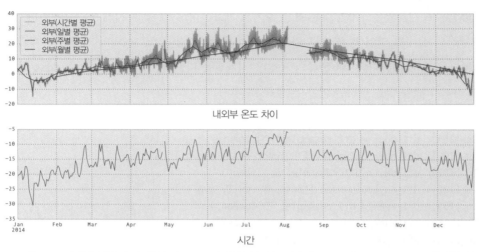

▲ 그림 12-6 시간별, 일별, 주별, 월별 평균으로 재표본된 외부 온도(왼쪽), 내외부 온도의 일별 기온 차이(오른쪽)

업샘플링의 예로, 3개의 다른 집계 함수(mean, ffill(정방향 채우기), bfill(역방향 채우기))를 사용해 DataFrame df1을 5분 주기로 재표본하는 경우를 살펴보자. 원래 표본 주기는 약 10분이므로 이 재표본은 실제로 업샘플링이다. 그 결과는 3개의 새로운 DataFrame을 concat 함수를 사용해 하나의 DataFrame 객체로 결합한 것이다. DataFrame의 첫 다섯 행은 다음 코드에 표시돼 있다. 매 두 번째 데이터 포인트는 새로운 표본 포인트로, 종합 메서드 값에 종속되며 해당 값은 지정된 전략에 따라 채워진다(또는 채우지 않는다). 채우기 전략을 선택하지 않으면 해당 값을 NaN 값으로 설정해 누락된 것으로 표시된다.

```
In [115]: pd.concat(
     ...: [df1.resample("5min").mean().rename(columns={"outdoor":
          'None'}),
     ...: df1.resample("5min").ffill().rename(columns={"outdoor":
          'ffill'}),
     ...: df1.resample("5min").bfill().rename(columns={"outdoor":
          'bfill'})],
     ...: axis=1).head()
```

```
Out[115]:

time                          None        ffill       bfill
2014-01-01 00:00:00+01:00     4.38        4.38        4.38
2014-01-01 00:05:00+01:00     NaN         4.38        4.25
2014-01-01 00:10:00+01:00     4.25        4.25        4.25
2014-01-01 00:15:00+01:00     NaN         4.25        4.19
2014-01-01 00:20:00+01:00     4.19        4.19        4.19
```

Seaborn 그래픽 라이브러리

Seaborn 그래픽 라이브러리는 Matplotlib 위에 구현돼 있으며 분포도 커널 밀도 도식화, 결합 분포 도식화, 인자 도식화, 히트맵, 면 도식화, 여러 회귀 시각화 등 통계와 데이터 분석 작업에 유용한 그래프 생성을 위한 기능을 제공한다. 또한 Seaborn은 그래프의 채색 방법과 잘 다듬어진 많은 색조 팔레트를 제공한다. Seaborn 라이브러리는 생산하는 그래프의 미학에 세심한 주의를 기울여 만들어졌으며 생성된 그래프는 보기에도 좋고 유익하기도 하다. Seaborn 라이브러리는 특정 응용 영역, 즉 통계 분석 및 데이터 시각화 분야에 세련된 상위 레벨 그래프 기능을 제공한다는 점에서 기저 라이브러리인 Matplotlib과는 구별된다. 표준 통계 그래프를 라이브러리로 쉽게 생성할 수 있다는 점은 탐색적 데이터 분석에서 귀중한 도구가 된다. Seaborn 라이브러리 사용을 시작하기 위해서는 가장 먼저 sns.set 함수를 사용해 생성할 그래프의 스타일을 설정해야 한다. 여기서는 darkgrid라고 불리는 스타일로 작업하도록 설정했는데, 이 스타일은 회색 배경의 그래프를 생성한다(Whitegrid style도 시도해보자).

```
In [116]: sns.set(style="darkgrid")
```

seaborn을 임포트하고 라이브러리 스타일을 설정하면 pandas 라이브러리에서 만든 그래프를 포함해 Matplotlib 그래프의 기본 설정이 변경된다. 예를 들어 앞서 실내외 온도 시계열을 그렸던 도면을 살펴보자. 결과는 그림 12-7과 같다. pandas DataFrame의 plot 메서드를 이용해 그래프를 그렸지만 sns.set 함수의 사용으로 인해 그래프의 외관이 변경됐다(그림 12-3과 비교해보라).

```
In [117]: df1 = pd.read_csv('temperature_outdoor_2014.tsv', delimiter="\t",
     ...:                    names=["time", "outdoor"])
     ...: df1.time = (pd.to_datetime(df1.time.values, unit="s")
     ...:                .tz_localize('UTC').tz_convert('Europe/Stockholm'))
     ...: df1 = df1.set_index("time").resample("10min").mean()
In [118]: df2 = pd.read_csv('temperature_indoor_2014.tsv', delimiter="\t",
     ...:                    names=["time", "indoor"])
     ...: df2.time = (pd.to_datetime(df2.time.values, unit="s")
     ...:                .tz_localize('UTC').tz_convert('Europe/Stockholm'))
     ...: df2 = df2.set_index("time").resample("10min").mean()
In [119]: df_temp = pd.concat([df1, df2], axis=1)
In [120]: fig, ax = plt.subplots(1, 1, figsize=(8, 4))
     ...: df_temp.resample("D").mean().plot(y=["outdoor", "indoor"], ax=ax)
```

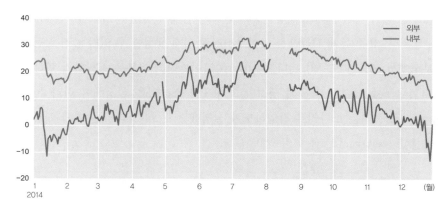

▲ 그림 12-7 Seaborn 라이브러리로 스타일을 설정한 후 Pandas 라이브러리를 사용해 Matplotlib로 시계열을 도식화한 그래프

Seaborn 라이브러리의 주요 장점은 보기 좋은 그래픽을 만드는 것 외에도 사용하기 쉬운 통계 도식화가 모여 있다는 것이다. 그 예로는 KDE 도면을 히스토그램 위에 중첩시켜 각각 도식화하는 kdplot과 distplot이 있다. 예를 들어 다음 두 줄의 코드는 그림 12-8에 표시된 그래프를 생성한다. 그림의 파란색 실선과 녹색 선은 KDE 값으로, kdplot 함수를 이용해 별도의 그래프로 나타낼 수도 있다(여기서는 표시하지 않음).

```
In [121]: sns.distplot(df_temp.to_period("M")["outdoor"]["2014-04"].
dropna().values, bins=50);
     ...: sns.distplot(df_temp.to_period("M")["indoor"]["2014-04"].
dropna().values, bins=50);
```

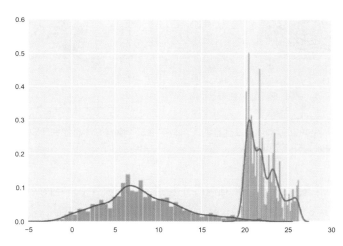

▲ 그림 12-8 4월에 해당하는 내외부 데이터셋의 히스토그램(바)과 커널-밀도 도면(실선)

kdplot 함수는 2차원 데이터와도 작동할 수 있으므로 결합 커널-밀도 추정값의 등고선 그래프를 보여준다. 이와 관련해 jointplot 함수로 2개의 개별 데이터셋에 대한 결합 분포를 표시할 수도 있다. 다음 예에서는 가시화 전에 시간당 평균으로 재표본된 실내외 데이터 계열의 상관 관계를 보여주기 위해 kdplot과 jointplot을 이용한다(seaborn 모듈의 함수는 결측 데이터가 있는 배열을 수용하지 않기 때문에 dropna 메서드를 사용해 누락값을 제거한다). 결과는 그림 12-9와 같다.

```
In [122]: sns.kdeplot(df_temp.resample("H").mean()["outdoor"].dropna().values,
     ...:             df_temp.resample("H").mean()["indoor"].dropna().
                      values, shade=False)
In [123]: with sns.axes_style("white"):
     ...:     sns.jointplot(df_temp.resample("H").mean()["outdoor"].values,
     ...:                   df_temp.resample("H").mean()["indoor"].values,
                           kind="hex")
```

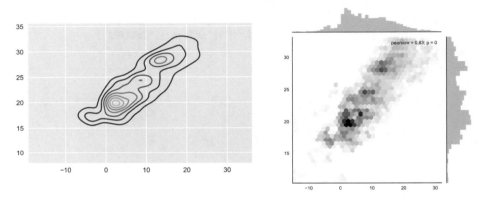

▲ 그림 12-9 2차원 커널-밀도 추정 등고선(왼쪽)과 내외부 온도 데이터셋의 결합 분포도(오른쪽). 외부 온도는 x축, 내부 온도는 y축에 나타나 있다.

Seaborn 라이브러리는 또 범주형 데이터를 다룰 수 있는 함수도 제공한다. 범주형 변수를 가진 데이터셋을 유용하게 나타내는 간단한 그래프 유형 중 하나는 데이터셋의 기술 통계량(최소, 최대, 중위수 및 사분위 수)을 시각화하기 위한 표준 상자 그림boxplot이다. 표준 상자 그림의 흥미로운 변형은 KDE 값이 상자 그림의 폭으로 나타나는 바이올린 플롯violinplot이다. boxplot과 violinplot 함수를 사용하면 다음 예와 같이 그래프를 그릴 수 있다. 결과는 그림 12-10과 같다.

```
In [124]: fig, (ax1, ax2) = plt.subplots(1, 2, figsize=(8, 4))
     ...: sns.boxplot(df_temp.dropna(), ax=ax1, palette="pastel")
     ...: sns.violinplot(df_temp.dropna(), ax=ax2, palette="pastel")
```

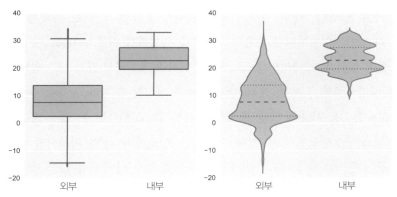

▲ 그림 12-10 내외부 온도 데이터셋에 대한 상자 그림(왼쪽)과 바이올린 그림(오른쪽)

바이올린 그림의 추가 예로 외부 온도 데이터셋을 월별로 분할하는 것을 고려해보자. 월별 분할은 DataFrame의 인덱스의 월 필드를 두 번째 인수(데이터를 범주로 그룹화하기 위해 사용)로 전달하면 생성할 수 있다. 그림 12-11에 나타난 결과는 해당 연도의 각 월별 온도 분포에 대한 간결하고 유익한 시각화 정보를 제공해준다.

```
In [125]: sns.violinplot(x=df_temp.dropna().index.month,
    ...: y=df_temp.dropna().outdoor, color="skyblue");
```

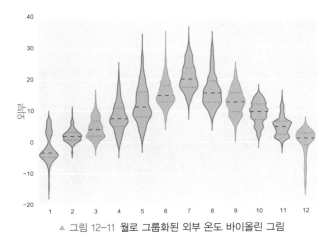

▲ 그림 12-11 월로 그룹화된 외부 온도 바이올린 그림

히트맵은 범주형 변수, 특히 범주가 많은 변수에 유용한 또 다른 유형의 그래프다. Seaborn 라이브러리는 이러한 유형의 그래프를 생성하기 위한 heatmap 함수를 제공한다. 예를 들어 실외 온도 데이터셋으로 작업하면서 인덱스에서 월과 시간 필드를 추출해 새 열에 할당함으로써 두 범주 열 month와 hour를 생성할 수 있다. 그다음에는 pandas의 pivot_table 함수를 사용해 열을 표(행렬)로 피봇시키고 선택된 두 범주 변수가 새로운 인덱스와 열을 구성하도록 할 수 있다. 여기서는 온도 데이터셋을 피봇시켜 일중 시간이 열, 연중 월이 행(인덱스)이 되도록 한다. 매 시간-월 범주 안에 드는 다중 데이터 포인트를 집계하기 위해 aggfunc=np.mean 인수를 설정해 모든 값의 평균을 계산한다.

```
In [126]: df_temp["month"] = df_temp.index.month
     ...: df_temp["hour"] = df_temp.index.hour
In [127]: table = pd.pivot_table(df_temp, values='outdoor',
                index=['month'], columns=['hour'],
     ...:                        aggfunc=np.mean)
```

일단 피봇 테이블을 만들면 Seaborn의 heatmap 함수를 이용해 그것을 열 지도로서 시각화할 수 있다. 결과는 그림 12-12와 같다.

```
In [128]: fig, ax = plt.subplots(1, 1, figsize=(8, 4))
     ...: sns.heatmap(table, ax=ax)
```

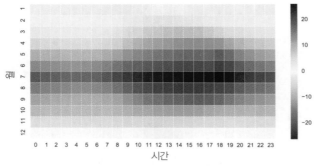

▲ 그림 12-12 일중 시간과 연중 월로 그룹화된 외부 온도의 히트맵

Seaborn 라이브러리는 여기서 살펴본 것보다 훨씬 더 많은 통계적 시각화 도구를 포함하고 있다. 그러나 이 라이브러리가 할 수 있는 몇 가지 예시를 살펴본 것으로 최소한의 노력으로 많은 표준 통계 그래프를 생산할 수 있는 통계 분석과 자료 탐색에 편리한 도구라는 Seaborn 라이브러리의 진수를 느꼈기를 바란다. 13장, '통계학'에서는 Seaborn 라이브러리의 응용 사례들을 좀 더 살펴본다.

요약

12장에서는 Pandas 라이브러리를 이용한 데이터 표현과 처리를 알아보고 Seaborn 시각화 라이브러리가 제공하는 통계 그래픽 도구를 간략히 살펴봤다. Pandas 라이브러리는 Python으로 처리된 많은 데이터의 백엔드를 제공한다. Pandas는 Numpy 배열의 데이터 표현 위에 상위 레벨 추상화 계층을 추가하고 기저 데이터에 대한 추가 조작 방법을 제공함으로써 이를 성취한다. 데이터를 쉽게 읽고 변환 및 조작할 수 있는 용이성은 Python에서 데이터 처리의 작업 흐름상 귀중한 부분을 차지한다. Pandas 라이브러리에는 데이터 구조로 표현된 데이터를 시각화하기 위한 기본 함수도 포함돼 있다. Pandas Series DataFrame은 데이터의 표현과 탐색적 데이터 분석에 있어 중요한 도구다. Seaborn 라이브러리는 한 걸음 더 나아가 종종 단 한 줄의 코드로 풍부한 통계 그래프를 생성한다. Seaborn 라이브러리의 많은 함수는 Pandas 데이터 구조에 직접 작동할 수 있다.

추가 참고 도서 목록

Pandas 라이브러리에 대한 훌륭한 소개서는 라이브러리 원저자가 쓴 McKinney(2013)에서 찾을 수 있고, Numpy에 대한 상세한 설명도 있다. Pandas의 공식 문서는 http://pandas.pydata.org/pandas-docs/stable에서 확인할 수 있으며 라이브러리에 대한 상세한 설명을 찾아볼 수 있다. Pandas를 배우기 위한 또 다른 좋은 온라인 자원은 http://github.com/jvns/pandas-cookbook이다. 데이터 시각화에 관해서는 12장에서 Seaborn 라이브러리를 살펴봤는데 Seaborn 웹 사이트에서 자세한 설명을 볼 수 있다. 고급 시각화 도구와 관련해서는 Python의 ggplot 라이브러리(http://ggplot.yhathq.com)를 탐색해보는 것이 좋은데, ggplot은 유명한 "The Grammar of Graphics"(L. Wilkinson, 2005)를 기반으로 구현돼 있다. ggplot 라이브러리는 Pandas 라이브러리와도 긴밀하게 통합돼 있으며 데이터를 분석할 때 편리한 통계적 시각화 도구를 제공한다. Python에서 시각화에 대한 좀 더 자세한 내용은 Vaingast(2014)를 참고하라.

참고 문헌

- L. Wilkinson, D. W. (2005). The Grammar of Graphics. Chicago : Springer.
- McKinney, W. (2013). Python for Data Analysis. Sebastopol : O'Reilly.
- Vaingast, S. (2014). Beginning Python Visualization. New York : Apress.

13장

통계학

통계학은 오랫동안 모든 이공계 응용 학문과 관련된 수학 분야였으며 지식을 얻고 결정을 내리는 데 데이터를 사용하는 기업, 의학 및 기타 분야에도 관련돼 있다. 최근에는 데이터 분석의 확산으로 통계적 방법에 대한 관심이 급증하고 있다. 컴퓨터-응용$^{computer-aided}$ 통계는 긴 역사를 갖고 있고 전통적으로 S 언어와 같은 도메인별 소프트웨어 패키지와 프로그래밍 환경이 지배적이었으며 최근에는 오픈 소스인 R 언어가 두각을 나타내고 있다. 통계 분석을 위한 Python의 사용은 지난 몇 년 동안 급격히 증가했고 이제는 Python용 통계 라이브러리가 성숙 단계에 이를 정도로 개발돼 있다. 이러한 라이브러리를 사용하면 Python은 비록 전부는 아니라도 통계 영역의 많은 도메인-특화된 언어들의 성능과 특징에 견줄 수 있을 뿐 아니라 Python 프로그래밍 언어와 환경이라는 고유한 장점까지도 제공해줄 수 있다. 12장, '데이터 처리 및 분석'에서 살펴본 Pandas 라이브러리는 Python 환경에 DataFrame 데이터 구조를 도입하는 등 통계 소프트웨어의 영향을 강하게 받은 Python 커뮤니티 내의 발전을 보여주는 사례다. Numpy와 Scipy 라이브러리는 많은 기본적 통계 개념에 대한 계산 도구를 제공해주며 고급 통계 모델링과 머신 러닝은 14장, '통계 모델링'에서 더 살펴볼 `statsmodels`와 `scikit-learn` 라이브러리에서 처리할 수 있다.

13장에서는 Python을 사용한 기본 통계 응용에 초점을 맞추는데, 이 중 특히 Scipy의 통계 모듈인 stats를 알아본다. 여기서는 기술^{descriptive} 통계량, 랜덤 수, 확률 변수, 분포 및 가설 검정 계산을 알아본다. 보다 복잡한 통계 모델링과 머신 러닝 애플리케이션은 14장, '통계 모델링'으로 미룬다. 기술 통계량 계산을 위한 함수와 메서드, 랜덤 수를 생성하기 위한 모듈 등 몇 가지 기본적인 통계 함수는 Numpy 라이브러리로도 이용할 수 있다. Scipy stats 모듈은 Numpy 위에 구현돼 있으며 보다 특화된 분포를 사용해 랜덤 수를 생성할 수 있는 기능을 제공한다.

모듈 임포트하기

13장에서는 주로 Scipy의 stats 모듈로 작업하며 Scipy에서 모듈을 선택적으로 임포트하기 위해 다음과 같이 임포트한다. 여기서는 stats와 optimize 모듈이 다음과 같은 방법으로 임포트된다고 가정한다.

```
In [1]: from Scipy import stats
   ...: from Scipy import optimize
```

또한 평소처럼 Numpy와 Matplotlib 라이브러리도 필요하다.

```
In [2]: import numpy as np
In [3]: import matplotlib.pyplot as plt
```

그리고 통계 그래프와 스타일링을 위해 Seaborn 라이브러리를 사용한다.

```
In [4]: import seaborn as sns
In [5]: sns.set(style="whitegrid")
```

통계 및 확률 리뷰

먼저 13장과 14장, '통계 모델링'에서 사용할 주요 개념과 표기법을 소개하기 위해 간략히 통계에 관해 리뷰해보자. 통계는 통찰력을 얻고 결론을 도출하며 의사 결정을 뒷받침할 목적으로 자료를 수집하고 분석하는 작업이다. 통계적 기법은 현상에 대한 불완전한 정보를 갖고 있을 때 필요하다. 일반적으로 모집단의 모든 구성 요소로부터 데이터를 수집할 수 없거나 관찰 자체에 불확실성(예: 잡음)이 있기 때문에 정보는 불완전하다. 전체 모집단을 조사할 수 없을 때 랜덤으로 선택한 표본을 대상으로 대신 연구할 수 있으며 통계적 방법을 사용해 기술 통계량(평균이나 분산 등의 매개변수)을 계산해 전체 모집단(표본 공간이라고도 함)의 속성을 오차 위험을 통제하면서 체계적으로 추론할 수 있다. 통계적 방법은 확률 이론의 기초 위에 구축되며 확률론적 확률 변수를 사용해 불확실성과 불완전한 정보를 모델링할 수 있다. 예를 들어 랜덤으로 선택된 모집단의 표본으로부터 전체 모집단의 특성을 추론하는 데 사용할 수 있는 대표 표본을 얻고자 할 수도 있다. 확률 이론에서는 각 관측 결과에 확률을 부여하며 모든 결과에 대한 확률은 확률 분포를 구성한다. 확률 분포가 주어지면 평균, 분산과 같은 모집단의 속성을 계산할 수 있지만 랜덤으로 선택된 표본의 경우에는 기댓값 또는 평균적인 결과만 알 수 있다.

통계 분석에서는 모집단과 표본 통계를 구분하는 것이 중요하다. 여기서 모집단의 매개변수는 그리스 문자를 사용해 표기하고, 표본의 매개변수는 해당 모집단 그리스 문자에 표본의 매개변수 x(또는 표본을 나타내는 기호)를 첨자로 추가해 표기한다. 예를 들어 모집단의 평균과 분산은 μ와 σ^2, 표본 x의 평균과 분산은 μ_x와 σ_x^2로 표기한다. 또한 모집단을 나타내는 변수(확률 변수)는 대문자(예를 들어 X), 표본 원소의 집합은 소문자(예를 들어 x)로 표기한다.

기호 위의 막대 표시는 평균 $\mu = \bar{X} = \frac{1}{N}\sum_{i=1}^{N} x_i$와 $\mu_x = \bar{x} = \frac{1}{n}\sum_{i=1}^{n} x_i$를 나타내는데 여기서 N은 모집단 X의 원소 개수, n은 표본 x의 원소 개수다. 이 두 식의 유일한 차이는 합에서의 원소 개수($N \geq n$)다. 분산은 약간 더 복잡하다. 모집단 분산은 평균으로부터의 거리를 $\sigma^2 = \frac{1}{N}\sum_{i=1}^{N}(x_i - \mu)^2$ 제곱한 값의 평균이며 해당 표본 분산은 $\sigma_x^2 = \frac{1}{n-1}\sum_{i=1}^{n}(x_i - \mu_x)^2$이다.

후자의 경우 모집단 평균 μ를 표본 평균 μ_x로 대체하고 전체 합을 n이 아닌 $n-1$로 나눈다. 그 이유는 표본 평균 μ_x를 계산할 때 표본 집합에서 자유도가 하나 없어져 표본 분산을 계산할 때 자유도가 $n-1$밖에 남지 않았기 때문이다. 결과적으로 모집단과 표본의 분산을 계산하는 방법은 약간 다르다. Python으로 통계를 계산할 때 사용하는 함수에는 전술한 사항이 모두 반영돼 있다.

2장, '벡터, 행렬, 다차원 배열'에서 이미 Numpy 함수나 해당 ndarray 메서드를 사용하면 데이터의 기술 통계량을 계산할 수 있다는 것을 확인했다. 예를 들어 데이터셋 평균과 중앙값을 계산하려면 Numpy의 mean과 median 함수를 사용할 수 있다.

```
In [6]: x = np.array([3.5, 1.1, 3.2, 2.8, 6.7, 4.4, 0.9, 2.2])
In [7]: np.mean(x)
Out[7]: 3.1
In [8]: np.median(x)
Out[8]: 3.0
```

이와 마찬가지로 min과 max 함수 또는 ndarray 메서드를 사용하면 배열의 최솟값 및 최댓값을 계산할 수 있다.

```
In [9]: x.min(), x.max()
Out[9]: (0.90, 6.70)
```

데이터셋의 분산과 표준편차를 계산하려면 var와 std 메서드를 사용해야 한다. 이때에는 모집단 분산과 표준편차에 대한 공식을 기본값으로 사용한다(즉, 데이터셋이 전체 모집단이라고 가정한다).

```
In [10]: x.var()
Out[10]: 3.07
In [11]: x.std()
Out[11]: 1.7521415467935233
```

하지만 이런 작동 방식을 바꾸려면 ddof(델타 자유도) 인수를 사용해야 한다. 분산 식의 분모는 배열의 원소 개수에서 ddof를 차감한 수이므로 표본의 분산과 표준편차의 불편 추정값을 계산하려면 ddof=1로 설정해야 한다.

```
In [12]: x.var(ddof=1)
Out[12]: 3.5085714285714293
In [13]: x.std(ddof=1)
Out[13]: 1.8731181032095732
```

다음 절에서는 Numpy와 Scipy의 stats 모듈을 사용해 랜덤 수를 생성하고 확률 변수와 분포를 나타내며 가설을 검정하는 방법을 자세히 알아본다.

랜덤 수

Python 표준 라이브러리에는 random 모듈이 포함돼 있으며 random 모듈은 몇 가지 기본 분포를 사용해 단일 랜덤 수를 생성하는 함수를 제공한다. Numpy 모듈의 random도 랜덤 Numpy 배열을 생성하는 함수와 더 폭넓은 확률 분포를 지원한다. 랜덤 수를 가진 배열은 대개 계산을 하는 데 유용하므로 여기서는 Numpy의 random 모듈을 중점적으로 알아본 후 Numpy 위에 구축돼 확장된 기능을 가진 Scipy.stats의 고급 함수와 클래스도 살펴본다.

앞서 이미 반-개구간half-open interval [0, 1)에서 균일 분포된 부동소수점 수치를 생성하는 np.random.rand를 사용했다(즉, 0.0은 가능한 결과지만 1.0은 포함되지 않는다). np.random 모듈은 이 함수 외에도 서로 다른 구간, 다른 분포, 다른 유형의 값(예: 부동소수 및 정수)의 랜덤 수를 생성하는 많은 함수를 포함하고 있다. 예를 들어 randn 함수는 표준 정규분포(평균 0과 표준편차 1의 정규분포)를 따르는 랜덤 수를 생성하며 randint 함수는 주어진 최저(포함)와 최대(미포함) 사이에서 균등 분포하는 정수를 생성한다. rand 및 randn 함수를 인수 없이 호출하면 다음과 같이 단일 랜덤 수를 생성한다.

```
In [14]: np.random.rand()
Out[14]: 0.532833024789759
In [15]: np.random.randn()
Out[15]: 0.8768342101492541
```

그러나 이 함수의 인수로 배열의 모양을 지정하면 랜덤 수의 배열이 만들어진다. 예를 들어 여기서는 rand를 사용할 때 5를 인수로 전달해 길이 5인 벡터를 생성하고 randn를 사용할 때 2와 4를 인수로 전달해(고차원 배열을 생성할 때는 각 차원의 길이를 인수로 전달한다) 2×4 배열을 생성했다.

```
In [16]: np.random.rand(5)
Out[16]: array([ 0.71356403, 0.25699895, 0.75269361, 0.88387918, 0.15489908])
In [17]: np.random.randn(2, 4)
Out[17]: array([[ 3.13325952, 1.15727052, 1.37591514, 0.94302846],
               [ 0.8478706 , 0.52969142, -0.56940469, 0.83180456]])
```

randint를 이용해 랜덤 정수를 생성하려면(random_integer도 참고하라) 랜덤 수 상한선을 제공하거나(이 경우 하한은 묵시적으로 0이 된다) 하한과 상한을 모두 제공해야 한다. 생성된 배열의 크기는 size 키워드 인수를 사용해 지정하며 다차원 배열의 모양을 지정하는 정수나 튜플을 사용한다.

```
In [18]: np.random.randint(10, size=10)
Out[18]: array([0, 3, 8, 3, 9, 0, 6, 9, 2, 7])
In [19]: np.random.randint(low=10, high=20, size=(2, 10))
Out[19]: array([[12, 18, 18, 17, 14, 12, 14, 10, 16, 19],
               [15, 13, 15, 18, 11, 17, 17, 10, 13, 17]])
```

randint 함수는 반-개구간 [하한, 상한)에서 임의의 정수를 생성한다는 점에 유의하자. rand, randn, randint에 의해 생성된 랜덤 수들이 정말 다른 분포를 갖는지 알아보기 위해 각 함수로 생성한 랜덤 수 10,000개를 히스토그램으로 표시해볼 수 있다. 결과는 그림 13-1과 같다. rand와 randint의 분포는 균일해 보이지만 다른 범위와 유형을 갖고 있는 반면, randn으로 생성한 숫자의 분포는 예상대로 0을 중심으로 한 가우스 곡선과 유사하다는 점에 주목하자.

```
In [20]: fig, axes = plt.subplots(1, 3, figsize=(12, 3))
    ...: axes[0].hist(np.random.rand(10000))
    ...: axes[0].set_title("rand")
    ...: axes[1].hist(np.random.randn(10000))
    ...: axes[1].set_title("randn")
    ...: axes[2].hist(np.random.randint(low=1, high=10, size=10000),
         bins=9, align='left')
    ...: axes[2].set_title("randint(low=1, high=10)")
```

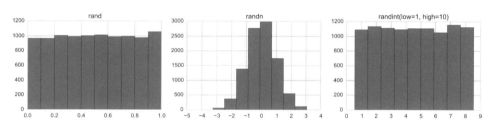

▲ 그림 13-1 Numpy의 random 모듈에 있는 rand, randn, randint를 사용해 생성한 10,000개의 랜덤 수의 분포

통계 분석에서는 종종 고유한 정수 리스트를 생성해야 한다. 이는 복원을 허용하지 않고 집합(모집단)에서 원소를 랜덤으로 추출(랜덤 선택)하는 것에 해당한다(따라서 동일한 원소가 두 번 선택되지 않는다). NumPy random 모듈에서 choice 함수를 사용하면 이러한 유형의 랜덤 숫자를 생성할 수 있다. 첫 번째 인수로는 모집단의 값이 있는 리스트(또는 배열)나 모집단의 원수 개수에 해당하는 정수를 줄 수 있다. 두 번째 인수로는 표본 추출할 값의 개수를 지정한다. replace 키워드 값을 True나 False의 부울 값으로 지정하면 표본 추출에서 복원을 동반할 것인지의 여부를 지정할 수 있다. 예를 들어 0(포함)~10(미포함)까지의 정수 집합에서 5개의 고유한(복원을 동반하지 않음) 항목을 추출하기 위해서는 다음처럼 사용해야 한다.

```
In [21]: np.random.choice(10, 5, replace=False)
Out[21]: array([9, 0, 5, 8, 1])
```

랜덤 수 생성 시에 시드[seed]를 지정하면 유용하다. 시드는 랜덤 수 발생기를 특정 상태로 초기화하는 숫자로, 일단 특정 숫자로 시딩하면 항상 동일한 랜덤 수를 생성한다. 이는 이전 결과를 시험하고 재현할 때나 랜덤 숫자 발생기(예: 프로세스를 분기한 후)를 재시딩할 때 유용하다. Numpy에서 랜덤 수 생성기를 시딩하려면 정수를 인수로 취하는 seed 함수를 사용해야 한다.

```
In [22]: np.random.seed(123456789)
In [23]: np.random.rand()
Out[23]: 0.532833024789759
```

일단 특정 숫자로 랜덤 수 발생기를 시딩하면(여기서는 123456789), 동일한 시드를 설정한 랜덤 수 발생기는 항상 동일한 결과를 생성한다는 점에 주목하자.

```
In [24]: np.random.seed(123456789); np.random.rand()
Out[24]: 0.532833024789759
```

랜덤 수 발생기의 시드는 np.random 모듈의 전역 상태다. 랜덤 수 발생기의 상태에 대한 보다 미세한 수준의 제어는 RandomState 클래스를 사용하면 되고 RandomState 클래스는 선택적으로 초기화를 위한 시드 인수를 정수로 취한다. RandomState 객체는 랜덤 수 발생기의 상태를 추적하며 동일한 프로그램에서 여러 개의 독립적 랜덤 수 발생기를 유지할 수 있다(이 방법은 응용 스레드[thread]로 작업할 때 유용할 수 있다). 일단 RandomState 객체가 생성되면 이 객체의 메서드를 사용해 랜덤 수를 생성할 수 있다. RandomState 클래스는 np.random 모듈의 함수에 해당하는 메서드를 갖고 있다. 예를 들어 RandomState의 Randn 메서드를 사용하면 표준 정규분포를 따르는 랜덤 수를 생성할 수 있다.

```
In [25]: prng = np.random.RandomState(123456789)
In [26]: prng.randn(2, 4)
Out[26]: array([[ 2.212902 ,   2.1283978 ,   1.8417114 ,   0.08238248],
                [ 0.85896368, -0.82601643, 1.15727052, 1.37591514]])
```

이와 마찬가지로 np.random 모듈의 함수에 해당하는 같은 이름의 메서드 np.rand, rand, randint, rand_integer 및 choice가 있다. np.random 모듈의 함수를 직접 사용하지 않고 randomState 인스턴스를 사용하는 것은 전역 상태 변수에 의존하지 않으며 코드의 독립성을 개선하므로 좋은 프로그래밍 관행으로 여겨진다. 이 방법은 랜덤 수를 사용하는 라이브러리 함수를 개발할 때 중요한 고려 사항이 될 수 있지만 소규모 응용이나 계산에서는 그다지 중요하지 않을 수 있다. 지금까지 살펴본 기초적인 랜덤 수 분포(이산과 연속 균일 분포인 randint와 rand 그리고 표준 정규분포인 randn) 외에 통계에서 발생하는 다른 많은 확률 분포를 따르는 함수 또는 RandomState 메서드도 있다. 몇 가지만 간단히 언급하면 χ^2 분포(chisquare), 스튜던트-t 분포(standard_t), F 분포(f) 등이 있다.

```
In [27]: prng.chisquare(1, size=(2, 2))
Out[27]: array([[ 0.78631596, 0.19891367],
                [ 0.11741336, 2.8713997 ]])
In [28]: prng.standard_t(1, size=(2, 3))
Out[28]: array([[ 0.39697518, -0.19469463, 1.15544019],
                [-0.65730814, -0.55125015, 0.13578694]])
In [29]: prng.f(5, 2, size=(2, 4))
Out[29]: array([[ 0.45471421,  17.64891848,   1.48620557,   2.55433261],
                [ 1.21823269,   3.47619315,   0.50835525,   0.70599655]])
```

또한 이산 이항 분포와 푸아송 분포도 있다.

```
In [30]: prng.binomial(10, 0.5, size=10)
Out[30]: array([4, 5, 6, 7, 3, 5, 7, 5, 4, 5])
In [31]: prng.poisson(5, size=10)
Out[31]: array([3, 5, 5, 5, 0, 6, 5, 4, 6, 3])
```

사용할 수 있는 분포 함수의 전체 목록은 np.random 모듈의 docstrings인 help(np. random)나 RandomState 클래스의 문서를 참고하라. np.random의 함수나 RandomState의 메서드를 사용해 많은 다른 통계적 분포 함수에서 랜덤 수를 추출하는 것은 가능하지만 여러 분포로 작업할 때는 랜덤 수 추출을 확률 분포의 여러 다른 편의 함수와 병합한 Scipy.stats의 고급 인터페이스를 사용할 수 있다. 다음 절에서는 Scipy.stats를 좀 더 자세히 살펴본다.

확률 변수 및 분포

확률 이론에서는 랜덤 프로세스에서 발생할 수 있는 가능한 결과 집합을 표본 공간이라고 한다. 표본 공간의 각 요소(즉, 실험이나 관찰의 결과)에는 확률을 부여할 수 있으며 가능한 모든 결과의 확률은 확률 분포를 정의한다. 확률 변수는 표본 공간을 실수나 정수로 매핑하는 것이다. 예를 들어 동전 던지기의 가능한 결과는 앞면과 뒷면이므로 표본 공간은 {앞면 뒷면}이고 확률 변수는 앞면에 0, 뒷면에 1 등으로 지정할 수 있다. 일반적으로 주어진 랜덤 프로세스에서 발생 가능한 결과에 확률 변수를 정의하는 방법은 무수히 많다. 확률 변수는 랜덤 프로세스에 대한 문제-독립적인 표현이다. 확률 변수는 문제에 특화된 표본 공간의 결과 대신, 숫자로 기술되므로 작업하기가 훨씬 쉽다. 따라서 통계 문제 해결의 일반적인 단계는 결과를 수치로 매핑하고 그 값의 확률 분포를 파악하는 것이다. 결과적으로 확률 변수는 그 가능한 값과 해당 확률을 할당하는 확률 분포로 특징 지어진다. 확률 변수의 각 관측은 랜덤 수를 생성하며 관측된 값의 분포는 확률 분포로 기술된다. 확률 분포에는 이산형과 연속형 분포의 두 가지 주요 유형이 있는데 이는 각각 정숫값과 실수에 해당한다. 통계를 다룰 때는 확률 변수가 가장 중요하며 실제로 확률 변수와의 작업은 확률 분포로 작업하는 것을 의미한다. Scipy stats 모듈에는 다양한 확률 분포로 여러 확률 변수를 나타낼 수 있는 클래스가 제공된다. 이산형 및 연속형 확률 변수를 위해 두 가지 기본 클래스, 즉 rv_discrete와 rv_instaluous가 있다. 이 클래스들은 직접 사용되지 않고 특정 분포를 따르는 확률 변수의 기본 클래스로 사용되고 Scipy stats의 모든 확률 변수 클래스에 대한 공통 인터페이스를 정의한다.

표 13-1은 이산형 및 연속형 확률 변수를 위한 메서드 중 일부를 발췌한 것이다.

▼ 표 13-1 Scipy stats 모듈의 이산과 연속 확률 변수를 위한 메서드 중 일부 발췌

메서드	설명
pdf/pmf	확률 분포 함수(연속) 또는 확률 질량 함수(이산)
Cdf	누적 분포 함수
sf	생존 함수(1 - cdf)
ppf	퍼센트-포인트 함수(역cdf)
moment	N차 비중심(Noncentral) 모멘트
stats	분포의 통계량(대개 평균과 분산이며 가끔 추가 통계량도 있다)
fit	(연속 분포의 경우) 수치적 최대 우도 최적을 사용해 데이터에 분포를 적합화
expect	분포에 대한 함수의 기댓값
Interval	분포 중 주어진 비율 만큼을 포함하는 구간의 끝점(신뢰 구간)
rvs	확률 변수 표본. 표본의 결과 배열을 인수로 취한다.
mean, median, std, var	기술 통계량: 분포의 평균, 중앙값, 표준편차와 분산

Scipy stats 모듈에는 이산형과 연속형 확률 변수를 위한 많은 클래스가 있다. 이 책을 쓰고 있는 시점에는 13개의 이산과 98개의 연속 분포에 대한 클래스가 있다. 좀 더 자세한 내용은 stats 모듈의 docstring help(stats)를 참고하라. 이하에서는 보다 일반적인 분포 중 일부만 살펴보지만 다른 모든 분포들도 이와 동일한 사용 패턴을 따른다.

Scipy stats 모듈의 확률 변수 클래스는 몇 가지 사용 예를 갖고 있다. 확률 변수 클래스들은 기술 통계량 계산이나 그래프 작성에 사용할 수 있는 분포를 나타내는 동시에 rvs(확률 변수 표본) 메서드를 사용해 주어진 분포를 따르는 랜덤 수를 생성하는 데도 사용할 수 있다. 후자의 사용 예는 13장의 앞부분에서 np.random 모듈을 사용한 경우와 유사하다.

Scipy stats의 확률 변수 클래스를 사용하는 방법을 보기 위해 평균이 1.0, 표준편차가 0.5인 정규분포 확률 변수를 생성하는 다음 예를 살펴보자.

```
In [32]: X = stats.norm(1, 0.5)
```

X는 확률 변수를 나타내는 객체이므로 mean, median, std나 var 메서드를 사용해 이 확률 변수의 기술 통계량을 계산할 수 있다.

```
In [33]: X.mean()
Out[33]: 1.0
In [34]: X.median()
Out[34]: 1.0
In [35]: X.std()
Out[35]: 0.5
In [36]: X.var()
Out[36]: 0.25
```

임의 차수의 비중심 모멘트는 moment 메서드로 계산할 수 있다.

```
In [37]: [X.moment(n) for n in range(5)]
Out[37]: [1.0, 1.0, 1.25, 1.75, 2.6875]
```

stats 메서드를 사용하면 분포-종속 통계량 리스트를 얻을 수 있다(여기서는 정규분포 확률 변수에 대한 평균과 분산을 얻는다).

```
In [38]: X.stats()
Out[38]: (array(1.0), array(0.25))
```

pdf, cdf, sf 등의 메서드를 사용하면 확률 분포 함수, 누적 분포 함수, 생존 함수 등을 계산할 수 있다. 이 함수를 계산할 때는 값 또는 값의 배열이 필요하다.

```
In [39]: X.pdf([0, 1, 2])
Out[39]: array([ 0.10798193,   0.79788456,   0.10798193])
```

```
In [40]: X.cdf([0, 1, 2])
Out[40]: array([ 0.02275013,   0.5,          0.97724987])
```

interval 메서드는 확률 분포에서 지정한 비율이 구간(하한, 상한) 내에 들어가도록 x의 하한값과 상한값을 계산하는 데 사용할 수 있다. 이 메서드는 신뢰 구간 계산과 도식화를 위한 x 값의 범위를 선택하는 데 유용하다.

```
In [41]: X.interval(0.95)
Out[41]: (0.020018007729972975, 1.979981992270027)
In [42]: X.interval(0.99)
Out[42]: (-0.28791465177445019, 2.2879146517744502)
```

확률 분포의 성질에 대한 직관을 형성하기 위해 해당 누적 확률 함수 및 퍼센트-포인트 함수[PPF]와 함께 그래프를 그려보면 유용하다. 이 과정의 여러 분포를 쉽게 반복할 수 있도록 우선 확률 분포 함수의 99.9%를 포함하는 구간에서 Scipy stats 확률 변수 객체의 pdf 또는 pmf, cdf, ppf 메서드의 결과를 도식화하는 함수 plot_rv_distribution을 작성한다. 또한 fill_between 그림 메서드를 사용해 확률 분포의 95%를 포함하는 구간을 강조해 표시해본다.

```
In [43]: def plot_rv_distribution(X, axes=None):
    ...:     """주어진 확률 변수에 대한 PDF, PMF, CDF, SF, PPF 도식화"""
    ...:     if axes is None:
    ...:         fig, axes = plt.subplots(1, 3, figsize=(12, 3))
    ...:
    ...:     x_min_999, x_max_999 = X.interval(0.999)
    ...:     x999 = np.linspace(x_min_999, x_max_999, 1000)
    ...:     x_min_95, x_max_95 = X.interval(0.95)
    ...:     x95 = np.linspace(x_min_95, x_max_95, 1000)
    ...:
    ...:     if hasattr(X.dist, "pdf"):
    ...:         axes[0].plot(x999, X.pdf(x999), label="PDF")
    ...:         axes[0].fill_between(x95, X.pdf(x95), alpha=0.25)
```

```
    ...:         else:
    ...:             # 이산 확률 변수에는 pdf 메서드가 없으므로 그 대신 pmf를 사용한다.
    ...:             x999_int = np.unique(x999.astype(int))
    ...:             axes[0].bar(x999_int, X.pmf(x999_int), label="PMF")
    ...:         axes[1].plot(x999, X.cdf(x999), label="CDF")
    ...:         axes[1].plot(x999, X.sf(x999), label="SF")
    ...:         axes[2].plot(x999, X.ppf(x999), label="PPF")
    ...:
    ...:         for ax in axes:
    ...:             ax.legend()
```

다음으로 이 함수를 사용해 정규분포, F 분포 및 이산 푸아송 분포와 같은 몇 가지 예를 그래프로 표시해본다. 결과는 그림 13–2와 같다.

```
In [44]: fig, axes = plt.subplots(3, 3, figsize=(12, 9))
    ...: X = stats.norm()
    ...: plot_rv_distribution(X, axes=axes[0, :])
    ...: axes[0, 0].set_ylabel("Normal dist.")
    ...: X = stats.f(2, 50)
    ...: plot_rv_distribution(X, axes=axes[1, :])
    ...: axes[1, 0].set_ylabel("F dist.")
    ...: X = stats.poisson(5)
    ...: plot_rv_distribution(X, axes=axes[2, :])
    ...: axes[2, 0].set_ylabel("Poisson dist.")
```

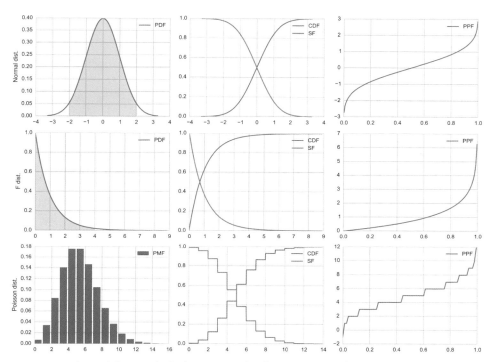

▲ 그림 13-2 정규분포(위), F 분포(가운데), 푸아송 분포(아래)의 확률 분포 함수(PDF) 또는 확률 질량 함수(PMF), 누적 분포 함수(CDF), 생존 함수(SF), 퍼센트-포인트 함수(PPF)

지금까지의 예에서는 메서드 호출을 통해 확률 변수 클래스의 인스턴스를 시작하고 통계량 및 기타 성질을 계산했다. Scipy stats 모듈의 확률 변수 클래스를 사용하는 또 다른 방법은 stats.norm.mean과 같은 클래스 메서드를 사용하고 분포 매개변수를 인수로 전달하는 것이다(정규분포 값의 예에서는 대개 loc와 scale이다).

```
In [45]: stats.norm.stats(loc=2, scale=0.5)
Out[45]: (array(2.0), array(0.25))
```

이는 클래스 인스턴스를 먼저 만들고 해당 메서드를 호출하는 것과 동일한 결과를 얻을 수 있다.

```
In [46]: stats.norm(loc=1, scale=0.5).stats()
Out[46]: (array(1.0), array(0.25))
```

rv_discrete 및 rv_instaluous 클래스의 메서드는 이러한 식으로 클래스 메서드를 사용할 수 있다.

지금까지 확률 변수의 분포 함수의 성질만 살펴봤다. 분포 함수는 확률 변수를 기술하지만 분포 자체는 완전히 확정적이라는 점에 주목하자. 주어진 확률 분포에 따라 분포하는 랜덤 수를 추출하려면 rvs(확률 변수 표본) 메서드를 사용해야 한다. rvs는 필요한 배열 형상을 인수로 취한다(벡터를 지정하는 정수일 수도 있고, 고차원 배열의 각 차원 길이를 지정하는 튜플일 수도 있다). 여기서는 rvs(10)을 통해 10개의 값을 가진 1차원 배열을 생성한다.

```
In [47]: X = stats.norm(1, 0.5)
In [48]: X.rvs(10)
Out[48]: array([2.106451,    2.0641989,   1.9208557,   1.04119124, 1.42948184,
                0.58699179, 1.57863526, 1.68795757, 1.47151423, 1.4239353 ])
```

결과 랜덤 수가 실제로 해당 확률 분포 함수에 따라 분포하는지 알아보기 위해 확률 변수 중 상당 수의 표본을 히스토그램으로 표시하고 확률 분포 함수와 비교해본다. 이번에도 여러 개의 확률 변수 표본을 쉽게 적용할 수 있도록 함수 plot_dist_samples를 정의한다. 이 함수는 interval 메서드를 사용해 주어진 확률 변수 객체에 적합한 도식화 범위를 구한다.

```
In [49]: def plot_dist_samples(X, X_samples, title=None, ax=None):
    ...:     """ 연속 확률 변수 표본의 PDF와 히스토 그램 도식화"""
    ...:     if ax is None:
    ...:         fig, ax = plt.subplots(1, 1, figsize=(8, 4))
    ...:
    ...:     x_lim = X.interval(.99)
    ...:     x = np.linspace(*x_lim, num=100)
```

```
    ...:
    ...:        ax.plot(x, X.pdf(x), label="PDF", lw=3)
    ...:        ax.hist(X_samples, label="samples", normed=1, bins=75)
    ...:        ax.set_xlim(*x_lim)
    ...:        ax.legend()
    ...:
    ...:        if title:
    ...:            ax.set_title(title)
    ...:        return ax
```

이 함수에서는 튜플 언팩unpacking 구문 *x_lim을 사용해 x_lim 튜플에 있는 요소를 함수의 다른 인수로 분배했다. 이 경우에는 np.linspace(x_lim[0], x_lim[1], num=100)과 동일하다.

그다음에는 이 함수를 사용해 서로 다른 분포를 가진 3개의 확률 변수의 2,000개 표본을 시각화한다. 여기서는 스튜던트-t 분포, χ^2 분포와 지수 분포를 사용했고, 결과는 그림 13-3과 같다. 2000개는 상당히 큰 표본이므로 표본의 히스토그램 그래프는 확률 분포 함수와 잘 일치한다. 표본이 훨씬 많아지면 더욱 일치하게 될 것으로 기대된다.

```
In [50]: fig, axes = plt.subplots(1, 3, figsize=(12, 3))
    ...: N = 2000
    ...: # 스튜던트-t 분포
    ...: X = stats.t(7.0)
    ...: plot_dist_samples(X, X.rvs(N), "Student's t dist.", ax=axes[0])
    ...: # 카이-제곱 분포
    ...: X = stats.chi2(5.0)
    ...: plot_dist_samples(X, X.rvs(N), r"$\chi^2$ dist.", ax=axes[1])
    ...: # 지수 분포
    ...: X = stats.expon(0.5)
    ...: plot_dist_samples(X, X.rvs(N), "exponential dist.", ax=axes[2])
```

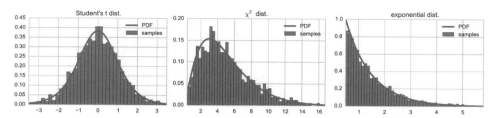

▲ 그림 13-3 스튜던트-t 분포(왼쪽), 카이-제곱 분포(가운데), 지수 분포(오른쪽)의 확률 분포 함수와 2,000개 랜덤 표본의 히스토그램

알려진 분포 함수에서 랜덤 표본을 추출하는 작업은 일련의 데이터 포인트에 미지의 매개변수를 가진, 주어진 확률 분포를 적합화시키는 것이다. 이러한 적합화에서는 대개 주어진 데이터를 관찰할 우도를 최대화할 수 있는 미지의 매개변수를 찾는다. 이 방법을 최대 우도 적합화라고 한다. Scipy stats 모듈의 많은 확률 변수 클래스에는 주어진 데이터에 적합화를 수행하는 fit 메서드가 구현돼 있다. 첫 번째 예로, 자유도가 5인(df=5) χ^2 분포에서 500개의 랜덤 표본을 추출한 후 fit 메서드를 사용해 확률 변수의 χ^2 분포에 재적합화하는 것을 살펴보자.

```
In [51]: X = stats.chi2(df=5)
In [52]: X_samples = X.rvs(500)
In [53]: df, loc, scale = stats.chi2.fit(X_samples)
In [54]: df, loc, scale
Out[54]: (5.2886783664198465, 0.0077028130326141243, 0.93310362175739658)
In [55]: Y = stats.chi2(df=df, loc=loc, scale=scale)
```

fit 메서드는 주어진 데이터로 분포의 최대 우도 매개변수를 반환한다. 이 매개변수들은 stats.chi2의 초기화에 전달해 새로운 확률 변수 인스턴스 Y를 생성할 수 있다. Y의 확률 분포는 원래 확률 변수 X의 확률 분포와 유사해야 한다. 이를 검증하기 위해 두 확률 변수에 대한 확률 분포 함수를 표시해볼 수 있다. 결과는 그림 13-4와 같다.

```
In [56]:  fig, axes = plt.subplots(1, 2, figsize=(12, 4))
```

```
...: x_lim = X.interval(.99)
...: x = np.linspace(*x_lim, num=100)
...:
...: axes[0].plot(x, X.pdf(x), label="original")
...: axes[0].plot(x, Y.pdf(x), label="recreated")
...: axes[0].legend()
...:
...: axes[1].plot(x, X.pdf(x) - Y.pdf(x), label="error")
...: axes[1].legend()
```

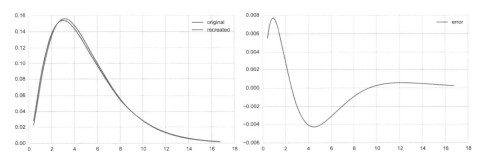

▲ 그림 13-4 원시와 재생성된 확률 분포 함수(왼쪽), 오차(오른쪽). 재생성 확률 분포는 원시 분포로부터 500개 랜덤 표본의 최대 우도로 생성됨

이 절에서는 Scipy stats 모델에서 확률 변수 객체를 사용해 다양한 분포의 확률 변수를 설명하는 방법과 확률 변수 표본을 생성하고 최대 우도 적합을 수행하는 방법뿐 아니라 해당 분포의 성질을 어떻게 사용할 수 있는지 알아봤다. 다음 절에서는 이러한 확률 변수 객체를 가설 검정에 사용하는 방법을 살펴본다.

가설 검정

가설 검정은 과학적 방법의 초석으로, 주장을 객관적으로 조사하고 사실적 관측에 근거해 주장을 기각하거나 수용해야 한다. 통계적 가설 검정은 보다 구체적인 의미를 갖는다. 가설 검정은 주장, 즉 가설의 타당성 여부를 데이터에 기초해 평가하는 체계적인 방법론

이자 통계학의 중요한 응용이다. 가설 검정 방법론에서는 현재 인정되고 있는 지식의 상태를 나타내는 귀무 가설 H_0과 현재 지식 상태에 도전하는 새로운 주장을 나타내는 대립 가설 H_A의 관점에서 가설을 유형화한다. 귀무 가설과 대립 가설은 반드시 상호 배타적이고 상호 보완적이어야 하므로 두 가설 중 하나만이 진실이다.

H_0과 H_A가 정의되면 관측이나 조사를 통해 검정을 지지하는 데이터를 수집해야 한다. 다음 단계는 데이터로부터 계산할 수 있으며 귀무 가설하에서 확률 분포 함수를 찾을 수 있는 검정 통계량을 찾는 것이다. 그다음에는 귀무 가설이 속한 분포 함수를 사용해 검정 통계량의 관측값(또는 더 극단적인 통계량)이 얻어질 확률(p-값)을 계산해 데이터를 평가할 수 있다. p-값이 유의 수준으로 알려진, 미리 정해진 임곗값(보통 α로도 표기, 일반적으로 5% 또는 1%)보다 작으면 관측된 데이터는 귀무 가설이 속하는 분포에 의해 기술됐을 가능성이 낮다고 결론 지을 수 있다. 이 경우는 대립 가설을 받아들이고 귀무 가설은 기각할 수 있다. 가설 검정을 수행하기 위한 단계는 다음 목록에 요약돼 있다.

1. 귀무 가설과 대립 가설을 유형화한다.
2. 귀무 가설이 속해 있는 것으로 알려진 표본 분포에 따라 검정 통계량을 선택한다(정확하거나 근사).
3. 자료를 수집한다.
4. 데이터에서 검정 통계량을 계산하고 귀무 가설하에서 p-값을 계산한다.
5. p-값이 사전에 정한 유의 수준 α보다 작을 경우, 귀무 가설을 기각한다. p-값이 크면 귀무 가설을 기각하지 못한다.

통계적 가설 검정은 확률론적 방법으로, 귀무 가설을 기각할지 여부를 확신할 수 없다는 것을 의미한다. 가설 검정에는 두 가지 유형의 오류가 있을 수 있는데 하나는 실제로 기각돼서는 안 되는 귀무 가설을 잘못으로 기각할 수 있다는 것이고, 또 다른 오류는 귀무 가설이 기각돼야 하지만 오류로 인해 기각하지 않을 수 있다는 것이다. 각각은 제1형과 제2형 오류로 불린다. 필요한 유의 수준을 선택하면 이 두 유형의 오류 간에 균형을 맞출

수 있다. 일반적으로 앞 절에서 설명한 방법에서 가장 어려운 단계는 검정 통계량의 표본 분포를 알아내는 것이다. 다행스럽게도 많은 가설 검정은 그 확률 분포가 알려진 몇 가지 표준 범주로 분류된다. 일반적인 가설 검정 사례의 간략한 요약 및 개요와 그 검정 통계량의 해당 분포는 표 13–2와 같다. 각 검정이 명시된 상황에 왜 적합한지와 검정의 유효성을 확인하기 위한 완전한 조건을 알려면 Wasserman(2004) 또는 Rice(1995) 등의 통계 교재를 참고하라. Scipy stats 모듈에 열거된 각 함수의 docstrings에도 각 검정에 대한 추가 정보가 있다.

▼ 표 13–2 일반적 가설 검정 사례와 해당 분포 및 Scipy 함수 요약

귀무 가설	분포	검정을 위한 Scipy 함수
모집단의 평균이 주어진 값인지 검정	정규분포(stats.norm) 또는 스튜던트-t 분포(stats.t)	stats.ttest_1samp
두 확률 변수의 평균이 동일한지 검정(독립 또는 쌍으로 된 표본)	스튜던트-t 분포(stats.t)	stats.ttest_ind, stats.ttest_rel
데이터에 대한 연속 분포 적합화 적정성	코모고로프–스미르노프 분포	stats.kstest
범주형 데이터가 주어진 빈도로 발생하는지 검정(정규분포하는 변수의 제곱 합)	카이제곱 분포(stats.chi2)	stats.chisquare
분할표(contingency table)에서 범주형 변수의 독립성 검정	카이제곱 분포(stats.chi2)	stats.chi2_contingency
둘 이상 변수 표본의 분산이 같은지 검정	F 분포(stats.f)	stats.barlett, stats.levene
두 변수의 상관 관계가 없다는 것을 검정	베타 분포(stats.beta, stasts.mstats.betai)	stats.pearsonr, stats.spearmanr
둘 이상의 변수가 동일한 모집단 평균을 갖는지 검정(아노바–분산 분석)	F 분포	stats.f_oneway, stats.kruskal

다음 예에서는 Scipy stats 모듈의 해당 함수를 사용해 앞 절의 4, 5단계 절차를 수행하는 방법을 살펴본다. 즉, 검정 통계량과 해당 p-값을 계산해본다.

예를 들어 매우 흔히 설정되는 귀무 가설은 '모집단의 평균 μ가 일정 값 μ_0'라는 주장이다. 이제 모집단에서 표본을 추출하고 표본평균 $\bar{x}$를 사용해 검정 통계량 $z = \dfrac{\bar{x} - \mu_0}{\sigma / \sqrt{n}}$를 구성

할 수 있다. 여기서 n은 표본의 크기다. 모집단이 크고 분산 σ가 알려져 있다면 검정 통계량은 정규분포한다고 가정하는 것이 타당하다. 만약 분산을 알 수 없다면 우리는 σ^2를 표본 분산 σ_x^2로 대체할 수 있다. 이 경우, 검정 통계량은 스튜던트-t 분포를 따르며 이는 표본 개수의 제한 속에서도 정규분포에 근사한다. 사용하는 분포와 상관없이 주어진 분포를 사용해 검정 통계량의 p-값을 계산할 수 있다.

Scipy stats 모듈에서 제공되는 함수를 사용해 이런 유형의 가설 검정을 수행하는 방법의 예로, 확률 변수 X의 평균 $\mu_0 = 1$이라고 주장하는 귀무 가설을 고려해보자. 이제 주어진 X의 표본에서 표본 데이터가 귀무 가설과 양립할 수 있는지 검정해본다. 여기서는 귀무 가설에서 주장하는 것과 약간 다른 분포에서 100개의 랜덤 표본을 추출해 표본을 시뮬레이션해본다($\mu = 0.8$ 사용).

```
In [57]: mu0, mu, sigma = 1.0, 0.8, 0.5
In [58]: X = stats.norm(mu, sigma)
In [59]: n = 100
In [60]: X_samples = X.rvs(n)
```

이제 주어진 표본 데이터 X_samples의 검정 통계량을 계산해야 한다. 이 예와 같이 모집단의 표준편차 σ를 알고 있다면 정규분포하는 $z = \dfrac{\bar{x} - \mu_0}{\sigma/\sqrt{n}}$를 이용할 수 있다.

```
In [61]: z = (X_samples.mean() - mu0)/(sigma/np.sqrt(n))
In [62]: z
Out[62]: -2.8338979550098298
```

모집단의 분산을 알 수 없다면 표본 표준편차를 대신 사용할 수 있다. $t = \dfrac{\bar{x} - \mu}{\sigma_x/\sqrt{n}}$ 그러나 이 경우 검정 통계량 t는 정규분포가 아니라 스튜던트-t 분포를 따른다. 이 경우 t를 계산하려면 NumPy 메서드 std의 인수를 ddof=1로 설정해 표본 표준편차를 계산해야 한다.

```
In [63]: t = (X_samples.mean() - mu0)/(X_samples.std(ddof=1)/np.sqrt(n))
```

```
In [64]: t
Out[64]: -2.9680338545657845
```

어느 경우든 p-값을 얻기 위해 해당 분포와 비교할 수 있는 검정 통계량을 얻을 수 있다. 예를 들어 정규분포의 경우, stats.norm 인스턴스를 사용해 정규분포 확률 변수를 나타낼 수 있으며 그 ppf 메서드를 사용하면 특정 유의 수준에 해당하는 통계량의 값을 조회할 수 있다. 유의 수준 5%(각 측면에서 2.5%)에 대한 양측 가설 검정의 경우, 통계량 임곗값은 다음과 같다.

```
In [65]: stats.norm().ppf(0.025)
Out[65]: -1.9599639845400545
```

관측 통계량은 약 −2.83이고, 이 값은 유의 수준 5% 양측 검정의 임곗값 −1.96보다 작으므로 이 경우는 귀무 가설을 기각할 만한 충분한 근거가 된다. cdf 메서드(양측 검정의 경우, 2를 곱한 값)를 사용해 관측 검정 통계량의 p-값을 명시적으로 계산할 수도 있다. 그 결과 p-값은 실제로 더 작아 귀무 가설의 기각을 뒷받침한다.

```
In [66]: 2 * stats.norm().cdf(-abs(z))
Out[66]: 0.0045984013290753566
```

만약, t 분포를 사용하려면 stats.norm 대신 stats.t 클래스를 사용할 수 있다. 표본 평균 $\bar{x}$를 계산한 후의 표본 데이터에는 $n-1$의 자유도(df)만 남는다. 자유도의 수는 t 분포의 중요한 변수로, 확률 변수 인스턴스를 생성할 때 지정해야 한다.

```
In [67]: 2 * stats.t(df=(n-1)).cdf(-abs(t))
Out[67]: 0.0037586479674227209
```

여기서도 p-값이 매우 작아, 귀무 가설을 기각해야 한다는 것을 시사한다. 이러한 단계(검정 통계량 계산 후 p-값 계산)를 명시적으로 수행하는 대신, 표 13−2처럼 Scipy의 stats

모듈에는 많은 일반적 검정을 수행하는 함수가 내장돼 있다. 여기서 사용한 검정은 stats.ttest_1sampfunction을 사용해 검정 통계량과 p-값을 바로 계산할 수 있다.

```
In [68]: t, p = stats.ttest_1samp(X_samples, mu)
In [69]: t
Out[69]: -2.9680338545657841
In [70]: p
Out[70]: 0.0037586479674227209
```

p-값이 매우 작다는 것을 알 수 있으므로(앞과 동일한 값이다) 귀무 가설을 기각해야 한다. 귀무 가설에 해당하는 분포를 표본 데이터(그림 13-5 참조)와 함께 표시해보는 것도 좋은 방법이다.

```
In [71]: fig, ax = plt.subplots(figsize=(8, 3))
    ...: sns.distplot(X_samples, ax=ax)
    ...: x = np.linspace(*X.interval(0.999), num=100)
    ...: ax.plot(x, stats.norm(loc=mu, scale=sigma).pdf(x))
```

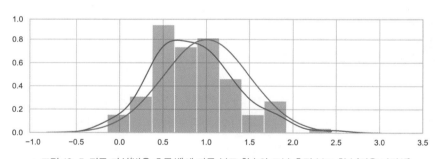

▲ 그림 13-5 귀무 가설(밝은 초록색)에 따른 분포 함수와 표본 추정 분포 함수(짙은 파란색)

또 다른 예로 2개의 확률 변수의 모집단 평균이 동일하다는 귀무 가설에 대한 2-변수 문제를 살펴보자(예를 들어 치료를 받거나 받지 않은 독립 실험체에 해당할 수 있다). 이러한 유형의 검정은 두 확률 변수를 정규분포로부터 임의로 고른 모집단 평균으로부터 추출해 시뮬레이션해볼 수 있다. 여기서는 각 확률 변수별로 50개의 표본을 선택한다.

```
In [72]: n, sigma = 50, 1.0
In [73]: mu1, mu2 = np.random.rand(2)
In [74]: X1 = stats.norm(mu1, sigma)
In [75]: X1_sample = X1.rvs(n)
In [76]: X2 = stats.norm(mu2, sigma)
In [77]: X2_sample = X2.rvs(n)
```

여기서는 관찰된 표본이 두 모집단 평균과 같지 않다는(귀무 가설을 기각) 충분한 증거를 제공할 수 있는지 평가하는 데 관심이 있다. 이 경우, 검정 통계량과 해당 p-값을 반환하는 Scipy의 stats.text_ind를 사용해 두 독립 표본의 t-검정을 해본다.

```
In [78]: t, p = stats.ttest_ind(X1_sample, X2_sample)
In [79]: t
Out[79]: -1.4283175246005888
In [80]: p
Out[80]: 0.15637981059673237
```

여기서 p-값은 약 0.156으로 귀무 가설을 기각하고 두 모집단 평균이 다르다고 판단할 수 있을 만큼 작지 않다. 이 예에서는 두 모집단의 평균이 다르다.

```
In [81]: mu1, mu2
Out[81]: (0.24764580637159606, 0.42145435527527897)
```

그러나 이 분포에서 추출한 특정 표본은 통계적으로 이들 평균이 다르다는 것을 증명하지 못했다(2형 오류). 검정 통계량의 검정력을 높이려면 각 확률 변수에서 추출한 표본 수를 늘려야 한다.

Scipy stats 모듈에는 일반적인 유형의 가설 시험에 대한 기능(표 13-2의 요약 참조)이 수록돼 있으며 이들의 사용은 이 절의 예에서 살펴본 것과 일치한다. 그러나 일부 검정은 분포 매개변수에 대한 추가 인수가 필요하다. 좀 더 자세한 내용은 각 개별 검정 함수에 대한 문서를 참고하라.

비매개변수 기법

지금까지는 확률 변수를 정규분포의 평균과 분산처럼 몇 가지 매개변수로 완전히 결정될 수 있는 분포로 설명했다. 표본 데이터가 주어지면 분포 매개변수에 대한 최대 우도 최적화를 사용해 분포 함수를 적합화할 수 있다. 이러한 분포 함수는 매개변수적parametric(또는 모수적)이라고 하며, 이러한 분포 함수에 기초한 통계적 기법(예: 가설 검정)을 매개변수적 기법이라고 한다. 이 방법을 사용할 때는 표본 데이터가 실제로 주어진 분포에 의해 기술된다고 가정한다. 미지의 분포 함수를 표현하는 대안적 접근법은 커널 밀도 추정kernel-density estimation, KDE으로, 표본 데이터 히스토그램의 평활화 버전으로 볼 수 있다(예: 그림 13-6 참조). 이 방법에서는 확률 분포가 각 데이터 포인트 $\hat{f}(x) = \dfrac{1}{n \cdot \mathrm{bw}} \sum_{i=0}^{n} K\left(\dfrac{x - x_i}{\mathrm{bw}}\right)$를 중심으로 한 커널 함수의 합으로 추정되며, 여기서 bw는 대역폭으로 알려진 자유 매개변수, K는 커널 함수(적분이 1이 되도록 정규화)다. 대역폭은 합산할 때 각 항이 미치는 영향의 크기를 정의하는 중요한 매개변수다. 대역폭이 너무 넓으면 확률 분포에 대한 특징 없는 추정값이 생성되고, 대역폭이 너무 좁으면 잡음이 구조화된 추정값이 생성된다(그림 13-6의 중간 패널 참조). 커널 함수를 다르게 선택할 수도 있다. 가우스 커널은 지역 서포트와 함께 매끄러운 모양 때문에 많이 선택되기도 하며 비교적 쉽게 계산할 수도 있다.

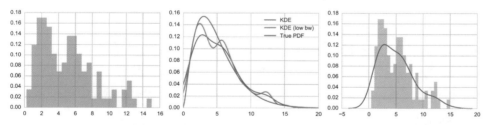

▲ 그림 13-6 분포 함수의 히스토그램(왼쪽)과 커널-밀도 추정(가운데) 그리고 동일한 그래프의 히스토그램과 커널-밀도 추정(오른쪽)

가우스 커널을 사용하는 Scipy의 KDE 기법은 `stats.kde.gaussian_kde` 함수에 구현돼 있다. 이 함수는 호출 가능한 객체를 반환한다. 반환된 객체는 확률 분포 함수로 작동한다. 예를 들어 미지의 분포를 가진 확률 변수 X에서 추출된 표본 집합 X_samples를 예로 들어보자(여기서는 자유도 5인 χ^2 분포를 사용해 시뮬레이션).

```
In [82]: X = stats.chi2(df=5)
In [83]: X_samples = X.rvs(100)
```

주어진 데이터에 대한 KDE 값을 계산하기 위해 stats.kde.guassian_kde 함수를 표본
점 배열을 인수로 해 호출한다.

```
In [84]: kde = stats.kde.gaussian_kde(X_samples)
```

적절한 대역폭을 계산하기 위한 표준 방법이 기본값으로 사용되며 이는 그럭저럭 괜찮은
결과를 보인다. 그러나 대역폭을 계산하는 함수를 지정하거나 bw_method 인수를 사용해
대역폭을 직접 설정할 수도 있다. 더 작은 대역폭을 설정하려면 다음처럼 할 수 있다.

```
In [85]: kde_low_bw = stats.kde.gaussian_kde(X_samples, bw_method=0.25)
```

gaussian_kde 함수는 분포 함수의 추정값을 반환하며 이 값은 그래프를 그리거나 다른
용도로 사용할 수 있다. 여기서는 데이터와 두 KDE 값(기본적이고 명시적으로 설정된 대역폭)
을 도식화한다. 참고로 표본의 실제 확률 분포 함수를 표시했다. 결과는 그림 13-6과
같다.

```
In [86]: x = np.linspace(0, 20, 100)
In [87]: fig, axes = plt.subplots(1, 3, figsize=(12, 3))
    ...: axes[0].hist(X_samples, normed=True, alpha=0.5, bins=25)
    ...: axes[1].plot(x, kde(x), label="KDE")
    ...: axes[1].plot(x, kde_low_bw(x), label="KDE (low bw)")
    ...: axes[1].plot(x, X.pdf(x), label="True PDF")
    ...: axes[1].legend()
    ...: sns.distplot(X_samples, bins=25, ax=axes[2])
```

Seaborn 통계 그래픽 라이브러리는 일련의 데이터에 대한 히스토그램과 KDE 모두를 도식화할 수 있는 편리한 함수인 distplot를 제공한다. 이 함수로 생성된 그래프는 그림 13-6의 오른쪽 패널에 나타나 있다.

KDE가 주어지면 resample 메서드를 사용해 그 값으로 새로운 랜덤 수를 생성할 수 있다. resample은 데이터 포인트 개수를 인수로 취한다.

```
In [88]: kde.resample(10)
Out[88]: array([[1.75376869,    0.5812183,  8.19080268,  1.38539326,  7.56980335,
                 1.16144715,  3.07747215,  5.69498716,  1.25685068,  9.55169736]])
```

KDE 객체는 누적 분포 함수[CDF]와 그 역함수인 PPF를 계산하는 메서드를 직접 갖고 있지 않다. 그러나 확률 분포 함수의 커널 밀도 추정값을 적분할 수 있는 몇 가지 메서드가 있다. 예를 들어 1차원 KDE의 경우, integrated_box_1d를 사용해 해당 CDF를 얻을 수 있다.

```
In [89]: def _kde_cdf(x):
    ...:     return kde.integrate_box_1d(-np.inf, x)
In [90]: kde_cdf = np.vectorize(_kde_cdf)
```

그리고 Scipy optimization.fsolve 함수를 사용해 그 역[PPF]을 찾을 수 있다.

```
In [91]: def _kde_ppf(q):
    ...:     return optimize.fsolve(lambda x, q: kde_cdf(x) - q, kde.
             dataset.mean(), args=(q,))[0]
    ...:
In [92]: kde_ppf = np.vectorize(_kde_ppf)
```

KDE 값에 대한 CDF와 PPF를 사용하면 통계 가설 검정을 수행하고 신뢰 구간을 계산할 수 있다. 예를 들어 앞 절에서 정의한 kde_ppf 함수를 사용해 표본이 수집된 모집단 평균에 대한 대략 90%의 신뢰 구간을 계산할 수 있다.

```
In [93]: kde_ppf([0.05, 0.95])
Out[93]: array([ 0.39074674, 11.94993578])
```

이 예에서 설명한 것처럼 일단 통계 문제에 대한 확률 분포를 나타내는 KDE를 갖게 되면 매개변수적 통계에서 사용하는 것과 같은 방법을 사용할 수 있다. 비매개변수적 방법의 장점은 분포 함수의 형태를 반드시 가정할 필요가 없다는 것이다. 그러나 비매개변수적 방법은 매개변수적 방식보다 정보를 적게 사용하기 때문에(약한 가정) 통계력이 떨어진다. 그러므로 매개변수적 방법의 사용이 정당화된다면 대개 최선의 접근법이다. 비매개변수적 방법들은 범용적 일반 접근 방식을 제공하는 데 있어 매개변수적 방법이 가능하지 않은 경우에 사용할 수 있다.

요약

13장에서는 Numpy와 Scipy stats 모듈을 사용해 확률 변수의 생성, 확률 변수와 확률 분포 함수의 표현, 데이터에 최대 우도 적합화, 확률 분포와 가설 검정을 위한 검정 통계량의 사용 등과 같은 기본적 통계 응용을 살펴봤다. 또한 비매개변수적 기법의 예로서 미지의 확률 분포의 커널-밀도 추정을 간단히 알아봤다. 13장에서 논의된 개념과 방법은 통계 작업을 위한 기본적인 구성 요소들이며 여기에 소개된 계산 도구도 통계적 용도에 관한 기초를 제공한다. 14장, '통계 모델링'에서는 13장에서 논의된 내용을 바탕으로 통계 모델링과 머신 러닝을 보다 심도 있게 알아본다.

추가 참고 도서 목록

통계와 데이터 분석 기초에 대한 좋은 소개서는 Rice(1995)와 Wasserman(2004)이다. Dalgaard(2008)는 통계학을 계산 중심으로 소개하는 책으로, 비록 R 언어를 사용하고 있지만 Python 통계와도 관련이 있다. www.openintro.org/stat/textbook.php에서 이용할 수 있는 OpenIntro Statistics와 같은 통계에 관한 온라인 자료도 무료로 제공된다.

참고 문헌

- Dalgaard, P.(2008). Introductory Statistics with R. New York: Springer.
- Rice, J. A.(1995). Mathematical Statistics and Data Analysis. Belmont: Duxbury Press.
- Wasserman, L.(2004). All of statistics. New York: Springer.

통계 모델링

13장, '통계학'에서는 기본적인 통계 개념과 기법들을 알아봤다. 14장에서는 13장, '통계학'의 정리를 기반으로 데이터를 설명할 수 있는 모델을 구축하는 통계 모델링을 살펴본다. 모델은 여러 개의 매개변수를 가질 수 있고 적합화를 통해 관측 데이터를 가장 잘 설명하는 매개변숫값을 찾을 수도 있다. 일단 모델을 데이터에 적합화하면 주어진 모델의 독립 변수를 새로운 관측값을 예측하는 데 사용할 수 있다. 또한 데이터와 적합화된 모델에 통계적 분석을 수행해 모델이 데이터를 정확하게 설명하는지, 모델의 어떤 요소가 다른 요인보다 더 관련성이 있는지(예측력), 모델의 예측력에 크게 기여하지 않는 매개변수가 있는지 등을 알아볼 수 있다.

14장에서는 주로 statsmodel 라이브러리를 사용한다. statsmodel 라이브러리는 통계적 모델을 정의하고 이를 관측 데이터에 적합화시키기 위한 클래스와 함수는 물론, 기술 통계의 산출과 통계적 검정을 수행하기 위한 함수를 제공한다. statsmodel 라이브러리는 13장, '통계학'에서 다룬 Scipy 통계 모듈과 일부 겹치지만 대부분은 Scipy에서 가용한 기능을 확장한 것이다.[1] 여전히 statsmodels는 Scipy `stats` 라이브러리에 많이 종속돼

---

1   statsmodels 라이브러리는 원래 Scipy stats 모듈의 일부였지만 나중에 개별 프로젝트로 독립했다.

있다. 특히 statsmodel 라이브러리는 확률 분포와 확률 변수보다는 주로 데이터에 모델의 초점을 맞추고 있으며 많은 경우 Scipy stats에 의존하고 있다.

> **노트**
>
> ### statsmodels
>
> statsmodels 라이브러리는 선형 회귀, 로지스틱 회귀 및 시계열 분석 등의 통계 검정이나 모델링과 관련된 풍부한 기능을 제공한다. 프로젝트 및 문서 등의 좀 더 자세한 내용은 http://statsmodels.sourceforge.net의 프로젝트 웹 페이지를 참고하라. 이 책을 쓰고 있는 시점의 statsmodel 최신 버전은 0.9.0이다.

statsmodel 라이브러리는 Patsy 라이브러리와 긴밀하게 통합돼 있기 때문에 간단한 공식으로 통계 모델을 작성할 수 있게 해준다. Patsy 라이브러리는 statsmodel 라이브러리에 종속되지만 15장, '머신 러닝'에서 살펴볼 scikit-learn과 같은 다른 통계 라이브러리에서도 사용할 수 있다. 그러나 여기서는 statsmodels 라이브러리와 함께 사용하는 맥락에서 Patsy 라이브러리를 소개할 것이다.

> **노트**
>
> ### patsy
>
> Patsy 라이브러리는 R과 같은 통계 소프트웨어에서 영감을 얻어 간단한 유형 언어로 통계 모델을 정의할 수 있는 기능을 제공한다. Patsy 라이브러리는 statsmodels 등의 통계 모델링 패키지와 함께 작동되도록 설계됐다. 프로젝트 및 문서에 대한 좀 더 자세한 내용은 웹 페이지 http://patsy.readthedocs.org를 참조하라. 이 책을 쓰고 있는 시점의 Patsy 최신 버전은 0.5.0이다.

모듈 임포트하기

14장에서는 statsmodel 라이브러리를 광범위하게 다룬다. statsmodel 라이브러리는 지금까지의 다른 라이브러리와는 약간 다른 임포트 방식을 사용하는 것이 좋다. statsmodel은 라이브러리가 제공하는 공개적으로 접근 가능한 기호를 수집하는 api 모듈을 제공한다. 여기서는 statsmodel.api를 sm이라는 이름, statsmodel.formula.api는 smf라는 이름으로 임포트한다고 가정한다. 또한 statsmodels.grapics.api 모듈은 smg라는 이름으로 임포트돼야 한다.

```
In [1]: import statsmodels.api as sm
In [2]: import statsmodels.formula.api as smf
In [3]: import statsmodels.graphics.api as smg
```

statsmodels 라이브러리는 내부적으로 Patsy 라이브러리를 사용하므로 일반적으로 Patsy 라이브러리 함수를 직접 사용할 필요는 없지만, 여기서는 설명을 위해 Patsy를 직접 사용할 것이므로 다음처럼 명시적으로 임포트해야 한다.

```
In [4]: import patsy
```

Matplotlib, Numpy, pandas 라이브러리는 다음과 같이 임포트된다고 가정한다.

```
In [5]: import matplotlib.pyplot as plt
In [6]: import numpy as np
In [7]: import pandas as pd
```

Scipy stats 모듈은 다음과 같이 임포트한다.

```
[8]: from Scipy import stats
```

통계 모델링 소개

14장에서는 다음과 같은 유형의 문제를 살펴본다. 반응(종속) 변수의 집합 Y와 설명(독립) 변수의 집합 X로 Y와 X 사이의 수학적 관계(모델)를 찾고자 한다. 일반적으로 수학적 모델은 함수 $Y=f(X)$의 형태로 사용할 수 있다. 함수 $f(X)$를 안다면 값 X에 대한 Y 값을 계산할 수 있다. 함수 $f(X)$는 모르지만 관측값 $\{y_i, x_i\}$에 대한 데이터를 갖고 있다면 함수 $f(X)$를 매개변수화해 매개변숫값을 데이터에 적합화할 수 있다. $f(X)$의 매개변수화 예로는 선형 모델 $f(X) = \beta_0 + \beta_1 X$가 있으며, 여기서 계수 β_0과 β_1은 모델의 매개변수다. 대개 모델에서는 자유 매개변수보다 훨씬 더 많은 수의 데이터 포인트를 가진다. 예를 들어 잔차 $r = Y - f(X)$의 노름norm을 최소화하는 최소 자승 적합화를 사용할 수 있지만 잔차 r의 통계적 특성에 따라서는 다른 최소화 목적 함수도 사용할 수 있다.[2] 지금까지는 수학적 모델을 기술해왔다. 모델을 통계적으로 만드는 핵심 구성 요소는 데이터 $\{y_i, x_i\}$가 잡음이나 기타 통제되지 않는 상황으로 인해 불확실성 요소를 갖기 때문이다. 데이터의 불확실성은 모델에서의 확률 변수로 묘사할 수 있다. 예를 들어 $Y = f(X) + \varepsilon$에서 ε는 확률 변수다. 이 식은 확률 변수를 포함하기 때문에 통계적 모델이다. 모델에서 확률 변수가 어떤 식으로 나타나는지, 확률 변수가 어떤 분포를 따르는지에 따라 서로 다른 유형의 통계적 모델을 얻게 되는데 각각 다른 접근법을 사용해 분석과 해결을 수행해야 할 수도 있다.

통계적 모델을 사용할 수 있는 대표적인 상황은 실험에서 관측값 y_i를 기술하는 것인데, 여기서 x_i는 관측 장비의 다이얼과 같은 역할을 하는 것으로, 각 관측값과 함께 기록하는 벡터로 생각할 수 있다. x_i의 각 요소는 그 관측 결과인 y_i를 예측하는 데 관련됐을 수도 있고 아닐 수도 있다. 통계 모델링의 중요한 측면은 어떤 설명 변수가 y_i의 예측에 관련돼 있는지 알아내는 것이다. 물론 설명 변수 x_i의 집합에는 포함돼 있지 않지만 관측 결과에 영향을 미칠 수 있는 또 다른 관련 요인이 있을 수도 있다. 이 경우에는 데이터를 모델로 정확하게 설명하지 못할 수도 있다. 모델이 데이터를 정확하게 설명하는지 여부를 판단하는 것도 통계 모델링의 또 다른 측면이다.

널리 사용되는 통계 모델은 $Y = \beta_0 + \beta_1 X + \varepsilon$의 형태다. 여기서 β_0과 β_1은 모델 매개변수, ε는 일반적으로 평균 0과 분산 σ^2를 갖는 $\sigma^2 \sim N(0, \sigma^2)$의 정규분포다. 이 모델은 X가 스칼라일 경우 단순 선형 회귀, X가 벡터일 경우 다중 선형 회귀, Y가 벡터일 경우 다변량 선형 회귀라 불린다. 잔차 ε는 정규분포하므로 이 모든 경우, 최소 자승법OLS을 사용해 모

---

2   15장, '머신 러닝'에서 정규화된 회귀를 살펴볼 때 그 예를 보게 될 것이다.

델을 데이터에 적합화할 수 있다. 다변량 선형 회귀 분석의 경우, Y의 요소가 반드시 독립이고 동일한 분산으로 정규분포해야 한다는 조건을 완화시키면 모델이 일반화 최소 자승^{GLS}과 가중 최소 자승^{WLS}으로 알려진 방법으로 해결할 수 있는 형태로 변형된다. 통계적 모델을 해결하는 모든 방법은 일반적으로 모델 적용 시 유의해야 하는 일련의 가정들을 갖고 있다. 표준 선형 회귀의 경우, 가장 중요한 가정은 잔차가 독립적이며 정규분포해야 한다는 것이다.

일반화 선형 모델은 반응 변수의 오차가 정규분포 이외의 분포를 가질 수 있도록 선형 회귀 모델을 확장한 것이다. 특히 반응 변수는 선형 예측 변수의 함수로 가정하며 반응 변수의 분산은 변숫값의 함수일 수 있다. 이 가정은 선형 모델을 여러 상황에 적용할 수 있도록 광범위하게 일반화해준다. 예를 들어 이 가정은 개수^{count} 값의 이진 결과 등과 같은 이산 반응 변수 유형의 문제를 모델링할 수 있게 해준다. 이러한 모델의 반응 변수 오차는 정규가 아닌 다른 통계 분포(예: 이항 분포 및/또는 푸아송 분포)를 따를 수 있다. 이러한 유형의 모델에는 이진 결과에 대한 로지스틱 회귀와 양의 정수 결과에 대한 푸아송 회귀 등이 있다.

다음 절에서는 Patsy와 Statsmodel 라이브러리를 사용해 이러한 유형을 어떻게 정의되고 해결되는지 살펴본다.

Patsy를 이용한 통계 모델 정의

모든 통계 모델링은 공통적으로 반응 변수 Y와 설명 변수 X 사이의 수학적 관계를 가정해야 한다. 대부분 Y가 설명 변수 X나 X 함수의 선형 조합 또는 선형 구성 요소를 가진 모델에 관심이 많다. 예를 들어 $Y = \alpha_1 X_1 + \ldots + \alpha_n X_n$, $Y = \alpha_1 X + \alpha_2 X^2 \ldots + \alpha_n X^n$ 그리고 $Y = \alpha_1 \sin X_1 + \alpha_2 \cos X^2$는 모두 이러한 선형 모델의 예들이다. 모델이 선형적이려면 미지의 계수 α에만 선형적 관계가 필요하며 알려진 설명 변수 X가 반드시 선형일 필요는 없다. 이와는 대조적으로 비선형 모델의 예는 $Y = \exp(\beta_0 + \beta_1 X)$이다. 이 경우는 Y가 β_0

과 β_1에 대한 선형 함수가 아니기 때문이다. 그러나 이 모델은 식에 로그를 취하면 선형 모델이 된다는 점에서 로그-선형이다($\tilde{Y} = \log Y$에서 $\tilde{Y} = \beta_0 + \beta_1 X$). 이런 식으로 선형 모델로 변환할 수 있는 문제들은 일반화 선형 모델로 처리할 수 있다.

모델의 수학적 형태가 확립되면 다음 단계는 대개 회귀 문제가 $y = X\beta + \varepsilon$ 형태의 행렬 유형으로 나타나는 소위 설계 행렬^{design matrices} y와 X를 구성하는 것이다. 여기서 y는 관측값의 벡터(또는 행렬), β는 계수 벡터, ε는 잔차다. 디자인 행렬 X의 요소 X_{ij}는 각 계수 β_j와 관측값 y_i에 해당하는 설명 변수(함수)의 값이다. statsmodels나 기타 통계 모델링 라이브러리의 통계 모델용 해결자는 설계 행렬 X와 y를 입력으로 취할 수 있다.

예를 들어 두 독립 변수 $x_1 = [6, 7, 8, 9, 10]$ 및 $x_2 = [11, 12, 13, 14, 15]$에 해당하는 관측값이 $y = [1, 2, 3, 4, 5]$이고 고려 중인 선형 모델이 $Y = \beta_0 + \beta_1 X_1 + \beta_2 X_2 + \beta_3 X_1 X_2$이면 우변 항의 설계 행렬은 $X = [\mathbf{1}, x_1, x_2, x_1 x_2]$가 된다. NumPy vstack 함수를 사용하면 이 설계 행렬을 구성할 수 있다.

```
In [9]: y = np.array([1, 2, 3, 4, 5])
In [10]: x1 = np.array([6, 7, 8, 9, 10])
In [11]: x2 = np.array([11, 12, 13, 14, 15])
In [12]: X = np.vstack([np.ones(5), x1, x2, x1*x2]).T
In [13]: X
Out[13]: array([[    1.,     6.,    11.,     66.],
                [    1.,     7.,    12.,     84.],
                [    1.,     8.,    13.,    104.],
                [    1.,     9.,    14.,    126.],
                [    1.,    10.,    15.,    150.]])
```

설계 행렬 X와 관측 벡터 y가 주어지면 최소 자승 적합화를 사용해 미지의 계수 벡터 β를 찾을 수 있다(5장, '방정식 풀이'와 6장, '최적화' 참조).

```
In [14]: beta, res, rank, sval = np.linalg.lstsq(X, y)
In [15]: beta
Out[15]: array([ -5.55555556e-01,  1.88888889e00,  -8.88888889e-01,  -1.33226763e-15])
```

이 단계들은 가장 단순한 통계 모델링 형태의 진수다. 그러나 이 단순한 방법을 변형하고 확장하면 통계 모델링 자체가 하나의 분야가 되고 statsmodels와 같이 체계적으로 분석할 수 있는 계산 프레임워크가 필요하다. 예를 들어 이 예에서 설계 행렬 X를 구성하는 것은 간단했지만 더 복잡한 모델이나 모델 정의를 쉽게 변경하기를 원한다면 설계 행렬 구성은 힘든 작업이 될 수 있다. 이때가 바로 Patsy 라이브러리가 필요한 시점이다. Patsy는 모델을 정의하고 관련 설계 행렬을 자동으로 구성하기에 편리한(꼭 직관적인 것은 아니지만) 유형의 언어를 제공한다. Patsy 공식을 위한 설계 행렬을 구성하려면 `patsy.dmatrices` 함수를 사용해야 한다. `patsy.dmatrices`는 첫 번째 인수로 공식의 문자열, 두 번째 인수로 반응과 설명 변수의 데이터 배열을 딕셔너리류의 객체를 취한다. Patsy 공식의 기본 구문은 `"y ~ x1 + x2 + ..."`인데, 여기서 y는 설명 변수 x1과 x2(절편 계수를 명시적으로 포함)의 선형 조합이라는 의미다. Patsy 공식 구문의 요약은 표 14–1에 있다.

앞서 사용한 선형 모델 $Y = \beta_0 + \beta_1 X_1 + \beta_2 X_2 + \beta_3 X_1 X_2$를 다시 한번 살펴보자. 이 모델을 Patsy로 정의하려면 `"y ~ 1 + x1 + x2 + x1*x2"`와 같이 공식 문자열을 작성해야 한다. 문자열에서는 매개변수가 생략돼 있는데, Patsy는 묵시적으로 문자열에 있는 각 항이 모델 매개변수를 계수로 갖는다고 가정하고 있다. 공식 문자열을 설정하는 것 외에도 변수 이름과 해당 데이터 배열을 매핑하는 딕셔너리 데이터도 만들어야 한다.

```
In [16]: data = {"y": y, "x1": x1, "x2": x2}
In [17]: y, X = patsy.dmatrices("y ~ 1 + x1 + x2 + x1*x2", data)
```

결과는 2개의 배열 y와 X로 주어진 데이터 배열과 지정된 모델 공식에 대한 설계 행렬이다.

```
In [18]: y
Out[18]: DesignMatrix with shape (5, 1)
          y
          1
          2
```

```
            3
            4
            5
        Terms:
            'y' (column 0)
In [19]: X
Out[19]: DesignMatrix with shape (5, 4)
            Intercept   x1   x2   x1:x2
                    1    6   11      66
                    1    7   12      84
                    1    8   13     106
                    1    9   14     126
                    1   10   15     150
        Terms:
            'Intercept' (column 0)
            'x1' (column 1)
            'x2' (column 2)
            'x1:x2' (column 3)
```

이 배열들은 DesignMatrix 유형으로, Patsy에서 제공되는 표준 Numpy 배열의 하위 클래스이며 추가 메타데이터와 변경된 출력 표현을 가진다.

```
In [20]: type(X)
Out[20]: patsy.design_info.DesignMatrix
```

DesignMatrix 배열의 수치값은 앞서 vstack을 사용해 명시적으로 구성한 배열의 수치값과 동일하다는 점에 주목하자.

NumPy ndarray의 하위 클래스로서 DesignMatrix 배열 유형은 Numpy 배열을 입력으로 취하는 코드와 완전히 호환된다. 그러나 np.array 함수를 사용하면 DesignMatrix 인스턴스를 ndarray 객체로 변환할 수도 있다. 그러나 일반적으로 이런 변환 작업은 필요하지 않다.

```
In [21]: np.array(X)
Out[21]: array([[  1.,   6.,  11.,   66.],
                [  1.,   7.,  12.,   84.],
                [  1.,   8.,  13.,  104.],
                [  1.,   9.,  14.,  126.],
                [  1.,  10.,  15.,  150.]])
```

또 return_type 인수를 "dataframe"으로 설정하면 patsy.dmatrices 함수는 Pandas DataFrame 객체 형태로 설계 행렬을 반환한다. 또 DataFrame 객체는 딕셔너리 객체처럼 작동하므로 patsy.dmatrices 함수의 두 번째 인수로 DataFrame을 전달해 모델 데이터를 지정하는 용도로 사용할 수 있다.

```
In [22]: df_data = pd.DataFrame(data)
In [23]: y, X = patsy.dmatrices("y ~ 1 + x1 + x2 + x1:x2", df_data, return_
         type="dataframe")
In [24]: X
Out[24]:
```

	Intercept	x1	x2	x1:x2
0	1	6	11	66
1	1	7	12	84
2	1	8	13	104
3	1	9	14	126
4	1	10	15	150

Patsy를 사용해 (앞에서 본 예제에서처럼) 설계 행렬을 자동으로 만들었는데, 이 설계 행렬은 np.linalg.lststsq 함수를 사용하거나 statsmodels 라이브러리에서 제공되는 많은 통계 모델 해결자 중 하나를 사용해 통계적 모델을 해결하는 데 사용된다. 예를 들어 일반적인 선형 회귀^{OLS}를 수행하려면 저급 메서드인 np.linalg.lstsq를 사용하는 대신, statsmodels 라이브러리의 OLS 클래스를 사용할 수 있다. statsmodels의 거의 모든 통계 모델 클래스는 설계 행렬 y와 X를 첫 번째 및 두 번째 인수로 취하고 모델을 나타내는

클래스 인스턴스를 반환한다. 모델을 설계 행렬로 인코딩된 데이터에 실제로 적합화하려
면 fit 메서드를 실행하면 된다. fit 메서드는 적합화된 매개변수를 가진 결과 객체를 반
환한다(다른 속성도 포함).

```
In [25]: model = sm.OLS(y, X)
In [26]: result = model.fit()
In [27]: result.params
Out[27]: Intercept   -5.555556e-01
         x1           1.888889e+00
         x2          -8.888889e-01
         x1:x2       -8.881784e-16
         dtype: float64
```

결과는 14장의 앞부분에서 계산한 최소 자승 적합화와 동일하다는 점에 주목하자.
statsmodels 공식 API(smf로 임포트한 모듈)를 이용하면 모델 인스턴스를 생성할 때 모델
에 대한 Patsy 공식을 직접 전달할 수 있으므로 디자인 행렬을 먼저 만들 필요가 없어진
다. 그런 다음 y와 X를 인수로 전달하는 대신, 모델 데이터가 들어 있는 Patsy 공식과 딕
셔너리와 유사한 객체(예: Pandas DataFrame)를 전달한다.

```
In [28]: model = smf.ols("y ~ 1 + x1 + x2 + x1:x2", df_data)
In [29]: result = model.fit()
In [30]: result.params
Out[30]: Intercept   -5.555556e-01
         x1           1.888889e+00
         x2          -8.888889e-01
         x1:x2       -8.881784e-16
         dtype: float64
```

Numpy 배열을 명시적으로 구성하고 Numpy의 최소 자승 모델을 호출하는 대신,
statsmodel을 사용할 때의 장점은 statsmodel에서는 과정의 대부분이 자동화되므로 추
가 작업 없이 통계 모델에 항을 추가하고 삭제할 수 있다는 것이다. 또한 statsmodel을

사용하면 방대한 선형 모델 해결자와 더불어 데이터에 대한 모델 적합도를 분석할 수 있는 통계적 검정을 이용할 수 있다. Patsy에 공식 언어는 표 14-1에 요약돼 있다.

▼ 표 14-1 Patsy 공식 구문 간단 요약(공식 구문에 대한 전체 명세는 http://patsy.readthedocs.org/en/latest의 문서를 참고하라.)

구문	예제	설명
lhs ~ rhs	y ~ x(y ~1 + x와 동일)	모델의 좌변(종속 변수가 있는 곳)과 우변(독립 변수가 있는 곳)은 ~ 문자로 분리한다.
var * var	x1*x2(x1+x2+x1*x2와 동일)	더 낮은 차수의 모든 상호 작용 항(interaction term)을 갖는 상호 작용 항
var + var + ...	x1 + x2 + ...(y ~1 + x1 + x2와 동일)	+ 기호는 항의 합집합을 나타낸다.
var:var	x1:x2	콜론(:)은 순수 상호 작용 항(예: $x_1 \cdot x_2$)을 나타낸다.
f(expr)	np.log(x), np.cos(x+y)	식의 항을 변환하려면 임의의 Python 함수(종종 Numpy 함수)를 사용할 수 있다. 함수의 인수로 사용된 식은 Patsy에서와 같은 집합 연산이 아니라 산술 연산으로 해석된다.
I(expr)	I(x+y)	I는 Patsy에서 제공되는 항등 함수로, 산술 연산으로 해석돼 산술식으로 계산하도록 해준다.
C(var)	C(x), C(x, Poly)	변수 x를 범주형으로 다루고 값을 직교형 더미 변수로 확장한다.

이제 설계 행렬 구성이나 많은 통계 모델 클래스 중 하나를 직접 사용하기 위해 Patsy 공식을 어떻게 쓰는지 살펴봤으므로 statsmodels 라이브러리에서 가용한 또 다른 통계 모델을 자세히 살펴보기에 앞서 먼저 Patsy 공식의 구문과 표기를 다시 간략히 살펴보자. 표 14-1에 요약한 바와 같이, 모델 공식의 기본 구문은 "LHS ~ RHS"의 형태로 돼 있다. ~ 문자는 모델 방정식의 좌변LHS과 우변RHS을 분리하는 데 사용된다. 좌변은 반응 변수를 구성하는 항을 지정하고 우변은 설명 변수를 구성하는 항을 지정한다. 좌변과 우변 식에서의 항은 + 또는 - 기호로 구분하지만 이 기호는 산술 연산자가 아니라 합집합이나 차집합과 같은 집합 연산자로 해석해야 한다. 예를 들어 a+b는 a와 b가 모두 모델에 포함된다는 것, -a는 a항은 모델에 포함되지 않는다는 것을 의미한다. a*b 유형의 표현은 자동으로 a+b + a:b로 확장되는데 여기서 a:b는 순수 상호 작용 항 $a \cdot b$다.

구체적인 예로, 다음과 같은 공식과 그에 따른 우변 항(이 항은 term_names 속성을 사용해 design_info 속성에서 추출할 수 있음)을 살펴보자.

```
In [31]: from collections import defaultdict
In [32]: data = defaultdict(lambda: np.array([]))
In [33]: patsy.dmatrices("y ~ a", data=data)[1].design_info.term_names
Out[33]: ['Intercept', 'a']
```

여기서 두 항은 Intercept와 a로, 각각 상수와 a에 대한 선형 종속에 해당한다. Patsy는 항상 절편 상수를 포함하며 Patsy 공식에서도 y ~ 1 + a 식으로 사용할 수 있다. Patsy 공식에 1을 포함하는 것은 선택 사항이다.

```
In [34]: patsy.dmatrices("y ~ 1 + a + b", data=data)[1].design_info.term_names
Out[34]: ['Intercept', 'a', 'b']
```

이 경우에는 둘 이상의 설명 변수가 있으며(a와 b), 여기에서는 절편이 명시적으로 공식에 포함돼 있다. 모델에 절편을 포함하지 않으려면 −1 표기를 사용해 이 항을 제거할 수 있다.

```
In [35]: patsy.dmatrices("y ~ -1 + a + b", data=data)[1].design_info.term_names
Out[35]: ['a', 'b']
```

a * b 유형의 표현은 모든 하위 차수 상호 작용 항을 포함하도록 자동으로 확장된다.

```
In [36]: patsy.dmatrices("y ~ a * b", data=data)[1].design_info.term_names
Out[36]: ['Intercept', 'a', 'b', 'a:b']
```

더 고차 확장도 된다.

```
In [37]: patsy.dmatrices("y ~ a * b * c", data=data)[1].design_info.term_names
```

```
Out[37]: ['Intercept', 'a', 'b', 'a:b', 'c', 'a:c', 'b:c', 'a:b:c']
```

공식에서 특정 항을 제거하려면 그 항 앞에 마이너스 연산자를 사용하면 된다. 예를 들어 a*b*c의 자동 확장에서 a:b:c라는 순수 3차 상호 작용 항을 제거하려면 다음과 같이 할 수 있다.

```
In [38]: patsy.dmatrices("y ~ a * b * c - a:b:c", data=data)[1].design_
         info.term_names
Out[38]: ['Intercept', 'a', 'b', 'a:b', 'c', 'a:c', 'b:c']
```

Patsy에서는 +와 − 연산자가 항의 집합에서 집합 연산자와 같은 역할을 한다. 산술식을 나타낼 필요가 있는 경우에는 함수 호출로 식을 둘러싸야 한다. 편의상 Patsy에는 이 목적으로 사용할 수 있는 I라는 이름의 항등 함수를 제공한다. 이 부분을 설명하기 위해 다음의 두 가지 예를 살펴보자. y ~ a + b와 y ~ I(a + b)의 결과 항은 다음과 같다.

```
In [39]: data = {k: np.array([]) for k in ["y", "a", "b", "c"]}
In [40]: patsy.dmatrices("y ~ a + b", data=data)[1].design_info.term_names
Out[40]: ['Intercept', 'a', 'b']
In [41]: patsy.dmatrices("y ~ I(a + b)", data=data)[1].design_info.term_names
Out[41]: ['Intercept', 'I(a + b)']
```

여기서 I(a+b)라는 명칭과 일치하는 설계 행렬의 열은 변수 a와 b 배열의 산술 합이다. 변수의 지수로 표현되는 항을 포함시킬 때도 이와 동일한 트릭을 사용해야만 한다.

```
In [42]: patsy.dmatrices("y ~ a**2", data=data)[1].design_info.term_names
Out[42]: ['Intercept', 'a']
In [43]: patsy.dmatrices("y ~ I(a**2)", data=data)[1].design_info.term_names
Out[43]: ['Intercept', 'I(a ** 2)']
```

여기서 사용한 표기 I(...)는 함수 호출 표기법의 한 예다. Patsy 공식의 입력 데이터는 공식 내에 임의의 Python 함수를 호출해 변환을 적용할 수 있다. 특히 Numpy의 함수를 사용하면 입력 데이터 배열을 변환할 수 있다.

```
In [44]: patsy.dmatrices("y ~ np.log(a) + b", data=data)[1].design_info.
         term_names
Out[44]: ['Intercept', 'np.log(a)', 'b']
```

변수에 임의의 Python 함수를 사용해 변환할 수도 있다.

```
In [45]: z = lambda x1, x2: x1+x2
In [46]: patsy.dmatrices("y ~ z(a, b)", data=data)[1].design_info.term_names
Out[46]: ['Intercept', 'z(a, b)']
```

지금까지는 수치로 된 반응 및 설명 변수를 가진 모델을 살펴봤다. 통계 모델링에는 수치적 순서가 의미 없는 이산값의 집합(예: "여성" 또는 "남성"; 유형 "A", "B" 또는 "C" 등)을 취하는 범주형 변수도 자주 등장한다. 이러한 변수를 선형 모형에서 사용할 때는 일반적으로 이진 더미 변수를 도입해 재코딩할 필요가 있다. patsy 공식에서는 수치 데이터 유형(float 또는 int)이 아닌 변수는 모두 범주형 변수로 해석하고 자동으로 인코딩한다. 수치 변수는 C(x) 표기법을 사용하면 변수 x를 범주형 변수로 취급하도록 명시적으로 지정할 수 있다.

예를 들어 "y ~ - 1 + a"와 "y ~ - 1 + C(a)" 공식에 해당하는 설계 행렬을 살펴보자. 이 두 공식은 a가 각각 수치인 경우와 범주형 설명 변수인 경우에 해당한다.

```
In [48]: data = {"y": [1, 2, 3], "a": [1, 2, 3]}
In [48]: patsy.dmatrices("y ~ - 1 + a", data=data, return_type="dataframe")[1]
Out[48]:
```

a

```
0    1
1    2
2    3
```

수치 변수의 경우, 설계 행렬에서의 해당 열은 단순히 데이터 벡터이며, 범주형 변수 C(a)의 경우 원래 변수의 개별 값에서 마스크처럼 인코딩한 새로운 이진 열이 설계 행렬에 추가된다.

```
In [49]: patsy.dmatrices("y ~ - 1 + C(a)", data=data, return_
type="dataframe")[1]
Out[49]:
```

	C(a)[1]	C(a)[2]	C(a)[3]
0	1	0	0
1	0	1	0
2	0	0	1

비수치값을 갖는 변수는 자동으로 범주형으로 해석돼 처리된다.

```
In [50]: data = {"y": [1, 2, 3], "a": ["type A", "type B", "type C"]}
In [51]: patsy.dmatrices("y ~ - 1 + a", data=data, return_type="dataframe")[1]
Out[51]:
```

	a[type A]	a[type B]	a[type C]
0	1	0	0
1	0	1	0
2	0	0	1

범주형 변수의 인코딩 유형은 사용자가 변경하고 확장할 수 있다. 예를 들어 범주형 변수를 직교 다항식으로 인코딩하도록 하려면 C(a, Poly)처럼 지정해야 한다.

```
In [52]: patsy.dmatrices("y ~ - 1 + C(a, Poly)", data=data, return_
type="dataframe")[1]
Out[52]:
```

	C(a, Poly).Constant	C(a, Poly).Linear	C(a, Poly).Quadratic
0	1	-7.071068e-01	0.408248
1	1	-5.551115e-17	-0.816497
2	1	7.071068e-01	0.408248

Patsy에 의한 범주형 변수의 자동 인코딩은 Patsy 공식의 매우 편리한 측면으로, 사용자들이 수치 변수나 범주형 변수 모두 모델에 쉽게 추가하거나 제거할 수 있게 해준다. 이 편의성은 모델 방정식 정의에 Patsy 라이브러리를 사용할 때의 주된 장점 중 하나다.

선형 회귀

statsmodel 라이브러리는 다양한 상황에서 적용할 수 있는 몇 가지 유형의 통계 모델을 지원하지만 거의 모두 동일한 사용 패턴을 따르므로 서로 다른 모델 간에 쉽게 전환할 수 있다. statsmodels의 통계적 모델은 모델 클래스로 나타낸다. 모델 클래스들은 선형 모델의 반응과 설명 변수의 설계 행렬이 주어지거나 Patsy 공식과 DataFrame(또는 딕셔너리 유사 객체)이 주어지면 생성할 수 있다. statsmodel로 통계 모델을 설정하고 분석할 때의 기본 작업 흐름은 다음과 같은 단계를 따른다.

1. model = sm.MODEL(y, X)나 model = smf.model(formula, data)를 사용해 모델 클래스의 인스턴스를 생성한다. 여기서 MODEL과 model은 OLS, GLS, Logit 등과 같은 특정 모델의 이름이다. 설계 행렬을 인수로 취하는 클래스에는 대문자 이름, Patsy 공식과 DataFrame을 인수로 사용하는 클래스에는 소문자 이름을 사용한다.

2. 모델 인스턴스를 생성할 때는 어떠한 연산도 수행하지 않는다. 모델을 데이터에 적합화하려면 fit 메서드를 result = model.fit()처럼 호출해야 한다. 적합화를 수

행한 후 추가 분석을 위한 메서드와 속성을 가진 결과 객체가 반환된다.

3. fit 메서드가 반환한 결과 객체의 요약 통계량을 출력한다. 결과 객체는 통계 모델마다 그 내용이 조금씩 다르지만 대부분의 모델은 summary 메서드를 구현해뒀는데 summary 메서드는 통계 모델이 데이터를 성공적으로 설명하는지 판단하는 데 유용한 몇 가지 유형의 통계가 포함된 적합화 결과를 기술한 요약문을 출력한다. summary 메서드의 출력을 보는 것은 대개 적합화 프로세스의 결과를 분석하는 좋은 출발점이 된다.

4. 모델 적합화 결과 후처리: summary 메서드에 더해 결과 객체는 적합화된 매개변수(params), 모델과 데이터의 잔차(resid), 적합화 값(fittedvalues)을 구하고 새로운 독립 변수로 반응 변숫값을 예측하는 메서드(predict) 등의 여러 메서드와 속성도 갖고 있다.

5. 마지막으로 Matplotlib나 Seaborn 그래픽 라이브러리를 사용해 적합화 결과를 시각화 해보면 유용하다. statsmodels에는 바로 이용할 수 있는 많은 그래픽 루틴이 제공된다(Statsmodels.graphics 모듈을 참고하라).

간단한 예를 들어 이 작업 흐름을 설명하기 위해 이제 실제 값이 $y = 1 + 2x_1 + 3x_2 + 4x_1x_2$인 모델에서 생성된 데이터를 적합화하는 경우를 살펴보자. 먼저 Pandas의 DataFrame 객체에 데이터를 저장한다.

```
In [53]: N = 100
In [54]: x1 = np.random.randn(N)
In [55]: x2 = np.random.randn(N)
In [56]: data = pd.DataFrame({"x1": x1, "x2": x2})
In [57]: def y_true(x1, x2):
    ...:     return 1 + 2 * x1 + 3 * x2 + 4 * x1 * x2
In [58]: data["y_true"] = y_true(x1, x2)
```

여기서는 y의 참값을 DataFrame 객체 data의 y_true 열에 저장했다. 참값에 정규분포하는 잡음을 추가해 잡음이 들어간 y 관측값을 시뮬레이션하고 그 결과를 y 열에 저장한다.

```
In [59]: e = 0.5 * np.random.randn(N)
In [60]: data["y"] = data["y_true"] + e
```

이제, 데이터로부터 반응 변수 y와 더불어 2개의 설명 변수인 x1과 x2가 있다는 것을 알게 됐다. 먼저 시도해볼 수 있는 가장 간단한 모델은 선형 모델 $Y=\beta_0+\beta_1 x_1+\beta_2 x_2$다. 이모델은 Patsy 공식 "y ~ x1 + x2"로 정의할 수 있다. 반응 변수는 연속적이므로 최소 자승을 사용해 모델을 적합화하기에 적당하다. 따라서 smf.ols 클래스를 사용할 수 있다.

```
In [61]: model = smf.ols("y ~ x1 + x2", data)
In [62]: result = model.fit()
```

일반적인 최소 자승 회귀는 적합 모델과 데이터의 잔차가 정규분포한다고 가정한다는 점을 기억하자. 그러나 자료를 분석하기 전에는 이 조건이 충족되는지 알 수 있는 방법이 없다. 그럼에도 불구하고 그 데이터를 모델에 적합화시키고 나서 그래픽 방법과 통계적 검정을 사용해 잔차의 분포를 조사해볼 수 있다(잔차가 실제로 정규분포한다는 귀무 가설을 사용할 수 있다). summary 메서드를 사용하면 다음과 같은 몇 가지 유형의 검정 통계량을 포함해 많은 유용한 정보를 얻을 수 있다.

```
In [63]: print(result.summary())
                             OLS Regression Results
==============================================================================
Dep. Variable:                      y   R-squared:                       0.380
Model:                            OLS   Adj. R-squared:                  0.367
Method:                 Least Squares   F-statistic:                     29.76
Date:                Wed, 22 Apr 2015   Prob (F-statistic):           8.36e-11
Time:                        22:40:33   Log-Likelihood:                -271.52
No. Observations:                 100   AIC:                             549.0
Df Residuals:                      97   BIC:                             556.9
Df Model:                           2
Covariance Type:            nonrobust
==============================================================================
```

```
              coef     std err       t      P>|t|     [95.0% Conf. Int.]
--------------------------------------------------------------------------
Intercept    0.9868     0.382      2.581    0.011      0.228      1.746
x1           1.0810     0.391      2.766    0.007      0.305      1.857
x2           3.0793     0.432      7.134    0.000      2.223      3.936
==========================================================================
Omnibus:                          19.951   Durbin-Watson:             1.682
Prob(Omnibus):                     0.000   Jarque-Bera (JB):         49.964
Skew:                             -0.660   Prob(JB):               1.41e-11
Kurtosis:                          6.201   Cond. No.                   1.32
==========================================================================

Warnings: [1] Standard errors assume that the covariance matrix of the
errors is correctly specified.
```

summary 메서드에 의해 산출되는 출력물은 다소 장황하며 이 메서드에 의해 출력된 모든 정보에 대한 상세한 설명은 이 책의 범위를 벗어난다. 그 대신, 여기서는 몇 가지 핵심 지표에만 초점을 맞춘다. 우선 R-제곱 값은 모델이 데이터를 얼마나 잘 적합화하는지를 나타내는 통계량이다. 이 값은 0에서 1 사이의 값을 취하며 여기서 R 제곱 통계량이 1이라는 의미는 완벽히 적합화된다는 뜻이다. 앞서 summary 메서드로 출력된 R 제곱 값 0.380은 적합화가 다소 열악하며 모델을 정제할 필요가 있음을 나타낸다(상호 작용 항 $x_1 \cdot x_2$를 생략했기 때문에 예상했던 결과다). 결과 객체의 rsquared 속성을 사용하면 R-squared 통계량을 명시적으로 알아볼 수 있다.

```
In [64]: result.rsquared
Out[64]: 0.38025383255132539
```

또한 표의 중간에 있는 coef 칼럼은 적합화된 모델 매개변수를 보여준다. 잔차가 실제로 정규분포한다는 가정하에서 std err 열은 모델 계수의 표준 오차 추정값을 제공하며 t와 P>|t| 열은 t-통계량과 해당 계수가 0이라는 귀무 가설의 통계 검정에 해당하는 p-값이다. 따라서 이 분석은 잔차가 정규분포를 따른다는 것을 전제로 했다는 점에 유념하면서 작은 p-값을 갖는 열을 찾아 0이 아닐 가능성이 큰 계수(예측력이 크다는 의미)를 가진 설명

변수를 찾을 수 있다.

오차가 정규분포한다는 가정이 정당한지 조사하려면 데이터에 적합화한 모델의 잔차를 살펴봐야 한다. 잔차는 결과 객체의 resid 속성을 통해 접근할 수 있다.

```
In [65]: result.resid.head()
Out[65]: 0     -3.370455
         1    -11.153477
         2    -11.721319
         3     -0.948410
         4      0.306215
         dtype: float64
```

이러한 잔차를 이용해 Scipy stats 모듈의 normaltest 함수를 사용하면 정규성을 확인할 수 있다.

```
In [66]: z, p = stats.normaltest(result.fittedvalues.values)
In [67]: p
Out[67]: 4.6524990253009316e-05
```

이 예제의 결과 p-값은 실제로 매우 작기 때문에 잔차가 정규분포한다는 귀무 가설을 기각할 수 있다(즉, 잔차의 정규분포 가정이 위반됐다는 결론을 내릴 수 있다). 표본의 정규성을 검사하는 그래픽적 방법은 statsmodels.grapics 모듈의 qqplot을 사용하는 것이다. 표본 분위 수와 이론적 분위 수를 비교하는 QQ-plot은 표본값이 실제로 정규분포한다면 직선에 가까워야 한다. 다음 smg.qqplot 함수 호출은 그림 14-1에 나타난 QQ-plot을 생성한다.

```
In [68]: fig, ax = plt.subplots(figsize=(8, 4))
    ...: smg.qqplot(result.resid, ax=ax)
```

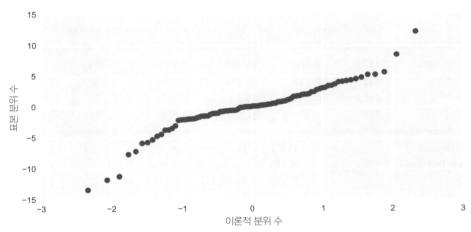

▲ 그림 14-1 상호 작용 항이 없는 두 설명 변수의 선형 모델에 대한 QQ-plot

그림 14-1에서 볼 수 있는 것처럼 QQ-plot의 점은 선형 관계에서 현저하게 벗어나, 관측된 잔차가 정규분포 확률 변수의 표본일 가능성이 낮음을 시사한다. 요약하면 이 지표들은 우리가 사용한 모델이 충분하지 않으므로 모델을 다듬어야 할 필요가 있다는 증거를 제시하고 있다. 이제 Patsy 공식에 누락된 상호 작용 항을 추가해 이전 분석의 단계를 반복해보자.

```
In [69]: model = smf.ols("y ~ x1 + x2 + x1*x2", data)
In [70]: result = model.fit()
In [71]: print(result.summary())
                         OLS Regression Results
```

Dep. Variable:	y	R-squared:	0.963
Model:	OLS	Adj. R-squared:	0.961
Method:	Least Squares	F-statistic:	821.8
Date:	Tue, 21 Apr 2015	Prob (F-statistic):	2.69e-68
Time:	23:52:12	Log-Likelihood:	-138.39
No. Observations:	100	AIC:	284.8
Df Residuals:	96	BIC:	295.2
Df Model:	3		
Covariance Type:	nonrobust		

```
=================================================================
                coef    std err       t       P>|t|    [95.0% Conf. Int.]
-----------------------------------------------------------------
Intercept     1.1023     0.100     10.996     0.000      0.903     1.301
x1            2.0102     0.110     18.262     0.000      1.792     2.229
x2            2.9085     0.095     30.565     0.000      2.720     3.097
x1:x2         4.1715     0.134     31.066     0.000      3.905     4.438
=================================================================
Omnibus:                 1.472    Durbin-Watson:             1.912
Prob(Omnibus):           0.479    Jarque-Bera (JB):          0.937
Skew:                    0.166    Prob(JB):                  0.626
Kurtosis:                3.338    Cond. No.                  1.54
=================================================================
Warnings: [1] Standard errors assume that the covariance matrix of the
errors is correctly specified.
```

R-제곱 통계량이 0.963으로 상당히 높으므로 모델과 데이터 사이에 거의 완벽한 일치가
나타나는 것을 볼 수 있다.

```
In [72]: result.rsquared
Out[72]: 0.96252198253140375
```

더 많은 변수를 도입하면 항상 R-제곱 통계량을 증가시킬 수 있지만 낮은 예측력을 가진
변수(작은 계수값과 높은 해당 p-값)는 모델에 추가하지 않으려 한다. 낮은 예측력의 변수는
모델을 과적합화시킬 염려가 있으며 여기서도 잔차가 정규분포한다는 가정이 필요하기
때문이다. 앞의 분석에서 정규성 검정과 QQ-plot을 업데이트된 모델로 반복하면 상대
적으로 큰 p-값(0.081)과 선형 QQ-plot이 생성된다(그림 14-2 참조). 이를 통해 이번에는
잔차가 정규분포한다는 것을 짐작할 수 있다(이 예제에서는 설계상, 잔차가 정규분포한다는 것
을 이미 알고 있다).

```
In [73]: z, p = stats.normaltest(result.fittedvalues.values)
In [74]: p
```

```
Out[74]: 0.081352587523644201
In [75]: fig, ax = plt.subplots(figsize=(8, 4))
   ...: smg.qqplot(result.resid, ax=ax)
```

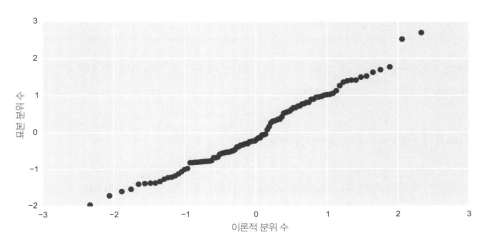

▲ 그림 14-2 상호 작용 항을 가진 두 설명 변수를 가진 선형 모델의 QQ-plot

일단 모델의 적합도에 만족한다면 params 속성을 사용해 결과 객체에서 모델의 계수를 추출할 수 있다.

```
In [76]: result.params
Out[76]: Intercept    1.102297
         x1           2.010154
         x2           2.908453
         x1:x2        4.171501
         dtype: float64
```

또한 predict 메서드를 사용하면 새로운 관측값을 예측할 수 있는데 predict 메서드는 독립 변수(이 경우 x_1 및 x_2)의 값을 가진 Numpy 배열이나 DataFrame 객체를 인수로 취한다. 예를 들어 현 예제에는 2개의 독립 변수만 있으므로 모델의 예측을 등고선으로 시각화할 수 있다. 이를 위해 먼저 적합화된 모델을 사용해 y 값을 예측하고자 하는 x_1과 x_2 값을 가진 DataFrame 객체를 생성한다.

```
In [77]: x = np.linspace(-1, 1, 50)
In [78]: X1, X2 = np.meshgrid(x, x)
In [79]: new_data = pd.DataFrame({"x1": X1.ravel(), "x2": X2.ravel()})
```

모델의 적합화로부터 얻은 결과 객체의 **predict** 메서드를 사용하면 예측된 y 값을 계산할 수 있다.

```
In [80]: y_pred = result.predict(new_data)
```

그 결과는 데이터 벡터 **X1.ravel()**, **X2.ravel()**과 동일한 길이의 Numpy 배열(벡터)이다. Matplotlib contour 함수를 사용해 데이터를 도식화하려면 가장 먼저 **y_pred** 벡터의 크기를 정방 행렬로 조정해야 한다.

```
In [81]: y_pred.shape
Out[81]: (2500,)
In [82]: y_pred = y_pred.values.reshape(50, 50)
```

참 모델과 적합 모델의 등고선 그래프는 그림 14–3에 나타나 있으며 이 예에서는 100개의 잡음을 가진 관측값 y에 적합화된 모델이 함수를 정확하게 재현하기에 충분하다는 것을 보여주고 있다.

```
In [83]: fig, axes = plt.subplots(1, 2, figsize=(12, 5), sharey=True)
    ...: def plot_y_contour(ax, Y, title):
    ...:     c = ax.contourf(X1, X2, Y, 15, cmap=plt.cm.RdBu)
    ...:     ax.set_xlabel(r"$x_1$", fontsize=20)
    ...:     ax.set_ylabel(r"$x_2$", fontsize=20)
    ...:     ax.set_title(title)
    ...:     cb = fig.colorbar(c, ax=ax)
    ...:     cb.set_label(r"$y$", fontsize=20)
```

```
   ...:
   ...: plot_y_contour(axes[0], y_true(X1, X2), "true relation")
   ...: plot_y_contour(axes[1], y_pred, "fitted model")
```

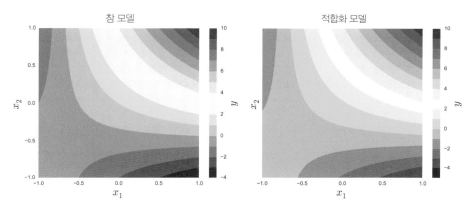

▲ 그림 14-3 참 모델과 참 모델에 정규분포하는 노이즈를 추가한 100개의 표본에 적합화한 모델

여기서 살펴본 예에서는 데이터에 모델을 적합화시키기 위해 일반적인 최소 자승법(ols)을 사용했다. 관측에 심각한 이상값이 섞여 있는 경우에는 견고한 선형 모형(rlm)이 더 적합하고, 반응 변수가 이산값만 취할 수 있는 경우에는 일반화 선형 모델의 변형이 더 적합하다는 등 몇 가지 다른 옵션도 사용할 수 있다. 다른 옵션에 관한 사항은 다음 절의 주제이기도 하다. 15장, '머신 러닝'에서는 최소화의 목적이 잔차의 제곱을 최소화하는 것뿐 아니라 모델에서 큰 계수값에 페널티를 주도록 수정하는 정규화 회귀의 예도 살펴볼 것이다.

예제 데이터셋

통계적 기법으로 작업할 때는 탐색할 예제 데이터셋이 있으면 도움이 된다. statsmodels 패키지는 R 통계 소프트웨어의 광범위한 데이터셋 저장소[3]의 예제 데이터셋을 로드할 수

---

3   http://vincentarelbundock.github.io/Rdatasets를 참고하라

있는 인터페이스를 제공한다. sm.datasets 모듈에는 http://vincentarelbundock.
github.io/Rdatasets/datasets.html 페이지에 나열된 데이터셋을 로드할 수 있는 get_
radataset 함수가 제공된다. get_radataset 함수는 데이터셋의 이름과 함께 패키지 이
름(데이터셋의 그룹화)을 선택적 인수로 취한다. 예를 들어 Ecdat 패키지의 Icecream이라
는 데이터셋을 로드하려면 다음처럼 해야 한다.

```
In [84]: dataset = sm.datasets.get_rdataset("Icecream", "Ecdat")
```

그 결과는 데이터셋을 기술하는 데이터셋과 메타데이터를 가진 데이터 구조다. 데이터셋
의 이름은 title 속성에 주어지고 __doc__ 속성에는 데이터셋을 설명하는 설명 텍스트
가 포함돼 있다(여기서 표시하기에는 너무 길다).

```
In [85]: dataset.title
Out[85]: 'Ice Cream Consumption'
```

data 속성을 사용하면 Pandas DataFrame 객체 형태의 데이터에 접근할 수 있다.

```
In [86]: dataset.data.info()
<class 'pandas.core.frame.DataFrame'>
Int64Index: 30 entries, 0 to 29
Data columns (total 4 columns):
cons        30 non-null float64
income      30 non-null int64
price       30 non-null float64
temp        30 non-null int64
dtypes: float64(2), int64(2)
memory usage: 1.2 KB
```

DataFrame info 메서드의 출력으로부터, Icecream 데이터셋이 cons(소비), income(수입),
price(가격), temp(온도)라는 4개의 변수를 포함하고 있다는 것을 알 수 있다. 일단 데이터

셋이 로드되면 그것을 탐색하고 통상적인 절차에 따라 통계 모델에 적합화할 수 있다. 예를 들어 가격과 기온을 독립 변수로 하는 선형 모델로서 소비량을 모델링하려면 다음처럼 해야 한다.

```
In [87]: model = smf.ols("cons ~ -1 + price + temp", data=dataset.data)
In [88]: result = model.fit()
```

결과 객체는 앞서 살펴본 것처럼 summary 메서드를 출력해 기술 통계량과 통계 검정으로 분석할 수 있다. 또한 그래픽 방식으로 접근해, 예를 들어 smg 모듈의 plot_fit 함수를 사용해 회귀 그래프를 도식화할 수 있다(seaborn 라이브러리의 regplot 함수도 참고하라).

```
In [89]: fig, (ax1, ax2) = plt.subplots(1, 2, figsize=(12, 4))
    ...: smg.plot_fit(result, 0, ax=ax1)
    ...: smg.plot_fit(result, 1, ax=ax2)
```

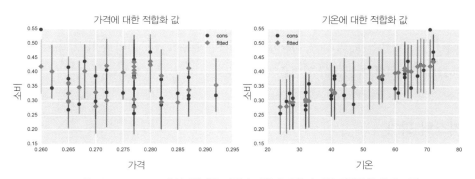

▲ 그림 14-4 Icecream 데이터셋에서 가격과 기온에 대한 소비를 적합화한 회귀 도면

그림 14-4의 회귀 그림에서는 이 Icecream 데이터셋에서의 소비가 기온과는 선형적으로 상관 관계가 있는 것처럼 보이지만, 가격에 대한 종속성은 명확하지 않다는 결론을 내릴 수 있다. plot_fit과 같은 그래픽 도구는 통계 모델을 개발할 때 유용한 도구가 될 수 있다.

이산 회귀 분석

이산 종속 변수(예: 이항 결과)를 가진 회귀에는 지금까지 살펴본 선형 회귀 모델과는 다른 기법이 필요하다. 그 이유는 선형 회귀 분석에서는 반응 변수가 정규분포를 따르는 연속 변수여야 하는데 이진 변수나 양의 정숫값을 취하는 변수 등 가능한 결괏값으로 이산값만 갖는 반응 변수는 직접 적용할 수 없기 때문이다. 그러나 적절한 변환을 사용하면 선형 예측 변수를 다른 이산 결과의 확률로 해석할 수 있는 구간으로 매핑할 수 있다. 예를 들어 이진 결과의 경우, 유명한 변환 중 하나는 로지스틱 함수, 즉 $\log(p/(1-p)) = \beta_0 + \beta \cdot x$ 또는 $p = (1 + \exp(-\beta_0 - \beta_1 \cdot x))^{-1}$이다. 여기서는 $x \in [-\infty, \infty]$를 $p \in [0, 1]$로 매핑한다. 다시 말해 연속 또는 이산 특징 벡터 x는 모델 매개변수 β_0, β_1과 로지스틱 변환을 통해 확률 p로 매핑된다. $p < 0.5$이면 $y = 0$, $p \geq 0.5$는 $y = 1$로 예측할 수 있다. 로지스틱 회귀logistic regression로 알려진 이 절차는 이진 분류기의 한 예다. 15장, '머신 러닝'에서 머신 러닝에 대한 분류기를 좀 더 자세히 알아본다.

statsmodel 라이브러리는 Logit 클래스[4] 관련 Probit 클래스(로지스틱 함수 대신 정규분포의 누적 분포 함수를 사용해 선형 예측 변수를 [0, 1] 구간으로 변환), 다항 로지스틱 회귀 클래스 MNLogit(두 가지 범주 이상의 경우), 푸아송 분포 개수 변수(양의 정수)의 푸아송 회귀 클래스인 Poisson 등 여러 이산 회귀 기법을 제공한다.

로지스틱 회귀

statsmodel로 로지스틱 회귀를 수행하는 방법을 보여주기 위한 예로, 먼저 sm.datasets.get_rdataset 함수를 사용해 아이리스 꽃의 꽃받침, 꽃잎의 길이와 너비를 갖고 있는 고전적인 데이터셋을 로드한다. 여기서는 서로 다른 두 종에 해당하는 데이터셋의 부분 집합을 선택하고 꽃잎 길이와 너비의 값으로부터 종을 예측하기 위한 로지스틱 모델을 구

---

4   로지스틱 회귀는 로지스틱 변환을 연결 함수로 사용한 일반화 선형 모델 클래스로 볼 수 있다. 따라서 sm.GLM이나 smf. glm을 대신 사용할 수 있다.

축해본다. `info` 메서드를 사용하면 데이터셋에 포함된 변수에 대한 요약 정보를 얻을 수 있다.

```
In [90]: df = sm.datasets.get_rdataset("iris").data
In [91]: df.info()
<class 'pandas.core.frame.DataFrame'>
Int64Index: 150 entries, 0 to 149
Data columns (total 5 columns):
Sepal.Length    150 non-null float64
Sepal.Width     150 non-null float64
Petal.Length    150 non-null float64
Petal.Width     150 non-null float64
Species         150 non-null object
dtypes: float64(4), object(1)
memory usage: 7.0+ KB
```

`Species` 열에 존재하는 고유한 종의 유형 개수를 보려면 DataFrame 객체에서 열을 추출할 때 반환되는 Pandas series의 `unique` 메서드를 사용해야 한다.

```
In [92]: df.Species.unique()
Out[92]: array(['setosa', 'versicolor', 'virginica'], dtype=object)
```

이 데이터셋에는 세 가지 다른 유형의 종이 있다. 여기서는 로지스틱 회귀 분석에서 반응 변수로 사용할 수 있는 이항 변수를 구하기 위해 versicolor와 virginica 두 종의 데이터에만 초점을 맞춘다. 편의상 데이터셋 중 두 종에만 해당하는 부분 집합을 새로운 DataFrame인 `df_subset`로 생성한다.

```
In [93]: df_subset = df[df.Species.isin(["versicolor", "virginica"])].copy()
```

다른 변수를 독립적인 변수로 사용해 종을 예측하기 위해 로지스틱 회귀를 사용하려면 우선 2개의 다른 종에 해당하는 이진 변수를 만들어야 한다. Pandas series 객체의 `map`

메서드를 사용하면 두 종의 이름을 이진값 0과 1로 매핑할 수 있다.

```
In [94]: df_subset.Species = df_subset.Species.map({"versicolor": 1,
         "virginica": 0})
```

또한 마침표가 포함된 이름을 가진 열은 Python에서 유효한 기호 이름(예: "." 문자를 "_"로
대체)으로 바꿔야 한다. 그렇지 않으면 이런 열 이름이 포함된 Patsy 공식은 잘못 해석될
것이다. DataFrame 객체의 열 이름을 바꾸려면 rename 메서드를 사용하고 이름 변환을
지정하는 딕셔너리를 columns의 인수로 전달해야 한다.

```
In [95]: df_subset.rename(columns={"Sepal.Length": "Sepal_Length",
    ...:                            "Sepal.Width": "Sepal_Width",
     ..:                            "Petal.Length": "Petal_Length",
    ...:                            "Petal.Width": "Petal_Width"},
                           inplace=True)
```

변환이 끝나면 로지스틱 회귀 분석에 사용하기 적합한 DataFrame 인스턴스가 생성된다.

```
In [96]: df_subset.head(3)
Out[96]:
```

	Sepal_Length	Sepal_Width	Petal_Length	Petal_Width	Species
50	7.0	3.2	4.7	1.4	1
51	6.4	3.2	4.5	1.5	1
52	6.9	3.1	4.9	1.5	1

Petal_length와 Petal_Width를 독립 변수로 해 Species 변숫값을 설명하려는 로지스틱
모델을 만들기 위해서는 smf.logit 클래스의 인스턴스를 생성하고 Patsy 공식 "Species ~
Petal_Length + Petal_Width"을 사용해야 한다.

In [97]: model = smf.logit("Species ~ Petal_Length + Petal_Width", data=df_
subset)

늘 그렇듯이, 결과 모델 인스턴스의 fit 메서드를 호출해 실제로 모델을 공급된 데이터
에 적합화해야 한다. 이 적합화는 최대 우도 최적화를 통해 수행된다.

In [98]: result = model.fit()
Optimization terminated successfully.
        Current function value: 0.102818
        Iterations 10

정규 선형 회귀에서는 결과 객체의 summary 메서드로 산출된 결과를 출력함으로써 모델
의 적합성에 관한 요약 정보를 얻을 수 있다. 특히 z-점수와 해당 p-값의 추정값으로부
터 적합화된 모델의 매개변수를 살펴볼 수 있으므로 모델에서 각 설명 변수가 중요한지
여부를 판단하는 데 도움이 된다.

In [99]: print(result.summary())
                         Logit Regression Results
==
Dep. Variable: Species   No. Observations: 100
Model: Logit   Df Residuals: 97
Method: MLE   Df Model: 2
Date: Sun, 26 Apr 2015   Pseudo R-squ.:   0.8517
Time: 01:41:04   Log-Likelihood: -10.282
converged: True   LL-Null: -69.315
                                        LLR p-value: 2.303e-26
==
                 coef   std err   z   P>|z| [95.0% Conf. Int.]

Intercept   45.2723   13.612   3.326   0.001   18.594   71.951
Petal_Length   -5.7545   2.306   -2.496   0.013   -10.274   -1.235
Petal_Width   -10.4467   3.756   -2.782   0.005   -17.808   -3.086
==

로지스틱 회귀의 결과 객체는 또한 get_margeff 메서드를 제공하는데 get_margeff는 모델에서의 각 설명 변수의 한계 영향에 대한 정보를 출력하는 summary 메서드가 구현된 객체를 반환한다.

```
In [100]: print(result.get_margeff().summary())
        Logit Marginal Effects
=====================================
Dep. Variable:              Species
Method:                        dydx
At:                         overall
======================================================================
                 dy/dx    std err        z     P>|z|   [95.0% Conf. Int.]
----------------------------------------------------------------------
Petal_Length    -0.1736    0.052     -3.347    0.001     -0.275    -0.072
Petal_Width     -0.3151    0.068     -4.608    0.000     -0.449    -0.181
======================================================================
```

데이터에 대한 모델의 적합도에 만족하면 새로운 설명 변숫값에 대한 반응 변숫값을 예측해볼 수 있다. 이를 위해 모델 적합화 결과로 생성된 결과 객체의 predict 메서드를 사용할 수 있으며 predict 메서드에 새로운 독립 변숫값으로 구성된 DataFrame 객체를 전달해야 한다.

```
In [101]: df_new = pd.DataFrame({"Petal_Length": np.random.randn(20)*0.5 + 5,
     ...:                        "Petal_Width": np.random.randn(20)*0.5 + 1.7})
In [102]: df_new["P-Species"] = result.predict(df_new)
```

결과는 각 관측값이 반응 $y=1$에 해당할 확률 값을 가진 배열이며, 이 확률을 임곗값 0.5와 비교해보면 이진 반응 변수의 예측값을 생성할 수 있다.

```
In [103]: df_new["P-Species"].head(3)
Out[103]: 0    0.995472
          1    0.799899
```

```
       2    0.000033
       Name: P-Species, dtype: float64
In [104]: df_new["Species"] = (df_new["P-Species"] > 0.5).astype(int)
```

각각 $y=0$과 $y=1$로 분류되는 점 사이의 경계를 정의하는 Petal_Width와 Petal_Length 좌표로 구성된 평면에서의 선 절편과 기울기는 적합화된 모델의 매개변수로 계산할 수 있다. 모델의 매개변수는 결과 객체의 params 속성을 사용해 얻을 수 있다.

```
In [105]: params = result.params
    ...: alpha0 = -params['Intercept']/params['Petal_Width']
    ...: alpha1 = -params['Petal_Length']/params['Petal_Width']
```

마지막으로 모델과 새로운 데이터 포인트에 대한 예측값을 살펴보기 위해 적합화(사각)와 예측(원) 데이터에 대한 산포도를 그려본다. 여기서 virginica 종에 해당하는 데이터는 (짙은) 파란색, versicolor 종은 (밝은) 녹색으로 코딩한다. 결과는 그림 14-10과 같다.

```
In [106]: fig, ax = plt.subplots(1, 1, figsize=(8, 4))
    ...: # virginica 종
    ...: ax.plot(df_subset[df_subset.Species == 0].Petal_Length.values,
    ...:         df_subset[df_subset.Species == 0].Petal_Width.values,
    ...:         's', label='virginica')
    ...: ax.plot(df_new[df_new.Species == 0].Petal_Length.values,
    ...:         df_new[df_new.Species == 0].Petal_Width.values,
    ...:         'o', markersize=10, color="steelblue", label='virginica
    ...:         (pred.)')
    ...:
    ...: # versicolor 종
    ...: ax.plot(df_subset[df_subset.Species == 1].Petal_Length.values,
    ...:         df_subset[df_subset.Species == 1].Petal_Width.values,
    ...:         's', label='versicolor')
    ...: ax.plot(df_new[df_new.Species == 1].Petal_Length.values,
    ...:         df_new[df_new.Species == 1].Petal_Width.values,
    ...:         'o', markersize=10, color="green", label='versicolor
    ...:         (pred.)')
```

```
...:
...: # 경계선
...: _x = np.array([4.0, 6.1])
...: ax.plot(_x, alpha0 + alpha1 * _x, 'k')
...: ax.set_xlabel('Petal length')
...: ax.set_ylabel('Petal width')
...: ax.legend()
```

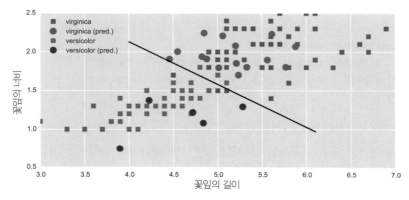

▲ 그림 14-5 꽃잎의 길이와 너비를 독립 변수로 해 아이리스 종을 로직 회귀를 사용해 분류한 결과

푸아송 모델

이산 회귀의 또 다른 예는 푸아송 모델인데 이 모델은 낮은 성공 확률을 가진 다수의 시도 중, 성공한 횟수를 반응 변수로 가진 모델을 기술하는 프로세스다. 푸아송 모델도 자연 로그를 연결 함수로 삼아 일반화 선형 모델로 처리할 수 있는 모델의 한 예다. statsmodels 라이브러리를 사용해 푸아송 모델을 어떻게 데이터에 적합화할 수 있는지 알아보기 위해 R 데이터셋 저장소에 있는 또 다른 흥미로운 데이터셋인 discoveries를 분석해본다. discoveries 데이터셋은 1860년에서 1959년 사이에 있었던 위대한 발견의 횟수를 저장한 값이다. 데이터의 속성상 개수는 푸아송 분포로 가정하는 것이 타당하다. 이 가설을 살펴보기 위해 먼저 sm.datasets.get_rdataset 함수를 사용해 데이터셋을 로드하고 데이터의 유형을 이해하기 위해 로드한 자료의 처음 몇 개 값을 살펴보자.

```
In [107]: dataset = sm.datasets.get_rdataset("discoveries")
In [108]: df = dataset.data.set_index("time").rename(columns={"values":
               "discoveries"})
In [109]: df.head(10).T
Out[109]:
```

```
time 1860 1861 1862 1863 1864 1865 1866 1867 1868 1869
discoveries 5 3 0 2 0 3 2 3 6 1
```

출력 결과로부터 데이터셋은 discoveries series에서 정수로 된 숫자를 갖고 있으며 series의 처음 몇 년은 평균적으로 몇몇 위대한 발견이 있었다는 것을 알 수 있다. 이 패턴이 전체 series의 일반적인 경우인지 알아보기 위해 그림 14-6과 같이 연간 발견 개수를 막대그래프로 표시할 수 있다.

```
In [109]: fig, ax = plt.subplots(1, 1, figsize=(16, 4))
     ...: df.plot(kind='bar', ax=ax)
```

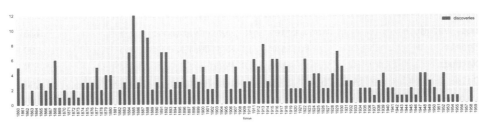

▲ 그림 14-6 연간 위대한 발견 개수

그림 14-6으로 미뤄볼 때 다소 감소하는 경향도 보이지만 대체로 위대한 발견의 수는 시간적인 측면에서 비교적 일정한 것으로 보인다. 그럼에도 불구하고 발견 횟수가 푸아송 분포일 것이라는 초기 가설은 타당해 보이지 않는다. 이 가설을 좀 더 체계적으로 탐구하기 위해 smf.poisson 클래스와 Patsy 공식 "disovers ~ 1"을 사용해 데이터를 푸아송 프로세스에 적합화해볼 수 있는데 이는 절편 계수(푸아송 분포 매개변수)만으로

discoveries 변수를 모델링한다는 것을 의미한다.

```
In [110]: model = smf. poisson("discoveries ~ 1", data=df)
```

늘 그렇듯이 데이터에 대한 모델의 적합화를 실제로 수행하기 위해서는 fit 메서드를 호
출해야 한다.

```
In [111]: result = model.fit()
Optimization terminated successfully.
         Current function value: 2.168457
         Iterations 7
```

결과 객체의 summary 메서드를 통해 모델 적합화의 요약 정보와 몇 가지 적합화 통계량
을 볼 수 있다.

```
In [112]: print(result.summary())
                  Poisson Regression Results
```

Dep. Variable:	discoveries	No. Observations:	100
Model:	Poisson	Df Residuals:	99
Method:	MLE	Df Model:	0
Date:	Sun, 26 Apr 2015	Pseudo R-squ.:	0.000
Time:	14:51:41	Log-Likelihood:	-216.85
converged:	True	LL-Null:	-216.85
LLR p-value:	nan		

	coef	std err	z	P>|z|	[95.0% Conf. Int.]	
Intercept	1.1314	0.057	19.920	0.000	1.020	1.243

결과 객체의 params 속성을 통해 이용할 수 있는 모델 매개변수는 지수 함수(역연결함수)
를 통한 푸아송 분포의 λ 매개변수(링크 함수의 역)와 연계된다.

```
In [113]: lmbda = np.exp(result.params)
```

일단 푸아송 분포의 λ 매개변수를 추정값을 얻으면 관측된 개수의 히스토그램을 Scipy stats 라이브러리의 푸아송 분포 확률 변수로 얻을 수 있는 이론적 계수와 비교해볼 수 있다.

```
In [114]: X = stats. poisson(lmbda)
```

적합화 매개변수 외에도 conf_int 메서드를 사용해 매개변수의 추정 신뢰 구간을 구할 수 있다.

```
In [115]: result.conf_int()
Out[115]:
```

	0	1
Intercept	1.020084	1.242721

푸아송 분포에 대한 데이터의 적합성을 평가하기 위해 모델 매개변수 신뢰 구간의 하한과 상한에 대한 확률 변수를 생성한다.

```
In [116]: X_ci_l = stats. poisso (np.exp(result.conf_int().values)[0, 0])
In [117]: X_ci_u = stats. poisson(np.exp(result.conf_int().values)[0, 1])
```

마지막으로 적합화된 모델 매개변수와 신뢰구간에 해당하는 푸아송 분포의 이론적 확률질량 함수와 관측된 개수의 히스토그램을 그래프로 표시한다. 결과는 그림 14-7과 같다.

```
In [118]: v, k = np.histogram(df.values, bins=12, range=(0, 12),
          normed=True)
In [119]: fig, ax = plt.subplots(1, 1, figsize=(12, 4))
```

```
...: ax.bar(k[:-1], v, color="steelblue", align='center',
    label='Discoveries per year')
...: ax.bar(k-0.125, X_ci_l.pmf(k), color="red", alpha=0.5,
    align='center', width=0.25,
...:        label='poissonfit (CI, lower)')
...: ax.bar(k, X.pmf(k), color="green", align='center', width=0.5,
    label='Poisson fit')
...: ax.bar(k+0.125, X_ci_u.pmf(k), color="red", alpha=0.5,
    align='center', width=0.25,
...:        label='poissonfit (CI, upper)')
...: ax.legend()
```

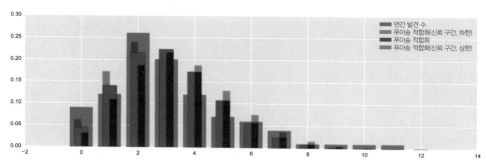

▲ 그림 14-7 연간 위대한 발견 개수의 히스토그램과 적합화된 푸아송 모델의 확률 질량 함수의 비교

그림 14-7에 나타난 결과를 보면 푸아송 확률 질량 함수와 관측된 수는 서로 현저하게 벗어나므로 위대한 발견 데이터셋은 푸아송 프로세스로는 잘 설명되지 않는다는 것을 알 수 있다. 따라서 연간 위대한 발견의 수가 푸아송 과정이라는 가정은 기각돼야 한다. 특정 데이터셋에 어떤 방식을 적합화하지 못하는 것은 당연히 통계 모델링 프로세스상 자연스러운 부분이며 데이터셋은 푸아송 분포가 아닌 것으로 판명됐지만(아마도 적은 수의 발견과 많은 수의 발견이 일어난 해가 함께 모여 있는 경향이 있기 때문인 듯하다) 여전히 이러한 데이터셋의 모델화 실패를 통해 통찰력을 얻었다. 특정 연도의 발견 수와 근접한 과거의 발견 수 사이에는 상관 관계가 있기 때문에 다음 절에서 설명하는 시계열 분석이 더 나은 접근법이 될 수도 있다.

시계열

시계열 분석은 시간의 함수로 관측된 데이터의 미래 값을 분석하고 예측하는 통계 모델링의 중요한 분야다. 시계열 모델링은 지금까지 살펴본 통상적 회귀 모델과는 몇 가지 측면에서 다르다. 아마도 가장 중요한 차이는 관측값의 시계열은 모집단에서 독립적으로 랜덤 추출한 표본의 계열로 간주할 수 없다는 점일 것이다. 그 대신, 시간적으로 서로 가까운 관측값 사이에는 다소 강한 상관 관계가 있는 경우가 많다. 또한 시계열 모델에서의 독립 변수는 서로 구분되는 요인의 집합이 아니라 동일한 계열의 과거 관측값이다. 예를 들어 정규 회귀에서는 제품의 수요를 가격 함수로서 설명할 수 있지만 시계열 모델에서는 과거 관측으로부터 미래 값을 예측하려고 시도하는 것이 일반적이다. 이는 검토 중인 시계열의 추세(예: 일별 또는 주별 주기, 꾸준한 증가 추세 또는 가치의 변화에서의 관성)와 같이 자기 상관 관계가 있을 경우에 합리적인 접근법이다. 시계열의 예로는 주가와 날씨와 기후 관측 그리고 자연과 경제에서 많은 시간적 요소를 가진 프로세스가 있다.

시계열의 통계적 모델 유형의 예로는 미래 값이 p 이전의 값에 선형적으로 종속된 자기 회귀autoregressive, AR 모델이 있다. $Y_i = \beta_0 + \sum_{n=1}^{p} \beta_n Y_{t-n} + \varepsilon_t$에서 β_0은 상수, $\beta_n, 1 \leq n \leq N$은 AR 모델을 정의하는 계수다. 오차 ε_t는 자기 상관이 없이 백색 잡음으로 가정한다. 따라서 이 모델 내에서 시계열의 모든 자기 상관 관계는 p 이전 값에 대한 선형 종속성에 의해 포착돼야 한다(적절한 시간 단위로). 단 하나의 이전 값에만 선형적으로 의존하는 시계열은 AR(1)로 표기되는 $p = 1$인 AR 프로세스로 완전히 모델링할 수 있으며 2개의 이전 값에 선형적으로 의존하는 시계열은 AR(2) 프로세스에 의해 모델링할 수 있다. AR 모델은 계열의 q 이전 잔차의 이동 평균(MA)을 포함하는 보다 일반적인 모델인 ARMA 모델 $Y_i = \beta_0 + \sum_{n=1}^{p} \beta_n Y_{t-n} + \sum_{n=1}^{p} \theta_n \varepsilon_{t-n} + \varepsilon_t$의 특수한 경우다. 여기서 모델 매개변수 n은 이동 평균에 대한 가중값 요인이다. 이 모델은 ARMA 모델로 알려져 있고 ARMA(p, q)로 표기한다. 여기서 p는 자기 상관된 항의 개수, q는 이동 평균 항의 개수다. 시계열 모델을 위한 다른 많은 모델이 존재하지만 AR과 ARMA는 많은 시계열 응용의 기본이 되는 아이디어를 갖고 있다. statsmodel 라이브러리에는 시계열 분석 전용 서브 모듈인 sm.tsa가 있다.

sm.tsa에는 시계열 분석을 위한 몇 가지 표준 모델과 시계열 데이터의 특성을 탐색하기 위한 그래픽 및 통계 분석 도구가 구현돼 있다. 예를 들어 12장, '데이터 처리 및 분석'에서 사용한 실외 온도 측정 데이터를 다시 한번 살펴보자. 이제 시계열을 재검토해, AR 모델을 이용해 이전의 관측값에 근거한 향후 며칠간의 시간별 온도를 예측해보자. 정확성을 위해 3월 한 달 동안 측정한 온도를 바탕으로 4월의 첫 3일간의 시간별 온도를 예측해보자. 먼저 데이터셋을 Pandas DataFrame 객체에 로드한다.

```
In [120]: df = pd.read_csv("temperature_outdoor_2014.tsv", header=None,
              delimiter="\t", names=["time", "temp"])
    ...: df.time = pd.to_datetime(df.time, unit="s")
    ...: df = df.set_index("time").resample("H").mean()
```

편의상 3, 4월의 관측값을 추출해 새로운 DataFrame 객체인 df_march와 df_april에 각각 저장한다.

```
In [121]: df_march = df[df.index.month == 3]
In [122]: df_april = df[df.index.month == 4]
```

여기서는 AR 모델을 이용해 기온 관측의 시계열을 모델화해보는데 적용 가능성에 있어서 중요한 조건은 정상 과정$^{stationary\ process}$이다. 여기서 정상 과정이란, 모델 내의 항으로 설명되는 것 이외의 다른 것과는 자기 상관 관계나 추세를 갖지 않는다는 것을 의미한다. smg.tsa 모델의 함수 plot_acf는 시계열에서 자기 상관 관계를 시각화하는 데 유용한 그래픽 도구다. plot_acf는 시계열 관측값 배열을 취해 x축에 대한 시간 지연을 늘려가며 자기 상관 관계를 그래프로 그린다. lags 옵션 인수를 사용하면 도식화에 사용할 시간 단계를 결정할 수 있으며 lags 인수는 긴 시계열에서 제한된 시간 단계수의 자기 상관만 보기를 원하는 경우에 유용하다. 기온 관측값과 1차, 2차, 3차 차분의 자기 상관 함수는 다음 코드에서 plot_acf 함수를 사용해 생성하고 그래프로 그렸으며 결과는 그림 14-8과 같다.

574

```
In [123]: fig, axes = plt.subplots(1, 4, figsize=(12, 3))
    ...: smg.tsa.plot_acf(df_march.temp, lags=72, ax=axes[0])
    ...: smg.tsa.plot_acf(df_march.temp.diff().dropna(), lags=72,
        ax=axes[1])
    ...: smg.tsa.plot_acf(df_march.temp.diff().diff().dropna(), lags=72,
        ax=axes[2])
    ...: smg.tsa.plot_acf(df_march.temp.diff().diff().diff().dropna(),
        lags=72, ax=axes[3])
```

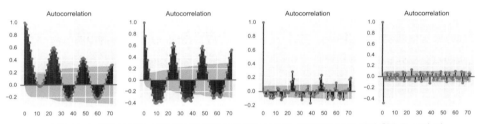

▲ 그림 14-8 좌에서 우로 차분 차수를 증가시켜 가면서 기온 데이터의 자기 상관 함수를 그린 것

그림 14-8의 가장 왼쪽 그래프에서 시계열에서 연속된 값 사이의 명확한 상관 관계를 볼 수 있지만 차수가 증가되면 시계열 차분은 자기 상관 관계를 크게 감소시킨다. 각각의 연속적인 온도 관측은 선행값과 강하게 상관되지만 그러한 상관 관계는 연속적인 관측 사이의 고차 변화는 강하지 않다는 것을 시사한다. 시계열의 차이를 취하는 것은 추세를 누르고 상관 관계를 없애는 유용한 방법이다. 차이를 취하면 구조적 자기 상관 관계가 감소한다는 사실은 충분히 높은 차수의 AR 모델은 시계열을 모델링할 수 있을 것이라는 것을 시사한다.

고려 중인 시계열용 AR 모델을 만들려면 sm.tsa.AR 클래스를 이용해야 한다. 예를 들어 DatetimeIndex 또는 PeriodIndex로 인덱싱한 Pandas series sm.tsa.AR 클래스를 사용해 시작할 수 있다(이 클래스에 시계열 데이터를 전달하는 대체 방법은 AR의 docstrings를 참고하라).

```
In [124]: model = sm.tsa.AR(df_march.temp)
```

모델을 시계열 데이터에 적합화할 때는 AR 모델의 차수를 설정해야 한다.

그림 14-8에서 24주기 지연(24시간)은 강한 자기 상관 관계를 보이기 때문에 모델에는 적어도 이전 24개에 해당하는 항을 포함시켜야 한다. 3일간(또는 72시간)의 기온을 예측하는 것이 목표이므로 여기서는 AR 모델의 차수를 72시간에 맞춰 선택한다.

```
In [125]: result = model.fit(72)
```

AR 프로세스를 적용하기 위한 중요한 조건은 계열 잔차가 정상 상태^{stationary}(남은 자기 상관이나 추세가 없음)라는 것이다. 더빈-왓슨^{Durbin-Watson} 통계 검정은 시계열에서의 정상 상태 여부를 알아보는 데 사용할 수 있다. 더빈-왓슨 검정은 0에서 4 사이의 값을 반환하며 2에 가까운 값은 시계열에 남은 자기 상관 관계가 없다는 것을 의미한다.

```
In [126]: sm.stats.durbin_watson(result.resid)
Out[126]: 1.9985623006352975
```

또한 plot_acf 함수를 사용하면 잔차에 대한 자기 상관 함수를 그래프로 표시하고 유의한 자기 상관 관계가 없다는 것을 확인할 수 있다.

```
In [127]: fig, ax = plt.subplots(1, 1, figsize=(8, 3))
     ...: smg.tsa.plot_acf(result.resid, lags=72, ax=ax)
```

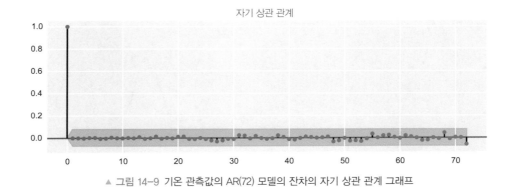

자기 상관 관계

▲ 그림 14-9 기온 관측값의 AR(72) 모델의 잔차의 자기 상관 관계 그래프

더빈-왓슨 통계량은 2에 가깝고 그림 14-9에서 자기 상관이 없다는 것은 현재의 모델이 적합화된 데이터를 성공적으로 설명한다는 것을 시사한다. 이제 모델 fit 메서드에 의해 반환된 결과 객체에서 predict 메서드를 사용해 미래 날짜의 기온을 예측할 수 있다.

```
In [128]: temp_3d_forecast = result.predict("2014-04-01", "2014-04-4")
```

지난 3일간의 온도 관측값(파란색)과 실제 결과(녹색)를 예측(빨간색)과 함께 그래프로 그려 보자. 결과는 그림 14-10과 같다.

```
In [129]: fig, ax = plt.subplots(1, 1, figsize=(12, 4))
     ...: ax.plot(df_march.index.values[-72:], df_march.temp.values[-72:],
         label="train data")
     ...: ax.plot(df_april.index.values[:72], df_april.temp.values[:72],
         label="actual outcome")
     ...: ax.plot(pd.date_range("2014-04-01", "2014-04-4", freq="H").values,
         temp_3d_forecast, label="predicted outcome")
     ...:
     ...: ax.legend()
```

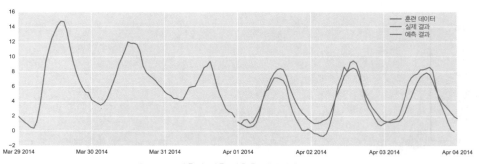

▲ 그림 14-10 관측과 예측 기온을 시간의 함수로 나타낸 것

그림 14-10에 나타난 예측 온도와 실제 결과는 양호하게 일치한다. 그러나 기온은 이전의 관측에만 의존해 예측할 수는 없다. 물론 항상 이렇지는 않을 것이다. 그럼에도 불구하고 안정적인 기상 시스템의 주기 내에서 하루 중 시간별 온도는 AR 모델로 정확하게 예측할 수도 있으며 이는 일별 변화와 다른 꾸준한 추세를 설명할 수 있다.

stats model은 기본 AR 모델 외에 자기회귀 이동 평균ARMA과 자동 회귀 통합 이동 평균ARIMA 모델도 제공한다. 이들 모델의 사용 패턴은 이 절에서 설명한 AR 모델과 유사하지만 세부 사항에는 약간의 차이가 있다. 좀 더 자세한 내용은 `sm.tsa.ARMA` 및 `sm.tsa.ARMA` 클래스의 docstrings 및 공식 statsmodels 설명서를 참조하라.

요약

14장에서는 통계 모델링을 간략하게 알아봤으며 statsmodels 라이브러리의 기본적인 통계 모델링 특징과 Patsy 공식을 사용한 모델 설정을 알아봤다.

통계 모델링은 광범위한 분야로, 14장에서는 statsmodels 라이브러리가 사용될 수 있는 것 중 극히 일부만 살펴봤다. 또 Patsy 공식 언어를 사용해 통계 모델을 규정하는 방법을 소개하는 것으로 시작했는데 '선형 회귀' 절에서 연속(정규 선형 회귀)과 이산(로지스틱 및 명목 회귀) 반응 변수를 사용해봤다. 선형 회귀 분석을 다룬 후에는 시계열에서 자연적으로 발생하는 연속 관측값 간의 상관 관계 때문에 선형 회귀와 약간 다른 방법이 필요한 시계열 분석을 간략히 살펴봤다. 14장에서 소개하지 않았던 통계 모델링의 많은 측면이 있지만 여기서 다룬 선형 회귀와 시계열 모델링의 기본은 더 많은 탐구를 위한 배경이 될 것이다. 15장, '머신 러닝'에서는 통계 모델링, 동기 부여와 기법의 양면에서 밀접한 관련이 있는 주제인 머신 러닝을 계속 알아본다.

추가 참고 도서 목록

통계 모델링에 대한 뛰어나고 철저한 소개는 G. James(2013)에서 찾을 수 있으며, www-bcf.usc.edu/~gareth/ISL/index.html와 M. Kunn(2013)에서도 찾을 수 있다. 시계열 분석 관련 문헌에는 R. J. Hyndman(2013)이 있으며 www.otexts.org/fpp에서도 무료로 이용할 수 있다.

참고 문헌

- G. James, D. W.(2013). An Introduction to Statistical Learning. New York: Springer-Verlag.
- M. Kuhn, K. J.(2013). Applied Predictive Modeling. New York: Springer.
- R. J. Hyndman, G. A.(2013). Forecasting: principles and practice. OTexts.

머신 러닝

15장에서는 머신 러닝을 알아본다. 이 주제는 불확실하거나 미지의 프로세스 결과를 설명하고 예측하기 위해 데이터를 사용한다는 점에서 14장, '통계 모델링'에서 살펴본 통계 모델링과 밀접하게 관련돼 있다. 그러나 통계 모델링은 분석에 이용된 모델을 강조하지만 머신 러닝은 모델 부분은 새로운 관측 결과를 예측하기 위해 훈련할 수 있는 알고리즘에 초점을 맞춘다. 즉, 통계 모델링에서 취하는 접근법은 데이터를 적합화시킴으로써 모델을 고안하고 매개변수를 조정해 '데이터가 어떻게 생성됐는지'를 이해하는 것을 강조한다. 모델이 데이터에 잘 적합화되고 관련된 모델 가정을 만족하면 모델은 프로세스에 대한 전반적인 설명을 제공해주며 비로소 알려진 분포로부터 통계량을 계산하고 통계적 검정을 수행하는 데 사용될 수 있다. 그러나 실제 데이터가 너무 복잡해 이용 가능한 통계적 모델을 사용해 설명할 수 없는 경우, 이 접근법은 한계에 도달한다. 반면, 머신 러닝에서는 실제 데이터를 생성한 프로세스나 그 잠재적 모델 등은 중요하지 않다. 그 대신, 관찰된 데이터와 설명 변수가 머신 러닝 응용의 근본적인 출발점이다. 데이터가 주어지면 머신 러닝을 이용해 데이터의 패턴과 구조를 찾을 수 있으며, 이를 통해 새로운 관측에 대한 결과를 예측할 수 있다. 따라서 머신 러닝은 데이터가 생성된 방법에 대한 이해를 제공해주지 않으며 데이터의 분포나 통계적 속성에 관한 가정이 적으므로 일반적으로 특정 관측값의 유의성에 관한 통계적 검정을 계산하거나 수행할 수 없다. 그 대신, 머신 러닝은 새롭게 예측한 결과의 정확도를 강조한다. 비록 통계 모델링과 머신 러닝에서 취한 근본적인 접근법에는 상당한 차이가 있지만, 사용되는 많은 수학적 방법은 서로 밀접하게 관련돼 있거나 때로 동일하다. 15장에서는 14장, '통계 모델링'에서 사용했던 몇 가지 방법이 그대로 사용되지만 방식이나 목표는 약간 다르다.

15장에서는 머신 러닝 기법에 대한 기본적인 사항을 간략히 소개하고 Python에서 이러한 기법을 사용하는 방법을 알아본다. 15장의 초점은 과학 및 기술 컴퓨팅과 같은 분야에서 폭넓은 응용 분야를 갖는 머신 러닝의 기법에 맞춰져 있다. Python에서 가장 두드러지고 포괄적인 머신 러닝 라이브러리는(비록 TensorFlow, Keras, PyTorch처럼 몇 개의 대안적인 라이브러리와 보완적인 라이브러리가 있지만) 단연 scikit-learn이다. 15장에서는 가장 일반적인 머신 러닝 알고리즘이 구현돼 있는 scikit-learn 라이브러리를 살펴본다. 그러나 머신 러닝에 관심이 있는 독자들은 앞서 언급한 다른 라이브러리도 함께 연구해보기를 권한다.

> **노트**
>
> **scikit-learn**
>
> scikit-learn 라이브러리에는 회귀, 분류, 차원 축소, 클러스터링 등 머신 러닝 관련 알고리즘의 종합적인 집합이다. 프로젝트와 관련 문서에 대한 좀 더 자세한 내용은 http://scikit-learn.org의 프로젝트 웹 페이지를 참고하라. 이 책을 쓰고 있는 시점에서의 scikit-learn 최신 버전은 0.19.2다.

모듈 임포트하기

15장에서는 sklearn Python 모듈을 제공하는 scikit-learn 라이브러리를 사용해 작업한다. sklearn 모듈은 Scipy 라이브러리에서와 동일한 임포트 전략을 사용한다. 즉, 작업에 필요한 모듈을 명시적으로 라이브러리에서 가져온다. 15장에서는 sklearn 라이브러리의 다음 모듈들을 사용한다.

```
In [1]: from sklearn import datasets
In [2]: from sklearn import model_selection
In [3]: from sklearn import linear_model
In [4]: from sklearn import metrics
In [5]: from sklearn import tree
In [6]: from sklearn import neighbors
In [7]: from sklearn import svm
In [8]: from sklearn import ensemble
In [9]: from sklearn import cluster
```

도식화와 기본 수치를 처리하는 데는 Matplotlib와 Numpy 라이브러리가 필요한데, 통상적인 방법으로 임포트한다.

```
In [10]: import matplotlib.pyplot as plt
In [11]: import numpy as np
```

또한 그래픽과 스타일링을 위해 Seaborn 라이브러리를 사용한다.

```
In [12]: import seaborn as sns
```

머신 러닝에 대한 간략한 리뷰

머신 러닝은 전산학 중에서 인공 지능 분야 주제다. 머신 러닝은 훈련 데이터를 컴퓨터 프로그램에 입력해 주어진 과제를 수행하는 모든 응용을 포함하는 것으로 볼 수 있다. 이 정의는 매우 광범위하지만 실제로 머신 러닝은 이보다 훨씬 더 구체적인 기술 및 기법들과 연계돼 있다. 여기에서는 실용적 접근 방식을 선택해 머신 러닝의 몇 가지 기본적인 기법과 주요 개념을 예를 통해 살펴본다. 구체적인 예시를 시작하기 전에 먼저 용어와 핵심 개념을 간략히 소개한다.

머신 러닝에서는 관측 데이터에 모델이나 알고리즘을 적합화하는 과정을 훈련^{training}이라고 한다. 머신 러닝 응용은 흔히 두 가지 유형 중 하나로 분류될 수 있는데 하나는 지도학습^{supervised Learning}, 다른 하나는 비지도학습^{unsupervised Learning}이다. 이 둘의 차이점은 응용이 훈련되는 데이터의 유형에 있다. 지도학습에서의 데이터는 특징 변수와 알려진 반응 변수를 갖고 있다. 특징 변수와 반응 변수는 연속이나 이산 모두 가능하다. 이러한 데이터는 대개 해당 분야의 전문 지식이 필요하다. 따라서 응용은 수작업된 데이터로 훈련되며 이에 따라 훈련은 지도 머신 러닝으로 간주될 수 있다. 지도학습의 응용 사례로는 회귀(연속 반응 변수의 예측)와 분류(이산 반응 변수의 예측)를 들 수 있는데, 여기서 훈련 데이터 집합의 반응 변숫값은 알려져 있지만 새로운 표본의 반응 변숫값은 미지수여야 한다.

이와 대조적으로 비지도학습은 머신 러닝 응용이 레이블이 부착되지 않았거나 수작업으로 준비되지 않은 원시 데이터를 사용해 훈련되는 상황에 해당한다. 비지도학습의 예로는 데이터를 그룹으로 군집화, 즉 데이터를 적절한 범주끼리 한데 묶는 것이다. 비지도학습에서는 지도된 분류와는 대조적으로 최종 범주를 사전에 알 수 없다. 따라서 훈련 데이터에 적절한 레이블을 붙일 수 없다. 또한 표본 수가 너무 많아 데이터를 수작업으로 레이블하는 것이 어렵거나 비용이 많이 소요되는 경우도 있다. 비지도 머신 러닝은 지도 머신 러닝보다 어렵고 사용 범위가 한정적이므로 가능하다면 지도 머신 러닝이 더 선호돼야 한다. 그러나 레이블이 붙은 훈련 데이터셋을 작성하는 것이 불가능할 경우에는 비지도 머신 러닝이 강력한 도구가 될 수 있다.

머신 러닝은 기본적인 유형의 문제에서 제시된 것보다 훨씬 더 복잡하지만 이러한 개념은 많은 머신 러닝 응용에서 반복적으로 발생하는 주제들이다. 15장에서는 머신 러닝의 몇 가지 핵심 개념을 보여주는 기본적인 머신 러닝 기법 몇 가지를 예를 통해 살펴본다. 그 전에 다음 절에서 사용할 공통적인 머신 러닝 용어를 간략히 소개한다.

- 교차 검증^{Cross-validation}은 가용한 데이터를 훈련 데이터와 테스트 데이터(일명 검증 데이터^{validation data})로 나누는 관행으로, 이 중 오직 훈련 데이터만 머신 러닝 모델 훈련에 사용되며 테스트 데이터는 이전에 보지 못한 낯선 데이터를 사용해 훈련된

응용을 테스트할 수 있게 해준다. 이 방법은 모델이 새로운 관찰을 얼마나 잘 예측하는지 측정하고 과적합 문제를 제한하기 위한 목적을 갖고 있다. 데이터를 훈련 데이터셋과 테스트 데이터셋으로 나누는 방법이 몇 가지 있다. 예를 들어 극단적인 방법 중 하나는 데이터를 분할할 수 있는 모든 조합(전수^{exhaustive} 교차 검증)을 테스트하고 그 결과를 집계(상황에 따라 평균값 또는 최솟값 등)하는 것이다. 그러나 대규모 데이터셋의 경우, 훈련과 테스트 데이터의 가능한 조합이 극도로 많아져 전수 교차 검증은 비현실적이 된다. 또 다른 극단적인 방법은 훈련 집합에서 오직 하나의 표본만 테스트에 사용하고 나머지는 모두 훈련에 사용하며(리브-원-아웃^{leave-one-out} 교차 검증) 전체 가용 데이터에서 하나의 표본을 추출하는 모든 조합에 훈련-테스트 사이클을 반복하는 것이다. 이 방법의 변형은 가용 데이터를 k개의 그룹으로 분할한 후 데이터셋의 k 그룹에 리브-원-아웃 교차 검증을 수행하는 것이다. 이 방법은 k-폴드 교차 검증으로 알려져 있으며 실제로 자주 쓰이는 인기 있는 기법이다. scikit-learn 라이브러리의 `sklearn.model_selection` 모듈에는 교차 검증 작업을 위한 함수가 포함돼 있다.

- 특징 추출^{Feature extraction}은 머신 러닝 문제의 전처리에서 중요한 단계다. 특징 추출 단계는 scikit-learn 라이브러리에 구현돼 있는 많은 머신 러닝 알고리즘 중 하나로 전달될 수 있는 적절한 형태로 특징 변수와 해당 특징 행렬을 만드는 작업이 이뤄진다. scikit-learn의 `sklearn.feature_extraction` 모듈은 특히 텍스트와 이미지 기반 머신 러닝 문제에서 마치 Patsy 공식 라이브러리가 통계 모델링에서 했던 것과 유사한 역할을 한다. `sklearn.feature_extraction` 모듈에 있는 메서드를 사용하면 다양한 데이터 소스에서 특징 행렬(설계 행렬)을 자동으로 구성할 수 있다.

- 차원 축소^{Dimensionality reduction}와 특징 선택^{feature selection}은 대규모 설명 변수(특징) 중 상당수가 응용의 예측력에 크게 기여하지 않는 일반적인 머신 러닝 응용에 빈번하게 사용되는 기술이다. 모델의 복잡도를 줄이기 위해 종종 덜 유용한 특징을 제거해 문제의 차원을 축소하는 것이 바람직하다. 특히 특징 수가 관측값 수보다 많거나 유사할 경우, 차원 축소는 매우 중요하다. scikit-learn 모듈 `sklearn.decomposition`과

`sklearn.feature_selection`에는 머신 러닝 문제의 차원을 축소하는 함수가 들어 있다. 예를 들어 주성분 분석[PCA]은 차원 축소를 위한 보편적인 기법으로, 특징 행렬에 특이값 분해를 수행해 가장 유의한 특이 벡터를 가진 차원들만 남기는 방법이다.

다음 절에서는 앞서 설명한 기법을 사용해 scikit-learn으로 머신 러닝 문제를 해결하는 방법을 예를 통해 살펴본다. 여기서는 생성된 데이터와 내장된 데이터셋을 사용해 살펴본다. statsmodels 라이브러리처럼 scikit-learn에는 머신 러닝 기법을 탐구하는 데 사용할 수 있는 많은 내장 데이터셋이 들어 있다. sklearn의 `datasets` 모듈에는 내장 데이터셋에 관한 세 가지 그룹의 함수가 제공된다. 첫 번째는 데이터를 로드하는 함수(접두사가 `load_`다. 예를 들어 `load_boston`이 있다)이고 두 번째는 외부 데이터셋을 가져오는 함수다(접두사가 `fetch_`다. 예를 들어 `fetch_californa_housing`이 있다). 그리고 세 번째는 랜덤 수로부터 데이터셋을 생성하는 함수다(접두사는 `make_`이다. 예를 들어 `make_regression`이 있다).

회귀

14장, '통계 모델링'에서 살펴봤듯이, 회귀는 머신 러닝과 통계 모델링의 핵심이다. 머신 러닝에서는 회귀 모델이 데이터에 얼마나 잘 적합화되는지는 그다지 관심이 없고 오직 새로운 관측을 얼마나 잘 예측하는지에만 관심이 있다. 예를 들어 특징이 대단히 많고 관측값이 매우 적다면 대개 회귀를 데이터에 완벽하게 적합화할 수 있지만 이 적합화가 새로운 값을 예측하는 데는 그다지 유용하지 않을 수 있다. 이것이 대표적인 과적합의 예다. 데이터와 회귀 모델 사이의 잔차가 작다고 해서 반드시 그 모델이 미래 관측값을 정확하게 예측한다는 보장은 없다. 머신 러닝에서 이 문제를 다루는 일반적인 방법은 가용한 데이터를 훈련 데이터와 테스트 데이터로 분할한 후 테스트 데이터를 회귀가 이전에 보지 못한 데이터가 어떤 결과를 나타내는지 검증하는 데 사용하는 것이다.

훈련 데이터셋을 적합화시키고 테스트 데이터셋에 그 결과를 검증하는 방법을 구체적으로 살펴보기 위해 50개의 특징을 가진 50개의 표본의 회귀 문제를 고려해보자. 50개의 특징 중 10개의 특징만이 정보성이다(즉, 응답 변수와 선형적으로 상관된다). 이 예제는 알려진 50개의 특징 중 실제로는 단 10개만이 회귀 모델의 예측력에 기여하는 경우를 시뮬레이션해준다. sklearn.datasets 모듈의 make_regression 함수를 사용하면 이러한 종류의 데이터를 생성할 수 있다.

```
In [13]: X_all, y_all = datasets.make_regression(n_samples=50,
            n_features=50, n_informative=10)
```

함수 호출의 결과는 2개의 배열 X_all과 y_all인데, 그 형태는 각각 (50, 50)과 (50,)이고 이는 50개의 표본과 50개의 특징을 가진 회귀 문제의 설계 행렬에 해당한다. 전체 데이터셋에 회귀를 수행하는(적은 관측 개수 덕분에 완벽한 적합화를 하는) 대신, 여기서는 sklearn.model_selection 모듈의 train_test_split 함수를 사용해 데이터 집합을 2개의 동일한 크기의 데이터 집합으로 분할한다. 그 결과, 훈련 집합인 X_train, y_train과 테스트 집합인 X_test, y_test가 생성된다.

```
In [14]: X_train, X_test, y_train, y_test = \
    ...: model_selection.train_test_split(X_all, y_all, train_size=0.5)
```

scikit-learn에서는 sklearn.line_model 모듈의 LinearRegression 클래스를 사용해 일반 선형 회귀를 수행할 수 있는데, 이 클래스는 statsmodels 라이브러리의 statsmodels.api.OLS에 비교할 수 있다. 회귀를 수행하려면 LinearRegression 인스턴스를 먼저 생성해야 한다.

```
In [15]: model = linear_model.LinearRegression()
```

모델을 실제로 데이터에 적합화하려면 fit 메서드를 호출해야 한다. fit 메서드는 특징 행렬과 반응 변수 벡터를 각각 첫 번째와 두 번째 인수로 취한다.

```
In [16]: model.fit(X_train, y_train)
Out[16]: LinearRegression(copy_X=True, fit_intercept=True, n_jobs=1,
            normalize=False)
```

statsmodel의 **OLS** 클래스와 비교했을 때 특징 행렬과 반응 변수 벡터의 순서가 뒤바뀌고 statsmodel에서는 데이터를 fit 메서드를 호출할 때가 아니라 클래스 인스턴스를 생성할 때 지정했다는 사실에 유의하라. 또한 scikit-Learn에서 fit 메서드를 호출하면 그 결과를 새로운 객체로 반환하는 것이 아니라 그 결과를 모델 인스턴스에 직접 저장한다. 이러한 사소한 차이점들은 statsmodel과 scikit-learn 모듈 사이를 오가며 작업할 때 불편을 끼치므로 주의해야 할 필요가 있다.[1]

회귀 문제는 50개의 특징을 갖고 있는데 단 25개의 표본으로만 모델을 훈련시켰기 때문에 데이터를 완벽하게 적합화하는 과적합이 예상된다. 이 상황은 모델과 데이터를 제곱 오차합^{SSE}으로 계산하면 수량화할 수 있다. 주어진 특징 집합의 모델을 평가하려면 predict 메서드를 사용한 후 잔차와 SSE를 계산해야 한다.

```
In [17]: def sse(resid):
    ...:        return np.sum(resid**2)
In [18]: resid_train = y_train - model.predict(X_train)
    ...: sse_train = sse(resid_train)
    ...: sse_train
Out[18]: 8.1172209425431673e-25
```

---

1   사실 statsmodels와 scikit-learn은 서로 보완적 관계에 있어서 둘 다 이용할 경우가 많다. 그러나 15장에서는 오직 scikit-learn에만 초점을 맞춘다.

예상대로 훈련 데이터셋의 경우 데이터 포인트보다 두 배나 더 많은 특징 변수로부터 야기된 과적합으로 인해 잔차는 기본적으로 0이다. 그러나 이 과적합은 낯선 데이터를 예측하는 데는 적절하지 못하다. 이 점은 테스트 데이터셋의 SSE를 계산해보면 바로 검증할 수 있다.

```
In [19]: resid_test = y_test - model.predict(X_test)
    ...: sse_test = sse(resid_test)
    ...: sse_test
Out[19]: 213555.61203039082
```

결과 SSE는 매우 큰 값으로, 모델이 새로운 관측값을 예측하는 데 적절하지 않다는 것을 보여준다. 데이터셋에 대한 모델 적합도를 측정하는 대체 척도로는 R-제곱 점수(14장, '통계 모델링' 참조)가 있는데, score 메서드를 사용하면 계산할 수 있다. score 메서드는 특징 행렬과 반응 변수 벡터를 인수로 취해 R-제곱 점수를 계산한다. 훈련 데이터셋의 경우, 예상대로 r-제곱 점수가 1.0이 됐지만 테스트셋에서는 다음과 같이 낮은 점수를 기록했다.

```
In [20]: model.score(X_train, y_train)
Out[20]: 1.0
In [21]: model.score(X_test, y_test)
Out[21]: 0.31407400675201746
```

훈련 데이터셋과 테스트 데이터셋 사이의 점수차가 크다는 사실은 모델이 과적합됐음을 다시 한번 보여준다.

마지막으로 그래픽 접근법으로 훈련 및 테스트 데이터셋의 잔차를 표시하고 계수와 잔차의 값을 육안으로 검사해본다. LinearRegression 객체에서 coef_ 속성을 사용하면 적합화 매개변수를 추출할 수 있다. 훈련, 테스트 잔차, 모델 매개변수의 반복적인 도식화를 단순화하기 위해 먼저 이 수량을 도식화하기 위한 함수 plot_residuals_and_coeff를 작성한다. 훈련과 테스트 데이터셋은 각각 훈련되고 테스트된 일반 선형 회귀 모델 결과와 함께 함수를 호출한다. 그림 15-1에서는 모든 표본의 테스트와 훈련 데이터셋의 잔차 규모에는 큰 차이가 있다는 것을 알 수 있다.

```
In [22]: def plot_residuals_and_coeff(resid_train, resid_test, coeff):
   ...:     fig, axes = plt.subplots(1, 3, figsize=(12, 3))
   ...:     axes[0].bar(np.arange(len(resid_train)), resid_train)
   ...:     axes[0].set_xlabel("sample number")
   ...:     axes[0].set_ylabel("residual")
   ...:     axes[0].set_title("training data")
   ...:     axes[1].bar(np.arange(len(resid_test)), resid_test)
   ...:     axes[1].set_xlabel("sample number")
   ...:     axes[1].set_ylabel("residual")
   ...:     axes[1].set_title("testing data")
   ...:     axes[2].bar(np.arange(len(coeff)), coeff)
   ...:     axes[2].set_xlabel("coefficient number")
   ...:     axes[2].set_ylabel("coefficient")
   ...:     fig.tight_layout()
   ...:     return fig, axes
In [23]: fig, ax = plot_residuals_and_coeff(resid_train, resid_test,
         model.coef_)
```

▲ 그림 15-1 일반 선형 회귀 모델과 훈련 데이터의 잔차(왼쪽), 모델과 테스트 데이터와의 잔차(가운데) 그리고 50개 특징의 계수값(오른쪽)

이 예에서 과적합은 표본이 너무 적기 때문에 발생하며 한 가지 해결책은 과적합이 더 이상 문제가 없을 때까지 더 많은 표본을 추가로 수집하는 것이다. 그러나 관측값을 수집하는 것은 비용이 많이 들 수 있고 어떤 응용은 방대한 특징 수를 가질 수 있으므로 항상 가능한 방법은 아닐 수 있다. 이러한 상황에서는 최대한 과적합을 없앨 수 있는 방법으로 회귀를 적합화해(즉, 훈련 데이터를 완벽히 적합화하지 않는 방법으로 적합화) 향후 새로운 관측값에 의미 있는 예측이 가능하도록 모델링하는 것이 바람직하다.

정규화 회귀$^{\text{Regularized regression}}$는 이 문제에 대한 가능한 해결책 중 하나다. 다음에서 정규화 회귀의 몇 가지 다른 변형을 살펴보자. 일반 선형 회귀에서 모델 매개변수는 제곱잔차의 합을 최소화하는 값으로 선택된다. 따라서 최적화 문제로 간주할 수 있으며 목적함수는 $\min_\beta \|X\beta - y\|_2^2$다. 여기서 X는 특징 행렬, y는 반응 변수, β는 모델 매개변수의 벡터, $\|\cdot\|_2$는 L2 노름을 나타낸다. 정규화 회귀에서는 최소화 문제의 목적 함수에 페널티 항을 추가한다. 다른 유형의 페널티 항은 원래 회귀 문제에 다른 유형의 정규화를 이끈다. 매개변수 벡터의 L1이나 L2 노름을 최소화 목적 함수인 $\min_\beta \left\{ \|X\beta - y\|_2^2 + \alpha\|\beta\|_1 \right\}$과 $\min_\beta \left\{ \|X\beta - y\|_2^2 + \alpha\|\beta\|_2^2 \right\}$에 추가해 두 가지 일반적인 정규화를 구한다. 이 방법은 각각 라소와 리지^{Ridge} 회귀로 알려져 있다. 여기서 α는 정규화 강도를 결정하는 자유 매개변수다. L2 노름 $\|\beta\|_2^2$를 추가하면 더 작은 계수를 가진 모델 매개변수 벡터가 유도되며 L1 노름 $\|\beta\|_1$을 추가하면 0이 아닌 요소를 최소로 하는 모델 매개변수 벡터가 유도된다. 어떤 유형의 정규화가 더 적합한지는 당면한 문제에 따라 결정된다. 가능한 한 특징 변수를 많이 없애고 싶다면 라소 회귀를 L1 정규화와 함께 사용할 수 있고 모델 계수의 크기를 제한하려면 리지 회귀와 함께 L2 정규화를 사용할 수 있다. scikit-learn에서는 sklearn.linear_model 모듈의 Ridge 클래스를 사용해 리지 회귀 분석을 수행할 수 있다. 이 클래스의 사용법은 앞서 이용한 LinearRegression 클래스와 거의 같지만, 클래스를 초기화할 때 정규화 강도를 결정하는 α 매개변숫값을 인수로 제공할 수 있다. 여기서는 $\alpha = 2.5$로 선택했다. α를 선택하기 위한 보다 체계적인 접근법은 15장의 뒷부분에 소개한다.

```
In [24]: model = linear_model.Ridge(alpha=2.5)
```

회귀 모델을 데이터에 적합화하려면 또다시 fit 메서드를 사용하고 훈련 특징 행렬과 반응 변수를 인수로 전달해야 한다.

```
In [25]: model.fit(X_train, y_train)
Out[25]: Ridge(alpha=2.5, copy_X=True, fit_intercept=True, max_iter=None,
               normalize=False, solver='auto', tol=0.001)
```

일단 모델이 훈련 데이터에 적합화되면 훈련과 테스트 데이터셋의 모델 예측과 해당 SSE 값을 계산할 수 있다.

```
In [26]: resid_train = y_train - model.predict(X_train)
    ...: sse_train = sse(resid_train)
    ...: sse_train
Out[26]: 178.50695164950841
In [27]: resid_test = y_test - model.predict(X_test)
    ...: sse_test = sse(resid_test)
    ...: sse_test
Out[27]: 212737.00160105844
```

훈련 데이터의 SSE는 더 이상 0에 가깝지 않지만 테스트 데이터에 대한 SSE에는 약간의 감소가 있다는 점에 주목하자. 일반 회귀와 비교하기 위해 앞서 정의한 plot_residuals_and_coeff 함수를 사용해 훈련 및 테스트 잔차와 모델 매개변수를 도식화한다. 결과는 그림 15-2와 같다.

```
In [28]: fig, ax = plot_residuals_and_coeff(resid_train, resid_test,
         model.coef_)
```

▲ 그림 15-2 리지-정규화 회귀 모델과 훈련 데이터 사이의 잔차(왼쪽), 모델과 테스트 데이터(가운데) 그리고 50개 계수의 값(오른쪽)이 나타나 있다.

이와 유사하게, sklearn.linear_model 모듈의 Lasso 클래스를 이용하면 L1-정규화 라소 회귀를 수행할 수 있다. 또한 Lasso 클래스는 인스턴스를 초기화할 때 인수로서 α 매 개변숫값을 받아들인다. 여기서는 $\alpha = 1.0$으로 선택하고 앞서 설명한 것과 같은 방법으로 훈련 데이터 및 테스트 데이터에 SSE를 계산한다.

```
In [29]: model = linear_model.Lasso(alpha=1.0)
In [30]: model.fit(X_train, y_train)
Out[30]: Lasso(alpha=1.0, copy_X=True, fit_intercept=True, max_iter=1000,
               normalize=False, positive=False, precompute=False, random_
               state=None,
               selection='cyclic', tol=0.0001, warm_start=False)
In [31]: resid_train = y_train - model.predict(X_train)
    ...: sse_train = sse(resid_train)
    ...: sse_train
Out[31]: 309.74971389531891
In [32]: resid_test = y_test - model.predict(X_test)
    ...: sse_test = sse(resid_test)
    ...: sse_test
Out[32]: 1489.1176065002333
```

여기서는 훈련 데이터의 SSE가 일반 회귀와 비교해 증가했지만 테스트 데이터의 SSE는 현저하게 감소했다는 것에 주목하자. 따라서 회귀 모델이 훈련 데이터에 적합화되는 정도를 떨어뜨려 오히려 테스트 데이터셋을 예측하는 능력이 크게 향상된 모델을 얻었다.

이전 방법과의 비교를 위해 잔차와 모델 매개변수를 plot_residuals_and_coeff 함수를
사용해 다시 한번 그래프로 그려본다. 결과는 그림 15-3과 같다. 이 그림의 가장 오른쪽
패널에서, 계수 프로파일이 그림 15-1과 그림 15-2에 표시된 것과 상당히 다르고 라소
회귀 분석으로 생성된 계수 벡터는 대부분 0을 가진다는 것을 알 수 있다. 라소는 현재
데이터에 사용하기에 적합한 방법이다. 왜냐하면 처음에 우리가 데이터셋을 생성할 때
50개의 특징 중 10개만 정보성으로 지정했기 때문이다. 만약 회귀 모델에 크게 기여하지
않을 것으로 생각되는 특징이 있다고 의심되면 라소 회귀의 L1 정규화를 사용해보는 것
이 좋다.

```
In [33]: fig, ax = plot_residuals_and_coeff(resid_train, resid_test,
             model.coef_)
```

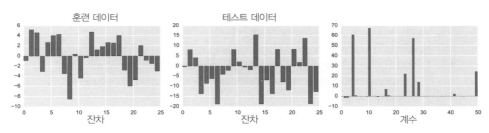

▲ 그림 15-3 라소-정규화 회귀 모델의 훈련 데이터에 대한 잔차(왼쪽), 모델과 테스트 데이터 잔차(중앙), 50개
특징의 계수값(오른쪽)

리지와 라소 회귀를 이용한 앞의 두 예에서 사용한 α 값은 임의로 선택됐다. 가장 적합한
α 값은 문제에 따라 다르며 매번 시행착오를 거쳐 적절한 값을 찾아야 한다. scikit-learn
라이브러리에는 다음에서 볼 수 있는 것처럼 α를 찾는 방법이 제공되지만 그 방법을 알
아보기 전에 문제에 따라 훈련 및 테스트 데이터셋에 대한 회귀 모델 매개변수와 SSE가
얼마나 α의 값에 종속돼 있는지 살펴보는 것이 좋다. 여기서는 현문제가 잘 작동하는지를
살펴봤으므로 라소 회귀에 중점을 두고 정규화 강도 매개변수 α 값을 바꿔가면서 그 결
과 계수 및 SSE 값을 Numpy 배열에 저장하고 동일한 문제를 반복적으로 풀어보자.

먼저 필요한 Numpy 배열을 생성한다. `np.logspace`를 사용해 α 값의 범위가 수십배 씩 차이가 나도록 구성한다.

```
In [34]: alphas = np.logspace(-4, 2, 100)
In [35]: coeffs = np.zeros((len(alphas), X_train.shape[1]))
In [36]: sse_train = np.zeros_like(alphas)
In [37]: sse_test = np.zeros_like(alphas)
```

그다음에는 α 값을 바꿔가며 라소를 수행한다.

```
In [38]: for n, alpha in enumerate(alphas):
    ...:     model = linear_model.Lasso(alpha=alpha)
    ...:     model.fit(X_train, y_train)
    ...:     coeffs[n, :] = model.coef_
    ...:     sse_train[n] = sse(y_train - model.predict(X_train))
    ...:     sse_test[n] = sse(y_test - model.predict(X_test))
```

끝으로 Matplotlib을 사용해 훈련과 테스트 데이터셋에 대한 계수와 SSE를 도식화한다. 결과는 그림 15-4와 같다. 그림의 왼쪽 패널에서, α의 값이 매우 작을 때 많은 수의 계수가 0이 아니라는 것을 볼 수 있다. 이는 지나치게 과적합한 체계에 해당한다. 또한 α를 특정 임곗값 이상으로 증가시키면 많은 계수가 0이 돼 사라지고 소수의 계수만 0이 아닌 값으로 유지된다는 것을 알 수 있다. 그림 15-4의 오른쪽 패널에서, 훈련 집합의 SSE는 α가 증가함에 따라 꾸준히 증가하지만 테스트 데이터셋의 SSE는 급격히 감소하는 것을 볼 수 있다. 이것이 바로 라소 회귀에서 원하던 효과다. 그러나 α 값이 너무 크면 모든 계수가 0으로 수렴되고 훈련 및 테스트 데이터셋 모두에서 SSE가 상당히 증가한다. 따라서 낯선 데이터에 대한 모델의 데이터 예측 능력을 향상시키면서 과적합을 방지하는, α의 최적 영역이 존재한다. 이러한 관찰이 보편적으로 적용되는 것은 아니지만 많은 문제에 있어서 유사한 패턴을 찾을 수 있다.

```
In [39]: fig, axes = plt.subplots(1, 2, figsize=(12, 4), sharex=True)
    ...: for n in range(coeffs.shape[1]):
    ...:         axes[0].plot(np.log10(alphas), coeffs[:, n], color='k', lw=0.5)
    ...:
    ...: axes[1].semilogy(np.log10(alphas), sse_train, label="train")
    ...: axes[1].semilogy(np.log10(alphas), sse_test, label="test")
    ...: axes[1].legend(loc=0)
    ...:
    ...: axes[0].set_xlabel(r"${\log_{10}}\alpha$", fontsize=18)
    ...: axes[0].set_ylabel(r"coefficients", fontsize=18)
    ...: axes[1].set_xlabel(r"${\log_{10}}\alpha$", fontsize=18)
    ...: axes[1].set_ylabel(r"sse", fontsize=18)
```

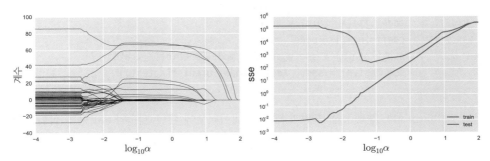

▲ 그림 15-4 정규화 강도 α의 로그에 대한 함수로 라소를 수행한 계수(왼쪽)와 훈련 및 테스트 데이터셋의 제곱 오차 합(오른쪽)

RigeCV 및 RassoCV 클래스를 사용하면 다수의 α에 대한 정규화 회귀 테스트를 자동으로 수행할 수 있다. 리지와 라소 회귀에 대한 이런 변형은 내부적으로 교차 검증 방식을 사용해 최적의 α 값을 검색한다. k-폴드 교차 검증에는 $k = 3$을 기본값으로 사용하지만 이 클래스의 cv 인수를 사용하면 이 값을 변경할 수 있다. 내장된 교차 검증 덕분에 이전에 했던 것처럼 훈련과 테스트 데이터셋을 명시적으로 나눌 필요가 없다.

자동으로 선택된 α로 라소 기법을 사용하기 위해서는 LassoCV 인스턴스를 생성하고 그 fit 메서드를 호출해야 한다.

```
In [40]: model = linear_model.LassoCV()
In [41]: model.fit(X_all, y_all)
Out[41]: LassoCV(alphas=None, copy_X=True, cv=None, eps=0.001,
                 fit_
                 intercept=True, max_iter=1000, n_alphas=100, n_jobs=1,
                 normalize=False, positive=False, precompute='auto',
                 random_state=None, selection='cyclic', tol=0.0001,
                 verbose=False)
```

교차 검증 탐색을 통해 선택된 정규화 강도 매개변수 α 값에는 alpha_ 속성을 통해 접근할 수 있다.

```
In [42]: model.alpha_
Out[42]: 0.13118477495069433
```

탐색된 α 값은 그림 15−4에서 추측할 수 있는 값과 일치한다는 점에 주목하자. 이전 방법과의 비교를 위해 이번에도 훈련과 테스트 데이터셋에 대한 SSE를 계산하고(비록 둘 다 RassoCV.fit 호출을 통해 훈련에 사용됐지만), SSE 값을 모델 매개변수와 함께 그래프로 표시한다(그림 15−5 참고). 교차 검증된 라소 기법을 사용해 훈련과 테스트 데이터셋 모두에서 비교적 높은 정확도로 예측하는 모델을 얻었으며 특징 수에 비해 표본이 거의 없음에도 불구하고 더 이상 과적합 문제에 시달릴 가능성이 없다.[2]

```
In [43]: resid_train = y_train - model.predict(X_train)
    ...: sse_train = sse(resid_train)
    ...: sse_train
Out[43]: 66.900068715063625
In [44]: resid_test = y_test - model.predict(X_test)
    ...: sse_test = sse(resid_test)
    ...: sse_test
```

---

2   그러나 새로운 낯선 데이터를 보기 전에는 과적합되지 않은 머신 러닝 응용을 절대 보장할 수 없다. 따라서 정기적, 반복적으로 응용 모델을 재평가해보는 것이 좋다.

```
Out[44]: 966.39293785448456
In [45]: fig, ax = plot_residuals_and_coeff(resid_train, resid_test,
         model.coef_)
```

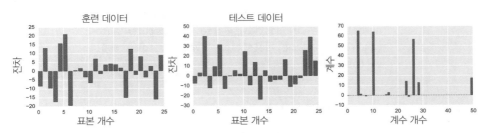

▲ 그림 15-5 훈련 데이터(왼쪽)과 테스트 데이터(가운데)에 교차 검증을 수행한 라소-정규화 회귀의 잔차. 오른쪽에는 50개 특징의 계수값이 나타나 있다.

마지막으로 라소와 리지의 L1, L2 정규화를 결합한 또 다른 형태의 정규화 회귀가 있는데 그것은 바로 일래스틱-넷elastic-net 정규화다. 이 방법의 최소화 목적 함수는 $\min_\beta \{\|X\beta - y\|_2^2 + \alpha\rho\|\beta\|_1 + \alpha\rho(1 - \rho)\|\beta\|_2^2\}$이며, 여기서 매개변수 ρ(scikit-learn의 l1_ratio)는 L1과 L2 페널티의 상대적 가중값을 결정하므로 일래스틱-넷의 작동을 라소와 리지 중 어느 것에 더 가깝도록 설정할 것인지 결정한다. skikit-learn에서 ElasticNet 클래스를 이용하면 일래스틱-넷 회귀를 수행할 수 있는데 α(alpha)와 ρ(l1_ratio) 매개변숫값을 명시적으로 설정하거나 적절한 α와 ρ 매개변숫값을 자동으로 찾는 교차 검증 버전인 ElasticNetCV를 사용할 수도 있다.

```
In [46]: model = linear_model.ElasticNetCV()
In [47]: model.fit(X_train, y_train)
Out[47]: ElasticNetCV( alphas=None, copy_X=True, cv=None, eps=0.001,
                       fit_intercept=True, l1_ratio=0.5, max_iter=1000,
                       n_alphas=100, n_jobs=1, normalize=False,
                       positive=False, precompute='auto', random_state=None,
                       selection='cyclic', tol=0.0001, verbose=0)
```

교차 검증 탐색으로 찾은 정규화 매개변수 α와 ρ의 값은 각각 alpha_와 l1_ratio 속성으로 접근할 수 있다.

```
In [48]: model.alpha_
Out[48]: 0.13118477495069433
In [49]: model.l1_ratio
Out[49]: 0.5
```

이전 방법과 비교하기 위해 다시 한번 SSE를 계산하고 그림 15-6에서처럼 모델 계수를 도식화한다. $\rho = 0.5$로 설정하면 그 결과는 예상대로 라소 회귀(지배적 요소 몇 개만 있는 희소 솔루션 벡터지향)와 리지 회귀(계수의 크기 억제)의 특성을 모두 갖고 있다는 것을 알 수 있다.

```
In [50]: resid_train = y_train - model.predict(X_train)
    ...: sse_train = sse(resid_train)
    ...: sse_train
Out[50]: 2183.8391729391255
In [51]: resid_test = y_test - model.predict(X_test)
    ...: sse_test = sse(resid_test)
    ...: sse_test
Out[51]: 2650.0504463382508
In [52]: fig, ax = plot_residuals_and_coeff(resid_train, resid_test,
            model.coef_)
```

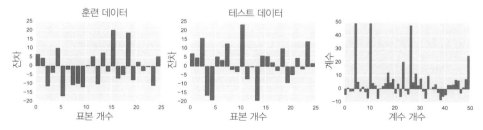

▲ 그림 15-6 훈련 데이터(왼쪽)와 테스트 데이터(가운데)의 교차 검정을 통한 일래스틱-넷 정규화 모델의 잔차. 오른쪽에는 50개 특징의 계수값이 나타나 있다.

분류

회귀와 마찬가지로 분류도 머신 러닝의 핵심 주제다. 14장, '통계 모델링'에서 이미 분류의 예를 살펴봤는데, 이때는 관찰값을 개별 범주로 분류하기 위해 로지스틱 회귀 모델을 사용했다. 로지스틱 회귀는 동일한 과제의 머신 러닝에서도 이용할 수 있지만 머신 러닝에는 최근접-이웃, 서포트 벡터 머신^{SVM}, 의사 결정 트리, 랜덤 포레스트 방식 등 다양한 대체 분류 알고리즘이 있다. scikit-learn 라이브러리는 이런 다양한 기법들에 주어진 분류 문제에서 상호 교환적으로 사용될 수 있도록 편리한 통합 API를 제공해준다.

훈련 데이터셋으로 분류 모델을 훈련시키고 그 성능을 테스트 집합에 시험하는 방법을 살펴보기 위해 아이리스 꽃 표본(꽃받침과 꽃잎의 폭과 높이)의 특징과 각 표본의 종(setosa, versicolor, virginica) 값이 들어 있는 아이리스 데이터셋을 다시 한번 살펴보자. scikit-learn 라이브러리(또는 Statsmodels 라이브러리)에 포함돼 있는 Iris 데이터셋은 머신 러닝 알고리즘과 통계 모델을 테스트하고 시연하는 데 사용되는 고전적인 데이터셋이다. 여기서는 꽃 표본의 종을 주어진 꽃잎의 폭과 높이를 이용해 분류해내는 문제를 다시 살펴보자(14장, '통계 모델링' 참조). 먼저, 데이터셋을 로드하기 위해 datasets 모듈의 load_iris 함수를 호출한다. 그 결과는 데이터를 메타데이터로 갖고 있는 컨테이너^{container} 객체다 (scikit-learn에서는 Bunch 객체라 부른다).

```
In [53]: iris = datasets.load_iris()
In [54]: type(iris)
Out[54]: sklearn.datasets.base.Bunch
```

특징과 목표 클래스를 기술하는 이름은 feature_names과 target_names 속성을 통해 구할 수 있다.

```
In [55]: iris.target_names
Out[55]: array(['setosa', 'versicolor', 'virginica'], dtype='|S10')
In [56]: iris.feature_names
```

```
Out[56]: ['sepal length (cm)', 'sepal width (cm)', 'petal length (cm)',
         'petal width (cm)']
```

그리고 실제 데이터셋은 다음처럼 data와 target 속성을 통해 이용할 수 있다.

```
In [57]: iris.data.shape
Out[57]: (150, 4)
In [58]: iris.target.shape
Out[58]: (150,)
```

먼저 train_test_split 함수를 사용해 데이터셋을 훈련 및 테스트 부분으로 분할한다. 여기서는 표본의 70%를 훈련셋에 포함시키기로 결정했고 나머지 30%는 테스트와 검증을 위해 남겨뒀다.

```
In [59]: X_train, X_test, y_train, y_test = \
    ...:         model_selection.train_test_split(iris.data, iris.target,
             train_size=0.7)
```

scikit-learn을 사용해 분류기를 훈련시키고 분류 작업을 수행하는 첫 번째 단계는 분류기 인스턴스를 만드는 것이다. 다음에서 보는 것처럼 가용한 분류기가 매우 많다. 여기서는 먼저 linear_model 모듈의 LogisticRegression 클래스를 사용해 로지스틱 회귀 분류를 수행해본다.

```
In [60]: classifier = linear_model.LogisticRegression()
```

분류기의 훈련은 분류기 인스턴스의 fit 메서드를 호출해 수행한다. 인수는 특징과 목표 변수의 설계 행렬들이다. 여기서는 load_iris 함수를 사용해 데이터셋을 로드할 때 만들어진 Iris 데이터셋 배열의 훈련 부분을 사용한다. 설계 행렬이 아직 없다면 14장, '통계 모델링'에서 사용한 것과 동일한 기술을 사용할 수 있다. 즉, Numpy 함수나 Patsy 라이브러리를 사용해 적절한 배열을 자동으로 구성한다. scikit-learn 라이브러리의 feature_extraction 모듈에 있는 특징 추출 유틸리티를 사용할 수도 있다.

```
In [61]: classifier.fit(X_train, y_train)
Out[61]: LogisticRegression(C=1.0, class_weight=None, dual=False,
                            fit_intercept=True, intercept_scaling=1,
                            max_iter=100, multi_class='ovr', penalty='l2',
                            random_state=None, solver='liblinear',
                            tol=0.0001, verbose=0)
```

일단 분류기가 훈련되면 predict 메서드를 사용해 새로운 관측값의 부류를 즉시 예측할 수 있다. 여기서는 테스트 데이터셋에 할당된 표본의 부류를 예측하기 위해 이 방법을 적용해 예측값과 실제 값을 비교해보자.

```
In [62]: y_test_pred = classifier.predict(X_test)
```

Sklearn.metrics 모듈에는 분류기의 성능과 정확성을 분석하는 데 도움을 주는 헬퍼helper 함수가 있다. 예를 들어 classification_report 함수는 실제 값과 예측값의 배열을 취한 후 거짓 부정과 거짓 긍정에 관련된 분류 척도 관련 정보를 표로 요약해준다.

```
In [63]: print(metrics.classification_report(y_test, y_test_pred))
             precision    recall  f1-score   support
          0       1.00      1.00      1.00        13
          1       1.00      0.92      0.96        13
          2       0.95      1.00      0.97        19
avg / total       0.98      0.98      0.98        45
```

confusion_matrix 함수를 사용하면 소위 혼동 행렬을 구할 수 있는데 confusion_matrix 함수도 분류 척도를 간결한 형태로 나타내준다. 대각은 범주 변수의 각 레벨에 맞게 정확하게 분류된 표본 개수에 해당하며, 비대각 요소는 잘못 분류된 표본의 개수다. 구체적으로는 혼돈 행렬 C의 요소 C_{ij}는 j로 분류된 범주 i의 표본 개수다. 현데이터는 다음과 같은 방법으로 혼돈 행렬을 구할 수 있다.

```
In [64]: metrics.confusion_matrix(y_test, y_test_pred)
Out[64]: array([[13   0   0]
                [ 0  12   1]
                [ 0   0  19]])
```

이 혼돈 행렬은 1과 3 부류의 모든 요소는 정확하게 분류됐지만 2부류 1개 요소는 3부류로 잘못 분류된 것을 보여준다. 혼돈 행렬의 각 행에 있는 요소를 합하면 해당 범주의 총 표본 개수와 같다는 점에 주목하자. 이 예제 표본은 첫 번째와 두 번째 부류에 13개, 세 번째 부류에 19개 원소가 있다. 이 값은 y_test 배열에서 고유한 값의 개수를 세어봐도 알 수 있다.

```
In [65]: np.bincount(y_test)
Out[65]: array([13, 13, 19])
```

서로 다른 분류기 알고리즘을 사용해 분류를 수행하려면 해당 분류기 클래스의 인스턴스를 생성해야 한다. 예를 들어 로지스틱 회귀 대신, 의사 결정 트리를 사용하려면 sklearn.tree 모듈의 DesicisionTreeClassifier 클래스를 사용해야 한다. 분류기를 훈련시키고 새로운 관찰 측을 예측하는 것은 모든 분류기에서 정확히 동일한 방법으로 수행된다.

```
In [66]: classifier = tree.DecisionTreeClassifier()
    ...: classifier.fit(X_train, y_train)
    ...: y_test_pred = classifier.predict(X_test)
    ...: metrics.confusion_matrix(y_test, y_test_pred)
Out[66]: array([[13,  0,  0],
                [ 0, 12,  1],
                [ 0,  1, 18]])
```

의사 결정 트리 분류기를 사용한 혼돈 행렬은 다소 다른 결과를 보여준다. 즉, 테스트 데이터 집합에서 추가로 하나의 오분류가 더 발생했다.

scikit-learn에서 사용할 수 있는 다른 인기 있는 분류기는 Sklearn.neighbors 모듈의 KNeighborsClassifier, Sklearn.svm 서포트 벡터 분류기[SVC] 그리고 sklearn.ensemble 모듈의 RandomForestClassifier다. 이들 분류기는 모두 동일한 사용 패턴을 가지므로 같은 문제의 분류기를 프로그램에 적용한 후 훈련과 테스트 표본 크기의 함수로 이들 분류기 간의 성능을 (이 특정 문제로) 비교할 수 있다. 이를 비교하기 위해서는 훈련 집합의 크기를 10~90% 사이에서 변화시키면서 Numpy 배열을 생성해야 한다.

```
In [67]: train_size_vec = np.linspace(0.1, 0.9, 30)
```

다음은 적용하려는 분류기 클래스의 리스트를 생성한다.

```
In [68]: classifiers = [tree.DecisionTreeClassifier,
    ...:                 neighbors.KNeighborsClassifier,
    ...:                 svm.SVC,
    ...:                 ensemble.RandomForestClassifier]
```

그리고 훈련 집합 크기의 비율과 분류기의 함수로 혼돈 행렬의 대각을 저장할 배열을 생성한다.

```
In [69]: cm_diags = np.zeros((3, len(train_size_vec), len(classifiers)),
         dtype=float)
```

마지막으로 각 훈련 크기 비율과 분류기에 작업을 반복하고 각 조합의 분류기를 훈련시키면서 테스트 데이터의 값을 예측하고 혼돈 행렬을 계산한 후 그 대각을 cm_diags 배열의 이상적인 수치로 나눈 값으로 저장한다.

```
In [70]: for n, train_size in enumerate(train_size_vec):
    ...:     X_train, X_test, y_train, y_test = \
    ...:         model_selection.train_test_split(iris.data, iris.target,
    ...:                                          train_size=train_size)
    ...:     for m, Classifier in enumerate(classifiers):
    ...:         classifier = Classifier()
    ...:         classifier.fit(X_train, y_train)
    ...:         y_test_p = classifier.predict(X_test)
    ...:         cm_diags[:, n, m] = metrics.confusion_matrix(y_test,
    ...:         y_test_p).diagonal()
    ...:         cm_diags[:, n, m] /= np.bincount(y_test)
```

각 분류기에 대한 분류 정확도 결과는 훈련 크기 비율의 함수로, 그림 15-7에 도식화돼
있다.

```
In [71]: fig, axes = plt.subplots(1, len(classifiers), figsize=(12, 3))
    ...: for m, Classifier in enumerate(classifiers):
    ...:     axes[m].plot(train_size_vec, cm_diags[2, :, m], label=iris.
    ...:     target_names[2])
    ...:     axes[m].plot(train_size_vec, cm_diags[1, :, m], label=iris.
    ...:     target_names[1])
    ...:     axes[m].plot(train_size_vec, cm_diags[0, :, m], label=iris.
    ...:     target_names[0])
    ...:     axes[m].set_title(type(Classifier()).__name__)
    ...:     axes[m].set_ylim(0, 1.1)
    ...:     axes[m].set_ylabel("classification accuracy")
    ...:     axes[m].set_xlabel("training size ratio")
    ...:     axes[m].legend(loc=4)
```

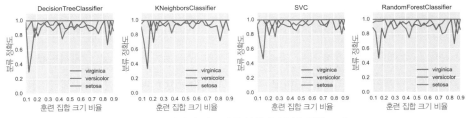

▲ 그림 15-7 네 가지 서로 다른 분류기의 분류 정확도 비교

그림 15-7에서는 분류 오차가 모델마다 다르다는 것을 알 수 있지만, 이 특별한 예에서는 각자 견줄 만한 좋은 성능을 보여준다. 어떤 분류기가 최선인지는 당면한 문제에 달려 있으며 일반적으로 어느 것이 더 적합한지에 대한 명확한 답은 알기 어렵다. 다행히 scikit-learn에서는 다른 분류기를 손쉽게 바꿔 주어진 분류 문제에 관련된 몇 가지 다른 분류기를 간단히 시도해볼 수 있다. 분류의 정확도 외에도 또 다른 중요한 측면은 계산 성능과 더 큰 문제로의 확장 가능성이다. 많은 특징 개수를 가진 큰 분류 문제의 경우, 랜덤화 포레스트와 같은 의사 결정 트리 방법을 먼저 사용해보는 것이 좋다.

클러스터링

앞의 두 절에서 회귀와 분류를 알아봤는데 두 예제 모두 반응 변수가 데이터셋에 들어 있기 때문에 지도학습이었다. 클러스터링은 좀 다른 유형의 문제이며 머신 러닝에서 또 다른 중요한 주제다. 클러스터링은 부류를 알 수 없는 데이터의 분류 문제로 생각할 수 있으므로 비지도학습의 전형적인 예라고 할 수 있다. 클러스터링 알고리즘에서의 훈련 데이터셋에는 오직 특징 변수만 있으며 알고리즘의 출력은 각 표본을 클러스터(또는 부류)에 할당한 정수의 배열이다. 이 결과 배열은 지도 분류 문제의 응답 변수에 해당한다.

scikit-learn 라이브러리에는 서로 다른 유형의 클러스터링 문제와 다른 유형의 데이터셋에 적합한 많은 클러스터링 알고리즘이 구현돼 있다. 일반적인 범용 클러스터링 방법에는 각 그룹 내에서 그룹 중심으로부터의 제곱 편차의 합계가 최소화되게 표본을 그룹화하는 K-평균 알고리즘과 데이터를 밀도 함수(예: 가우스 함수)에 적합화시켜 표본을 클러스터링하는 평균-이동$^{mean-shift}$ 알고리즘이 있다.

scikit-learn에서 Sklearn.cluster 모듈에는 K-평균$^{K-means}$ 알고리즘과 평균-이동 알고리즘을 포함해 몇 가지 클러스터링 알고리즘이 구현돼 있다. 이 기법 중 하나로 클러스터링 작업을 수행하려면 먼저 해당 클래스의 인스턴스를 초기화한 후 fit 메서드를 사용해 특징만 있는 데이터셋으로 훈련하고 최종적으로 predict 메서드를 호출해 클러스터링 결과를 얻는다. 많은 클러스터링 알고리즘은 입력 매개변수에서 클러스터 수를 설정해야 하는데, 이 값은 클래스 인스턴스가 생성될 때 n_clusters 매개변수를 통해 지정할 수 있다.

클러스터링의 예로서 앞 절에서 사용한 Iris 데이터셋을 다시 사용하지만 이번엔 지도 분류에 사용했던 반응 변수를 사용하지 않고 표본의 적절한 클러스터링을 K-평균 기법을 사용해 자동으로 찾아보고자 한다. 먼저 Iris 데이터를 앞에서와 같이 로딩하고 특징과 목표 데이터를 각각 변수 X와 y에 저장한다.

```
In [72]: X, y = iris.data, iris.target
```

K-평균 클러스터링 방식에서는 출력에서 원하는 클러스터 개수를 명시할 필요가 있다. 가장 적합한 클러스터 수는 사전에 명확히 알 수 있는 것이 아니므로 몇 개의 다른 클러스터 개수로 클러스터링을 시도해보는 것이 필요하다. 그러나 우리는 이미 데이터가 3개의 다른 종류의 아이리스 꽃에 해당한다는 사실을 알고 있다. 따라서 여기서는 3개의 클러스터를 사용한다. 클러스터링을 수행하기 위해 kmeans 클래스 인스턴스를 생성할 때 n_clusters 인수로 클러스터 개수를 지정한다.

```
In [73]: n_clusters = 3
In [74]: clustering = cluster.KMeans(n_clusters=n_clusters)
```

실제로 계산을 수행하기 위해 Iris 특징 행렬을 인수로 전달해 fit 메서드를 호출한다.

```
In [75]: clustering.fit(X)
Out[75]: KMeans(copy_x=True, init='k-means++', max_iter=300, n_clusters=3,
              n_init=10, n_jobs=1, precompute_distances='auto',
              random_state=None, tol=0.0001, verbose=0)
```

클러스터링 결과는 predict 메서드를 통해 구할 수 있는데 predict에는 옵션을 통해 새로운 표본 특징을 갖고 있는 특징 데이터셋을 전달할 수 있다. 그러나 scikit-learn에서 구현된 모든 클러스터링 메서드가 새로운 표본 클러스터를 예측하는 기능을 지원하는 것은 아니다. 이 경우, predict 메서드는 사용할 수 없으며 fit_expect 메서드를 대신 사용해야 한다. 여기서는 클러스터링 결과를 얻기 위해 훈련 특징 데이터셋으로 predict 메서드를 호출한다.

```
In [76]: y_pred = clustering.predict(X)
```

결과는 훈련 데이터셋의 표본 수와 길이가 같은 정수 배열이다. 배열의 각 요소는 해당 표본에 할당된 그룹(0에서 n_samples-1까지)을 나타낸다. 결과 배열 y_pred는 길기 때문에 여기서는 NumPy stride 인덱싱 ::8을 사용해 배열의 여덟 번째 요소까지만 표시한다.

```
In [77]: y_pred[::8]
Out[77]: array([1, 1, 1, 1, 1, 1, 1, 2, 2, 2, 2, 2, 2, 0, 0, 0, 0, 0, 0],
         dtype=int32)
```

얻어진 클러스터링을 아이리스 표본의 지도 분류와 비교해보자.

```
In [78]: y[::8]
Out[78]: array([0, 0, 0, 0, 0, 0, 0, 1, 1, 1, 1, 1, 1, 2, 2, 2, 2, 2, 2])
```

둘 사이에는 좋은 상관 관계가 있는 것 같지만 클러스터링의 출력은 지도 분류에서 목표 벡터에서 사용했던 것과는 다른 정숫값을 그룹에 할당했다. 두 배열을 confusion_matrix 함수와 같은 행렬로 비교하려면 먼저 각 요소 이름을 바꿔 동일한 그룹에 동일한 정숫값이 사용되도록 해야 한다. Numpy 배열을 조작하면 원하는 작업을 할 수 있다.

```
In [79]: idx_0, idx_1, idx_2 = (np.where(y_pred == n) for n in range(3))
In [80]: y_pred[idx_0], y_pred[idx_1], y_pred[idx_2] = 2, 0, 1
In [81]: y_pred[::8]
```

```
Out[81]: array([0, 0, 0, 0, 0, 0, 0, 1, 1, 1, 1, 1, 1, 2, 2, 2, 2, 2, 2],
                dtype=int32)
```

이제 동일한 그룹은 같은 정수로 나타나므로 confusion_matrix 함수를 사용해 Iris 표본
의 지도 분류와 비지도 분류가 서로 일치하는지 요약해볼 수 있다.

```
In [82]: metrics.confusion_matrix(y, y_pred)
Out[82]: array([[50, 0, 0],
                [ 0, 48, 2],
                [ 0, 14, 36]])
```

이 혼돈 행렬에 따르면, 클러스터링 알고리즘은 첫 번째 그룹에서는 모든 표본을 정확하
게 식별했지만 두 번째와 세 번째 그룹에서는 서로 중첩된 표본으로 인해 서로 다른 클러
스터로 완전히 분리할 수 없었다는 것을 알 수 있다. 예를 들어 그룹 1의 요소 2개는 그룹
2, 그룹 2의 요소 14개는 그룹 1에 할당됐다.

클러스터링의 결과는 또 다음처럼 각 특징 쌍에 대한 산포도를 도식화해 시각화할 수 있
다. 여기서는 각 특징과 클러스터를 반복하면서 각 클러스터마다 다른 색상(주황색, 파란색
및 녹색을 그림 15-8처럼 다른 회색 음영으로 표시)을 사용해 산포도를 표시하고 클러스터링
결과가 지도 분류에 일치하지 않는 각 표본 주위에는 빨간색 사각형을 그린다. 결과는 그
림 15-8과 같다.

```
In [83]: N = X.shape[1]
    ...: fig, axes = plt.subplots(N, N, figsize=(12, 12), sharex=True,
         sharey=True)
    ...: colors = ["coral", "blue", "green"]
    ...: markers = ["^", "v", "o"]
    ...: for m in range(N):
    ...:     for n in range(N):
    ...:         for p in range(n_clusters):
    ...:             mask = y_pred == p
    ...:             axes[m, n].scatter(X[:, m][mask], X[:, n][mask], s=30,
```

```
   ...:                                      marker=markers[p], color=colors[p],
   ...:                                      alpha=0.25)
   ...:              for idx in np.where(y != y_pred):
   ...:                  axes[m, n].scatter(X[idx, m], X[idx, n], s=30,
   ...:                                      marker="s", edgecolor="red",
   ...:                                      facecolor=(1,1,1,0))
   ...:          axes[N-1, m].set_xlabel(iris.feature_names[m], fontsize=16)
   ...:          axes[m, 0].set_ylabel(iris.feature_names[m], fontsize=16)
```

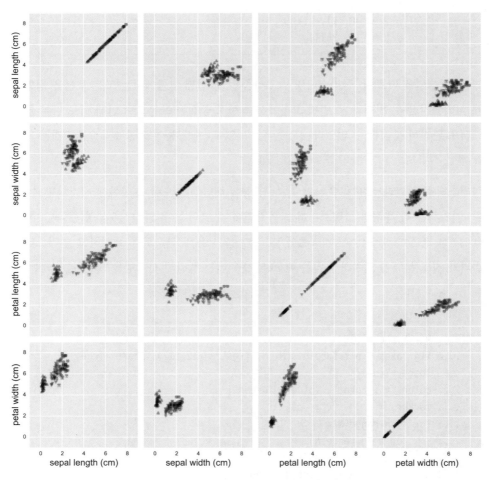

▲ 그림 15-8 Iris 데이터셋 특징에 K-평균 알고리즘을 사용한 클러스터링 결과

그림 15-8의 Iris 표본 클러스터링 결과는 클러스터링이 표본을 구분된 그룹으로 인식하는 데 매우 뛰어난 역할을 한다는 것을 보여준다. 물론 그래프에서는 파란색(짙은 회색)과 녹색(중간 회색)으로 표시된 부류의 특징이 겹치기 때문에 비지도 클러스터링 알고리즘으로는 데이터셋의 다양한 그룹을 완전히 판단할 수 있다고 기대할 수 없으며, 따라서 지도 응답 변수의 편차를 어느 정도 예상할 수 있다.

요약

15장에서는 Python을 이용한 머신 러닝을 소개했다. 먼저 주제와 용어에 대한 간략한 리뷰와 요약을 했고, Python 라이브러리인 scikit-learn을 소개한 후 머신 러닝의 기본 주제인 세 가지 다른 유형의 문제를 살펴봤다. 먼저 머신 러닝의 관점에서 회귀를 살펴봤고 그다음은 분류와 클러스터링을 차례대로 살펴봤다. 처음 두 가지 예제는 지도 머신 러닝, 클러스터링 기법은 비지도 머신 러닝의 예였다. 여기서 다룬 것 이외에도 머신 러닝이라는 광범위한 주제에서 다루는 더 많은 기법과 문제 영역들이 있다. 예를 들어 소개에서 다루지 않았던 중요한 머신 러닝의 부분 중 하나는 텍스트 기반 문제들이다. scikit-learn은 텍스트 기반의 문제를 처리하는 도구와 방법을 가진 광범위한 모듈 sklearn.text를 갖고 있으며 자연어 처리 툴킷(www.nltk.org)은 인간 언어 텍스트의 형태로 데이터를 처리하고 작업하는 강력한 플랫폼이다. 이미지 처리와 컴퓨터 비전은 머신 러닝의 또 다른 두드러진 문제 영역으로, OpenCV(http://opencv.org)와 그 Python 바인딩으로 처리할 수 있다. 머신 러닝의 또 다른 큰 주제는 신경망과 딥러닝 학습으로, 최근 몇 년간 많은 주목을 받아왔다. 이러한 기법에 관심이 있는 독자들은 TensorFlow(www.tensorflow.org)와 Keras 라이브러리(http://keras.io)를 살펴볼 것을 권한다.

추가 참고 도서 목록

머신 러닝은 전산학의 인공지능 분야 중 한 부분으로 수많은 기술, 방법, 응용이 가능한 넓은 분야다. 15장에서는 몇 가지 기본적인 머신 러닝 방법의 예만을 보여줬지만 그럼에도 불구하고 많은 실질적 응용에서 유용하게 사용할 수 있다. 머신 러닝에 대한 좀 더 자세한 내용은 T. Hastie(2013), Python 환경 특유의 머신 러닝에 대한 소개는 R. Garreta(2013), Hackeling(2014), L. Pedro Coelle(2015)를 참고하라.

참고 문헌

- Hackeling, G.(2014). Mastering Machine Learning With scikit-learn. Mumbai: Packt.
- L. Pedro Coelho, W. R.(2015). Building Machine Learning Systems with Python. Mumbai: Packt.
- R. Garreta, G. M.(2013). Learning scikit-learn: Machine Learning in Python. Mumbai: Packt.
- T. Hastie, R. T.(2013). The Elements of Statistical Learning: Data Mining, Inference, and Prediction. New York: Springer.

베이즈 통계

16장에서는 통계의 또 다른 해석인 베이즈 통계와 그 해석과 연계된 기법을 살펴본다. 베이즈 통계는 우리가 13장, '통계학'과 14장, '통계 모델링'에서 사용한 빈도주의 통계와 대조적으로 관측된 결과의 비율을 통해 확률을 측정하는 것이 아니라 '얼마나 믿을 수 있는가?' 하는 믿음의 정도로 취급한다. 이런 관점은 문제 해결에 사용할 수 있는 별개의 통계적 방법을 제공해준다. 통계 문제는 빈도주의나 베이즈 중 하나를 사용하면 해결할 수 있지만 이 두 가지 접근법 사이에는 문제 유형에 따라 서로 적합한 방식이 달라진다는 차이가 있다.

베이즈 통계는 조건부 확률과 비조건부 확률을 연계시키는 베이즈 정리$^{Bayes' theorem}$에 기반을 두고 있다. 베이즈 정리는 확률 이론의 근본 결과로, 통계의 빈도주의적 해석과 베이즈적 해석 모두에 적용된다. 베이즈 추론의 맥락에서, 비조건부 확률은 시스템의 사전 지식을 기술하기 위해 사용되고, 베이즈 정리는 새로운 관찰을 한 후에 이 지식을 업데이트하기 위한 규칙을 제공해준다. 업데이트된 지식은 관찰된 데이터에 의해 조건화된 조건부 확률로 기술된다. 시스템에 대한 최초 지식은 사전^{prior} 확률 분포로 기술되며, 관찰된 데이터에 조건화된 업데이트된 지식은 사후^{posterior} 확률 분포다. 사후 확률 분포는 베이즈 통계를 이용한 문제 해결에서, 찾고자 하는 미지의 정량이며 이 값을 통해 관심 대상 확률 변수의 기댓값을 비롯한 다른 통계량을 계산할 수 있다. 비록 베이즈 정리가 사전 분포로부터 사후 분포를 계산하는 방법을 기술하고 있지만 대부분의 실제 문제에 있어서 베이즈 정리를 계산하려면 해석적으로나 수치적으로 감당할 수 없을 정도로 엄청난 계산양이 필요한 고차 적분 계산이 필요하다. 바로 이 점 때문에 최근까지도 베이즈 통계는 실제로 널리 사용되지 못했다. 그러나 전산 통계가 등장하고 (사후 분포를 직접 계산하는 것이 아니라) 사후 분포로부터 직접 표본을 추출할 수 있는 효율적인 시뮬레이션 기법이 개발되면서 점점 인기를 끌고 있다. 사후 분포에서 표본을 추출할 수 있게 해주는 방법 중 독보적인 것은 마르코프 체인-몬테 카를로^{Markov Chain Monte Carlo, MCMC} 기법이다. MCMC 기법의 몇 가지 대안적 구현도 가능하다. 예를 들어 전통적인 MCMC 방법에는 깁스(Gibbs) 표본 추출과 메트로폴리스-해스팅^{Metropolis-Hastings} 알고리즘이 있으며 더 최신 기법으로는 해밀턴^{Hamiltonian}과 노-유-턴^{No-U-Turn} 알고리즘이 있다. 16장에서는 이러한 기법 중 몇 가지를 알아본다.

베이즈 추론 방법을 사용한 통계적 문제 해결 방법은 확률적 프로그래밍^{probabilistic programming}으로도 알려져 있다. 확률적 프로그래밍의 주요 단계는 다음과 같다.

(1) 통계적 모델을 생성한다.
(2) MCMC 방식을 사용해 관심 대상 수량에 대한 사후 분포의 표본을 추출한다.
(3) 사후 분포를 사용해 당면 문제에 대한 관심 성질을 계산하고 그 결과에 따라 추론한다.

16장에서는 PyMC 라이브러리를 사용해 Python 환경 내에서 이 단계들을 수행하는 방법을 살펴본다.

> **노트**
>
> ## PyMc
>
> 현재는 PyMC3로 알려진 PyMC 라이브러리는 확률적 프로그래밍, 즉 베이즈 기법을 사용한 시뮬레이션을 이용해 통계 문제를 해결하기 위한 프레임워크를 제공한다. 이 책을 쓰고 있는 시점의 PyMc 최신 버전은 3.4.1이다. 프로젝트에 대한 좀 더 자세한 내용은 http://docs.pymc.io의 웹 페이지를 참조하라.

모듈 임포트하기

16장에서는 주로 다음과 같은 방법으로 임포트된 pymc3 라이브러리를 사용한다.

```
In [1]: import pymc3 as mc
```

또한 기본적인 수치적 연산, 데이터 분석, 도식화를 위해 각각 Numpy, pandas, Matplotlib이 필요하다. 이런 라이브러리는 통상적인 관례를 따라 임포트한다.

```
In [2]: import numpy as np
In [3]: import pandas as pd
In [4]: import matplotlib.pyplot as plt
```

비베이즈 통계와 비교하기 위해 Scipy stats 모듈의 statsmodels 라이브러리와 시각화를 위한 Seaborn 라이브러리도 사용한다.

```
In [5]: from Scipy import stats
In [6]: import statsmodels.api as sm
In [7]: import statsmodels.formula.api as smf
In [8]: import seaborn as sns
```

베이즈 통계 소개

베이즈 통계학의 기초는 베이즈의 정리로, 두 사건 A와 B 사이의 비조건화 및 조건부 확률 관계를 설정한다.

$$P(A|B)P(B) = P(B|A)P(A),$$

여기서 $P(A)$와 $P(A)$는 사건 A와 B의 무조건 확률, $P(A|B)$는 사건 B가 참일 경우 사건 A의 조건부 확률, $P(B|A)$는 사건 A가 참일 경우 사건 B의 조건부 확률이다. 앞 방정식의

양변은 모두 사건 A와 사건 B가 둘 다 참일 확률인 $P(A \cap B)$와 같다. 다시 말해 베이즈 규칙은 사건 A와 B가 동시에 참일 확률 $P(A \cap B)$은 사건 A의 확률에 사건 A가 참일 경우의 사건 B의 확률을 곱한 것, 즉 $P(A)P(B|A)$와 같다는 것이고 이 값은 또 사건 B의 확률에 사건 B가 참일 경우 사건 A의 확률을 곱한 값, 즉 $P(B)P(A|B)$와 같다는 것을 얘기한다.

베이즈 추론의 맥락에서, 베이즈 규칙은 일반적으로 우리가 사건 A에 대한 사전 믿음, 즉 무조건 확률 $P(A)$를 갖고 있는 상황에서 사건 B를 관측하고 난 후 A에 대한 우리의 믿음을 업데이트하고자 할 경우에 사용된다. 여기서 '업데이트된 믿음'은 B를 관측하고 난 후 A의 조건부 확률 $P(A|B)$로 나타낼 수 있고 베이즈 규칙을 사용하면 다음 식으로 계산할 수 있다.

$$P(A|B) = \frac{P(B|A)P(A)}{P(B)}.$$

이 식의 각 인자는 각각 별개의 이름과 해석을 갖고 있다. $P(A)$는 사건 A의 사전 확률이며 $P(A|B)$는 사건 B를 관측한 경우의 A의 사후 확률이다. $P(B|A)$는 A가 참일 경우 B를 관측하게 될 우도이고, A와 상관없이 B를 관측하게 될 확률 $P(B)$는 모델 증거model evidence로 알려져 있으며 (A에 대한) 정규화 상수로 간주할 수 있다.

통계 모델링에서는 일반적으로 특정 매개변수 θ를 가진 확률 분포에서 특징 지어진 일련의 확률 변수 X에 관심이 있다. 보통 모델화하려는 프로세스와 관련된 데이터를 수집한 후에 그 데이터로부터 모델 매개변숫값을 추론하려고 한다. 빈도주의 통계 접근법에서는 주어진 데이터에 대한 우도 함수를 최대화한 후 모델 매개변수에 대한 추정을 구할 수 있다.

베이즈 접근법에서는 미지의 모델 매개변수 θ 자체를 하나의 확률 변수로 간주하고 베이즈 규칙을 사용해 모델 매개변수 θ의 확률 분포를 유도한다. 관측된 데이터를 x로 표기하면 베이즈 규칙을 사용해 주어진 관측값 x에 대한 확률 분포는 다음과 같이 나타낼 수 있다.

$$p(\theta|x) = \frac{p(x|\theta)p(\theta)}{p(x)} = \frac{p(x|\theta)p(\theta)}{\int p(x|\theta)p(\theta)d\theta}.$$

이 방정식의 두 번째 등식은 전체 확률의 법칙^{law of total probability}을 따른다. 즉, $p(x) = \int p(x|\theta)p(\theta)d\theta$다. 일단 모델 매개변수에 대한 사후 확률 분포 $p(\theta|x)$를 계산하고 나면 모델 매개변수의 기댓값 등을 계산해 빈도주의 접근법으로 계산하는 추정기와 유사한 결과를 얻을 수 있다. 또한 $p(\theta|x)$의 전체 확률 분포에 대한 추정이 있을 때는 신뢰성 구간 credibility intervals이나 θ가 다변량일 경우 특정 모델 매개변수의 한계 분포 등 다른 정량도 계산할 수 있다. 예를 들어 2개의 모델 매개변수 $\theta = (\theta_1, \theta_2)$가 있지만 θ_1에만 관심이 있는 경우, 베이즈 정리에서 얻은 식을 사용해 결합 확률 분포 $p(\theta_1, \theta_2|x)$를 적분하면 한계 사후 확률 분포 $p(\theta 1 | \mathrm{x})$를 얻을 수 있다.

$$p(\theta_1|x) = \int p(\theta_1, \theta_2|x)d\theta_2 = \frac{\int p(x|\theta_1, \theta_2)p(\theta_1, \theta_2)d\theta_2}{\iint p(x|\theta_1, \theta_2)p(\theta_1, \theta_2)d\theta_1 d\theta_2}.$$

여기서 최종 식에는 알려진 우도 함수 $p(\mathrm{x}|\theta_1, \theta_2)$와 사전 분포 $p(\theta_1, \theta_2)$에 대한 적분이 포함되므로 한계 확률 분포 $p(\theta_1|x)$를 계산하기 위해 결합 확률 분포 $p(\theta_1, \theta_2|x)$를 알 필요가 없다. 이 접근법은 모델 매개변수에 대한 확률 분포를 계산하고 새로운 데이터가 생성되면 분포를 연속적으로 업데이트하기 위한 강력하면서도 일반적인 방법론을 제공한다. 그러나 직접적으로 $p(\theta|x)$를 계산하거나 그 한계 분포를 계산하려면 우도 함수 $p(x|\theta)$와 사전 분포 $p(\theta)$를 기술할 수 있어야 하며, 이에 따른 적분을 계산할 수 있어야 한다. 단순하지만 많은 주요 문제에 있어 이러한 적분을 해석적으로 계산해 사후 분포를 표현하는 정확한 닫힌 식을 찾는 것이 가능하다. Gelman(2013) 등의 책에서는 이런 방식으로 정확히 해결할 수 있는 많은 문제 예시를 보여준다. 그러나 적분 계산이 쉽지 않은 사전 분포나 우도를 가진 모델이나 결과 적분이 고차원인 다변량 통계 모델의 경우, 정확하거나 수치적인 계산 모두 불가능할 수 있다.

따라서 이는 정확한 기법으로 해결할 수 없기 때문에 마르코프 체인과 같은 시뮬레이션 기법을 통해 모델 매개변수의 사후 확률 분포를 표본 추출하거나 그에 따른 사후 분포의 결합이나 한계 분포를 근사하고 기댓값처럼 적분을 직접 계산할 수 있을 때 주로 사용된다. 시뮬레이션 기반 기법의 또 다른 장점은 모델링 프로세스가 자동화될 수 있다는 것이다. 여기서는 몬테 카를로 시뮬레이션을 사용한 베이즈 통계 모델링만 살펴본다. 이론과 해석적으로 해결할 수 있는 문제의 예제를 살펴보려면 16장의 마지막에 정리된 문헌을 참고하라. 16장의 나머지 부분에서는 통계 모델의 정의와 함께 통계적 프로그래밍 프레임워크로서 PyMC 라이브러리를 이용한 그 사후 분포 표본 추출을 살펴본다.

계산적 베이즈 통계를 살펴보기 전에 잠시 시간을 내 베이즈 접근법과 앞서 사용했던 고전적 빈도주의 접근법 사이의 주요 차이점을 요약할 필요가 있다. 통계 모델링에 대한 두 접근법 모두 확률 변수 관점에서 모델을 공식화한다. 통계 모델 정의에 있어 핵심적인 단계는 모델에서 정의된 확률 변수의 확률 분포를 가정하는 것이다. 매개변수적 방법에서는 각 확률 분포가 소수의 매개변수로 특징 지어진다. 빈도주의 접근에서는 모델 매개변수는 특정 참값을 갖고 있으며 관측 데이터는 참 분포로부터의 랜덤 표본으로 해석된다. 다시 말해 모델 매개변수는 고정된 것, 데이터는 통계적인 것으로 가정한다. 베이즈 기법은 이와 정반대의 관점을 가진다. 데이터는 고정된 것, 모델 매개변수는 확률 변수로 가정한다. 모델 매개변수에 대한 사전 분포에서 시작해 관측 데이터를 설명하는 분포를 업데이트하고 궁극적으로 관측된 데이터에 의해 조건화된 유관 모델 매개변수의 확률 분포를 구하게 된다.

모델 정의

통계적 모델은 일련의 확률 변수로 정의된다. 주어진 모델의 확률 변수는 독립적일 수도 있고 종속적일 수도 있다. PyMC 라이브러리는 여러 확률 분포로 확률 변수를 표현하기 위한 클래스를 제공한다. 예를 들어 `mc.Normal` 인스턴스는 정규분포 확률 변수를 나타내는 데 사용할 수 있다. 다른 예로는 이산 베르누이 분포 확률 변수를 나타내는 `mc.Bernouli`, 균일 분포된 확률 변수를 나타내는 `mc.Uniform`, 감마 분포 확률 변수에 대한 `mc.Gamma` 등이 있다. 사용할 수 있는 분포의 전체 목록은 `dir(mc.distributions)`이며, 그 사용법은 각 분포의 docstrings를 참고하라. `mc.DensityDist` 클래스를 사용하면 사용자 정의 분포를 생성할 수도 있는데, 이 클래스는 확률 변수 확률 밀도 함수^{PDF}의 로그를 지정하는 함수를 인수로 취한다.

13장, '통계학'에서 Scipy stats 모듈에도 확률 변수를 나타내는 클래스가 포함돼 있다는 것을 살펴봤다. Scipy stats의 확률 변수 클래스처럼 PyMC 분포를 사용해 고정 매개변수를 가진 확률 변수를 나타낼 수 있다. 그러나 PyMC 확률 변수의 근본적인 특징은 정규분포 $\mathcal{N}(\mu,\sigma^2)$를 따르는 평균 μ와 분산 σ^2와 같은 분포 매개변수 자체가 확률 변수라는 것이다. 이 특징으로 인해 모델의 확률 변수를 체인으로 연결하고 각 모델의 계층 구조를 모델에서 발생하는 확률 변수 간의 종속성으로 유형화할 수 있다.

가장 간단한 예부터 시작해보자. PyMC에서, 모델은 클래스 mc.Model의 인스턴스로 표현되며 확률 변수는 Python 구문을 모델에 사용해 추가한다. 모델의 문맥 본체에서 생성된 확률 변수 인스턴스는 자동으로 모델에 추가된다. 고정된 매개변수 $\mu = 4$와 $\sigma = 2$인 정규분포를 따르는 단일 확률 변수로 구성된 모델에 관심이 있다고 가정해보자. 먼저 고정 모델 매개변수를 정의한 후 모델을 나타내기 위해 mc.Model 인스턴스를 생성한다.

```
In [9]: mu = 4.0
In [10]: sigma = 2.0
In [11]: model = mc.Model()
```

다음으로 모델 문맥 내에서 확률 변수를 생성해 모델에 첨가할 수 있다. 여기서는 모델 문맥 내에서 확률 변수 X를 생성한다. 이 변수는 with model 명령문을 통해 활성화시킬 수 있다.

```
In [12]: with model:
    ...:         mc.Normal('X', mu, tau=1/sigma**2)
```

PyMC의 모든 확률 변수 클래스는 변수 이름을 첫 번째 인수로 취한다. mc.Normal의 경우, 두 번째 인수는 정규분포의 평균, 세 번째 인수 tau는 정밀도^{precision} $\tau = 1/\sigma^2$다. 여기서 σ^2는 분산이다. 다른 방법으로는 sd 키워드 인수를 사용해 mc.Normal('X', mu, sd=sigma)처럼 표준편차를 지정할 수 있다. vars 속성을 사용하면 모델에 존재하는 확률 변수를 검사할 수 있다. 여기에는 하나의 확률 변수만 있다.

```
In [13]: model.vars
Out[13]: [X]
```

모델의 확률 변수로부터 표본 추출하기 위해 MCMC 알고리즘을 구현한 mc.sample 함수를 이용한다. mc.sample 함수는 여러 인수를 취하지만 최소한 첫 번째 인수로서 표본 개수를 전달하고, 두 번째 인수로서 MCMC 단계를 구현해둔 step 클래스 인스턴스를 전달해야 한다. 표본 추출의 시작점을 선택적으로 지정할 수 있는데 start 키워드를 사용해 시작 지점을 매개변숫값으로 갖는 딕셔너리를 전달하면 된다. step 메서드를 위해 Metropolis 클래스 인스턴스를 사용하는데 이 클래스는 MCMC 표본 추출의 Metropolis-Hastings step 메서드를 구현해뒀다.[1] 여기서는 모델 문맥 내에서 모든 모델 관련 코드를 실행한다는 점에 주목하자.

```
In [14]: start = dict(X=2)
In [15]: with model:
   ...:         step = mc.Metropolis()
   ...:         trace = mc.sample(10000, start=start, step=step)
[-----------------100%-----------------] 10000 of 10000 complete in 1.6 sec
```

이 단계를 통해 모델 내에서 정의된 확률 변수에서 10,000개의 값을 표본으로 추출했는데, 이 예제의 경우 모두 정규분포 확률 변수다. 표본에 접근하려면 mc.sample 함수가 반환하는 trace 객체의 get_values 메서드를 사용해야 한다.

```
In [16]: X = trace.get_values("X")
```

---

1   상호 교환적으로 사용할 수 있는 Slice, HamiltonianMC, NUTS 표본 추출기도 참고하라.

정규분포의 PDF는 해석적으로 알려져 있다. 표본 추출된 확률 변수와 비교하기 위해 Scipy stats 모듈의 norm 클래스에 있는 pdf 메서드를 사용해 PDF를 살펴보자. 표본 추출된 값과 참 PDF는 그림 16-1과 같다.

```
In [17]: x = np.linspace(-4, 12, 1000)
In [18]: y = stats.norm(mu, sigma).pdf(x)
In [19]: fig, ax = plt.subplots(figsize=(8, 3))
    ...: ax.plot(x, y, 'r', lw=2)
    ...: sns.distplot(X, ax=ax)
    ...: ax.set_xlim(-4, 12)
    ...: ax.set_xlabel("x")
    ...: ax.set_ylabel("Probability distribution")
```

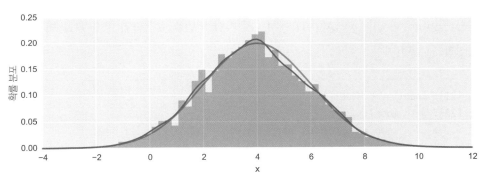

▲ 그림 16-1 정규분포 확률 변수(빨간색/두꺼운 선)의 PDF와 10000 MCMC 표본의 히스토그램

mc.traceplot 함수를 사용하면 그림 16-2와 같이 표본을 생성한 MCMC 랜덤워크를 시각화할 수 있다. mc.traceplot 함수는 모델 내 모든 확률 변수에서 KDE과 표본 추적을 모두 자동으로 도식화한다.

```
In [20]: fig, axes = plt.subplots(1, 2, figsize=(8, 2.5), squeeze=False)
    ...: mc.traceplot(trace, ax=axes)
    ...: axes[0, 0].plot(x, y, 'r', lw=0.5)
```

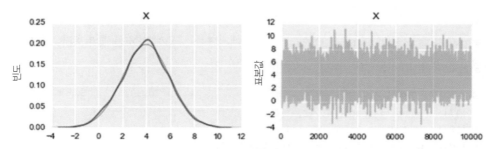

▲ 그림 16-2 왼쪽 패널: 표본 추적의 밀도 커널 추정(청색/두꺼운 선)과 정규 확률 분포(빨간색/가는 선). 오른쪽 패널: MCMC 표본 추출 추적

다음 단계에서는 좀 더 복잡한 통계 모델을 구축해보는데, 이번에도 정규분포 확률 변수 $X{\sim}\mathcal{N}(\mu,\sigma^2)$이지만 여기서의 매개변수 μ와 σ 자체는 확률 변수다. PyMC에서는 다른 확률 변수를 생성할 때 변수를 인수로 전달하면 서로 종속된 변수를 쉽게 생성할 수 있다. 예를 들어 $\mu{\sim}\mathcal{N}(3,1)$, $\sigma{\sim}|\mathcal{N}(0,1)|$에서 다음처럼 모델을 설정하면 종속 확률 변수 X를 생성할 수 있다.

```
In [21]: model = mc.Model()
In [22]: with model:
    ...:        mean = mc.Normal('mean', 3.0)
    ...:        sigma = mc.HalfNormal('sigma', sd=1.0)
    ...:        X = mc.Normal('X', mean, sd=sigma)
```

여기서는 mc.HalfNormal을 사용해 확률 변수 $\sigma{\sim}|\mathcal{N}(0,1)|$을 나타냈으며 X의 mc.Normal 클래스에 대한 평균 및 표준편차 인수는 고정 모델 매개변수가 아니라 확률 변수 인스턴스다. 이전처럼 vars 속성을 사용하면 어떤 확률 변수가 모델에 포함돼 있는지 검사할 수 있다.

```
In [23]: model.vars
Out[23]: [mean, sigma_log__, X]
```

여기서 pimc3 라이브러리는 sigma 변수가 로그 변환된 변수 sigma_log__를 나타내고, 이는 반정규분포를 조정하는 수단이다. 그럼에도 불구하고 다음에 볼 수 있는 것처럼 여전히 모델에서 sigma 변수에 직접 접근할 수 있다. 모델의 복잡도가 증가하면 표본 추출 프로세스에서 적절한 시작점을 명시적으로 지정하는 것이 더 이상 간단하지 않을 수 있다. mc.find_MAP 함수를 사용하면 매개변수 공간에서 사후 분포의 최댓값에 해당하는 점을 찾을 수 있으므로 표본 추출 프로세스의 좋은 시작점 역할을 할 수 있다.

```
In [24]: with model:
    ...:        start = mc.find_MAP()
In [25]: start
Out[25]: {'X': array(3.0), 'mean': array(3.0),
          'sigma': array(0.70710674), 'sigma_log__': array(-0.34657365)}
```

이전처럼 모델이 지정되고 시작점이 계산되면 mc.sample 함수를 이용해 모델에서 확률 변수를 추출할 수 있다. 예를 들어 MCMC 표본 추출 step은 mc.Metropolis 함수로 구할 수 있다.

```
In [26]: with model:
    ...:        step = mc.Metropolis()
    ...:        trace = mc.sample(100000, start=start, step=step)
[-----------------100%------------------] 100000 of 100000 complete in 53.4
sec
```

예를 들어 sigma 변수에 대한 표본 trace를 얻으려면 get_values('sigma')를 사용할 수 있다. 결과는 표본값을 포함하는 Numpy 배열로, 이 배열로부터 표본 평균과 표준편차 등의 추가 통계량을 계산할 수 있다.

```
In [27]: trace.get_values('sigma').mean()
Out[27]: 0.80054476153369014
```

동일한 접근 방식을 사용해 X의 표본을 입수하고 그 표본으로부터 통계량을 산출할 수 있다.

```
In [28]: X = trace.get_values('X')
In [29]: X.mean()
Out[29]: 2.9993248663922092
In [30]: trace.get_values('X').std()
Out[30]: 1.4065656512676457
```

현재 모델의 trace 도면이 그림 16-3처럼 mc.traceplot을 사용해 생성됐고, 어떤 확률 변수를 도식화할 것인지 명시적으로 지정하기 위해 mc.traceplot의 인수로 varnames를 사용했다.

```
In [31]: fig, axes = plt.subplots(3, 2, figsize=(8, 6), squeeze=False)
    ...: mc.traceplot(trace, varnames=['mean', 'sigma', 'X'], ax=axes)
```

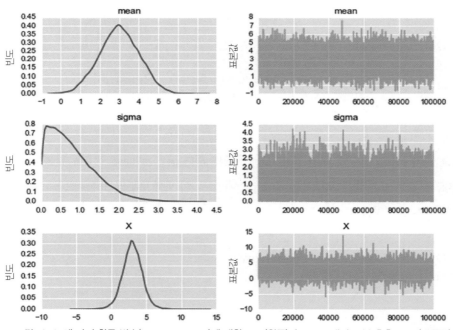

▲ 그림 16-3 세 가지 확률 변수(mean, sigma, X)에 대한 KDE(왼쪽)과 mcmc 랜덤 표본 추출 trace(오른쪽)

사후 분포 표본 추출

지금까지는 모델을 정의한 후 관찰된 데이터는 전혀 고려하지 않고 확률 변수를 모델에서 표본 추출했다. 베이즈 모델의 맥락에서는 이러한 유형의 확률 변수는 미지의 모델 매개변수를 가진 사전 분포를 나타낸다. 따라서 앞의 예에서는 MCMC 기법을 사용해 모델의 사전 분포로부터 표본을 추출했다. 그러나 MCMC 알고리즘의 진짜 응용 분야는 관측값을 고려한 후 사전 분포를 업데이트한 후의 모델 변수 확률 분포를 나타내는 소위 사후 분포로부터 표본을 추출하는 것이다.

관측된 데이터를 고려해 모델을 조건화하려면 모델 내의 해당 확률 변수가 생성될 때 observed 키워드 인수를 사용해 데이터를 추가해야 한다. 예를 들어 mc.Normal ('X', mean 1/Sigma**2, observed=data)는 확률 변수 X가 data 배열에 있는 값을 관측했다는 것을 나타낸다. 모델에 관측된 확률 변수를 추가하면 mc.sample를 사용한 그 이후의 표본 추출은 자동으로 모델의 사후 분포에서 표본 추출한다. 이때 사후 분포는 베이즈 규칙과 관측 데이터 추출을 위해 선택했던 분포에 내재된 우도 함수를 이용해 관측 데이터에 조건화된 것이다. 예를 들어 앞에서 살펴본 평균과 표준편차가 확률 변수인 정규분포 확률 변수 X를 가진 모델을 다시 가정해보자. 여기서는 Scipy stats 모듈의 norm 클래스를 사용해 $\mu = 2.5$, $\sigma = 1.5$의 정규분포 확률 변수에서 표본을 추출해 X에 대한 관측값을 시뮬레이션한다.

```
In [32]: mu = 2.5
In [33]: s = 1.5
In [34]: data = stats.norm(mu, s).rvs(100)
```

관측 변수가 생성돼 모델에 추가될 때 키워드 인수 observed=data로 설정하면 모델에 데이터가 입력된다.

```
In [35]: with mc.Model() as model:
    ...:     mean = mc.Normal('mean', 4.0, 1.0) # true 2.5
```

```
   ...:         sigma = mc.HalfNormal('sigma', 3.0 * np.sqrt(np.pi/2))
                # true 1.5
   ...:         X = mc.Normal('X', mean, 1/sigma**2, observed=data)
```

모델에 X 관측 데이터를 제공한 결과, 이제 모델은 더 이상 X를 확률 변수로 간주하지 않는다. 이는 현재 X 없이 vars 속성을 사용해 모델을 검사하는 것으로 생각할 수 있다.

```
In [36]: model.vars
Out[36]: [mean, sigma_log_]
```

그 대신, 이 경우에 X는 mean과 sigma로 나타나는 사전 분포와 연계된 우도 함수를 구성하는 확정 변수라고 생각할 수 있다. 이전처럼 mc.find_MAP 함수를 사용하면 표본 추출 프로세스에 적합한 시작점을 찾을 수 있다. MCMC step 인스턴스를 생성한 후 mc.sample을 사용하면 모델의 사후 분포로부터 표본 추출할 수 있다.

```
In [37]: with model:
   ...:         start = mc.find_MAP()
   ...:         step = mc.Metropolis()
   ...:         trace = mc.sample(100000, start=start, step=step)
[-----------------100%------------------] 100000 of 100000 complete in 36.1
sec
```

mc.find_MAP를 사용해 계산한 시작점은 주어진 관측값에서 사후 분포의 우도를 최대화하고 사전 분포의 미지의 매개변수 추정값을 산출한다.

```
In [38]: start
Out[38]: {'mean': array(2.5064940359768246), 'sigma_log':
array(0.394681633456101)}
```

그러나 이들 매개변수(그 자체로 확률 변수)의 분포에 대한 추정을 얻으려면 앞에서와 같이 mc.sample 함수를 이용해 MCMC 표본 추출을 수행해야 한다. 사후 분포 표본 추출의 결과는 그림 16-4와 같다. mean과 sigma 변수의 분포가 사전 분포에서 추측한 값인 4.0, 3.0과 비교해 더 참값 $\mu = 2.5$, $\sigma = 1.5$에 가까워진 것을 볼 수 있다. 이는 데이터와 해당 우도 함수의 영향을 받았기 때문이다.

```
In [38]: fig, axes = plt.subplots(2, 2, figsize=(8, 4), squeeze=False)
    ...: mc.traceplot(trace, varnames=['mean', 'sigma'], ax=axes)
```

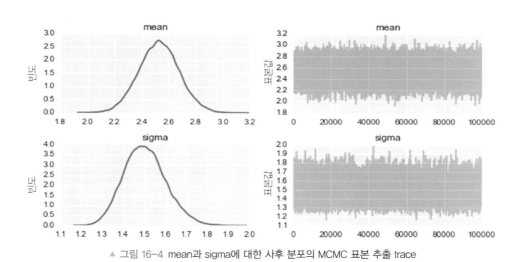

▲ 그림 16-4 mean과 sigma에 대한 사후 분포의 MCMC 표본 추출 trace

사후 분포에서 추출된 표본을 이용해 통계량과 수치를 추정하기 위해 get_values 메서드를 이용하는데 get_values 메서드는 확률 변수 이름을 인수로 취한다. 다음 코드는 모델의 두 확률 변수 평균 추정을 계산하고 데이터가 추출된 분포의 참값과 비교해본다.

```
In [39]: mu, trace.get_values('mean').mean()
Out[39]: (2.5, 2.5290001218008435)
In [40]: s, trace.get_values('sigma').mean()
Out[40]: (1.5, 1.5029047840092264)
```

PyMC 라이브러리는 또 `mc.sample` 함수에서 구한 한계 사후 분포의 통계량을 분석하고 요약하는 유틸리티를 제공해준다. 예를 들어 `mc.forestplot` 함수는 모델의 각 확률 변수를 그 평균과 신뢰도 구간(즉, 실제 매개변숫값이 존재할 가능성이 높은 구간)으로 시각화한다. `mc.forestplot` 함수를 사용해 현재의 예에 대한 표본을 가시화한 결과는 그림 16-5와 같다.

In [41]: mc.forestplot(trace, varnames=['mean', 'sigma'])

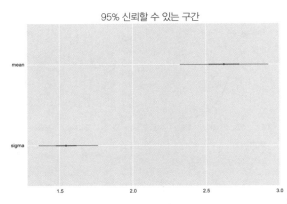

▲ 그림 16-5 두 매개변수 mean과 sigma의 신뢰도 구간을 보여주는 포레스트(forest) 도면

`mc.summary` 함수를 사용해도 유사한 정보를 텍스트 유형으로 나타낼 수 있다. 예를 들어 평균, 표준편차 및 사후 분위 수 등의 정보를 보여준다.

```
In [42]: mc.summary(trace, varnames=['mean', 'sigma'])
mean:
Mean            SD              MC Error        95% HPD interval
-----------------------------------------------------------------
2.472           0.143           0.001           [2.195, 2.757]
Posterior quantiles:
2.5             25              50              75              97.5
|--------------|==============|==============|--------------|
```

| 2.191 | 2.375 | 2.470 | 2.567 | 2.754 |

sigma:

Mean	SD	MC Error	95% HPD interval
1.440	0.097	0.001	[1.256, 1.630]

Posterior quantiles:

2.5	25	50	75	97.5
	-------------	=============	=============	-------------	
1.265	1.372	1.434	1.501	1.643

선형 회귀

회귀는 통계 모델링에서 가장 기본적인 도구 중 하나이며, 이미 14장, '통계 모델링'과 15장, '머신 러닝'의 고전적 통계 유형주의 안에서 선형 회귀의 예를 살펴봤다. 선형 회귀 또한 베이즈 기법으로 접근할 수 있는데 먼저 미지의 모델 매개변수(기울기와 절편)에 사전 확률 분포를 설정하고 주어진 관측값에 따라 사후 분포를 계산해야 한다. 베이즈 선형 회귀와 빈도주의 회귀(14장. '통계 모델링')의 유사점과 차이점을 비교하기 위해 여기서는 statsmodels 라이브러리를 사용해 선형 회귀문제를 간단히 분석한다. 그다음으로, 동일한 문제를 PyMC를 사용해 해결해본다.

선형 회귀 분석을 수행하기 위한 예제 데이터는 남녀 200명의 키와 몸무게를 갖고 있는 데이터셋을 사용하는데, 이는 statsmodels 라이브러리의 datasets 모듈에 있는 get_rdataset 함수를 사용해 로드할 수 있다.

```
In [42]: dataset = sm.datasets.get_rdataset("Davis", "carData")
```

편의상 먼저 남성 대상자에 해당하는 부분 집합으로 작업해본다. 이상값에 대한 영향을 줄이기 위해 110kg이 넘는 모든 데이터는 걸러낸다. 이 연산은 Pandas에서 부울 마스크를 사용한 DataFrame 필터링을 이용하면 손쉽게 해결할 수 있다.

```
In [43]: data = dataset.data[dataset.data.sex == 'M']
In [44]: data = data[data.weight < 110]
```

결과 Pandas DataFrame 객체는 다음처럼 몇 개의 열을 갖고 있다.

```
In [45]: data.head(3)
Out[45]:
```

	sex	weight	height	repwt	repht
0	M	77	182	77	180
3	M	68	177	70	175
5	M	76	170	76	165

여기서는 이 데이터셋에서의 키와 몸무게 사이의 관계를 살펴보기 위한 선형 회귀 모델에 초점을 맞춘다. statsmodel 라이브러리, 일반 최소 자승 회귀, Patsy 공식 언어 모델을 사용해 코드 한 줄로 이 관계를 통계적 모델로 생성할 수 있다.

```
In [46]: model = smf.ols("height ~ weight", data=data)
```

설정한 모델을 실제 관측값에 적합화하기 위해서는 모델 인스턴스의 fit 메서드를 사용해야 한다.

```
In [47]: result = model.fit()
```

일단 모델이 적합화되고 모델 결과 객체가 생성되면 predict 메서드를 사용해 새로운 관측값에 대한 예측을 수행하고, 그림 16-6처럼 키와 몸무게 사이의 관계를 도식화할 수 있다.

```
In [48]: x = np.linspace(50, 110, 25)
In [49]: y = result.predict({"weight": x})
In [50]: fig, ax = plt.subplots(1, 1, figsize=(8, 3))
    ...: ax.plot(data.weight, data.height, 'o')
    ...: ax.plot(x, y, color="blue")
    ...: ax.set_xlabel("weight")
    ...: ax.set_ylabel("height")
```

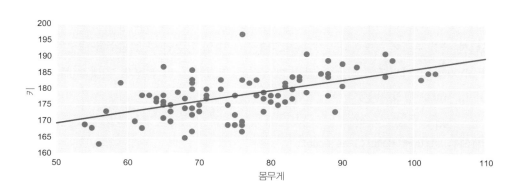

▲ 그림 16-6 일반 최소 자승을 사용해 적합화된 선형 모델의 키와 몸무게 관계

그림 16-6에 나타난 선형 관계는 이 데이터셋의 선형 회귀를 수행한 주요 결과를 요약해 준다. 선형 회귀는 특정 모델 매개변수(절편과 기울기)값으로 기술된 최적 적합화 선을 생성한다. 빈도주의 통계 접근 방식에서는 여러 다른 통계량도 계산할 수 있는데, 예를 들어 모델 매개변수가 0이라는(즉, 영향이 없다는) 가설 등 여러 가설에 대한 p-값을 계산할 수 있다.

베이즈 회귀의 최종 결과는 각 모델 매개변수의 한계 분포에 대한 사후 분포다. 그러한 한계 분포로부터 모델 매개변수에 대한 평균 추정값을 계산할 수 있는데, 이는 빈도주의 분석에서 얻은 모델 매개변수와 유사하다. 신뢰도 구간처럼 다른 수치도 계산할 수 있는데, 신뢰도 구간은 추정의 불확실성을 특징 짓는다. 베이즈 모델을 이용해 키와 몸무게 관계를 모델링하기 위해서는 '키 $\sim \mathcal{N}$ (절편 + β 몸무게, σ^2)'와 같은 관계를 이용할 수 있는데, 여기서 절편, β, σ는 미지의 분포와 매개변수를 갖는 확률 변수다. 또한 모델의 모든 확률적 변수에 대한 사전 분포도 필요하다. 용도에 따라 정확한 사전 분포의 선택은 민감한 문제가 될 수도 있지만 적합할 데이터가 많을 때는 합리적인 초기 추측을 이용해도 충분하다. 여기서는 모든 모델 매개변수의 광범위한 분포를 나타내는 사전 분포 모델로 시작한다.

PyMC에서 모델을 프로그래밍하려면 16장의 앞부분과 동일한 기법을 사용해야 한다. 첫째, 모델의 확률적 요소에 대한 확률 변수를 생성하고 그 확률 변수를 특정 매개변수로 표현한 사전 분포에 할당한다. 그다음으로 확률 변수의 함수인 확정 변수를 생성한다. 이때 observed 키워드를 사용해 관측 데이터를 연결하고 키 분포의 기댓값 분포식인 height_mu도 생성한다.

```
In [51]: with mc.Model( ) as model:
    ...:     sigma = mc.Uniform('sigma', 0, 10)
    ...:     intercept = mc.Normal('intercept', 125, sd=30)
    ...:     beta = mc.Normal('beta', 0, sd=5)
    ...:     height_mu = intercept + beta * data.weight
    ...:     mc.Normal('height', mu=height_mu, sd=sigma, observed=data.
             height)
    ...:     predict_height = mc.Normal('predict_height', mu=intercept +
             beta * x, sd=sigma, shape=len(x))
```

만약 특정한 몸무게에 해당하는 키를 예측하기 위해 모델을 사용하고자 한다면 모델에 확률 변수를 추가할 수 있다. 앞 모델의 설정에서는 predict_height 변수가 그 역할을 담당한다. 여기서 x는 50에서 110 사이의 값을 갖는, 이전에 생성된 Numpy 배열이다. 배열이기 때문에 mc.Normal 클래스의 형상 속성을 배열의 길이로 설정해야 한다. 모델의 vars 속성을 살펴보면 이제 모델의 두 모델 매개변수(절편과 베타), 모델 오차의 분포(sigma), x 배열의 특정 몸무게 값에 해당하는 키를 예측하는 predict_height 변수를 볼 수 있다.

```
In [52]: model.vars
Out[52]: [sigma_interval, intercept, beta, predict_height]
```

일단 모델이 완전히 설정되면 MCMC 알고리즘을 이용해 관찰된 데이터가 고려된 모델의 한계 사후 분포에서 표본 추출할 수 있다. 이전처럼 mc.find_MAP를 사용해 적절한 출발점을 찾을 수 있다. 여기서는 PyMC 버전 3에 추가된 새롭고 강력한 표본 추출기인 mc.NUTS(No-U-Turn Sampler)를 사용한다.

```
In [53]: with model:
    ...:        start = mc.find_MAP()
    ...:        step = mc.NUTS()
    ...:        trace = mc.sample(10000, step, start=start)
[-----------------100%------------------] 10000 of 10000 complete in 43.1 sec
```

표본 추출 결과는 mc.sample이 반환한 trace 객체에 저장된다. 여기서는 mc.traceplot 함수를 사용해 확률 분포의 KDE를 시각화하고 표본을 생성한 MCMC 랜덤 워크 추적을 도식화해본다. 결과는 16-7과 같다.

```
In [54]: fig, axes = plt.subplots(2, 2, figsize=(8, 4), squeeze=False)
    ...: mc.traceplot(trace, varnames=['intercept', 'beta'], ax=axes)
```

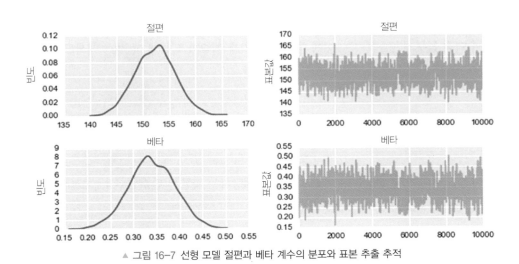

▲ 그림 16-7 선형 모델 절편과 베타 계수의 분포와 표본 추출 추적

앞의 예에서 statsmodel 분석 결과와 가장 가깝게 일치하는 선형 모델의 절편과 계수값은 베이즈 모델에서 확률 변수에 대한 추적 평균을 계산해 구한다.

```
In [55]: intercept = trace.get_values("intercept").mean()
In [56]: intercept
Out[56]: 149.97546241676989
In [57]: beta = trace.get_values("beta").mean()
In [58]: beta
Out[58]: 0.370777795098761318
```

statsmodel 분석의 해당 결과는 fit 메서드에서 반환된 결과 클래스의 params 속성을 액세스해 구한다(앞 예제 참고).

```
In [59]: result.params
Out[59]: Intercept     152.617348
         weight          0.336477
         dtype: float64
```

절편과 계수에 대한 이 값을 비교함으로써, 두 가지 접근법이 미지의 모델 매개변수의 최대 우도 추정값과 유사한 결과를 생성한다는 것을 알 수 있다. statsmodels 접근법에서는 주어진 몸무게(예를 들어 90kg)에 대한 예상 키를 예측하기 위해 predict 메서드를 사용할 수 있다.

```
In [60]: result.predict({"weight": 90}).values
Out[60]: array([ 182.90030002])
```

베이즈 모델의 해당 결과는 주어진 몸무게에 해당하는 확률적 변수 predict_height의 분포에 대한 평균을 계산하면 구할 수 있다.

```
In [61]: weight_index = np.where(x == 90)[0][0]
```

```
In [62]: trace.get_values("predict_height")[:, weight_index].mean( )
Out[62]: 183.33943635274935
```

다시 한번 말하지만, 두 가지 접근법의 결과는 유사하다. 그러나 베이즈 모델에서는 모델링된 모든 몸무게에서 키의 전체 확률 분포 추정을 알 수 있다. 예를 들어 Seaborn 라이브러리의 distplot 함수를 사용하면 90kg에 대한 확률 분포의 히스토그램과 KDE를 도식화할 수 있으며, 이 그래프는 그림 16-8과 같다.

```
In [63]: fig, ax = plt.subplots(figsize=(8, 3))
    ...: sns.distplot(trace.get_values("predict_height")[:, weight_index],
         ax=ax)
    ...: ax.set_xlim(150, 210)
    ...: ax.set_xlabel("height")
    ...: ax.set_ylabel("Probability distribution")
```

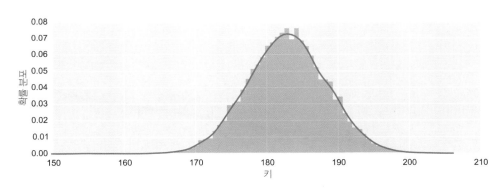

▲ 그림 16-8 몸무게 90kg에 대한 예측 키의 확률 분포

MCMC 추적의 모든 표본은 관측된 데이터에 적합화하려는 선형 모델에서 가능한 절편과 계수값을 나타낸다. 최종 선형 모형 매개변수에 대한 추정값으로 취할 수 있는 평균 절편과 계수의 불확실성을 시각화하기 위해 각 표본점에 해당하는 선을 데이터와 같이 산포도로 나타내고 평균 절편과 기울기에 해당하는 선을 도식화해보자. 결과는 그림 16-9와 같다. 직선 주변의 흩어진 부분은 주어진 몸무게에 대한 키를 추정함에 있어서

의 불확실성을 보여준다. 산포는 데이터 점이 희소한 끝부분에서 더 커지고, 데이터 포인트가 밀집한 가운뎃부분에서는 작아진다.

```
In [64]: fig, ax = plt.subplots(1, 1, figsize=(8, 3))
    ...: for n in range(500, 2000, 1):
    ...:     intercept = trace.get_values("intercept")[n]
    ...:     beta = trace.get_values("beta")[n]
    ...:     ax.plot(x, intercept + beta * x, color='red', lw=0.25,
            alpha=0.05)
    ...: intercept = trace.get_values("intercept").mean()
    ...: beta = trace.get_values("beta").mean()
    ...: ax.plot(x, intercept + beta * x, color='k', label="Mean Bayesian
        prediction")
    ...: ax.plot(data.weight, data.height, 'o')
    ...: ax.plot(x, y, '--', color="blue", label="OLS prediction")
    ...: ax.set_xlabel("weight")
    ...: ax.set_ylabel("height")
    ...: ax.legend(loc=0)
```

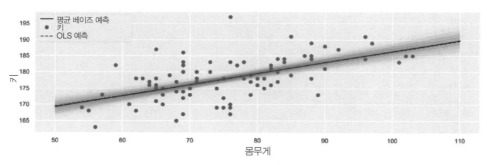

▲ 그림 16-9 키와 몸무게의 관계를 OLS 적합화와 베이즈 모델을 사용한 그래프

여기서 살펴본 선형 회귀 문제에서는 모델에 포함되는 통계적 모델과 확률적 변수를 명시적으로 정의했다. 이는 베이즈 접근법과 PyMC 라이브러리를 사용해 통계적 모델을 분석하는 데 필요한 일반적인 단계를 보여준다. 그러나 일반화 선형 모델의 경우, PyMC 라이브러리는 모델의 생성과 필요한 확률 변수를 생성하는 작업을 대신 처리해주는 단순화된 API를 제공한다. mc.glm.GLM.from_formula 함수를 사용해 Patsy 공식(14장, '통계 모델링' 참조)을 이용하면 일반화 선형 모델을 정의하고 Pandas DataFrame을 이용해 데이터를 제공할 수 있다. 이 방식은 모델을 자동으로 설정한다. mc.glm.glm을 이용해 모델을 설정하면 이전과 동일한 방법으로 사후 분포로부터 표본 추출을 진행할 수 있다.

```
In [65]: with mc.Model() as model:
    ...:     mc.glm.GLM.from_formula('height ~ weight', data)
    ...:     step = mc.NUTS()
    ...:     trace = mc.sample(2000, step)
[-----------------100%-----------------] 2000 of 2000 complete in 99.1 sec
```

mc.traceplot 함수로 시각화한 GLM 모델의 표본 추출 결과는 그림 16-10과 같다. 이 추적 그림에서 sd는 앞서 명시적으로 모델을 정의할 때의 sigma 변수에 해당하며 모델과 관측 데이터 간 잔차의 표준 오차를 나타낸다. 추적에서 표본이 안정적 수준에 도달하기까지 수백 개의 표본이 필요하다는 것에 주목하자. 초기 과도기는 정확한 분포를 나타내지 못하므로 표본으로부터 추정을 계산하려면 초기 부분을 제외해야 한다.

```
In [66]: fig, axes = plt.subplots(3, 2, figsize=(8, 6), squeeze=False)
    ...: mc.traceplot(trace, varnames=['Intercept', 'weight', 'sd'],
        ax=axes)
```

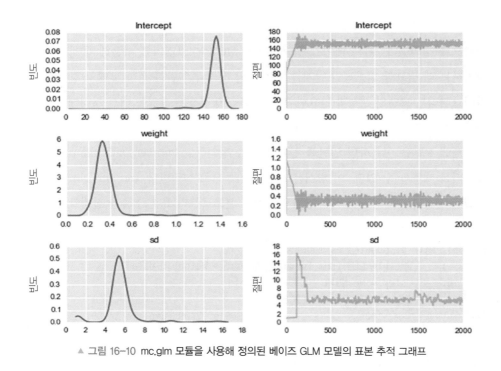

▲ 그림 16-10 mc.glm 모듈을 사용해 정의된 베이즈 GLM 모델의 표본 추적 그래프

mc.glm.glm을 사용하면 statsmodels를 사용해 빈도주의 방식으로 모델을 정의하고 분석한 것과 거의 동일한 방법으로 베이즈 통계를 이용해 선형 모델을 생성하고 분석할 수 있다. 여기서 살펴본 간단한 예에서는 두 통계적 방식을 사용한 회귀 분석 모두 유사한 결과를 나타냈으며, 그 어느 방법도 다른 것보다 뛰어나지 않았다. 하지만 상황에 따라 어느 한쪽이 더 선호될 수 있다는 실용적인 차이가 있다. 예를 들어 베이즈 접근 방식에서는 전체 한계 사후 분포의 추정을 알 수 있으므로 평균 이외의 통계량을 계산할 때 유용할 수 있다. 그러나 여기서 고려한 것과 같은 단순한 모델에서도 MCMC를 수행하는 것은 일반적 최소 자승 적합화를 수행하는 것보다 훨씬 더 많은 계산양이 요구된다. 베이즈 방법의 진정한 장점은 고차원에서 복잡한 모델을 분석할 때 나타난다. 이 경우, 적절한 빈도주의 모델을 정의하는 것은 어려울 수 있으며, 그 결과 모델을 해결하기에도 힘이 든다. MCMC 알고리즘은 고차원적 문제로 잘 확장되는 매우 매력적인 속성을 갖고 있으므

로 복잡한 통계 모델을 다룰 때 높은 경쟁력을 가진다. 여기서 살펴본 모델은 모두 단순하므로 빈도주의 접근법으로도 쉽게 해결할 수 있지만 여기서 사용한 일반적인 방법론은 동일하고, 보다 복잡한 모델을 만드는 것은 그저 모델에 더 많은 확률적 변수를 추가하는 문제일 뿐이다.

마지막 예는 베이즈 모델의 복잡도가 증가해도 동일한 일반 절차를 사용할 수 있다는 점을 보여준다. 다시 키와 몸무게 데이터셋을 사용하지만 여기서는 남성만을 대상으로 하지 않고 모델에 계층을 하나 더 둬 대상자의 성별을 구분함으로써 남성, 여성 각각의 절편과 기울기를 갖는 모델을 구성해본다. PIMC에서는 다음 예에서와 같이 shape 인수를 사용해 모델에 추가된 각 확률적 변수에 대한 차원을 지정해 다층 모델을 생성한다.

먼저 데이터셋을 준비한다. 여기서도 특이값을 제거하기 위해 몸무게가 110kg 미만인 피험자에 대한 분석만으로 제한하고 sex 열을 이진 변수로 변환해 0은 남자, 1은 여자를 나타내도록 한다.

```
In [67]: data = dataset.data.copy()
In [68]: data = data[data.weight < 110]
In [69]: data["sex"] = data["sex"].apply(lambda x: 1 if x == "F" else 0)
```

다음으로 통계 모델을 정의하는데, $height \sim N(intercept_i + \beta_i\ weight,\ \sigma^2)$로 설정한다. 여기서 i는 남성의 경우 0, 여성의 경우 1의 값을 갖는 인덱스다.

$intercept_i$와 β_i에 대한 확률 변수를 만들 때 shape=2로 지정해 다중 계층으로 설정한다(이 경우 남성과 여성의 두 계층이 있다). 앞서의 모델 정의와 비교했을 때 유일한 차이점은 height_mu 표현 식을 정의할 때 인덱스 마스크를 사용해 data.weight의 각 값이 올바른 레벨과 연계되도록 해야 한다는 점이다.

```
In [70]: with mc.Model() as model:
    ...:        intercept_mu, intercept_sigma = 125, 30
    ...:        beta_mu, beta_sigma = 0, 5
```

```
...:
...:        intercept = mc.Normal('intercept', intercept_mu, sd=intercept_
           sigma, shape=2)
...:        beta = mc.Normal('beta', beta_mu, sd=beta_sigma, shape=2)
...:        error = mc.Uniform('error', 0, 10)
...:
...:        sex_idx = data.sex.values
...:        height_mu = intercept[sex_idx] + beta[sex_idx] * data.weight
...:
...:        mc.Normal('height', mu=height_mu, sd=error, observed=data.
           height)
```

객체의 vars 속성을 사용해 모델 변수를 살펴보면 모델에 세 가지 확률적 변수, 즉 intercept, beta, error가 있다는 것을 알 수 있다. 그러나 이전 모델과는 대조적으로 여기서의 intercept와 beta는 모두 두 가지 레벨을 갖고 있다.

```
In [71]: model.vars
Out[71]: [intercept, beta, error_interval]
```

MCMC 표본 추출 알고리즘을 호출하는 방법은 앞서 16장에서 살펴봤던 것과 동일하다. 여기서는 NUTS 표본 추출기를 사용하고 5,000개의 표본을 수집한다.

```
In [72]: with model:
    ...:        start = mc.find_MAP()
    ...:        step = mc.NUTS()
    ...:        trace = mc.sample(5000, step, start=start)
[-----------------100%------------------] 5000 of 5000 complete in 64.2 sec
```

또한 이전처럼 mc.traceplot 함수를 사용해 표본 추출 결과를 시각화할 수도 있다. 이를 통해 모델 매개변수의 분포에 대한 아이디어를 빨리 얻을 수 있으며 MCMC 표본 추출이 합리적인 결과를 생성했다는 것을 확인할 수 있다. 현재 모델의 추적도는 그림 16-11에 나타나 있으며 여기에서는 앞의 예와 달리, intercept와 beta 변수 패널에 다수의 곡선이 있어서 그 다층 속성을 반영하고 있다. (짙은) 파란색 선은 남자에 대한 결과, (옅은) 초록색 선은 여자에 대한 결과를 보여준다.

```
In [73]: mc.traceplot(trace, figsize=(8, 6))
```

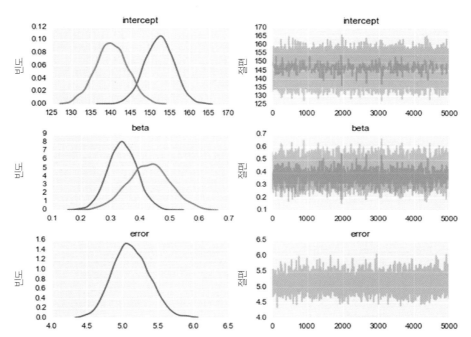

▲ 그림 16-11 모델 매개변수의 확률 분포의 KDE, 키, 몸무게의 다층 모델에 있어 각 변수의 MCMC 표본 추출 추적

trace 객체의 **get_values** 메서드를 사용해 모델 변수에 대한 표본 데이터를 추출할 수 있다. 여기에서는 intercept와 beta를 위한 표본 데이터가 shape (**5000, 2**)인 2차원 배열로 돼 있는데 첫 번째 차원은 각 표본을 나타내고 두 번째 차원은 변수의 레벨을 나타낸다. 여기서는 각 성별의 절편과 기울기에 관심이 있으므로 첫 번째 축을 따라 (모든 표본의) 평균을 취한다.

```
In [74]: intercept_m, intercept_f = trace.get_values('intercept').
    mean(axis=0)
In [75]: beta_m, beta_f = trace.get_values('beta').mean(axis=0)
```

두 차원에 걸쳐 평균을 하면 전체 데이터셋을 나타내는 절편과 기울기를 구할 수 있으며 여기서는 남성과 여성이 그룹화된다.

```
In [76]: intercept = trace.get_values('intercept').mean()
In [77]: beta = trace.get_values('beta').mean()
```

마지막으로 데이터를 산포도로 표시하고, 남녀를 대상으로 얻은 절편과 기울기에 해당하는 선을 그리고, 모든 피험자를 그룹화한 결과도 시각화한다. 결과는 그림 16-12와 같다.

```
In [78]: fig, ax = plt.subplots(1, 1, figsize=(8, 3))
    ...: mask_m = data.sex == 0
    ...: mask_f = data.sex == 1
    ...: ax.plot(data.weight[mask_m], data.height[mask_m], 'o',
        color="steelblue",
    ...:          label="male", alpha=0.5)
    ...: ax.plot(data.weight[mask_f], data.height[mask_f], 'o',
        color="green",
    ...:          label="female", alpha=0.5)
    ...: x = np.linspace(35, 110, 50)
    ...: ax.plot(x, intercept_m + x * beta_m, color="steelblue",
        label="model male group")
    ...: ax.plot(x, intercept_f + x * beta_f, color="green", label="model
        female group")
    ...: ax.plot(x, intercept + x * beta, color="black", label="model both
        groups")
    ...:
    ...: ax.set_xlabel("weight")
    ...: ax.set_ylabel("height")
    ...: ax.legend(loc=0)
```

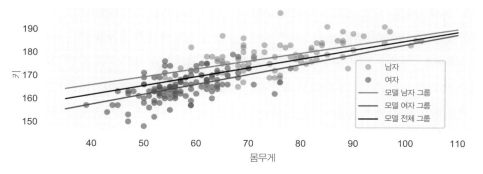

▲ 그림 16-12 남자(짙은 청색)와 여자(밝은 초록색)의 키와 몸무게

회귀선은 그림 16-12에 나타나 있으며, 그림 16-11에 나타낸 분포도는 남성과 여성 각각의 서로 다른 절편과 기울기를 고려함으로써 모델이 개선됐다는 것을 보여준다. PyMC를 사용한 베이즈 모델에서, 분석에 사용된 기저 모델을 변경할 때는 모델에 확률 변수만 추가해야 한다. 서로 어떻게 연계되는지 정의하고 각 확률 변수에 사전 분포를 할당해야 한다. 실제로 모델을 해결하기 위해 필요한 MCMC 표본 추출은 모델 세부 사항과는 무관하다. 바로 이 점이 베이즈 통계 모델링의 가장 매력적 측면 중 하나다. 예를 들어 앞서 살펴본 다층 모델에서는 절편과 기울기 변수에 대한 사전 분포를 독립적인 확률 분포로 지정하는 대신, 사전 분포의 분포 매개변수를 다른 확률적 변수에 연계시켜 계층적 베이즈 모델을 구하고 그 모델의 매개변수가 공통 분포에서 추출된 각 계층의 절편과 기울기를 기술하도록 할 수도 있다. 계층적 모델은 여러 용도를 갖고 있으며 베이즈 통계가 우수한 여러 응용 중 하나다.

요약

16장에서는 PyMC 라이브러리에서 제공하는 계산법을 이용해 베이즈 통계학을 살펴봤다. 베이즈 통계 접근법은 몇 가지 근본적인 관점에 있어서 고전적인 빈도주의 통계와 구별된다. 실용적이고 계산적인 관점에서 볼 때 베이즈 기법은 종종 정확히 해결하기에는 매우 많은 계산양을 소모한다. 사실, 베이즈 모델에 대한 사후 분포를 정확히 계산하는 것은 대개 감당할 수 없을 정도의 계산양이 필요하다. 그러나 흔히 취할 수 있는 방법은 시뮬레이션을 통해 사후 분포의 근사를 찾을 수 있는 강력하고 효율적인 표본 추출 기법을 적용하는 것이다. 베이즈 통계 프레임워크의 핵심 역할은 통계적 모델을 정의한 후 모델의 사후 분포를 근사하기 위해 표본 추출 기법을 적용하는 것이다. 여기에서는 Python의 베이즈 모델링 프레임워크로서 PyMC 라이브러리를 사용했다. 주어진 분포에서 확률적 변수의 항으로 통계 모델을 정의하는 것을 살펴봤고 해당 모델에서 PyMC 라이브러리에 구현돼 있는 MCMC 기법을 사용해 사후 분포를 시뮬레이션하고 표본 추출하는 것을 살펴봤다.

추가 참고 도서 목록

베이즈 통계학 이론에 대한 소개는 Kruschke(2014)와 Downey(2013)를 참고하라. Gelman(2013)에는 보다 기술적인 설명을 찾을 수 있다. Python을 이용한 베이즈 기법의 계산 관련 소개는 http://camdavidsonpilon.github.io/Probabilistic-Programming-and-Bayesian-Methods-for-Hackers에서 무료로 이용할 수 있는 Probabilistic Programming과 Bayesian Methods for Hackers를 참고하라. 통계에 있어서 베이즈와 빈도주의 기법의 차이와 Python으로 된 관련 예제는 VanderPlas(2014)에 소개돼 있으며 http://arxiv.org/pdf/1411.5018.pdf에서 구할 수 있다.

참고 문헌

- Downey, A.(2013). Think Bayes. Sebastopol: O'Reilly.
- Gelman, A. a.(2013). Bayesian Data Analysis (3rd ed). New York: CRC Press.
- Kruschke, J.(2014). Doing Bayesian Data Analysis. Amsterdam: Academic Press.
- VanderPlas, J.(2014). Frequentism and Bayesianism: A Python-driven Primer. PROC. OF THE 13th PYTHON IN SCIENCE CONF. Austin: Scipy.

신호 처리

17장에서는 이공계 분야에서 다양한 응용 분야를 갖고 있는 신호 처리를 알아본다. 여기서 신호란, 시간(시간적 신호) 또는 공간 좌표(공간적 신호)의 함수로, 변화하는 수량일 수 있다. 예를 들어 오디오 신호는 시간적 신호의 전형적인 예인 반면, 이미지는 2차원의 공간적 신호의 전형적인 예다. 신호는 실제로 연속적인 함수인 경우가 많지만 전산 응용에서는 원래 연속 신호를 등간격을 가진 이산 지점에서 표본 추출해 이산된 신호로 만들어 작업하는 것이 일반적이다. 샘플링 이론sampling theorem은 연속 신호가 표본 추출된 이산 산호로 정확히 표현될 수 있는 정확하고 수량적인 조건을 뒷받침해준다.

과학 연산의 신호 처리에 있어 전산 기법이 핵심적인 역할을 하는 이유는 단지 응용 폭이 넓기 때문만이 아니라 중요한 신호 처리 문제에 있어 매우 효율적인 전산 기법이 존재하기 때문이다. 특히 FFT는 많은 신호 처리에 있어 중요한 알고리즘이며 아마 모든 연산에 있어 가장 중요한 수치적 알고리즘일 것이다. 17장에서는 FFT가 스펙트럼 분석spectral analysis에서 어떻게 사용되는지 살펴보고 기본 응용 외에도 다른 알고리즘의 직·간접적 구성 요소로서 광범위하게 사용되는 용도를 알아본다. 다른 신호 처리 방법, 예를 들어 컨볼루션과 상관 관계 분석, 선형 필터 등도 제어 이론 등의 공학 분야에 널리 응용되고 있다.

17장에서는 Scipy 라이브러리의 `fftpack`과 `signal` 모듈을 사용해 선형 필터의 스펙트럼 분석과 기본 응용을 알아보자.

모듈 임포트하기

17장에서는 주로 Scipy 라이브러리의 `fftpack`과 `signal` 모듈을 다룬다. Scipy 라이브러리의 모듈에서 늘 사용하던 방식과 동일하게 다음처럼 모듈을 임포트한다.

```
In [1]: from Scipy import fftpack
In [2]: from Scipy import signal
```

또한 예제 중 하나에서 WAV 유형의 오디오 파일을 읽고 쓰기 위해 Scipy의 `io.wavefile` 모듈을 사용한다. 이 모듈은 다음과 같은 방법으로 임포트한다.

```
In [3]: import Scipy.io.wavfile
In [4]: from Scipy import io
```

기본적인 수치 연산과 그래픽을 위해 Numpy, Pandas, Matplotlib 라이브러리도 필요하다.

```
In [5]: import numpy as np
In [6]: import pandas as pd
In [7]: import matplotlib.pyplot as plt
In [8]: import matplotlib as mpl
```

스펙트럼 분석

먼저 신호 처리 중 스펙트럼 분석을 살펴보자. 스펙트럼 분석은 푸리에 변환의 근본적 응용으로, 수학적 적분 변환을 사용해 시간 영역(여기서는 시간 함수라고 표현)에서 기술된 신호를 주파수의 함수로 기술되는 주파수 영역으로 변환하는 것이다. 신호를 주파수 영역으로 나타내면 여러 가지 목적상 매우 유용한데 그중 몇 가지만 예로 들면 신호 중 우세한 주파수 성분 등의 특징 추출, 신호에 필터를 적용, 미분 방정식의 해결(9장, 'ODE' 참고) 등이 있다.

푸리에 변환

연속 신호 $f(t)$에 대한 푸리에 변환 $F(v)$에 대한 수학 식은 다음과 같다.[1]

$$F(v) = \int_{-\infty}^{\infty} f(t)e^{-2\pi i v t} \, dt,$$

그리고 역푸리에 변환은 다음과 같다.

$$f(t) = \int_{-\infty}^{\infty} f(v)e^{2\pi i v t} \, dv.$$

여기서 $F(v)$는 신호 $f(t)$의 복소수값 진폭 스펙트럼, v는 주파수다. $F(v)$로부터 지수 스펙트럼 $|F(v)|^2$와 같은 다른 스펙트럼 유형도 계산할 수 있다. 식에서 $f(t)$는 무한 지속 시간을 갖는 연속 신호다. 실제 응용에서는 대개 유한 시간 동안의 유한 표본 개수를 이용해 $f(t)$를 근사화하는 것에 더 관심을 둔다. 예를 들어 시간 간격 $t \in [0, T]$에서 $f(t)$ 함수의 N개의 표본을 균일한 간격으로 표본 추출하고 그 시퀀스를 $(x_0, x_1, ..., x_N)$로 표기할 수 있다. 앞서 살펴본 연속 푸리에 변환은 이산의 경우로 적응시킬 수 있다. 균일한 간격을 가진 표본 시퀀스의 이산 푸리에 변환[DFT]은 다음과 같이 나타낼 수 있다.

---

1   푸리에 변환에 대한 몇 가지 다른 정의가 있는데 모두 지수의 계수와 변환 적분의 정규화에 다소 변화를 준 것이다.

$$X_k = \sum_{n=0}^{N-1} x_n e^{-2\pi i n k/N},$$

이와 유사하게 DFT는 다음과 같이 나타낼 수 있다.

$$x_n = \frac{1}{N} \sum_{k=0}^{N-1} X_k e^{2\pi i n k/N},$$

여기서 X_k는 표본 x_n의 DFT, k는 실제 주파수와 연계시킬 수 있는 주파수 빈[bin] 번호다. 표본 시퀀스의 DFT는 FFT로 알려진 알고리즘을 사용해 매우 효과적으로 계산할 수 있다. Scipy `fftpack` 모듈[2]에는 FFT 알고리즘이 구현돼 있다. `fftpack` 모듈에는 다양한 경우의 FFT 함수가 포함돼 있다. 표 17-1에서 그 요약을 볼 수 있다. 여기서는 `fftpack` 모듈의 `fft`, `ifft` 함수의 사용법과 함께 몇 가지 헬퍼[helper] 함수만 살펴본다. 단, 표 17-1의 모든 FFT 함수는 일반적으로 그 사용법이 유사하다.

▼ 표 17-1 Scipy fftpack 모듈에서 발췌한 함수 요약(각 함수의 자세한 사용법과 인수 및 반환값은 help(fftpack. fft)를 사용해 docstrings를 참고하라.)

함수	설명
fft, ifft	실수 또는 복소수로 표현된 신호의 일반 FFT 또는 역FFT
rfft, irfft	실숫값 신호의 FFT와 역FFT
dct, idct	이산 코사인 변환(DCT)과 그 역
dst, idst	이산 사인 변환(DST)과 그 역
fft2, ifft2, fftn, ifftn	복소수값 신호의 2차, N차원 FFT, 그 역
fftshift, ifftshift, rfftshift, irfftshift	각각 fft와 rfft에서 생성된 결과 벡터의 주파수 빈을 스펙트럼의 0-주파수 성분이 배열의 중앙에 위치하도록 이동
fftfreq	fft가 반환한 결과 FFT 빈에 해당하는 주파수를 계산

---

2 Numpy의 fft 모듈에도 FFT가 구현돼 있다. Numpy의 FFT도 여기서 사용할 Scipy.fftpack과 거의 동일한 기능을 제공한다. 일반적으로 Scipy와 Numpy는 동일한 기능을 제공하는데, 가능하면 Scipy, 그렇지 않을 경우 Numpy를 이용한다.

DFT는 이산 표본을 입력으로 취하고 이산 주파수 스펙트럼을 출력한다는 점에 유의하자. 원래 연속인 프로세스에 DFT를 사용하려면 먼저 표본 추출을 통해 신호를 이산값으로 줄여야 한다. 샘플링 이론에 따르면 대역폭 B(즉, B보다 높은 주파수를 포함하지 않는 신호)를 가진 연속 신호는 샘플링 주파수 $f_s \geq 2B$인 이산 표본으로부터 완벽히 재구성할 수 있다. 이 법칙은 어떤 상황에서 연속 신호 대신 이산 신호를 사용해도 되는지 알려주기 때문에 신호 처리에서는 매우 중요한 결과다. 대개 프로세스의 대역폭은 알려져 있거나 추측을 통해 근사할 수 있기 때문에 이 법칙을 이용하면 연속 신호를 측정할 때 적절한 표본 주기를 결정할 수 있게 된다. 샘플링율은 DFT로 기술할 수 있는 최대 주파수를 결정하는 반면, 주파수 공간에서의 표본 간격은 표본 주파수가 결정되면 총 샘플링 시간 T 또는 표본 포인트 개수로 결정된다($T = N/f_s$).

정규분포 소음 층의 위에 1Hz와 22Hz의 순수 사인 성분을 가진 시뮬레이션된 신호를 생각해보자. 먼저 이 신호의 잡음 표본을 생성하는 함수 signal_samples를 정의한다.

```
In [9]: def signal_samples(t):
   ...:     return (2 * np.sin(2 * np.pi * t) + 3 * np.sin(22 * 2 *
   np.pi * t) + 2 * np.random.randn(*np.shape(t)))
```

이 함수에 표본 시간 배열을 인수로 전달해 호출하면 표본 벡터를 얻을 수 있다. 이 신호의 주파수 스펙트럼을 30Hz까지 계산하는 데 관심이 있다고 가정해보자. 이제 샘플링 주파수 $f_s = 60$Hz를 선택해야 하는데 분해능이 $\Delta f = 0.01$Hz인 주파수 스펙트럼을 얻고자 한다면 적어도 $N = f_s/\Delta f = 6000$개의 표본을 수집해야 한다. 이는 표본 주기 $T = N/f_s = 100$초에 해당한다.

```
In [10]: B = 30.0
In [11]: f_s = 2 * B
In [12]: delta_f = 0.01
In [13]: N = int(f_s / delta_f); N
Out[13]: 6000
```

```
In [14]: T = N / f_s; T
Out[14]: 100.0
```

먼저 신호 함수를 시간적으로 균일하게 간격을 두고 N번 추출해야 하는데, 먼저 표본 추
출 시간을 가진 배열 t를 생성한 후 t를 이용해 signal_samples 함수를 계산한다.

```
In [15]: t = np.linspace(0, T, N)
In [16]: f_t = signal_samples(t)
```

결과 신호는 그림 17-1에 표시돼 있다. 신호는 전체 샘플링 시간으로 볼 때나 짧은 시간
주기로 볼 때 다소 잡음이 있으며 시간 영역으로 볼 때 추가된 랜덤 잡음은 대부분 순수
사인 신호를 가린다.

```
In [17]: fig, axes = plt.subplots(1, 2, figsize=(8, 3), sharey=True)
    ...: axes[0].plot(t, f_t)
    ...: axes[0].set_xlabel("time (s)")
    ...: axes[0].set_ylabel("signal")
    ...: axes[1].plot(t, f_t)
    ...: axes[1].set_xlim(0, 5)
    ...: axes[1].set_xlabel("time (s)")
```

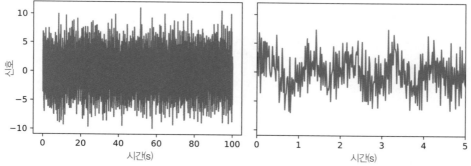

▲ 그림 17-1 랜덤 노이즈를 추가한 시뮬레이션된 신호. 전체 신호는 왼쪽에 있고 초기 시간 동안의 확대 그래프
는 오른쪽에 표시돼 있다.

신호 중 사인 성분을 밝히기 위해 FFT를 사용해 신호의 스펙트럼(또는 주파수-영역 표시)을 계산할 수 있다. fft 함수를 이산 표본 배열 f_t에 적용하면 신호의 DFT를 얻을 수 있다.

```
In [18]: F = fftpack.fft(f_t)
```

결과는 배열 F로 표본 추출율과 표본 개수로 결정된 주파수에서 스펙트럼의 주파수 성분을 포함하고 있다. 이들 주파수를 계산할 때 표본 개수와 더불어 연속된 표본 추출 사이의 지속 시간을 매개변수로 취한 후 각 주파수 빈에 해당하는 주파수 값을 가진 F와 같은 크기의 배열을 반환하는 헬퍼 함수 fftfreq를 사용하면 편리하다.

```
In [19]: f = fftpack.fftfreq(N, 1.0/f_s)
```

fft 함수가 반환한 진폭 값의 주파수 빈에는 샘플링 율의 절반 rate, $f_s/2$에 해당하는 주파수까지 양과 음의 주파수가 모두 들어 있다. 실숫값 신호의 경우, 스펙트럼은 양과 음의 주파수에서 대칭이며 이러한 이유로 대개 양의 주파수 성분에만 관심이 있다. 주파수 배열 f를 이용하면 관심 있는 주파수에 해당하는 스펙트럼 부분만 추출할 수 있는 마스크를 편리하게 만들 수 있다. 여기서는 양의 주파수 성분을 선택하기 위한 마스크를 생성한다.

```
In [20]: mask = np.where(f >= 0)
```

양의 주파수 성분에 대한 스펙트럼은 그림 17-2와 같다. 위 패널에는 전체 양의 주파수 스펙트럼이 포함되고 신호와 잡음 대비를 명확히 하기 위해 로그 척도로 도식화했다. 신호의 사인파 성분에 해당하는 1Hz와 22Hz 근처에는 날카로운 피크가 있다는 것을 알 수 있다. 이 피크들은 스펙트럼의 잡음 층에서 뚜렷하게 눈에 띈다. 시간 영역 신호에서 사인파 성분을 은폐하는 잡음에도 불구하고 주파수-영역 표현에서 이들의 존재를 분명히 감지할 수 있다. 그림 17-2의 아래 2개 패널은 각각 1Hz와 22Hz에서 2개 피크의 확대된 모습을 보여준다.

```
In [21]: fig, axes = plt.subplots(3, 1, figsize=(8, 6))
    ...: axes[0].plot(f[mask], np.log(abs(F[mask])), label="real")
    ...: axes[0].plot(B, 0, 'r*', markersize=10)
    ...: axes[0].set_ylabel("$\log(|F|)$", fontsize=14)
    ...: axes[1].plot(f[mask], abs(F[mask])/N, label="real")
    ...: axes[1].set_xlim(0, 2)
    ...: axes[1].set_ylabel("$|F|/N$", fontsize=14)
    ...: axes[2].plot(f[mask], abs(F[mask])/N, label="real")
    ...: axes[2].set_xlim(21, 23)
    ...: axes[2].set_xlabel("frequency (Hz)", fontsize=14)
    ...: axes[2].set_ylabel("$|F|/N$", fontsize=14)
```

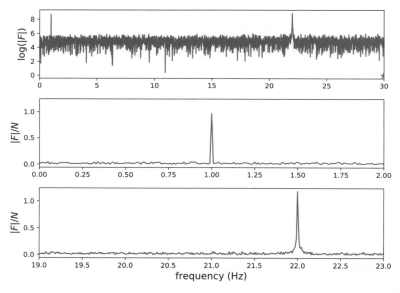

▲ 그림 17-2 1Hz와 22Hz 주파수 성분으로 시뮬레이션 된 신호의 스펙트럼

주파수-영역 필터

FFT 함수 fft를 사용해 시간-영역 신호에서 주파수-영역 표현을 계산할 수 있듯이 역
FFT 함수 ifft를 이용하면 주파수-영역 표현에서 시간-영역 신호를 계산할 수 있다. 예

를 들어 ifft 함수를 F 배열에 적용하면 f_t 배열을 재구성할 수 있다. 역변환을 적용하기 전에 스펙트럼을 수정하면 주파수-영역 필터를 실현할 수 있다. 예를 들어 스펙트럼에서 2Hz 미만의 주파수만 선택하는 것은 신호에서 고주파 성분(이 경우에는 2Hz 이상)을 억제하는 2Hz 저주파-통과 필터를 적용하는 것과 같다.

```
In [22]: F_filtered = F * (abs(f) < 2)
In [23]: f_t_filtered = fftpack.ifft(F_filtered)
```

필터링된 신호의 역FFT를 계산하면 그림 17-3과 같이 고주파 진동이 없는 시간-영역 신호가 생성된다. 이 간단한 예는 많은 주파수-영역 필터의 본질을 요약한다. 17장의 뒷부분에서 신호-처리 분석에서 일반적으로 사용되는 많은 유형의 필터를 좀 더 자세히 알아본다.

```
In [24]: fig, ax = plt.subplots(figsize=(8, 3))
    ...: ax.plot(t, f_t, label='original')
    ...: ax.plot(t, f_t_filtered.real, color="red", lw=3, label='filtered')
    ...: ax.set_xlim(0, 10)
    ...: ax.set_xlabel("time (s)")
    ...: ax.set_ylabel("signal")
    ...: ax.legend()
```

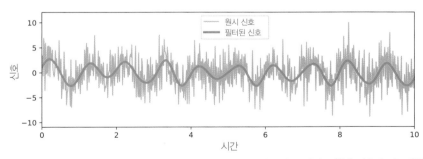

▲ 그림 17-3 원래의 시간-영역 신호와 저주파-통과 필터를 신호의 주파수-영역 표현에 적용해 재구성한 신호

윈도우

앞 절에서는 FFT를 신호에 직접 적용했다. 그 방법도 나름대로의 결과를 생성하지만 종종 소위 윈도우 함수를 FFT 적용 전에 신호에 적용해 스펙트럼의 품질과 대비를 더욱 개선할 수 있을 때가 있다. 윈도우 함수란, 신호가 곱해지면 크기를 조절해 샘플링 주기의 처음과 마지막 부분을 0에 가깝게 만드는 함수를 말한다. 윈도우 함수로 사용할 수 있는 함수는 많은데 Scipy signal 모듈은 블랙만[Blackman], 한[Hann], 해밍[Hamming], 가우스[Gaussian](변동 표준편차), 카이저[Kaiser] 윈도우 함수 등 많은 일반적인 윈도우 함수가 구현돼 있다.[3] 이러한 함수들은 모두 그림 17-4에 도식화돼 있다. 이 그래프는, 이러한 모든 윈도우 함수가 조금씩 다르긴 하지만 그 전체적인 모양은 매우 유사하다는 것을 보여준다.

```
In [25]: fig, ax = plt.subplots(1, 1, figsize=(8, 3))
    ...: N = 100
    ...: ax.plot(signal.blackman(N), label="Blackman")
    ...: ax.plot(signal.hann(N), label="Hann")
    ...: ax.plot(signal.hamming(N), label="Hamming")
    ...: ax.plot(signal.gaussian(N, N/5), label="Gaussian (std=N/5)")
    ...: ax.plot(signal.kaiser(N, 7), label="Kaiser (beta=7)")
    ...: ax.set_xlabel("n")
    ...: ax.legend(loc=0)
```

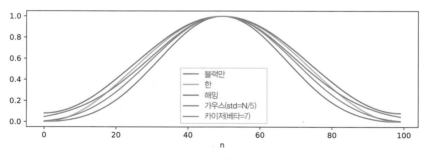

▲ 그림 17-4 일반적으로 사용되는 윈도우 함수들

---

3   몇 가지 다른 윈도우 함수도 존재한다. 완전한 리스트는 Scipy.signal의 docstrings를 참고하라.

다른 윈도우 함수들은 모두 약간씩 다른 속성과 목적을 갖고 있지만 대부분 서로 교체해 사용할 수 있다. 윈도우 함수의 주요 목적은 샘플링 주기와 정확히 구분되지 않는 신호 구성 요소를 가진 신호를 DFT할 경우에 발생하는 주파수 빈 사이의 스펙트럼 누출을 줄이는 것이다. 따라서 그런 주파수를 가진 신호 구성 요소는 샘플링 주기의 전체 사이클 수에 맞지 않을 수 있으며 DFT는 신호가 주기라고 가정하므로 주기 경계에서 발생하는 불연속성은 스펙트럼 누출을 야기할 수 있다. 신호와 윈도우 함수가 곱해지면 이 문제를 줄일 수 있다. 또는 더 높은 주파수 분해능을 얻기 위해 표본 포인트 수를 늘릴 수도 있지만(샘플링 주기를 증가), 이 방법이 항상 실용적이지 않을 수도 있다.

FFT를 시계열 신호에 적용하기 전에 윈도우 함수를 어떻게 사용하는지 알아보기 위해 12장, '데이터 처리 및 분석'에서 살펴봤던 실외 온도 측정을 다시 살펴보자. 먼저, Pandas 라이브러리를 사용해 데이터셋을 로드한 후 시간 단위 표본을 위해 등간격으로 재표본한 후 fillna 메서드를 사용해 요소를 집계한다.

```
In [26]: df = pd.read_csv('temperature_outdoor_2014.tsv', delimiter="\t",
   ...:                     names=["time", "temperature"])
In [27]: df.time = (pd.to_datetime(df.time.values, unit="s").
   ...:                 tz_localize('UTC').tz_convert('Europe/Stockholm'))
In [28]: df = df.set_index("time")
In [29]: df = df.resample("H").ffill()
In [30]: df = df[(df.index >= "2014-04-01")*(df.index < "2014-06-01")].
        dropna()
```

Pandas DataFrame이 생성되고 처리되면 fftpack 모듈을 사용해 시계열 데이터를 처리할 수 있도록 기본 Numpy 배열을 추출한다.

```
In [31]: time = df.index.astype('int64')/1.0e9
In [32]: temperature = df.temperature.values
```

이제 FFT를 계산하기 전에 temperature 배열 데이터에 윈도우 함수를 적용한다. 여기서는 스펙트럼 누출을 줄이는 데 적합한 윈도우 함수인 블랙만 윈도우 함수를 이용한다. 블랙만 함수는 Scipy의 `signal` 모듈에 `blackman` 함수로 구현돼 있다.

윈도우 함수의 인수로 표본 배열의 길이를 전달해야 하고, 그 결과 같은 길이의 배열이 반환된다.

```
In [33]: window = signal.blackman(len(temperature))
```

윈도우 함수를 적용하려면 단순히 시간-영역 신호를 포함한 배열을 곱하고 그 결과를 후속 FFT 계산에 사용해야 한다. 그러나 온도 신호에 대한 FFT를 진행하기 전에 원래의 온도 시계열과 윈도우된 버전을 표시해보자. 결과는 그림 17-5와 같다. 시계열을 윈도우 함수와 곱한 결과는 샘플링 주기 경계 부근에서 0에 근접하는 신호로, 주기 경계 간 전환이 원활한 주기 함수로 볼 수 있고, 따라서 윈도우된 신호의 FFT의 특성이 좋아진다.

```
In [34]: temperature_windowed = temperature * window
In [35]: fig, ax = plt.subplots(figsize=(8, 3))
    ...: ax.plot(df.index, temperature, label="original")
    ...: ax.plot(df.index, temperature_windowed, label="windowed")
    ...: ax.set_ylabel("temperature", fontsize=14)
    ...: ax.legend(loc=0)
```

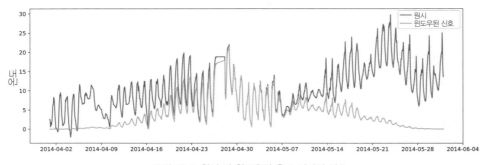

▲ 그림 17-5 원시 및 윈도우된 온도 시계열 신호

윈도우된 신호가 준비되면 나머지 스펙트럼 분석은 전과 같이 진행된다. fft 함수를 사용해 스펙트럼을 계산하고 fftfreq 함수를 사용해 각 주파수 빈^{bin}에 해당하는 주파수를 계산한다.

```
In [36]: data_fft_windowed = fftpack.fft(temperature_windowed)
In [37]: f = fftpack.fftfreq(len(temperature), time[1]-time[0])
```

여기서도 배열 f에서 마스크 배열을 생성해 양의 주파수를 선택하고 그 결과 발생하는 양의 주파수 스펙트럼을 그림 17-6과 같이 도식화했다. 그림 17-6의 스펙트럼은 하루($1/86400\text{Hz}$)에 해당하는 주파수의 피크와 그 상위 조화파^{harmonics}($2/86400\text{Hz}$, $3/86400\text{Hz}$ 등)를 명확히 보여주고 있다.

```
In [38]: mask = f > 0
In [39]: fig, ax = plt.subplots(figsize=(8, 3))
    ...: ax.set_xlim(0.000005, 0.00004)
    ...: ax.axvline(1./86400, color='r', lw=0.5)
    ...: ax.axvline(2./86400, color='r', lw=0.5)
    ...: ax.axvline(3./86400, color='r', lw=0.5)
    ...: ax.plot(f[mask], np.log(abs(data_fft_windowed[mask])), lw=2)
    ...: ax.set_ylabel("$\log|F|$", fontsize=14)
    ...: ax.set_xlabel("frequency (Hz)", fontsize=14)
```

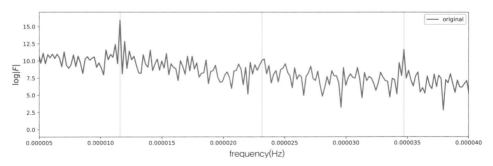

▲ 그림 17-6 윈도우된 온도 시계열의 스펙트럼. 1일 주기에 해당하는 주파수에 나타나는 뚜렷한 피크와 그 상위 조화파

주어진 표본 집합에서 가장 정확한 스펙트럼을 얻기 위해서는 일반적으로 FFT를 적용하기 전에 시계열 신호에 윈도우 함수를 적용하는 것이 바람직하다. Scipy에서 이용할 수 있는 대부분의 윈도우 함수는 서로 교체해 사용할 수 있으며 윈도우 함수의 종류는 중요하지 않다. 보편적인 선택은 스펙트럼 누출을 최소화하도록 설계된 블랙만 윈도우 함수다. 다양한 윈도우 함수의 속성에 대한 좀 더 자세한 내용은 9장, 'ODE'(Smith, 1999)를 참고하라.

스펙트로그램

스펙트럼 분석에 관한 마지막 예로서 여기서는 기타 악기에서 표본 추출된 오디오 신호의 스펙트럼을 분석해본다.[4] 먼저 Scipy 라이브러리의 io.wavefile.read 함수를 사용해 guitar.wav 파일의 표본된 데이터를 로드한다.

```
In [40]: sample_rate, data = io.wavfile.read("guitar.wav")
```

io.wavefile.read 함수는 샘플링 속도 sample_rate가 들어 있는 튜플과 오디오 강도가 포함된 Numpy 배열을 반환한다. 이 특정 파일의 경우, 샘플링 속도는 44.1kHz이고 오디오 신호는 2개의 채널이 있는 데이터 배열로 표현된 스테레오로 기록돼 있다. 각 채널은 1181625개의 표본을 갖고 있다.

```
In [41]: sample_rate
Out[41]: 44100
In [42]: data.shape
Out[42]: (1181625, 2)
```

---

4   이 예제에 사용된 데이터는 https://www.freesound.org/people/guitarguy1985/sounds/52047에서 구한 것이다.

여기서는 단일 오디오 채널만 분석할 것이므로 두 채널의 평균을 형성해 단일 채널 신호를 만든다.

```
In [43]: data = data.mean(axis=1)
```

표본 수를 샘플링 속도로 나누면 오디오 녹음의 총 지속 시간을 계산할 수 있다. 녹음 시간은 약 26.8초임을 알 수 있다.

```
In [44]: data.shape[0] / sample_rate
Out[44]: 26.79421768707483
```

신호의 특성상 긴 시간 척도에서는 변이가 심하지만, 짧은 시간 구간에서 거의 주기적인 요소가 들어 있는 경우 등에는 대개 전체 신호의 스펙트럼을 한꺼번에 계산하지 않고 구역 단위로 스펙트럼을 계산한다. 짧은 시간 주기에서는 신호가 반복적인 것으로 느껴지지만, 음악과 같은 긴 시간 주기에서는 변화가 심하게 느껴진다. 따라서 기타 소리 표본의 경우, 시간-영역 신호에서 움직이는 윈도우에 FFT를 적용하고자 한다. 그 결과는 시간에 종속된 스펙트럼으로, 음악 장비와 응용에서 종종 이퀄라이저equalizer 그래프로 시각화된다. 또 다른 접근법은 2차원 히트맵 그래프를 사용해 시간-종속 스펙트럼을 시각화하는 것인데 이 맥락에서 스펙트로그램spectrogram으로 불린다. 이제 기타 표본의 스펙트로그램을 계산해보자.

스펙트로그램을 시각화하기 전에 먼저 표본의 작은 부분에 대한 스펙트럼을 계산해보자. 우선 전체 표본 배열 중 사용할 표본의 수부터 결정한다. 만약 0.5초를 분석하고자 한다면 샘플링 속도를 이용해 사용할 표본 수를 계산할 수 있다.

```
In [45]: N = int(sample_rate/2.0) # 0.5초 -> 22050 표본
```

표본 수와 샘플링 속도가 정해지면 FFT 계산 결과 주파수 빈의 주파수 f와 각 시간-영역 신호의 표본의 샘플링 시간 t를 계산할 수 있다. 또 1,000Hz 미만의 양의 주파수를 선택하기 위한 주파수 마스크도 생성하는데, 이는 나중에 계산된 스펙트럼의 부분 집합을 선택하는 데 사용할 것이다.

```
In [46]: f = fftpack.fftfreq(N, 1.0/sample_rate)
In [47]: t = np.linspace(0, 0.5, N)
In [48]: mask = (f > 0) * (f < 1000)
```

다음으로 전체 표본 배열 데이터에서 첫 번째 N개 표본을 추출하고 여기에 fft 함수를 적용한다.

```
In [49]: subdata = data[:N]
In [50]: F = fftpack.fft(subdata)
```

시간 및 주파수-영역 신호는 그림 17-7과 같다. 왼쪽 패널에 보이는 시간-영역 신호의 첫 부분은 기타 줄이 튕겨지기 전으로, 최초에는 0으로 나타나 있다. 주파수-영역 스펙트럼은 기타에 의해 생성된 서로 다른 톤에 해당하는 지배적인 몇 개의 주파수가 보인다.

```
In [51]: fig, axes = plt.subplots(1, 2, figsize=(12, 3))
    ...: axes[0].plot(t, subdata)
    ...: axes[0].set_ylabel("signal", fontsize=14)
    ...: axes[0].set_xlabel("time (s)", fontsize=14)
    ...: axes[1].plot(f[mask], abs(F[mask]))
    ...: axes[1].set_xlim(0, 1000)
    ...: axes[1].set_ylabel("$|F|$", fontsize=14)
    ...: axes[1].set_xlabel("Frequency (Hz)", fontsize=14)
```

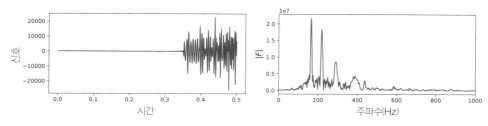

▲ 그림 17-7 기타 소리의 0.5초 표본 신호와 스펙트럼

다음 단계는 전체 표본 배열에서 연속 구간에 같은 분석을 반복하는 것이다. 스펙트럼의 시간상 변화는 주파수를 x축에 두고 시간을 y축에 둬 스펙토그램으로 시각화할 수 있다. Matplotlib의 imshow 함수로 스펙트럼을 도식화할 수 있도록 연속 표본 구간의 스펙트럼을 저장할 수 있는 2차원 Numpy 배열 spectrogram_data를 만든다. spectrogram_data 배열의 모양은 (n_max, f_values)이며, 여기서 n_max는 표본 배열 데이터의 길이 N의 구역 수, f_values는 마스크 계산에 사용된 조건(양의 주파수 1000Hz 미만)과 일치하는 주파수를 가진 주파수 빈의 개수다.

```
In [52]: n_max = int(data.shape[0] / N)
In [53]: f_values = np.sum(mask)
In [54]: spectogram_data = np.zeros((n_max, f_values))
```

결과 스펙트로그램의 대비를 좀 더 뚜렷이 하기 위해, FFT를 계산하기 전 각 표본 데이터의 부분 집합에 블랙만 윈도우 함수를 적용한다. 여기서는 스펙트럼 누설 감소 특성 때문에 블랙만 윈도우 함수를 선택하지만 다른 많은 윈도우 함수도 이와 유사한 결과를 생성한다. 윈도우 배열의 길이는 부분 데이터 배열의 길이와 같아야 하므로 그 길이를 블랙만 함수에 인수로 전달한다.

```
In [55]: window = signal.blackman(len(subdata))
```

마지막으로 크기 N의 배열 슬라이스를 루프를 돌면서 표본의 각 세그먼트에 대한 스펙트럼을 계산하고 윈도우 함수를 적용하고 FFT를 계산한 후 spectrogram_data 배열에 관심 대상의 주파수 결과의 부분 집합을 저장한다.

```
In [56]: for n in range(0, n_max):
    ...:     subdata = data[(N * n):(N * (n + 1))]
    ...:     F = fftpack.fft(subdata * window)
    ...:     spectogram_data[n, :] = np.log(abs(F[mask]))
```

spectrogram_data가 계산되면 Matplotlib의 imshow 함수를 사용해 스펙트로그램을 시각화할 수 있다. 결과는 그림 17-8과 같다.

```
In [57]: fig, ax = plt.subplots(1, 1, figsize=(8, 6))
    ...: p = ax.imshow(spectogram_data, origin='lower',
    ...:               extent=(0, 1000, 0, data.shape[0] / sample_rate),
    ...:               aspect='auto',
    ...:               cmap=mpl.cm.RdBu_r)
    ...: cb = fig.colorbar(p, ax=ax)
    ...: cb.set_label("$\log|F|$", fontsize=14)
    ...: ax.set_ylabel("time (s)", fontsize=14)
    ...: ax.set_xlabel("Frequency (Hz)", fontsize=14)
```

그림 17-8의 스펙트로그램은 샘플링된 신호와 그 시간에 따른 변화에 대한 정보가 수록돼 있다. 좁은 수직 줄무늬는 기타가 만들어내는 음색에 해당하며, 이 신호는 시간이 갈수록 서서히 쇠퇴한다. 넓은 수평 밴드는 기타 줄이 튕겨지는 시간 주기와 대략 일치한다. 그러나 색상 축은 로그 척도를 사용했으므로 색상의 작은 변화는 실제 강도에 있어서는 큰 변화를 의미한다는 점에 유의하자.

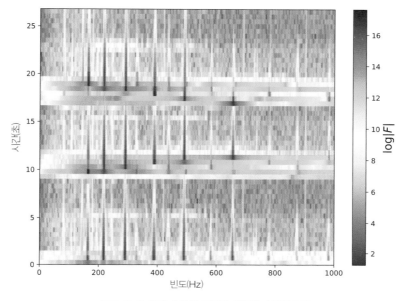

▲ 그림 17-8 기타 소리의 오디오 샘플링 스펙토그램

신호 필터

신호 처리의 주 목적 중 하나는 시간 또는 공간 신호를 조작하고 변환해 그 특성을 바꾸는 것이다. 대표적인 응용으로는 잡음 감소, 오디오 신호의 음향 효과, 이미지 데이터의 번짐 효과, 선명하게 만들기, 대비 강화, 색 밸런스 조정 등이 있다. 많은 일반적인 변환은 특정 주파수 성분을 억제함으로써 신호의 주파수-영역 표현에 작용하는 필터를 사용해 구현될 수 있다. 앞 절에서는 신호의 푸리에 변환을 취해 고주파 성분을 제거한 후 최종적으로 역푸리에 변환을 취해 새로운 시간-영역 신호를 얻는 방식으로 구현한 저주파-통과 필터의 예를 살펴봤다. 이 방식으로 임의의 주파수 필터를 구현할 수 있지만 이 방법들은 DFT를 수행할 수 있을 만큼의 충분한 표본 버퍼링이 필요하기 때문에 실시간 스트리밍 신호에서는 적용하기가 쉽지 않을 수 있다. 많은 응용에서는 예를 들어 송신 중의 신호나 라이브 오디오 신호를 처리할 때는 연속적인 방식으로 필터를 적용하고 신호

를 변환하는 것이 바람직하다.

컨볼루션 필터

특정 유형의 주파수 필터는 필터의 특성을 나타내는 함수로 신호의 컨볼루션^{convolution}을 이용해 시간 영역에서 직접 구현할 수 있다. 푸리에 변환의 중요한 특성은 2개의 함수(예를 들어 신호의 스펙트럼과 필터 형상 함수)의 곱의 (역)푸리에 변환은 2개의 함수의 (역)푸리에 변환의 컨볼루션이라는 것이다. 따라서 신호 x_n의 스펙트럼 X_k에 필터 H_k를 적용하려면 필터 함수 H_k의 역푸리에 변환 h_m으로 x_m의 컨볼루션을 계산할 수 있다. 일반적으로 컨볼루션 형태의 필터는 다음과 같이 나타낼 수 있다.

$$y_n = \sum_{k=-\infty}^{\infty} x_k h_{n-k},$$

여기서 x_k는 입력, y_n은 출력, h_{n-k}는 필터를 특성화하는 컨볼루션 커널이다. 이 일반적인 형태에서, 시간 단계 n에서의 신호 y_n은 입력 x_k의 이전과 이후 값에 따라 달라진다. 이 점을 알아보기 위해 17장의 첫 번째 예시, 즉 시뮬레이션된 1Hz와 22Hz의 구성 요소에 저주파-통과 필터를 적용했던 예로 돌아가보자. 그 예에서는 신호를 푸리에 변환하고 그 스펙트럼을 모든 고주파 성분을 억제하는 단계 함수로 곱했고, 마지막으로 신호를 역푸리에 변환해 다시 시간-영역으로 되돌렸다. 그 결과는 원래 잡음이 있는 신호의 평활화 버전이었다(그림 17-3). 컨볼루션을 이용한 대안적 방법은 필터 H의 주파수 응답 함수를 역푸리에 변환하고 결과 h를 커널로 사용해 원래 시간-영역 신호 f_t를 컨볼루션 하는 것이다.

```
In [58]: t = np.linspace(0, T, N)
In [59]: f_t = signal_samples(t)
In [60]: H = abs(f) < 2
In [61]: h = fftpack.fftshift(fftpack.ifft(H))
In [62]: f_t_filtered_conv = signal.convolve(f_t, h, mode='same')
```

컨볼루션을 수행하기 위해 여기서는 Scipy의 signal 모듈의 convolve 함수를 사용했다. convolve 함수는 인수로서 컨볼루션을 계산할 2개의 Numpy 배열을 취한다. 옵션 키워드 인수 mode를 사용하면 출력 배열의 크기를 첫 번째 입력으로 설정하거나(mode='same'), 과도transients를 고려하기 위해 0으로 패딩한 후 전체 컨볼루션을 출력하거나(mode='full') 0-패딩되지 않은 요소만 포함하도록(mode='valid') 설정할 수 있다. 여기서는 mode='same'으로 설정해 결과를 원래의 신호인 f_t와 쉽게 비교하고 도식화할 수 있다. 이 컨볼루션 필터인 f_t_filtered_conv를 적용한 결과는 수정 스펙트럼(f_t_filtered)에 fft와 ifft를 사용해 계산한 해당 결과와 함께 그림 17-9에 표시돼 있다. 예상한 대로 두 방법은 동일한 결과를 생성했다.

```
In [63]: fig = plt.figure(figsize=(8, 6))
    ...: ax = plt.subplot2grid((2,2), (0,0))
    ...: ax.plot(f, H)
    ...: ax.set_xlabel("frequency (Hz)")
    ...: ax.set_ylabel("Frequency filter")
    ...: ax.set_ylim(0, 1.5)
    ...: ax = plt.subplot2grid((2,2), (0,1))
    ...: ax.plot(t - t[-1]/2.0, h.real)
    ...: ax.set_xlabel("time (s)")
    ...: ax.set_ylabel("convolution kernel")
    ...: ax = plt.subplot2grid((2,2), (1,0), colspan=2)
    ...: ax.plot(t, f_t, label='original', alpha=0.25)
    ...: ax.plot(t, f_t_filtered.real, 'r', lw=2, label='filtered in
        frequency domain')
    ...: ax.plot(t, f_t_filtered_conv.real, 'b--', lw=2, label='filtered
        with convolution')
    ...: ax.set_xlim(0, 10)
    ...: ax.set_xlabel("time (s)")
    ...: ax.set_ylabel("signal")
    ...: ax.legend(loc=2)
```

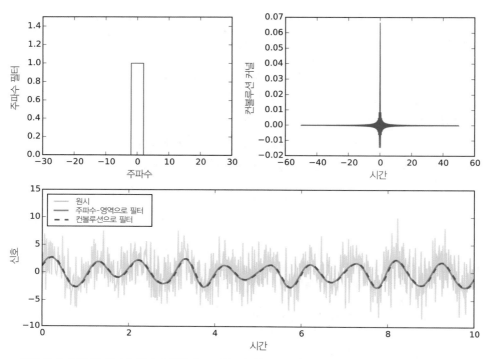

▲ 그림 17-9 왼쪽 위: 주파수 필터. 오른쪽 위: 주파수 필터(그 역DFT)에 해당하는 컨볼루션 커널. 아래: 컨볼루션으로 적용한 단순 저주파-통과 필터

FIR 및 IIR 필터

앞 절의 컨볼루션 필터의 예에서는 일련의 fft를 호출하고 스펙트럼을 수정한 후 iftt를 호출하는 대신 컨볼루션을 구현한다고 해서 특별히 계산상의 이점을 보지는 못했다. 실제로 여기에서의 컨볼루션은 일반적으로 다른 FFT 변환보다 계산양이 더 많이 요구되며 Scipy signal 모듈에는 실제로 FFT와 그 역을 이용해 컨볼루션을 구현해둔 함수 fftconvolve가 있다. 더욱이 필터의 컨볼루션 커널은 출력 신호가 입력의 미래 값에 종속되는 난캐주얼[5] 등의 바람직하지 못한 속성을 갖고 있다(그림 17-9의 오른쪽 위 패널 참

---

5 신호가 미래의 값에 종속되는 성질을 가진 경우를 난캐주얼(noncasual), 그렇지 않은 경우를 캐주얼(casual)이라고 한다. - 옮긴이

666

조). 그러나 전용 디지털 신호 처리기^{DSP}와 범용 처리기로 구현할 수 있는 중요한 특수 경우가 있다. 이러한 필터 중 중요한 패밀리는 $y_n = \sum_{k=0}^{M} b_k x_{n-k}$의 형태를 취하는 유한 임펄스 반응^{finite impulse response, FIR} 필터다. 이 시간-영역 필터는 출력 y_n이 초기 단계의 입력값에만 종속되기 때문에 캐주얼하다.

또 다른 유사한 형태의 필터는 무한 임펄스 반응^{IIR} 필터로, $a_0 y_n = \sum_{k=0}^{M} b_k x_{n-k} - \sum_{k=1}^{N} a_k y_{n-k}$ 유형으로 나타낼 수 있다. 이 필터는 새로운 출력값(피드백 항)을 계산할 때 출력의 과거 값을 추가로 포함하므로 엄밀히 말해 컨볼루션은 아니지만 그럼에도 불구하고 유사한 형태를 갖고 있다. FIR 필터와 IIR 필터는 모두 최근 신호 이력과 출력이 주어지면 새로운 신호 값을 계산할 수 있고, b_k와 a_k 값의 유한 시퀀스를 안다면 시간-영역에서 순차적으로 계산할 수 있다.

필터 성질에 일련의 요구 사항이 주어졌을 때 그에 따른 b_k와 a_k의 값을 계산하는 것을 필터 설계라고 한다. Scipy signal 모듈은 이러한 목적을 위해 많은 함수를 제공한다. 예를 들어 firwin 함수를 사용하면 주어진 밴드 경계의 주파수로 (여기서 필터는 (저주파-통과 필터의 경우) 패스-필터에서 스톱-필터로 바뀐다) FIR 필터의 b_k 계수를 계산할 수 있다. firwin 함수는 a_k 시퀀스의 값 개수를 첫 번째 인수로 취한다(이 맥락에서 탭^{taps}이라고도 함). 두 번째 인수인 cutoff는 저주파 변환 주파수를 나이키스트^{Nyquist} 주파수 단위(샘플링 속도의 절반)로 정의한다. 나이키스트 주파수의 크기는 nyq 인수를 사용해 선택적으로 설정할 수 있으며 기본값은 1이다. 마지막으로 window 인수를 사용해 윈도우 함수 유형을 지정할 수 있다.

```
In [64]: n = 101
In [65]: f_s = 1 / 3600
In [66]: nyq = f_s/2
In [67]: b = signal.firwin(n, cutoff=nyq/12, nyq=nyq, window="hamming")
```

결과는 FIR 필터를 정의하는 일련의 계수 b_k인데, 이 값은 시간-영역 컨볼루션 필터를 구현할 때 사용할 수 있다. 계수 b_k가 주어지면 signal 모듈의 freqz 함수를 사용해 필터의 진폭과 위상 응답을 계산할 수 있다. freqz 함수는 그림 17-10과 같이 도식화하기에 적절한, 주파수와 해당 복소수 주파수 응답이 있는 배열을 반환한다.

```
In [68]: f, h = signal.freqz(b)
In [69]: fig, ax = plt.subplots(1, 1, figsize=(12, 3))
    ...: h_ampl = 20 * np.log10(abs(h))
    ...: h_phase = np.unwrap(np.angle(h))
    ...: ax.plot(f/max(f), h_ampl, 'b')
    ...: ax.set_ylim(-150, 5)
    ...: ax.set_ylabel('frequency response (dB)', color="b")
    ...: ax.set_xlabel(r'normalized frequency')
    ...: ax = ax.twinx()
    ...: ax.plot(f/max(f), h_phase, 'r')
    ...: ax.set_ylabel('phase response', color="r")
    ...: ax.axvline(1.0/12, color="black")
```

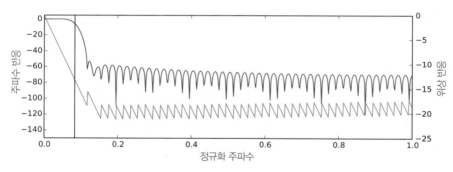

▲ 그림 17-10 저주파 FIR 필터의 진폭과 위상 반응

그림 17-10에 나타난 저주파-통과 필터는 $f_s/24$(수직선으로 표시) 미만의 주파수로 신호를 통과시키고 고주파수 신호 구성 요소를 억제하도록 설계돼 있다. 통과와 정지 밴드 사이의 유한한 크기의 전환 지역과 컷오프 주파수 이상을 완벽히 억제하지 못하는 것은 FIR 형태의 필터를 사용할 때 치러야 할 대가다. FIR 필터의 정확도는 계산 복잡도를 높여 계

수 b_k의 개수를 증가시키면 개선할 수 있다.

계수 b_k가 주어졌을 때 FIR 필터의 효과와 계수 b_k와 a_k가 주어졌을 때 IIR 필터의 효과는 signal 모듈의 lfilter 함수를 사용해 계산할 수 있다. lfilter 함수의 첫 번째 인수는 계수 b_k 값을 가진 배열, 두 번째 인수는 IIR 필터의 경우에는 계수 a_k의 배열이고, FIR 필터의 경우에는 스칼라 값 1이다. 세 번째 인수는 입력 신호 배열이며 반환값은 필터 출력이다. 예를 들어 앞서 생성한 FIR 필터를 시간당 온도 측정 배열 temperature에 적용하려면 다음과 같이 할 수 있다.

```
In [70]: temperature_filt = signal.lfilter(b, 1, temperature)
```

저주파-통과 FIR 필터를 신호에 적용한 효과는 그림 17-11과 같이 고주파 진동을 제거해 함수를 평활화하는 것이다. 유사한 결과를 얻을 수 있는 또 다른 방법은 출력이 가중 평균이거나 몇몇 입력값의 중앙값을 사용하는 이동 평균 필터를 적용하는 것이다. signal 모듈의 함수 medfilt는 주어진 입력 신호로 중앙값 필터를 적용하는데, 과거 주변 값의 개수를 지정하려면 두 번째 인숫값을 설정해야 한다.

```
In [71]: temperature_median_filt = signal.medfilt(temperature, 25)
```

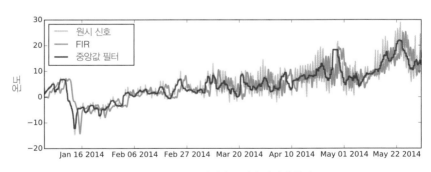

▲ 그림 17-11 FIR 필터와 중앙값 필터의 출력

FIR 저주파-통과 필터를 시간당 온도 측정 데이터셋에 적용한 결과는 그림 17-11과 같다. FIR 필터의 출력은 FIR 필터의 탭 수에 해당하는 시간 지연만큼 원래 신호에서 이동된다는 점에 유의하자. medfilt를 사용해 구현된 중앙값 필터는 그 중앙값이 과거와 미래 값 모두 계산됐으므로 이러한 문제가 없다. 이 때문에 중앙값 필터는 스트리밍 입력 데이터를 실시간으로 계산할 수 없는 난캐주얼 필터가 된다.

```
In [72]: fig, ax = plt.subplots(figsize=(8, 3))
    ...: ax.plot(df.index, temperature, label="original", alpha=0.5)
    ...: ax.plot(df.index, temperature_filt, color="red", lw=2,
        label="FIR")
    ...: ax.plot(df.index, temperature_median_filt, color="green", lw=2,
        label="median filer")
    ...: ax.set_ylabel("temperature", fontsize=14)
    ...: ax.legend(loc=0)
```

IIR 필터를 설계하기 위해 signal 모듈의 iirdesign 함수를 사용하거나 버터 워스^{Butterworth} 필터(signal.butter), 체비셰프^{Chebyshev} I, II 필터(signal.cheby1과 signal.cheby2), 타원형 필터(signal.ellip) 등 미리 정의된 다양한 IIR 필터 중 하나를 사용할 수 있다. 예를 들어 저주파는 억제하면서 임계^{critical} 주파수 7/365Hz 이상의 주파수는 통과시키는 버터 워스 고주파-통과 필터를 생성하는 방법은 다음과 같다.

```
In [73]: b, a = signal.butter(2, 7/365.0, btype='high')
```

이 함수의 첫 번째 인수는 버터워스 필터의 차수, 두 번째 인수는 필터의 임계 주파수(밴드스톱에서 밴드패스 함수로의 이동)다. 옵션 인수 btype은 필터가 저주파-통과 필터(low)인지, 고주파-통과 필터(high)인지를 지정하는 데 사용된다. 보다 많은 함수 옵션은 help(signal.butter) 등의 docstrings를 참고해야 한다. 출력 a와 b는 각각 IIR 필터를 정의하는 a_k 및 b_k 계수다. 여기서는 2차 버터워스 필터를 계산했으므로 a와 b는 각각 다음과 같은 세 가지 요소를 갖고 있다.

```
In [74]: b
Out[74]: array([ 0.95829139, -1.91658277, 0.95829139])
In [75]: a
Out[75]: array([ 1.          , -1.91484241, 0.91832314])
```

이전처럼 필터를 적용할 수 있다(여기서 다시 시간당 온도 데이터셋 예제를 사용한다).

```
In [76]: temperature_iir = signal.lfilter(b, a, temperature)
```

또는 filtfilt 함수를 사용해도 필터를 전후방 모두 적용해 난캐주얼 필터를 생성할 수 있다.

```
In [77]: temperature_filtfilt = signal.filtfilt(b, a, temperature)
```

두 필터 유형의 결과는 그림 17-12와 같다. 저주파 성분을 제거하면 시계열은 추세가 감소하며 고주파수 진동과 파동만 유지된다. 따라서 필터링된 신호는 원래 신호의 변동성을 측정하는 것으로 볼 수 있다. 이 예에서 일별 변화는 1월과 2월의 겨울과 비교했을 때 3월, 4월, 5월의 봄에 더 크다는 것을 알 수 있다.

```
In [78]: fig, ax = plt.subplots(figsize=(8, 3))
    ...: ax.plot(df.index, temperature, label="original", alpha=0.5)
    ...: ax.plot(df.index, temperature_iir, color="red", label="IIR
         filter")
    ...: ax.plot(df.index, temperature_filtfilt, color="green",
         label="filtfilt filtered")
    ...: ax.set_ylabel("temperature", fontsize=14)
    ...: ax.legend(loc=0)
```

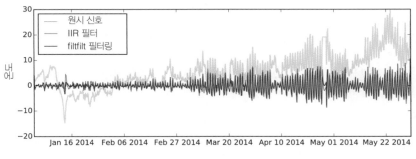

▲ 그림 17-12 IIR 고주파-통과 필터와 해당 filtfilt 필터의 출력(전후방에 모두 적용)

이러한 기법은 오디오 및 이미지 데이터에 직접 적용할 수 있다. 예를 들어 기타 표본의 오디오 신호에 필터를 적용하기 위해서는 lfilter 함수를 사용할 수 있다. FIR 필터의 b_k는 때때로 수동으로 구성할 수 있다. 예를 들어 간단한 에코 사운드 효과를 적용하려면 과거 신호를 일정 시간 지연으로 반복하는 FIR 필터를 만들 수 있다($y_n = x_n + x_{n-N}$). 여기서 N은 시간 단계 단위로 된 지연 시간이다. 해당 계수 b_k는 쉽게 구성되며 오디오 신호 data에 적용할 수 있다.

```
In [79]: b = np.zeros(10000)
    ...: b[0] = b[-1] = 1
    ...: b /= b.sum()
In [80]: data_filt = signal.lfilter(b, 1, data)
```

수정된 오디오 신호를 들을 수 있도록 Scipy의 io.wavfile 모듈에 있는 write 함수를 사용해 WAV 파일로 저장할 수 있다.

```
In [81]: io.wavfile.write("guitar-echo.wav", sample_rate,
    ...:                   np.vstack([data_filt, data_filt]).T.astype(np.
                          int16))
```

이와 유사하게, signal 모듈의 도구를 사용해 많은 종류의 이미지 처리 필터를 구현할 수 있다. Scipy에는 ndimage 모듈이 제공되며 이에는 2차원 영상 데이터에 특화된 많은 일반적인 영상 조작 함수와 필터가 포함돼 있다. Scikit-Image 라이브러리[6]에는 Python으로 이미지를 처리하기 위한 고급 프레임워크가 제공된다.

요약

신호 처리는 대부분의 이공계 분야에서 응용되는 매우 광범위한 분야다. 여기서는 그중 신호 처리의 몇 가지 기본 응용만 다뤘으며 Python 계산 기법을 사용해 이런 문제를 해결하는 방법을 소개했고 과학 컴퓨팅을 위해 Python 생태계 내에서 이용할 수 있는 라이브러리 및 도구들을 설명하는 데 초점을 맞췄다. 특히 Scipy 라이브러리의 `signal` 모듈을 이용해 신호를 FFT해 시간-종속 신호의 스펙트럼 분석을 살펴봤고 선형 필터의 설계와 적용을 알아봤다.

추가 참고 도서 목록

신호 처리 이론에 대한 종합적인 내용은 www.dspguide.com/pdfbook.htm에서 온라인으로 볼 수 있는 Smith(1999)를 참고하라. 신호 처리에 대한 Python 중심의 설명은 http://nbviewer.ipython.org/github/unpingco/Python-for-Signal-Processing에서 IPython Notebook으로 내용을 볼 수 있는 Unpingco(2014)를 참고하라.

참고 문헌

- Smith, S.(1999). The Scientist and Engineer's Guide to Digital Signal Processing. San Diego: Steven W. Smith.
- Unpingco, J.(2014). Python for Signal Processing. New York: Springer.

---

6   좀 더 자세한 정보는 http://scikit-image.org를 참고하라.

데이터 입출력

대부분의 과학 계산과 데이터 분석 응용에서는 데이터의 입출력이 필요하다. 데이터 입출력에는 데이터셋을 읽어 들이고 결과를 디스크나 데이터베이스에 일관되게 저장하는 것 등이 포함된다. 결과적으로 프로그램 안팎으로 데이터를 얻는 것은 컴퓨터 작업 흐름상 핵심 단계다. 구조화 또는 비구조화된 데이터를 저장하는 많은 표준화된 유형이 존재한다. 표준화된 유형을 사용할 때의 이점은 명백하다. 데이터를 읽고 쓰는 데 기존 라이브러리를 사용할 수 있으므로 시간과 노력을 모두 절약할 수 있다. 과학 및 기술 컴퓨팅 작업 과정에서 동료와의 상호 소통하거나 장비와 데이터베이스 등의 소스에서 데이터를 취득할 때 등의 상황에서 다양한 데이터 유형을 만나게 된다. 전산 전문가로서 입력 데이터의 유형에 상관없이 효율적이고 원활하게 데이터를 처리하는 것은 매우 중요하다. 바로 이 점 때문에 18장 전체를 데이터 입출력이라는 주제에 할애한 것이다.

Python은 많은 파일 유형을 잘 지원한다. 사실, 가장 일반적인 유형을 다루기 위한 여러 가지 옵션을 제공해준다. 18장에서는 컴퓨팅 응용에서 일반적으로 사용되는 다수의 데이터 유형을 다루는 Python 라이브러리와 도구들을 소개한다.

데이터는 몇 가지 범주와 유형으로 분류될 수 있다. 중요한 범주는 구조화 데이터와 비구조화 데이터로, 예를 들어 값은 범주형(유한한 값의 집합), 순서형(의미 있는 순서를 가진 값) 또는 수치형(연속 또는 이산형)이 될 수 있다. 값에는 문자열, 정수, 부동소수 등의 여러 유형이 있다. 데이터나 메타데이터의 손실을 방지하려면 데이터를 저장하거나 전송하는 데이터 유형이 이러한 개념을 이상적으로 반영해야 하며, 데이터의 표현 방식을 정밀하게 제어할 필요가 있다.

전산 응용에서는 대부분 구조화된 데이터(예를 들어 배열과 표)를 사용해 처리한다. 비구조화된 데이터셋의 예로는 자유 유형의 텍스트나 비균질 유형이 내포된 리스트 등이 있다. 18장에서는 구조화 데이터를 위한 CSV와 HDF5 유형에 초점을 맞추고 18장의 뒷부분에는 리스트와 딕셔너리를 저장하는 기능을 중심으로 단순하거나 복잡한 데이터셋을 저장에 모두 사용할 수 있는 가볍고 유연한 유형인 JSON 포맷을 살펴본다. JSON 유형은 비구조화 데이터 저장에 적합하다. msgpack 유형과 Python의 내장 pickle 유형을 사용해 객체를 직렬화해 저장하는 기법도 간단히 살펴본다.

많은 데이터 중심 전산 응용에서의 중요성으로 인해 서로 다른 데이터 유형을 옮기고 변환하는 데이터 조작을 단순화하고 지원하기 위한 목적으로 여러 Python 라이브러리들이 등장했다.

예를 들어 Blaze 라이브러리(http://blaze.pydata.org/en/latest)는 서로 다른 유형과 다른 유형의 소스의 데이터에 접근하기 위한 고급 인터페이스를 제공해준다. 여기서는 수치 데이터나 비구조화 데이터셋을 저장하는 데 유용한 특정 유형의 파일 유형을 읽기 위한 저급 라이브러리에 초점을 맞춘다. 관심 있는 독자들은 Blaze와 같은 더 고급 라이브러리도 살펴보기를 권한다.

모듈 임포트하기

18장에서는 다양한 유형의 데이터를 처리하기 위해 다양한 라이브러리를 사용한다. 특히 Numpy와 Pandas가 필요한데, Numpy와 Pandas는 보통 각각 np와 pd로 임포트한다.

```
In [1]: import numpy as np
In [2]: import pandas as pd
```

또한 Python 표준 라이브러리의 csv와 json 모듈도 사용한다.

```
In [3]: import csv
In [4]: import json
```

수치 데이터를 위한 HDF5 유형으로 작업하기 위해 h5py와 pytables 라이브러리도 사용한다.

```
In [5]: import h5py
In [6]: import tables
```

마지막으로 객체를 저장 가능한 데이터로 직렬화하는 맥락에서 pickle과 msgpack 라이브러리를 살펴본다.

```
In [7]: import pickle
In [8]: import msgpack
```

쉼표-구분 값

쉼표-구분 값^{Comma Separated Value, CSV}은 직관적이며 엄격하지 않게 정의된[1] 순수-텍스트 파일 유형이며 간단하지만 효과적이어서 표 유형의 데이터를 저장하는 데 널리 사용된다. 이 유형에서 각 레코드는 한 줄로 저장되며 레코드의 각 필드는 구분자^{delimiter}(예: 쉼표)로 구분된다. 선택적으로 각 필드를 따옴표로 묶어 구분자를 포함한 문자열값 필드를 허용할 수도 있다. 또한 첫 번째 줄은 대개 열 이름을 저장하는 데 사용되기도 하며, 주석도 허용한다. CSV 파일의 예는 리스트 18-1에서 볼 수 있다.

▼ 리스트 18-1 주석과 헤더 라인, 수치와 문자열 데이터 필드를 혼합해 갖고 있는 CSV 파일의 예

```
# 2013-2014 / Regular Season / All Skaters / Summary / Points
Rank,Player,Team,Pos,GP,G,A,P,+/-,PIM,PPG,PPP,SHG,SHP,GW,OT,S,S%,TOI/
GP,Shift/GP,FO%
1,Sidney Crosby,PIT
,C,80,36,68,104,+18,46,11,38,0,0,5,1,259,13.9,21:58,24.0,52.5
2,Ryan Getzlaf,ANA
,C,77,31,56,87,+28,31,5,23,0,0,7,1,204,15.2,21:17,25.2,49.0
3,Claude Giroux,PHI
,C,82,28,58,86,+7,46,7,37,0,0,7,1,223,12.6,20:26,25.1,52.9
4,Tyler Seguin,DAL
,C,80,37,47,84,+16,18,11,25,0,0,8,0,294,12.6,19:20,23.4,41.5
5,Corey Perry,ANA
,R,81,43,39,82,+32,65,8,18,0,0,9,1,280,15.4,19:28,23.2,36.0
```

CSV 유형은 일반적으로 필드 간에 서로 다른 구분자를 사용한 유형 패밀리를 지칭한다는 사실을 반영해 이를 'Comma Separated Value'의 약자로 여기기도 한다. 예를 들어 쉼표 대신 탭 문자를 사용하는 경우도 많은데, 이 경우 CSV 대신 TSV라는 이름을 사용하는 경우도 있다. 이러한 유형을 지칭할 때는 구분자-구분 값^{dismiter-deparated values, DSV}이라는 용어를 사용하기도 한다.

---

[1] 비록 RFC 4180, http://tools.ietf.org/html/rfc4180이 종종 비공식적 명세로 간주되기도 하지만 실제로는 많은 CSV 변형이 존재한다.

Python에서는 CSV 유형의 데이터를 읽고 쓰는 몇 가지 방법이 있는데, 각각 다른 사용 예와 장점을 갖고 있다. 우선, 표준 Python 라이브러리에는 CSV 데이터를 읽기 위한 csv라는 이름의 모듈이 포함돼 있다. 이 모듈을 사용하려면 csv.reader 함수를 호출하면서 파일 핸들을 인수로 전달해야 한다. csv.reader 함수는 주어진 CSV 파일의 각 줄을 Python 문자열 리스트로 파싱하는 반복자^{iterator}로 사용할 수 있는 클래스 인스턴스를 반환한다. 예를 들어 playerstats-2013-2014.csv 파일(리스트 18-1)를 내포된 문자열의 리스트로 읽어 들이는 방법은 다음과 같다.

```
In [9]: with open("playerstats-2013-2014.csv") as f:
   ...:         csvreader = csv.reader(f)
   ...:         rows = [fields for fields in csvreader]
In [10]: rows[1][1:6]
Out[10]: ['Player', 'Team', 'Pos', 'GP', 'G']
In [11]: rows[2][1:6]
Out[11]: ['Sidney Crosby', 'PIT', 'C', '80', '36']
```

파싱된 행의 각 필드는 앞의 예에서의 80(경기수)이나 36(골)처럼 필드가 수치값을 나타내는 경우라도 항상 문자열값이 된다. csv 모듈은 사용자 정의 CSV 리더^{reader} 클래스를 정의하기 위한 유연한 방법을 제공하지만 이 모듈은 문자열 필드를 가진 CSV 파일을 읽어 들이는 데 가장 편리하다. 전산 작업에서는 일반적으로 벡터, 행렬과 같은 수치값을 가진 배열을 저장하고 로드한다. Numpy 라이브러리에는 이러한 목적을 위해 np.loadtxt와 np.savetxt가 제공된다. 이러한 함수들은 읽고 쓸 CSV 유형의 유형을 미세 조정하기 위해 몇 가지 인수를 사용한다. 예를 들어 delimiter 인수를 사용하면 필드를 구분하는 데 사용하는 문자를 지정할 수 있으며 header와 comments는 각각 헤더 행과 헤더에 선행된 주석 행을 지정하는 데 사용할 수 있다.

예를 들어 (100, 3) 모양의 랜덤 수 배열을 np.savetxt를 사용해 data.csv에 저장하는 경우를 생각해보자. 데이터 내용을 설명하기 위해 파일에 헤더와 주석도 추가해본다. 또 명시적으로 콤마를 구분자로 지정하기 위해 delimiter="," 인수(기본값인 delimiter는 공백 문자다)를 사용한다.

```
In [12]: data = np.random.randn(100, 3)
In [13]: np.savetxt("data.csv", data, delimiter=",", header="x,y,z",
    ...:             comments="# Random x, y, z coordinates\n")
In [14]: !head -n 5 data.csv
# 랜덤 x, y, z 좌표
x,y,z
1.652276634254504772e-01,9.522165919962696234e-01,4.659850998659530452e-01
8.699729536125471174e-01,1.187589118344758443e+00,1.788104702180680405e+00
-8.106725710122602013e-01,2.765616277935758482e-01,4.456864674903074919e-01
```

이 유형의 데이터를 다시 Numpy 배열로 읽으려면 np.loadtxt 함수를 사용해야 한다. np.loadtxt 함수는 np.savetxt와 유사한 인수를 취한다. 특히 여기서도 쉼표 문자를 사용해 필드를 구분한다는 것을 나타내기 위해 delimiter 인수를 ","로 설정한다. 또한 skiprows 인수를 사용해 수치값을 갖고 있지 않은 파일의 처음 두 줄(코멘트 및 헤더 라인)을 건너뛰어야 한다.

```
In [15]: data_load = np.loadtxt("data.csv", skiprows=2, delimiter=",")
```

결과는 np.savetxt를 사용해 data.csv 파일에 저장했던 원본과 동일한 새로운 Numpy 배열이다.

```
In [16]: (data == data_load).all()
Out[16]: True
```

Python 표준 라이브러리의 csv 모듈에 있는 CSV 리더와 대조적으로 Numpy의 loadtxt 함수는 모든 필드를 수치값으로 변환하며 그 결과는 숫자 dtype(float64)의 Numpy다.

```
In [17]: data_load[1,:]
Out[17]: array([ 0.86997295, 1.18758912, 1.7881047 ])
In [18]: data_load.dtype
```

```
Out[18]: dtype('float64')
```

Python 표준 라이브러리를 사용해 읽었던 peerstats-2013-2014.csv 파일과 같이 비수
치로 된 데이터를 포함한 CSV 파일을 np.loadtxt로 읽으려면 dtype 인수를 사용해 결과
배열의 데이터 유형을 명시적으로 설정해줘야 한다. dtype을 설정하지 않고 수치값이 아
닌 CSV 파일을 읽으려고 시도하면 다음과 같은 오류가 발생한다.

```
In [19]: np.loadtxt("playerstats-2013-2014.csv", skiprows=2, delimiter=",")
----------------------------------------------------------------
ValueError: could not convert string to float: b'Sidney Crosby'
```

dtype=bytes(또는 str 또는 object)를 사용하면 다음처럼 파싱되지 않은 값을 가진 Numpy
배열을 구할 수 있다.

```
In [20]: data = np.loadtxt("playerstats-2013-2014.csv", skiprows=2,
delimiter=",", dtype=bytes)
In [21]: data[0][1:6]
Out[21]: array([b'Sidney Crosby', b'PIT', b'C', b'80', b'36'],
dtype='|S13')
```

수치 유형으로만 읽으려면 usecols 인수를 사용해 부분 집합만 읽도록 설정할 수 있다.

```
In [22]: np.loadtxt("playerstats-2013-2014.csv", skiprows=2, delimiter=",",
usecols=[6,7,8])
Out[22]: array([[  68.,    104.,    18.],
               [  56.,     87.,    28.],
               [  58.,     86.,     7.],
               [  47.,     84.,    16.],
               [  39.,     82.,    32.]])
```

NumPy savetxt 및 loadtxt 함수는 설정 가능하고 유연한 CSV 작성자와 리더이지만 모두 수치로 된 데이터와 작업할 때 가장 편리하다. 반면, Python 표준 라이브러리 모듈 csv는 문자열값 데이터가 있는 CSV 파일에 가장 편리하다. Python에서 CSV 파일을 읽는 세 번째 방법은 Pandas의 read_csv 함수를 사용하는 것이다. 이미 12장, '데이터 처리 및 분석'에서 TSV 유형의 데이터 파일로부터 Pandas DataFrames을 만드는 데 사용했다. Pandas의 read_csv 함수는 수치와 문자열값 필드가 모두 있는 CSV 파일을 읽을 때 매우 편리하며 대부분의 경우 필드의 유형을 자동으로 결정해 적절히 변환한다. 예를 들어 read_csv를 사용해 playerstats-2013-2014.csv 파일을 읽으면 모든 필드를 적절한 유형의 열로 파싱한 Pandas DataFrames를 얻게 된다.

```
In [23]: df = pd.read_csv("playerstats-2013-2014.csv", skiprows=1)
In [24]: df = df.set_index("Rank")
In [25]: df[["Player", "GP", "G", "A", "P"]]
Out[25]:
```

Rank	Player	GP	G	A	P
1	Sidney Crosby	80	36	68	104
2	Ryan Getzlaf	77	31	56	87
3	Claude Giroux	82	28	58	86
4	Tyler Seguin	80	37	47	84
5	Corey Perry	81	43	39	82

DataFrame 인스턴스 df의 info 메서드를 사용하면 각 열이 어떤 유형으로 변환됐는지 명시적으로 볼 수 있다.

```
In [26]: df.info()
<class 'pandas.core.frame.DataFrame'>
Int64Index: 5 entries, 1 to 5
Data columns (total 20 columns):
Player       5 non-null object
Team         5 non-null object
```

```
Pos          5 non-null object
GP           5 non-null int64
G            5 non-null int64
...
S            5 non-null int64
S%           5 non-null float64
TOI/GP       5 non-null object
Shift/GP     5 non-null float64
FO%          5 non-null float64
dtypes: float64(3), int64(13), object(4)
memory usage: 840.0+ bytes
```

DataFrame 객체의 to_csv 방법을 사용해 DataFrame을 CSV 파일로 저장할 수도 있다.

```
In [27]: df[["Player", "GP", "G", "A", "P"]].to_csv("playerstats-2013-2014-
subset.csv")
In [28]: !head -n 5 playerstats-2013-2014-subset.csv
Rank,Player,GP,G,A,P
1,Sidney Crosby,80,36,68,104
2,Ryan Getzlaf,77,31,56,87
3,Claude Giroux,82,28,58,86
4,Tyler Seguin,80,37,47,84
```

Python 표준 라이브러리인 Numpy와 Pandas의 조합은 다양한 유형의 CSV 파일을 읽고 사용할 수 있는 강력한 도구 박스를 제공한다. 그러나 CSV 파일은 표 데이터에는 편리하고 효과적이지만 유형상 명백한 단점을 갖고 있다. 우선 1차원 또는 2차원 배열만 저장할 수 있고 데이터 해석에 도움이 줄 수 있는 메타데이터는 포함되지 않는다. 또 저장이나 읽기, 쓰기 등의 측면에서 효율성이 높지 않고 파일당 1개를 넘는 배열을 저장할 수 없으므로 서로 밀접하게 관련돼 있어도 복수의 배열을 위해서는 복수 개의 파일이 필요하다. 따라서 CSV의 사용은 단순한 데이터셋만으로 제한돼야 한다. 다음 절에서는 수치 데이터를 효율적으로 저장하고 CSV나 단순 데이터 유형의 모든 단점을 극복하기 위해 고안된 HDF5 파일 유형을 살펴본다.

HDF5

계층적 데이터 유형 5^{Hierarchical Data Format 5, HDF5}는 수치 데이터를 저장하는 유형이다. 이 유형은 비영리 단체인 The HDF Group[2]에 의해 개발됐으며 BSD 오픈 소스 라이선스로 이용할 수 있다. 1998년 출시된 HDF5 유형은 고성능 병렬 입출력 지원 등 대용량 데이터셋을 효율적으로 처리하기 위해 설계되고 구현됐다. 따라서 HDF5 유형은 분산 고성능 슈퍼컴퓨터나 클러스터에서 사용하기에 적합하며 테라바이트 규모 또는 더 큰 데이터셋을 저장하거나 운용하는 데 사용할 수 있다. 그러나 HDF5의 장점은 작은 데이터셋에도 똑같이 적절히 사용할 수 있다는 점이다. 따라서 HDF5 정말 다재다능한 유형이며 전산 전문가에게는 있어 매우 귀중한 도구다.

계층적 유형 측면은 데이터셋 내에서 마치 파일 시스템과 유사한 계층 구조를 사용해 구성할 수 있다. HDF5 파일의 항목에 사용되는 용어는 그룹^{groups}과 데이터셋으로, 이는 각각 파일 시스템의 디렉터리와 파일에 대응된다. HDF5 파일의 그룹은 내포돼 트리 구조를 형성하며, 이 유형의 이름 H가 의미하는 것처럼 계층화^{hierarchical}할 수 있다. HDF5 파일의 데이터셋은 특정 유형의 요소 및 특정 차원으로 구성된 균질 배열이다. HDF5형 시스템은 모든 표준 기본 데이터 유형을 지원하며 사용자 정의 복합 데이터 유형을 정의할 수 있다. HDF5 파일의 그룹 및 데이터셋은 모두 속성^{attributes}을 가질 수 있으며 속성은 그룹과 데이터셋에 대한 메타데이터를 저장하는 데 사용할 수 있다. 속성 자체는 숫자 또는 문자열값처럼 다른 유형을 가질 수 있다. The HDF Group은 파일 유형 자체 외에도 유형에 관한 라이브러리와 참조 구현도 제공한다.

주 라이브러리는 C로 작성돼 있고 수많은 프로그램 언어로 된 C API의 래퍼가 있다. HDF5 파일의 데이터에 접근하기 위한 HDF5 라이브러리는 전체 데이터셋 중 일부만 접근하는 데 사용되는 부분 읽기와 쓰기 작업을 지원하는 정교한 라이브러리다. 이 부분의 읽기 쓰기 기능은 컴퓨터의 메모리 용량보다 훨씬 거대한 데이터셋을 연산할 때 매우 강

---

2   www.hdfgroup.org

력하다.[3] HDF5 유형은 다양한 플랫폼과 컴퓨터 환경에서 광범위하게 지원되는 성숙한 파일 유형이다.

또한 이 점은 HDF5가 장기 저장 데이터의 용도에 적합한 선택이 되게 한다. 데이터 저장 플랫폼으로서 HDF5는 교차-플랫폼 스토리지, 효율적인 입출력, 대용량 데이터 파일로 확장 가능한 스토리지, 파일의 데이터셋과 그룹에 주석이나 설명을 달아 스스로 설명되는 데이터를 기술하는 데 사용할 수 있는 메타데이터 시스템(속성) 등의 다양한 문제에 대한 해결책을 제공해준다. 이러한 특징들은 전체적으로 HDF5가 컴퓨터 작업에 훌륭한 도구가 될 수 있게 만들어준다. Python에서는 HDF5 파일 사용을 사용할 수 있는 라이브러리가 2개 있는데, 그것은 각각 h5py와 PyTables다. 이 두 라이브러리는 HDF5를 사용하기 위해 서로 다른 접근 방식을 취하며 이 두 라이브러리를 모두 숙지할 필요가 있다. h5py 라이브러리는 그룹과 데이터셋에 중점을 둔 것으로, 기본 HDF5 개념에 비교적 가까운 API를 제공한다. h5py는 데이터셋에 접속해 Numpy에서 영감을 얻은 API를 제공하고 있으므로 Numpy에 익숙한 사람에게는 매우 직관적이다.

> **노트**
> ### h5py
> h5py 라이브러리는 HDF5 파일 유형에 대한 Python식 인터페이스, 데이터셋 Numpy와 유사한 인터페이스를 제공한다. 공식 문서를 포함한 프로젝트에 대한 좀 더 자세한 내용은 www.h5py.org를 참고하라. 이 책을 쓰고 있는 시점의 h5py 최신 버전은 2.7.10I다.

PyTables 라이브러리는 HDF5 포맷에 기초한 고급 데이터 추상화를 제공하며 데이터 유형을 쉽게 사용자 지정할 수 있는 테이블과 같은 데이터베이스와 유사한 기능을 제공한다. 또한 데이터베이스의 쿼리처럼 데이터셋을 다룰 수 있고 고급 인덱스 기능을 사용할 수도 있다.

---

3 이 방식은 아웃-오브-코어 계산(out-of-core computing)로도 알려져 있다. Python에서 아웃-오브-코어 계산을 지원하는 또 다른 최신 프로젝트는 dask 라이브러리를 참고하라(http://dask.pydata.org/en/latest).

PyTables

PyTables 라이브러리는 HDF5 위에 데이터베이스와 같은 데이터 모델을 제공한다. 프로젝트 및 문서화에 대한 좀 더 자세한 내용은 http://pytables.github.io를 참고하라. 이 책을 쓰고 있는 시점의 PyTables 최신 버전은 3.4.3이다

다음 두 절에서는 h5py와 PyTables 라이브러리를 사용해 HDF5 파일에 수치 데이터를 읽고 쓰는 법을 자세히 알아본다.

h5py

먼저 h5py 라이브러리부터 살펴보자. h5py용 API는 놀랍도록 단순하고 사용이 즐거우면서도 모든 기능을 갖추고 있다. 이는 딕셔너리와 Numpy의 배열 등의 Python 구문을 사려깊게 사용함으로써 가능했다. h5py 라이브러리의 기본 객체와 메서드는 표 18-1에 요약돼 있다. 이하에서는 일련의 예를 통해 이러한 메서드를 사용하는 방법을 살펴본다.

▼ 표 18-1 h5py API의 주 객체와 메서드 요약

객체	메서드/속성	설명
h5py.File	__init__(name, mode, ...)	파일 이름이 name인 기존 HDF5 파일을 열거나 새로운 파일을 생성. mode 인수의 값에 따라 파일을 읽기 전용이나 읽고-쓰기로 연다(본문 참조).
	flush()	파일에 버퍼를 쓴다.
	close()	열려 있는 HDF5 파일을 닫는다.
h5py.File, h5py.Group	create_group(name)	name이라는 이름(경로일 수도 있음)으로 새로운 그룹을 현재 그룹 내에서 생성
	create_dataset(name, data=..., shape=..., dtype=..., ...)	새로운 데이터셋을 생성
	[] dictionary syntax	그룹 내 아이템(그룹이나 데이터셋)에 접근
h5py.Dataset	Dtype	데이터 유형
	shape	데이터셋의 형상(차원)

객체	메서드/속성	설명
h5py.Dataset	Value	데이터셋 기저 테이터의 전체 배열
	[] array syntax	데이터셋의 데이터 원소나 부분 집합에 접근
h5py.File, h5py. Group, h5py.Dataset	name	HDF5 파일 계층의 객체의 이름(경로)
	attrs	딕셔너리와 같은 속성 접근

파일

먼저 h5py.File 객체를 사용해 기존 HDF5 파일을 열거나 새로운 HDF5 파일을 만드는 방법을 살펴보자. 이 객체의 초기 설정자는 필수 인수로 파일 이름만 취하지만 일반적으로 읽기 전용이나 읽기-쓰기 모드로 파일을 열도록 선택할 수 있고 파일을 열 때 내용 중 일부를 자를지 여부를 선택할 수 있는 mode 인수를 지정한다. mode 인수는 내장 Python 함수 open과 유사하게 문자열값을 사용한다. "r"은 읽기 전용(파일이 존재해야만 함), "r+"은 읽기와 쓰기(파일이 존재해야만 함), "w"는 새 파일 만들기(파일이 존재하면 자름), "w-"는 새 파일 만들기(파일이 있는 경우 오류), "a"는 읽기-쓰기(파일이 존재하지 않으면 새로 생성)를 나타낸다. 읽기-쓰기 모드로 새 파일을 만들려면 다음처럼 사용해야 한다.

```
In [29]: f = h5py.File("data.h5", mode="w")
```

호출 결과는 파일 핸들인데, 여기서는 변수 f에 할당되고 이 핸들은 파일에 접근하고 내용을 추가하는 데 사용할 수 있다. 파일 핸들이 주어지면 mode 속성을 사용해 어떤 모드로 열렸는지 살펴볼 수 있다.

```
In [30]: f.mode
Out[30]: 'r+'
```

파일을 "w"로 모드로 열었지만 일단 파일이 열리면 읽기 전용("r") 또는 읽기-쓰기("r+")로 된다는 점에 유의하자. HDF5 파일 객체를 사용해 수행할 수 있는 다른 파일 레벨 연산으로는 flush 메서드를 사용해 아직 파일에 쓰지 않은 데이터를 갖고 있는 버퍼를 비워 버리거나 close을 사용해 파일을 닫는 것들이 있다.

```
In [31]: f.flush()
In [32]: f.close()
```

그룹

File 객체는 HDF5 파일 핸들을 나타내는 동시에 루트 그룹이라고 알려진 HDF5 그룹 객체를 나타낸다. 그룹의 이름은 그룹 객체의 name 속성을 통해 접근할 수 있다. 이름은 파일 시스템에서 파일 경로와 유사한 유형을 취하며 파일 내에서 그룹이 어느 계층 구조에 위치해 있는지 지정한다. 루트 그룹의 이름은 "/"다.

```
In [33]: f = h5py.File("data.h5", "w")
In [34]: f.name
Out[34]: '/'
```

그룹 객체에는 기존 그룹 내에서 새로운 그룹을 생성할 수 있는 메서드인 create_group이 있다. 이 메서드로 생성된 새 그룹은 create_group 메서드가 호출된 그룹 인스턴스의 하위 그룹이 된다.

```
In [35]: grp1 = f.create_group("experiment1")
In [36]: grp1.name
Out[36]: '/experiment1'
```

여기서 experiment1 그룹은 루트 그룹의 하위 그룹이므로 계층 구조에서 이름과 경로는 /experiment1이 된다. 새 그룹을 만들 때 해당 부모 그룹은 반드시 딕셔너리에 존재할 필요는 없다. 예를 들어 /experiment2/measurement 그룹을 만들려면 먼저 실험 experiment2를 명시적으로 생성하지 않아도 루트 그룹의 create_group 메서드를 직접 사용할 수 있다. 중간 단계의 그룹은 자동으로 생성된다.

```
In [37]: grp2_meas = f.create_group("experiment2/measurement")
In [38]: grp2_meas.name
Out[38]: '/experiment2/measurement'
In [39]: grp2_sim = f.create_group("experiment2/simulation")
In [40]: grp2_sim.name
Out[40]: '/experiment2/simulation'
```

HDF5 파일의 그룹 계층 구조는 딕셔너리 유형의 인터페이스를 통해 탐색할 수 있다. 지정된 경로 이름을 가진 그룹을 검색하려면 그것의 조상 그룹 중 하나(일반적으로 루트 노드)로부터 딕셔너리 형태의 검색을 수행할 수 있다.

```
In [41]: f["/experiment1"]
Out[41]: <HDF5 group "/experiment1" (0 members)>
In [42]: f["/experiment2/simulation"]
Out[42]: <HDF5 group "/experiment2/simulation" (0 members)>
```

하위 그룹에도 동일한 유형의 딕셔너리 조회가 작동한다(루트 노드 이외에도).

```
In [43]: grp_experiment2 = f["/experiment2"]
In [44]: grp_experiment2['simulation']
Out[44]: <HDF5 group "/experiment2/simulation" (0 members)>
```

keys 메서드는 그룹 내의 하위 그룹과 데이터셋 이름에 대한 반복자를 반환하고 items 메서드는 그룹의 각 항목에 대한 (name, value) 튜플의 반복자를 반환한다. 이 반복자를 이용하면 그룹의 계층을 프로그램적으로 탐색할 수 있다.

```
In [45]: list(f.keys())
Out[45]: ['experiment1', 'experiment2']
In [46]: list(f.items())
```

```
Out[46]: [('experiment1', <HDF5 group "/experiment1" (0 members)>),
          ('experiment2', <HDF5 group "/experiment2" (2 members)>)]
```

HDF5 파일에서 그룹의 계층 구조를 탐색할 때 visit 메서드를 이용할 수 있다. visit 메서드는 함수를 인수로 취하는데, 파일 계층에서 각 항목의 이름과 함께 그 함수를 호출한다.

```
In [47]: f.visit(lambda x: print(x))
experiment1
experiment2
experiment2/measurement
experiment2/simulation
```

함수 호출 시 항목 이름과 함께 항목 자체도 호출한다는 점을 제외하고는 visit와 동일한 작업을 수행하는 visititems 메서드도 있다.

```
In [48]: f.visititems(lambda name, item: print(name, item))
experiment1 <HDF5 group "/experiment1" (0 members)>
experiment2 <HDF5 group "/experiment2" (2 members)>
experiment2/experiment <HDF5 group "/experiment2/measurement" (0 members)>
experiment2/simulation <HDF5 group "/experiment2/simulation" (0 members)>
```

Python 딕셔너리의 의미를 그대로 따라 Group 객체에서도 Python 키워드 in을 사용하면 집합의 멤버십 테스트를 수행할 수 있다.

```
In [49]: "experiment1" in f
Out[49]: True
In [50]: "simulation" in f["experiment2"]
Out[50]: True
In [51]: "experiment3" in f
Out[51]: False
```

Visit와 visititems를 keys, items와 같은 딕셔너리류의 메서드와 함께 사용하면 내용이나 구조에 대한 딕셔너리 정보가 없더라도 HDF5 파일의 내용이나 구조를 손쉽게 탐색할 수 있다. HDF5를 편리하게 탐색할 수 있는 기능은 유형의 유용성 측면에서 매우 중요하다. 또한 이 유형의 파일로 작업할 때 HDF5 파일의 내용을 탐색하기에 유용한 외부의 비Python 도구가 있다. 특히 h5ls 명령 줄 도구는 HDF5 파일의 내용을 신속히 검사할 때 유용하다.

```
In [52]: f.flush()
In [53]: !h5ls -r data.h5
/                         Group
/experiment1              Group
/experiment2              Group
/experiment2/measurement  Group
/experiment2/simulation   Group
```

여기서는 파일의 모든 항목을 재귀적으로 표시하기 위해 h5ls 프로그램에 -r 플래그를 사용했다. h5ls 프로그램은 hdf5-tools라는 패키지가 제공하는 일련의 HDF5 유틸리티 프로그램의 일부다(h5stat, h5copy, h5diff 등 참고). 이러한 도구는 Python 도구는 아니지만 일반적으로 HDF5 파일로 작업할 때나 Python 내에서 작업할 때 매우 유용하다.

데이터셋

이제 HDF5 파일 내에서 그룹을 만들고 액세스하는 방법을 알아봤으므로 데이터셋을 저장하는 방법을 살펴볼 때가 됐다. 수치 데이터를 저장하는 것이 바로 HDF5 유형을 사용하는 주요 목적이다. h5py를 사용해 HDF5 파일에 데이터셋를 생성하는 두 가지 방법이 있다. 데이터셋을 만드는 가장 쉬운 방법은 딕셔너리 인덱스 구문을 사용해 단순히 Numpy 배열을 HDF5 그룹 내의 항목에 할당하는 것이다. 두 번째 방법은 create_dataset 메서드를 사용해 빈 데이터셋을 생성하는 것으로, 이 절의 뒷부분에서 예를 살펴본다.

예를 들어 2개의 Numpy 배열 array1과 meas1을 각각 루트 그룹과 experiment2/measurement 그룹에 저장하려면 다음처럼 해야 한다.

```
In [54]: array1 = np.arange(10)
In [55]: meas1 = np.random.randn(100, 100)
In [56]: f["array1"] = array1
In [57]: f["/experiment2/measurement/meas1"] = meas1
```

할당된 Numpy 배열에 해당하는 데이터셋이 파일에 추가됐는지 확인하기 위해 visititems 메서드를 사용해 파일 계층을 탐색해보자.

```
In [58]: f.visititems(lambda name, value: print(name, value))
array1 <HDF5 dataset "array1": shape (10,), type "<i8">
experiment1 <HDF5 group "/experiment1" (0 members)>
experiment2 <HDF5 group "/experiment2" (2 members)>
experiment2/measurement <HDF5 group "/experiment2/measurement" (1 members)>
experiment2/measurement/meas1 <HDF5 dataset "meas1": shape (100, 100),
type "<f8">
experiment2/simulation <HDF5 group "/experiment2/simulation" (0 members)>
```

실제로 array1과 meas1 데이터셋이 파일에 추가됐다는 것을 알 수 있다. 할당할 때 딕셔너리 키로 사용한 경로가 파일 내의 데이터셋의 위치로 결정된다는 점에 유의하자. 데이터셋과 그룹을 검색하기 위해 사용했던 것과 동일한 딕셔너리와 같은 구문을 사용할 수 있다. 예를 들어 루트 그룹에 저장된 array1 데이터셋을 검색하려면 f["array1"] 식으로 사용할 수 있다.

```
In [59]: ds = f["array1"]
In [60]: ds
Out[60]: <HDF5 dataset "array1": shape (10,), type "<i8">
```

결과는 array1 항목에 할당했던 것과 같은 Numpy 배열이 아니라 Dataset 객체다. Dataset 객체는 HDF5 내의 기저 데이터에 대한 대용물이다. Numpy 배열처럼 Dataset 객체는 name, dtype, shape 등 데이터셋을 기술하는 몇 가지 속성을 갖고 있다. 또한 데이터셋의 길이를 반환하는 len 메서드도 있다.

```
In [61]: ds.name
Out[61]: '/array1'
In [62]: ds.dtype
Out[62]: dtype('int64')
In [63]: ds.shape
Out[63]: (10,)
In [64]: ds.len()
Out[64]: 10
```

데이터셋의 실제 데이터는 value 속성을 사용해 액세스할 수 있다. value 속성은 전체 데이터셋을 Numpy 배열로 반환하는데, 여기서는 array1 데이터셋에 할당했던 배열과 동일하다.

```
In [65]: ds.value
Out[65]: array([0, 1, 2, 3, 4, 5, 6, 7, 8, 9])
```

그룹 계층 아래로 더 깊게 데이터셋에 접근하려면 파일 시스템 같은 경로 이름을 사용해야 한다. 예를 들어 그룹 experiment2/measurement의 meas1 데이터셋을 검색하려면 다음처럼 사용할 수 있다.

```
In [66]: ds = f["experiment2/measurement/meas1"]
In [67]: ds
Out[67]: <HDF5 dataset "meas1": shape (100, 100), type "<f8">
```

여기서도 다시 Dataset 객체를 얻는데, 그 기본 속성은 앞서 소개한 객체 속성을 사용해 검사할 수 있다.

```
In [68]: ds.dtype
Out[68]: dtype('float64')
In [69]: ds.shape
Out[69]: (100, 100)
```

이 데이터셋의 데이터 유형은 float64이고, 데이터셋 array1의 데이터 유형은 int64이다. 이 유형 정보는 두 데이터셋에 할당된 Numpy 배열에서 도출됐다. 여기서 다시 value 속성을 사용해 배열을 Numpy 배열로 가져올 수 있다. 동일한 작업에 대한 대체 구문은 생략 부호를 사용한 대괄호 인덱싱 ds[...]이다.

```
In [70]: data_full = ds[...]
In [71]: type(data_full)
Out[71]: numpy.ndarray
In [72]: data_full.shape
Out[72]: (100, 100)
```

이는 Numpy와 같은 배열 인덱싱의 한 예다. Dataset 객체는 Numpy에서 사용되는 대부분의 인덱싱 및 슬라이싱 유형을 지원하며, 이는 파일에서 데이터를 부분적으로 읽을 수 있는 강력하고 유연한 방법을 제공한다. 예를 들어 meas1 데이터셋에서 첫 번째 열만 검색하는 방법은 다음과 같다.

```
In [73]: data_col = ds[:, 0]
In [74]: data_col.shape
Out[74]: (100,)
```

결과는 데이터셋의 첫 번째 열에 해당하는 100개 원소의 배열이다. 이 슬라이싱은 Numpy가 아닌 HDF5 라이브러리 내에서 수행되므로 이 예에서는 데이터셋을 메모리에 완전히 로드하지 않고 파일에서 단 100개의 요소만 읽고 결과 Numpy 배열에 저장했다는 것에 주목하자. 이 방법은 메모리에 들어 가지 않는 대용량 데이터셋으로 작업할 때 매우 중요한 기능이다.

예를 들어 Dataset 객체는 스트라이드 인덱싱도 지원한다.

```
In [75]: ds[10:20:3, 10:20:3] # 3 스트라이드
Out[75]: array([[-0.22321057, -0.61989199,  0.78215645,  0.73774187],
                [-1.03331515,  2.54190817, -0.24812478, -2.49677693],
                [ 0.17010011,  1.88589248,  1.91401249, -0.63430569],
                [ 0.4600099 , -1.3242449 ,  0.41821078, 1.47514922]])
```

또한 배열 차원 중 하나를 리스트로 제공할 수 있는 팬시 인덱싱fancy indexing도 가능하다 (하나를 넘는 인덱스에는 작동하지 않는다).

```
In [76]: ds[[1,2,3], :].shape
Out[76]: (3, 100)
```

또한 데이터셋을 인덱스할 때 부울 값의 Numpy 배열을 사용하는 부울 인덱싱도 이용할 수 있다. 예를 들어 각 행마다 첫 열 (ds[:, 0])이 2보다 큰, 처음 다섯 열(두 번째 축에서 :5로 인덱싱)을 골라내려면 부울 마스크 ds[:, 0] > 2를 사용해 인덱싱해야 한다.

```
In [77]: mask = ds[:, 0] > 2
In [78]: mask.shape, mask.dtype
Out[78]: ((100,), dtype('bool'))
In [79]: ds[mask, :5]
Out[79]: array([[ 2.1224865 ,  0.70447132, -1.71659513, 1.43759445,
                 -0.61080907],
               [ 2.11780508, -0.2100993 ,  1.06262836,
                 -0.46637199, 0.02769476],
               [ 2.41192679, -0.30818179, -0.31518842, -1.78274309,
                 -0.80931757],
```

```
            [  2.10030227,  0.14629889,  0.78511191,
              -0.19338282,  0.28372485]])
```

Dataset 객체는 기저 데이터의 부분 집합을 골라낼 때 Numpy의 인덱싱과 슬라이싱 구문을 사용하므로 Python에서 h5py를 사용해 대형 HDF5 데이터셋으로 작업하는 일은 Numpy에 익숙한 사람에게는 매우 자연스럽다. 또한 대용량 파일의 경우, 객체에서 인덱스 슬라이스를 이용할 때 Dataset에서 사용할 때와 value 속성을 통해 Numpy 배열로 접근해 사용할 때는 큰 차이가 있는데 전자는 전체 데이터셋을 메모리에 로드하는 것을 없앨 수 있게 해준다. 지금까지 그룹 객체의 항목에 데이터를 명시적으로 할당함으로써 HDF5 파일에서 데이터셋을 생성하는 방법을 살펴봤다. create_dataset 메서드를 사용해도 데이터셋을 명시적으로 생성할 수 있다. create_dataset은 새 데이터셋의 이름을 첫 번째 인수로 취하는데 data 인수를 사용해 새로운 데이터셋의 데이터를 설정하거나 shape 인수를 설정해 빈 배열을 생성할 수 있다. 예를 들어 할당 f["array2"] = np.random.randint(10, size=10) 대신 create_dataset 메서드를 다음처럼 사용할 수 있다.

```
In [80]: ds = f.create_dataset("array2", data=np.random.randint(10,
         size=10))
In [81]: ds
Out[81]: <HDF5 dataset "array2": shape (10,), type "<i8">
In [82]: ds.value
Out[82]: array([2, 2, 3, 3, 6, 6, 4, 8, 0, 0])
```

명시적으로 create_dataset 메서드를 호출할 때는 결과 데이터셋의 속성을 좀 더 세밀하게 제어할 수 있다. 예를 들어 dtype 인수를 사용해 데이터셋의 데이터 유형을 명시적으로 설정할 수 있는 경우, compress 인수를 사용해 압축 방법을 선택하고 chunks 인수를 사용하면 청크chunk 크기를 설정할 수 있으며 maxsize 인수를 설정하면 가변 데이터셋의 최대 허용 배열 크기를 지정할 수 있다. Dataset 객체와 관련된 고급 기능도 많다. 좀 더 자세한 내용은 create_dataset의 docstrings를 참고하라. 데이터셋 초기화 시 배열을 제공하는 대신 shape 인수를 지정해 빈 배열을 생성할 때 `fillvalue` 인수를 사용하면 데이터셋의 기본값을 설정할 수도 있다. 예를 들어 형상이 (5, 5)이고 기본값이 −1인 빈 데이터셋을 생성하려면 다음처럼 할 수 있다.

```
In [83]: ds = f.create_dataset("/experiment2/simulation/data1",
            shape=(5, 5), fillvalue=-1)
In [84]: ds
Out[84]: <HDF5 dataset "data1": shape (5, 5), type "<f4">
In [85]: ds.value
Out[85]: array([[-1., -1., -1., -1., -1.],
               [-1., -1., -1., -1., -1.],
               [-1., -1., -1., -1., -1.],
               [-1., -1., -1., -1., -1.],
               [-1., -1., -1., -1., -1.]], dtype=float32)
```

HDF5는 빈 데이터셋의 디스크 사용량을 스마트하게 처리하며, `compression` 인수를 사용해 압축 방식을 선택하면 필요 이상의 데이터를 저장하지 않는다. 사용할 수 있는 압축 방법으로는 `'gzip'` 등을 비롯한 몇 가지가 있다. 데이터셋 압축을 사용하면 초기에 많은 저장 공간을 낭비하지 않고 매우 큰 대형 데이터셋을 생성한 후 측정 결과 또는 계산 결과가 가용됐을 때만 점진적으로 데이터를 채워나갈 수 있다. 예를 들어 experiment1 / simulation 그룹의 data1에 shape(5000, 5000, 5000)의 대용량 데이터셋을 만들어보자.

```
In [86]: ds = f.create_dataset("/experiment1/simulation/data1",
          shape=(5000, 5000, 5000), fillvalue=0, compression='gzip')
In [87]: ds
Out[87]: <HDF5 dataset "data1": shape (5000, 5000, 5000), type "<f4">
```

먼저 이 데이터셋을 데이터로 채우기 시작할 때까지는 어떠한 메모리나 디스크 공간도 사용하지 않는다. 데이터 집합에 값을 할당하기 위해 다시 Numpy와 같은 인덱싱 구문을 사용해 데이터셋의 특정 요소 또는 슬라이스 구문으로 선택한 부분 집합에 값을 할당할 수 있다.

```
In [88]: ds[:, 0, 0] = np.random.rand(5000)
In [89]: ds[1, :, 0] += np.random.rand(5000)
In [90]: ds[:2, :5, 0]
Out[90]: array([[ 0.67240328, 0. , 0. , 0. , 0. ],
                [ 0.99613971, 0.48227152, 0.48904559, 0.78807044, 0.62100351]],
               dtype=float32)
```

값이 할당되지 않은 요소는 배열을 만들 때 `fillvalue`로 지정한 값으로 설정된다는 점에 주목하자. 데이터셋의 초기 채우기 값을 알 수 없는 경우에는 Dataset 객체의 `fillvalue` 속성을 찾아보면 알 수 있다.

```
In [91]: ds.fillvalue
Out[91]: 0.0
```

새로 생성된 데이터셋이 실제로 할당하려고 했던 그룹에 저장됐는지 확인하려면 다시 `visititems` 메서드를 사용해 experiment1 그룹의 내용을 나열해볼 수 있다.

```
In [92]: f["experiment1"].visititems(lambda name, value: print(name,
         value))
simulation <HDF5 group "/experiment1/simulation" (1 members)>
simulation/data1 <HDF5 dataset "data1": shape (5000, 5000, 5000), type
"<f4">
```

비록 데이터셋 experiment1/simulation/data1은 매우 크지만(4 × 50003바이트~465Gb) 아직 많은 데이터를 채우지 않았기 때문에 HDF5 파일은 여전히 디스크 공간을 많이 차지하지 않는다(약 357kb).

```
In [93]: f.flush()
In [94]: f.filename
Out[94]: 'data.h5'
In [95]: !ls -lh data.h5
```

```
-rw-r--r--@ 1 rob staff    357K Apr 5 18:48 data.h5
```

지금까지 HDF5 파일 내에서 그룹과 데이터셋을 만드는 방법을 살펴봤다. 물론 파일에서 항목을 삭제하는 작업도 필요하다. h5py를 사용하면 Python del 키워드를 사용해 그룹에서 항목을 삭제할 수 있다.

```
In [96]: del f["/experiment1/simulation/data1"]
In [97]: f["experiment1"].visititems(lambda name, value: print(name, value))
simulation <HDF5 group "/experiment1/simulation" (0 members)>
```

속성

속성^{Attributes}은 HDF5 유형의 구성 요소로, 메타데이터의 활용을 통해 데이터에 주석을 달거나 스스로 설명하는 데이터를 제공하기에 매우 좋은 유형으로 만들어준다. 예를 들어 경험 데이터를 저장할 때 관측 데이터와 함께 기록해야 하는 외부 매개변수나 조건이 있는 경우가 많다. 이와 마찬가지로 컴퓨터 시뮬레이션에서는 일반적으로 생성된 시뮬레이션 결과와 함께 추가 모델 또는 시뮬레이션 매개변수를 저장할 필요가 있다. 이 모든 경우에 가장 좋은 해결책은 필요한 추가 매개변수가 주 데이터셋과 함께 메타데이터로 저장되도록 하는 것이다.

HDF5 포맷은 속성을 사용해 이러한 유형의 메타데이터를 지원한다. HDF5 파일 내의 각 그룹 및 데이터셋에는 임의 개수의 속성을 첨부할 수 있다. h5py 라이브러리를 사용하면 그룹에서처럼 딕셔너리 같은 인터페이스를 사용해 속성에 접근할 수 있다. Group과 Dataset 객체의 Python 속성 attrs를 사용하면 HDF5 속성에 접근할 수 있다.

```
In [98]: f.attrs
Out[98]: <Attributes of HDF5 object at 4462179384>
```

속성을 생성하려면 대상 객체의 attrs에 딕셔너리를 할당해야 한다. 예를 들어 루트 그룹에 대한 description 속성을 생성하는 방법은 다음과 같다.

```
In [99]: f.attrs["description"] = "Result sets for experiments and
simulations"
```

이와 유사하게 experiment1과 experiment2 그룹에 date 속성을 추가해보자.

```
In [100]: f["experiment1"].attrs["date"] = "2015-1-1"
In [101]: f["experiment2"].attrs["date"] = "2015-1-2"
```

그룹뿐 아니라 데이터셋에 직접 속성을 추가할 수도 있다.

```
In [102]: f["experiment2/simulation/data1"].attrs["k"] = 1.5
In [103]: f["experiment2/simulation/data1"].attrs["T"] = 1000
```

그룹과 마찬가지로 Attribute 객체의 keys나 items 메서드를 사용하면 다음과 같이 속성에 대한 반복자를 통해 검색할 수 있다.

```
In [104]: list(f["experiment1"].attrs.keys())
Out[104]: ['date']
In [105]: list(f["experiment2/simulation/data1"].attrs.items())
Out[105]: [('k', 1.5), ('T', 1000)]
```

속성의 존재 여부는 Python 딕셔너리 의미를 따라 Python의 in 연산자로 테스트할 수 있다.

```
In [106]: "T" in f["experiment2/simulation/data1"].attrs
Out[106]: True
```

기존 속성을 삭제하려면 del 키워드를 사용해야 한다.

```
In [107]: del f["experiment2/simulation/data1"].attrs["T"]
In [108]: "T" in f["experiment2/simulation"].attrs
Out[108]: False
```

HDF5의 그룹 및 데이터셋의 속성은 실제 데이터셋과 함께 메타데이터를 저장하는 데 적합하다. 속성을 아낌없이 사용하면 데이터에 문맥을 제공하는 데 도움이 될 수 있으며 대개 데이터를 유용하게 사용하려면 데이터를 설명해주는 이러한 문맥이 제공돼야 한다.

PyTables

PyTables 라이브러리는 Python용 HDF5에 대한 대체 인터페이스를 제공한다. 이 라이브러리의 초점은 HDF5 유형을 사용해 구현된 고급 테이블 기반 데이터 모델이지만 PyTable은 h5py 라이브러리처럼 일반적인 HDF5 그룹과 데이터셋을 만들고 읽는 데도 사용될 수 있다. 여기에서는 앞 절에서 논의했던 h5py 라이브러리를 보완하는 테이블 데이터 모델에 초점을 맞춘다. PyTables 테이블 객체의 사용법을 보여주기 위해 이 절 앞에서 사용했던 NHL 선수 통계를 다시 사용하는데, 앞에서는 데이터셋의 Pandas DataFrame으로부터 PyTables 테이블을 구성했다. 따라서 여기서는 먼저 데이터셋을 read_csv 함수를 사용해 DataFrame 객체로 읽어 들인다.

```
In [109]: df = pd.read_csv("playerstats-2013-2014.csv", skiprows=1)
     ...: df = df.set_index("Rank")
```

다음은 table.open_file 함수[4]를 사용해 새로운 PyTables HDF5 파일 핸들을 생성한다. 이 함수는 파일 이름을 첫 번째 인수, 파일 모드를 선택적 두 번째 인수로 취한다. 결

---

4   PyTables 라이브러리에서 제공되는 Python 모듈의 이름은 tables라는 점에 유의하자. 따라서 tables.open_file이란 PyTables 라이브러리에서 제공된 tables 모듈에 있는 open_file 함수를 의미한다.

과는 PyTables HDF5 파일 핸들(여기에는 변수 f에 할당함)이다.

```
In [110]: f = tables.open_file("playerstats-2013-2014.h5", mode="w")
```

h5py 라이브러리와 마찬가지로 파일 핸들 객체의 create_group 메서드를 사용해 HDF5 그룹을 만들 수 있다. create_group 메서드는 부모 그룹에 대한 경로를 첫 번째 인수로 취하고, 그룹 이름은 두 번째 인수로 취하며, 선택적으로 title 인수를 통해 그룹에 HDF5 속성을 설정할 수 있다.

```
In [111]: grp = f.create_group("/", "season_2013_2014",
     ...:                       title="NHL player statistics for the
                               2013/2014 season")
In [112]: grp
Out[112]: /season_2013_2014 (Group) 'NHL player statistics for the
2013/2014 season'
          children := []
```

PyTables의 파일 핸들 객체는 h5py 라이브러리와 달리, HDF5 파일의 루트 그룹을 나타내지 않는다. 루트 노드에 접근하려면 파일 핸들 객체의 root 속성을 사용해야 한다.

```
In [113]: f.root
Out[113]: / (RootGroup) "
          children := ['season_2013_2014' (Group)]
```

PyTables 라이브러리의 좋은 점은 HDF5의 구조체와 유사한 복합 데이터 유형을 사용해 혼합 열 유형으로 테이블을 만드는 것이 쉽다는 것이다. PyTables로 이러한 테이블 데이터 구조를 정의하는 가장 간단한 방법은 tables.IsDescription 클래스의 속성을 상속받은 클래스를 생성하는 것이다. 이 클래스는 tables 라이브러리의 데이터 유형 표현으로 구성된 필드를 포함해야 한다. 예를 들어 선수 통계 데이터셋에 대한 테이블 구조를 설정하려면 다음처럼 할 수 있다.

```
In [114]: class PlayerStat(tables.IsDescription):
    ...:     player = tables.StringCol(20, dflt="")
    ...:     position = tables.StringCol(1, dflt="C")
    ...:     games_played = tables.UInt8Col(dflt=0)
    ...:     points = tables.UInt16Col(dflt=0)
    ...:     goals = tables.UInt16Col(dflt=0)
    ...:     assists = tables.UInt16Col(dflt=0)
    ...:     shooting_percentage = tables.Float64Col(dflt=0.0)
    ...:     shifts_per_game_played = tables.Float64Col(dflt=0.0)
```

여기서 PlayerStat 클래스는 8개의 열이 있는 테이블의 테이블 구조를 나타내며, 첫 두 열은 고정 길이 문자열(tables.StringCol)이고 다음 4개 열은 부호 없는 정수다(tables. UInt8Col 및 tables.UInt16Col, 8비트와 16 비트 크기), 마지막 두 열은 부동소수점 유형 (tables.Float64Col)이다. 데이터 유형 객체의 dflt 옵션 인수는 필드의 기본값을 지정한다. 이 유형의 클래스를 사용해 테이블 구조를 정의한 후에는 create_table 메서드를 사용해 HDF5 파일에 실제 테이블을 만들 수 있다. create_table의 첫 번째 인수는 그룹 객체나 상위 노드로의 경로, 두 번째 인수로 테이블 이름, 세 번째 인수로 테이블 설정, 네 번째 인수로 테이블 제목을 취한다(해당 데이터셋에 HDF5 속성으로 저장).

```
In [115]: top30_table = f.create_table(grp, 'top30', PlayerStat, "Top 30
          point leaders")
```

테이블에 데이터를 삽입하려면 테이블 객체의 row 속성을 사용해 행 값을 채울 수 있는 딕셔너리로 사용되는 Row 접근자^{accessor} 클래스를 검색한다. 행 객체가 완전히 초기화되면 실제로 행을 테이블에 삽입하기 위해 append 메서드를 사용할 수 있다.

```
In [116]: playerstat = top30_table.row
In [117]: for index, row_series in df.iterrows():
    ...:     playerstat["player"] = row_series["Player"]
    ...:     playerstat["position"] = row_series["Pos"]
```

```
   ...:        playerstat["games_played"] = row_series["GP"]
   ...:        playerstat["points"] = row_series["P"]
   ...:        playerstat["goals"] = row_series["G"]
   ...:        playerstat["assists"] = row_series["A"]
   ...:        playerstat["shooting_percentage"] = row_series["S%"]
   ...:        playerstat["shifts_per_game_played"] = row_series["Shift/GP"]
   ...:        playerstat.append()
```

flush 메서드는 테이블 데이터를 강제로 파일에 쓴다.

```
In [118]: top30_table.flush()
```

테이블에서 데이터에 접근하려면 cols 속성을 사용해 열을 Numpy 배열로 검색할 수 있다.

```
In [119]: top30_table.cols.player[:5]
Out[119]: array([b'Sidney Crosby', b'Ryan Getzlaf', b'Claude Giroux',
                b'Tyler Seguin', b'Corey Perry'], dtype='|S20')
In [120]: top30_table.cols.points[:5]
Out[120]: array([104, 87, 86, 84, 82], dtype=uint16)
```

행을 따라 데이터에 접근하려면 iterrows 메서드를 사용해 표의 모든 행에 걸쳐 반복자를 생성할 수 있다. 여기서는 이 접근 방식을 사용해 모든 행을 루프를 돌며 표준 출력을 사용해 나타낸다(여기서는 지면 관계상 출력을 잘랐다).

```
In [121]: def print_playerstat(row):
   ...:        print("%20s\t%s\t%s\t%s" %
   ...:              (row["player"].decode('UTF-8'), row["points"],
   ...:               row["goals"], row["assists"]))
In [122]: for row in top30_table.iterrows():
   ...:        print_playerstat(row)
   Sidney Crosby     104      36      68
Ryan Getzlaf          87      31      56
Claude Giroux         86      28      58
```

```
Tyler Seguin        84    37    47
...
Jaromir Jagr        67    24    43
John Tavares        66    24    42
Jason Spezza        66    23    43
Jordan Eberle       65    28    37
```

PyTables 테이블 인터페이스의 가장 강력한 특징 중 하나는 쿼리를 사용해 기저 HDF5
에서 선택적으로 행을 추출하는 기능이다. 예를 들어 where 메서드를 사용하면 PyTables
가 행을 필터링하기 위해 사용할 문자열을 테이블 열에 대한 식으로 전달할 수 있다.

```
In [123]: for row in top30_table.where("(points > 75) & (points <= 80)"):
     ...:     print_playerstat(row)
Phil Kessel         80    37    43
Taylor Hall         80    27    53
Alex Ovechkin       79    51    28
Joe Pavelski        79    41    38
Jamie Benn          79    34    45
Nicklas Backstrom   79    18    61
Patrick Sharp       78    34    44
Joe Thornton        76    11    65
```

where 메서드를 사용하면 조건을 여러 열로 정의할 수 있다.

```
In [124]: for row in top30_table.where("(goals > 40) & (points < 80)"):
     ...:     print_playerstat(row)
Alex Ovechkin       79    51    28
Joe Pavelski        79    41    38
```

이 함수를 통해 데이터베이스와 같은 방식으로 테이블을 조회할 수 있다. 비록 현재와 같
은 작은 데이터셋의 경우, 이러한 종류의 작업은 Pandas DataFrame을 사용해 메모리에
서 직접 수행할 수 있지만 HDF5 파일은 디스크에 저장돼 있고 PyTables 라이브러리에

서 입출력을 효율적으로 사용하면 메모리에 모두 로드되지 않는 매우 큰 데이터셋으로도 작업할 수 있으므로 Numpy나 Pandas를 사용해 전체 데이터셋을 사용하는 것을 없앨 수 있다.

이 절을 끝내기 전에 방금 생성한 PyTables 테이블을 포함하는 결과 HDF5 파일의 구조를 조사해보자.

```
In [125]: f
Out[125]: File(filename=playerstats-2013-2014.h5, title=", mode='w',
          root_uep='/', filters=Filters(complevel=0, shuffle=False,
          fletcher32=False, least_significant_digit=None))
          / (RootGroup) " /season_2013_2014 (Group) 'NHL player stats for
            the 2013/2014 season'
          /season_2013_2014/top30 (Table(30,)) 'Top 30 point leaders'
              description := {
              "assists": UInt16Col(shape=(), dflt=0, pos=0),
              "games_played": UInt8Col(shape=(), dflt=0, pos=1),
              "goals": UInt16Col(shape=(), dflt=0, pos=2),
              "player": StringCol(itemsize=20, shape=(), dflt=b", pos=3),
              "points": UInt16Col(shape=(), dflt=0, pos=4),
              "position": StringCol(itemsize=1, shape=(), dflt=b'C',
              pos=5),
               "shifts_per_game_played": Float64Col(shape=(), dflt=0.0,
              pos=6),
               "shooting_percentage": Float64Col(shape=(), dflt=0.0, pos=7)}
              byteorder := 'little'
              chunkshape := (1489,)
```

PyTables 파일 핸들의 문자열 표현과 포함된 HDF5 파일 계층 구조에서 PyTables 라이브러리가 앞서 생성한 PlayerStat 객체에 있는 명세에 따라 복잡한 복합 데이터 구조를 사용하는 데이터셋 /season_2013_2014/top30을 생성한 것을 알 수 있다. 마지막으로 파일에서 데이터셋 수정이 끝나면 flush 메서드를 사용해 버퍼를 플러시하고 파일에 강제로 쓰기 작업을 수행할 수 있으며 파일 작업이 끝나면 close 메서드를 사용해 파일을 닫을 수 있다.

```
In [126]: f.flush()
In [127]: f.close()
```

비록 여기서는 일반적인 균질 배열과 같은 다른 유형의 데이터셋을 다루지 않지만, PyTables 라이브러리는 이러한 유형의 데이터 구조도 지원한다는 것을 언급할 필요가 있다. 예를 들어 create_array, create_carray 그리고 create_earray를 사용해 각각 고정 크기의 배열, 청크된 배열, 확대 가능한 배열을 구성할 수 있다. 이러한 데이터 구조를 사용하는 방법에 대한 좀 더 자세한 내용은 해당 문서를 참고하라.

Pandas HDFStore

Python을 사용해 HDF5 파일에 데이터를 저장하는 세 번째 방법은 Pandas에서 HDFStore 객체를 사용하는 것이다. HDFStore 객체는 DataFrame과 다른 Pandas 개체를 HDF5 파일에 일관되게 저장하는 데 사용할 수 있다. Pandas에서 이 기능을 사용하려면 PyTables 라이브러리가 설치돼야 한다. 초기화 때 파일 이름을 전달하면 HDFStore 객체를 만들 수 있다. 결과 HDFStore 객체는 딕셔너리로 사용할 수 있으며, 여기에서 Pandas DataFrame 인스턴스를 할당해 HDF5 파일에 저장하도록 지정할 수 있다.

```
In [128]: store = pd.HDFStore('store.h5')
In [129]: df = pd.DataFrame(np.random.rand(5,5))
In [130]: store["df1"] = df
In [131]: df = pd.read_csv("playerstats-2013-2014-top30.csv", skiprows=1)
In [132]: store["df2"] = df
```

HDFStore 객체는 일반적인 Python 딕셔너리처럼 작동하며, keys 메서드를 호출하면 어떤 객체가 들어 있는지 확인할 수 있다.

```
In [133]: store.keys()
Out[133]: ['/df1', '/df2']
```

그리고 Python의 in 키워드를 사용하면 주어진 키가 객체에 존재하는지 테스트할 수 있다.

```
In [134]: 'df2' in store
Out[134]: True
```

저장소에서 객체를 검색하려면 다시 딕셔너리류의 의미 체계를 사용하고 해당 키를 사용해 객체를 인덱스해야 한다.

```
In [135]: df = store["df1"]
```

HDFStore 객체에서 root 속성을 사용하면 기저 HDF5 핸들에 접근할 수도 있다. 실제로 이 값은 그냥 PyTables 파일 핸들일 뿐이다.

```
In [136]: store.root
Out[136]: / (RootGroup) "    children := ['df1' (Group), 'df2' (Group)]
```

일단 HDFStore 객체를 모두 사용했으면 관련된 모든 데이터가 파일에 기록되도록 하기 위해 close 메서드를 사용해 닫아야 한다.

```
In [137]: store.close()
```

HDF5는 표준 파일 유형이기 때문에 Pandas HDFStore나 PyTables로 만들어진 HDF5 파일은 h5py 라이브러리와 같은 다른 HDF5 호환 소프트웨어로 문제 없이 열 수 있다. h5py로 HDFStore로 생성한 파일을 열어보면 그 내용을 쉽게 살펴볼 수 있고 HDFStore 객체가 우리가 할당한 DataFrame 객체의 데이터를 어떻게 정리했는지도 볼 수 있다.

```
In [138]: f = h5py.File("store.h5")
In [139]: f.visititems(lambda x, y: print(x, "\t" * int(3 -
```

```
          len(str(x))//8), y))
df1                <HDF5 group "/df1" (4 members)>
df1/axis0          <HDF5 dataset "axis0": shape (5,), type "<i8">
df1/axis1          <HDF5 dataset "axis1": shape (5,), type "<i8">
df1/block0_items   <HDF5 dataset "block0_items": shape (5,), type "<i8">
df1/block0_values  <HDF5 dataset "block0_values": shape (5, 5), type "<f8">
df2                <HDF5 group "/df2" (8 members)>
df2/axis0          <HDF5 dataset "axis0": shape (21,), type "|S8">
df2/axis1          <HDF5 dataset "axis1": shape (30,), type "<i8">
df2/block0_items   <HDF5 dataset "block0_items": shape (3,), type "|S8">
df2/block0_values  <HDF5 dataset "block0_values": shape (30, 3), type "<f8">
df2/block1_items   <HDF5 dataset "block1_items": shape (14,), type "|S4">
df2/block1_values  <HDF5 dataset "block1_values": shape (30, 14), type "<i8">
df2/block2_items   <HDF5 dataset "block2_items": shape (4,), type "|S6">
df2/block2_values  <HDF5 dataset "block2_values": shape (1,), type "|O8">
```

HDFStore 객체가 각 DataFrame 객체를 자체의 그룹으로 저장하고 각 DataFrame을 여러 개의 이종 HDF5 데이터셋(블록)으로 분할해 각 유형에 따라 열을 그룹화한 것을 알 수 있다. 또한 열 이름과 값은 별도의 HDF5 데이터셋에 저장돼 있다.

```
In [140]: f["/df2/block0_items"].value
Out[140]: array([b'S%', b'Shift/GP', b'FO%'], dtype='|S8')
In [141]: f["/df2/block0_values"][:3]
Out[141]: array([[ 13.9, 24. , 52.5],
                 [ 15.2, 25.2, 49. ],
                 [ 12.6, 25.1, 52.9]])
In [142]: f["/df2/block1_values"][:3, :5]
Out[142]: array([[ 1, 80, 36, 68, 104],
                 [ 2, 77, 31, 56,  87],
                 [ 3, 82, 28, 58, 86]])
```

JSON

JSON[JavaScript Object Notation5]은 리스트와 딕셔너리로부터 구성된 데이터셋을 저장하기에 적합한 사람이 읽을 수 있는 평문 유형으로 돼 있다. 이러한 리스트와 딕셔너리의 값 자체는 또 다른 리스트나 딕셔너리일 수 있고 반드시 문자열, 정수, 부동소수, 부울과 같은 기본 데이터 유형이거나 null 값(Python의 None 값)이어야 한다. 이 데이터 모델은 CSV와 같은 유형에서 요구되는 표 유형 등의 구조적 제약 없이 복잡하고 다재 다능한 데이터셋을 저장할 수 있다. 예를 들어 JSON 문서는 키-값 쌍의 저장소로 사용될 수 있으며, 여기서 다른 키의 값은 서로 다른 구조와 데이터 유형을 가질 수 있다. JSON 유형은 주로 웹 서비스와 JavaScript 애플리케이션 간의 정보 전달을 위한 데이터 교환 유형으로 사용하도록 설계됐다. 실제로 JSON은 JavaScript 언어의 부분 집합이며 따라서 유효한 JavaScript 코드다. 그러나 JSON 유형 자체는 Python을 포함해 본질적으로 모든 언어와 환경에서 쉽게 구문 분석하고 생성할 수 있는 언어 독립적 데이터 유형이다. JSON 구문은 거의 유효한 Python 코드이므로 Python에서 사용하기도 익숙하며 직관적이다.

앞서 10장, '희소 행렬과 그래프'에서 도쿄 지하철 노선 그래프를 살펴볼 때 이미 JSON 데이터셋의 예제를 살펴봤다. 도쿄 지하철 데이터셋을 다시 살펴보기 전에 먼저 JSON 기초에 대한 간략한 개요와 함께 Python으로 JSON을 읽고 쓰는 방법부터 살펴보자. Python 표준 라이브러리에는 JSON 유형의 데이터로 작업하기 위한 json 모듈이 제공된다. 특히 이 모듈에는 Python 데이터 구조(리스트 또는 딕셔너리)로부터 JSON 데이터를 생성하는 함수인 json.dump와 json.dumps가 있고 또 JSON 데이터를 Python 데이터 구조로 파싱하는 json.load와 json.loads가 있다. loads와 dumps 함수는 Python 문자열을 입 출력으로 취하지만 load와 dump 함수는 파일 핸들과 작업해 파일에서 데이터를 읽고 쓴다.

예를 들어 json.dumps 함수를 호출하면 Python 리스트를 JSON 문자열로 생성할 수 있다. 주어진 Python 리스트에 대한 반환값은 리스트를 생성하는 데 사용된 Python 코드

---

5   자세한 사항은 http://json.org를 참고하라.

와 매우 유사한 JSON 문자열 표현이다. 그러나 주목할 만한 예외는 Python 값 None으로, JSON에는 null로 표시된다.

```
In [143]: data = ["string", 1.0, 2, None]
In [144]: data_json = json.dumps(data)
In [145]: data_json
Out[145]: '["string", 1.0, 2, null]'
```

JSON 문자열을 다시 Python 객체로 변환하려면 json.loads를 사용해야 한다.

```
In [146]: data = json.loads(data_json)
In [147]: data
Out[147]: ['string', 1.0, 2, None]
In [148]: data[0]
Out[148]: 'string'
```

JSON 문자열과 동일한 방법으로 Python 딕셔너리도 저장할 수 있다. 이번에도 결과 JSON 문자열은 딕셔너리를 정의하기 위한 Python 코드 자체와 동일하다.

```
In [149]: data = {"one": 1, "two": 2.0, "three": "three"}
In [150]: data_json = json.dumps(data)
In [151]: data_json
Out[151]: '{"two": 2.0, "three": "three", "one": 1}'
```

JSON 문자열을 구문 분석해 다시 Python 객체로 변환하려면 다시 json.loads를 사용해야 한다.

```
In [152]: data = json.loads(data_json)
In [153]: data["two"]
Out[153]: 2.0
In [154]: data["three"]
Out[154]: 'three'
```

목록과 딕셔너리의 조합은 다용도 데이터 구조를 만든다. 예를 들어 리스트나 리스트의 딕셔너리를 가변 개수의 요소들로 저장할 수 있다. 이러한 유형의 데이터는 표 형태의 배열로 직접 저장하기 어려우며 내포된 리스트와 딕셔너리가 있으면 표 형태의 저장은 거의 불가능하다. json.dump와 json.dumps 함수로 JSON 데이터를 생성할 때 선택적으로 indent=true 인수를 설정해 보다 읽기 쉬운 jSON 코드를 얻을 수 있다.

```
In [155]: data = {"one": [1],
    ...:          "two": [1, 2],
    ...:          "three": [1, 2, 3]}
In [156]: data_json = json.dumps(data, indent=True)
In [157]: data_json
Out[157]: {
            "two": [
             1,
             2
             ],
            "three": [
             1,
             2,
             3
             ],
            "one": [
              1
             ]
          }
```

보다 복잡한 데이터 구조의 예로서 리스트, 딕셔너리, 튜플의 리스트, 텍스트 문자열을 가진 딕셔너리를 살펴보자. json.dumps를 이용해 앞의 데이터 구조를 JSON 표현으로 생성한 것과 동일한 방법을 사용할 수도 있지만, 여기서는 json.dump 함수를 사용해 내용을 파일에 저장한다. json.dumps와 비교했을 때 추가로 파일 핸들을 제2 인수로 취하는데, 이 핸들은 미리 만들어져 있어야 한다.

```
In [158]: data = {"one": [1],
     ...:         "two": {"one": 1, "two": 2},
     ...:         "three": [(1,), (1, 2), (1, 2, 3)],
     ...:         "four": "a text string"}
In [159]: with open("data.json", "w") as f:
     ...:     json.dump(data, f)
```

Python 데이터 구조의 JSON 표현 결과는 파일 data.json에 기록된다.

```
In [160]: !cat data.json
{"four": "a text string", "two": {"two": 2, "one": 1}, "three": [[1],
        [1, 2], [1, 2, 3]],
"one": [1]}
```

JSON 유형의 파일을 읽고 구문 분석해 Python 데이터 구조로 만들려면 json.load를 사용해야 한다. 이를 위해 파일을 연 다음 그 파일 핸들을 json.load에 전달해야 한다.

```
In [161]: with open("data.json", "r") as f:
     ...:     data_from_file = json.load(f)
In [162]: data_from_file["two"]
Out[162]: [1, 2]
In [163]: data_from_file["three"]
Out[163]: [[1], [1, 2], [1, 2, 3]]
```

json.load에 의해 반환된 데이터 구조가 json.dump로 저장된 데이터 구조와 항상 동일하지는 않다. 특히 JSON은 유니코드로 저장되므로 json.load가 반환하는 데이터 구조의 문자열은 항상 유니코드 문자열이다. 또한 앞의 예에서 알 수 있듯이 JSON은 튜플과 리스트를 구분하지 않으며 json.load는 항상 튜플이 아닌 리스트를 생성하고 dumps 및 dumps 함수에 sorted_keys=True 인수를 사용하지 않는 한, 딕셔너리의 키가 표시되는 순서는 보장되지 않는다.

이제 json 모듈을 사용해 Python 리스트와 딕셔너리와 JSON 표현 간의 변환 방법을 살펴봤으므로 10장, '희소 행렬과 그래프'의 도쿄 지하철 데이터셋을 다시 살펴보자. 도쿄 지하철은 딕셔너리, 가변 길이 리스트, 문자열값을 혼합한 데이터 구조의 예로, 보다 현실적인 데이터셋이다. JSON 파일의 첫 20줄은 다음과 같다.

```
In [164]: !head -n 20 tokyo-metro.json
{
    "C": {
        "color": "#149848",
        "transfers": [
            [
                "C3",
                "F15"
            ],
            [
                "C4",
                "Z2"
            ],
            [
                "C4",
                "G2"
            ],
            [
                "C7",
                "M14"
            ],
```

JSON 데이터를 Python 데이터 구조에 로드하려면 json.load를 전과 같은 방식으로 사용해야 한다.

```
In [165]: with open("tokyo-metro.json", "r") as f:
     ...:     data = json.load(f)
```

714

그 결과는 각 지하철 노선마다 키가 있는 딕셔너리다.

```
In [166]: data.keys()
Out[166]: ['N', 'M', 'Z', 'T', 'H', 'C', 'G', 'F', 'Y']
```

각 지하철 노선의 딕셔너리 값은 다시 노선 색상, 환승 지점의 목록 및 노선상의 역간의
이동 시간을 포함하는 딕셔너리다.

```
In [167]: data["C"].keys()
Out[167]: ['color', 'transfers', 'travel_times']
In [168]: data["C"]["color"]
Out[168]: '#149848'
In [169]: data["C"]["transfers"]
Out[169]: [ ['C3', 'F15'], ['C4', 'Z2'], ['C4', 'G2'], ['C7', 'M14'],
            ['C7', 'N6'],
            ['C7', 'G6'], ['C8', 'M15'], ['C8', 'H6'], ['C9', 'H7'],
            ['C9', 'Y18'],
            ['C11', 'T9'], ['C11', 'M18'], ['C11', 'Z8'], ['C12', 'M19'],
            ['C18', 'H21']]
```

Python 딕셔너리와 리스트의 내포된 구조로 데이터셋을 로드하면 Python의 리스트 구
문을 사용해 데이터 구조의 항목을 쉽게 반복하고 필터링할 수 있다. 다음 예는 이동 시간
이 1분인 C 노선의 그래프에서 연결된 노드 집합을 선택하는 방법을 보여준다.

```
In [170]: [(s, e, tt) for s, e, tt in data["C"]["travel_times"] if tt == 1]
Out[170]: [('C3', 'C4', 1), ('C7', 'C8', 1), ('C9', 'C10', 1)]
```

딕셔너리에 저장된 딕셔너리와 가변 길이 리스트의 계층 구조는 엄격한 구조를 갖지 않
는 데이터셋의 좋은 예제이고, JSON과 같은 다용도 유형으로 저장하기에 적합하다.

직렬화

앞 절에서는 JSON 유형을 사용해 리스트나 딕셔너리 등 메모리 내 Python 객체 표현을 생성했다. 이 과정을 직렬화^{serialization}라고 하는데, 이 경우 객체의 JSON 평문 표현이 생성된다. JSON 유형의 장점은 언어-독립적이며 다른 소프트웨어에서 쉽게 읽을 수 있다는 것이다. 단점으로는 JSON 파일은 공간 효율적이지 않으며 한정된 종류의 객체(앞 절에서 설명한 리스트, 딕셔너리, 기본 유형)를 직렬화하는 데만 사용할 수 있다는 것이다. 이 문제를 해결할 여러 대체 직렬화 기법들이 있다. 여기서는 공간 효율성 문제와 직렬화할 수 있는 개체의 유형을 해결한 두 가지 대안인 msgpack 라이브러리와 Python Pickle 모듈을 간략히 살펴본다.

먼저 JSON과 같은 데이터를 효율적으로 저장하기 위한 이진 프로토콜인 msgpack부터 살펴보자. msgpack 소프트웨어는 여러 언어와 환경에서 사용할 수 있다. 라이브러리와 Python 바인딩에 대한 좀 더 자세한 내용은 http://msgpack.org에서 프로젝트 웹 페이지를 참고하라. JSON 모듈과 유사하게, msgpack 라이브러리는 바이트 리스트(msgpack.packb와 msgpack.unpackb)와 파일 핸들(msgpack.pack와 msgpack.unpack)에서 각각 작동하는 2개의 함수셋을 제공한다. pack과 packb 함수는 Python 데이터 구조를 이진 표현으로 변환하고 unpack과 unpackb는 역연산을 수행한다. 예를 들어 도쿄 지하철 데이터셋의 JSON 파일은 비교적 크며, 디스크상에서 약 27Kb가 필요하다.

```
In [171]: !ls -lh tokyo-metro.json
-rw-r--r--@ 1 rob staff    27K Apr 7 23:18 tokyo-metro.json
```

JSON이 아닌 msgpack으로 데이터 구조를 줄이면 파일은 약 3kb로 줄어든다.

```
In [172]: data_pack = msgpack.packb(data)
In [173]: type(data_pack)
Out[173]: bytes
In [174]: len(data_pack)
```

```
Out[174]: 3021
In [175]: with open("tokyo-metro.msgpack", "wb") as f:
    ...:         f.write(data_pack)
In [176]: !ls -lh tokyo-metro.msgpack
-rw-r--r--@ 1 rob staff    3.0K Apr 8 00:40 tokyo-metro.msgpack
```

좀 더 구체적으로 말하면 데이터셋의 byte 리스트 표현은 단 3021byte만 사용한다. 저장 공간이나 대역폭이 필수적인 응용에서, 이 정도는 엄청난 개선이 될 수 있다. 그러나 향상된 저장 효율성에 대한 대가는 데이터를 풀기 위해 msgpack 라이브러리를 사용해야 한다는 것이며, 이진 유형을 사용하므로 사람이 읽을 수 없다는 것이다. 이 단점이 허용 가능한 절충인지의 여부는 당면한 응용에 달려 있다. 이진 msgpack byte 리스트를 풀려면 원래의 데이터 구조를 복구하는 msgpack.unpackb 함수를 사용해야 한다.

```
In [177]: del data
In [178]: with open("tokyo-metro.msgpack", "rb") as f:
    ...:         data_msgpack = f.read()
    ...:         data = msgpack.unpackb(data_msgpack)
In [179]: list(data.keys())
Out[179]: ['T', 'M', 'Z', 'H', 'F', 'C', 'G', 'N', 'Y']
```

JSON 직렬화의 또 다른 문제는 특정 유형의 Python 객체만 JSON으로 저장할 수 있다는 것이었다. Python Pickle 모듈은[6] 클래스 인스턴스와 함수를 포함해 거의 모든 종류의 Python 객체를 이진 표현으로 만들 수 있다. pickle 모듈의 사용은 json 모듈과 완전히 동일한 사용 패턴을 따른다. 객체를 각각 바이트 배열과 파일 핸들로 직렬화하기 위한 dump와 dumps 함수가 있고, pickle로 된 객체의 직렬화를 풀기 위한 load와 loads 함수도 있다.

---

6   pickle 모듈의 대안은 cPickle 모듈로 Python 표준 라이브러리에서도 제공되는 보다 효율적인 재구현 기능이다. https://pypi.org/project/dill의 dill 라이브러리도 참고하라.

```
In [180]: with open("tokyo-metro.pickle", "wb") as f:
    ...:         pickle.dump(data, f)
In [181]: del data
In [182]: !ls -lh tokyo-metro.pickle
-rw-r--r--@ 1 rob staff   8.5K Apr 8 00:40 tokyo-metro.pickle
```

pickle로 된 객체의 크기는 JSON 직렬화보다 작지만, msgpack에서 생성된 직렬화보다
는 크다. 파일 핸들을 인수로 취하는 `pickle.load` 함수를 사용하면 pickle된 객체를 복
구할 수 있다.

```
In [183]: with open("tokyo-metro.pickle", "rb") as f:
    ...:         data = pickle.load(f)
In [184]: data.keys()
Out[184]: dict_keys(['T', 'M', 'Z', 'H', 'F', 'C', 'G', 'N', 'Y'])
```

피클의 주요 장점은 거의 모든 종류의 Python 객체를 직렬화할 수 있다는 것이다. 그러
나 Python pickle Python으로 작성되지 않은 소프트웨어로는 읽을 수 없으며 장기 저장
유형으로는 권하지 않는다. Python 버전과 pickle화된 객체를 정의한 라이브러리의 버
전이 달라지면 호환성 문제가 발생하기 때문이다. 가능하면 리스트와 딕셔너리 기반 데
이터 구조는 JSON을 사용해 직렬화하는 것이 일반적으로 더 나은 접근법이며 파일 크기
가 문제된다면 msgpack 라이브러리가 JSON에 대한 대중적이고 쉬운 대안이 될 수 있다.

요약

18장에서는 디스크 파일에 수치 데이터를 쓰고 읽기 위한 일반적인 데이터 유형을 살펴
봤으며 이러한 유형으로 작업할 수 있는 Python 라이브러리 중 일부를 소개했다. 먼저
작고 단순한 데이터셋에 적합한, 간단하고 투명하며 보편적인 유형인 CSV 파일 유형을
살펴봤다. 이 유형의 주요 장점은 사람이 읽을 수 있는 평문이기 때문에 직관적으로 이해

할 수 있다는 것이었다. 단, 데이터를 기술하는 메타데이터, 복수의 데이터셋에 대한 지원 등 수치 데이터로 작업할 때 바람직한 많은 기능이 부족했다. HDF5 포맷은 CSV 포맷을 이용해 쉽게 처리하던 데이터의 크기와 복잡성이 증가하면 자연스러운 수치 데이터의 대안으로 선택된다. HDF5는 이진 파일 유형이므로 CSV처럼 사람이 읽을 수 있는 유형은 아니지만 HDF5 파일의 내용을 프로그램적으로 탐색할 수 있는 좋은 도구와 GUI 기반 UI를 모두 사용할 수 있다. 실제로 메타데이터를 저장할 수 있는 속성을 제공하기 때문에 HDF5는 자기 설명 기능을 갖춘 훌륭한 데이터 유형이다. 또한 입출력과 저장소 측면에서 수치 데이터에 매우 효율적인 파일 유형이며 컴퓨터의 메모리에 모두 로드되지 못하는 매우 큰 데이터셋으로 계산하기 위한 데이터 모델로도 활용할 수 있다. 전반적으로 HDF5는 전산을 하는 사람이라면 누구나 친숙해져서 큰 혜택을 받을 수 있는 수치 컴퓨팅의 환상적인 도구다. 18장의 끝부분에 데이터를 텍스트와 이진 유형으로 직렬화하는 JSON, msgpack, Python pickle도 간략히 살펴봤다.

추가 참고 도서 목록

CSV 파일의 비공식 명세는 RFC 4180, http://tools.ietf.org/html/rfc4180에 나와 있다. 모든 CSV 판독기나 파일의 작성자가 이 문서의 전체 규정을 따르는 것은 아니지만 일반적으로 사용되는 CSV 유형을 간략히 설명하고 있다. h5py의 창시자가 쓴 Collette(2013)에는 HDF5 유형 및 h5py 라이브러리에 대한 유용한 정보가 있다. 또한 수치 데이터에 널리 사용되는 유형인 NetCDF(Network Common Data Format), www.unidata.ucar.edu/software/netcdf에 대한 정보도 있다. Pandas 라이브러리는 Excel 파일(pandas.io.excel.read_excel) 및 고정 너비 유형(read_fwf)을 읽는 기능처럼 여기에서 설명한 내용 외의 입출력 기능도 제공한다. JSON 유형과 관련해 간결하지만 완전한 명세는 http://json.org에서 찾아볼 수 있다. 전산에서 데이터의 중요성이 점차 커짐에 따라 최근 몇 년 동안 유형 및 데이터 저장 기술이 급속히 다양해지고 있다. 전산 실무자로서 SQL 및 NoSQL 데이터베이스 등의 데이터베이스에서 데이터를 읽는 것은 중요한 작업이다. Python은 PEP 249(www.python.org/dev/peps/pep-0249)에 기술된 대로 Python 애플리케이션에서 데이터베이스 액세스를 표준화하기 위한 공통 데이터베이스 API를 제공한다. Python에서 데이터베이스를 읽는, 또 하나의 주목할 만한 프로젝트는 SQLAlchemy(www.sqlalchemy.org)다.

참고 문헌

- Collette, A.(2013). Python and HDF5. Sebastopol: O'Reilly.

코드 최적화

이 책에서는 Python과 라이브러리의 생태계를 이용한 이공계 컴퓨팅의 다양한 주제를 탐구했다. 1장, 'Python을 이용한 컴퓨팅 소개'에서 언급했듯이, 과학 컴퓨팅을 위한 Python 환경은 일반적으로 탐색 컴퓨팅과 신속한 프로토 타이핑에 적합한 고급 환경(개발 노력을 최소화)과 응용 실행 시간을 최소화하는 고성능 수치 기능 사이의 균형을 맞추고 있다. 고성능 수치 해석 기능은 Python 언어 자체가 아니라 일반적으로 C나 Fortran에서 작성된 외부 컴파일된 코드를 포함하거나 사용하고 있는 라이브러리를 활용해 제공한다. 이 때문에 Numpy나 Scipy와 같은 라이브러리에 크게 의존하는 전산 응용에서는 대부분의 수치 해석이 컴파일된 코드에서 수행되고, 동일한 연산을 Python에서 순수하게 구현했을 경우에 비해 성능이 크게 향상된다.

따라서 고성능 Python 프로그램의 핵심은 배열 기반 연산에 Numpy와 Scipy와 같은 라이브러리를 효율적으로 활용하는 것이다. 대부분의 과학 및 기술 연산은 일반적인 배열 작동과 기본적인 계산 루틴으로 표현될 수 있다. 이 책의 많은 부분은 다양한 과학 컴퓨팅 분야를 위한 주요 Python 라이브러리를 소개함으로써 Python과 함께 이러한 형태의 과학 컴퓨팅을 살펴보는 데 할애해왔다. 그러나 종종 배열 식으로 쉽게 공식화할 수 없거나 기존 계산 패턴에 맞지 않는 연산에 대한 필요성이 있다. 이러한 경우, 순수 Python 코드 연산을 처음부터 구현할 필요가 있다. 그러나 순수 Python 코드는 컴파일된 언어로 작성된 동일한 코드에 비해 속도가 느린 경향이 있으므로 순수 Python의 성능 오버헤드 가 너무 클 경우, 대안을 모색할 필요가 있다. 전통적인 해결책은 C나 Fortran 등 외부 라이브러리를 사용해 작성하고 확장 모듈을 사용해 Python 코드와 연결하는 것이다. Python용 확장 모듈을 만드는 몇 가지 방법이 있다. Python에서 호출 가능한 C로 구현 된 확장 모듈을 작성하는 가장 근본적인 방법은 Python의 C API를 이용하는 것이다. 이 방법은 전형적으로 매우 번잡하며 상당한 노력이 필요하다. Python 표준 라이브러리 자 체에는 Python과 C 사이의 상호 작용을 단순화하기 위한 모듈 ctypes가 제공된다. 다른 대안으로는 Python과 C를 연결하는 CFFI(C 외부 함수 인터페이스) 라이브러리[1]와 Python 과 Fortran 사이의 인터페이스를 생성하기 위한 F2PY[2] 프로그램이 있다. 이것들은 모두 컴파일된 코드와 Python을 연결하기 위한 효과적인 도구로, Python을 과학 컴퓨팅에 적합하게 만드는 데 중요한 역할을 한다. 그러나 이러한 도구를 사용하려면 Python 이외 의 다른 언어로 프로그래밍 기술과 노력을 들여야 하므로 C나 Fortran에서 이미 작성된 코드 베이스로 작업할 때 가장 유용하다. 새로운 개발을 위해 전체를 컴파일된 언어로 직 접 문제를 구현하려고 하기 전에 고려할 가치가 있는 대안들이 있다. 19장에서는 이러한 방법 중 두 가지인 Numba와 Cython을 살펴본다. 이것들은 컴파일된 코드에 필적하는 성능을 달성하면서도 고급 수준 언어의 많은 장점을 유지하는 Python과 저급 언어 사이 의 중간 정도를 제공한다.

Numba는 원래의 Python 코드보다 더 효율적으로 실행할 수 있는 기계 코드를 생성하 는 Numpy를 이용하는 Python용 JITjust-in-time 컴파일러다. 이를 위해 Numba는 최 근 몇 년 동안 모듈화되고 재사용할 수 있는 설계와 인터페이스로 인해 매우 인기를 얻은 컴파일러 툴체인toolchain인 LLVM 컴파일러 제품군(http://llvm.org)을 활용해 Numba와

---

1   http://cffi.readthedocs.org

2   http://docs.Scipy.org/doc/numpy-dev/f2py/index.html

같은 응용이 가능하게 한다. Numba는 비교적 새로운 프로젝트로, 아직 많은 과학 컴퓨팅 라이브러리에서는 널리 이용되고 있지 않지만 Continuum Analytics Inc.[3]의 강력한 지원을 받는 유망한 프로젝트이므로 Python의 과학 컴퓨팅 분야에서의 미래가 밝다고 할 수 있다.

> **노트**
> ### Numba
> Numba 라이브러리는 LLVM 컴파일러를 기반을 둔 Python과 Numpy 코드용 JIT 컴파일러를 제공한다. Numba의 가장 큰 장점은 원래 Python 코드를 최소한으로 변경하거나 전혀 변경하지 않고도 기계 코드를 생성할 수 있다는 점이다. 프로젝트 및 문서에 대한 좀 더 자세한 내용은 http://numba.pydata.org의 프로젝트 웹 페이지를 참조하라. 이 책을 쓰고 있는 시점의 Numba 최신 버전은 0.39.0이다. Numba는 Continuum Analytics Inc.에서 만든 공개 소스 프로젝트로, NumbaPro라는 이름의 상용 확장 버전의 Numba를 제공한다(좀 더 자세한 내용은 http://docs.continuum.io/numbapro/index를 참조하라).

Cython은 Python 언어의 상위 집합으로, C나 C++로의 자동 변환이 가능하고 기계 코드로 컴파일돼 Python 코드보다 훨씬 빨리 실행될 수 있다. Cython은 Python으로 쓰여진 코드에서 시간상 중요한 부분을 빠르게 처리하기 위해 계산 지향적 Python 프로젝트에서 널리 사용된다. 앞서 책에서 사용했던 몇몇 라이브러리는 Cython에 크게 의존한다. 몇 가지만 간단히 언급하면 Numpy, Scipy, Pandas, scikit-learn 등이 이에 포함된다.

> **노트**
> ### Cython
> Cython 라이브러리는 Python 코드를 C나 C++로 변환해 이진 확장 모듈로 컴파일할 수 있다. 프로젝트 및 문서에 대한 좀 더 자세한 내용은 프로젝트의 웹 페이지 http://cython.org를 참조하라. 이 책을 쓰고 있는 시점의 Cython 최신 버전은 0.28.4다.

19장에서는 Numba와 Cython이 원래 Python으로 작성된 코드의 속도를 높이기 위해 어떻게 사용될 수 있는지 알아본다. 이러한 방법들은 Python으로 구현된 프로그램이 허

---

3   아나Conda Python 환경의 제작사다. 1장과 부록을 참고하라.

용할 수 없을 정도로 느릴 경우 시도해볼 수 있다. 그러나 Python으로 작성한 것을 최적화하기 전에 cProfile 모듈이나 IPython의 프로파일 유틸리티(1장, 'Python을 이용한 컴퓨팅 소개' 참조)를 사용해 코드의 어느 부분이 병목 현상인지 정확하게 확인하는 것이 바람직하다. 병목 현상을 명확히 파악할 수만 있다면, Numba와 Cython은 최적화를 위한 가장 좋은 선택이라 할 수 있다. 최적화 시도의 첫 번째 단계는 Scipy와 같이 이미 존재하는 라이브러리를 가장 효율적으로 사용할 수 있는 방법을 살펴보고, Python 언어 자체를 가능한 범위 내에서 가장 효율적으로 사용하는 방법을 알아보는 것이어야 한다.[4] 기존 라이브러리로는 효율적인 방법으로 연산을 구현할 수 있는 기능과 방법이 제공되지 않는 경우에만 Numba나 Cython으로 코드를 최적화할 것을 고려해야 한다. 설익은 코드 최적화는 대개 결실도 없고 유지보수가 힘든 코드를 생산하므로 코드 최적화는 마지막 수단으로만 사용해야 한다. "설익은 최적화는 모든 악의 근원이다."(도날드 크누스$^{Donald\ Knuth}$)

모듈 임포트하기

19장에서는 Numba와 Cython으로 작업한다. Numba는 일반적인 Python 모듈로 사용되며, 이 라이브러리는 다음처럼 전체를 임포트한 것으로 가정한다.

```
In [1]: import numba
```

Cython은 19장의 뒷부분에서 설명하는 것처럼 몇 가지 다른 방법으로 사용할 수 있다. 일반적으로 Python에서 Cython 코드를 사용할 때는 Cython 라이브러리를 명시적으로 임포트할 필요는 없지만 Cython에서 제공하는 `pyximport` 라이브러리를 임포트해 `pyximport.instal ()`으로 임포트 훅^{hook}을 등록한다.

---

4   예를 들어 어떤 데이터 구조를 사용할 것인지 신중히 고려하고 불필요한 메모리 복사 연산을 줄이기 위해 반복자를 잘 활용해야 한다.

```
In [2]: import pyximport
```

이 명령은 Python 모듈이 임포트되는 방법을 변화시킨다. 특히 *pyx*로 끝나는 Cython 파일을 마치 순수 Python 모듈인 것처럼 직접 임포트할 수 있게 해준다. 가끔 Cython 라이브러리를 명시적으로 임포트하는 것도 유용하며, 이 경우 다음과 같은 방법으로 임포트된 것으로 가정한다.

```
In [3]: import cython
```

기본 수치 계산과 도식화를 위해서는 Numpy와 Matplotlib 라이브러리도 필요하다.

```
In [4]: import numpy as np
In [5]: import matplotlib.pyplot as plt
```

Numba

Numba 라이브러리의 가장 매력적인 측면 중 하나는 Numpy를 사용하는 Python 코드를 타깃 코드를 변경시키지 않고도 속도를 높이는 데 이용될 수 있다는 점이다. 할 일은 단지 @numba.jit 데커레이터decorator로 함수를 데커레이션decorating하는 것인데, JIT를 통해 순수 Python 코드보다 수백 배 정도 훨씬 더 빠른 코드로 컴파일된 결과를 생성한다. 속도 증가는 주로 Numpy 배열을 사용하는 함수에서 이뤄지며 Numba는 자동으로 유형 간섭을 수행해 필요한 유형 서명에 최적화된 코드를 생성할 수 있다. Numba를 사용하기 위해 배열의 모든 요소의 합을 구하는 간단한 문제를 고려해보자. 이 연산을 수행하는 함수는 for 루프를 사용하면 Python에서 간단히 구현할 수 있다.

```
In [6]: def py_sum(data):
   ...:     s = 0
   ...:     for d in data:
   ...:         s += d
   ...:     return s
```

비록 이 함수는 지극히 단순하지만 Numba의 잠재력과 힘을 잘 보여준다. Python에서
for 루프는 Python의 유연성과 동적 데이터 유형 처리로 인해 느리기로 악명이 높다. 이
문장을 정량화해 py_sum을 벤치마크하기 위해 50,000개의 랜덤 수를 가진 배열을 생성
하고 %timeit IPython 명령을 사용해 통상적인 계산 시간을 측정한다.

```
In [7]: data = np.random.randn(50000)
In [8]: %timeit py_sum(data)
100 loops, best of 3: 8.43 ms per loop
```

그 결과는 이 특정 시스템에서 일반적으로 py_sum 함수를 사용해 data 배열의 50,000개
의 요소를 합산하는 데 8.43밀리초가 걸린다는 것을 보여준다. 다음에 살펴볼 다른 방법
들에 비하면 결과는 좋지 않다. 일반적인 해결책은 배열을 수동으로 반복하는 대신,
Numpy가 제공하는 것과 같은 배열 연산을 사용하는 것이다. 실제로 Numpy는 여기서
하려는 작업과 정확히 일치하는 sum 함수를 제공한다. 앞서 정의한 py_sum 함수가
NumPy sum 함수와 동일한 결과를 생성하는지 확인하기 위해 먼저 이 효과에 대한
assert문을 실행해본다.

```
In [9]: assert abs(py_sum(data) - np.sum(data)) < 1e-10
```

assert가 오류를 발생하지 않았기 때문에 두 함수는 동일한 결과를 낳는다고 결론 지을
수 있다. 다음으로 NumPy sum 함수를 앞서 사용한 것과 동일한 방법으로 %timeit을 이
용해 벤치마킹한다.

```
In [10]: %timeit np.sum(data)
10000 loops, best of 3: 29.8 μs per loop
```

NumPy sum 함수가 py_sum 함수보다 수백 배 빠르므로 Numpy를 이용한 벡터화된 식과 연산이 Python에서 좋은 성능을 얻는 열쇠라는 것을 증명해준다. 루프를 사용하는 다른 함수에서도 이와 동일한 현상을 볼 수 있다. 예를 들어 배열을 입력으로 해 출력으로 생성하는 누적 합계 함수 py_cumsum을 살펴보자.

```
In [11]: def py_cumsum(data):
    ...:     out = np.zeros_like(data)
    ...:     s = 0
    ...:     for n in range(len(data)):
    ...:         s += data[n]
    ...:         out[n] = s
    ...:     return out
```

이 함수를 벤치마킹하면 해당 배열 기반 Numpy 함수보다 훨씬 느린 결과를 얻는다.

```
In [12]: %timeit py_cumsum(data)
100 loops, best of 3: 14.4 ms per loop
In [13]: %timeit np.cumsum(data)
10000 loops, best of 3: 147 μs per loop
```

이제 Numba가 느린 py_sum과 py_cumsum 함수의 속도를 높이는 데 어떻게 사용되는지 알아보자. 함수의 JIT 컴파일을 활성화하기 위해서는 단순히 데커레이터 @numba.jit를 적용해야 한다.

```
In [14]: @numba.jit
    ...: def jit_sum(data):
    ...:     s = 0
    ...:     for d in data:
```
.

```
...:             s += d
...:         return s
```

다음으로 JIT 컴파일 함수가 NumPy sum 함수와 동일한 결과를 생성하는지 확인하고 %timeit 함수를 사용해 벤치마킹해보자.

```
In [15]: assert abs(jit_sum(data) - np.sum(data)) < 1e-10
In [16]: %timeit jit_sum(data)
10000 loops, best of 3: 47.7 µs per loop
```

순수 Python으로 작성됐음에도 불구하고 jit_sum 함수는 순수 Python 함수에 비해 약 300배 빠르며 NumPy sum 함수에 버금가는 성능을 보여준다.

JIT는 함수가 정의될 때 numba.jit 데커레이터를 적용해 함수를 컴파일하는 것 외에 데커레이터를 적용할 수도 있다. 예를 들어 앞서 정의한 py_cumsum 함수를 JIT으로 컴파일 하려면 다음처럼 사용할 수 있다.

```
In [17]: jit_cumsum = numba.jit()(py_cumsum)
```

결과 함수인 jit_cumsum이 실제로 해당 Numpy 함수와 동일한 결과를 생성하는지 확인 하고 %timeit를 사용해 벤치마킹한다.

```
In [18]: assert np.allclose(np.cumsum(data), jit_cumsum(data))
In [19]: %timeit jit_cumsum(data)
10000 loops, best of 3: 66.6 µs per loop
```

이 경우, jit_cumsum 함수는 NumPy cumsum 함수보다 두 배 뛰어나다. Numpy 함수 cumsum 은 jit_cumsum 함수보다 다용도이므로 비교가 완전히 공평하지는 않지만 단일 함수 데커레이터만으로 JIT 컴파일된 Python 코드와 견줄 만한 성능에 도달할 수 있다는 점이

돋보인다. 이를 통해 성능 저하 없이 Python에서 루프 기반 연산을 사용할 수 있으며, 이 방법은 특히 벡터화된 형태로 쉽게 작성되지 않는 알고리즘에 유용하다.

그러한 알고리즘의 예로는 복소수 평면complex plane에 좌표점을 둔 행렬의 각 요소에 가변적인 반복 횟수 연산이 필요한 줄리아 프랙탈Julia fractal이 있다. 복소수 평면의 점 z는 반복 공식 $z \leftarrow z^2 + c$가 많은 반복 후에도 발산하지 않으면 줄리아 집합에 속한다. 따라서 줄리아 프랙탈 그래프를 생성하려면 일련의 좌표점을 루프를 돌며 $z \leftarrow z^2 + c$를 반복하고 미리 정해진 범위(다음 구현에서는 2.0보다 큰 절댓값)를 초과해 발산하는 데 걸린 반복 횟수를 저장한다.

```
In [20]: def py_julia_fractal(z_re, z_im, j):
    ...:     for m in range(len(z_re)):
    ...:         for n in range(len(z_im)):
    ...:             z = z_re[m] + 1j * z_im[n]
    ...:             for t in range(256):
    ...:                 z = z ** 2 - 0.05 + 0.68j
    ...:                 if np.abs(z) > 2.0:
    ...:                     j[m, n] = t
    ...:                     break
```

이 구현은 명시적 루프를 사용하면 매우 쉽고 간단하지만 다음에서 볼 수 있는 것처럼 순수 Python에서 이 3개의 중첩된 루프는 감당할 수 없을 정도로 느리다. 그러나 Numba를 이용한 JIT 컴파일을 통해 속도를 향상시킬 수는 있다.

Numba가 최적화된 코드를 생성하지 못하는 경우에는 표준 Python 인터프리터로 조용히 돌아간다. 이 규칙의 예외는 numba.jit에 nopython=True 인수를 설정한 경우로, Numba가 정적으로 입력된 코드를 생성할 수 없는 경우, JIT 컴파일은 실패한다. 자동 유형 간섭type interference이 실패하면 Numba에서 생성된 결과 JIT 컴파일 코드에서는 일반적으로 속도 향상을 얻지 못하므로 jit 데커레이터에 nopython=True 인수를 사용해 JIT 컴파일 코드의 속도가 향상되지 못할 것으로 보일 때는 신속하게 실패로 처리하는 것이 좋다. 코드 생성 때 Numba를 지원하려면 함수 본문에 나타나는 변수 유형을 명시적으로 정의해주는 것이 좋다. locals 키워드 인수를 jit 데커레이터에 전달하면 기호 이름을 명시적 유형에 매핑하는 딕셔너리를 할당할 수 있다. 예를 들어 locals=dict(z=numba.complex)로 설정하면 변수 z가 복소수임을 지정한다. 그러나 현재의 예에서는 함수에 전달되는 Numpy 배열의 데이터 유형에서 모든 변수 유형을 추론할 수 있으므로 지역 변수의 유형을 명시적으로 지정할 필요는 없다. py_julia_fractal 함수를 데커레이션할 때 nopython=true 인수를 numba.jit에 사용하면 이러한 사실을 확인할 수 있다.

```
In [21]: jit_julia_fractal = numba.jit(nopython=True)(py_julia_fractal)
```

다음으로 jit_julia_fractal 함수를 호출해 줄리아 집합을 계산한다. 여기서는 관련된 Numpy 배열이 모두 함수 밖에서 정의되도록 작성했다. 이 방법을 사용하면 Numba가 어떤 유형이 계산에 포함되는지 인식할 수 있고, JIT 컴파일에서 효율적인 코드를 생성할 수도 있다.

```
In [22]: N = 1024
In [23]: j = np.zeros((N, N), np.int64)
In [24]: z_real = np.linspace(-1.5, 1.5, N)
In [25]: z_imag = np.linspace(-1.5, 1.5, N)
In [26]: jit_julia_fractal(z_real, z_imag, j)
```

jit_julia_fractal 함수 호출 후 계산 결과는 j 배열에 저장된다. 결과를 시각화하기 위해 Matplotlib imshow 함수를 사용해 j 배열을 도식화할 수 있다. 결과는 그림 19-1과 같다.

```
In [27]: fig, ax = plt.subplots(figsize=(8, 8))
    ...: ax.imshow(j, cmap=plt.cm.RdBu_r, extent=[-1.5, 1.5, -1.5, 1.5])
    ...: ax.set_xlabel("$\mathrm{Re}(z)$", fontsize=18)
    ...: ax.set_ylabel("$\mathrm{Im}(z)$", fontsize=18)
```

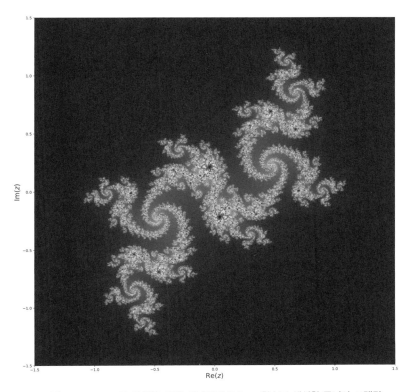

▲ 그림 19-1 Numba를 사용해 JIT로 컴파일된 Python 함수로 생성한 줄리아 프랙탈

%timeit 명령을 사용하면 순수 Python 함수 py_julia_fractal과 해당 JIT 컴파일 함수 jit_julia_fractal의 속도를 비교할 수 있다.

```
In [28]: %timeit py_julia_fractal(z_real, z_imag, j)
1 loops, best of 3: 60 s per loop
In [29]: %timeit jit_julia_fractal(z_real, z_imag, j)
10 loops, best of 3: 140 ms per loop
```

이 특별한 경우에서의 속도 향상은 Python 함수에 단순히 데커레이터를 추가한 것뿐인데 430배라는 놀라운 속도 향상을 기록했다. 속도 향상이 이 정도라면 결국 Python에서 굳이 루프를 없앨 필요가 없다.

Numba 라이브러리의 또 다른 유용한 데커레이터는 `numba.vectorize`다. 이 데커레이터는 Numpy 벡터화 함수와 마찬가지로 스칼라 입출력으로 작성된 커널 함수로부터 벡터화된 함수를 생성하고 컴파일한다. 예를 들어 헤비사이드Heaviside 함수를 살펴보자.

$$\Theta(x) = \begin{cases} 0, & x < 0 \\ \dfrac{1}{2}, & x = 0. \\ 1, & x > 0 \end{cases}$$

스칼라 입력 x에 이 함수를 구현하는 방법은 다음과 같다.

```
In [30]: def py_Heaviside(x):
    ...:     if x == 0.0:
    ...:         return 0.5
    ...:     if x < 0.0:
    ...:         return 0.0
    ...:     else:
    ...:         return 1.0
```

이 함수는 스칼라 입력에만 작동되며 배열이나 리스트에 적용하려면 배열을 반복하면서 각 요소에 명시적으로 적용해야 한다.

```
In [31]: x = np.linspace(-2, 2, 50001)
In [32]: %timeit [py_Heaviside(xx) for xx in x]
100 loops, best of 3: 16.7 ms per loop
```

이 방식은 불편하고 느리다. NumPy vectorize 함수는 스칼라 커널 함수를 Numpy 배열 인식 함수로 래핑해 이러한 불편을 해소한다.

```
In [33]: np_vec_Heaviside = np.vectorize(py_Heaviside)
In [34]: np_vec_Heaviside(x)
Out[34]: array([ 0., 0., 0., ..., 1., 1., 1.])
```

그러나 NumPy vectorize 함수는 성능 문제를 해결해주지는 않는다. %timeit으로 np_vec_Heaviside 함수를 벤치마킹한 것을 살펴보면, 그 성능은 루프로 통해 명시적으로 배열의 각 요소에 py_Heaviside 함수를 연속적으로 호출한 것과 동일하다.

```
In [35]: %timeit np_vec_Heaviside(x)
100 loops, best of 3: 13.6 ms per loop
```

Python으로 작성된 스칼라 커널에 NumPy vectorize 사용하는 대신 Numpy 배열식을 사용하면 더 나은 성능을 얻을 수 있다.

```
In [36]: def np_Heaviside(x):
    ...:     return (x > 0.0) + (x == 0.0)/2.0
In [37]: %timeit np_Heaviside(x)
1000 loops, best of 3: 268 µs per loop
```

그러나 Numba와 JIT 컴파일 코드를 생성하는 함수 시그니처 목록을 사용하는 벡터화 데커레이터를 사용하면 좀 더 나은 성능을 얻을 수 있다. 여기서는 두 시그니처에 대한 벡터화 함수를 생성한다. 하나는 numba.float32로 정의된 32비트 부동소수점 수치 배열을 입출력으로 취하고, 다른 하나는 numba.float64로 정의된 64비트 부동소수점 수치 배열을 입출력으로 취한다.

```
In [38]: @numba.vectorize([numba.float32(numba.float32),
    ...:                    numba.float64(numba.float64)])
    ...: def jit_Heaviside(x):
    ...:     if x == 0.0:
    ...:         return 0.5
    ...:     if x < 0:
    ...:         return 0.0
    ...:     else:
    ...:         return 1.0
```

결과 jit_Heaviside 함수를 벤치마킹하면 살펴본 기법 중 가장 좋은 성능을 보인다.

```
In [39]: %timeit jit_Heaviside(x)
10000 loops, best of 3: 58.5 µs per loop
```

그리고 jit_Heaviside 함수는 모든 Numpy 범용 함수로서 사용할 수 있으며, 브로드캐스팅과 다른 Numpy 기능을 지원한다. 함수가 정말로 원하는 기능을 구현한다는 것을 증명하기 위해 간단한 입력값 리스트로 시험해보자.

```
In [40]: jit_Heaviside([-1, -0.5, 0.0, 0.5, 1.0])
Out[40]: array([ 0. , 0. , 0.5, 1. , 1. ])
```

이 절에서는 Numba 라이브러리와 함께 JIT 컴파일을 사용해 Python 코드의 속도를 향상시키는 방법을 살펴봤다. 모두 네 가지 예제를 살펴봤는데 먼저 두 가지 예로서 Numba의 기본 사용법과 함께 배열의 합계와 누적 합계를 살펴봤다. 그다음 벡터식으로 쉽게 정의 할 수 없는 Numba의 더 현실적인 사용 예로서 줄리아 집합의 계산을 살펴봤다. 마지막으로 Heaviside 단계 함수를 구현해 스칼라 커널의 벡터화를 살펴봤다. 이 예제들은 Numba의 일반적인 사용 패턴을 보여주지만 GPU용 코드 생성과 같이 Numba 라이브러리에는 더 많이 살펴볼 것이 있다. 이 주제 및 기타 주제에 대한 좀 더 자세한 내용은 http://numba.pydata.org/doc.html에 있는 Numba 공식 문서를 참고하라.

Cython

Cython도 Numba와 마찬가지로 Python 코드의 속도를 높이기 위한 해법이지만, Cython은 Numba와 완전히 다른 접근 방식을 취한다. Numba는 순수 Python 코드를 JIT 컴파일된 기계 코드인 LLVM 코드로 변환하는 Python 라이브러리인 반면, Cython은 Python 프로그래밍 언어의 상위 집합superset인 프로그램 언어다. Cython은 Python

을 C와 유사한 속성으로 확장한다. 특히 가장 두드러진 점은 Cython은 명시적 및 정적 유형 선언을 사용할 수 있다는 것이다. Cython에서 도입된 Python 확장의 목적은 코드를 효율적인 C 또는 C++ 코드로 변환해 일반 Python 코드에서 임포트하고 사용할 수 있는 Python 확장 모듈로 컴파일할 수 있게 하는 것이다.

Cython에는 두 가지 주요 용도가 있다. 하나는 Python 코드 속도를 높이는 것이고, 다른 하나는 컴파일된 라이브러리와의 상호 접속을 위한 래퍼를 생성하는 것이다. Cython을 사용할 때는 대상 Python 코드를 수정할 필요가 있기 때문에 Numba를 사용할 때와 비교하면 관련된 작업이 좀 더 있으며 Python 코드의 속도를 높이기 위해 사용하려면 Cython의 구문과 작동을 익힐 필요가 있다. 그러나 이 절에서 알게 되겠지만 Cython은 Python 코드의 처리에 보다 정교한 제어가 가능하고, Numba에서는 불가능한 기능들, 예를 들어 Python과 외부 라이브러리의 인터페이스를 생성한다거나 Numpy 배열을 사용하지 않는 Python 코드의 속도를 향상하는 등의 기능을 제공한다.

Numba는 투명한 JIT 컴파일을 사용하지만 Cython은 주로 전통적인 사전ahead-of-time 컴파일을 사용하도록 설계됐다. Cython 코드를 Python 확장 모듈로 컴파일하는 여러 가지 방법이 있으며 각각 다른 사용 예가 있다. 먼저 Cython 코드를 컴파일하기 위한 옵션을 살펴보고 Python으로 작성된 계산 속도를 향상시키는 데 유용한 Cython 기능을 소개한다. 이 절 내내 Numba를 사용해 이전 절에서 살펴본 것과 거의 같은 예를 갖고 작업해 기법과 결과를 모두 쉽게 비교할 수 있도록 할 것이다. 먼저 앞 절에서 정의한 `py_sum` 및 `py_cumsum` 함수의 속도를 높이는 방법을 살펴보자.

Python에서 Cython 코드를 사용하려면 Cython 컴파일 파이프라인을 통과해야 한다. 먼저 Cython 코드를 C 또는 C++ 코드로 변환한 후 C 또는 C++ 컴파일러를 사용해 기계 코드로 컴파일해야 한다. Cython 코드에서 C 또는 C++로의 변환은 명령 줄 도구 cython을 사용하면 수행할 수 있다. `cython` 명령어는 Cython 코드로 작성된 파일(대개 *pyx* 파일 확장자로 저장)을 가져와 C 또는 C++ 파일을 생성한다. 예를 들어 리스트 19-1에 있는 파일 `cy_sum.pyx`를 살펴보자. 이 Cython 파일에서 C 파일을 생성하려면 cython cy_sum.pyx라는 명령을 실행해야 한다. 그 결과는 cy_sum.c 파일인데 이 파일은 표준 C 컴파일러를 사용해 Python 확장 모듈로 컴파일할 수 있다. 이 컴파일 단계는 플랫폼에 따라 달라지며 적절한 Python 확장을 위해서는 적절한 컴파일러 플래그와 옵션을 사용해야 한다.

▼ 리스트 19-1 Cython 파일 cy_sum.pyx의 내용

```
def cy_sum(data):
    s = 0.0
    for d in data:
        s += d
    return s
```

C 및 C ++ 코드의 플랫폼별 컴파일 옵션과 관련된 복잡성을 줄이기 위해 distutils 및 Cython 라이브러리를 사용해 Cython 코드를 유용한 Python 확장 모듈로 자동 변환할 수 있다. 이를 위해서는 리스트 19-2에서와 같이 distutils.core(C 코드를 Python 확장으로 컴파일하는 방법을 알고 있음)와 Cython.Build(Cython 코드를 C 코드로 변환하는 방법을 알고 있음)의 cythonize 함수를 호출하는 setup.py 스크립트를 생성해야 한다. setup.py 파일이 준비되면 python setup.py build_ext --inplace 명령을 사용해 Cython 모듈을 컴파일할 수 있다. 이 명령은 distutils가 확장 모듈을 빌드하고 소스 코드와 동일한 디렉터리에 배치하도록 지시한다.

▼ 리스트 19-2 Cython 파일을 자동으로 Python 확장 모듈로 컴파일할 때 사용할 수 있는 setup.py 스크립트

```
from distutils.core import setup
from Cython.Build import cythonize
import numpy as np

setup(ext_modules=cythonize('cy_sum.pyx'),
      include_dirs=[np.get_include()],
      requires=['Cython', 'numpy'])
```

Cython 코드가 수작업이나 `distutils` 라이브러리를 사용해 Python 확장 모듈로 컴파일되면 Python에서 임포트해 일반 모듈처럼 사용할 수 있다.

```
In [41]: from cy_sum import cy_sum
In [42]: cy_sum(data)
Out[42]: -189.70046227549025
In [43]: %timeit cy_sum(data)
100 loops, best of 3: 5.56 ms per loop
In [44]: %timeit py_sum(data)
100 loops, best of 3: 8.08 ms per loop
```

이 예에서 Cython을 직접 사용해 리스트 19-1의 순수 Python 코드를 컴파일하면 약 30%의 속도 향상을 얻을 수 있다는 것을 알 수 있다. 이는 멋진 속도 향상이지만, Cython 컴파일 파이프라인을 거치는 고생을 할 만한 가치가 있는지는 아직 뚜렷하지 않다. 나중에 Cython의 더 많은 기능을 사용해 이 속도를 더 향상시키는 방법을 찾아볼 것이다.

▼ 리스트 19-3 Cython 파일 cy_cumsum.pyx의 내용

```
cimport numpy
import numpy

def cy_cumsum(data):
    out = numpy.zeros_like(data)
    s = 0
    for n in range(len(data)):
        s += data[n]
        out[n] = s
    return out
```

앞에서 살펴본 Cython 코드를 Python 확장 모듈로 명시적으로 컴파일하는 것은 확장 모듈을 사용하기 위해 최종 결과에 Cython을 설치할 필요가 없기 때문에 Cython으로 작성된 사전 구축 모듈을 배포하는 데 유용하다. 모듈 임포트 중에 Cython 컴파일 파이프라인을 묵시적으로 호출할 수 있는 대체 방법은 Cython과 함께 배포되는 `pyximport`

라이브러리에 의해 제공된다. Python에서 직접 Cython 파일을 원활하게 임포트하기 위해 먼저 Pyximport 라이브러리에서 install 함수를 호출할 수 있다.

```
In [45]: pyximport.install(setup_args=dict(include_dirs=np.get_include()))
```

이렇게 하면 Python import문의 작동을 수정해 Cython *pyx* 파일에 대한 지원을 추가할 수 있다. Cython 모듈을 임포트하면 먼저 C 또는 C++로 컴파일한 후 Python 인터프리터가 임포트할 수 있는 Python 확장 모듈 유형의 기계 코드로 컴파일된다. 이러한 묵시적인 단계에는 때때로 추가 설정이 필요한데, 인수를 통해 pyximport.install 함수에 전달할 수 있다. 예를 들어 Numpy 관련 기능을 사용하는 Cython 코드를 임포트할 수 있으려면 결과 C 코드를 Numpy C 헤더 파일에 컴파일해야 한다. 앞 코드에서처럼 install 함수의 setup_args 인수에서 include_dirs 값을 np.get_include() 값으로 설정하면 이런 방식을 구성할 수 있다. 몇 가지 다른 옵션도 이용할 수 있고, 사용자 정의 컴파일과 링크 인수도 제공할 수도 있다. 좀 더 자세한 내용은 pyximport.install의 docstrings를 참고하라. 일단 pyximport.install이 호출되면 표준 Python import문을 사용해 Cython 모듈로부터 함수를 임포트할 수 있다.

```
In [46]: from cy_cumsum import cy_cumsum
In [47]: %timeit cy_cumsum(data)
100 loops, best of 3: 5.91 ms per loop
In [48]: %timeit py_cumsum(data)
100 loops, best of 3: 13.8 ms per loop
```

이 예제에서도 Cython 컴파일 파이프 라인을 통과한 Python 코드의 경우, 속도가 두 배정도 향상됐지만 그다지 인상적이지는 못하다.

속도를 더 향상시킬 수 있는 자세한 Cython 사용법을 알아보기 전에 또 다른 방법으로 Cython 코드를 컴파일하고 임포트하는 것을 살펴보자. IPython, 특히 Jupyter Notebook을 사용할 때는 편리한 %%cython 명령을 사용할 수 있다. 이 명령은 Cython

코드를 코드 셀에서 자동으로 컴파일하고 Python 확장 로드해 IPython 세션에서 사용할 수 있도록 한다. 이 명령을 사용하려면 먼저 `%load_ext cython` 명령을 사용해 이 명령을 활성화해야 한다.

```
In [49]: %load_ext cython
```

`%%cython` 명령이 활성화되면 IPython 세션에서 상호 작용 방식으로 Cython 코드를 작성하고 로드할 수 있다.

```
In [50]: %%cython
    ...: def cy_sum(data):
    ...:     s = 0.0
    ...:     for d in data:
    ...:         s += d
    ...:     return s
In [51]: %timeit cy_sum(data)
100 loops, best of 3: 5.21 ms per loop
In [52]: %timeit py_sum(data)
100 loops, best of 3: 8.6 ms per loop
```

앞에서와 마찬가지로 IPython 코드 셀의 첫 번째 행에 `%%cython`을 추가하는 것만으로도 속도를 향상시킬 수 있다. 이는 `@numba.jit` 데커레이터를 함수에 추가했던 방식을 상기시키지만 이 두 기법의 기본 메커니즘은 다소 다르다. 이 절의 나머지 부분은 이 기법을 사용해 Cython 코드를 컴파일하고 로드한다. `%%cython` IPython 명령을 사용할 때 `-a` 인수를 추가하는 것도 유용하다. 이렇게 하면 그림 19-2에 표시한 것처럼 Cython 어노테이션annotation이 코드 셀의 출력으로 표시된다. 어노테이션은 각 코드 줄에서 노란색 음영으로 표시되는데, 여기서 밝은 노란색은 코드 줄이 Python C/API에 강하게 의존돼 C 코드로 변환됐음을 나타내며, 이 경우의 코드 줄은 순수 C 코드로 직접 변환된다. Cython 코드의 최적화를 할 때 일반적으로 가능한 한 순수 C 코드로 변환되는 Cython 코드에 집중해야 하므로 어노테이션 출력을 검사하고 일반적으로 코드의 병목 현상을 나타내는 노란색 라인을 찾아보는 것이 매우 유용하다. 추가 보너스로, 어노테이션 출력의 코드 줄을 클릭하면 제공한 Cython 코드와 변환 중인 C 코드 간에 서로 전환된다.

```
In [88]: %%cython -a
         def cy_sum(data):
             s = 0.0
             for d in data:
                 s += d
             return s
```

```
Out[88]: Generated by Cython 0.22
         +1: def cy_sum(data):
         +2:     s = 0.0
         +3:     for d in data:
         +4:         s += d
         +5:     return s
```

▲ 그림 19-2 Cython에 -a 인수를 사용한 %%cython IPython 명령어를 통해 생성된 어노테이션

이 절의 나머지 부분은 계산 문제에 특히 유용한, Cython에 도입된 언어 기능을 이용해 Cython 코드의 속도를 높이는 방법을 알아본다. 먼저 앞서 구현한 cy_sum을 다시 살펴본다. 이 함수 속도를 높이기 위한 첫 번째 시도에서는 단순히 순수 Python을 사용해 Cython 컴파일 파이프라인을 통과시켰고, 그 결과 속도가 약 30% 향상됐다. 훨씬 더 큰 속도 증가를 위한 핵심 단계는 함수의 모든 변수와 인수에 대한 유형 선언을 추가하는 것이다. 변수의 유형을 명시적으로 선언하면 Cython 컴파일러는 더 효율적인 C 코드를 생성할 것이다. 변수의 유형을 지정할 때는 어떤 표준 C 유형과도 사용할 수 있는 Cython 키워드 cdef를 사용할 필요가 있다. 예를 들어 정수 변수 n을 선언하려면 cdef int n으로 사용할 수 있다. 또한 Numpy 라이브러리에서 유형 정의를 사용할 수 있다. 예를 들어 cdef numpy.float64_t s는 변수 s를 64비트 부동소수점으로 선언한다. Numpy 배열은 numpy.ndarray[numpy.float64_t, ndim=1] data 형태로 유형 설정을 통해 선언할 수 있는데, 이 경우에는 64비트 부동소수점 원소를 가진 길이를 지정하지 않은 1차원(벡터) 데이터가 생성된다. 이러한 유형 선언을 앞의 cy_sum 함수에 추가하면 다음과 같은 코드가 생성된다.

```
In [53]: %%cython
    ...: cimport numpy
    ...: cimport cython
    ...:
    ...: @cython.boundscheck(False)
    ...: @cython.wraparound(False)
    ...: def cy_sum(numpy.ndarray[numpy.float64_t, ndim=1] data):
    ...:     cdef numpy.float64_t s = 0.0
    ...:     cdef int n, N = len(data)
    ...:     for n in range(N):
    ...:         s += data[n]
    ...:     return s
```

여기의 cy_sum 함수 구현에서는 Numpy 배열 인덱싱에서 시간을 소요하는 인덱스 경계 점검을 하지 않도록 2개의 데커레이터, 즉 @cython.boundscheck(False)와 @cython.wraprawarrant(False)도 적용했다. 이로 인해 코드의 안전성은 떨어지지만 이 함수에서는 Numpy 배열의 인덱싱이 유효 범위를 벗어나지 않을 것으로 확신하면 이러한 검사를 비활성화함으로써 추가 속도 상승을 얻을 수 있다. 함수의 모든 변수와 인수 유형을 명시적으로 선언했기 때문에 Cython은 효율적인 C 코드를 생성할 수 있는데 Python 모듈로 컴파일하면 Numpy의 내장형 sum 함수(C로도 구현됨)에 그다지 뒤처지지 않고 Numba를 사용해 JIT 컴파일된 코드에 버금가는 성능을 보여준다.

```
In [54]: %timeit cy_sum(data)
10000 loops, best of 3: 49.2 µs per loop
In [55]: %timeit jit_sum(data)
10000 loops, best of 3: 47.6 µs per loop
In [56]: %timeit np.sum(data)
10000 loops, best of 3: 29.7 µs per loop
```

다음으로 cy_cumsum 함수를 살펴보자. cy_sum 함수처럼 이 함수도 명시적 유형 선언의 혜택을 볼 수 있을 것이다. Numpy 배열 유형의 선언을 단순화하기 위해 여기서는

ctypedef 키워드를 사용해 numpy.float64_t의 짧은 별칭 FTYPE_t를 만든다. 또 cython 코드에는 cimport와 import라는 두 가지 다른 import문이 있다. import문을 사용하면 모든 Python 모듈을 가져올 수는 있지만 Python 인터프리터를 다시 호출하는 C 코드를 생성하므로 속도가 느려질 수 있다. cimport문은 일반 import처럼 작동하지만 다른 Cython 모듈을 임포트하는 데 사용된다. 여기서 cimport numpy는 Numpy에 유형과 함수 선언에 있어 Cython 확장을 제공하는 numpy라는 이름의 Cython 모듈을 가져온다. 특히 이 Cython 모듈에서는 numpy.float64_t 식의 C와 같은 유형이 선언된다. 그러나 다음 코드에서 정의된 함수의 numpy.zeros 함수 호출은 Numpy 모듈에서 zeros 함수를 호출한다. 이 경우 import numpy를 사용해 numpy라는 Python 모듈을 임포트해야 한다.

이러한 유형의 선언을 이전에 정의한 cy_cumsum 함수에 추가하면 다음과 같다.

```
In [57]: %%cython
    ...: cimport numpy
    ...: import numpy
    ...: cimport cython
    ...:
    ...: ctypedef numpy.float64_t FTYPE_t
    ...:
    ...: @cython.boundscheck(False)
    ...: @cython.wraparound(False)
    ...: def cy_cumsum(numpy.ndarray[FTYPE_t, ndim=1] data):
    ...:     cdef int n, N = data.size
    ...:     cdef numpy.ndarray[FTYPE_t, ndim=1] out = numpy.zeros
            (N, dtype=data.dtype)
    ...:     cdef numpy.float64_t s = 0.0
    ...:     for n in range(N):
    ...:         s += data[n]
    ...:         out[n] = s
    ...:     return out
```

cy_sum과 마찬가지로 함수에서 모든 변수의 유형을 선언하면 상당한 속도 증가를 볼 수 있고 cy_cumsum의 성능은 이제 JIT 컴파일된 Numba 함수 jit_cumsum에 필적하며

Numpy에 내장된 cumsum 함수보다 빠르다(물론 NumPy cumsum은 훨씬 용도가 넓다).

```
In [58]: %timeit cy_cumsum(data)
10000 loops, best of 3: 69.7 µs per loop
In [59]: %timeit jit_cumsum(data)
10000 loops, best of 3: 70 µs per loop
In [60]: %timeit np.cumsum(data)
10000 loops, best of 3: 148 µs per loop
```

명시적 유형 선언문을 추가하면 그 함수를 Cython으로 컴파일할 때 성능이 향상되지만 그 대신 이제 다른 유형의 인수는 취할 수 없게 되므로 일반성을 잃게 된다. 예를 들어 원래의 py_sum 함수와 NumPy sum 함수는 훨씬 더 다양한 입력 유형을 수용한다. 부동소수점과 정수 형태 둘 다의 Python 리스트와 Numpy 배열들을 합산할 수 있다.

```
In [61]: py_sum([1.0, 2.0, 3.0, 4.0, 5.0])
Out[61]: 15.0
In [62]: py_sum([1, 2, 3, 4, 5])
Out[62]: 15
```

반면, 명시적인 유형 선언을 한 Cython 컴파일 버전은 선언한 유형하고만 작동한다.

```
In [63]: cy_sum(np.array([1.0, 2.0, 3.0, 4.0, 5.0]))
Out[63]: 15.0
In [64]: cy_sum(np.array([1, 2, 3, 4, 5]))
---------------------------------------------------------------
ValueError: Buffer dtype mismatch, expected 'float64_t' but got 'long'
```

부동소수점 숫자와 정수의 배열을 동일한 함수로 합산하는 기능을 제공하는 등 복수 개의 입력 유형을 지원하는 것이 바람직하다. Cython은 ctypedef fused 키워드를 통해 이 문제를 해결해주는데, 이 키워드는 제공한 여러 유형 중 하나에 속하지 않는 새로운 유형을 정의할 수 있다. 예를 들어 py_fused_sum에서 py_sum 함수를 변경해보자.

```
In [65]: %%cython
    ...: cimport numpy
    ...: cimport cython
    ...:
    ...: ctypedef fused I_OR_F_t:
    ...:     numpy.int64_t
    ...:     numpy.float64_t
    ...:
    ...: @cython.boundscheck(False)
    ...: @cython.wraparound(False)
    ...: def cy_fused_sum(numpy.ndarray[I_OR_F_t, ndim=1] data):
    ...:     cdef I_OR_F_t s = 0
    ...:     cdef int n, N = len(data)
    ...:     for n in range(N):
    ...:         s += data[n]
    ...:     return s
```

여기서 함수는 I_OR_F_t 유형의 항으로 정의되며 I_OR_F_t 유형은 ctypedef fused를 사용해 numpy.int64_t 또는 numpy.float64_t로 정의됐다. Cython은 두 가지 유형에 필요한 코드를 자동으로 생성해 이 함수를 부동소수점과 정수 배열 모두에서 사용할 수 있게된다(그러나 성능이 약간 저하된다).

```
In [66]: cy_fused_sum(np.array([1.0, 2.0, 3.0, 4.0, 5.0]))
Out[66]: 15.0
In [67]: cy_fused_sum(np.array([1, 2, 3, 4, 5]))
Out[67]: 15
```

Cython으로 Python 코드의 속도를 높이는 마지막 예로, 이전 절에서 Julia 집합을 생성하던 Python 코드를 다시 한번 살펴보자. 이 함수의 Cython 버전을 구현하기 위해서는 단순히 원래의 Python 코드를 취하고 앞서 설명한 절차에 따라 함수에 사용된 모든 변수의 유형을 명시적으로 선언해야 한다. 또한 인덱스 범위 검사를 비활성화하기 위한 데커레이터를 추가해야 한다. 여기서는 Numpy 정수 배열과 부동소수점 배열을 입력으로 모두 취할 수 있으므로 각각 numpy.ndarray[numpy.float64_t, ndim=1]와 numpy.ndarray[numpy.int64_t, ndim=2]로 정의한다.

다음 코드에서의 cy_julia_fractal 구현은 복소수의 절댓값 제곱을 Cython으로 구현한다. 이 함수는 inline 키워드를 사용해 인라인으로 선언된다. 인라인이란, 컴파일러가 해당 위치에 함수를 호출하는 코드가 아니라 함수의 본문 자체에 배치하는 것을 의미한다. 이렇게 하면 코드는 커지지만 추가 함수 호출로 인한 오버 헤드를 없앨 수 있다. 또한 이 함수는 일반적인 def 키워드 대신 cdef를 사용해 정의한다. Cython에서 def는 Python 에서 호출할 수 있는 함수를 정의하고 cdef는 C에서 호출할 수 있는 함수를 정의한다. cpdef 키워드를 사용하면 C와 Python 모두에서 호출할 수 있는 함수를 정의할 수 있다. 여기에 작성된 것처럼 cdef를 사용하면 이 코드 셀을 실행한 후 IPython 세션에서 abs2 함수를 호출할 수 없지만 cdef를 cpdef로 변경하면 호출할 수 있다.

```
In [68]: %%cython
    ...: cimport numpy
    ...: cimport cython
    ...:
    ...: cdef inline double abs2(double complex z):
    ...:         return z.real * z.real + z.imag * z.imag
    ...:
    ...: @cython.boundscheck(False)
    ...: @cython.wraparound(False)
    ...: def cy_julia_fractal(numpy.ndarray[numpy.float64_t, ndim=1] z_re,
    ...:                      numpy.ndarray[numpy.float64_t, ndim=1] z_im,
    ...:                     numpy.ndarray[numpy.int64_t, ndim=2] j):
    ...:         cdef int m, n, t, M = z_re.size, N = z_im.size
    ...:         cdef double complex z
    ...:         for m in range(M):
    ...:             for n in range(N):
    ...:                 z = z_re[m] + 1.0j * z_im[n]
    ...:                 for t in range(256):
    ...:                     z = z ** 2 - 0.05 + 0.68j
    ...:                     if abs2(z) > 4.0:
```

```
    ...:                             j[m, n] = t
    ...:                             break
```

이전에 Numba를 사용해 JIT 컴파일된 Python 구현을 호출한 것과 동일한 인수로 cy_julia_fractal 함수를 호출하면 두 구현 성능을 비교할 수 있다.

```
In [69]: N = 1024
In [70]: j = np.zeros((N, N), dtype=np.int64)
In [71]: z_real = np.linspace(-1.5, 1.5, N)
In [72]: z_imag = np.linspace(-1.5, 1.5, N)
In [73]: %timeit cy_julia_fractal(z_real, z_imag, j)
10 loops, best of 3: 113 ms per loop
In [74]: %timeit jit_julia_fractal(z_real, z_imag, j)
10 loops, best of 3: 141 ms per loop
```

---

cy_julia_fractal 구현이 약간 우위를 보이는 이유는 abs2 함수의 가장 안쪽 루프 호출을 인라인으로 정의한 것과 abs2가 제곱근 계산을 하지 않을 수 있었기 때문이다. jit_julia_fractal에서도 이와 유사하게 변경하면 성능이 향상되고 여기에서의 차이가 대략적으로 설명된다. 지금까지는 Cython을 Python 확장 모듈로 사용할 수 있는 기계어 코드로 컴파일해 Python 코드의 속도를 높이는 방법으로만 살펴봤다. Cython에는 Python 과학 컴퓨팅 분야에서 광범위하게 사용되는 또 다른 중요한 사용 예가 있다. Cython은 컴파일된 C와 C++ 라이브러리의 래퍼를 쉽게 만드는 데 사용될 수 있다. 여기에서 이 방법을 깊이 살펴보지는 않겠지만 간단한 예제를 통해 몇 줄의 코드만으로 Cython을 사용해 임의의 C 라이브러리를 호출하는 것을 살펴본다. 예를 들어 C 표준 라이브러리에 있는 math 라이브러리를 살펴보자. 이 라이브러리는 Python 표준 라이브러리에 정의된 math 함수와 유사한 기능을 가진 같은 이름의 함수 math를 제공한다. C 프로그램에서 이 함수들을 사용하려면 math.h 헤더 파일을 포함시켜 선언된 사항을 구해 libm 라이브러리에 프로그램을 컴파일하고 링크할 것이다. Cython에서는 cdef extern from 키워드를 사용해 함수 선언을 얻을 수 있다. 그 후 C 헤더 파일의 이름을 지정하고

다음 코드에서처럼 사용할 함수의 선언을 나열해야 한다. 예를 들어 Cython에서 libm의
acos 함수를 사용하려면 다음처럼 사용할 수 있다.

```
In [75]: %%cython
    ...: cdef extern from "math.h":
    ...:     double acos(double)
    ...:
    ...: def cy_acos1(double x):
    ...:     return acos(x)
```

여기서 Python 함수의 cy_acos1도 정의했는데, 이 함수는 Python에서 호출할 수 있다.

```
In [76]: %timeit cy_acos1(0.5)
10000000 loops, best of 3: 83.2 ns per loop
```

이 방법을 사용하면 임의의 C 함수를 일반 Python 코드에서 호출할 수 있는 함수로 래핑
할 수 있다. 이는 C 및 C++로 작성된 기존 코드를 Python에서 쉽게 사용할 수 있도록
해주므로 과학 컴퓨팅 애플리케이션에 있어 매우 유용하다. 표준 라이브러리의 경우,
Cython은 이미 libc 모듈을 통해 유형 선언을 제공하므로 cdef extern from을 사용해
함수를 명시적으로 정의할 필요가 없다. 따라서 acos 예제에서는 cimport문을 사용해
libc.math에서 함수를 직접 임포트할 수 있다.

```
In [77]: %%cython
    ...: from libc.math cimport acos
    ...:
    ...: def cy_acos2(double x):
    ...:     return acos(x)
In [78]: %timeit cy_acos2(0.5)
10000000 loops, best of 3: 85.6 ns per loop
```

결과 함수 cy_acos2는 앞서 math.h에서 명시적으로 가져온 cy_acos1과 동일하다. 이러한 C 수학 라이브러리 함수의 성능을 Numpy나 Python 표준 수학 라이브러리에 정의된 해당 함수와 비교해보면 유용하다.

```
In [79]: from numpy import arccos
In [80]: %timeit arccos(0.5)
1000000 loops, best of 3: 1.07 µs per loop
In [81]: from math import acos
In [82]: %timeit acos(0.5)
10000000 loops, best of 3: 95.9 ns per loop
```

Numpy 버전은 Numpy 배열 데이터 구조와 관련된 오버헤드 때문에 Python math 함수나 C 표준 라이브러리 함수에 대한 Cython 래퍼보다 약 10배 느리다.

요약

19장에서는 JIT 컴파일을 사용해 최적화된 기계 코드를 생성하는 Numba와 사전 ahead-of-time 컴파일을 사용해 기계 코드로 컴파일될 수 있는 C 코드를 생성하는 Cython을 사용해 Python 코드의 속도를 높이는 방법을 살펴봤다. Numba는 순수 Python 코드와 작동하지만, Numpy 배열을 사용한 유형 간섭에 크게 의존하는 반면, Cython은 명시적 유형 선언을 허용하는 Python언어의 확장과 함께 작동한다. 이 방법들의 장점은 Python이나 Python과 유사한 프로그램 환경 속에서도 컴파일된 컴퓨터 코드와 유사한 정도의 성능을 얻을 수 있다는 것이고, Python 코드의 속도를 높이기 위한 핵심은 Numba에서와 같이 Numpy 배열의 유형 간섭을 사용하거나 Cython에서처럼 변수 유형을 명시적으로 선언해 유형화된 변수를 사용하는 것이다. 명시적으로 유형화된 코드는 순수 Python의 동적 유형 코드보다 훨씬 효율적인 코드로 변환할 수 있으므로 Python에서 유형 조회와 관련된 많은 오버 헤드를 없앨 수 있다. Numba와 Cython은 모두 Python 코드에서 놀라운 속도 향상을 얻을 수 있는 편리한 방법이며 대개 유사한 성능의 코드를 생성한다.

Cython은 또한 외부 라이브러리에 대한 인터페이스를 작성해 Python에서 사용할 수 있는 쉬운 방법을 제공한다. Numba와 Cython에서의 공통적인 주제는 더 효율적인 유형화된 기계 코드를 생성하기 위해 Numpy 배열 또는 명시적 선언을 통해 유형 정보를 사용하는 것이다. Python 커뮤니티에서는 최근 Python 언어 자체에 유형에 대한 힌트를 줄 수 있는 기능을 추가하기 위한 움직임이 있다. 유형 힌트에 대한 좀 더 자세한 내용은 PEP 484(www.python.org/dev/peps/pep-0484)를 참고하면 되는데, Python 버전 3.5에 포함돼 있다. 가까운 장래에 Python에서 유형 힌트가 널리 사용되지는 않을 것이지만 분명히 있어야 할 흥미로운 개발이다.

추가 참고 도서 목록

Cython을 사용하는 심도 있는 가이드는 Smith(2015)와 Herron(2013)를 참고하라. Numba에 대한 좀 더 자세한 내용은 http://numba.pydata.org/numba-doc의 공식 문서를 참고하라. Python을 사용한 고성능 컴퓨팅에 대한 좀 더 자세한 내용은 M. Gorelick(2014)을 참고하라.

참고 문헌

- Herron, P.(2013). Learning Cython Programming. Mumbai: Packt.
- M. Gorelick, I. O.(2014). High Performance Python: Practical Performant Programming for Humans. Sebastopol: O'Reilly.
- Smith, K.(2015). Cython A Guide for Python Programmers. Sebastopol: O'Reilly.

코드 최적화

설치

이 부록은 흔히 사용되는 플랫폼에서 과학 컴퓨팅을 위해 Python 환경을 설치하고 설정하는 방법을 다룬다. 1장, 'Python을 이용한 컴퓨팅 소개'에서 논의한 바와 같이, Python을 위한 과학 컴퓨팅 환경은 단일 제품으로 구성되는 것이 아니라 패키지나 라이브러리의 다양한 생태계로, 주어진 플랫폼에 Python 환경을 설치하고 구성하는 데는 여러 가지 방법이 있다. Python 자체는 설치하기가 쉬우며,[1] 많은 운영 체제에 미리 설치돼 있기도 하다. Python Package Index[2]에 들어 있는 순수 Python 라이브러리들은 쉽게 설치되는데 pip를 사용해 `pip install PACKAGE` 명령어를 수행하면 설치된다. 여기서 `PACKAGE`는 설치하려는 패키지 이름을 의미한다. 그러면 pip 소프트웨어는 Python Package Index에서 패키지를 검색한 후 찾게 되면 다운로드하고 설치한다. 예를 들어 IPython을 설치하는 방법은 다음과 같다.

---

1   여러 주요 플랫폼은 http://www.python.org/downloads에서 다운로드할 수 있다.

2   http://pypi.python.org

```
$ pip install ipython
```

이미 설치된 패키지를 업그레이드하려면 pip 명령에 --upgrade 플래그를 추가해야 한다.

```
$ pip install --upgrade ipython
```

그러나 Python 컴퓨팅을 위한 많은 라이브러리는 순수 Python 라이브러리가 아니며, C나 Fortran 등의 다른 언어로 작성된 시스템 라이브러리에 종속된 경우가 많다. 이러한 종속성은 pip나 Python Package Index로 처리할 수 없으며, 이러한 라이브러리를 소스에서 구축하려면 C나 Fortran 컴파일러를 설치해야 한다. 다시 말해 Python용 전체 과학 컴퓨팅 소프트웨어 스택을 수동으로 설치하는 것은 어렵거나 적어도 시간이 많이 걸리고 번잡할 수 있다. 이 문제를 해결하기 위해 자동화된 설치 프로그램을 통해 미리 패키징된 Python 환경이 다수 출현했다. 가장 인기 있는 환경은 오픈 소스 과학 Python 커뮤니티와 밀접한 관계를 가진 기업들이 후원하는 Continuum Analytics의 Anaconda[3]와 Enthought의 Canopy[4] 그리고 마이크로소프트 운영 체제를 대상으로 한 커뮤니티 관리 환경인 Python(x, y)[5]이다. 이러한 환경들은 모두 Python 해석기, 필요 시스템 라이브러리와 도구 그리고 설치하기 쉬운 다수의 과학-연산 중심의 Python 라이브러리가 묶여 있다는 공통점을 갖고 있다. 이 모든 환경들이 이 책에서 논의한 코드를 실행하는 데 필요한 소프트웨어를 쉽게 설정할 수 있게 돼 있지만, 다음에서는 Continuum Analytics의 아나Conda 환경을 사용한다. 특히 아나Conda의 경량 버전인 Miniconda와 그 패키지 매니저 Conda를 살펴본다.

---

3   http://continuum.io/downloads

4   http://www.enthought.com/products/canopy

5   http://code.google.com/p/pythonxy

Miniconda와 Conda

여러 라이브러리와 함께 제공되는 아나Conda 환경은 Python의 과학 컴퓨팅 환경을 빠르게 가동하고 실행할 수 있는 편리한 방법이다. 그러나 명확성을 위해 여기서는 Miniconda 환경부터 시작해 필요한 패키지를 명시적으로 설치해 나간다. 이런 식으로 설정한 환경에 어떤 패키지가 포함될 것인지 정확히 통제할 수 있다. Miniconda는 아나 Conda의 최소 버전으로, 가장 기본적인 요소인 Python 인터프리터와 몇 개의 기초 라이브러리 그리고 conda 패키지 매니저만 포함한다. Miniconda 프로젝트 다운로드 페이지(http://conda.pydata.org/miniconda.html)에는 Linux, 맥 OSX 및 윈도우용 설치 프로그램이 포함돼 있다.[6] 설치 프로그램을 다운로드해 실행하고 화면의 지시를 따르면 된다. 설치가 끝나면 홈 디렉터리에 miniconda라는 이름의 디렉터리가 있어야 하고, 설치 중에 PATH 변수에 추가하기로 선택했다면 이제 명령 프롬프트에서 conda를 실행해 conda 패키지 관리자를 호출할 수 있어야 한다.

Conda[7]는 시스템 도구와 라이브러리는 물론, Python 패키지 의존성을 처리할 수 있는 교차 플랫폼 패키지 관리자다. 이는 자연스럽게 다양한 도구와 라이브러리를 사용하는 과학 컴퓨팅 소프트웨어를 설치하는 데 필수적이다. Conda 패키지는 대상 플랫폼용으로 미리 구축된 바이너리로, 빠르고 쉽게 설치된다. 시스템에 conda가 설치됐는지 확인하는 방법은 다음과 같다.

```
$ conda --version
conda 4.5.11
```

이 경우에는 conda가 설치돼 있으며, 그 버전이 4.5.11라는 것을 알려준다. conda의 최신 버전으로 업데이트하려면 conda 패키지 관리자 자체를 사용해야 한다.

---

6   Miniconda는 32비트와 64비트 버전이 있다. 일반적으로 최신 컴퓨터에는 64비트 버전을 추천하지만 윈도우 64비트 컴파일러가 항상 가용한 것이 아니므로 플랫폼에 따라 32비트 버전을 사용하는 것이 좋을 수 있다.

7   http://conda.pydata.org/docs/index.html

```
$ conda update conda
```

특정 conda 환경에 설치된 모든 패키지를 업데이트하는 방법은 다음과 같다.

```
$ conda update --all
```

conda가 설치되면 이를 이용해 Python 인터프리터와 라이브러리를 설치할 수 있다. 이 때 선택적으로 설치하고자 하는 패키지의 정확한 버전을 지정할 수 있다. Python 소프트웨어 생태계는 각각 자체 배포 사이클과 개발 목표를 가진 다수의 독립 프로젝트로 구성돼 있으며 지속적으로 새로운 버전의 다양한 라이브러리가 출시되고 있다. 이점은 지속적인 진전이 있고 새로운 기능이 자주 제공된다는 점에서는 흥미롭지만, 불행하게도 모든 버전이 이전 버전과 호환되지는 않는다. 이 점은 장기간에 걸쳐 안정적이고 재현 가능한 환경을 원하는 사용자와 서로 다른 버전의 종속성을 가진 버전으로 진행되는 프로젝트에 관여된 사용자에게는 딜레마가 된다.

Python 생태계에서 이 문제에 대한 가장 좋은 해결책은 conda와 같은 패키지 매니저를 사용해 프로젝트별로 가상 Python 환경을 별도로 설치해 서로 다른 종속성이 설치되도록 하는 것이다. 이 방식을 사용하면 별도의 Python 2와 Python 3 환경 등 구성을 달리하거나 관련 패키지의 안정적 버전과 개발 버전 환경 등으로 여러 환경을 쉽게 유지할 수 있다. 앞서 설명한 이유로 인해 시스템 기본값인 Python 환경을 사용하는 것보다 가상 Python 환경을 사용할 것을 권한다.

conda를 사용하면 `conda create` 명령을 사용해 새로운 환경을 생성할 수 있으며 여기에 `-n NAME`을 사용해 환경 이름을 지정하거나 `-p PATH`를 사용해 환경을 저장할 경로를 지정할 수 있다. 이름을 지정하면 환경은 `miniconda/envs/NAME` 디렉터리에 저장된다. 새로운 환경을 만들 때 설치할 패키지 목록을 전달할 수도 있다. 적어도 하나 이상의 패키지를 지정해야 한다. 예를 들어 Python 2.7과 Python 3.6을 기반으로 1~2개의 새로운 환경을 생성하려면 다음과 같이 할 수 있다.

```
$ conda create -n py2.7 python=2.7
$ conda create -n py3.6 python=3.6
```

여기서는 Python 2와 Python 3 환경에 각각 py2.7과 py3.6이라는 이름을 부여했다. 이 중 하나의 환경을 사용하려면 각각 source activate py2.7이나 source activate py3.6 명령어를 통해 활성화해야 하며, 환경을 비활성화하려면 source deactivate 명령을 실행해야 한다. 다음 명령어에서 볼 수 있듯이, 이 방법을 사용하면 서로 다른 환경 간에 쉽게 전환할 수 있다.

```
$ source activate py2.7
discarding /Users/rob/miniconda/bin from PATH
prepending /Users/rob/miniconda/envs/py2.7/bin to PATH
(py2.7)$ python --version
Python 2.7.14 :: Continuum Analytics, Inc.
(py2.7)$ source activate py3.6
discarding /Users/rob/miniconda/envs/py2.7/bin from PATH
prepending /Users/rob/miniconda/envs/py3.6/bin to PATH
(py3.6)$ python --version
Python 3.6.5 :: Continuum Analytics, Inc.
(py3.6)$ source deactivate
discarding /Users/rob/miniconda/envs/py3.6/bin from PATH
$
```

환경을 관리하려면 conda env, conda info 및 conda list 명령이 유용한 도구다. conda info 명령은 사용할 수 있는 환경을 나열하는 데 사용할 수 있다(conda env list와 동일).

```
$ conda info --envs
# conda environments:
#
base                     *  /Users/rob/miniconda
py2.7                       /Users/rob/miniconda/envs/py2.7
py3.6                       /Users/rob/miniconda/envs/py3.6
```

그리고 conda list 명령을 사용하면 지정된 환경에 설치된 패키지 및 해당 버전을 나열할 수 있다.

```
$ conda list -n py3.6
# packages in environment at /Users/rob/miniconda/envs/py3.6:
#
# Name                    Version                   Build Channel
ca-certificates           2017.08.26                ha1e5d58_0
certifi                   2018.1.18                 py36_0
libcxx                    4.0.1                     h579ed51_0
libcxxabi                 4.0.1                     hebd6815_0
libedit                   3.1                       hb4e282d_0
libffi                    3.2.1                     h475c297_4
ncurses                   6.0                       hd04f020_2
openssl                   1.0.2o                    h26aff7b_0
pip                       9.0.3                     py36_0
python                    3.6.5                     hc167b69_0
readline                  7.0                       hc1231fa_4
setuptools                39.0.1                    py36_0
sqlite                    3.22.0                    h3efe00b_0
tk                        8.6.7                     h35a86e2_3
wheel                     0.30.0                    py36h5eb2c71_1
xz                        5.2.3                     h0278029_2
zlib                      1.2.11                    hf3cbc9b_2
```

conda overnment export 명령을 사용하면 YAML 유형[8]에서 유사한 정보를 볼 수 있다.

```
(py3.6)$ conda env export
name: py3.6
channels:
  - defaults
dependencies:
  - ca-certificates=2017.08.26=ha1e5d58_0
```

---

8   http://yaml.org

```
    - certifi=2018.1.18=py36_0
    - libcxx=4.0.1=h579ed51_0
    - libcxxabi=4.0.1=hebd6815_0
    - libedit=3.1=hb4e282d_0
    - libffi=3.2.1=h475c297_4
    - ncurses=6.0=hd04f020_2
    - openssl=1.0.2o=h26aff7b_0
    - pip=9.0.3=py36_0
    - python=3.6.5=hc167b69_0
    - readline=7.0=hc1231fa_4
    - setuptools=39.0.1=py36_0
    - sqlite=3.22.0=h3efe00b_0
    - tk=8.6.7=h35a86e2_3
    - wheel=0.30.0=py36h5eb2c71_1
    - xz=5.2.3=h0278029_2
    - zlib=1.2.11=hf3cbc9b_2
prefix: /Users/rob/miniconda/envs/py3.6
```

환경에 추가 패키지를 설치하려면 환경이 생성될 때 패키지 목록을 지정하거나 환경을
활성화한 후 conda install을 사용하거나 -n 플래그가 있는 conda install 명령을 사용
해 설치 대상 환경을 지정할 수 있다. 예를 들어 Numpy 버전 1.14를 Python 3.6 환경
에 설치하려면 다음과 같이 해야 한다.

```
$ conda create -n py3.6-np1.14 python=3.6 numpy=1.14
```

새 환경 py3.6-np1.14에 실제로 지정된 버전의 Numpy가 포함돼 있는지 확인하려면
conda list 명령을 다시 사용해보면 된다.

```
$ conda list -n py3.6-np1.14
# packages in environment at /Users/rob/miniconda/envs/py3.6-np1.14:
#
# Name                    Version                   Build Channel
ca-certificates           2017.08.26                ha1e5d58_0
certifi                   2018.1.18                 py36_0
```

intel-openmp	2018.0.0	8
libcxx	4.0.1	h579ed51_0
libcxxabi	4.0.1	hebd6815_0
libedit	3.1	hb4e282d_0
libffi	3.2.1	h475c297_4
libgfortran	3.0.1	h93005f0_2
mkl	2018.0.2	1
mkl_fft	1.0.1	py36h917ab60_0
mkl_random	1.0.1	py36h78cc56f_0
ncurses	6.0	hd04f020_2
numpy	1.14.2	py36ha9ae307_1
openssl	1.0.2o	h26aff7b_0
pip	9.0.3	py36_0
python	3.6.5	hc167b69_0
readline	7.0	hc1231fa_4
setuptools	39.0.1	py36_0
sqlite	3.22.0	h3efe00b_0
tk	8.6.7	h35a86e2_3
wheel	0.30.0	py36h5eb2c71_1
xz	5.2.3	h0278029_2
zlib	1.2.11	hf3cbc9b_2

여기서 Numpy가 실제로 설치됐고 라이브러리의 정확한 버전은 1.8.14라는 것을 알 수 있다. 라이브러리의 버전을 명시적으로 지정하지 않으면 안정적인 최신 버전을 사용한다.

두 번째 방법인 기존 환경에 추가 패키지를 설치하는 것은 먼저 환경을 활성화해야 한다.

```
$ source activate py3.6
```

그런 다음 Conda install PACKAGE를 사용해 PACKAGE라는 이름의 패키지를 설치한다. 여기서 패키지 이름에 목록을 줄 수도 있다. 예를 들어 Numpy, Scipy 및 Matplotlib 라이브러리를 설치하는 방법은 다음과 같다.

```
(py3.6)$ conda install numpy Scipy matplotlib
```

또는 다음과 같이 해도 된다.

```
$ conda install -n py3.6 numpy Scipy matplotlib
```

Conda를 사용해 패키지를 설치할 때 필요한 모든 종속성도 자동으로 설치되며 앞의 명령어는 실제로 Matplotlib 패키지에 종속된 dateutil, freetype, libpng, pyparsing, pyz 및 6개의 패키지도 설치했다.

```
(py3.6)$ conda list
# packages in environment at /Users/rob/miniconda/envs/py3.6:
#
# Name                    Version                   Build Channel
ca-certificates           2017.08.26                ha1e5d58_0
certifi                   2018.1.18                      py36_0
cycler                    0.10.0                 py36hfc81398_0
freetype                  2.8                        h12048fb_1
intel-openmp              2018.0.0                            8
kiwisolver                1.0.1                  py36h792292d_0
libcxx                    4.0.1                      h579ed51_0
libcxxabi                 4.0.1                      hebd6815_0
libedit                   3.1                        hb4e282d_0
libffi                    3.2.1                      h475c297_4
libgfortran               3.0.1                      h93005f0_2
libpng                    1.6.34                     he12f830_0
matplotlib                2.2.2                  py36ha7267d0_0
mkl                       2018.0.2                            1
mkl_fft                   1.0.1                  py36h917ab60_0
mkl_random                1.0.1                  py36h78cc56f_0
ncurses                   6.0                        hd04f020_2
numpy                     1.14.2                 py36ha9ae307_1
openssl                   1.0.2o                     h26aff7b_0
pip                       9.0.3                          py36_0
pyparsing                 2.2.0                  py36hb281f35_0
python                    3.6.5                      hc167b69_0
python-dateutil           2.7.2                          py36_0
```

pytz	2018.3	py36_0
readline	7.0	hc1231fa_4
Scipy	1.0.1	py36hcaad992_0
setuptools	39.0.1	py36_0
six	1.11.0	py36h0e22d5e_1
sqlite	3.22.0	h3efe00b_0
tk	8.6.7	h35a86e2_3
tornado	5.0.1	py36_1
wheel	0.30.0	py36h5eb2c71_1
xz	5.2.3	h0278029_2
zlib	1.2.11	hf3cbc9b_2

이 환경에 설치된 패키지가 모두 Python 라이브러리는 아니라는 점에 유의하자. 예를 들어 libpng와 freetype는 시스템 라이브러리지만 conda는 종속성에 의해 이를 처리하고 자동 설치할 수 있다. 이 점은 Python 중심의 패키지 매니저 pip와 비교했을 때의 conda의 장점 중 하나이기도 하다.

환경에서, 선택한 패키지를 업데이트하려면 conda update 명령을 사용한다. 예를 들어 현재 활성화된 환경에서 Numpy와 Scipy를 업데이트하려면 다음처럼 사용할 수 있다.

```
(py3.4)$ conda update numpy Scipy
```

패키지를 제거하려면 conda remove PACKAGE 명령을 사용하고 환경을 완전히 제거하려면 conda remove -n NAME —all 명령을 사용해야 한다. 예를 들어 환경 py2.7-np1.8 환경을 제거하려면 다음처럼 사용해야 한다.

```
$ conda remove -n py2.7-np1.8 —all
```

Conda는 한 번 설치된 패키지는 로컬에 캐시해둔다. 이를 통해 새로운 환경에 패키지를 빠르게 재설치할 수 있으며 다른 프로젝트에 사용되는 환경을 파괴할 위험 없이 다른 것들을 테스트하고 실험해보기 위한 새 환경을 빠르고 쉽게 해체하고 설정할 수 있게 된다.

conda 환경을 재구축하려면 설치된 패키지를 추적해야 한다. -e 플래그를 conda list 명령과 함께 사용하면 pip 소프트웨어와 호환되는 유형으로 패키지 및 해당 버전 목록을 제공한다. 이 목록은 conda 환경을 복제하는 데 사용할 수 있다(예: 다른 시스템 또는 이후 시점).

```
$ conda list -e > requirements.txt
```

requirements.txt 파일을 사용하면 이제 다음과 같은 방식으로 기존 conda 환경을 업데이트할 수 있다.

```
$ conda install --file requirements.txt
```

다음처럼 사용하면 requirements.txt 파일을 만드는 데 사용된 환경을 복제한 새로운 환경을 만든다.

```
$ conda create –n NAME --file requirements.txt
```

한편, conda env export 명령으로 생산한 환경 YAML 유형 덤프 파일을 사용할 수도 있다.

```
$ conda env export –n NAME > env.yml
```

이 경우, 다음처럼 하면 환경을 복원할 수 있다.

```
$ conda env create --file env.yml
```

env.yml 파일이 환경 정보를 갖고, 여기서는 환경 이름을 별도로 지정할 필요가 없다는 점에 주목하자. 이 방법을 사용하면 환경을 복제하거나 복원할 때 pip을 사용해 설치했던 패키지가 설치된다는 이점도 있다.

완벽한 환경

이제 conda 패키지 매니저를 살펴보고 환경을 설정하고 패키지를 설치하는 데 어떻게 사용되는지 살펴봤으므로 다음은 이 책에서 다룬 모든 내용을 수행하는 데 필요한 전체 종속성을 만족하는 완전한 환경을 설정하는 절차를 살펴보자. 다음은 이전에 다음 명령을 사용해 생성됐던 py3.6 환경을 사용한다.

```
$ conda create -n py3.6 python=3.6
```

이 환경은 다음 명령을 통해 활성화할 수 있다.

```
$ source activate py3.6
```

대상 환경이 활성화되면 다음 명령으로 이 책에서 사용한 라이브러리를 설치할 수 있다.

```
conda install ipython jupyter jupyterlab spyder pylint pyflakes pep8
conda install numpy Scipy sympy matplotlib networkx pandas seaborn
conda install patsy statsmodels scikit-learn pymc3
conda install h5py pytables msgpack-python cython numba cvxopt
conda install -c conda-forge fenics mshr
conda install -c conda-forge pygraphviz
pip install scikit-monaco
pip install version_information
```

FEniCS 라이브러리는 여러 복잡한 종속성을 갖고 있으며, 이로 인해 일부 플랫폼에서는 이 표준 접근 방식을 사용해 설치하기가 어려울 수 있다.[9] 이 때문에 conda 이용한 FEniCS 설치가 실패할 경우, 프로젝트 웹 사이트(http://fenicsproject.org/download)에서 이용할 수 있는, 사전 구축된 환경을 이용하면 가장 쉽게 설치할 수 있다. 완전한 FEniCS

---

9   FEniCS 라이브러리와 그 종속성을 위한 conda 패키지를 생성하려는 노력이 있었지만(http://fenicsproject.org/download/), 이 기법은 현재 리눅스와 맥OS에서만 사용할 수 있다.

환경을 얻기 위한 또 다른 좋은 해결책은 FEniCS가 미리 설치된 Docker[10]컨테이너를 사용하는 것이다. 이 방법에 대한 좀 더 자세한 내용은 https://registry.hub.docker.com/repos/fenicsproject를 참조하라. 표 A-1은 각 장별로 그 종속성에 관련된 설치 명령어를 별개로 나열하고 있다.

▼ 표 A-1 각 장의 종속성을 위한 설치 명령어

장	사용된 라이브러리	설치

1	IPython, Spyder, Jupyter	`conda install ipython jupyter jupyterlab`
		`conda install spyder pylint pyflakes pep8`
		여기서 pylint, pyflakes, pep8은 Spyder에서 사용하는 코드 분석 도구다.
		IPython notebook을 PDF로 변환하려면 LaTeX 설치가 필요하다.
		이 책에 수록된 것에 해당하는 IPython notebook 실행에 사용된 라이브러리 버전을 맞추기 위해 IPython 확장 명령 %version_information을 사용했는데 이 명령은 `pip install version_information` 명령어로 설치할 수 있는 version_information 패키지에 있다.

2	NumPy	`conda install numpy`
3	NumPy, SymPy	`conda install numpy sympy`
4	NumPy, Matplotlib	`conda install numpy matplotlib`
5	NumPy, SymPy, Scipy, Matplotlib	`conda install numpy sympy Scipy matplotlib`
6	NumPy, SymPy, Scipy,Matplotlib, cvxopt	`conda install numpy sympy Scipy matplotlib cvxopt`
7	NumPy, Scipy, Matplotlib	`conda install numpy Scipy matplotlib`

8	NumPy, SymPy, Scipy, Matplotlib,Scikit-Monaco	`conda install numpy sympy Scipy matplotlib`
		scikit-monaco용 conda 패키지는 없으므로 이 패키지는 pip를 사용해 설치해야 한다.
		`pip install scikit-monaco`

9	NumPy, SymPy, Scipy, Matplotlib	`conda install numpy sympy Scipy matplotlib`

---

10   Docker에 대한 좀 더 자세한 내용은 https://www.docker.com을 참고하라.

장	사용된 라이브러리	설치
10	NumPy, Scipy, Matplotlib, NetworkX	conda install numpy Scipy matplotlib networkx NetworkX 그래프를 시각화하려면 Graphviz 라이브러리(www.graphviz.org 참고)와 pygraphviz 라이브러리의 Python 바인딩도 필요하다. conda install -c conda-forge pygraphviz
11	NumPy, Scipy, Matplotlib, and FEniCS	conda install numpy Scipy matplotlib conda install -c conda-forge fenics mshr
12	NumPy, Pandas, Matplotlib, Seaborn	conda install numpy pandas matplotlib seaborn
13	NumPy, Scipy, Matplotlib, Seaborn	conda install numpy Scipy matplotlib seaborn
14	NumPy, Pandas, Matplotlib, Seaborn, Patsy, Statsmodels	conda install numpy pandas matplotlib seaborn patsy statsmodels
15	NumPy, Matplotlib, Seaborn, scikit-learn	conda install numpy matplotlib seaborn scikit-learn
16	NumPy, Matplotlib, PyMC3	conda install numpy matplotlib pymc3
17	NumPy, Scipy, Matplotlib	conda install numpy Scipy matplotlib
18	NumPy, Pandas, h5py, PyTables, msgpack	conda install numpy pandas h5py pytables msgpack-python 이 책을 쓰는 시점에서, msgpack-python conda 패키지는 모든 플랫폼에서 사용할 수 없다. conda 패키지를 사용할 수 없으면 msgpack 라이브러리를 수동으로 설치해야 하며, 그 Python 바인딩은 pip를 이용해 설치할 수 있다. pip install msgpack-python
19	NumPy, Matplotlib, Cython, Numba	conda install numpy matplotlib cython numba

이 책에 수록된 코드를 실행하는 데 사용된 패키지 목록과 정확한 버전은 requirements.txt 파일을 통해 얻을 수 있다. 이 파일을 사용하면 단일 명령으로 모든 필수 종속성을 갖는 환경을 직접 작성할 수 있다.

```
$ conda create -n py3.6 --file requirements.txt
```

py2.7-env.yml 및 py3.6-env.yml 내보내기 명령을 사용해 py2.7 및 py3.6 환경을 다시 만들 수도 있다. 이 파일들은 소스 코드 목록과 함께 제공된다.

```
$ conda env create --file py2.7-env.yml
$ conda env create --file py3.6-env.yml
```

요약

부록에서는 책에서 사용된 다양한 Python 라이브러리의 설치를 살펴봤다. 과학 컴퓨팅을 위한 Python 환경은 단일 환경이 아니라 서로 다른 배포 시기와 개발 과정에 따라 서로 다른 그룹의 사람들이 유지보수하는 다양한 라이브러리 생태계로 구성돼 있다. 따라서 개발 환경을 맨 밑바닥부터 시작하는 것은 힘들 수 있다. 이 문제를 해결하기 위한 몇 가지 방법이 나왔는데, 일반적으로 미리 패키지된 Python 배포의 형태로 나타났다. Python 과학 컴퓨팅 커뮤니티에서 아나Conda와 캐노피는 그러한 환경의 두 가지 보편적인 예다. 여기서는 Anaconda Python 배포판의 conda 패키지 매니저에 초점을 맞췄는데, 패키지 관리자 기능 외에도 가상 설치 환경을 생성하고 관리할 수 있다.

추가 참고 도서 목록

자체 프로젝트에 사용할 Python 소스 패키지를 생성하는 데 관심이 있는 경우, http://packaging.python.org/en/latest/index.html을 참고하라. 특히 http://pythonhosted.org/setuptools에서 setuptools 라이브러리와 문서를 살펴보라. setuptools를 사용하면 설치 가능하고 배포 가능한 Python 소스 패키지를 생성할 수 있다. setuptools를 사용해 소스 패키지를 생성한 후에는 배포할 이진 conda 패키지를 생성하는 것은 대개 간단하다. conda 패키지 생성 및 배포에 대한 좀 더 자세한 내용은 http://conda.pydata.org/docs/build_tutorials/pkgs.html을 참고하라. 또한 많은 conda 패키지의 예가 들어 있는 Gitub.com의 conda-recipes 저장소(http://github.com/conda/conda-recipes)도 참조하라. 마지막으로 http://www.anaconda.org는 conda 패키지 매니저를 사용해 직접 맞춤형 conda 패키지를 게시하고 설치할 수 있는 공공 채널(저장소) conda 패키지 호스팅 서비스다. 표준 아나Conda 채널에서 이용할 수 없는 많은 패키지는 anaconda.org의 사용자 제공 채널에서 찾을 수 있다. 특히, conda-forge.org에서 구할 수 있는 conda recipes를 사용해 구축된 많은 패키지는 conda-forge channel에서 이용할 수 있다.

파이썬과 수치 해석 2/e

파이썬 수치 해석 레시피

발 행 | 2019년 8월 30일

지은이 | 로버트 요한슨
옮긴이 | ㈜크라스랩

펴낸이 | 권 성 준
편집장 | 황 영 주
편 집 | 이 지 은
디자인 | 박 주 란

에이콘출판주식회사
서울특별시 양천구 국회대로 287 (목동)
전화 02-2653-7600, 팩스 02-2653-0433
www.acornpub.co.kr / editor@acornpub.co.kr

한국어판 ⓒ 에이콘출판주식회사, 2019, Printed in Korea.
ISBN 979-11-6175-332-4
http://www.acornpub.co.kr/book/numerical-python-2e

이 도서의 국립중앙도서관 출판시도서목록(CIP)은 서지정보유통지원시스템 홈페이지(http://seoji.nl.go.kr)와
국가자료공동목록시스템(http://www.nl.go.kr/kolisnet)에서 이용하실 수 있습니다.(CIP제어번호: CIP2019032687)

책값은 뒤표지에 있습니다.